海权兴衰
世界海军史
SEA POWER
A NAVAL HISTORY

[美] E.B. 波特 著 徐玉辉 译

华中科技大学出版社
http://press.hust.edu.cn
中国·武汉

图书在版编目（CIP）数据

海权兴衰：世界海军史/(美)E. B. 波特著；徐玉辉译. —武汉：华中科技大学出版社，2023.3
ISBN 978-7-5680-8628-8

Ⅰ.①海… Ⅱ.①E… ②徐… Ⅲ.①海军－军事史－世界 Ⅳ.①E19

中国版本图书馆CIP数据核字（2022）第143004号

湖北省版权局著作权合同登记图字：17-2022-147号

版权信息：Copyright © 1981 by the United States Naval Institute, Annapolis, Maryland
This translation of *Sea Power: A Naval History* is published by Beijing West Wind Culture and Media Co., Ltd. by arrangement with Osprey Publishing, part of Bloomsbury Publishing Plc.
ALL RIGHTS RESERVED

海权兴衰：世界海军史　　　　　　　　　　　　　　　　　　　[美] E. B. 波特　著
Haiquan Xingshuai: Shijie Haijun Shi　　　　　　　　　　　　　徐玉辉　译

策划编辑：金　紫
责任编辑：陈　骏
封面设计：千橡文化
责任监印：朱　玢

出版发行：华中科技大学出版社（中国·武汉）　　电话：(027)81321913
　　　　　武汉市东湖新技术开发区华工科技园　　邮编：430223

录　　排：北京千橡文化传播有限公司
印　　刷：固安兰星球彩色印刷有限公司
开　　本：710mm×1000mm　1/16
印　　张：44
字　　数：807千字
版　　次：2023年3月第1版第1次印刷
定　　价：199.00元

本书若有印装质量问题，请向出版社营销中心调换
全国免费服务热线：400-6679-118　　竭诚为您服务
版权所有　侵权必究

编写组成员名单

主　编　E. B. 波特（E. B. Potter）

副主编　罗杰·弗雷德兰德（Roger Fredland）
　　　　　亨利·H. 亚当斯（Henry H. Adams）

撰稿人　亨利·H. 亚当斯（Henry H. Adams）
　　　　　詹姆斯·A. 阿诺德（James A. Arnord）
　　　　　威廉·M. 贝洛特（William M. Belote）
　　　　　詹姆斯·C. 布拉德福德（James C. Bradford）
　　　　　埃勒里·H. 小克拉克（Ellery H. Clark, Jr.）
　　　　　罗杰·弗雷德兰德（Roger Fredland）
　　　　　埃德温·M. 霍尔（Edwin M. Hall）
　　　　　内维尔·T. 柯克（Neville T. Kirk）
　　　　　温斯顿·B. 刘易斯（Winston B. Lewis）
　　　　　菲利普·K. 伦德贝格（Philip K. Lundeberg）
　　　　　E. B. 波特（E. B. Potter）
　　　　　威廉·H. 拉塞尔（William H. Russell）
　　　　　克雷格·西蒙兹（Craig Symonds）
　　　　　赫尔曼·O. 维尔纳（Herman O. Werner）

前　言

《海权兴衰：世界海军史》囊括了1960年版的基本内容，并加入了之后20多年的历史。本书通过精练语句、省去小的海战和删除一些战术细节来达到精简的目的，篇幅仅为1960年版的一半。浓缩后，那些具有决定性意义的海上机动变得更加清晰。

本书共有14位编写者，但它并不是一本论文集，而是一本风格、笔调统一，叙事连贯的图书。本书的所有编写者都是美国海军学院讲授海军历史的教官，他们密切配合、协同合作。其中大部分编写者在为《美国及世界海上力量》一书撰稿时就参与了本书的编写工作，《美国及世界海上力量》作为本书的初期研究成果已于1955年由普伦蒂斯-霍尔出版社出版。在本书的编写过程中，有的作者退出，有的作者加入，但核心团队保持稳定，通过精练《美国及世界海上力量》一书的主要内容，完成了1960年版的《海权兴衰：世界海军史》的出版工作，并最终编写了这个浓缩版本（同样由普伦蒂斯-霍尔出版社出版）。为了追求叙事准确和风格统一，编写者与编辑对本书做了彻底的修订与增补，无法确切指出具体哪一章节出自哪一位作者。

《海权兴衰：世界海军史》是一本普及性的图书，它既可以作为参考书，也可以作为教材。为了帮助读者更好地理解，在叙述每一次主要海战的章节之后或其他章节末尾都有一段总结。本书是依据美国海军学院的教学要求编写的，但它并不是一本官方出版物。本书的编写者都是利用自己的业余时间来完成撰写的，所阐明的观点都属于编写者个人的观点，他们对所陈述的事实及解释均负完全的责任。

艾尔弗雷德·塞耶·马汉的著作对本书影响很深。编写者普遍采用马汉对从桨帆时代开始至20世纪初的海军历史的分析方法，而且在此后多次的海战中凡能运用到马汉的分析方法的章节里，都运用了他的观点。已故美国海军五星上将切斯特·尼米兹曾是1960年版《海权兴衰：世界海军史》的副主编和顾问，他的建议与指导对本书有着举足轻重的影响，能够使那些文职编写者避免进入以非军事观点进行分析的误区。在尼米兹的指引下，编写者提出了一些鲜明的观点。

下面列出的是对本书出版有所影响和帮助的人（许多人已经去世）的名字。其中冠以官阶的名字，均为美国海军的军官。名单中提到的军官几乎都花时间审阅和修改了书中有关叙述他们亲历过的海战的章节。在此谨对为本书的出版给予帮助的人表示最真挚的感谢。

海军少将沃尔特·C.安塞尔；海军中将伯纳德·L.奥斯汀；英国皇家海军中校F.巴利；帕特里克·比斯利；海军准将霍华德·H.J.本森；路易斯·H.博兰德；海军中将埃利奥特·H.布赖恩特；海军上将阿雷夫·A.伯克；海军上将罗伯特·B.卡尼；罗伯特·W.戴利；德国海军元帅卡尔·邓尼茨；菲利普·A.克劳尔；海军少将厄尼斯特·M.埃勒；小查尔斯·福克斯；威廉姆·M.弗兰克林；埃里克·格勒纳；威廉·哈德勒；海军五星上将威廉姆·F.哈尔西；海军少将布鲁克斯·J.哈拉尔；海军上将H.肯特·休伊特；美海军陆战队上将汤姆斯·霍尔库姆；海军上将詹姆斯·L.霍洛韦三世；约翰·杰弗里斯；英国皇家海军少校P.K.肯普；美国海军陆战队少将R.W.凯泽；海军上将汤姆斯·C.金凯德；哈维·克拉斯；海军少将爱德温·T.莱顿；海军中将查尔斯·A.洛克伍德；亨利·H.伦普金；美国陆军五星上将道格拉斯·麦克阿瑟；海军中将A.斯坦顿·梅里尔；格雷斯·B.波特；德国海军元帅埃里希·雷德尔；亚瑟·A.里奇蒙；海军上校约瑟夫·J.罗奇福特；于尔根·罗韦尔；德国海军中将弗里德里希·鲁格；海军上校劳伦斯·F.萨福德；英国皇家海军中校M.G.桑德斯；美国海军陆战队中将朱利安·C.史密斯；海军上将雷蒙德·A.斯普鲁恩斯；弗农·D.塔特；詹姆斯·P.托马斯；G.A.蒂特顿；小弗兰克·乌利戈；戴维·范德堡；英国皇家海军少校D.W.沃特斯；理查德·S.韦斯特；海军中将拉尔夫·韦默思；迈凯亚·怀亚特。

目 录

第1章 桨帆船时代的海战 001

地中海沿岸诞生了西方世界最早敢于航行于开阔海域的航海者们，他们利用远海的航道与亚洲、欧洲和非洲的众多文明进行了广泛的接触。正是在频繁的货物交换与思想的碰撞中，西方文明的基础才得以奠定。

早期的海上力量 /001
希腊-波斯战争 /003
罗马崛起 /006
罗马衰落，欧洲崛起 /010
勒班陀海战 /012
总结 /014

第2章 英国的海权崛起 016

虽然维京人使用桨帆并用的战船，但当时大西洋海域并未发生大规模的桨帆船海战……在中世纪，当大西洋沿岸西欧国家的统治者们想要在海上进行作战时，他们指挥的是由当时宽船舷、单桅杆的货船充作的战舰。当时的海战依然是士兵之间的较量，双方发动接舷战，士兵们在甲板与甲板间白刃相搏……

英国海军 /018
西班牙的挑战 /020
荷兰的挑战 /024
战舰与舰炮 /027
法国的挑战 /029
总结 /034

第3章 七年战争 037

七年战争（1756—1763年）是第一场真正的世界级战争。这场战争将欧陆的大多数国家都牵涉其中。各方的陆上和海上作战行动都不局限于欧洲大陆，战火波及地中海和大西洋，甚至延伸到了美洲、印度、非洲、西印度群岛和菲律宾……七年战争中最为宝贵的教训便是不列颠占据绝对优势的海上力量在世界大战中的无处不在和无可匹敌。不列颠在此战中不仅保住了英伦三岛，还夺得了半个世界。

米诺卡海战，1756年5月20日 /038
皮特的计划 /041
欧洲近海的作战 /042
欧陆海域的舰队作战 /043
美洲战役 /045

印度战役 /049
西印度群岛的作战行动 /050
其他作战行动 /051
战争的结束 /052
总结 /052

第4章 美国革命（I） 055

在七年战争之后，法国重建了海军，而英国的海军则开始出现衰落。虽然此时不列颠海军的经费甚至高于七年战争时期，但其中大量的资金都被用于维护朽烂的战舰了。更为严峻的是，此时英国政坛盛行的腐败之风已经渗透进了不列颠的海军部。用于维修和保养战舰的资金被挪作他用，而战舰则被丢在船坞中任其朽烂。当北美洲的战争爆发时，英军甚至找不到能够满足北美战事所需的最低限度数量的可用战舰。

美国革命的爆发 /055
北美的攻势，1775年 /056
不列颠的反击，1776年 /058
萨拉托加：转折点 /060
法国参战 /061

早期海战 /062
北美海域的舰队作战，1778—1779年 /066
英法舰队的各自优势 /068
欧陆海域的舰队战斗，1778—1780年 /069

第5章 美国革命（Ⅱ） 072

英国在北美革命爆发时的马放南山使得北美军队有机会在1775年入侵加拿大并进攻了魁北克，还在1776年将英军逼退至波士顿。但在1776年下半年，英军在完成部队集结后夺取了战场主动权，并一直维持优势至法国参战。英军拥有的制海权使得他们能够对北美殖民地的任何海岸城镇发起掠袭和进攻。但如果英军深入内陆，他们的交通线就会暴露在半游击战术的北美军队面前，并因此遭遇失败。美军在战场上主要通过击败深入内陆的英军来取得胜利，1777年的萨拉托加战役和1781年的约克镇战役分别是北线和南线战场的典型战例。法军舰队将康华里指挥的英军封锁在约克镇使得北美能够获得战争中第二场决定性胜利，从而奠定了美国的独立。

西印度群岛，1781年 /073
北美殖民地的战况，1781年 /075
舰队开往约克镇 /076
弗吉尼亚角海战，1781年9月5日 /079
圣徒岛海战，1782年4月12日 /082
欧洲，1782年 /087
絮弗伦在远东 /088
《巴黎和约》 /088
总结 /089

第6章 法国大革命 091

北美独立战争后的一段时间内，欧洲的军力平衡逐渐被打破，法国的陆军和海军力量因内部动荡而日渐衰弱，这正中英国下怀。法国的军力衰退始于公众财政危机，在1789年革命爆发后，动荡和内战使得法国元气大伤。从巴黎点燃的革命之火最终也燃烧到了土伦和布雷斯特的舰队。海军士兵的起义很快演变成兵变，在此后的两年左右时间内，法国海军作为一支海上力量事实上已经不复存在。

战争的爆发 /092
大战开场 /093
6月1日的荣耀，1794年 /095
第一次反法联盟的破裂 /099
圣文森特角海战，1797年2月14日 /100
英国海军哗变，1797年 /104
坎伯当海战，1797年10月11日 /106

第7章 纳尔逊与拿破仑　　109

　　1797年2月西班牙舰队在圣文森特角外海的战败以及当年10月荷兰舰队在坎伯当外海的惨败并没有能够阻挡法军继续推进登陆英伦三岛的作战计划。在欧陆的停战使得法军得以抽调出部队组建新的且强大的英格兰军团（Army of England）。虽然力主推进这项计划的奥什将军此时已经辞世，但《坎波福尔米奥条约》的生效使得拿破仑腾出手来。督政府开始全面落实这份他们珍视的计划，准备跨过英吉利海峡发动全面进攻。

远征埃及　/110　　　　　　　　哥本哈根海战前夕　/121
尼罗河海战，1798年8月1日　/115　哥本哈根海战，1801年4月2日　/124
第二次反法同盟　/118　　　　　《亚眠和约》　/126

第8章 法兰西帝国战争　　128

　　英国人于1802年春天欣然签订了《亚眠和约》，从而结束了与法国为期9年的战争。不过形势很快证明，与英国的和平对于拿破仑而言只是进一步整合法国内部的一个机会。此时的法国陆军仍然军容强盛，而法国的船坞也在加班加点。法军不仅驻扎在荷兰，而且广泛插手了德意志各邦国的事务，此外法军还入侵了瑞士，并吞并了皮埃蒙特（Piedmount）地区。

拿破仑的登陆计划　/129　　　半岛战争　/143
纳尔逊追击维尔纳夫　/130　　拿破仑的俄国战役　/144
特拉法加海战，1805年10月21日　/134　拿破仑的战败　/145
拿破仑的大陆封锁体系　/142　　总结　/146

第9章 美国海军的发端 — 149

北美独立战争结束后，美利坚联邦合众国联邦政府需要在没有征税权的情况下解决战时遗留下来的债务和经济不景气问题。在此情况下国会认为大陆海军已经成为可有可无的奢侈品，并下令将其裁撤。到1785年，所有美军战舰都被出售处理。

1794年海军法案 /151
"绝不缴纳" /152
美法准战争期间的海军作战，1798—1800年 /154
的黎波里战争，1801—1805年 /158
杰斐逊的炮艇海军 /164
总结 /165

第10章 1812年战争 — 167

在"后特拉法加"时代，伴随着英法之间不断升级的贸易战，美国成为公海上仅剩的中立贸易国。美国的商船业者趁着这个前所未见的机会一面发展常规航运贸易，一面大量出口美国盛产的小麦、烟草和棉花。但与此同时，夹在英国枢密令与法国禁运令中间的美国商船和海军船只越来越频繁地遭遇双方干涉，干涉程度也愈发令人无法接受。终于，在1812年，美国不得不拿起武器武装保卫自己的中立权。此次美国的对手变成了英国人。

海上战事，1812年 /169
海上战事，1813年 /175
大湖区的水上作战 /177
伊利湖海战，1813年9月10日 /181
波特和"埃塞克斯"号（Essex） /183
北美战事，1814年 /185
尚普兰湖之战，1814年9月11日 /186
1815年的战事 /189
总结 /190

第11章 转型中的全球海军，1815—1860年　　192

1815—1860年，美国和西欧海军日新月异的高速发展折射出当时工业与科技的快速进步。海军在此期间很快地就用蒸汽机取代了风帆，用铁壳取代了木壳，用爆炸炮弹取代了实心球形弹。这一切都使得海军战舰的外形和使用手段以及其搭配的火力在短短数十年中的演进程度远超此前的三个世纪。由于在这段时间内大国之间较少发生战争，海军并没有得到在舰队对战中进行实战检验的机会。

美国海军：战斗行动　/192　　克里米亚战争，1854—1856年　/204
美国海军：问题　/196　　技术发展　/207
美墨战争，1846—1848年　/199　　管理调整　/212
其他国家的海军　/203　　总结　/214

第12章 美国南北战争：封锁和巡航舰　　215

在许多军事历史学家眼中，美国海军在南北战争中发挥了至关重要的作用。联邦（Union）海军的主要战略任务是实施海上封锁，辅之以围困和夺占邦联（Confederate）港口，此外联邦海军还在西部的诸多河流上展开战斗。联邦海军的奋战为联邦军最终赢得胜利做出了不可磨灭的贡献。

萨姆特堡的投降　/217　　汉普顿水道之战　/225
诺福克海军船厂的失守　/219　　邦联军的布雷行动与潜艇出击　/229
封锁开始　/219　　破交战　/230
皇家港　/221　　"阿拉巴马"　/234
特伦特事件　/223　　封锁突破　/237
铁甲舰　/223

第13章 西部战事 240

从战争爆发之初，林肯和他的军事顾问们就已经认识到了夺取密西西比河及其支流的控制权对于北方的胜利而言至关重要。从经济上而言，这些河流是位于中西部地区的忠诚州所产出货物的天然快速运输通道。在军事上，这些通航河流也能为在泛阿巴拉契亚地区战斗的大军提供安全可靠的补给线。如果联邦军能够有效控制密西西比河，就能够将得克萨斯阿肯色和路易斯安那州与南方邦联的主要部分分割开来，从而使得正在东部作战的邦联军主力失去主要的食物来源。

新奥尔良 /243
向维克斯堡进发 /246
夺取维克斯堡 /252
红河战役 /254

第14章 封闭邦联港口 255

从战争爆发之初，联邦军就开始着手准备夺回萨姆特堡，并以此为基地攻占查尔斯顿。在1861年11月联邦军夺取了皇家港之后，驻扎在希尔顿水道的联邦封锁舰就让查尔斯顿的航运举步维艰，但这条连通拿骚和哈瓦那的水道却一直没有被彻底切断。作为"蟒蛇"战略的一部分，联邦军一旦集结起足够的部队，就将开始夺取南方的重要港口城市。虽然战略价值低于新奥尔良和威尔顿，但查尔斯顿对于南北双方都有着不可取代的重要象征意义，这也使得北军决定率先夺取该港口。

围困查尔斯顿 /258
威胁亚特兰大 /259
莫比尔战役 /260
谢尔曼的进军 /266
第一次费舍尔堡远征，1864年圣诞节 /267
第二次费舍尔堡远征，1865年
　　1月13日—1月15日 /270
终幕 /273
总结 /273

第15章 19世纪后期海军的发展 277

到南北战争结束时，联邦海军已经拥有搭载了5000门舰炮的700艘各型舰船，现役人员有6700名军官和51000名士兵。但在此后的5年内，美国的铁甲舰大多被封存，而商船改装而来的军舰则被售出或拆毁，大多数内河舰艇也被退役。到1870年年底，美国海军仅有52艘战舰，500门舰炮处于现役状态。快速的裁军也展现了此时美国的利益重心仍在内部整顿上——西部正在开拓，东北正在工业化，而南方则正在重建。

利萨海战，1866年7月20日 /279
甲弹之争 /282
舰体设计 /283
鱼雷和载舰 /284
动力革新 /285
新生的美国海军：舰艇 /286
新生的美国海军：军官和士兵 /288
阿尔弗雷德·泰耶·马汉 /290
总结 /292

第16章 日本海上力量的崛起 294

和英国一样，作为岛国的日本在古代曾经成为陆权强国的扩张目标。在1274年和1281年，元朝皇帝忽必烈曾两度派出大军远征，意图登陆日本。在蒙古大军的威胁下，日本人暂时放下了纷繁不休的内斗，联合起来防御。由于突然降临的台风让双方的大量战船都吹散甚至直接沉没，日本人的防御终于获得了成功。这有如天助的"神风"后来演化成为日本武士道观念的一部分。

门户开放 /295
中日甲午战争，1894—1895年 /297
日俄战争的导火索 /301
旅顺地区的战事 /302
波罗的海舰队的远航 /305
对马海战，1905年5月27日—5月28日 /307
总结 /312

第17章 美西战争　　314

如果要问是哪个事件让美国被承认为主要列强，那一定是1898年爆发的美西战争（Spanish-American War）。这场仅持续100天左右，美方付出约3000人阵亡的代价，短暂的、一边倒的战争不仅让美国从此参与到复杂的远东局势中，同时也让欧洲列强就此认识到美国已经拥有了一支不可小觑的军事力量。对于美国自身而言，美西战争也是一个重要的转折点，标志着美国开始更加深入地参与到国际事务中。

菲律宾战役　/317　　　　　　　总结　/330
加勒比战役　/320

第18章 美国海上力量的崛起　　332

20世纪的第一个十年见证了世界海上力量平衡的重大变化。凭借着一支更为高效的舰队，日本在1904—1905年的战争中击败了俄国，震惊了西方世界。德国也发起了一轮规模宏大的造舰计划以挑战英国对北海的控制权。美国海军在此前的战争中全歼了两支西班牙舰队，并由此开始发挥巨大作用。虽然美国作为海上强国的崛起并不如日本或德国那样令人吃惊，但注定对世界产生更为深远的影响。

总委员会与联合委员会　/334　　　美国与英国和德国的关系　/342
"大棒"政策与巴拿马运河　/335　　技术的进步　/344
干涉拉美　/337　　　　　　　　　总结　/348
远东问题　/339

第19章 第一次世界大战：水面作战　　350

爆发于1914年夏末的这场大战席卷了整个欧洲，不仅严重削弱了英国和法国的国力，摧垮了德意志帝国与奥匈帝国，甚至还让德国进入了革命与内战当中。正是因为第一次世界大战严重破坏了欧洲的社会、政治和道德秩序，才使得意大利的法西斯主义和德国的纳粹主义得到机会崛起。正因如此，第一次世界大战为第二次世界大战埋下了伏笔。

双方的海军战略　/351
好戏开场　/355
赫尔戈兰湾行动，1914年8月28日　/358
德国太平洋舰队　/360
科罗内尔海战，1914年11月1日　/361
福克兰（阿称马尔维纳斯）群岛海战，1914年12月8日　/363
多戈尔沙洲战斗，1915年1月24日　/364
日德兰大海战，1916年5月31日—6月1日　/367

第20章 君士坦丁堡战役　　374

在英法联军成功在巴黎近郊阻挡住德军的攻势后，英国内阁曾预计战争将在90天内结束。时任陆军部长的赫拉迪奥·基齐纳（Lord Horatio Kitchener）陆军元帅则对这种一厢情愿的推测嗤之以鼻。他坦言这场战争将持续至少3年，且只有能够在战线上维持上百万训练有素的士兵的那一方才能赢得这场战争。到1914年年底，其余的内阁成员大都接受了基齐纳的观点，至少承认这并不是一场可以在短期内结束的战争。

达达尼尔战役　/378
加里波利战役　/384
僵持与撤退　/389
余波　/391

第21章 袭船战

392

在第一次世界大战中，双方在海上的交锋主要是围绕着对军用和民用海上航运的保护、封锁和破坏进行的。秉承着自身海洋战略传统的英国在开战后立即对德国实施了远距离海上封锁行动，希望这个高度工业化的国家会因为食品和原材料输入的短缺而迅速崩解。不过德国通过战前储备，开发代用原料以及通过中立国进口等手段在几乎被孤立于世界市场外的情况下仍坚持了四年之久。

德军水面破交舰艇 /393
第一次潜艇战役，1915年 /394
第二次潜艇战役，1916年 /395
德军采用无限制潜艇战 /396
英军的反潜作战 /397
参战前的美国海军 /399
美国走向战争 /400
采用护航船团 /401
其他反潜手段 /403
美国的贡献 /404
1918年危机和协约国的胜利 /405
总结 /406

第22章 解除武装与重整军备

408

由多个前协约国成员所组成的多国联合干涉军在强大的海军支援下从阿尔汉格尔（Archangel）和符拉迪沃斯托克（海参崴）登陆俄国，并看守运往俄国的协约国战争物资援助。在多国干涉军入侵西伯利亚期间，日本派遣大军对当地进行永久占领的企图使得美国军队被迫停留到1920年4月才从符拉迪沃斯托克（海参崴）撤离。

德国舰队的挽歌 /408
战后海军造船计划 /409
华盛顿会议 /411
随后的海军军备限制会议 /414
美国在20世纪30年代的造舰计划 /415
美国的商船队 /416
间战期的技术和条令发展 /417
20世纪30年代的公众舆论 /421
大战略视角 /422
集体安全体系的破产 /424
总结 /426

第23章 第二次世界大战：德意攻势 429

"这是一代人的和平。"这是英国首相内维尔·张伯伦在从与希特勒进行的慕尼黑会议返回英国后所发出的豪言。但不到一年后的1939年9月1日凌晨0445时，纳粹大军开始了对波兰的攻击，人类史上的浩劫——第二次世界大战也就此拉开序幕。虽然英法已经与波兰签订了互助条约，但希特勒没有理由相信在慕尼黑将对捷克斯洛伐克的道德义务弃之不顾的两国还有勇气站出来。这位德国元首计划以一场凌厉攻势在英法尚处于犹豫时碾碎波兰的抵抗，从而利用既成事实迫使两国就范。但他没有认识到两国领导人和人民都已经不愿忍气吞声。

海上战事的开始 /430
入侵挪威 /432
法国陷落 /434
法国舰队 /437
不列颠大空战 /438
地中海战场 /439
沙漠战场 /444
美国参战 /446

第24章 大西洋之战 449

虽然第一次世界大战期间德军潜艇曾几乎将英国逼到战败的边缘，但战后的英国海军部对于反潜作战却相当轻视。当时英军的海军将领都沉溺在《凡尔赛条约》（条约禁止德国建造或拥有任何潜艇）为英国带来的虚假安全感之中。即便是希特勒在1935年公开撕毁限制德国军备的条约也未能让英军高层采取对策，他们认为在第一次世界大战期间摸索出的护航船队体系已经为他们提供了对抗潜艇威胁的手段，同时水下听音定位装置（Asdic，美军称之为"声呐"）的发展足以使得潜艇难以在水下遁形，从而不再构成严重威胁。

法国陷落之前的潜艇作战 /450
依托法国港口展开的北大西洋潜艇攻势 /453
水面袭击舰 /458
在美洲水域活动的潜艇 /460
北冰洋战场 /462
重返北大西洋 /465
中大西洋 /467
最后的战斗 /469

第25章 击败意大利和德国 —— 471

在得知日本对珍珠港发起偷袭后，英国首相丘吉尔立即带领英国诸军种总参谋长造访华盛顿，与罗斯福总统以及美军高层举行会议。丘吉尔此时最关心的是1941年3月缔结的《ABC-1参谋部协定》中关于"优先击败德国"的约定会不会因为美国民众的复仇声浪而改为集中所有力量打败日本。丘吉尔很快便放心了，"德国优先"依旧是盟军的主要战略。在希特勒的"第三帝国"被击败前，盟军在对日战场上只会投入最低限度的力量。

"火炬"行动，登陆北非 /472
"哈士奇"行动：登陆西西里 /479
"雪崩"行动：登陆意大利 /482
"霸王"行动：登陆诺曼底 /485
"龙骑兵"行动：登陆法国南部 /491
纳粹德国的覆灭 /492
总结 /493

第26章 日军的进攻 —— 497

法国和荷兰本土在1940年春季的陷落让法属印度支那和荷属东印度群岛陷入孤立无援的困境，两国的战败也使得英国难以继续坚持原有立场，被迫封闭了连接中国的滇缅公路。对于陆军的大陆攻略并不感兴趣的日本帝国海军开始寻找机会入侵东印度群岛以获取石油、锡、橡胶和金鸡纳碱（奎宁）等战略资源。此时日本陆军正在沿着中国海岸线一路向南推进，并在1939年占领了海南。在法国陷落后不久，维希法国控制的印度支那当局便允许日军占领印度支那北部。1940年9月，日本与另外两个轴心国缔结了《三国同盟条约》（*Tripartite Pact*），这对于关注欧洲和亚洲局势的美国来说是一个显著的预警信号。

美军的战争准备 /498
大战爆发 /498
指挥与战略 /501
日军的南方攻略 /504
珊瑚海海战，1942年5月4日—5月8日 /506
中途岛海战：1942年6月3日—6月6日 /509

第27章 反击开始　　517

中途岛的惨败在日本掀起了轩然大波。按照首相东条英机的命令，此战的实际情况被尽可能地保密。参战的受伤人员被隔离，军官被发配到边远地区。有关这场战斗的文件被设为绝密或直接销毁。日本国内的报纸宣称此战中日军和美军各有两艘航空母舰被击沉，双方在海战中不分胜负；而夺取贫瘠的阿图岛和吉斯卡岛则被宣扬为一场重大胜利。

瓜岛战役　/520

夺回阿图岛与吉斯卡岛　/529

所罗门群岛战役　/532

布干维尔战役　/536

新几内亚战役　/537

困死拉包尔　/538

第28章 双路并进　　541

"橙色"战争计划的多个方案都是围绕解救被占领的菲律宾制订的，这些计划都提出以一场跨中太平洋的攻势达成目标。为了实现这样的攻势，美国海军在战争爆发前和爆发后不久，相继订购了多达22艘新型航空母舰。不过由于日军对美国与澳大利亚之间海上交通线的巨大威胁，盟军不得不将力量抽调到所罗门群岛和巴布亚半岛，用来对日军在拉包尔建立起的坚固据点发起进攻。

兵强马壮　/543

夺取吉尔伯特群岛　/545

登陆马绍尔群岛　/551

新几内亚—棉兰老轴心　/554

菲律宾海海战——双方舰队的战前行动　/556

菲律宾海海战（1944年6月19日—6月20日）　/558

夺取马里亚纳群岛南部　/561

指挥调整　/562

第29章 太平洋潜艇战   563

第二次世界大战的太平洋战场以反潜战拉开序幕。在南云舰队的飞机尚有一个小时才抵达瓦胡岛上空之际,美军驱逐舰"瓦尔德"号在珍珠港入港水道附近发现了一艘日军袖珍潜艇。"瓦尔德"号对其发动了攻击并将其击沉,同时上报了这一情况,但这份汇报没有被送到金梅尔上将处。这艘微型潜艇是5艘被日军大型潜艇"背负"到珍珠港附近的微型潜艇之一,它们计划作为航空母舰舰载机群的补充对美军舰队发起攻击。但这5艘潜艇无一返回。

美军潜艇的早期作战行动 /564
日军潜艇与美军战舰的对抗 /567
解决美制鱼雷的设计缺陷 /569
跨越太平洋 /570

美军潜艇与日军战舰的对抗 /573
"救生员" /575
打击日本海上航运 /576

第30章 击败日本   578

由尼米兹上将指挥中太平洋攻势,由麦克阿瑟上将指挥西南太平洋攻势,美军肩负着以下3个任务:①利用中国庞大的人力资源直接对抗日军;②通过切断南洋资源区与日本本土的交通,彻底封锁日本的关键战略物资(主要是石油)的进口;③占领一处适合用于支援对日本本土发起进攻的基地。虽然参谋长联席会议从未直言放弃第一个目标,但实际情况证明中国国民党当局无法突破日本人在中国沿海的防守与盟军会师,第一个目标愈发显得遥不可及。

莱特湾大海战,1944年10月24日—10月25日 /582
解放菲律宾 /591
重返婆罗洲 /592
夺取硫黄岛 /593

冲绳战役 /595
日本投降 /597
总结 /600

第31章 冷战开始

603

早在欧洲战事结束前,反法西斯盟国的分裂就开始了。在雅尔塔,罗斯福、丘吉尔和斯大林进行了最后一次三方会面。罗斯福、丘吉尔与斯大林达成的各项协议在几周后就被抛诸脑后。

美国国防的组织改革 /604
"海军上将大造反" /605
遏制政策 /607
柏林封锁 /608
北大西洋公约组织 /608
远东局势 /609
中国 /609

朝鲜半岛 /609
印度支那半岛 /610
日本 /611
美国海军的发展 /612
核武器 /614
总结 /614

第32章 实施遏制政策

616

第二次世界大战结束后的仓促复员和国防预算大幅度削减让美国的军事力量大大削弱。到1949年底,美国当局已经似乎放弃了协防亚洲大陆任何地区的想法。在1950年1月12日,美国国务卿迪恩·艾奇逊面向美国全国记者协会(National Press Club)的一场演说中坦言称美国的国防线"从阿留申群岛延伸至日本,然后再到琉球……外围防线从琉球再延伸至菲律宾"。艾奇逊的言论基本就是当时美国总统、美国国防部长和参谋长联席会议的态度。5月,参议院对外关系委员会(Senate Foreign Relations Committee)主席汤姆·康纳利表示,如果苏联夺取朝鲜,美国将不打算干涉。

朝鲜战争 /617
新型海军武器 /623
核僵局 /626

越南战争,1960—1975年 /627
总结 /631

第33章 新的武器,新的挑战 — 633

美国对越南的干涉以屈辱收场,美国自身产生了尖锐的疑问。对美国领导层的信任也因为尼克松总统的黯然离任(水门事件——译者注)、福特总统的谨小慎微、卡特总统的优柔寡断而消弭。

美国海军 /633　　　重建美国国防 /643
苏联海军 /637　　　总结 /644
非洲和波斯湾 /639

英文参考书目 — 645

第1章

桨帆船时代的海战

人类的文明在不断地进步。水上交通运送的不仅仅是人，而且也将人类才智与汗水的结晶——劳动产品送到了更远的地方。而且从一开始，水路就成为人类思想传播的载体，将不同的理念送往彼岸。

利用河流和海洋进行交通不仅使得傍水而居者变得富足，也让他们更早地受到启蒙。乘船远行的族群可以将商品销往各地，交换自身所需的农产品和手工品。而当他们踏上归途，所搭载的不仅有交换而来的货物，还满载着从他处吸收的不同理念和信息，这种无形财富甚至比他们船上所载的财货更具价值。

地中海沿岸诞生了西方世界最早敢于航行于开阔海域的航海者们，他们利用远海的航道与亚洲、欧洲和非洲的众多文明进行了广泛的接触。正是在频繁的货物交换与思想的碰撞中，西方文明的基础才得以奠定。

早期的海上力量

海上贸易的出现导致了海盗行为的诞生，而贸易竞争对手们也时常在海上刀兵相见。由于寻常的商船很难在敌手中保全自己的货物，一些贸易共同体开始利用船只专门搭载士兵来保护己方的海上航运（communication）[1]。用途的细化带来了平台的细化，在地中海文明的史书中就已经记载了两种不同的船只：①圆船（round ship），为了装载货物而船型短肥，主要依靠风帆推动；②长船（long ship），即桨帆船（galley），这种船只专门建造用于交战，在战斗中利用划桨来推进。从那时起，海军的存在就是为了保护己方海上商运。而海上力量的历史，很大程度上也是一部贸易对手间相互争夺商业利益的历史。

克里特（Crete）人（公元前2500—公元前1200年）是地中海最早崛起的海上强权之一。由于人口的增多，克里特人不得不将目光从贫瘠且并不宜居的克里特岛转向大海以谋得生存。就向海上发展而言，克里特岛的地理位置远比其地形条件来得优越——克里特岛位于东地中海主要海上商路的必经之处，因此克里特人不仅能够积极地参加海上贸易，也可以袭击和封锁他们的贸易竞争对手。

腓尼基人（Phoenicians）（公元前2000—公元前300年）则是地中海海上霸权的下一任缔造者，他们的商船不仅光顾了环地中海地区的所有陆地和岛屿，还驶出了直布罗陀海峡，获取不列颠群岛上的锡和波罗的海沿岸出产的琥珀，并且用产自非洲西部的奴隶和象牙交换来香料、黄金和来自印度的名贵宝石。腓尼基人使用了东西方驼队贸易路线[2]的终点西顿（Sidon）和泰尔（Tyre）等港口开展贸易。

为了寻找新的客户和原材料产地，腓尼基人成为古代最早进行大规模殖民的民族之一。他们在地中海沿岸和岛屿上建设的贸易站点成为当时文明的中心。迦太基（Carthage）城便是其殖民扩张的代表。腓尼基人的殖民地统治了整个西地中海，并且为一个横跨西北非、撒丁岛、科西嘉岛、半个西西里以及西班牙多地的庞大帝国奠定了基础。

我们如今对于古希腊初期海权发展清晰而准确的理解得益于历史学家希罗多德（Herodotus）和修昔底德斯（Thucydides）的贡献，他们二人撰写了波希战争和伯罗奔尼撒战争（Peloponnesian War）的相关史料。当时，希腊文明已经积淀了深厚的海军传统，并发展出了发达的海上贸易。我们有理由相信《荷马史诗》是以诗歌的形式对史前的希腊海权争夺进行了描述，特洛伊（Troy）围城战很可能就是希腊城邦为了夺取赫勒斯滂海峡（Hellespont，今达达尼尔海峡）以及黑海贸易的控制权而发起的一

---

[1] communication一词在本书中指交通运输，而非"通信"。

[2] 即"丝绸之路"——译者注。

场商业战争。无论如何，自公元前5世纪起，希腊人就将腓尼基人和迦太基人阻挡于黑海和爱琴海之外，并以此在名义上取得了对东地中海的海上航运垄断。多山且贫瘠的希腊半岛使得希腊人无法出口大量农产品，但希腊人的出口商品是质量优良且供不应求的橄榄油和葡萄酒。此外，心灵手巧的希腊手工业者（陶器，毛毯，刀剑，瓦片以及金属制品）和艺术家们（珠宝、彩绘花瓶以及雕塑）的产品也让希腊人在贸易中维持着较高的顺差。

随着希腊人将贸易站点逐步拓展为殖民地。希腊文明的边疆东至小亚细亚（Asia Minor）海岸，北至泰雷斯（Thrace），西至西西里岛和南意大利。此外，希腊人的定居点还延伸至黑海北岸和西班牙的地中海沿岸一侧甚至高卢（Gaul，今法国）。但阻挠希腊人的致命缺陷是其内部的分裂。希腊半岛内，古希腊人分为了一个个规模不大的独立城邦（雅典、斯巴达、柯林斯、底比斯等），且城邦间往往相处不睦。正因为如此，海外的希腊定居点也不是真正意义上的殖民地，而是附庸于母城邦的独立实体，它们通过与希腊半岛上的母城邦的亲缘传统以及商业上的纽带联系在一起。权力的分散以及其他种种因素最终使希腊以失去自由作为代价。

希腊-波斯战争

有据可查的海军历史恰巧开始于人类历史上一次著名的冲突。在后世看来，此次战争可以被称为是亚洲文明对于欧洲文明的一次进攻。如果中东的游牧文明成功征服了希腊半岛，随后的世界历史将截然不同。

作为进攻方的波斯，是统治西南亚洲多个世纪的多个帝国的统称。从伊朗高原崛起的波斯人开始对外扩张后，于公元前6世纪将版图拓展到了地中海和爱琴海沿岸。腓尼基人便臣服于波斯人，实际上腓尼基人此前便臣服过埃及人、亚述人（Assyrian）和巴比伦人（Babylonian）。腓尼基人为他们的新主人提供了用于征服海外的新舰队。不过在小亚细亚的希腊城邦却并未屈服，甚至在城邦失陷后仍然借助来自爱琴海对岸（雅典和埃瑞特里亚）的海军舰队继续抗击波斯征服者。虽然波斯大军最终平定了这些反抗的城邦，希腊半岛上的诸城邦却因此得到了数年的时间来准备抗击这场不可避免的波斯入侵。

此时正在扩张的波斯帝国已经控制了赫勒斯滂海峡两岸，并经由泰雷斯和马其顿（Macedonia）继续向西推进。在公元前492年的第一次远征期间，波斯军队成功荡平了这些地方的反抗力量，但伴随波斯大军沿着爱琴海北岸推进的波斯舰队因为一场风暴而被重创。由于战斗舰队无法参战，为波斯大军运输补给物资的商船失去了保护，这也使得地面上的部队难以继续向前推进。参加这次远征的波斯军队规模太过巨大，无法依靠畜力车辆提供给养。海运被切断后，波斯的第一次远征最终偃旗息鼓。

在两年后，波斯发起的第二次远征的结局则更为耻辱。波斯军队乘船横跨爱琴海发起进攻。在马拉松平原，先头梯队的约10000名士兵被希腊独自上阵的8000名雅典士兵所击败。雅典士兵们长途奔袭了23英里[1]，在滩头截住了波斯士兵，并将这些入侵者直接赶进了海里。

随后的10年间，波斯暂停了对希腊的入侵。从一定程度上而言，这是由于波斯帝国的新统治者薛西斯（King Xerxes）充分汲取了此前两次远征的教训，并进行了种种准备以保证第三次远征的胜利。薛西斯认为从陆上进攻风险更低，于是在公元前480年，他在小亚细亚的萨迪斯（Sardis）集结了多达18万名士兵，并用船只连成的长桥将他们送过了赫勒斯滂海峡。同第一次远征一样，第三次远征中波斯军队沿着爱琴海沿岸推进，同时数以百计的货船满载着补给负责供养这支军队。此外，波斯军队还带来了1300艘战船，上面搭载着175000名水手、桨手和随船士兵，负责保护大军的侧翼以及补给船的安全。

在得知波斯人进行了充分的准备后，希腊半岛上的诸城邦决定联合起来，建立起一个半岛议会来统筹防御事宜。雅典的杰出领导人迪米斯托克利（Themistocles）正确地认识到伴随波斯军队推进的波斯舰队规模不如在后方保护海运船队的舰队。他说服了雅典市民投资扩大舰队规模，并与其他希腊城邦联合组织起一支近500条战船的舰队。迪米斯托克利希望这支舰队至少能够保证波斯军队不会搭乘战船奇袭希腊联军防线的后方，幸运的话，希腊联军还能通过一场海战的胜利让波斯军队的海上补给线暴露在希腊舰队的打击之下。

由于未能在塞莫皮莱（Thermopylae）平原的沿海道路上挡住波斯大军的进犯，希腊联军只得退守科林斯地峡，而希腊舰队也不得不向南退入萨拉米斯（Salamis）岛和雅典之间的狭窄水域。与此同时，薛西斯则强令波斯大军进军阿提卡（Attica），四处劫掠并洗劫雅典人放弃的城市。此时他的舰队仍然拥有1400艘战船，这支庞大的舰队驶入了距离萨拉米斯海峡仅数英里的法勒鲁姆湾（Bay of Phalerum）。

---

[1] 本书采用原著的英制单位。

多数伯罗奔尼撒（希腊）城邦的指挥官都希望把舰队撤往科林斯地峡，联军的地面部队将在这里形成一道新的防御。而迪米斯托克利却力争让希腊舰队留在原地，避免与庞大的波斯舰队在开阔海域上交锋。为了让联军舰队退无可退，他甚至向薛西斯派遣了一名双面间谍，告知希腊舰队将要逃跑的消息。薛西斯随即派遣了200艘战船封闭了萨拉米斯海峡狭窄的西口，主力舰队则封堵了海峡的东口。当天晚上，当希腊指挥官们接到消息时，滞留在萨拉米斯海峡内的舰队事实上已经成了"瓮中之鳖"。在此情形下，希腊舰队派出了一支分舰队牵制西口的波斯战舰，而主力则准备与敌军主力舰队一决雌雄。

清晨，萨拉米斯以东的希腊战舰装作撤退，引诱波斯舰队进入海峡，一旦进入海峡后，波斯舰队便无法利用数量优势摆开战斗队形。当第一排波斯战舰进入海峡后，数排波斯战舰以紧密队形跟随其后。此时希腊舰队突然掉头，在萨拉米斯高崖之上，从雅典撤离的平民，以及对岸端坐于王座之上的薛西斯的注视下，希腊战船径直冲入敌军阵型，船橹整齐划一，弓手各就各位，向着波斯舰队射出一轮又一轮的箭矢。

希腊联军中没有被强制征召的士兵，全是为了自己的家园与亲族而必须奋力搏杀的自由民。除了士气上的差距外，希腊舰队还拥有更为优越的战术方案和更加精妙的航海技巧。希腊舰队的主力是船体纤长、船身较矮的三列桨战船（triremes），船体每侧可以站立40名士兵，而主要武器则是船艏包有青铜的水下冲角和弓箭。每艘三列桨战舰都由分坐两侧的150名桨手驱动。桨手可以让战船达到7节的航速，使得船艏冲角成为一种威力巨大的海战武器。

为接舷战而建造的波斯战船则更为笨拙，他们依赖于随舰步兵通过跳帮将战船甲板化作战场，以肉搏战取胜。

当两军舰队终于聚拢之时，希腊舰队的先头战船径直冲向敌船，用坚固的青铜撞角给予第一排的波斯战船迎头猛击，波斯前排战船或沉或逃。希腊三列桨战船灵活地避开波斯战船扔出的绳钩，反而将敌船包围，波斯战船成群猬集、进退失据，在希腊战船的反复冲撞中损失惨重，外围战船悉数化为了漂浮的残骸，海面漂满了波斯士兵的尸体。

随着风向转西，波斯战船得以扬起风帆快速逃离。虽然此时波斯舰队数量仍然占有优势，但已经士气丧尽，无法在短时间内再度发起攻势。薛西斯也意识到希腊舰队的迅捷使得波斯战船无法追赶，他的海上交通线也因此不再安全。一旦海运被切断，他那庞大的军队将无力发动任何进一步的攻势。因此他命令主力舰队残部撤回小亚细

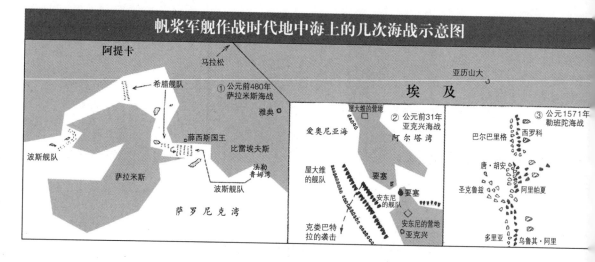

亚,大军原路返回,只在塞萨利(Thessaly)留下了50000名士兵,此处的小麦储备刚好足够供养这个数目的军队。公元前479年夏季,希腊联军发起进攻,在雅典西北40英里的普拉蒂亚(Plataea)歼灭了薛西斯的50000名士兵。同样是在夏天,希腊联军的舰队开始巡猎爱琴海东岸的波斯船只,并击败了沿岸的波斯守军,最后,希腊舰队用火攻消灭了薛西斯庞大舰队的残部。

萨拉米斯海战及其后续的作战行动在历史上留下了浓墨重彩的一笔,同其他著名海上战例一样印证了海军战略家阿尔弗雷德·赛耶·马汉(Alfred Thayer Mahan)的著名论断:"海运决定战争。"一支军队的规模不能超过其补给线所能支持的上限,而当这支军队的补给必须经由水路运送时,一场海战的胜利就能奠定陆战的胜局。

希腊联军的胜利为雅典城邦开启了黄金时代,此时的雅典人获得了制海权与贸易主导权,并最终为西方文明奠定了文化的基础。而萨拉米斯海战的惨败则是波斯帝国衰退的开始。在萨拉米斯海战之后的一个世纪间,希腊人和亚历山大大帝领导的马其顿多次击败并最终征服了衰弱的波斯帝国。

罗马崛起

萨拉米斯海战后的两个世纪里,迦太基和意大利南部以及西西里岛上的希腊城邦一直处于势均力敌的状态。迦太基人牢牢控制着地中海西部,将其变成了自己的内湖,但希腊人却长期挫败了迦太基人东进的企图。但自公元前275年起,崛起自台伯河（Tiber）盆地的罗马人迅速征服了意大利南部，将该地区的希腊城邦悉数吞并。

当迦太基人发现罗马人征服了亚平宁半岛上的希腊人时，他们认为有了新的机会，因此再度发起了对西西里岛上的希腊城邦的攻势。就在此时，他们遭遇了前所未见的强悍对手——罗马人。罗马人具备农耕文明坚韧勇敢的特质，且在扩张之中习得了高超的统治和战争本领。公元前264年，当迦太基人威胁称将会派兵至意大利半岛的"靴尖"处的莫萨纳［Messana，今墨西拿（Messina）］后，罗马人迅速派遣军团跨过墨西拿海峡，包围了西西里岛西端迦太基人的要塞都市，由此拉开了持续三次的布匿战争［"布匿"（Punic）是迦太基在拉丁语中的称呼］的序幕，也就此开启了罗马的海外扩张历程。

罗马人在与迦太基人持续一个世纪之久的交锋中所遭遇的第一个问题是如何对付迦太基人的强大海军。这支海军不仅能够保护迦太基的本土不被强大的罗马军团攻击，同时还威胁着罗马人的海上贸易，且经常袭扰罗马的沿海地区。解决这一问题需要两个步骤：建立起一支强大的舰队；然后学会使用它。第一个步骤并不太难，被吞并的希腊城邦和罗马人的希腊盟友都能够提供桨帆战船，这些城市的船匠也可以建造新的强大战船。但真正的问题是第二步——迦太基人已经掌握了精妙的海战战术，他们擅长于将撞击、侧击、绕后奇袭和突破阵线等多种战术组合使用，着重于战船与战船之间的对抗。罗马人的唯一手段便是将海战形态"复古"至萨拉米斯之前的模式——让海战重新成为双方士兵肉搏的战场。这样纪律严明的罗马军团才能发挥出自身长于肉搏的优势，从而打败迦太基人的雇佣兵。此时矛盾的关键就在于如何才能让罗马战船逼近那些灵活机动的敌船，并且让罗马重装步兵登上敌船进行厮杀。

罗马人所提出的天才解决方案便是"乌鸦跳板（corvus）"，这是一种长约18英尺的吊桥，吊桥末端装有坚固的铁钉，可以嵌入敌船船体。吊桥通过枢轴固定于罗马战船船艏的桅杆上，朝向正前方，可以向两侧回旋。当迦太基战船向罗马战船发动撞击或者侧击时，便会被"乌鸦跳板"钉住，从而无法脱身。此时罗马重装步兵便会跨过吊桥，将海战转变为一场甲板与甲板间的白刃格斗。公元前260年，"乌鸦跳板"在迈利（Mylae，今意大利米拉佐（Milazzo），位于西西里岛东北部）外海的海战中首次发挥了决定性作用。当迦太基水手们看着罗马人以笨拙的操舵手法和杂乱无章的阵形逼近时，怎么都不会想到，此战中半数的迦太基战船都被"乌鸦跳板"上跳下来的、战技娴熟的罗马军团士兵击沉或缴获，剩下的战船只得仓皇逃窜。在随后爆发于埃克诺穆斯角（Ecnomus）的海战中，罗马舰队除了依仗于"乌鸦跳板"外，还将迦太基人优越的海战战术收为己用，展现了令人惊叹的船队协同和指挥技巧。但这一切都不能补足罗马人在操舰水平上的决定性劣势。在经历了一场战败，并在风暴中因操舰不精损失多支舰队后，罗马人随即转为守势并维持了很长时间。在此期间，罗马人终于培训出足够多的老练水手，并凭借于此，在一场海上决战中以精湛的操舰水平击败了迦太基舰队，为第一次布匿战争画上了句号。

在此后的第二次布匿战争中，罗马人再次在海上取得了胜利。迦太基将领汉尼拔因此决定从西班牙出发，翻越阿尔卑斯山攻打罗马本土。虽然汉尼拔的军队一度在意大利半岛转战15年之久，但只能够通过纵兵劫掠农地来供养自己的军队，并为此激怒了那些一度臣服于他的罗马省份。而汉尼拔本身却希望从这些省份得到支援。在此期间，罗马人在其海军统帅的鼓动下，将战争推进至非洲的迦太基本土。汉尼拔不得不抽身返回组织防御，但最终在扎马战役（Battle of Zama）中战败。

第三次布匿战争以罗马人经由海路入侵非洲拉开序幕，迦太基人的都城迦太基城毁于一旦，迦太基人的国家也遭到彻底毁灭。

罗马与迦太基的第一次战争让西西里岛成为罗马的一个省份，第二次战争中得到了西班牙，第三次战争中则得到了北非。罗马随即趁势扩张——东进希腊半岛，攻取直至里海的中东以及波斯湾地区；向北一直占领至不列颠群岛。罗马军团开疆拓土的过程中积累的丰富作战经验也为海军的发展留下了珍贵的财富。

在扩张期间，仍显稚嫩的罗马海军也并未遭受忽视，他们扫清了地中海海域内的海盗，无敌的罗马军团保障着跨海航运的安全，同时击败一切敢于挑战统治权的敌方舰队。在此期间，罗马军团也完成了海军战术的革新，虽然此时罗马军团步兵在海上的主要武器仍然和陆地上一样（罗马军团标志性的短剑和盾牌——译者注），但罗马海军已经开始学习如何使用船只战术来支援军团步兵作战。后来，罗马军团又习得了投掷物战术的用法——为战船安装发射标枪的弩炮（ballista）、投掷石弹的石弩（catapult），步兵们配备起标枪，战船开始装备各类爆炸物和燃烧武器。各种战术和武器的成形使得当时的罗马海军与驰骋在陆地上的罗马军团一样所向披靡，战无不胜。

罗马军团对远方的征服最后因本土的内战戛然而止。这个庞大帝国统治权的最有力竞争者分别是迎娶了埃及女法老克里奥帕特拉（Cleopatra）的马克·安东尼（Mark Antony）和伟大的征服者盖乌斯·尤利乌斯·恺撒（Gaius Julius Caesar）的养子盖乌斯·屋大维·图里努斯（Gaius Octavian Thurinus）。屋大维控告安东尼意图颠覆罗马的统治并将亚历山大（Alexandria）作为帝国的首都。双方的内战最终在公元前31年的亚克兴角海战（Battle of Actium，亚克兴角位于希腊西海岸）中决出了胜负。这也是西方古代历史上最后一场大规模海战。

面对屋大维的260艘战船，安东尼派出了200艘巨大的战船。更大型的战船可以携带更多的步兵和补给，也能加挂更多风帆，保证在战败时能够快速撤退。不过屋大维和他的舰队统帅阿古利巴（Agrippa）没有畏惧安东尼的"浮动怪兽"。由于双方甲板上的都是同样精锐的罗马军团士兵，屋大维的舰队竭力避免与敌方发生接舷战。在认识到安东尼的巨型战船笨重迟缓之后，他们决定利用机动战术抗衡安东尼的步兵和投射武器优势。

战斗爆发之初，双方的舰队都分为并排的三个分舰队，每个分舰队各自又排成横队，每艘战船都负责掩护相邻战船脆弱的侧面，划桨战船的船舷暴露着多排船桨，一旦失去这些船桨，战船在战斗中就会失去动力。暴露在敌军当面的船艏配置着冲角、"乌鸦跳板"和投射武器。在安东尼的阵线后方是克里奥帕特拉派来作为援军的60艘战船。

虽然双方舰队在早上仍保持着对峙状态。但在中午，一阵疾风使得安东尼的左翼出现动摇，双方舰队随即战作一团。屋大维的战船避开了队形紧密的敌军战船，专挑被孤立的敌船集中攻击，屋大维的战船利用冲撞摧毁安东尼的巨舰的船桨，并在随后不给敌船任何靠近的机会。阿古利巴利用火箭和石弩发射的燃烧木炭块使得安东尼的舰队燃起大火——木炭块的投射要胜过敌船射出的石弹。

发现战局对安东尼不利后，克利奥帕特拉的舰队径直冲向双方战阵的中心，但是由于风力过劲直接冲出了战阵，并将自己的后续船队甩在了后面。灵敏的屋大维方战船直接为女王的座船"让开了道路"，使得她与安东尼的舰队首尾不得相顾。由于此时的风向令她无法掉头回航加入战团，她决定张开风帆向南返回埃及。安东尼登上舰队中的一艘小船，并设法加入了克利奥帕特拉的舰队。安东尼的舰队在阿古利巴的火攻下未能按照计划退出战斗，而是继续作战，直至屋大维的舰队在火箭和炽热的木炭块的帮助下取得决定性胜利为止。当夜幕降临后，安东尼舰队的残部才设法逃脱战场。一周后，安东尼的残存战船和该地区的罗马军队向屋大维投降。这场胜利使得屋大维取得了全地中海的制海权，也意味着他已经扫平了进军埃及、独掌罗马帝国大权的一切障碍。

在亚克兴角海战之后的5个世纪间，从黑海至大西洋沿岸的商船仅由小规模的警备舰队保护，以免海盗的袭扰。整个地中海及其毗邻海域周边的海岸以及海军基地都被罗马帝国占领，地中海已经成为帝国的内海。横跨欧亚非的罗马帝国（Pax Romana）就此建立起来。

罗马衰落，欧洲崛起

奴隶的大量涌入使得罗马人的生育率在几个世纪间不断降低，人口的缩减使得罗马人的征服行动达到了极限。由于低生育率必然导致人力匮乏，作为对策，罗马帝国引进了来自北欧与东欧的日耳曼人。最初的日耳曼迁居者是作为罗马帝国的士兵和农民应邀迁居，随后大量日耳曼人获准为躲避自中亚地区西迁的游牧民族——匈奴人，逃入帝国境内。最后日耳曼人则成为攻击者，开始对罗马帝国发动侵略。在巨大的压力下，罗马帝国不得不一分为二——东西罗马帝国都拥有自己的皇帝。西罗马帝国的首都仍然是罗马，而东罗马帝国，或者说拜占庭帝国（Byzantine Empire）的首都则选在君士坦丁堡（Constantinople）。

公元5世纪之后，罗马帝国已经不再成为一个统一的政治实体。在公元6世纪，伊斯兰教的崛起威胁着两大罗马帝国的整个疆域。在先知穆罕默德（Muhammad）的感召下，阿拉伯游牧部落从阿拉伯半岛的荒漠中奔涌而出，开始进攻相邻的庞大帝国。波斯帝国与拜占庭帝国都难以抵御，穆斯林军队向东进入印度河（Indus）流域，向西夺取了埃及和博斯普鲁斯。在占据整个中东地区后，穆斯林军队转向海上，征服了塞浦路斯和罗德岛，并开始劫掠意大利南部和西西里。与此同时，穆斯林军队向西征服了整个北非。公元700年，穆斯林军队推进至直布罗陀海峡，当地的柏柏尔人（Berber）在改信伊斯兰教后也加入了对西班牙的攻击中，穆斯林军队甚至攻入了高卢。不过此时君士坦丁堡仍旧昂然屹立。公元717年，80000名穆斯林士兵发起了对君士坦丁堡的围攻，但未能打破君士坦丁堡坚固的城墙。在城外的海面上，拜占庭舰队使用全新的燃烧武器——难以扑灭的"希腊火"（Greek Fire）消灭了企图封锁君士坦丁堡的穆斯林舰队。在西欧，穆斯林在公元732年被法兰克军队所击退。

查理曼大帝（Charlemagne）所领导的法兰克人与罗马教廷合作，很快恢复了西欧的秩序，但由于南面的穆斯林、东面的斯拉夫民族和来自北方斯堪的纳维亚半岛的维京人的进攻，查理曼建立起来的帝国也很快分崩离析。因此，当东面的拜占庭帝国和伊斯兰帝国都已经进入了文明与启蒙的高度发达阶段时，西欧仍旧处于混乱和蒙昧当中。

从法兰克帝国的废墟中建立起来的罗马帝国包括了整个德意志地区和意大利大

部。维京人在停止了劫掠后与那些曾被他们所劫掠的民族混居。斯拉夫人在罗马帝国以东的地方站稳了脚跟。只有穆斯林仍旧在向着基督教世界的边界进犯，而他们的舰队此时正主宰着地中海。

而到了公元11世纪时，基督教世界做好了反击的准备。基督教军队将穆斯林驱逐出了撒丁尼亚和西西里，并将伊比利亚半岛上的穆斯林军队赶到了西班牙南部。公元1095年，乌尔班二世教皇（Pope Urban II）发动了战争。到该世纪末，基督教军队已经夺取了耶路撒冷，并将阿拉伯人的战船从海上一扫而空。

战争所掀起的热潮在西欧持续了近250年，持续的战争为意大利商业城市的发展提供了土壤。这些商业城市夺取了东西方贸易之间的主要份额，商船队在中东沿岸的丝绸之路终端满载来自东方的香料和珍奇货物，然后运输至西欧和南欧的沿岸城市，并借此获取暴利。

威尼斯因其独特的地理位置而获得了眷顾，坐落于亚德里亚海（Adriatic）北端的威尼斯同翻越阿尔卑斯山脉的贸易商路连接在一起，使得该城成为连接欧洲北部的贸易中转站。在洗劫了君士坦丁堡（一定程度上可以说是威尼斯人唆使的）之后，威尼斯人获得了克里特岛的所有权，此后威尼斯人又吞并了塞浦路斯，进一步增强了对海上运输的控制权。威尼斯大兵工厂（The Great Arsenal of Venice）这座政府专营造船厂为威尼斯舰队提供了统治这片海洋所需的帆桨战舰。到公元1400年前后，威尼斯达到其军力和国力的巅峰，总人口为200000人，拥有3000艘舰船，有38000人都是水手。

此时，基督教世界再度面临着新崛起的国家的威胁。阿拉伯国家内部的政治和宗教纷争给了从中亚的群山间开始扩张的突厥人（Turks）可乘之机，他们随后夺取了整个阿拉伯世界的统治权和伊斯兰教的主导权。到1400年前后，奥斯曼帝国（Ottoman Empire）已经横扫了达达尼尔海峡两岸，并一度推进至多瑙河（Danube）流域。公元1453年，在奥斯曼军队的围城和火炮攻势下，"千年之都"君士坦丁堡也宣告陷落。

在罗马帝国分裂后依然存续了上千年的拜占庭帝国此前一直是欧洲防御入侵的桥头堡和灿烂的古代文明的保存者，其毁灭无疑是一场浩劫。在此之后，奥斯曼帝国的大军一度横扫整个中欧，兵力一直推进至维也纳。与此同时，依靠北非和中东地区的港口，奥斯曼海军也逐渐增强着对地中海的控制力。与阿拉伯人一样，奥斯曼帝国同样乐于作为欧洲和东方贸易的中间商赚取利润，不过这也并不妨碍他们的海盗船攻击基督教国家的商船，将船员掠作奴隶，或者在西欧大陆的地中海沿岸大肆烧杀抢掠。

勒班陀海战

在历次战争期间,基督教国家的军队和海军曾团结一致,但奥斯曼(土耳其)帝国的肆虐并未能让基督教世界再次团结一心。不过,在公元1570年,由于奥斯曼入侵塞浦路斯,地中海沿岸的基督教国家终于警觉,并决定将力量集结起来。在教皇庇护五世(Pope Pius V)的赞助下,地中海诸国组织起了一个"反穆斯林神圣联军"(anti-Muslim Holy League)。虽然强大的葡萄牙(Portugal)和神圣罗马帝国均没有参加这一同盟,但西班牙和意大利诸国响应了教皇的号召,将舰队集中到墨西拿。对于基督教联军而言,如果不能在海上打垮奥斯曼舰队,那么召集而来的陆军也无法夺回塞浦路斯。

基督教联军舰队集结了约200艘桨帆战舰,其中大多数来自威尼斯和西班牙,另有少部分是教皇国、热那亚(Genoa)、萨伏伊(Savoy)和马耳他的战舰。所有联军战舰加起来共有约44000名水手以及28000名士兵,其中三分之二的士兵都来自西班牙。这支舰队的总司令是来自奥地利(Austria)的唐·胡安(Don John)。尽管这份任命来自他的同父异母兄弟——西班牙国王腓力二世(Philip II),但他并未因此受到白眼,年仅24岁的唐·胡安当时已经是海陆双全的宿将。奥斯曼方的舰队则由阿里帕夏(Pasha,奥斯曼高级将领的封号)指挥,拥有250艘桨帆战舰,舰上搭载着50000名水手和25000名士兵。

双方的桨帆战舰都是体型纤长的平底战船,外形与古希腊和罗马时代的战船相差不大。不过这些战船用水线以上长达18英尺的坚固撞锤取代了古典式的水下冲角。虽然奥斯曼人仍旧主要依赖于弓箭,基督教联军的士兵中却有许多人已经装备了火绳枪(arquebus)。双方的战舰都在船艏安装有火炮。威尼斯舰队还带来了6艘大型的加莱塞帆船,这种巨大而迟缓的战船在船艏与侧舷都安装有火炮。

公元1571年的仲秋,神圣联军从墨西拿出发,航行至希腊沿海。当基督教联军舰队在勒班陀湾外顶着逆风缓慢前行时,得知敌军来犯后,海湾内的奥斯曼舰队开始动员。10月7日清晨,基督教联军发现了从海湾中杀出的阿里舰队。

勒班陀海战的重大历史意义在于,这是自亚克兴角海战之后桨帆战舰的最大规模较量,也是最后一次大规模桨帆战舰海战。与16个世纪前所上演的一样,双方的战舰分成三个分舰队并排展开,每个分舰队也呈横队阵形。奥斯曼和联军舰队都在后方留了一个分舰队作为预备队。不过唐·胡安也在古代战术的基础上进行了一项创新,他将及时赶到的4艘大型桨帆船部署在桨帆船组成的分舰队前方。奥斯曼军队选择先手进攻，他们不依不饶地围绕着联军的4艘"浮动要塞"发起攻击，但在大型桨帆船的侧舷舰炮的猛轰下损失惨重。

在桨帆船横队相互靠近期间，双方的船艏火炮都开火了两到三次。之后，这场海战，尤其是中线战场，就变成了一场纯粹的肉搏较量——双方战舰相互冲撞，彼此挤碰，并发起登船战，将甲板化作战场。其中最激烈的交锋发生在双方旗舰以及护卫船只之间。奥斯曼士兵曾两度登上唐·胡安的座舰，但两次都被从其他基督教联军战船上登上该舰的援兵赶了下去。在此危急之际，联军的西班牙增援舰队指挥官圣科鲁兹（Santa Cruz）和两百名士兵及时赶到。与此同时，一艘联军桨帆船驶至奥斯曼旗舰侧面，用舰上的火绳枪火力横扫了该舰的甲板，联军旗舰上的意大利和西班牙士兵以及唐·胡安本人，都趁此机会跳至奥斯曼旗舰上，在短兵相接中击杀了阿里帕夏本人和他所有的船员。

在战线的北端，西罗科（Scirocco）指挥的奥斯曼右翼舰队试图凭借他们对于当地浅海水域的了解，顺着近岸包抄基督教联军的左翼。不过联军左翼舰队的指挥官巴尔巴里戈（Barbarigo）在观察后得出结论——能够让奥斯曼舰队通过的水深也足以令联军船只航行，因此命令联军左翼同样紧靠岸边，不给奥斯曼舰队可乘之机。与此同时巴尔巴里戈的右翼舰队也占得上风，将奥斯曼舰队向近岸挤压。奥斯曼舰队随即被包围在岸边，在经过一个小时的激烈战斗后被彻底击败。

而在战场的另一侧，奥斯曼人的包抄计划则差一点就取得了成功。奥斯曼左翼舰队指挥官乌鲁克·阿里（Uluch Ali）在他的右翼发动了一次佯攻，他的对手多里亚（Doria）则为了避免被包围而转向南侧。乌鲁克·阿里见唐·胡安的中路舰队之间出现了一道缺口，便抓住机会转向西北，攻击联军中路舰队的右翼，并对其造成了巨大的损失。但此时唐·胡安的舰队在与阿里帕夏舰队的战斗中已经基本分出胜负，所以中路舰队的其他战舰得以调转船头支援。在意识到自己的失误后，多里亚也掉头返回参加战斗，与中路舰队一道对乌鲁克·阿里形成夹击之势，圣克鲁兹的预备队也加入攻势，乌鲁克·阿里只得逃跑。

这场海战在当天下午晚些时候正式告一段落，整个海湾都被战死者的鲜血染红。根据基督教联军的记录（可能含有夸大成分），30000名奥斯曼士兵丧生，60艘奥斯曼战舰或沉或被俘。而基督教联军方面则损失12艘战舰和7700人。

与大多数纯粹的海战胜利一样，勒班陀海战的胜利对神圣联军而言既是决定性的，但又未能实现预期目的。此役中基督教国家赢得了士气上的优势；他们对奥斯曼人形成了史无前例的震慑，此后奥斯曼军队更加小心翼翼，将对基督教国家的侵扰控制在可控范围内。奥斯曼及其在北非的附属国此后无法染指基督教国家对地中海的控制权。

但在另一方面，由于神圣联军迅速分裂，基督教国家并未能趁此机会发起登陆，奥斯曼继续占领着塞浦路斯，而奥斯曼舰船的海盗行为也依旧对基督教国家船只造成着损害。海盗掠夺扣押船只，勒索基督教国家缴纳赎金，"巴巴里体系"（Barbary System）此后仍将持续数个世纪之久。

总结

在这一时代，以划桨作为战斗时主要动力的桨帆船仍是控制海上交通的主要工具。由桨帆船组成的舰队保护友方的航运船只，切断敌方的海上航运。在达成此目的（通常通过歼灭敌方战船）之后，通常胜利一方会声称其夺取了制海权（command of the sea）。

桨帆船时代控制海上运输的突出战例便是公元前480年波斯对希腊发动的远征。在萨拉米斯海战中，希腊舰队将波斯舰队引诱进狭窄的海峡，使得后者无从发挥其数量优势。之后敏捷快速的希腊三列桨战船避免与波斯战船陷入接舷战，凭借撞击战术将波斯舰队击败。由于补给船队面临着得胜之后的希腊舰队的威胁，波斯大军不得不撤退。这场战争极为彻底地印证了马汉的著名论断："海运决定战争"。

在公元前3世纪，从台伯河盆地崛起的罗马人征服了意大利南部的希腊城邦，并击败了本土位于非洲的迦太基人。罗马舰队最初依靠"乌鸦吊桥"——一种枢轴转动，嵌有铁钉的跳板吊桥运送罗马军团步兵展开肉搏取胜，随后则利用更为优越的海军战术彻底击败了迦太基人的桨帆船舰队，彻底夺取了地中海的制海权。

在将迦太基纳入不断扩张的帝国版图之后，罗马继续向欧洲其他地方，小亚细亚和埃及等地派遣远征军团，而海军舰队则经常成为征服大军的矛头。不过共和时代罗马对外征服的脚步最终被本土的内战所打断。这场内战在海上的最高潮，是在公元前31年爆发的亚克兴角海战。此战中，双方实现了桨帆船时代海军战术的最后革新——在战斗发起前双方的舰队都排成单排横队阵形。屋大维的舰队利用更优秀的机动能力击败了马克·安东尼的舰队。屋大维的这次胜利为他统一罗马帝国，加冕为"奥古斯都"（Ceaser Augustus）铺平了道路。

在四个世纪之后，罗马帝国分裂为东西两大帝国。西罗马帝国此后逐渐被日耳曼入侵者所消灭，而东罗马帝国（亦称拜占庭帝国）则面临着来自阿拉伯半岛的穆斯林的威胁。在公元8世纪的一场围城战中，东罗马帝国的首都君士坦丁堡被拜占庭帝国的桨帆船舰队所救，这场海战中，拜占庭舰队为打破穆斯林舰队的封锁使用了火攻。

为了从穆斯林手中夺还圣地而发起的战争促进了意大利商业城市的发展，这些城市随后逐渐夺取了连通东西方的海运的主导权。其中坐落于亚德里亚海北端的威尼斯因其居中的地理位置而占得先机。威尼斯人将来自中东和地中海沿岸的货物经由阿尔卑斯山脉运送至更北方向的欧洲地区。到公元1400年时，为了展开海上贸易，威尼斯一共拥有3000艘商船，且拥有保护商船的强大桨帆船舰队。

与此同时，突厥人击败了阿拉伯帝国，并接受了伊斯兰教，随后横扫达达尼尔海峡一直扩张至多瑙河流域。1453年，君士坦丁堡在奥斯曼人的围攻下陷落。此后奥斯曼帝国的兵力在东欧一直延伸至维也纳，且控制着中东和北非，不断增强对地中海的控制权。

1571年爆发的勒班陀海战成为基督教和穆斯林势力在地中海的决战，此役中西班牙和意大利战舰为主的神圣联军舰队与奥斯曼桨帆舰队展开对决。与16个世纪前爆发在不远处的亚克兴角海战一样，双方舰队同样排成并肩的单列横队队形。基督教联军大败奥斯曼舰队，从而在地中海的海上战局中获得了优势，但武装精良的穆斯林海盗船依然在地中海海域对往来商船造成了不可估量的损失。穆斯林海盗洗劫商船并向基督教国家勒索赎金的"巴巴里体系"仍将持续数个世纪。

第2章

英国的海权崛起

虽然维京人使用桨帆并用的战船,但当时大西洋海域并未发生大规模的桨帆船海战。纤长且吃水浅的桨帆战船适用于地中海波涛起伏的水域,但很容易被海洋涌浪打翻。此外,中世纪的西欧国王们也无力负担专门为战斗而设计的船只。他们想要与对手争夺海洋时,通常会征用手下商人们的货运帆船——重心稳、船体宽的单桅货船——用它们装载着士兵去作战。战斗形式主要为船只挤碰和接舷战,往往以被俘船只一方的士兵被扔到海里而告终。

风帆时代,第一项结构上的进步是在船艏和船艉加装临时的塔楼,被称为"艏楼"(forecastle)和"艉楼"(aftercastle)。敌人成功登船后,防御方退入塔楼内,扔下滚石、箭矢和滚烫的沥青,攻击舯部甲板的入侵者。同时,从塔楼上也可以向敌船抛掷石块。由于实践证明了塔楼的有效性,商船主们决定在新造的商船上永久保留这个设计,因为他们永远不会知道什么时候要对付海盗和其他劫掠者。这只是货船偶尔作为战船使用的许多结构性变化中的一个。15世纪船舶设计上的巨大进步,很大程度上要归功于这种双重用途。

古代相对脆弱的单桅单帆货船在15世纪演变为三桅或四桅,有一根船艏斜桅(bowspirit),可悬挂五张甚至更多风帆的全帆缆船(full-rigged ship),风帆强度足以应对大西洋的狂风和涌浪,可在不补给不维修的情况下穿越大洋辽阔的海域。海员们通过观察船只经过泡沫或漂浮物的时间来测量航速。他们可以利用罗盘和航位推算法（dead reckoning）找到方向。

　　航位推算法让航海者可以大致推算航行所需数据，可是一旦失去参照物，航海者将难以确定自身的方向和位置。在当时，确认自身所处纬度的工具都需要有一个稳固的平台和相应的数学知识才能有效运作，这二者很难同时具备。大体而言，当时的开阔海域航行首先要在拥有沿岸参照物的近海沿纬度向南或者向北航行，在航行至目的地所在纬度后掉头向西或者向东，在驶出开阔海域后根据当面的地形参照物进行进一步修正。对于当时的航海者而言，由于缺乏准确计时的工具，想要弄清自己所处的位置更是难于登天，而此时航海经线仪和反射式象限仪还未发明。但不论如何，当时的西欧航海家们已经将航海探索的极限不断延伸。

　　与此同时，不断增长的大西洋海上商运利益使得西欧航运业者对意大利与德意志与东方贸易的垄断心生妒意。产自东方的棉制品、丝绸、香料、燃料、熏香和宝石已经在西欧形成了稳固的市场，但货物的售价高达原价的四倍，主要是由于从波斯湾或红海沿岸运往地中海的运价过于高昂。在中世纪末期，大西洋沿岸的欧洲人开始向往有一条未知的航路通往富饶的东方。印刷术的推广使得地圆说广为传播，大胆的思想者和探索者们梦想着经由绕过非洲大陆或者横跨神秘的大西洋抵达他们所追求的目的地。

　　由葡萄牙的伟大"探索先驱"（the navigator）亨利王子所赞助的探索者们开始了向南探索非洲西海岸的历程。1487年，巴托洛梅乌·迪亚斯（Bartholomeu Dias）绕过了好望角，由此几乎确定了存在一条完全经由海路通往东方的航线。1492年，得到了西班牙女王赞助的克里斯托弗·哥伦布（Christopher Columbus）完成了横跨大西洋的壮举，虽然他没有发现通往东方的航道，但他却发现了新世界。6年后，瓦斯科·达·伽马（Vasco da Gama）完成了迪亚斯的事业，从葡萄牙出发成功绕行了非洲两岸，并到达了印度。

　　上述这些地理发现揭开了人类文明现代化的序章，这一时期也被称为"海洋时代"（the Ocean Age）。在实力羸弱的达·伽马之后，跟随而来的葡萄牙舰队轻松击败了印度洋上的阿拉伯航运业者，从而建立起了一个从东非一直延伸至日本的强大贸易帝国，而且还垄断了盛产香料的东印度群岛的香料贸易。而西班牙则征服了墨西哥和秘鲁地区，并利用当地的印加文明在此后的数个世纪间聚敛着财富。美洲土著在金矿和银矿中的艰辛劳动为西班牙帝国的金库提供了大量贵金属。贸易格局的改变粉碎了原有的经济格局。

此时欧洲内部的变革已经开始酝酿，分封制封建体系逐渐向以民族和国家为主体的、君主专制的封建主义过渡。各个国家的君主都希望通过借助新兴的商人阶级的力量增强自己的权威，而这恰好与商人阶级希望实现长久的国内和平以及统一的货币制度等诉求不谋而合，集权制度也有利于商业和工业的发展。在数个世纪当中一直作为基督教世界团结支柱的教廷此时也因为新教改革（protestant reformation）而陷入分裂。新的航海发现使得欧洲国家的利益重心从向东发展转为向西探索新世界。在此期间，欧洲的民族主义也得到了巨大的发展。由于失去了贸易中转的地位，奥斯曼帝国逐渐陷入衰退，陷入同样境遇的还有意大利和德国的商业都市。欧洲内海海域和中东（从波罗的海到红海，从地中海到波斯湾）渐渐成为商业不兴的"死水"。而面向大西洋的欧洲主要国家（英国、西班牙、葡萄牙、法国、荷兰）则作为互相竞争的海上强权相继崛起。

英国海军

英王亨利八世（King Henry VIII）是一位有远见的君主，也是英国第一位专门出资建造用于战斗的战舰（虽然数量很少）的君主。亨利的造舰计划恰逢大型前装式舰炮的出现。在大型前装舰炮推广之后，其逐渐取代了尺寸较小的滑轨安装型号，后者主要安装于船舷舷墙和艏艉楼内，用于消灭登船的敌方人员和敌方甲板上的人员。由于在露天甲板上放置沉重的舰炮会导致重心距离水线过高，存在倾覆的风险，因此英王的造船匠人们选择在船舷侧板上开凿出炮位，并将大多数重型舰炮布置在"货物甲板"内，就此诞生了世界上第一种侧舷炮门式战舰。在1545年肖尔黑姆（Shoreham）外海发生的一次战斗中，侧舷舰炮证明了其不仅能杀伤甲板上暴露的人员，而且能够直接摧毁敌方的船体，让风帆时代的海战迈上了一个新的台阶。双方战舰不再需要通过船身的接触才能实施攻击（engage），完全的"无接触战斗"成为可能。

侧舷炮门的出现和英王亨利的决断使得他拥有了一支独立于征召商船队的作战舰队，这也让英国在战舰设计上走在了其他国家的前头。不过王室海军的建设在爱德华六世（Edward VI）和玛丽·都铎（Mary Tutor）执政的短暂时期内停滞不前。在伊丽莎白一世（Elizabeth I，以下简称伊丽莎白）主政后，王家舰队的建设一度被中止，但随着西班牙大军进攻的威胁，她不得不重整英国的海军军备。

当时的西班牙国王腓力二世（Philip II）非常看重自己作为信奉罗马天主教的国

家君主和罗马教廷护教者的地位。如前文所述，他在1570年响应了教皇庇护五世的号召，他的舰队在勒班陀海战中出力颇多。同样是在1570年，由于无法收回已经改信新教的英格兰的教权，教皇剥夺了伊丽莎白女王的教籍，并将她判为异端和篡夺者。教皇同时要求腓力二世像对待奥斯曼人一样对英格兰发动十字军圣战。对于西班牙国王而言，欧洲北部的新教异端虽然可恶，但面对伊丽莎白，他不打算立刻发动进攻。因为此时的西班牙正双线作战，一面对抗土耳其，一面还要镇压国内的尼德兰叛乱。

伊丽莎白很清楚腓力二世的抽不开身只是暂时的，一旦他腾出手来，一定会前来将自己赶下王座。因此她立即着手增强英格兰的防卫力量并设法削弱西班牙的实力。1572年，伊丽莎白走出一着妙棋，与法兰西国王结盟。同时她秘密授意国内那些对黄金如饥似渴的船长们对腓力二世的财宝运输船发起私掠行动，并暗中援助尼德兰。除了这些动作之外，她还开始重建这支已经被王室忽略已久的海军。

在被授命袭扰西班牙海外殖民地和航运的英国半官方海盗[1]当中，最为著名的当属约翰·霍金斯（John Hawkins）和他的表亲，以及葡萄牙人弗朗西斯·德雷克（Francis Drake）。霍金斯曾长期担任英格兰王国的海军总指挥，并在1577年得到了海军财务官（treasurer of the navy）的职位[2]。霍金斯是英国普利茅斯的一名富有的商船主，通过与美洲的西班牙殖民地进行货物和奴隶贸易赚取财富，他所做的那些"见不得光的生意"（如奴隶贸易）在当时得到了英格兰王室的部分默许甚至参股。他的航海经验（以及数次海上战斗的经验）让他并不青睐传统的接舷战术，而是坚定地支持利用火炮和舰艇的机动进行作战。在他的建议下，英格兰王室的战舰成为具备优秀航速和机动性的舰炮平台。此前帆船上高耸的艏艉楼被削矮，船体长度也随着宽度逐渐提升。

霍金斯对于战舰的武器与战术产生了巨大影响。只有让英格兰海军抛弃近距离战斗，转而依靠炮术远距离消灭敌人，才能发挥长射程火炮的优势。我们可以看到，此时的英格兰战舰开始越来越少地安装笨重的、发射重型炮弹的短管炮，而长管的重型卡尔巴林炮（Culverins）的比例则在不断提升，这种长身管火炮可以将重量较轻的17

---

[1] 英格兰王国向这些海盗颁发了私掠许可证，允许他们在海上截杀敌国的船只，但往往己方船只也会沦为这群不受法律束缚的私掠者的猎物——译者注。

[2] 此后他又在1589年得到了海军审计官（Comptroller of the Navy）的职位。

磅炮弹射出1.25英里远。

优秀的海员队伍也是伊丽莎白的优势。虽然这些海员此前几乎没有机会学习精妙的战术技巧，但他们拥有丰富的海洋经验。

西班牙的挑战

没有什么事情能比英国私掠者大肆劫掠西班牙人的港口和船只更令腓力二世感到暴怒。在愤怒的西班牙人眼中，英国私掠者（privateer）的行径已经与海盗（private）无异。在这些私掠行动中，最为著名的当属德雷克的"黄金鹿"号（Golden Hind）所进行的多次远征，该舰在1578年经由麦哲伦海峡（Strait of Magellan）进入太平洋，一路劫掠西班牙人的城市和航运直到航行至南非海岸。随后德雷克经由好望角返回英格兰。船上满载着价值50万英镑的黄金、白银、珠宝等战利品。在公开层面上，伊丽莎白以在"黄金鹿"号的后甲板上向德雷克授予爵位的方式表达了对于他的默许。虽然腓力二世恼羞成怒，但他此时并不愿意冒险开战，而是同英格兰国内仍然势力颇大的罗马天主教派系一起密谋刺杀伊丽莎白。一旦伊丽莎白被刺，那么英格兰王位将落到她的天主教表亲，苏格兰女王玛丽·斯图尔特（Mary Stuart，即玛丽一世）手中，后者自1568年被信奉加尔文派（Calvinsit）的苏格兰国王驱逐后就一直处于软禁状态。

在1584年发生的两大事件让英国与西班牙之间一直处于水面下的战争彻底公开化：一是由于信奉天主教的法国国王驾崩，而上位的王位宣称者却信奉新教，法兰西王国爆发了内战；二是西班牙人设计刺杀了新近宣布成立的荷兰共和国（Dutch Republic）的总督"沉默者威廉"（William "the Silent"）。法兰西的内战导致曾经阻止腓力二世长达12年的英法同盟失去效力；而荷兰总督的被刺则为西班牙征服尼德兰找到了理由，一旦荷兰被征服，英格兰势必成为西班牙的下一个目标。此时腓力二世开始限制英国商人在西班牙人的港口内进行正常交易，而伊丽莎白则决心报复。她派遣德雷克率领的19艘船组成舰队前去劫掠西属西印度群岛（Spanish Indies），以切断西班牙的贵金属流入渠道。同时，她还与反抗腓力二世统治的荷兰抵抗势力结盟，派遣陆军登陆荷兰。伊丽莎白认为，即便爆发战争，在他国领土上有一个盟友配合的战斗也比国土上孤军奋战更好。此时西班牙国王加速了刺杀伊丽莎白的密谋。为彻底消灭这一密谋，伊丽莎白于1587年初处死了玛丽·斯图尔特。由于腓力二世拥有英王爱德华三世的血统，以及自己的妻子玛丽·都铎（Mary Tudor）是伊丽莎白同父异母的妹妹（也是英格兰王位的第一顺位继承人），腓力二世随即公开宣称拥有英格兰王位。

西班牙国王宣称王位的底气不仅来自他身上流淌着的英格兰王室血统，还来自西班牙的各个港口中集结的大军，以及支援这支大军的庞大舰队（armada）。虽然迫于形势，腓力二世不得不将在被荷兰人所进攻的弗兰德斯（Flanders）集结的登陆部队撤出，但他仍然坚持自己的总体计划。如果说腓力二世仍然对打败英国舰队抱有任何希望的话，那么1587年4月德雷克的突袭无疑给了他当头一棒。当时德雷克的23艘战舰大胆地驶入卡迪斯港（Cadiz）内，轻松地甩开了负责防御的西班牙桨帆船队，在击沉18艘货船后扬长而去。事实证明，表面光鲜的桨帆战舰根本无法抗衡安装有长射程侧舷舰炮的英格兰风帆战舰。

幸运的是，腓力二世还拥有葡萄牙王国的王位，可以征调葡萄牙的战舰和武装商船。除此之外，具有丰富经验的葡萄牙造船业者也会为他建造战舰。虽然腓力二世接受了风帆战舰和侧舷火炮阵列等理念，但他仍然对勒班陀海战的胜利念念不忘。如果情况允许，他仍然希望像勒班陀一样利用步兵来取得海战的胜利。为了将英格兰的战舰击瘫以便接舷部队发起跳帮，腓力二世为他的舰队装备了当时他所能找到的最大口径的舰炮，其中一些可以发射重达50磅的炮弹。

1588年7月，集结完成的无敌舰队（Grand Armada）出港起航，向英格兰杀去，这支舰队拥有130艘战舰，搭载有1100门火炮和27000人，人员中有一半以上都是士兵。指挥这支庞大舰队的是梅迪纳·西多尼亚（Medina Sidonia）公爵，他因自己显赫的地位和对主的虔诚而获得了这项任命。梅迪纳公爵的任务是经由英吉利海峡驶往弗兰德斯，让舰队搭载的6000名士兵增援已经在岛上集结的、由帕尔玛（Parma）公爵指挥的17000名士兵。随后无敌舰队将掩护帕尔玛的部队搭乘小船从弗德兰斯的港口敦刻尔克（Dunkirk）出发，登陆泰晤士河（Thames）河口的马尔盖特（Margate）。英格兰舰队自然不会坐视西班牙人发起登陆，海战势必将在航渡过程中爆发。虽然腓力二世知道英格兰人打算仅凭舰炮进行作战，但他还是非常详细地指导西班牙舰队如何"贴近并登上敌船，然后进行白刃厮杀"。

与此同时，伊丽莎白女王拥有34艘战舰，并得到了大量的增援。支持女王的武装商船和全英格兰的炮兵使得英军拥有了一支舰船数达到197艘，搭载16000人，配有2000门火炮的强大舰队。除了数量上的优势外，双方舰队在质量上也存在显著差距。英格兰的船只虽然普遍比西班牙战舰小，但更易操纵，配备的水手驾船水平也更为高超。此外英格兰战舰没有搭载步兵,只搭载了水手和炮手。无敌舰队的火炮总数虽然更少,但在侧舷火炮的投射总质量上却拥有优势,在双方的平均单炮口径上,无敌舰队是17磅,而英军舰队则只有7磅。不过需要指出的是,西班牙舰队搭载的大多数是口径较大、射程中等的重型加农炮和用于击退登船者的短射程舰炮。相比之下,英格兰舰队搭载的都是长射程的中型卡尔巴林炮。总的来说,西班牙舰队在破坏力上具有优势,而英格兰舰队则拥有更优秀的机动性能、相对较为通畅的甲板以及更大的舰炮射程。

与无敌舰队一样,英格兰舰队的指挥官也是由贵族担任,埃芬厄姆(Effingham)男爵查尔斯·霍华德(Charles Howard)担任英格兰海军司令。作为一名睿智的行政主官,霍华德男爵乐于听取他的属下[德雷克、霍金斯以及马丁·弗罗比舍(Martin Frobisher)等"老海狗"(old sea dogs)]的建议。但在这场战役的关键阶段,德雷克事实上已经接过了指挥权。

这场划时代的海战于英格兰近岸海域拉开帷幕。这是天主教与新教的首席护教者之间的搏杀,也是史上第一次风帆舰队的大规模对战。虽然此前风帆战舰之间已经爆发了多次小规模的遭遇战,但还没有任何一方积累了足以确定风帆战舰战术准则的战斗经验。英格兰舰队充分利用风向上的优势,在敌军舰队的上风向摆开阵形。由于风向有利,英军舰队能选择交战的时机和距离,在英军舰队攻击无敌舰队的时候,无敌舰队会因为风向而只能被困在原地。相比英军,西班牙人对于占据风向的意义并没有那么深刻的理解。

由亨利·西摩(Henry Seymour)爵士指挥的英格兰分舰队在多佛近海监视着帕尔玛的动向,而霍华德所指挥的英军舰队主力则为了利用西南风而驻留在普利茅斯。也正是乘着这股西南风,西班牙无敌舰队驶入英吉利海峡,而这股大风也将霍华德舰队推出了普利茅斯湾(Plymouth Sound),与无敌舰队撞个正着。如果此时梅迪纳·西多尼亚选择对英军发起进攻,那么英格兰势必大难临头。然而无敌舰队却耀武扬威地驶过了普利茅斯,将霍华德的舰队留在自己身后,从而失去了上风向优势和撤回西班牙的安全路线。在此后的一周间,无敌舰队顺风缓慢地沿着英吉利海峡向北航行,而英格兰战舰则躲在西班牙舰炮射程之外不停地向最靠近上风向(weathermost)的西班牙战舰开火。双方之后爆发了三场激烈的战斗,但由于双方的军舰都猬集成群,大多数战舰的侧舷舰炮都被友军的船体挡住了射界,因此这些战斗远远谈不上全舰队交战。

在沿英吉利海峡的追逐战中,西班牙舰队发射了超过10000枚炮弹,英格兰舰队的炮弹消耗量也大体相当，但双方舰队都没能重创对方。原因显而易见：英格兰人选择的交战距离实在是太远了。西班牙战舰虽然装备着重炮，但是根本够不着机动灵活、始终占据着上风向的霍华德舰队。英格兰方面的战果也好不了多少，因为在他们所选择的交战距离上，重量较轻的小口径炮弹无法击穿西班牙战舰的船壳。

尽管霍华德试图阻拦，但无敌舰队还是完成了他们的第一步目标。1588年8月7日，近乎完好无损的无敌舰队在加莱（Calais）的中立港口下锚。但加莱并不是西班牙人所急需的后勤补给基地，因此梅迪纳的舰队已经消耗了大部分大口径炮弹，西班牙舰队的处境开始不妙起来。能从英格兰本土得到弹药补给的霍华德此时无疑拥有优势。幻想于蛰伏港内的无敌舰队仍然可能牵制住英格兰舰队，梅迪纳向帕尔玛公爵派出信使，催促他提前发起对英国的登陆，但帕尔玛的登陆船队此时被西摩的舰队和荷兰舰队严密地封锁着，根本无法出击。

在梅迪纳还在思索着接下来该做什么的时候，霍华德派出了8艘火船驶入加莱水道（Calais Roads），在半夜将西班牙舰队逼出港内。8月8日，在格拉沃利讷（Gravelines）外海，英格兰舰队发起了进攻。此时英格兰舰队放弃了远程射击而是勇敢地抵近敌舰开火，这是由于西班牙战舰已经耗尽了大口径炮弹，只能依靠用于接舷战的轻型火炮和燧发枪还击。

在此危急关头，英格兰舰队后勤系统面临崩溃，而搭载着火药和炮弹的运输船未能抵达。尽管霍华德的舰队已经击沉两艘西班牙战舰，迫使另外三艘搁浅，并导致西班牙舰队的甲板上死伤狼藉，但此时此刻，英格兰舰队也同样耗尽了弹药。

不过幸运还是眷顾着英格兰人，此时西班牙人已经决意撤退。由于风向不利且英格兰舰队紧追在后，无敌舰队不得不退入北海（North Sea）。霍华德身先士卒地鼓舞着已经陷入疲惫的英格兰舰队激起斗志，在风浪中继续追击了数日。但无敌舰队此时已经踏上了返回西班牙本土的航程——无敌舰队绕了远路，以逆时针方向经由不列颠群岛的北面和西面返回本土。

在大西洋上，饥饿使得西班牙舰队士气彻底涣散。暴风雨和导航上的失误使得西班牙舰队被冲散，有35～40艘西班牙战舰葬身于大海之中。另有至少20艘的残骸被冲到了苏格兰和爱尔兰的多石海岸上。1588年10月，腓力二世的舰队只有不到一半的人员和船只返回到西班牙的港口。

"主降下吹息，敌军四散而溃"（God breathed and they were scattered），作为胜利方的新教阵营在表彰此役的勋章上铭刻了这样一句话。但此战中其实是英格兰舰队瓦解了西班牙人的士气，并迫使西班牙人在斗志丧尽且准备不足的情况下贸然绕行回国，从而导致无敌舰队覆灭。在与无敌舰队的较量中，英格兰的海军官兵们向着确立风帆舰队的战术准则迈出了重大一步。此后的海战中起决定性作用的不再是短兵相接的接舷战，而是依靠舰炮。

后世的历史学家们认为无敌舰队的惨败标志着西班牙帝国衰落的开始。不过在当时看来形势却并没有那么明朗。腓力二世因惨败而损失了作为天主教守护者的一定声望，而英格兰则受胜利鼓舞加快了发展商业以及殖民开拓的步伐，而这些积极举措同当时盛兴的文学一道，共同构成了英格兰的伊丽莎白时代（Elizabethan Age）。

此后，由于双方都不敢展开决战，英国和西班牙的冲突演变为一场残酷的袭击战。这场延绵持久的交战终于在1603年以伊丽莎白女王的驾崩画上句号。英格兰王位的继承者苏格兰国王詹姆斯一世（James I），是玛丽·斯图尔特的儿子。詹姆斯继位后很快与西班牙建立起了盟友关系。为了与西班牙结盟，他中止了对荷兰独立的支持，为未来英格兰与荷兰的反目埋下了祸根。

荷兰的挑战

在无敌舰队惨败后，英格兰、法兰西和荷兰开始偶尔侵扰，然后愈发大胆地夺占西班牙国王的土地与贸易航线。英格兰殖民者在北美洲大西洋沿岸的新苏格兰（Nova Scotia）和圣劳伦斯河谷（Valley of St.Lawrence）定居，而法国人则在佛罗里达打下了界桩——虽然此地仍是由西班牙人占据着。在17世纪下半叶，荷兰人宣称了亨德森河谷（Hudson Valley）的所有权，并在曼哈顿岛（Manhattan）上建立了繁荣的殖民地新阿姆斯特丹（New Amsterdam）。在西印度群岛，英格兰、法兰西和荷兰的探险家们竞相占据那些西班牙人掌控不牢固的岛屿。此外，法国和荷兰在南美洲找到了落脚点；而英格兰则在中美洲打下了楔子。

而在海上贸易的竞争中，荷兰却将所有竞争对手远远甩在后面。在经历了与西班牙的漫长战争后，荷兰在1609年赢得了胜利，并获得了事实独立。这场长期的战争在实际上促进了荷兰商业的发展，并为荷兰留下了一支足以自保和扩张的强大舰队。不过荷兰人真正的制胜法宝是他们拥有商业意识的政府，官方稳步地激励和扶持商业投资。在英国因国王派与议会派的争执而内部分裂，法国的王室和平民矛盾尖锐之时，荷兰却在一步步地主宰波罗的海、中东和远东的贸易，并以各种合法和非法的手段夺取对美洲贸易的大量份额。与此同时，荷兰人的捕鲸业、渔业和海运业也在欧洲首屈一指。当英格兰和法兰西希望通过海上贸易充实自身实力的时候，他们发现荷兰航海者几乎垄断了海上贸易。当两国想要插手香料贸易时，他们又发现荷兰人已经在香料的主产地东印度群岛建立起了不可动摇的稳定地位，两国只得转向印度攫取利益。荷兰的无情垄断使得它的海上竞争对手在最后成为自己的敌人。重商主义者们坚称，只有荷兰的垄断被打破，其他海上强权才有繁荣的机会。

英格兰率先对荷兰的海上霸权发起了挑战。作为后发国家，英国需要在多方面采取措施。在詹姆斯一世的管理下，伊丽莎白所缔造的舰队已经日益衰落。当詹姆斯的儿子，下一任英格兰国王查理一世（Charles I）为重建舰队征收造船税（ship money）时，英格兰国内的敌对派系借此发难，随即在1642年爆发了内战。查理一世战败并且被斩首，而奥利弗·克伦威尔（Oliver Cromwell）和他所代表的商人利益阶层接管了政府，并开始严肃地准备与荷兰争夺霸权。新成立的英吉利共和国（Commonwealth of England）大幅度扩充了此前遭受忽视的舰队，而所需资金则多数来源于收缴的贵族资产。英吉利共和国改善了水手的薪金和伙食待遇，对于俘获和击沉敌方舰船的战功通过详尽的"捕获物奖金"（prize money）制度予以嘉奖，同时理清并强化了海军机构的每一个部门。在拥有一支强大且纪律严明的舰队后，英吉利共和国议会向荷兰"掷出了长手套"（Threw down the gauntlet，即要求决斗之意）。英吉利共和国议会于1651年通过了著名的《航海法案》（Navagation Act），该法案规定只有英国或货物原产国所建造或拥有的船只才能向英国运输货物。这一法案直接针对荷兰的航运贸易，由此拉开了英荷两国三次海上大战的序幕。

这三场战争揭示出荷兰在自负之下所掩藏着的致命弱点。其一，荷兰的生存和发展完全依赖于海洋，但英国却完全掌控着通往荷兰沿岸的海上通道。其二，作为一个大陆国家，荷兰的陆地边界需要守卫，因此不得不将大量的人力和资金投入修建要塞和维持常备军中。其三，荷兰的舰队虽然数量庞大，但多数都是体型较小、船底较平、操纵手感不佳的船只。最后，英吉利海军还设法在战术上一直维持对荷兰的领先。

当时荷兰的海军将领被誉为全世界最为优秀的军人，这一点尤为令人感到惊讶。英吉利共和国的海军舰队最初由被称为"海上将领"（generals-at-sea）的陆军将领指挥，这些将领由克伦威尔派至舰队，海军军官可能都是保王党（monarchism）分子。

在第一次英荷战争（1652—1654年）中，这些海上将领对于海上作战的杂乱无章大感震惊。在1653年，他们撰写了一套新的战斗条令（fighting instruction）。条令中包含了具有划时代意义的第三款："分舰队中的所有舰艇都应当以纵队队形跟随旗舰行动。"这一条款使得海军舰艇不再猬集成群，并将纵队队形确立为海军的基本队形。

纵队队形又称为线形队形（line ahead），是契合侧舷火炮布置的必然结果。在纵队中，没有战舰的侧舷火炮被友舰遮挡，所有炮门都拥有开阔的射界。纵队内舰艇可以相互支援，因此敌军非常难以发动接舷战。由于队形紧密，敌舰无法从纵队内舰艇的舰炮火力盲区（舾艉方向）穿插而过，而纵队内的舰艇则可以用侧舷的全部炮门发起致命的扫射。

在第一次英荷战争的第二年，新生的英吉利舰队和新上任的海军将领们轻松地在两次海战中大败荷兰舰队，随后封锁荷兰海岸迫使其承认战败。克伦威尔以荷兰支付赔款以及订立合约承认英吉利在东印度群岛的贸易中与荷兰享有同等地位这两个条件接受了荷兰的投降。

查理二世（Charles II，即被斩首的查理一世的儿子）于1660年复辟了英格兰王国，他授予了英格兰海军皇家海军（royal navy）的头衔，并任命他的兄弟约克公爵（Duke of York）为海军大臣（lord high admiral）。约克公爵没有推翻共和国海军所作出的创新，并全盘接受了战斗条令，将其应用在第二次英荷战争（1665—1667年）之中。不过在此期间，就如何实施战斗条令这一问题上出现了尖锐的意见分歧。争论的焦点在于舰队在完成纵队队形之后应采取何种动作。虽然没人否认线列纵队的价值，但对于纵队在接敌之后的下一步策略，两种相互对立的学派互不相让。

这两个学派分别被称为正规学派（formal school）和混战学派（melee school）。正规学派的支持者——以约克公爵为首的严谨的海军成员们，坚持认为舰队在整场海战中都应保持线形队形。而混战学派则认为在合适的时机可以解开对于线形队形中各舰长的束缚，让他们发挥主动性自行决断，通过灵活的集中攻击压倒敌人。让战舰各自为战显然会带来一场舰队司令无法指挥的混战，但这也更能在战局的关键位置发扬舰炮火力，而这则是绵延12英里或者更长的线形队形所无法做到的。实际上，线形队形中有很多战舰在战斗中无法将陷入混乱的敌军纳入舰炮射程内。

荷兰人在海战中被再度击败，沿岸也遭到皇家海军的劫掠，这使得他们不得不提出和谈。查理二世在拖延和谈的同时将大部分战舰闲置，遣散了舰员。这一短视的举措导致英格兰遭受了荷兰人羞辱式的反击；在1667年6月，一支强大的荷兰舰队在没有受到任何抵抗的情况下驶入泰晤士河河口，抢夺了英格兰的海军储备，并炮击了查塔姆（Chatham），烧毁了7艘大型战舰，俘获英格兰海军的旗舰"皇家查理"号（Royal Charles）。荷兰舰队随后对英格兰的船运进行了严密封锁，迫使伦敦政府很快做好了和平谈判的准备。双方都在谈判桌上有得有失，英格兰放弃了对于东印度群岛的控制权，并修订了《航海法案》。荷兰方面则承认西印度群岛为英格兰的势力范围，并割让了哈得孙河谷和新阿姆斯特丹殖民地，英格兰人在接收后将这座殖民地重新命名为纽约（New York）。

第三次英荷战争（1672—1674年）从英格兰的国家利益和公众观感角度而言并没有开打的理由。当时法国国王路易十四（1643—1715年）希望吞并荷兰，因此他贿赂了查理二世，请求英格兰参战。在路易十四的军队入侵荷兰的同时，英国的海军舰队对于荷兰的海上航运发动了突袭。而在荷兰，时任总督的奥兰治执政威廉（William of Orange）打开了拦海堤坝的闸门，阻断了法军的进攻。在海上，荷兰舰队在两场遭遇战和两场海上决战中也占得上风。英格兰所夸耀的强大舰队在战争中表现拙劣，而法国舰队的逡巡不前也使得英法双方反目。查理二世随后不仅与荷兰恢复了和平，并将约克公爵的女儿玛丽嫁给威廉让两国重新结盟。

对于法兰西帝国的恐惧让西班牙和德意志站到了荷兰一方。路易十四在发现自己已经被这个正在不断膨胀的联盟所孤立之后，于1678年承认战败，与荷兰签订和约，这场战争没能让他夺得哪怕一寸的土地。而英格兰则成为这场战争的唯一胜利者，大量有利可图的贸易从已经因战争精疲力竭的荷兰商人手中落到了英国手里。

战舰与舰炮

在各国海军摒弃集群战术，转为纵队对战后，较小型的武装船只和武装商船风光不再。由于线列纵队（形似一条锁链）的战斗力是由其中最薄弱的一环所确定的，因此直到17世纪末之前，小型舰艇都只能执行巡航和巡逻任务，这些小型战舰逐渐演变成了巡航舰（crusier），而商船则彻底回归了货物运输的职责。当时各国海军都倾向于让战列变得更为短而均匀，完全由配备重型火炮、"适宜加入战列"的战舰构成。这种能够进入战列参加战斗的舰船从此被称为"风帆战列舰"（ship of the line）。

专用战舰根据所搭载火炮数量的不同被划为六等，其中第一、二、三等是专门为了舰队战斗而设计的，其下的各等级战舰则被划为巡航舰。这一严格的分类方式在18世纪末期被按照火炮数量划分的三级分类方式所取代,而后者一直沿用至风帆时代结束之后一段时间。因此我们可以在文献中看到诸如74炮战列舰或36炮护航舰(frigate)之类的划分方式。当然,战舰上实际搭载的火炮数量也可能与分类标准有所出入,譬如100炮的战列舰"胜利"号,44炮的护航舰"宪法"号,20炮的军用快帆船"胡蜂"号。

当时各国海军的旗舰往往搭载着80门甚至100门以上的舰炮,在此期间各国甚至曾一度在战舰上加装多达140门的火炮。80门及以上火炮的战舰(一等和二等战列舰)拥有三层甲板,因此不仅能将火炮布置在三层完备的全通甲板上,还能在艏楼和后甲板上安装额外的火炮。一艘典型的100炮风帆战列舰通常会在下层炮甲板安装沉重的32磅炮(能发射32磅重的弹丸),在中层炮甲板安装的则是24磅炮,主甲板上则安装18磅炮,艏楼和后甲板内安装12磅炮。所有这些火炮都是滑膛前装炮,通过炮尾附近的火门点火,发射铁质实心球形炮弹。

而战列中的大多数战列舰则是两层炮甲板,携带74门火炮的三等战列舰。同时各国也建造了大量的64炮战列舰,其中一些甚至使用到了19世纪,不过这些"经济型尺寸"的战舰被证明并不适合加入战列线之中。

50炮(四等)战舰尺寸上属于过渡型船只,数量也较少,主要被用作巡航舰中队的旗舰。第五等和第六等战舰就属于巡航舰。在小型船只中最著名的莫过于护航舰——这种战舰最初配备28~30门火炮,但后期已经扩大至36~44门火炮。护航舰通常为单层甲板的三桅横帆船,在炮甲板上布置有12磅和18磅加农炮,并在艏楼和后甲板上安装6磅炮。护航舰是用途最为广泛的战舰,可以执行从袭击航运到为主力舰队侦察在内的各种任务。当两军舰队发生交战时,护航舰通常位于战列线的己方一侧水域,并不参加战斗,而是负责传递信号和拖曳瘫痪的友舰。体型更小的还有军用快帆船(sloop-of-war),它是一种单甲板快船,通常采用纵帆布局,所有火炮布置于炮甲板上;以及还要更小的双桅横帆船(brig)以及双桅纵帆船(schooner)。

18世纪的风帆战舰往往都搭乘着规模庞大的船员队伍,其中水手的工作是操作体型宽大的风帆战舰维持合理的航速(在通常风力下达到5到10节),但实际上当时的海员队中的大多数水手都是为了操纵笨重的舰炮而配备的。一门32磅炮,从复位、装填、调整方位到开火的整个流程需要12名炮手协作才能完成。英国皇家海军训练有素的水手们可以两到三分钟完成一次侧舷齐射,并在力竭前开火三到四轮,此后炮组的射速就会降低。在18世纪末,英军战舰的炮组在舰长的严格训练下能够做到在5分钟内完成5次侧舷齐射。而同一时期的法国和西班牙的炮手则仅能做到每5分钟一次侧舷齐射。

法国的挑战

法国国王路易十四持续的侵略行动使得欧陆邻国心生戒备，奥地利、西班牙、瑞典和多个德意志邦国共同组建起了奥古斯堡反法同盟（anti-French League of Augsburg）。在加入这个同盟后，英国和荷兰也很快结成了紧密的盟友。在查理二世驾崩后，约克公爵接过了他兄长的英格兰王位成为詹姆斯二世（James II）。詹姆斯二世作为公开的天主教徒掌控信奉新教的英格兰，这是令议会完全无法忍受的，于是愤怒的议会领袖们从荷兰邀请奥兰治执政威廉和他的妻子玛丽（詹姆斯二世之女）共同执掌英格兰王权。威廉和玛丽应邀来到不列颠，被废黜的詹姆斯二世因此流亡到法国。英国和荷兰自此成为由威廉夫妇共同执政的共主联邦。由于路易十四意图帮助詹姆斯二世夺回王位，英格兰王位继承战争（War of the English Succession，1689—1697年）就此爆发，而这只是接下来连绵不断的7次战争的开端，英法两国就此陷入了长期的相互敌视中。

对于英格兰而言幸运的是，威廉和玛丽的联合执政让英格兰和荷兰的舰队联合在了一起，足以与法兰西建立起来的当时世界上最强大的海军舰队相抗衡。法国海上力量的首席缔造者是让-巴普蒂斯特·柯尔贝尔（Jean-Baptiste Colbert），他是路易十四的财政大臣，也是一位重商主义者。在他的倾力资助下，法兰西的战舰设计得非常科学，远比根据经验发展而来的英格兰战舰优秀。当柯尔贝尔于1683年辞世时，法兰西海军已经成长为足以在大洋上与任何对手相匹敌的强大力量。1689年，法兰西舰队的战舰数量是英格兰和荷兰战舰的总和。

法兰西在舰队实力上的优势被两个缺陷所抵消。作为一个陆权国家，法兰西海军必须与陆军争夺军费；而在长期的战争中，人员和物质的补充也无法充分保障。由于法国同时面对大西洋和地中海，因此法国政府不得不将海军分为两部分，各自驻扎于布雷斯特（Brest）和土伦（Toulon）。英国根据这两个弱点制定了战略，让法国忙于代价高昂的欧陆战争之中，并阻止法国舰队合兵一处。在此后的英法战争中，英国通过煽动甚至资助欧洲盟国参战，以及在直布罗陀海峡部署一支舰队牵制土伦的法军，多次达成了战略目的。

在战术层面上，英国皇家海军的指挥官们此时必须对付能够轻松保持纵队的敌

风帆船舰队作战的战术

风向
前锋　　　　　　　舰队中央　　　　　　　后卫
两支舰队之间的距离超出射程

风向
上风舰队向下运动

风向
舰队交战

正规派战术

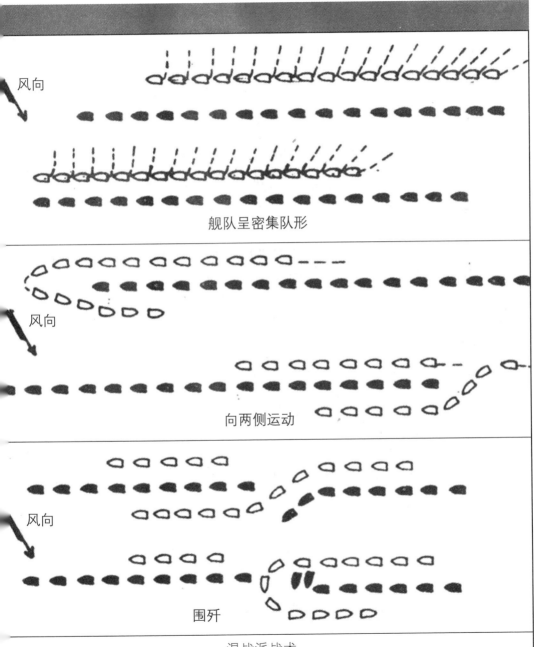

舰。迎战西班牙无敌舰队的作战经验证明远距离开火毫无效用，因此英军战舰会尽量在600码距离内开火。在战斗中，英军舰队会通过机动占据上风向优势，随后他们将避开敌军舰炮射程，与敌军纵队对向而行。此时，在旗语命令下，英军战舰会同时转舵，掉头冲向敌军纵队，在突进期间英军舰艇会短暂地将没有布置火力的舰艏暴露在敌军炮火下。法军通常会在英军突进时抓住机会，抬高炮口瞄准英军战舰的桅杆、桁杆和帆装，尽量削弱英军舰船的机动力。皇家海军的战舰在冲入舰炮射程后，会向一侧转向，重新调整为与敌舰平行的纵队，并调低炮口，瞄准敌舰的船体开火。

在一场大规模交战中，双方的舰队会保持平行姿态同向而行，战舰利用舰上的火炮向着正对自身侧面的敌舰开火，直到其中一方怯战撤退为止。混战学派的支持者们认为这种战术只会打成平局，无法达成决定性的战果，事实也的确如此。在18世纪英国皇家海军参与的13次舰队决战中，双方都没有任何战舰被俘获或被击沉。

混战学派认为要想通过战列对射击败数量与己方相当的敌军纵队几乎是不可能的，要想打垮敌军，己方纵队必须形成一定程度的"以多打少"的局面。为了实现这一目的，既可以通过缩小战舰之间间距，增大纵队密度来实现，也可以让部分战舰经由敌军前方或后方冲破敌军纵队，从而对部分敌舰形成夹击之势。混战学派的意见遭到了正规学派支持者的驳斥，他们认为如果采取包抄行动，敌军有可能以同样的手段攻击。

英格兰王位继承战争期间，两场的海上对决的结果似乎支持了正规学派的对于混战学派战术的驳斥。在1690年的比奇角（Beach Head）海战中，占据数量优势的英荷舰队猬集在法军舰队的后方，而法军借此对英荷联军的先头部分形成一倍的数量优势，并以此将其冲垮。而在1692年的巴夫勒尔（Barfleur）海战中，法军试图在英荷联军纵队的后半部分集结优势兵力，但又导致法军战列的其他部分间距过大，联军趁此机会突破了法军纵队的中央，并借此赢得了胜利。

巴夫勒尔海战的失利标志着法国海军攻势行动的结束。在认识到法国的国力无力同时支撑一支强大的陆军和一支庞大的舰队后，路易十四决定让舰队为他在大陆上扩张的野心让路。大量战舰被拖上海岸封存，另外一些战舰则配合法国私掠者的行动，发动"劫掠巡航"（Guerre de Course），通过对商业航运的袭击打击联军的制海权。虽然法国的战略一度对英国的海上航运产生了严重干扰，但远没能达到决定性的地步。此时英国依旧繁荣昌盛，而法兰西则面临着财政崩溃的威胁，路易十四由此不得不要求停战。在和平协议中，路易十四放弃了所有他在欧陆上征服的领土，并承认奥兰治执政威廉为英格兰国王。

在几年后爆发的西班牙王位继承战争（1701—1714年）中，英格兰趁着法兰西及其盟国国力空虚，同样开始了版图的扩张。英格兰此时最大的战略需求便是直布罗陀。该地于1704年被一支英荷联合陆战队和英格兰上岸水兵组成的部队夺取，这支登陆部队得到了由海军司令乔治·鲁克（George Rooke）指挥的英荷联合舰队的支援。对于英国而言，拿下直布罗陀，意味着此后法军在布雷斯特和土伦的舰队将永远无法会合一处。在认识到战略上的危险后，路易十四命令驻扎土伦的法军舰队驱逐入侵者，而鲁克的舰队已经在法军必经之路上严阵以待。在占据上风向后，鲁克的舰队顺风冲向法军舰队，并展开战列线。随即爆发的海战被后世称为马拉加海战（Battle of Malaga），此役在战术层面上不分胜负，双方各自的纵队均未被打破，也没有任何一方占据了明显的优势。不过英国人却是战略上的赢家，法军在炮火轰击下发生动摇，趁夜撤回了港口，而直布罗陀石山（the Rock of Gibraltar）的控制权被英军牢牢地握在手中。

四年后，英军通过占领米诺卡岛（Minorca）及马翁港（Port Mahon）完成了对直布罗陀海峡的两侧封闭。马翁港还是封锁土伦的绝佳基地。长期的战争拖垮了法国的经济，而英格兰则趁此机会在停战谈判中从法国处夺取了新苏格兰（Nova Scotia）、纽芬兰和哈得孙湾的大量土地；并从西班牙手中夺取了直布罗陀、米诺卡岛和西班牙-美洲贸易中的部分份额。尽管此时法国的海上劫掠者仍在继续肆虐，但英国已经占据了海上商业航运的绝对优势，并由此自称为"海上霸王"（mistress of the seas）。

英国海军部关于海战战术的争论也因马拉加海战的结果而尘埃落定，正规学派得到了青睐。皇家海军将鲁克撰写的战斗条令载入《永久战斗条令》（*Permernant Fighting Instruction*），鲁克要求英军舰队必须与敌军战列保持同向平行航行——头对头，中对中，尾对尾。为了保证舰队指挥官们不会采取一些"离经叛道之举"，英军指挥官只能使用《永久战斗条令》中所列举的信号旗组合形式发布命令。

在1713—1740年的和平时期，随着参加过战争的英格兰海军高级将领们因年老而变得保守，英国海军的传统进一步受到正规学派的侵害，混战战术已经被人遗忘。如果有人质疑连续纵队战术，他很有可能会受到排挤和倾轧。而最能体现正规学派在当时不可撼动地位的则是奥地利王位继承战争（1740—1748年）中的第一场舰队对决——土伦海战（Battle of Toulon）。

1744年2月，西班牙和法国的联合舰队驶离土伦港，此时由托马斯·马修斯（Thomas Mathews）海军上将指挥的英军舰队展开了追击。虽然英军战舰的船底因为长期执行封锁任务而长满了附着物而航速减慢，无法完全追上联合舰队。但即便如此，马修斯上将也不打算放跑敌人，他命令舰队继续逼近敌人，直至双方接战时仍然放出信号旗要求己方舰队继续加速前进。战斗爆发后，马修斯的先头舰队与敌方中央舰队交火，中央舰队则在与联军的后卫舰队对射。在此情况下，马修斯寄希望于指挥后卫舰队的理查德·莱斯托克（Richard Lestock）中将执行常识下最应实施的行动：命令舰队张开全部风帆，全速前进加入中央舰队的战斗。但莱斯托克却按兵不动，按部就班地遵守着马修斯"维持编队"的旗语信号，后卫舰队由此只能一直处于战斗之外。此战中英军前卫和中央舰队均受到严重损害，战斗结束之后，马修斯逮捕了莱斯托克，但在随后召开的军事法庭中情况却发生了逆转——莱斯托克被宣告无罪，而马修斯却被解除了军职。

在此次审判后的许多年间，只有极为大胆的指挥官才敢于以自身的名誉冒险，破坏己方舰队的连贯战列线。而如我们所见的一样，主持这次审判的海军上将约翰·宾（John Byng）爵士，并没有这样的胆量。

在战斗中，只有出现《永久战斗条令》中第25款所规定的情形才允许放弃线列队形。第25款规定，只有当敌军舰队已经完全处于"掉头逃跑"（put on the run），英军才被允许自由追击。而判断敌军是否已经开始逃跑的责任，则落在了舰队司令的肩上，他必须在两个方面下达决断：（1）敌军是否已经开始逃跑，（2）追击所取得战果能否值得以破坏队形为代价。如果舰队司令果断下令发起"总追击"（general chase）并获胜，那么将没有人会质疑在发送这道旗语命令时敌军究竟处于何种状态，而一旦在下达命令后遭遇失利，那么舰队司令就必须要想尽办法让多疑的军事法庭相信当时敌军已经显露出了撤退迹象。正因为下达追击命令所带来的风险，这一命令同样也成为检验英国海军将领们的试金石，只有拥有无上道德勇气（moral courage）的舰队司令才敢于及时下达总追击命令。

总结

在中世纪，当大西洋沿岸西欧国家的统治者们想要在海上进行作战时，他们指挥的是由当时宽船舷、单桅杆的货船充作的战舰。当时的海战依然是士兵之间的较量，双方发动接舷战，士兵们在甲板与甲板间白刃相搏。

在15世纪，脆弱的中世纪货船逐步进化为坚固的全帆装舰船，正是这种具备远洋航行能力的船只搭载着哥伦布从西班牙出发探索新世界，搭载着达·伽马从葡萄牙出发绕过非洲大陆开辟了通往印度的航线。从美洲流入西班牙的黄金以及中东—地中海贸易路线的衰落破坏了中世纪时代的欧洲经济，也刺激着沿大西洋的欧陆国家竞相向大海进发。

新时代的第一次大规模海上对决爆发于天主教和新教的护教者西班牙和英格兰之间。西班牙国王腓力二世为了报复英格兰私掠者对西班牙海运和港口的劫掠，同时夺取新教徒伊丽莎白一世的英格兰王位，决定发动对英格兰的战争。负责登陆的西班牙陆军部队主要由正在镇压荷兰人起义的帕尔玛公爵所指挥的部队组成。

1588年，腓力二世派出拥有多达130艘战舰的无敌舰队增援帕尔玛公爵。考虑到可能与英格兰舰队爆发战斗，他为自己的战舰装备了重型短射程火炮，以便瘫痪英格兰战舰，从而让西班牙战舰上搭载的士兵发动接舷战，重演基督教联军桨帆船舰队在17年前的勒班陀海战中所取得的胜利。而英格兰的海军自接受侧舷炮门阵列后便掌握了战舰之间对抗的技巧。为了对抗无敌舰队，英军战舰配备着长射程的轻弹重火炮。

1588年夏季，无敌舰队趁着西南风驶入英吉利海峡。英格兰舰队被西班牙舰队甩在身后，但英格兰舰队借此占据了上风向，并借此游离于西班牙战舰的火炮和抓钩射程外，发挥己方火炮的长射程优势。此次战斗后，西班牙舰队在中立的加莱港下锚，交战双方都未受到严重损失。西班牙战舰的火炮够不到英军，而英格兰战舰的轻量弹丸也无法击穿西班牙战舰的船壳。但此时西班牙舰队因为已经射光重磅炮弹且无法补充而陷入劣势，相比之下，英格兰舰队可以就近得到来自海峡对岸英格兰的弹药补给。

英格兰人利用火船的攻击进一步扩大了自己的优势，将无敌舰队逼出了格拉沃利讷，迫使其逆时针绕行大半个不列颠群岛返回本土。风暴和导航失误使得西班牙人半数的战舰沉入大海。此战使得风帆战舰的战术得到了提升，而英格兰的胜利也奠定了火炮作为海战主要武器的地位，海战的形态从甲板间的白刃搏杀转为舰炮对射。

在此后的半个世纪中，荷兰通过商业竞争在海上航运方面击败了所有的对手，几乎实现了对航运业的垄断。1651年，英吉利共和国通过《航海法案》，要求进出英格兰的商船必须是建造国或者英国的船只，这一法案无异于向荷兰宣战。1652—1674年，英国和荷兰之间爆发了三场海上战争，在战争中荷兰因英国处于其出海的必经之路上而处于劣势。首先，荷兰在战争期间不仅要防守陆地边界，还需要守住海岸和海上通道。其次，而荷兰海军的战舰为了进出荷兰的浅水港口大都吃水深度较浅，因此在战斗中稳定性不足。作为英国和荷兰战争的最终结果，大量荷兰人手中把持的航运业份额被转移到了英格兰手中。

在英荷战争期间，英吉利共和国护国公奥利弗·克伦威尔因怀疑海军军官中存在保王党分子，将他的陆军将领派往海上指挥舰队。这些陆军将领引入了纵队——即战列线队形，使得英吉利海军抛弃了集群战术。在战争期间英格兰海军内部诞生了两个意见相左的学派：正规学派青睐于在战斗中始终保持纵队队形，而混战学派则倾向于在时机允许时打散纵队发起攻击。

正规学派和混战学派之间的论战贯穿了英格兰和法兰西的长期战争。在英格兰王位继承战争期间，英军在比奇角海战（1690年）中使用了混战战术但战败。在1692年的巴夫勒尔海战中，法军使用了混战战术，同样也遭受战败。正因为这些失败的战例，混战战术被打入了冷宫。在随后的西班牙王位继承战争期间，英格兰军队夺取了直布罗陀并在马拉加海战（1704年）中通过舰队决战守住了夺取的土地。虽然马拉加海战以平局告终，但英国人仍然将直布罗陀掌握在手中。

上一段所提到的三场海战使得皇家海军此后以正规学派的理论作为战术基础。英格兰海军部颁布了《永久战斗条令》，条令中要求英军舰队必须以与敌军同向且平行的纵队队形展开战斗。在1744年的土伦海战期间，当时英军舰队司令托马斯·马修斯在己方尚未与敌军舰队平行时便展开了战斗，而他也因为未能遵照战斗条令被解除了军职。此后，只有真正大胆的英国舰队指挥官才敢于不顾僵化刻板的《永久战斗条令》，冒险下达总追击命令。

第3章

七年战争

七年战争（1756—1763年）是第一场真正的世界级战争。这场战争将欧陆的大多数国家都牵涉其中。各方的陆上和海上作战行动都不局限于欧洲大陆，战火波及地中海和大西洋，甚至延伸到了美洲、印度、非洲、西印度群岛和菲律宾。

这场战争的导火线是英国和法国因对美洲阿巴拉契亚（Applachians）山脉西部土地归属权的纠纷，以及奥地利试图夺回被新兴的普鲁士王国夺取的省份西里西亚（Silesia）。双方的敌对行为早在1754年就在美洲大陆上开始——这场爆发于美洲殖民地间的战争被殖民者们称为法国-印第安人战争（French and Indian War）。法国人的殖民地军队在宾夕法尼亚西部的奈谢西提堡（Fort Necessity）击败了乔治·华盛顿中校（即美国开国总统）所指挥的部队。1755年，由爱德华·布拉多克（Edward Braddock）少将指挥的北美民兵和英国常备军混合部队在奈谢西提堡附近的大草甸（Great Meadows）惨遭战败。

当普鲁士国王腓特烈大帝（Fredrick the Great）了解到奥地利已经与法国和沙俄结盟，孤立普鲁士以便夺回西里西亚时，他向英格兰递出了橄榄枝。腓特烈大帝当时指出，奥地利的野心绝不仅限于夺回失去的省份，他们将趁机控制包括汉诺威在内的所有德意志邦国。因此他提出如果汉诺威提供军队，他将保障汉诺威的安全。此时的英格兰国王乔治二世（George II）恰巧正是汉诺威选帝侯（Elector of Hanover)[1]，在英格兰政府的同意下，英德防御同盟就此成立。

此时同样在抓紧时间备战的还有法国人，他们将此次战争看作一次机会向自己的宿敌复仇，并夺回在1713年的战败中失去的部分领土。兵贵神速，法军以突然袭击英国占领的米诺卡岛拉开了新一轮战争的序幕。

1756年4月中旬，由加里桑尼尔侯爵（Marquis de La Galissonière）指挥的15000名士兵搭乘着150艘运输船在12艘战列舰的支援下驶出土伦港，准备对米诺卡岛发起登陆。法军登陆部队对守岛英军形成了5∶1的巨大优势，因此迅速将英军赶进了岛上的圣菲利普堡（Fort St. Philip），这座要塞俯瞰着马翁港。法军舰队在港外近海收帆待命，时刻准备出击。

在收到战斗情况汇报后，英国海军部后知后觉地派出以约翰·宾爵士为舰队司令的13艘战列舰掩护一个搭乘运输船队的英国陆军燧发枪团进入地中海。宾爵士所收到的命令是："动用一切可用的手段"，解除米诺卡岛的围困。

5月19日，宾的舰队抵达米诺卡岛近岸，还没来得及与岸上守军取得联系，他的瞭望哨就发现了法军舰队的踪迹。此时微弱的风力使得双方战列线根本无法前进至舰炮的射程内。在5月20日晨雾散去后，英军瞭望哨再度报告称法军舰队位于东南方向12英里处。此时海面上只有微弱的西南风。在召唤他的巡航舰侦察舰队集合后，宾的舰队转向东南并组成战列线，向法军舰队杀去。他亲自指挥战列前方的7艘战舰，而坦普尔·韦斯特（Temple West）海军少将则指挥后方的6艘战舰。此时的法军舰队仍然仅挂起正常帆（plain sail），维持西北—西航向。宾的舰队则张开更多的帆，穿过敌军的航向并以此占据了上风向。

米诺卡海战，1756年5月20日

双方舰队以近乎迎头对撞的航线快速接近。午后不久，风向转为西南。在认识到风向的转变有利于英军实施战术机动后，加里桑尼尔侯爵下令收帆并向右转向，借此进入背风。英军舰队也同样收起了部分风帆，双方舰队此时进入同向并肩航行的状态，但双方的纵队尚未形成平行态势，此时法军舰队在左，英军舰队在右。

---

[1] 安妮女王（Queen Anne）驾崩时（1714年）并无子嗣，因此詹姆斯一世的曾孙汉诺威选帝侯继位成为乔治一世。汉诺威此后处于英格兰国王的庇护下直至1837年维多利亚女王（Queen Victoria）继位为止。

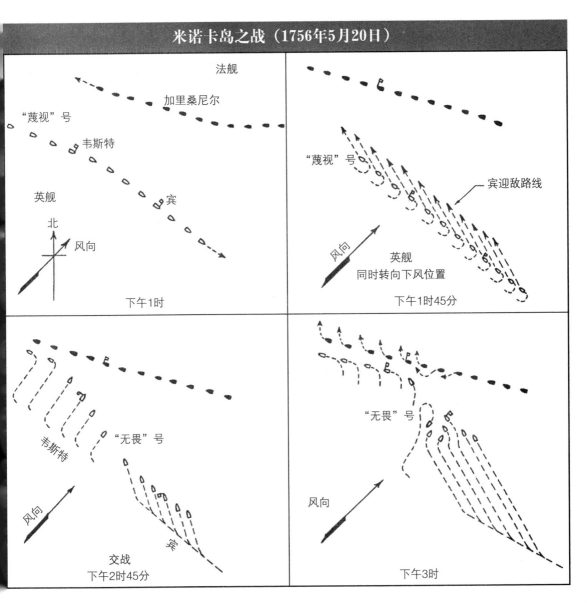

按照《永久战斗条令》，宾应当保持航向，直到他的前卫舰队航行至敌方后卫舰队的位置，随后大幅度回转建立起战列线与敌军战舰捉对厮杀。但这样的机动使得英军在逼近敌方舰队期间完全处于舰艏对敌的状态，将自己暴露在敌方舰炮火力下且无从还击。

宾并不打算照本宣科，而是计划采用一种新的战术：他的先头舰队将按照计划驶过敌军后卫舰队，然后以呈一定夹角的航向逼近敌人，使得战舰侧舷的火炮可以发扬火力。

在时机成熟之际，宾下令英军战舰重新升满风帆，向敌军冲去。宾下令转向后，英军前方舰队以西南航向重新组成了纵队，"蔑视"号（Defiance）（英军舰队的领航舰）可以利用右侧舰炮攻击法军舰队的领队舰艇。但"蔑视"号却未能完成这项命令，而是转为与法军舰队保持平行航向。坦普尔·韦斯特的整个分舰队也跟随领舰转入平行航线。受制于当时并不完善的旗语系统，宾只得升起了代表决战的旗帜——这是一个绝不会被误解的旗语。

于是在宾几乎获得了战术优势之际，韦斯特的6艘战舰却迎面朝着法军舰队前部直冲而去。韦斯特的舰队随即与法军战舰在几乎手枪都能够着的距离上展开了残酷的炮战。宾的后卫舰队此时也来不及增援，直到一个半小时后英军后方舰队才发挥火力。在此期间，韦斯特舰队的所有战舰均遭受重创。韦斯特舰队的殿后舰"无畏"号（Iterpid）受创最深——前主桅被打断歪在一边，并失去了操纵能力。"无畏"号不受控制地横穿宾舰队的航路前方，导致宾的分舰队乱作一团，不成阵型。

在这种情况下，一名大胆的舰队指挥官可能会在此时命令他的部队以混战姿态投入战斗，全速前进争取支援苦战中的前方舰队。但作为长期接受正规学派战术训练，且在军事法庭上目睹了马修斯的下场（在土伦海战中因未能保持舰队的纵队队形而被解除军职）的指挥官，宾对着请求采用更鲁莽的航线加入战团的旗舰指挥官反驳道："作为舰队指挥官，你们不能要求我像围攻一艘落单战舰一样打散编队。马修斯先生正是由于没有将舰队集合在一起的先见之明才遭到厄运，而我则会竭力避免（编队被打散）这种状况。"

为了重整纵队，宾花了太多的时间，当他赶到时，法军舰队已经脱离了战斗。加里桑尼尔在察觉到英军前后舰队之间的巨大缺口后曾试图通过抢占上风加速彻底分割英军前后舰队，并对韦斯特的舰队形成夹击。不过宾的后卫舰队的机动挫败了加里桑尼尔的企图。

不管从什么角度来评价，法军在此战中都赢得了体面。他们的舰队顺风撤出战斗并在英军舰炮射程外重新组成了纵队。此时韦斯特所有战舰的桅柱和桁杆都已经遭到严重破坏，没有条件追赶。而此时日头还长，凭借着更干净船底带来的更高速度，法军舰队可以选择在接下来的白天中是否采取进一步动作。此时法军舰队的最优先任务是掩护登陆滩头，舰队的一切行动都是围绕着这一目的展开的。

宾为自己没能下达"总追击"的命令而感到追悔莫及，但《永久战斗条令》中明确要求这个命令只能在面对远弱于己方的敌军，或"敌军舰队主力已被打瘫或逃跑"时才能下达。两种情况都不能满足，因此宾只能命令舰队继续在该海域巡航，而韦斯特舰队的舰员们也使用备份桅具为千疮百孔的战舰恢复了航行能力。

此时的宾已经进退维谷，无论采取何种行动都不会有太好的结果。虽然加里桑尼尔不会主动发动进攻，但即便英军登陆船团抵达岸边，舰上搭载的燧发枪团也难以击败人数比他们多得多的法军登陆部队。此时英国的海军舰队被部署于世界各地，如果此战中因他的莽撞而导致主力战舰大量损失，那么将直接威胁到直布罗陀的安全。在召集舰队内的陆海军高级军官进行一次作战会议后，宾屈服于军官中战败主义思想，决定将舰队撤回直布罗陀。设防坚固的圣菲利普要塞此后又坚守了一个月，但守军最终还是向法军投降。在此之后不久，爱德华·霍克（Sir Edward Hawke）海军上将从宾手中接过了地中海战场司令的职务。而米诺卡岛在此期间一直被法军所控制。

米诺卡岛陷落的战报紧跟着布拉多克惨败的消息传回国内，使得以纽卡斯尔公爵（Duke of Newcastle）为首相的政府陷入危机。这种情形下，需要有一个替罪羊为这些失败负责，而可怜的宾则正好合适。

宾被军事法庭勒令退伍。在这场漫长且宣传广泛的审判中，他澄清了自己怯战的罪名，但因未能"尽全力打败敌人"而被判有罪。他的确既没能击败法军舰队，也没能解除米诺卡岛的围困。按照《军法条例》（the Articles of War），宾被判处死刑——他拒绝了王室给予的赦免，并被处以枪决。

虽然宾的死不单纯是因为他的战术失误，但此次臭名昭著的失败却使得英国海军再度关注起此前采用的战术的实际表现，并对《永久战斗条令》中僵化刻板的规则提出质疑。我们或许可以认为，宾被处决这一事对于英国皇家海军的贡献，甚至大于宾在世时的贡献。

皮特的计划

米诺卡岛失陷和其他的坏消息使得英国内阁发生了洗牌。对战败负有责任的纽卡斯尔公爵不情愿地接受了他在议会内的最大政敌——已经年迈的威廉·皮特（William Pitt）出任战争大臣（secretary of the state of war）。虽然身为国王的乔治二世对皮特抱有敌意，但皮特依靠自己的丰厚人脉以及他在下院受到的广泛支持作为筹码，得到了对英国所有战舰和地面部队的独断指挥权[1]。他的充足精力和战略眼光使英国获得了一系列重大胜利。

出于与普鲁士的盟友关系，以及将战争主要目标设定为保障汉诺威安全等缘故，国王和他的小圈子都倾向于将主要的力量投入欧洲大陆的战争中。

皮特却对此表示强烈反对。在以财务援助的方式支援腓特烈大帝的同时，英军只向汉诺威派出了象征性的援军舰队用于驱赶袭扰汉诺威沿岸的法军，这些行动都仅仅只是皮特战略计划的一小部分。而真正的重头戏则是夺取或者夺回加拿大、印度和加里比群岛等大量土地。简而言之，皮特的目标便是创造并巩固英格兰作为全球帝国的位置。他的推论非常简单，英格兰以贸易立国，而全球性帝国能够促进贸易的发展，贸易的发展又能带来更多的财富，而大量的财富最终能够投入到增强陆海军力量的建设中。正是由于这一战略，腓特烈大帝能够用英格兰送来的、成箱的香料作为士兵的军饷，让他们在大陆上代替英格兰作战。

虽然英国规模较小的陆军无法左右欧陆的战局，但英格兰的强大海军却能够轻易封锁法国的沿海港口，使得法国的地中海和大西洋舰队无法集合至一处，使得法国无法利用海军力量支援在全球的扩张行动。在英军舰队掌握制海权后，身处殖民地的法军无法得到任何来自本土的支援。[2]

欧洲近海的作战

普鲁士于战争初期取得的胜利招致法国和奥地利更猛烈的反扑，两国集结起了一支占据绝对数量优势的大军。情急之下，腓特烈大帝向他的英国盟友请求给予更多的物资援助而非货币资助。作为英国承诺的支援的一部分，英军对法国的多处港口发起了名为"联合远征"（conjunct expeditions）的两栖突袭行动。这些行动的目的之一是清扫威胁英国本土近岸船运的法国私掠船，但主要目的还是通过将法军兵力牵制在岸

---

[1] 在议会的政治斗争中，皮特非难了约翰·卡特里特（John Carteret）爵士［日后被封为格兰维尔伯爵（Earl of Granville）］对于汉诺威人的同情心理，并由此冒犯了拥有德意志血统和爱国情怀的乔治二世。

[2] 皮特的计划深刻地影响了英国的军事战略。简单来说他的计划可以总结为以下几点：①资助欧洲大陆上的一个或者多个盟国。②动用英军舰队实施以下动作：袭扰敌国海岸，迫使敌国分兵；封锁敌方海岸并歼灭敌方舰队；运送并支援己方地面部队夺取敌军的海外殖民地以及相关的海上贸易通道。

防任务上来减小腓特烈大帝在中欧战场上所要面临的压力。

英军的首次"联合远征"于1757年秋天发动,目标是罗什福尔(Rochefort)。这次行动除了夺取并占领了距离罗什福尔岸边不远的艾克斯(Aix)岛外,几乎就是一场彻底的失败。事前规划的缺失让指挥官们发现他们几乎不可能发动一次成功的登陆。不过这次失败让时任远征部队参谋长的詹姆斯·乌尔夫(James Wolfe)中校吸取了教训。在时运不济的罗什福尔战役期间,他写下了这封著名的信件:

"我认为,一名舰队司令应当敢于当即下达冲入敌方港口内的命令……(舰队)应当为陆军部队登陆提前发出指示,并为登陆部队的小船和其他运输工具找到一个合适的换乘点,采取这些行动将有利于在战斗中获胜。与常规演习不同的是,战斗一旦发起,不论什么障碍都必须被克服;战争当中总是存在着时机与运气的因素,即便面对突如其来的自然灾害,或是面临困难的抉择都要坚持进行下去。(指挥官)除了要考虑面临的困难,同时也要考虑所执行的任务对于国家的重大意义,事实上,在某些情况下,即便损失上千名士兵也能使得国家获取优势,而这巨大的牺牲甚至能够提升国家的声望,让我国在国际上受人尊敬。"

乌尔夫随后在魁北克的路易斯堡(Louisburg)活用了自己的在上一次战斗中吸取的教训。

1758年6月,英军在圣·马洛(St. Malo)取得了一场重大胜利,约13000名英军士兵登上圣·马洛的海岸,并在随后的一周中焚毁了超过100艘私掠船。在8月,英军部队又短暂夺取了瑟堡(Cherbourg),并破坏了当地的塞防和海运设施。

英军在这些相对较小规模的突袭行动中都不打算长期驻守夺取的土地,但这些掠袭行动的确迫使法军将大量本应用于对付腓特烈的部队调走。不过英军行动的最大价值还是在心理作用方面,这些突袭激励了腓特烈大帝,让他相信英国确实提供了军事援助。

欧陆海域的舰队作战

1759年夏,作为法国入侵英国的作战计划中的一部分,由让·弗朗索瓦·德·拉·克卢·萨布朗(Jean-François de La Clue-Sabran)上将所指挥的土伦舰队奉命加入驻扎在布雷斯特的舰队。法军地中海舰队所面临的并非坦途，通往大西洋的要道直布罗陀海峡正被由爱德华·博斯卡文（Edward Boscawen）海军上将指挥的一支英军舰队所紧密封锁着。不过在博斯卡文的舰队停泊在直布罗陀进行休整的时候，萨布朗大胆地进行了穿插，他的12艘战列舰趁着夜色，在强劲的东风助势下安全通过了海峡。不过突破成功的法军舰队被博斯卡文的警戒护航舰发现，英军的15艘战列舰闻讯展开追击。在将法军舰队追至葡萄牙外海的海湾中后，博斯卡文下达了总追击的旗语命令。在一连串血腥的单舰厮杀后，英军彻底击垮了法军，并将法军大多数战舰逼入拉古什湾，萨布朗不得不将他的旗舰拖到岸上。博斯卡文的舰队在追击中俘虏了一艘法军战舰，并在随后侵犯葡萄牙的领海，驶入拉古什湾，俘虏两艘法军战舰，烧毁了被拖上岸的另两艘。法军土伦舰队没有一艘战舰抵达布雷斯特。

在当年晚些时候，法国海军上将孔夫兰伯爵（Comte de la Conflans）于贝尔（Hubert）指挥布雷特斯特的舰队试图突破爱德华·霍克爵士麾下舰队的封锁。当一阵西北方向的狂风使得布雷顿（Breton）沿岸成为背风坡时，英军舰队不得不回到英吉利海峡沿岸的港内避风。在风势减弱后，于贝尔的舰队扬帆进发，他希望此战能够歼灭部分在贝莱勒（Bellelle）附近海域活动的英军护航舰，并通过驱逐英军的海峡舰队为可能在苏格兰发起的登陆提供一些支援。但霍克的舰队却很快重返战位，在基伯龙湾（Quiberon Bay）外海截住了法军舰队的去路。

霍克不顾此时突如其来的狂风和即将到来的夜幕，依然下令发动总追击，英军将法军舰队逼入了风涌浪急、暗礁丛生的海湾内。此时双方战舰的下层火炮甲板已经被卷进波浪之中，当一艘法军舰队的战舰试图打开下层炮门时，该舰因严重进水而沉没。另外一艘法军战舰则在英军侧舷火炮打击下解体。霍克的舰队有两艘战舰搁浅。随着夜幕降临，霍克放弃了无异于自杀的追击行动。当晚8艘法军战舰通过抛弃火炮降低了吃水，从而经由河口驶入浅水的维莱纳河（Vilaine），但这批战舰中的大多数都在河中损坏了自身的龙骨。另有8艘法军战舰在夜色的掩护下利用绳索相互连接溜出了海湾，其中一艘因损伤过重很快沉没，而其他大多数都安然逃回罗什弗尔（Rochefort）。被舰队抛弃的于贝尔命令旗舰冲向礁石撞毁，并点火焚烧以免该舰落入英军手中。

英军在拉古什海战和基伯龙湾海战中都是依靠总追击战术赢得了决定性胜利。通过两场海战的胜利，英军解除了入侵威胁，并使得大量舰队能够投入世界其他方向的作战。

美洲战役

在威廉·皮特掌握战时指挥权后，他的首要目标就是赢得北美战场的胜利。在布拉多克战败后的两年间，法军及其印第安盟友在北美战场不断取得胜利。到1758年时，法军已经将英国殖民者从边境定居点驱逐，并将他们围困在新苏格兰和阿巴拉契亚山脉与大西洋的狭长地带之间。

皮特向国会详细列举了赢得北美战事所需的支持，最后他获得批准可以动用无上限的资金；征召以殖民地当地人和苏格兰高地人为主的生力军部队；提拔勇猛好战的青年军官。他的军事目标是夺取魁北克城，此处是一个世纪以来法国北美殖民地的首府和作战行动的指挥部所在。

为阻止法属北美殖民地继续源源不断地从法国本土获得补给与增援，英国皇家海军彻底消灭了法国在大西洋上的船运。而为了进一步彻底掐断法军的补给线，皮特派遣一位年轻的军官——杰弗里·阿姆赫斯特（Jeffrey Amherst）爵士指挥夺取布雷顿角岛（Cape Briton Island）上的路易斯堡（Louisburg）的行动。路易斯堡地理位置优越，可以被用作封锁法属北美与大洋之间的重要纽带圣劳伦斯河（St.Lawrence River）的基地。

阿姆赫斯特拥有强大的兵力，有詹姆斯·沃尔夫（James Wolfe）指挥的14000名士兵、150门野战炮和攻城火炮，还得到了由爱德华·博斯卡文指挥的23艘战舰组成的舰队和运输船队的有力支援。阿姆赫斯特成功在布雷顿角发起了一轮登陆，并将路易斯堡围困。在受到持续6个星期的炮击后，驻守此地的守军向英军投降。

1759年，英军又向魁北克发动了三路夹击。此战中阿姆赫斯特麾下有12000名士兵，其中大多是殖民地部队，他的部队利用山普伦湖（Lake Champlain）和黎塞留河（Richelieu River）形成的天然水路从南方发起进攻。沿此路线英军可以攻占法军设在提康德罗加堡（Fort Ticonderoga）和王冠角（Crown Point）的前哨。一支规模更小的英军部队则出发攻占尼亚加拉堡（Fort Niagara）并经圣劳伦斯谷从西面夹击魁北克。

与此同时一支强大的两栖部队正顺着圣劳伦斯河逆流而上。这支由查尔斯·桑德斯上将指挥的舰队拥有23艘战列舰和13艘护航舰，此外还有大量的辅助舰艇和运输船。舰队搭载着以苏格兰高地人为主的9200名英国士兵，这些陆军部队由沃尔夫将军指挥。

如同典型的18世纪殖民地战争一样，英军在人数上占据优势，但法国守军却占有地理优势。首先，魁北克距离大海足有400英里之遥，因为潮汐而宽阔的圣劳伦斯河在此处仍旧湍急。此外城市北面和西面还分别有圣查尔斯河（St. Charles River）和亚伯拉罕平原（Plain Abraham）如悬崖般高耸的河岸拱卫。魁北克上城区坚固的石制堡垒也几乎坚不可破。从南面和西面接近城区的英军攻城部队在途中经历了漫长的跋涉和残酷的战斗，这两路部队被法军和印第安人的袭扰所迟滞，未能及时赶到预定战场支援沃尔夫和桑德斯。守卫魁北克的法军由路易斯·约瑟夫·德·蒙特卡姆将军（Louis Joseph de Montcalm）指挥，他是一名富有实力且经验老到的指挥官，他麾下精神饱满的守军有14000人左右，配备有300门火炮。

桑德斯上将利用俘虏的一名法属加拿大引水员，使总数超过100艘的庞大舰队安然通过了危险的水道。舰队在距离魁北克仅"一炮之遥"的河道上下锚，沃尔夫指挥的陆军则下船占领了未设防的奥尔良岛（Isle of Orleans），随后又夺占了法军抵抗微弱的李维斯角（Point Levis）高地。此处高地位置优越，部署在该地的攻城炮可以跨过河流轰击魁北克下城区。

蒙特卡姆只在有围墙保护的魁北克城内布置了少量守军，他命令主力部队沿圣查尔斯河到湍急的蒙莫朗西河（Montmorency River）一线掘壕固守，同时将圣查尔斯河的河口用沉船堵塞。在高耸的圣劳伦斯河沿岸与魁北克之间的开阔地则由路易斯·安东尼·德·布干维尔（Louis Antoine de Bougainville）指挥的哨所和一支机动部队负责守卫。

沃尔夫发现法军的阵地没有明显的破绽后，贸然进攻了蒙莫朗西河一带法军设防坚固的左翼阵地，此次进攻遭遇了失利，伤亡超过500人。较浅的河水使得桑德斯的护航舰难以开进至岸边为陆军提供有效的掩护火力，同时英军也确信无法投送一支规模足够的突击队来扫清处于高地的守军。在认识到自己的失误后，沃尔夫撤回了部队以减少不必要的损失。伤亡人员留在了河滩。

此后不久，沃尔夫就罹患重病。此时沃尔夫的领导力正面临着严峻的考验，他曾试图发起一次大胆的突击但被法军击退。此时他虽然是作为进攻方，但是兵力却被法军大大超出。在战役期间他一直都没能从阿姆赫斯特处得到援兵。沃尔夫本可以退回已经被占领的哈利法克斯（Halifax），但根据战史记录，沃尔夫和下属军官没有撤退的想法。

尽管沃尔夫此时因发烧不能视事，但他的旅长们仍然试图乘船逆流而上寻找法军防御的薄弱环节。蒙特卡姆担心自己的右翼可能遭到威胁，因此将3000名士兵调给了

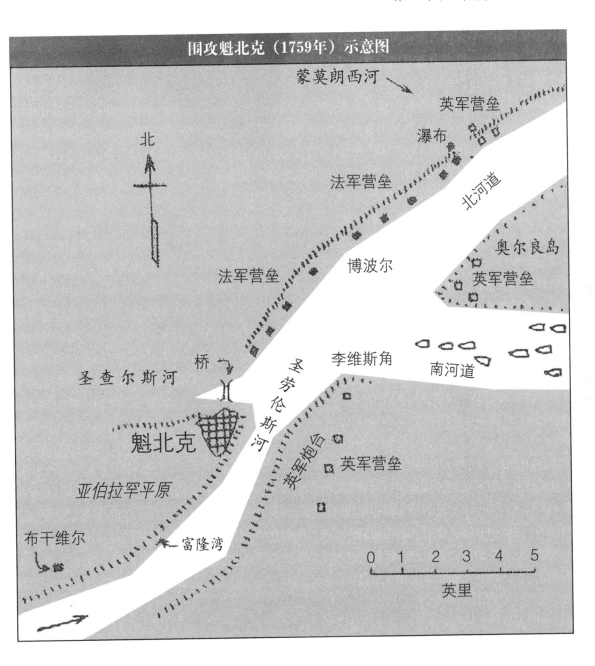

围攻魁北克（1759年）示意图

布干维尔，后者将以机动作战的形式防御魁北克上游的整个北岸。

1759年9月初，沃尔夫已经康复到足以重新指挥部队了，此时他跃跃欲试，打算采用新的战术。在桑德斯的部队佯装于此前登陆的滩头再度发起登陆时，他将在富隆湾（Anse du Foulon）发起一场突袭，用小船渡河，在城墙上游一英里半的地方上岸。沃尔夫的偷袭行动于9月12日开始。

桑德斯完美地完成了自己的任务，英军舰队用一切可用的炮火猛烈炮击着已经沦为废墟的下城区和滩头，舰上搭载的海军陆战队和水手也开始换乘小艇，一场登陆迫在眉睫。与此同时，大量搭乘着平底船的英军步兵正趁着涨潮在护航舰和军用快帆船支援下越过上游被淤塞的河道，在明亮的月光下，英军如此大张旗鼓，自然逃不出法军的眼睛，布干维尔将他的主力运动至河岸边一字排开，准备迎战。

此时潮位突变，英军船队趁着潮涨疯狂划桨，借助水流轻松甩开了精疲力竭的法军步兵。天亮后不久，英军的先头船只便在富隆湾多石的小径处冲岸登陆，英军轻步兵迅速爬上斜坡，在守卫此地的法军小队还没来得及发出警报前便发动刺刀冲锋将其消灭。英军军官们迅速命令士兵离开船只，运输船随即掉头前往李维斯角装载增援部队。到天彻底放亮时，沃尔夫已经在亚伯拉罕平原部署了4500名士兵，并在魁北克城墙上可以见到的地方将部队调整为战斗队形。

沃尔夫的部队突然出现在城门边使得蒙特卡姆彻底丧失了判断力。如果他能够保持哪怕一点点耐心，将自己的临时指挥部撤回了上城区的坚墙之后，并等待布干维尔的部队从西面到位后对英军后方实施突击，那么幸运也将不会眷顾兵力居于劣势且遭到前后夹击的英国人。

但是蒙特卡姆并没有等待，而是率领乱作一团的守城部队出城，并在前进过程中摆开了散兵和神射手部队为先导的战列。在法军正规军随着军鼓的鼓点稳步推进时，英军战列却以逸待劳。此时一门被英军水兵们设法搬上高地的6磅炮开始向法军急速发射，火炮弹丸在身着白色大衣的法军队形中犁出道道缺口，但纪律严明的法军部队很快补上了队形继续推进。法军步兵在推进到轻武器射程时便开始开火，并进行了自由射击和连齐射。英军默默承受着法军射来的弹雨。

当法军接近到仅30码的距离时，英军军官突然拔剑高举，然后猛然劈下。伴随着"开火"的口令，猛烈的双份子弹齐射（double-shotted volley），猛烈的火力横扫法军的队列，使得法军士气瞬间崩溃。得到严格射击纪律训练的英军士兵很快再度装填，在法军从惊惶中恢复前再度发动了一轮齐射。随后的白刃混战很快演变成一场单方面的击溃战，在苏格兰高地团高亢的风笛声中，士气崩溃的法军在英格兰士兵的刺刀和苏格兰士兵的阔剑下逃之夭夭。

蒙特卡姆在战斗中遭受了致命伤，接替他指挥的第二和第三任法军指挥官也很快阵亡。英军损失了一名军需少将和一名旅长。沃尔夫带头发起冲锋但受到致命伤，在战役获胜后一个小时便溘然长逝。

在英军得胜之后，布干维尔的前卫部队抵达了英军的后方，但过于谨慎的布干维尔在没有进行交战的情况下就选择了退却。驻守城内的法军在看到英军已经展开封锁线并设置炮位后自知抵抗无望，选择了投降。在夺取魁北克之后，阿姆赫斯特接过了英军的指挥权并完成了对加拿大全境的征服。

印度战役

在得到皇家军队的增援之后，英属东印度公司（拥有海陆军的独立主权实体）终于有机会了结与法国人在印度半岛上的长期争夺。由罗伯特·克里夫（Robert Clive）指挥的英属东印度公司陆军得到了由查尔斯·沃特森（Charles Watson）指挥的皇家海军舰队的支援。在沃特森去世后，乔治·波科克（George Pocock）爵士接替了他的职务。

随着法军在次大陆上的海军基地金德讷格尔（Chandernagore）于1757年失陷，由阿谢公爵（Comte d'Aché）指挥的印度洋法军舰队犹如被钳断了双腿。该地的失陷意味着法军舰艇必须向西南航行2000英里，横跨印度洋才能在最近的毛里求斯（Mauritius）基地获得补给。此外法军舰队也未能得到支援和补给，而波科克的舰队则可以在孟买（Bombay）进行休整，等待季风的到来。

印度战役的海上作战阶段主要在1758年4月到1759年10月之间进行，这也是阿谢舰队在印度水域的最后一次作战。期间双方爆发了三次兵力均不相上下的交战，交战中双方也都采用的是按部就班的正规学派式的战列对战。虽然每场战斗都异常激烈且伤亡惨重，但均以平局告终，这些战斗的经验也使得正规学派战术因难以取得决定性胜利而遭到诟病。

波科克凭借更有效的维修和补给在这场消耗战中取得了战略优势。而这一优势又使得他能够维持对次大陆周边海域的控制，从而让英军在这一战场取得最终胜利。虽然在停战后法国仍控制着本地治理和其他少量飞地，但印度实质上沦为了英国的殖民地，并一直维持至第二次世界大战之后。

西印度群岛的作战行动

18世纪时,加勒比海地区的群岛拥有着重要的经济地位。西印度群岛的糖料种植园生产了巨量的财富。除了产自远东的茶和香料之外,西印度群岛为欧洲市场提供了其他几乎所有种类的热带货物。此外,作为买家,西印度群岛在残酷但利润丰厚的非洲贩奴贸易中占据着重要地位。

安地列斯群岛中的许多岛屿都在此前的战争中反复易手,但到了七年战争的时代,该群岛的版图已经大致固定:西班牙拥有古巴;英格兰拥有牙买加、安提瓜和巴巴多斯(Babarose);法国拥有马提尼克(Martinique)和瓜德罗普岛(Guaderope)。荷兰也拥有一些较小的岛屿:库拉索(Curacao)、阿鲁巴(Aruba)和非常狭小的圣尤斯特坦帝(St.Eustatius)。圣多明哥(Santa Domingo)则被法国和西班牙分治。

由于夺占盛产糖料的岛屿已经成为各国在海上战争中的通行经验,皮特也抓住时机准备夺取法国在加勒比地区的富饶领地。这一行动不仅服务于皮特建立全球帝国的计划,也是为了消灭盘踞在马提尼克和瓜德罗普的法国私掠船,这些私掠船自战争爆发后就对该地区的英国海上航运带来了灾难性的损失。

英军在加勒比的第一轮海陆联合远征于1759年上半年发起,在三个月的战役中成功地将瓜德罗普从法军手中夺下。次年英军又发起同样的行动夺取了多米尼加(Dominica)。1762年,一支强大的英国海陆联合部队占领了马提尼克、格林纳达(Grenada)、圣卢西亚(St.Lucia)和圣文森特(St.Vincent),由此横扫了小安地列斯群岛中的所有法国占领区。

在1762年1月西班牙加入战争后,法西两国的联合舰队曾对英格兰形成了严重威胁。但此时的法军舰队已经残破不堪,即便西班牙加入战局也无法在英国面前拥有胜算。对于巡弋大洋的英国巡洋舰而言,西班牙的财宝运输船队就如同一只只待宰的羔羊,且西班牙在西印度群岛和东印度群岛都建立起了富饶的殖民地。

由于英格兰此时已经在西印度群岛部署有分舰队和士兵,因此英军立即发动了对哈瓦那(Havana)的进攻。此次进攻由阿尔伯马尔伯爵(earl of Albemarle)领衔,兵力达到15000人。此前参加了魁北克战役的波科克海军上将在此役中再度担任指挥官,此次他麾下拥有多达50艘战列舰。加上运输船和辅助船只,英军的登陆舰队总共拥有约200艘战舰。

为了保证袭击的突然性,波科克大胆地选择经过古巴北面暗礁丛生的旧巴哈马海峡（Old Bahama Channel），从东面接近哈瓦那。直到英军庞大舰队的突然出现，古巴总督才得知自己的祖国已经与英国开战。西班牙防守舰队的指挥官没有选择让他的12艘战列舰发起决死一击，相反，他将3艘战列舰自沉于哈瓦那港狭窄的入海口。此举不仅将他的舰队关在港内，也使得波科克能够从防备西班牙海军的任务中腾出手来。

在哈瓦那城东面的沙质海湾，波科克用舰炮火力摧毁了守军的木堡，并将登陆部队送上了岸。阿尔伯马尔伯爵随即指挥部队围攻莫罗（Morro）堡垒，该堡垒是拱卫哈瓦那港口和城区的两座堡垒之一。

莫罗堡垒位于一处多石半岛的末端，地形易守难攻，也非常难以进行土工掘进。英军不得不采用堆建石头工事的办法层层推进。为了压制堡垒的火力，英军不顾困难地用绞车将舰炮运到岸上阵地布置。英军对莫罗堡垒的围攻持续了两个月之久，部队在炎热气候下苦不堪言。虽然有大量英军士兵被敌军火力所杀伤，但减员的主要原因却是热带疾病，尤其是黄热病。在这场行动中，英军舰队发挥了无可替代的作用，不仅提供了炮火支援，还进行了重要的后勤支持。与在魁北克战役期间的桑德斯一样，波科克在哈瓦那的表现为后来的海军军官们树立了海陆之间无私合作的典范。

最终英军工兵在莫罗堡垒的沿岸一侧城墙下挖出了一条隧道用于安放炸药并引爆。随后红衫军（当时英军军装为红色——译者注）从被炸开的狭窄缺口中冲入堡垒，歼灭了堡垒石质走廊内的守军。随着莫罗堡垒落入英军手中，哈瓦那城不得不向英军屈服，随后英国最终控制了古巴全境。

其他作战行动

海上控制权使得英国能够自由选择攻击的时间和地点，由此英军不仅能展开大规模决战，也能投入力量夺取具有重大经济意义的地区，可以在谈判桌上增加筹码。例如英国在1758年夺取格雷岛（Gorée）和位于非洲西端的塞内加尔（Senegal）的行动就重创了法国的贩奴贸易。而在1760年，皮特再度对法国沿海发起"联合作战行动"，出动大军占领了美丽岛（BelleIle）。

英国在欧陆以外的扩张以1762年对马尼拉的远征达到了顶峰。当时英属东印度公司的军队在8艘战舰的支援下，以炮击和围攻仅用不到2周时间就夺取了该城。随后西班牙总督下令菲律宾全境投降。

战争的结束

1762年年初，腓特烈大帝领导的普鲁士已经到了战败的边缘，但正在此时，他的宿敌伊丽莎白女沙皇却突然驾崩。伊丽莎白女沙皇死后，俄国的皇位由彼得三世沙皇继承，他随即与腓特烈大帝签订了和约。虽然彼得签订了和约，但随后继位的凯瑟琳二世（即叶卡捷琳娜）女沙皇并未遵守和约。瑞典之后也退出了反普鲁士同盟。在盟友纷纷退出后，已经捉襟见肘的法国和奥地利也无力再战，只能选择媾和。

1763年签订的《巴黎和约》（Peace of Paris）标志着不列颠达到了"旧帝国"的鼎盛时代。在每一处英军取得胜利的战场，英国政府都会从谈判桌上攫取更多的土地和利益。不列颠无疑是最大的赢家，他们获得了整个加拿大，并迫使法国割让了密西西比河以东的所有土地。不列颠此举为13年后成立的美利坚合众国划好了版图边界。此外不列颠还从法国手中得到了塞内加尔，并取回了米诺卡岛。在与西班牙的和谈中，英国以古巴为交换得到了佛罗里达半岛。法国在和谈中收回了美丽岛、瓜德罗普、马提尼克、圣卢西亚、格雷等岛屿，并重开了在印度的贸易站（法国承诺不会对其进行要塞化），此外法国还拿回了大西洋上的密克隆（Miquelon）和圣皮埃尔岛（Saint Pierre）。西班牙拿回了古巴和菲律宾。为了和谈能够让西班牙所接受，法国拿出了北美的新奥尔良和路易斯安那作为补偿，这片密西西比河以西的区域当时仍属于尚未开发的蛮荒之地。

总结

七年战争是第一场全球性的战争。在这场战争中不列颠依靠与欧陆强国结盟对抗另一个强大的欧陆联盟。从不列颠的角度来说，这场战争的决定性因素是皮特的计划，而这一计划脱胎于英荷战争以来英国一直摸索的海外战略。

从全球角度上来看，皮特的战略同其他成功的重点战略一样，做到了"攻守兼顾"（hitting and holding）。英军在这场战争中将主战场摆到了大西洋对岸，利用英国的海军优势支援陆军发起对法国和西班牙海外殖民地的进攻。夺取这些殖民地不仅扩张了不列颠帝国的版图，而且有助于促进贸易，而贸易则为帝国带来了更多的财富。这些财富中的一部分被用于援助不列颠的重要盟友。在防守方面，英军则注重于：①封锁并歼灭法国海军舰队；②通过欧陆盟友（主要是腓特烈大帝的普鲁士）的努力消耗法国的财富并牵制其兵力，使得法国无法打造一支强大的海军来突破英国的封锁，援救海外殖民地。

英国在欧洲战场上同样奉行了"攻守兼备"的战略原则。其中腓特烈大帝承担了大多数的进攻，但英军也通过对法国沿海发起"海陆联合远征"使得法军对英军登陆产生忧虑，并由此牵制了大量本可以用于对付腓特烈大帝的法军部队。

为了对抗英国的战略，法国采取了以下措施：①对英国海上航运展开破袭；②坚守海外殖民地；③准备对英格兰发动登陆。虽然法国采取了种种措施，但英国的海军优势使得法军的努力最终迎来了失败。法国对不列颠的登陆计划中，将土伦和布雷斯特的舰队在英吉利海峡合兵一处，但英军通过在拉格斯湾海战（1759年）中消灭土伦舰队和在基伯龙湾海战（1759年）中击败布雷斯特舰队让法国的登陆企图化为泡影。

在法国将自身的兵力和财力投入徒劳无功的欧陆混战中时，兵力较少的不列颠陆军却开始四处出击，夺取法国在全世界范围内的领地。在1758年，阿姆赫斯特和博斯卡文通过夺取路易斯堡打开了通往圣劳伦斯河上游的道路。在1759年，沃尔夫和桑德斯通过占领魁北克确立了不列颠对加拿大的统治。与此同时，克里夫在沃特森和波科克的海军舰队的支援下夺取了印度的控制权，此外英国的海陆联合部队也在西印度群岛大肆攻取法国的殖民地。在1762年西班牙作为法国的盟友参战后，古巴的首府哈瓦那也被英军将领阿尔贝马尔伯爵和波科克占领，而马尼拉则被英属东印度公司的军队所占领。

七年战争中的海战暴露出了正规战术的巨大局限，在恪守《永久战斗条令》的情况下，舰队指挥官很难集中优势兵力获取决定性胜利。米诺卡岛战役以及波科克和阿谢在印度洋水域的多次遭遇战都证明了这一情况。而拉格斯和基伯龙湾的胜利却证明了总追击这一简单战术的有效性。

两栖作战需要进行细致的事前规划和紧密的军种间合作，以及指挥员的胆略与毅力。在第二次世界大战前的两栖突击行动中，由于没有成熟的联合指挥体制，这些必须要素经常发生缺失。在当时的指挥体系下，陆军和海军指挥官会协作指挥作战。沃尔夫和波科克在攻占哈瓦那的行动中展现了执行两栖作战这种困难且高风险的作战行动所需的指挥官素养。

皮特作为英军总司令，具备目标明确、富有恒心、坚毅果决等优良品质。在这场博弈中，他能够将整个战局通盘考虑。他能够将自己的计划环环相扣，互为策应。从大战略角度而言，皮特无法保证不列颠取得完胜，但他能保证英格兰实现所有的战争目标。

七年战争中最为宝贵的教训便是不列颠占据绝对优势的海上力量在世界大战中的无处不在和无可匹敌。不列颠在此战中不仅保住了英伦三岛，还夺得了半个世界。

第4章

美国革命（I）

在七年战争之后，法国重建了海军，而英国的海军则开始出现衰落。虽然此时不列颠海军的经费甚至高于七年战争时期，但其中大量的资金都被用于维护朽烂的战舰了。更为严峻的是，此时英国政坛盛行的腐败之风已经渗透进了不列颠的海军部。用于维修和保养战舰的资金被挪作他用，而战舰则被丢在船坞中任其朽烂。当北美洲的战争爆发时，英军甚至找不到能够满足北美战事所需的最低限度数量的可用战舰。

美国革命的爆发

七年战争后，北美工商业体系与英国殖民地当局之间的矛盾不断加深，最终导致了北美殖民地的叛乱。在1764年颁布的《税收法案》（Revenue Act）中，殖民地当局对每一加仑糖蜜征收3便士的税金，这项税法改革引起了此前长期不缴纳税金的商人和酿酒商的愤怒。而在1765年，由英国议会根据国内征税权强行通过的《印花税法》（Stamp Act）使得反对该法案的各殖民地联合起来，形成了巨大的实质独立声浪。虽然《印花税法》随后被废除，但在1767年颁布的《汤森德法案》（Townshend Act）又对北美进口的纸张、铅和茶征税，间接导致了1770年发生的"波士顿大屠杀"（Boston Massacre）。

1773年爆发的"波士顿倾茶"事件引发了连锁反应，最终导致了战争。波士顿倾茶让英国议会感到羞辱，并随即通过了《强制法案》（Coercive Act），根据该法案，英国当局关闭了波士顿港，并强行收回了马萨诸塞已经长期建立的自治权，从民选殖民地议会手中强夺权力。英国强行推行《强制法案》终于在1775年4月迫使殖民地人民在列克星顿（Lexington）和康科德（Concord）起义。自此之后，英国当局与殖民地人民之间便再无缓和与沟通的余地。

对于此时的英国而言，这场北美洲的战事困难重重。他们必须将大量的人员和物资运过大西洋，而这通常需要整整两个月的时间，这因此成为一项难度惊人的任务。在认识到海运的困难后，时任不列颠陆军部长的巴林顿爵士（Lord Barrington）建议采用海上封锁迫使殖民地和谈。但负责指挥此次战事的殖民部长乔治·热尔曼（George Germain）爵士却并没有考虑过这种战略。采用常规地面占领的手段对叛乱分子进行惩罚的诱惑，与保护"忠诚派"（即"托利党"）的考量最终招致了灾难性的后果。

北美的攻势，1775年

虽然列克星顿和康科德的遭遇战已经让双方处于敌对状态，但北美殖民地直到一年多后才正式宣告独立。趁着英军还在集结部队，殖民地军队抓住机会进行了一系列的攻势行动。

在康科德事件不到一个月之后，伊桑·艾伦（Ethan Allen）率领殖民地军队攻占了尚普兰湖（Lake Champlian）湖畔的提康德罗加，从而控制了叛乱殖民地与加拿大之间联系的关键要道。1775年秋天，殖民地军队攻入加拿大境内，并希望加拿大人也加入反抗英国的行列中。由理查德·蒙哥马利（Richard Montgomery）准将指挥的部队经由尚普兰湖—黎塞留河一线发起攻击，这正是七年战争中阿姆赫斯特所采用的路线。蒙哥马利的部队于1775年11月夺取了蒙特利尔（Montreal）。在得到了横穿缅因州北部而来的本尼迪特·阿诺德（Benedict Arnold）的600人的增援后，蒙哥马利在1775年的最后一天对魁北克发起了攻击。此次攻击遭到了失败，蒙哥马利阵亡，阿诺德也受伤，但阿诺德仍旧保持了对该城的围困。在春天河冰消融后，英军通过圣劳伦斯河运来了增援，围攻因而不了了之。

驻守波士顿的英军在开战后发现自己已经被从各个殖民地涌入这座城市的16000名北美民兵所团团包围。在守卫者们几乎绝望之际，1775年5月，由威廉·豪伊（William Howe）爵士指挥的10000名英军抵达该城。1775年7月，乔治·华盛顿将军就任殖民地

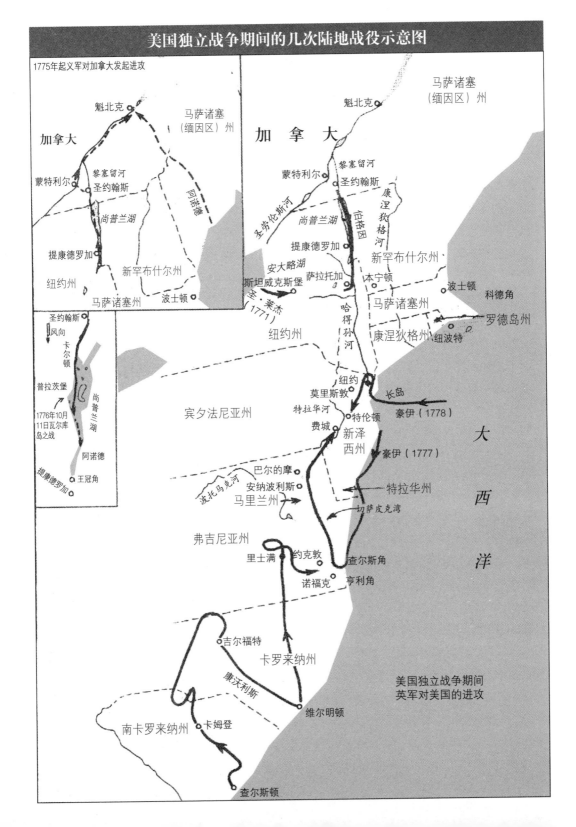

军队总司令,并着手将一盘散沙的民兵铸就成一支真正的军队,但此时他手头火药奇缺,甚至难以在英军的火力面前发起反击。而被围困于波士顿城内的英军则无匮乏之虞,定期开来的运输船为他们带来了弹药和补给。

华盛顿此时发挥了自己的主动性,在未得到大陆议会授权的情况下,他派出由新英格兰沿海地区士兵操纵的武装船只袭击英军的航运。这是一项一石二鸟的计划:对航运的袭击不仅能切断英军的补给,而且也能为几乎一切都处于匮乏状态的大陆军提供急需的物资。他拼凑起来的这支临时舰队后来被称为"华盛顿的海军"。第一艘华盛顿的掠袭舰——双桅帆船"汉娜"号(Hannah)于1775年9月出航,并很快取得了战果。到10月时,华盛顿手中已经有了6艘可以参加作战的船只。在短暂的生涯中,"华盛顿的海军"共取得了38个战果。

到1776年上半年,华盛顿将军已经将加农炮从提康德罗加堡搬运到了从南俯瞰波士顿的多彻斯特高地(Dorchester Heights)上。虽然此时豪伊已经可以集结足够荡平美军把守的邦克山(Bunker Hill)的部队,但此时他的阵地面临着炮火的威胁,因此他指挥部队从海路撤退到了新苏格兰的哈利法克斯,并直到6月从英格兰运来的援兵抵达前一直处于守势。

如果说此次波士顿围城战给华盛顿留下了什么教训的话,那就是制海权的重要意义,这点从英军能够经由海路全身而退便可以明白。由于英军掌握了制海权,美军根本无力阻止被击败的英军地面部队从海路撤退。

不列颠的反击,1776年

华盛顿确信豪伊会依托哈利法克斯卷土重来,并估计英军将攻击战略意义重大的位于哈得孙河流域入海口的纽约,而非波士顿。在此考量之下,他将自己的主力部队布置在了纽约,并将部队分兵部署在曼哈顿和长岛上的布鲁克林高地。在数周后,华盛顿终于等到了敌人。

1776年7月5日,就在大陆议会签署著名的《独立宣言》的次日,豪伊的军队终于在舰队的掩护下再度出现在北美殖民地的海岸。负责指挥英军舰队的正是豪伊的亲兄弟,海军上将理查德·豪伊爵士。英军在登上斯塔腾岛(Staten Island)之后并未立即出击,豪伊等待着从欧洲运来的黑森(Hessen)雇佣兵部队和进行牵制攻击任务的英军前来会合,最终豪伊拥有了32000名士兵,而对阵的华盛顿手中只有17000人。

1776年8月22日，豪伊的部队登上了长岛，开始从容向前推进。华盛顿的部队缓步撤退，此时的风向对美军有利，使得英军的护航舰无法支援豪伊的左翼，而8月29日的大雾则帮助美军成功撤回了曼哈顿。在此后两个月的战斗中，华盛顿逐渐被向北逼退至白平原，就在此时，他率军渡过了哈得孙河进入新泽西州。在11月，他又渡过特拉华河进入宾夕法尼亚。

此时华盛顿的部队仅剩下约3000人，而且此时阻挡在豪伊和坐落着大陆议会的费城之间的，只剩下北美的寒冬。在此危急之际，华盛顿在圣诞节当晚巧妙地再度横渡特拉华河，发起突袭并占领了特伦顿，并由此重新控制了新泽西殖民地大部。华盛顿随即在泽西高地的莫里斯敦构筑起阵地，从而可以威胁英军对费城和沿哈得孙河向上游进行的任何行动。

在加拿大方向，战火随着冰雪消融于5月再度燃起，河冰的融化使得魁北克的英军再度从英格兰得到了6000人的增援。阿诺德指挥的美军部队不得不撤围并在加拿大总督、英军少将盖伊·卡尔顿（Guy Carleton）爵士的追击下且战且退。

在撤退至尚普兰湖后，阿诺德赶紧扩充这座美军在湖上建立起来的小规模舰队。由于尚普兰湖是当时该地区唯一一条可用的补给线，美军的造船计划迫使英军停下脚步，建造起一支更为强大的舰队与之抗衡。通过征调附近的材料，并通过小船在黎塞留河上运输材料，英军建造了一艘180吨的帆船。此外英军还将两艘圣劳伦斯河上的双桅船拆散后重新在尚普兰湖内组装。这三艘"巨舰"使得英军对阿诺德那支由各类小船组成的乌合之众建立起了绝对优势。

10月11日，英军的尚普兰湖分舰队解缆起航，并在北风下向南前进。阿诺德则将他的船队隐蔽在瓦尔库岛（Valcour Island）后方，静待英军舰队经过，从而占据上风向，开始向敌军舰队发起偷袭。美军船队虽然拥有地利，但在这场被后世称之为瓦尔库岛海战的战役中损失惨重。当晚美军船队成功摆脱英军分舰队，向王冠角（Crown Point）撤退。英军则随即发起追击，在此后两天的追逐战中，大多数的美军船只要么被英军俘获，要么冲滩搁浅，少数幸存的船只则遁入了密林之中。

英军有理由为自己取得的这场战术胜利庆贺，因为他们确保了加拿大的安全。但在尚普兰湖上为期数月的造船工作却让他们丧失了宝贵的战略时间窗口，到英军获胜时已是10月中旬，寒冬将至，难以继续展开进军。"如果我们提前四周发起远征，"卡尔顿麾下的一名军官写道，"那么我可以肯定一切战事都会在年内落下帷幕。"对于英军而言，此时他们只能撤回加拿大过冬。这是美国的海军力量取得的第一次，也是最为重要的一次胜利，这支微不足道的舰队成功地迟滞了英军对国土的入侵行动。

萨拉托加：转折点

英军计划在1777年开春后继续未完成的攻势行动，但他们发现北美军队已经针对英军的优势进行了更充分的准备。华盛顿在特伦顿的胜利激起了北美人民的爱国思潮，即便大陆军并没有大规模征兵，新加入的部队数量依然不断增长。对痛失海外殖民地愤恨不已的法国此时也抓住机会向北美提供大量的物资支援。

接替卡尔顿出任驻加拿大英军司令的约翰·伯格因（John Bourgoyne）中将希望沿尚普兰湖和哈得孙河向东南推进，从而与从纽约向北进攻的豪伊相配合。两支英军会合后将能够切断新英格兰殖民地与其他北美殖民地之间的联系。

但此时豪伊将军却对华盛顿那支驻扎在莫里斯顿、规模不断增长且防御严密的陆军忌惮不已。豪伊并没有接到任何与从北面推进的英军进行协同的命令，坐镇伦敦的英军高层也不认为伯格因的进军会遭受任何困难。在豪伊看来，此时他最应该做的，就是歼灭华盛顿的大军，将华盛顿逐出莫里斯顿高地，并随之占领费城。为避免再度遭遇特伦顿一样的失败，豪伊并没有选择陆路进攻。他将部队装上了运输船，为了避开大陆军设在特拉华河上的防御，豪伊选择经由切萨皮克湾（Chesapeake Bay）绕道进攻费城。

豪伊及其麾下大部分陆军部队不见踪影引起了华盛顿的警觉。在此后的两个月中他反复考虑着将自己的部队调动到更合适的位置，但到底是部署到北边或回防费城的抉择让他陷入两难。他所面临的困境形象地展现了英国的制海权为陆上作战带来的机动性和交战选择权优势。

当华盛顿收到豪伊的舰队已经驶入切萨皮克湾的情报时，他立即下令部队向费城方向强行军，以免英军在抵达海湾末端后沿陆路长驱直入。9月11日，在布兰迪湾溪（Brandywine Creek），豪伊的部队击败了华盛顿指挥的美军（但未能将美军歼灭），并占领了北美的首府。

与此同时控制着尚普兰湖的伯格因则逆流而上，在6月攻占了提康德罗加。到7月末时，他的部队已经突破美军部队的重重阻击推进至哈得孙河上游。但在8月初，本计划从安大略湖（Ontario Lake）出发，经由莫霍克河谷（Mohawk Valley）与伯格因会师的，由巴里·圣·莱杰（Barry St.Leger）中校指挥的英军在斯坦威克斯堡（Fort

Stanwyx）附近因与当地的北美爱国者的血腥战斗而止步不前。得知英军到来的阿诺德带领大陆军前来增援，莱杰因此不得不慢慢撤回加拿大。

伯格因发现自己的补给线已经在北美的荒野中延伸了太长的距离，部队得不到充足的补给。在此情形之下，他派出约700人的部队翻越绿山（Green Mountains），准备对位于本宁顿的康涅狄格河谷（Connecticut Valley）发起劫掠，收集补给物资。但这支部队刚抵达本宁顿，就在8月中旬被"绿山英豪"（Green Mountain Boys，一支当地北美民兵）所击败。在经历此次战败后，伯格因开始注重于镇压当地的抵抗运动。最终，伯格因率领的英军被北美民兵所包围，但此次北美民兵们还得到了由霍雷肖·盖茨（Horatio Gates）少将指挥的大陆军正规部队的支援。1777年10月17日，伯格因在萨拉托加带领5000余人的部队向大陆军投降。

萨拉托加的胜利标志着美国革命迎来了转折点，正是这场胜利展现了北美殖民地尚有胜算，从而吸引法国公开加入北美的战争当中，法国的支援对北美独立的胜利起到了决定性的作用。不过在1777年秋天，对北美殖民地而言这一切还为时尚早。当豪伊的军队在费城内驻扎妥当，准备安然度过冬天之际，华盛顿的残兵正在福吉谷（Valley Forge）的严寒中忍饥挨饿。

法国参战

在大陆军于萨拉托加取得胜利的消息传来后，法国政府出于对英国与北美殖民地立即达成停战的担心，于1778年同本杰明·富兰克林（Benjamin Franklin）签订了商业协定和同盟条约。法国的参战使得战争的性质发生了彻底的变化。这场战争已经从不列颠帝国内战变成了一场国家间的战争，而且最终成为一场波及美洲、直布罗陀、大西洋、地中海、西印度群岛和印度周边海域等战场的全球性战争。

此时英国在这场与欧陆强国进行的战争中，在欧洲大陆上并没有盟友，这正是英国至此至终都无法避免的不利状况。法国终于可以腾出双手全力对抗英国。法军本希望利用这一大好机会夺取英吉利海峡的制海权，并借此发动对不列颠本土的登陆。登陆行动如果成功，不仅能够报回旧时的一箭之仇，而且还能一举夺回西印度群岛，并解放北美殖民地。由于此时法军的海上力量尚不足以完成这样的任务，法国希望邀请同样拥有强大海军实力的西班牙加入这场战争。

曾因英军经海路逃出波士顿而饮恨不已的华盛顿此时也迫切希望得到一支拥有世

界一流水准的海军的支援。从美国历史学家的角度上来看，华盛顿深知只有美法配合作战才能赢得胜利，正是在他的努力下，大陆军与法军舰队相互配合，才最终赢得了决定性胜利。

早期海战

早在1776年春，大陆议会便授权允许北美殖民地人民进行私掠活动，此类活动由殖民地（州）政府颁发许可，并由随船的殖民地政府特工进行监督。此时马萨诸塞州已经允许了私掠行动并建立起了捕获法院[1]（Prize Court），另外一些殖民地也自发或按照大陆议会决议建立起了私掠体系。

私掠船在北美殖民地的航海发展中立下殊勋。1778年，法国参战迫使英国将海军主力用于对付法国，北美的私掠行动因而死灰复燃。随着参加私掠行动的北美船只数量的逐渐增加，这些私掠者的作战效率一直在稳步提升着，到战争结束时，北美私掠船已经捕获了约600艘英国商船。

1775年10月，大陆议会成立了"海军委员会"（Naval Committee），从而迈出了建立一支（北美）大陆海军的第一步。这个委员会的主要任务是寻找适合海上作战的舰船并起草海军相关的规章制度。11月，海军委员会购买了两艘战舰，两艘双桅横帆船，随后又购入了两艘快帆船和两艘纵帆船，此外，大陆议会还以授权组建两个营的形式建立起了北美的海军陆战队。海军委员会任命伊萨克·霍普金斯（Esek Hopkins），海军委员会的罗德岛（Rhodes Island）殖民地代表的兄弟，出任舰队司令，其地位相当于大陆军总司令华盛顿将军。霍普金斯自20岁便开始出海，此时已经成为拥有17艘商船的富有商船队主。在七年战争期间，他展现了自己作为私掠者的胆大无畏。

霍普金斯罔顾大陆议会要求肃清弗吉尼亚和卡罗莱纳沿海的敌军舰艇的命令，反而扬帆驶向巴哈马群岛，当时有情报称此处有一处生产火药的工厂。1776年3月，霍普金斯的派出部队登陆新普罗维登斯岛（New Providence），夺取了拿骚港（Nassau）外只进行了象征性抵抗的两座要塞，随后又在该岛花费了两周时间来装载缴获的弹药。

---

[1] 战争或武装冲突期间，交战国根据国内法设置的专门从事海上捕获的效力裁定的特别法院。任何捕获都应经过审判，但是捕获审判权一直是一种纯粹的国内制度。

此次出击成为这支分舰队的最后一次远航——这主要是由于私掠船对人员的旺盛需求，使得霍普金斯并没有足够的人手来驾驶麾下的战舰。私掠船船员所获得的奖赏更为丰厚，约束更为松散，且战斗中所面临的危险也更低，这使得大量的舰员离开了大陆海军，转投私掠船船主。霍普金斯所能做的只剩下派出自己私人所有的舰艇参加袭扰英国航运的巡航。在私掠船船长中，最为成功当属约翰·保罗·琼斯（John Paul Jones），他的快帆船"普罗维登斯"号（Providence）至少捕获了16艘船只。在换乘"阿尔弗雷德"号（Alfred）之后，他又取得了数个战果，其中一艘武装运输船甚至满载着为卡尔顿的驻加拿大英军准备的冬装。

作为北美舰队司令的霍普金斯此时却面临着内外树敌的局面：在大陆议会内部，他对命令置若罔闻，擅自出海袭击纽芬兰渔业船只的行为引发议员的不满；他下属的军官则控告他治军残暴；而新英格兰的政治家们则因霍普金斯出言抨击他们倾注巨资的私掠产业而对其产生敌意。当霍普金斯的舰队因被封锁在普罗维登斯河内而未能维持应有的巡逻密度时，他的政敌终于有了足够的弹药。虽然此后他的舰队抓住战机，以较为笨拙的手法捕获了一艘驶入纳拉甘西特湾（Narragansett Bay）进行调查的英国护航舰。大陆议会还是在1777年终止了霍普金斯的指挥权，并在之后将他勒令退役。

在新普罗维登斯岛突袭之后，大陆海军仅参加了一次大规模行动——1779年的佩诺布斯科特远征（Penobscot Expedition）。此次行动由马萨诸塞殖民地的一个私掠企业为主导，主要目标是清除在卡斯汀（Castine）、缅因（Maine）两个殖民地的英军基地。负责护送运输船的16艘战斗舰艇中，有3艘隶属于大陆海军。这批舰艇中最为强大的是大陆海军的32炮护航舰"沃伦"号（Warren），该舰的舰长达德利·萨尔顿斯托（Dudley Saltonstall）上校同时也是此次远征的指挥官。在于1777年7月下旬抵达卡斯汀后，组织涣散的地面部队进展缓慢，而此时英军已经从纽约开来一支增援舰队，北美舰队不战而逃，遁入佩诺布斯科特河，并将所有的船只都拖到了岸上。

在建国十三州中，除新泽西和特拉华之外，其余殖民地均在战争期间组建了自己的海军，但这些海军均仅拥有小型船只，几乎没有为战争做出任何显著贡献。

大陆海军在战争期间的最重要成就，在于将战争延烧到了大洋对岸。虽然北美军舰以非中立目的使用法国港口偶尔会导致英国的抗议从而带来不便，但从挑拨英法关系上而言此举可谓一石二鸟。

第一艘驶入欧洲水域的大陆军舰船是双桅横帆船"报复"号（Reprisal），该船由拉姆贝特·威克斯（Lambert Wickes）指挥，在1776年将本杰明·富兰克林送到了法国。1777年1月，该舰从法国南斯（Nantes）出发，捕获了5艘商船。他将这些战利品送进法国港口引发了英国对法国的强烈抗议。随后北美收购了"海豚"号（Dophin）独桅纵帆船（Cutter），两舰与随后到来的双桅横帆船"列克星顿"号共同组建起了一支小型舰队，这支舰队在威克斯指挥下在爱尔兰进行了一个月的巡航，其间共捕获18艘船只。在秋季返回北美的航程中，"报复"号在大浅滩（Grand Banks）突遭暴风雨袭击，威克斯与舰同沉。

与此同时，驻法国的北美外交人员购买了斜桁四角帆船"惊喜"号（Surprise），该舰由古斯塔夫·康宁汉姆（Gustav Conyngham）指挥，于1777年5月从敦刻尔克（Dunkirk）启航，并很快带着两个战果成功返航。在英国的抗议下，法国政府不得不释放这些被捕获的船只，并逮捕了康宁汉姆和他的船员。但在富兰克林的游说下，康宁汉姆被及时释放，并指挥"复仇"号（Revenge）独桅纵帆船。该舰最初依托法国的港口，随后利用西班牙的港口展开破交作战，在制造法国波旁王朝与英格兰之间的紧张关系中发挥了重要作用。

如果说霍普金斯那支由民船改装的分舰队是大陆议会的第一支海军的话，那么在1775年年底由大陆议会批准建造的13艘护航舰则可以被认为是第二支大陆海军。这批护航舰并非从民船改装，而是彻头彻尾的专职作战舰艇。不过议会对这批战舰所抱有的美好期待从未能彻底实现，在13艘护航舰中，有4艘因各种原因从未能下水，而其余的战舰中，有4艘的服役经历也极为短暂：装备32门舰炮，性能极为优异、航速极快的"汉考克"号（Hancock）被一艘英军的44炮战舰所俘获；"罗利"号（Raleigh）因被英军优势兵力追击而由舰长约翰·巴里（John Barry）驾驶冲滩搁浅，在佩诺布斯科特湾损失；"沃伦"号在佩诺布斯科特远征中损失。只有32炮护航舰"兰道夫"号（Randoph）是在战斗中光荣战沉。时任该舰舰长的尼古拉斯·比德尔（Nicolas Biddle）此前是霍普金斯舰队的一员，曾指挥"安德鲁·多利亚"号（Andrew Doria）进行了一次成功的巡航。此后他又大运撞身，在1777年初赶在英军占领费城前成功将"兰道夫"号从特拉华河开到海上。1778年春，比德尔受命指挥一支以"兰道夫"号为旗舰的小型舰队猎杀英军的巡洋舰。3月，他的舰队在巴巴多斯（Barbados）附近海域遭遇了英军的64炮战舰"雅茅斯"号（Yarmaouth）。比德尔英勇地向这艘比他的座舰大得多的战舰发起攻击，战斗中"兰道夫"号的弹药库发生殉爆，使得美利坚合众国痛失了一名杰出的海军军官。

至1780年时，当初建成的13艘护航舰中只有3艘依然可以出海作战。"波士顿号和"普罗维登斯"号在完成一次向南的远航后驻留在查尔斯顿，被用于防御这座港口城市，并在英军攻陷该城时损失。只有"特兰伯尔"号（Trumbull）幸存至1781年，但这主要是因为该舰直到1780年才驶出康涅狄格河进入海上参战。

大陆海军最优秀的指挥官当属约翰·保罗·琼斯。他最初在霍普金斯指挥的"阿尔弗雷德"号上出任上尉，随后成功地指挥"普罗维登斯"号和"阿尔弗雷德"号进行了一次远洋巡航。1777年6月，他调任新的18炮战舰"突击者"号（Rangers）舰长，并于当年秋天驶往法国。当美法同盟协定正式签署时，他正好驶入法国海域，在基伯龙湾，一支法国分舰队向作为盟友的他进行了令人振奋的致敬。1778年春，琼斯指挥战舰环绕整个爱尔兰进行了巡航和上岸劫掠，并俘获了英军的20炮战舰"德拉克"号（HMS Drake）。一年后，他又被调去指挥一艘已经老旧不堪的东印度大商船，他将这艘船命名为"好人理查德"号（Bonhomme Richard）。在登舰后，他于1779年8月出海起航，此次"好人理查德"并非形单影只，琼斯还指挥着由喜怒无常的法国军官皮埃尔·朗代（Pierre Landais）上校带领的新锐美国护航舰［32炮的"联盟"号（Alliance）］以及3艘更小的法军舰艇。在这次对英伦三岛进行的顺时针巡航中，琼斯的舰队捕获了多艘船只，并于9月4日晚间驶离英格兰东海岸的弗朗勃勒角（Flamborough Head），此时他即将迎来自己的成名一战。

在当琼斯率队在暮色中跟踪一支英国商船队时，他突然遭遇了两艘英军护航战舰的攻击。一艘是英军刚建成的50炮护航舰"塞拉皮斯"号（Serapis），由理查德·皮尔森（Ricahrd Pearson）上校指挥，而另一艘则是安装有20门炮的"斯卡布罗女伯爵"号（Countess of Scarbrough）。当编队中的一艘法军战舰与"女伯爵"展开交火时，琼斯的"好人理查德"掉头冲向"塞拉皮斯"号。在第一次侧舷对射当中，琼斯的重型火炮中有2门炸膛，导致该层炮甲板的其他火炮都无法开火。此时"好人理查德"号的侧舷火炮齐射总质量已经下降到195磅，而"塞拉皮斯"号依然拥有300磅的投射总质量。

在认识到自己的战舰不可能在火炮对射中获胜后，琼斯打算与"塞拉皮斯"号展开接舷战。但后者灵活地避开，并加速甩开了"好人理查德"号。这艘老旧笨重的东印度大帆船艰难地调转航向，让舰头朝向"塞拉皮斯"号的舰艉。在逐渐浓密的夜色中，展现出自己座舰性能优势的英军舰长轻蔑地向美军喊道："你们的船难道没开动吗！"面对英军的嘲弄，琼斯回敬了那句著名的话："我到现在还没动真格的呢！"

被甩在后方的"好人理查德"号对"塞拉皮斯"号展开了追击，最终使得两舰撞在一起。风向使得两舰在相撞时呈头对艉、艉对头的中心对称状态。琼斯抓住机会，命令舰员用登舰铁钩将两舰绑在一起，而他自己则抓住了一根从"塞拉皮斯"号主桅上掉下来的缆绳，将绳索绑到了座舰后桅上。此时双方舰艇在海面上不断相互碰撞，火炮以炮门对着炮门的状态向对方猛烈开火了两个小时之久。在此期间，"联盟"号在夜幕中赶到，但却先对"好人理查德"号展开了三轮齐射。朗代在事后坦白称，他是想击沉"好人理查德"号，以便将俘获"塞拉皮斯"号的功劳据为己有。

此时"好人理查德"号已经开始缓慢下沉，除了3门9磅炮之外，其他的火炮也都已经无法开火，其中一门9磅炮甚至是由琼斯亲自操纵的。在这危急关头，一名美国水兵爬到"好人理查德"号的帆桁上，将一枚手榴弹投进了"塞拉皮斯"号正敞开着的、通向炮甲板的舱门，使得炮甲板内散乱火药发生爆燃，杀死了大量英军炮手。很快，"塞拉皮斯"号的主桅也开始摇晃，战况的急转直下彻底崩断了皮尔森上校的神经，他亲手扯下了舰上的英国海军旗向美军投降。已经千疮百孔的"好人理查德"号于次日彻底沉入海中，而琼斯则将自己的旗帜悬挂到了"塞拉皮斯"号上。

北美海域的舰队作战，1778—1779年

在与美国结盟后，法国就开始着手将驻土伦舰队中的一大部分投入北美水域的作战行动中。1778年4月，12艘法军战列舰在海军中将德斯坦伯爵（Comte d'Estaing）的指挥下解缆起航。

英国也同样认识到了，要保住在北美洲的阵地，就必须向豪伊爵士指挥的舰队派遣增援，但此时英国海军部手头拥有足够人手和补给，能够胜任此次任务的，只有奥古斯塔斯·科佩尔（Augustus Keppel）海军上将指挥的海峡舰队，英军派出的13艘战列舰由约翰·拜伦（John Byron）中将指挥，于6月出港。

美国与法国的结盟使得夺取了费城的英国陆军陷入险地。由于英军完全依赖于经由特拉华河运来的海上补给，一支法军舰队的封锁就足以切断英军的补给线。接任英军驻北美总司令的陆军上将亨利·克林顿爵士（Sir Henry Clinton）命令费城英军离开该城返回纽约。考虑到法军舰队即将到来，克林顿命令陆军部队沿陆路撤回，而大炮和辎重则由豪伊爵士的舰队带回。豪伊的小规模舰队在6月28日驶出特拉华河，并于次日抵达纽约，这支舰队还来不及休整，其中的护航舰就被派出用以警戒法国海军舰队的到来。

虽然德斯坦公爵此前曾坚称海战要"兵贵神速，出其不意"，此次战争中他并没能遵守自己的信条。如果能够迅速渡过大西洋，它无疑能够截住仍然停留在特拉华的英军舰队并将其连带克林顿的炮兵一起歼灭，但实际上他从土伦出发航行至特拉华角足足花了85天。所幸"天公作美"，拜伦指挥的英军增援部队也被一场风暴所拖住，抵达得比法军还要晚。豪伊因此不得不独自面对这支火炮数量几乎是自己两倍的法军舰队。

面对不可能战胜的对手，豪伊选择背水一战。他将自己的舰队以紧密的纵队队形横亘在纽约港的入海口，同时克林顿在桑迪角（Sandy Hook）设置了炮台作为支援。7月11日，德斯坦伯爵的舰队驶抵纽约港外，在距离港口4英里处下锚。华盛顿将军将一名大陆军军官送上法军舰队作为协同攻击纽约的协调员。此时华盛顿终于如愿能够发动他从战争之初就希冀的海陆联合进攻。但天不遂人愿，法军战舰的较大吃水使得其无法跨过水深仅22英尺左右的暗沙。沮丧的德斯坦伯爵最终率领舰队驶离纽约。未攻占纽约港意味着盘踞纽约的英国陆军将利用海路进行撤退，也将得到增援和补给。痛失这次机会让华盛顿沮丧不已。

德斯坦伯爵的舰队撤到波士顿后进行了相对于战时紧张局面相当奢侈的休整。作为风帆时代的惯例，北美的帆船通常会在冬季驶往天气良好的西印度群岛。在11月初，德斯坦伯爵的舰队驶往加勒比海，与此同时英军却已经向纽约增援了5000名士兵，1779年初，英军舰队主力也随之赶到。此时豪伊爵士交出了他那支小舰队的指挥权，并公开宣称"只要那群大臣们还坐在办公室里"，他就不会继续在军中服役。拜伦上将由此指挥了英军的全部舰队。

已经进入西印度群岛的双方舰队开始将"袭扰糖料群岛"的老把戏还治彼身，而这很快也让德斯坦和拜伦的舰队牵涉其中。在7月，法军用一次战术胜利好好给英军上了一课。当时刚刚占领格林纳达的德斯坦伯爵接到报告称有一支舰队正在逼近。这支舰队恰好就是拜伦指挥的、负责解救该岛的舰队，该舰队除了数艘运输船外，还有多达22艘战列舰。格林纳达海战的结果证明：如果对手与自身实力相当，且拥有战斗到底的意志，那么总追击所带来的混乱将会让己方舰队陷入危险之中。

沉着的德斯坦伯爵命令他的舰队从港内起航。在第一缕阳光笼罩英军舰队之际，英军已经被法军舰队甩在身后。急于追上敌人的拜伦为了加快速度，下达了总追击命令。此时风力的加剧却使得法军有时间重新组织起战列线迎战乱作一团的英军舰队，此役英军有6艘战舰被瘫痪。随后战斗又向西继续展开，不过考虑到自己的主要任务是掩护陆军夺取格林纳达，德斯坦公爵决定鸣金收兵，并在返回港口的途中炮击了英军战舰的残骸。损伤惨重的英军舰队撤退至圣基茨岛（St.Kitts）。虽然此役中法军的伤亡率高于英军，但此战中法军不仅取得了战略上的胜利，而且干脆利落地赢得了战术胜利。

此时德斯坦伯爵发现自己的舰队处在西印度群岛每年7月到10月的飓风多发季节中。在此期间，加勒比海地区的各国海军力量要么选择回港避风，要么转战北美水域。德斯坦首先驶往了法国此时在西印度群岛上的唯一港口海地。此时已经有大量信件堆积在弗朗西斯角（Cap Français，又称海地角），这些信件带来的消息让德斯坦能够为接下来的作战制定计划。他从华盛顿寄来的信件中了解到英军趁着法军舰队离开对北美南部的多个殖民地发起了攻击，并从1778年年底开始占领了萨凡纳（Savannah）。在得知这一消息后，德斯坦准备帮助美军收复这一港口。

1779年9月1日，法军的20艘战列舰和3000名搭乘运输船的士兵抵达萨凡纳港外。由于此时他已经接到了返回法国的命令，为尽全功，他大胆地发起了登陆。在他的鼓动下，法军和美军部队于10月7日贸然地向该城发起了攻击。此次攻击遭遇了失败，法军除了遭受惨重伤亡之外，德斯坦伯爵本人也在战斗中受伤。此战之后他的舰队向法国返航，在清醒时他一直都为此战失利所带来的失落和屈辱所扰。

英法舰队的各自优势

1778年的法国海军在许多方面都已经达到了世界领先水平。此时的法军拥有45艘可以出海作战的战列舰，这一数字已经超过了不列颠。这些战舰的设计非常科学，船型更为简洁，因此在吨位更大的情况下航速却能比英国同级别战舰还要快。法军的舰炮班组在当时也是全球最优秀的精确射手，能够在远距离上开炮命中英舰。最后，在海战战术的理论探索与实践方面，法国人也同样走在英国前头。比戈·德·梅伦格（Bigot de Morogue）所著的《海军战术》（*Tactique Navale*）于1763年出版，书中不仅囊括了多种在海战中集中优势兵力的办法，同时还收录了一套行之有效的信号通信体系。该书中的战术理论和信号体系方面的内容被运用于法军的"分舰队改进"（squadrons of evolution）课程中，大多数参加北美独立战争的法国海军指挥官都接受了这一课程的训练。

而英国人却仍旧围绕着《永久战斗条令》止步不前，改进也仅限于在七年战争期间一些海军指挥官撰写的《附加条令》（*Additional Instructions*），这些附加条款在原有条令基础上为英军指挥官提供了更多的战术灵活性。豪伊爵士和理查德·肯彭费尔特（Richard Kempenfelt）海军上将对于研究当时依然有效的技术抱有兴趣，他们的研究结果之一便是高效的信号系统和更为灵活的战术体系，不过这一切直到北美独立战争结束后好几年才被付诸实用。在海战中，信号体系和战术密不可分，由于当时的舰队司令只能依据《永久战斗条令》中给定的信号编组发布命令，因此英军的战术显然不可能逃出《永久战斗条令》的窠臼。

尽管在战争中皇家海军存在如此的缺陷，而法国海军拥有巨大的优势，那么为什么法国海军未能取得一场酣畅淋漓的胜利呢？其中的主要原因还是法国海军根深蒂固的防御性传统，这一传统源于早先法国在战争中往往遭遇海陆两线作战的情况，因此海军非常倾向于保存手中的战舰。因此在交战中英军舰艇通常会向敌军舰体开火，争取击沉或俘获敌舰以彻底夺取制海权，而法国海军的战舰则会向敌舰的桅杆和帆装开火，通过削弱敌军的追击能力来获得暂时的制海权。法军的战法在米诺卡岛海战中便有所体现，这场战斗中加里桑尼尔侯爵虽然没有损失任何舰艇也没有击沉任何敌舰，但他却牵制了宾的舰队足够长的时间，让法军的地面部队完成了对全岛的占领。

欧陆海域的舰队战斗，1778—1780年

北美独立战争期间的第一场舰队对战韦桑岛海战（Battle of Ushant）在1778年7月23日爆发。交战双方分别为英军海峡舰队和法军布雷斯特舰队，双方舰队在布列塔尼半岛尖端方向的韦桑岛以西100英里处发生目视接触。法军舰队拥有29艘战列舰，舰队司令为奥利维耶伯爵（Comte d'Orvillier）。相比起与英军交战，这支法军舰队更急于返回布雷斯特。正因如此，在此后的三天中，奥利维耶伯爵都利用自己的上风向优势尽量避免与英军发生战斗。

最终，7月27日，指挥拥有30艘战列舰的海峡舰队的科佩尔上将彻底失去了耐心。他不顾打乱纵队的危险，下达了总追击的旗语命令。但此时奥利维耶伯爵却突然收束自己的舰队给予莽撞的英军迎头猛击，打断了多艘英军战舰的桅杆并重创英军后卫舰队。这次"轻描淡写"的迎面通过直接为战斗画上了句号。此战也让科佩尔明白，不分场合发起的总追击并非夺取胜利的"金钥匙"。

法军方面，奥利维耶伯爵认为自己已经收获了足够的战果便扬长而去，在入夜时分撤回布雷斯特港内。虽然法军在人员伤亡上比英军更为惨重，但此役中法军无疑比

英军棋高一着。对于法军而言意义更为重大的是，这次他们出乎意料地在英国皇家海军的攻击下全须全尾地返回了母港。对于自七年战争之后一直居于劣势的法国海军而言，这是一场重要的胜利。

希望跻身议会的科佩尔因此战中的糟糕表现而被送上了军事法庭，所幸他所属的党派为他发声，将这场问罪审判演变为一场闹剧，而他则在一片混乱中被宣布无罪。对于那些已经淡忘或者根本不在意这场闹剧的皇家海军军官而言，科佩尔的无罪开释清晰地向人们证明《永久战斗条令》已经不再是英军不可撼动的铁则。除了上面这场审判，科佩尔同时还因在土伦海战中顶撞马修斯和在米诺卡岛海战中顶撞宾而遭到起诉，不过这两场审判也没有让他被剥夺军职或是吃枪子儿。而如此这般判决的影响也是显而易见的，英军军官在此后的战斗中能够根据自己的最佳判断下达命令。

法国很早就希望同为波旁家族王室和七年战争的共同战败者的西班牙也参加北美独立战争。在1779年6月初，奥利维耶率领28艘战列舰从布雷斯特出港，向南航行以便与西班牙舰队会合，与此同时，驻伦敦的西班牙大使也通过挑衅让英国率先对西班牙宣战。

根据此前就已经制定好的计划，法国和西班牙联军准备在1779年夏季登陆英格兰岛的怀特岛（Isle of Wight）以及朴茨茅斯（Portsmouth）。为了此次行动法军将集结62艘战列舰，而西班牙也将集结40艘，西法联合舰队将对抗大约80艘英军战列舰。在这危急之际，英军却面临无将可用的窘境——豪伊兄弟和科佩尔都已经退役，为了让有能之士指挥至关重要的海峡舰队，英国海军部不得不找回了已经退役的查尔斯·哈迪爵士，此时已经63岁的哈迪不仅年事已高，而且身体状况并不适合出海作战。

如芒在背的英军加紧准备抵御即将到来的登陆，但随后的情况证明他们的急切完全是没有必要的。拖沓的西班牙舰队让奥利维耶伯爵干等了一个月之久才赶来会合，直到7月下旬，法西联合舰队才完成了67艘战列舰的集结。8月中旬，联军舰队陈兵朴茨茅斯港外，哈迪爵士率领35艘英军战舰时常出海对峙，但双方没有发生真正的交火，这使得法西舰队所携带的淡水和食物开始出现短缺。与此同时，疾病也在法西舰队中蔓延，患病人数已经达到了非常严重的比例。虽然法国政府因此不得不推迟并调整了计划，但奥利维耶在发现哈迪的舰队的踪迹后仍然进行了短暂的追击。在补给耗尽后，奥利维耶不得不返回布雷斯特港。

由于英国政府为抵御并不会发生的登陆而忙得不可开交，约翰·保罗·琼斯围绕英伦三岛进行的劫掠之旅丝毫没有受到阻碍。在俘虏"塞拉皮斯"号之后，他安全地驶入了荷兰的海港，随后又抵达法国。他在此次远征中的英勇壮举与法西舰队在战争中的遗憾表现形成了强烈的反差，这也使得他在巴黎红极一时。

1779年年底，乔治·布里奇斯·罗德尼（George Brydges Rodney）海军上将率领22艘战列舰从英格兰起航，意图解救此时被西班牙舰队封锁的直布罗陀海峡。这些英军战列舰大多是从海峡舰队中抽调的，前不久才在船底包裹了黄铜，使得舰体免于遭到海洋生物的附着，从而拥有了航速优势。罗德尼早在七年战争期间便崭露头角，他的声名鹊起一方面是因为在战斗中的大胆无畏，但更多的是他对于高额赏金的偏爱。作为一根老赌棍，战争爆发之际他正居于巴黎以躲避债主。许多英军军官都认为海军部让这位年逾六十且身体欠佳的赌鬼挂帅上阵，简直是"蜀中无大将，廖化作先锋"[1]。

但罗德尼在此战中却展现出了老将的雄才与老道。在圣文森特角附近发现11艘西班牙战舰后，他在风向转西之前命令舰队集中，然后下达了总追击命令。刚刚包裹铜皮的英军战舰于夜间追上了西班牙舰队，并随着大风转为一场雨飑[2]（half-gale）对其后卫展开攻击。战斗持续了整夜——此战便是著名的"月光海战"（Moonlight Battle）。战斗中一艘西班牙战舰殉爆沉没，罗德尼的舰队还俘虏了另外6艘，英军不费吹灰之力地解除了直布罗陀海峡的围困。

1780年2月中旬，罗德尼率舰队从直布罗陀出发驶往西印度群岛，但这支舰队中从海峡舰队抽调的战舰在航渡过程中便返回归建。虽然此后法国和西班牙还是能够偶尔组织起占据绝对数量优势的舰队，但在1780年欧陆水域双方的战斗基本上已经成为"猫鼠游戏"（Guerre de course，直译为"追逐战"）。

---

[1] 原文 "Scraping the bottom of the barrel" 意为 "刮干酒桶底（也找不到酒）"，可以引申为 "无兵可用" 之意。——译者注。

[2] 带有降雨的疾风。

第5章

美国革命（Ⅱ）

对于新生的美利坚合众国的领导人们而言，自1779年秋天德斯坦伯爵兵败萨凡纳、法军舰队撤走之后，战争的前景似乎一片黯淡。华盛顿的军队再度在莫里斯顿捱过寒冬，此地的条件比起福吉谷甚至更为艰苦。

自信此时华盛顿的军队已经无力威胁纽约的克林顿将军命令查尔斯·康华里勋爵（Lord Charles Cornwallis）率军在1780年夺取北美的南方各殖民地。1779年12月月底，在已经确信德斯坦的舰队驶离北美后，克林顿便立即命令搭载有康华里和8000名英军的船队开往查尔斯顿。英军于1780年5月初攻克查尔斯顿。英军随后很快便实际控制了南卡罗来纳殖民地。1780年8月初，康华里在南卡罗来纳的卡姆登（Camden）以绝对优势兵力击败了萨拉托加的胜利者——盖茨将军，并乘胜攻入北卡罗来纳。此时华盛顿已经没有兵力去左右南方的战局。

在这令人压抑的图景中，一丝曙光却悄然到来。1779年初，志愿参加北美独立战争的法国贵族拉法耶特侯爵（Marquis de Lafayette）返回法国，向当局鼓吹北美殖民地的主张。1780年4月，他返回北美，并带来了好消息——法国政府决定派遣罗尚博将军（General Rochanbeau）率领的5500名士兵前往新大陆助战。

搭载着5500名法军士兵的运输船在1780年7月初抵达纽波特（Newport），伴随这支舰队的还有7艘法军战列舰和3艘护航舰。这支自布雷斯特出发的舰队，在途中惊动了英军，英国海军部随即向正在查尔斯顿指挥作战的克林顿发出预警，并调遣了由托马斯·格拉夫斯（Thomas Graves）率领的6艘战列舰增援驻纽约的英军分舰队。克林顿将指挥交由康华里负责，自己连忙赶回纽约坐镇。

1780年9月，华盛顿和罗尚博在哈特佛德（Hartfort）会面，共同商定此后的战略。面对法国人提出的问题，华盛顿反复表达了自己始终坚持的观点：

1. 如果不能在北美维持海上优势，美法联军不可能取得决定性的胜利。
2. 在接下来将要进行的所有战斗行动中，夺取纽约将是最为重要的一项，因为纽约是北美英军的中枢和主力所在地。

从哈特福德会议返回之后，华盛顿面临着本尼迪特·阿诺德叛逃后的严峻局面，此时他驻扎于西点（West Point）附近的部队已经只剩3500人左右，这支部队已经耗尽了补给，而且华盛顿无力支付士兵们的薪水。

不过此时南方的局面却稍有好转。接替盖茨指挥南方大陆军的纳撒尼尔·格林（Nathanael Greene）将军取得了些许进展。他所指挥的大陆军部队扫清了英军部署在南卡罗来纳国王山（King's Mountain）和考彭斯（Cowpens）的小股部队。在北卡罗来纳的吉尔福德·科特豪斯（Gulifort Courthouse），康华里击退了格林的部队，但英军在此战中损失了三分之一的兵力。如往常英军将领在遭遇困难时的举措一样，康华里也向海岸方向撤退，并要求皇家海军运来补给和撤走伤员。与此同时，格林的部队则在消灭英军在南卡罗来纳的哨站，并在短短数月间重新控制了该州的大部分地区。

在世界其他地方，英国所面临的局面也急转直下，多个西方海洋国家联合起来对抗英国。由于英国拿捕俄罗斯、丹麦和瑞典的中立商船，这三个国家联合起来组建了对英国抱有敌意的"北方武装中立联盟"（Armed Neutrality of the North）。在荷兰决定加入这一武装中立联盟后，英国政府利用一个借口向这个联盟挑起了战争。英国宣战的实质原因是痛恨荷兰在战争期间与法国和北美展开贸易，且英国希望借机夺取防守薄弱的荷兰海外属地。

不过对于北美战场而言，真正改变战局的是经由西印度群岛赶到的、华盛顿所渴望已久的强大法军增援舰队。

西印度群岛，1781年

1781年1月初，海军少将塞缪尔·胡德爵士（Sir Samuel Hood）作为罗德尼舰队的副司令，率领增援罗德尼舰队的21艘战列舰抵达了西印度群岛。胡德少将是一位富有能力且精力充沛的军官，但他真正为人所称道的，却是其忠诚服从的优秀品格。有着天生坏脾气的他很快对罗德尼心生厌恶，两人的关系远远称不上融洽。

在胡德的舰队赶到后不久，罗德尼就受到了伦敦发来的命令，要求他的舰队进攻荷属西印度群岛。这些岛屿中最为重要的是圣尤斯特坦帝岛（St.Eustatius），此处是西印度群岛的最大商品流入地，除了常规货物外，这里也倒卖战时禁运物资，从法国和中立国家，甚至是英国运来的禁运物资经过该岛的中转，被送往美国和法属西印度群岛各处。由于此处贸易繁盛，货物堆积如山，因视财如命而恶名远播的罗德尼自然不会放过这次填满自己荷包的机会。他赶在当地政府得知自己的母国已经与英国开战前便夺取了该岛，岛上储存的巨量货物和港内多达120艘的商船就此成为英军的囊中之物。

总计多达数百万镑的战利品让罗德尼发了一笔做梦也想不到的大财，但这笔财富

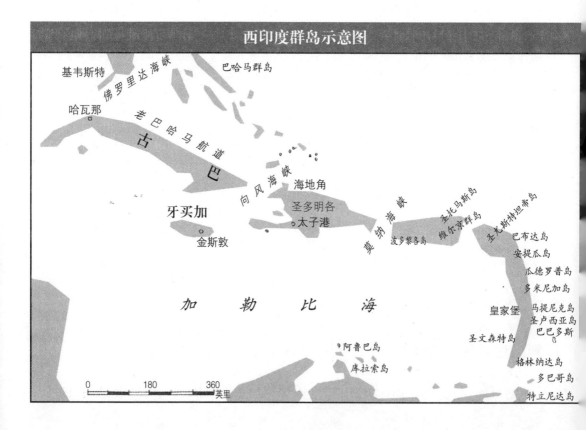

也让他就此无法继续作为皇家海军的指挥官战斗下去，此时的罗德尼比起执行夺占荷属殖民地的计划，更注重于保全他的财货，甚至连一支强大的法国海军舰队驶入西印度群岛的消息也没能让他清醒过来。他在得知这一消息后命令胡德占领一处阵位，此处既能够监视法属马提尼克岛（French Martinique）上的皇家堡（Fort Royal），又能够掩护返回英格兰的货物运输船队。

由海军少将格拉斯伯爵（Comte de Grasse）指挥的法军舰队于1781年3月下旬自布雷斯特起航。这支规模庞大的舰队护卫着一个大型商船队。时年58岁的格拉斯伯爵英俊伟岸、活力十足且有勇有谋，是一个毕生战斗在大海上的老练军人。在他的指挥下，船队仅花了36天便抵达马提尼克岛，他击退了企图攻击商船队的胡德舰队，并在重创英军6艘战舰后继续追击了其两天时间。在认识到自己的战舰无法追上包有铜皮的英军战舰后，他只得悻悻返航。

在抵达马提尼克岛后，格拉斯伯爵立刻对英军占领的岛屿发起了登陆行动。在奇袭圣卢西亚失败后，他率领舰队驶往多巴哥（Tobago），并在6月1日将该岛屿夺取。随后舰队返回皇家堡进行维修和补给。7月初，他率领21艘战列舰和一支由160艘商船组成的庞大商船队驶往海地角，在此处又有4艘战舰加入他的编队，且格拉斯伯爵同时收到了来自罗尚博将军和驻费城的法国大臣的信件，要求他增援北美。

北美殖民地的战况，1781年

虽然克林顿从纽约发来了命令，但康华里并未照此执行，而是率军从威尔顿进入弗吉尼亚，并收拢了当地的英军残部，从而组建起一个强大的劫掠部队。此时他的部队已经增加至7000人左右，但在遭到一些损失后，他在克林顿的强令下在撒切皮克湾边的约克镇（York Town）掘壕固守以得到海军的支援。在进驻约克镇后，康华里的部队遭到了拉法耶特将军指挥的5000名北美士兵的监视，这批美军大多是装备简陋、未经训练的民兵。

在纽波特，罗尚博迎来了期待已久的援军——5000名法军士兵，随后他将这些部队借给了华盛顿。在1781年3月，一艘驶入纽波特的法国护航舰不仅带来了接任纽波特分舰队司令职务的德·巴拉斯（de Barras）上将，也带来了一个坏消息——由于英军对布雷斯特的严密监视，法军此时已经无法冒险从本土向北美输送任何部队了。

在得知只能利用手头现有的兵力进行作战后，罗尚博和麾下的高级军官同华盛顿及其幕僚在康涅狄格州的维瑟斯菲尔德（Wethersfield）碰头，共同商议接下来的战略方针。由于发生了一些误会，罗尚博拒绝了华盛顿一同攻击纽约的请求。在纽约，克林顿拥有13000名补给充足、装备精良的英军士兵。

华盛顿坚信海上力量优势是"对于任何攻势行动而言极端重要的因素"。他在写给驻费城的法国大使的信中强烈请求格拉斯伯爵的舰队向北开拔，加入攻击纽约的行动。此时罗尚博判断英军的行动围绕着南方殖民地开展开，而且他非常关心自己的同胞——大陆军的法国籍将领拉法耶特将军。他在直接写给格拉斯的信中写道：

"目前我方可以在两个方向对敌军发起攻势：切萨皮克湾和纽约。目前的西南风和已经凋敝的弗吉尼亚对于您来说，切萨皮克湾才是更为理想的选择。而且我认为切萨皮克湾能让您取得服役生涯中最为辉煌的胜利。"

在接下来的第二封信中，罗尚博还热切鼓动格拉斯伯爵将他部署在西印度群岛的舰队和所有驻军调往北美参战。

7月初，美法联军在白平原集结，准备发起对纽约的攻击。罗尚博此时对于自己的盟友并不放心。他在向法国高层的报告中写道："与我们并肩作战的这支部队，只有不到4000名缺枪少弹的士兵。"以劣势兵力向一个设防城市发起进攻并非明智之举，但华盛顿丝毫不为所动，只等格拉斯的舰队到达。如果这位海军上将能将足够攻克纽约的部队带来，那么联军将展开对纽约的攻击。如果事不遂愿，那么联军将转向切萨皮克。

舰队开往约克镇

约克镇战役足以成为美国史上重要的决定性战役之一。当时在新大陆上作战的两支英军地面部队都未能实现良好的协同，不管主帅是豪伊和伯格因，还是克林顿和康华里都没能做到，但美法两国的陆军部队却与法国海军舰队实现了几乎完美的配合行动。在那个通信极为缓慢且不可靠的年代，相隔1500英里的两支部队采取这样的配合行动需要极为精确的时间掌握。而自法国参战以来，华盛顿就一直梦想着能够实现这样的海陆协同作战。

机不可失，华盛顿很快根据战况调整了自己的计划。由于他指挥的美军必须留下部分部队防守西点（West Point），他只能带走2500名士兵，而罗尚博的兵力也不过

4000人左右。在接到格拉斯的来信4天之后，华盛顿便指挥着美法联军踏上征程。为了防止驻扎纽约的英军攻击华盛顿的侧背以援救康华里，他佯装自己的主力部队准备攻击斯塔腾岛。

虽然美军的佯动产生了出乎意料的良好效果，但向南进军的过程中华盛顿依然惴惴不安。在8月31日抵达费城后，他收到了一条不太妙的消息，一支英军舰队，确切地说，从西印度群岛赶来的胡德舰队此时已经抵近至桑迪胡克。由于这支舰队很可能拦截正驶往纽波特的巴拉斯舰队，或者赶在格拉斯之前抵达切萨皮克湾，胡德成为美法联军的一个重大威胁。

9月5日，美军和法军部队都已经通过费城，华盛顿在行军途中接到了格拉斯的舰队已经驶入切萨皮克湾的消息，因此他立即掉头赶回切斯特将这个消息带给了正在视察特拉华河的罗尚博。在罗尚博的座船靠近岸边的时候，他非常惊讶地看到平常不苟言笑的华盛顿喜出望外地用双手分别挥舞着自己的帽子和手绢，而且在罗尚博上岸之后，这位美军司令还给了他一个热情的拥抱。

9月14日夜，在经历了一场狂飙突进后，华盛顿和罗尚博抵达了威廉斯堡（Williamsburg）与拉法耶特会面。次日清晨传来战报，格拉斯伯爵在赢得了一场激烈战斗后返回了切萨皮克湾，而巴拉斯的舰队也携带着火炮和给养从纽波特安全抵达。

在海地角阅读了从北美寄来的请求书后，格拉斯决定全军北上。8月5日，他的舰队拔锚起航，经由旧巴哈马海峡北上（此海峡位于古巴北岸与巴哈马群岛之间），法军舰队于8月30日抵达切萨皮克湾入海口，此时英军甚至还没有接到法军舰队逼近的报告。在卸载舰队搭载的增援法军部队后，格拉斯的舰队将美军士兵运送至詹姆士河（James River）下游的一处阵地以便切断康华里向卡罗来纳撤退的道路。他同时派遣舰队内的轻型舰艇将美军和法军部队运输至海湾各处。9月5日10点，格拉斯布置在外围的护航舰发送信号称发现一支舰队，法军最初以为这支舰队是来自罗德岛的巴拉斯舰队，但巴拉斯的舰队并没有那么多的舰艇——这显然是敌人。

当7月初格拉斯从皇家港出发驶往海地角时，他的动向就被罗德尼所知悉，后者命令胡德驶往纽约增援英军。此时由于身体状况已经不再适合作战，罗德尼随4艘英军战列舰于8月1日踏上了返回英格兰的航程。次日，胡德的舰队抵达安提瓜，他在此处遇见了克林顿和格拉夫斯派来的通信兵，二人推断格拉斯伯爵可能驶往罗德岛与巴拉斯会合，然后发起对纽约的攻击。胡德在得到消息后于8月10日起航，此时距离格

拉斯离开海地角已经过去5天。在出港后胡德又得到了4艘战列舰的增援,使得他的战列舰总数达到了14艘。

在向北绕了远路的情况下,胡德于8月25日看到了切萨皮克湾的入海口。由于此时并未发现法军舰队的踪迹,他又派船侦察了特拉华河,随后加急赶往纽约。在纽约胡德与克林顿和格拉夫斯进行了会面,此次会面的结果显而易见,英军制订了宏大的计划用于歼灭在罗德岛的法军部队。胡德对战况的描述,以及格拉斯从纽波特起航的情报,让格拉夫斯决定率领5艘战列舰出海作战,由于格拉夫斯的军衔更高,因此他接过了这支19艘战列舰的舰队的指挥权,并命令舰队前往切萨皮克湾。英军舰队于9月5日赶到,这是一个晴朗无云的好日子,和煦的微风从东北方向吹来。在上午9时30分左右的时候,英军瞭望员发现了恰好在亨利角(Cape Henry)下锚的法军舰队,格拉夫斯下令英军舰队排成战列线准备战斗。

此时格拉斯伯爵派出了4艘战列舰封锁约克河和詹姆士河,因此他手头只有24艘战舰可用。由于大量舰员被送上岸充当登陆部队,此时他的舰队处于严重的人员不足当中。在种种不利条件下,格拉斯本应据守切萨皮克湾入海口,但如果他采取这种战术,那无异于在巴拉斯的舰队抵达时将他推入虎口,这将使得法军损失所有的攻城火炮和弹药。在权衡利弊之后,格拉斯决定驶出海湾进行战斗,不过在东北风和强大的涌潮下风帆战舰显然不可能驶出海湾,因此格拉斯命令所有战舰做好准备,等到中午潮向发生改变的时候离开海湾。

弗吉尼亚角海战,1781年9月5日

1781年9月5日中午12时30分,当英军进入亨利角东北12~15英里的水域时,格拉斯命令他的舰队解缆出动,各舰遵照此前分配好的作战阵位,以最快速度编成战列线。即便是在恶劣的水文条件下,法军战舰仍以令人印象深刻的高效率执行了这项命令,但他们仍然需要奋力航行才能驶出海湾。前4艘战列舰保持了良好的队形,但后面两艘则距离先头分队足有1英里之遥,中央和后卫舰队也分别拉开了接近2英里的距离。

与队形松散的法军相比,从东北方向进入海湾的英军舰队则组成了一条严整的战列线,各舰之间拉开1链(约20米)的间隔。格拉夫斯随后命令舰队向西转向,从而与法军舰队呈对向平行航行姿态。下午2时,法军前卫已经出现在格拉夫斯的旗舰

"伦敦"号（HMS London）以南3英里处，基本已经前进至英军队形的中央。当舰队逼近海湾入口的浅滩时，格拉夫斯下令舰队进行大回转，这一动作使得英军后队变前队向相反方向前进。仿佛是上天注定的一样，此时英军的前卫舰队司令恰好就是胡德，作为一名老派战术的支持者，他相信严格遵守正规学派战术是克敌制胜的法宝。

此时法军的中央舰队和部分后卫舰队已经驶出亨利角。虽然此时双方舰队航向大致相同，但并没有进入平行状态，而是呈现出"V"形之势。在前方舰队逐步靠近的同时，法军的后方舰队与敌方之间的距离却在拉大，而胡德的英军舰队此时在旗舰的前后方都保持着紧密的队形。因此此次海战的形态是双方的前卫展开近距离厮杀，中央舰队相互对射，而后卫舰队却并未发生交火。

在双方战舰接火后，由于距离实在太近，双方无法使用任何战术。夜幕的降临终结了这场残酷的战斗，双方在夜间继续保持同向航行，只是稍稍拉开了距离。格拉夫斯派出护航舰检视己方舰队的受损情况，护航舰回报称"我方舰队的损伤状况已经严重至只能在外观上进行修补的程度"。一艘战列舰水线下受到重创已经无法挽救，另有5艘战列舰被严重击伤。法军也同样损失惨重，但当格拉夫斯在次日清晨瞭望法军舰队时，他发现"他们（法军舰队）的受损程度并不如我方严重"。此战中法军不再是"只打桅杆"，英军死伤336人，而法军仅死伤230人。严格遵照僵化的正规学派战术使得英军无法调动后卫舰队加入战斗，痛失了胜利的良机。[1]

9月6日，双方舰队仍然保持着目视接触，并维修战舰的损伤，但双方都无意发起攻势。实际上，格拉夫斯已经确定自己的舰队没有条件再进行一场战斗。正因如此，虽然双方舰队继续相持了两天之久，但期间均没有采取进一步的动作。9月9日清晨，格拉斯伯爵发现一队船只出现在地平线上，正如他所料，这支舰队是巴拉斯的舰队，后者于9月10日安全抵达切萨皮克湾。由于此时已经不见英军舰艇踪影，格拉斯根据自己的战略任务，调转航向赶赴切萨皮克湾，并在次日抵达。在得到巴拉斯舰队的增援后，他麾下此时已经拥有了多达36艘战列舰。

在9月13日发现法军舰队在切萨皮克湾内下锚后，格拉夫斯并没有贸然采取行动，而是尽快返回纽约维修舰船，以便以最快速度将克林顿和6000名英军士兵送去增援康华里。此时英军舰队完全是在与炮击弗吉尼亚角的法军火力展开时间赛跑，但在

---

[1] 对此前的土伦海战（1744）和米诺卡岛海战（1756）等战斗，以及弗吉尼亚角海战的回顾研究使得人们不再相信正规学派战术在海战中的作用。

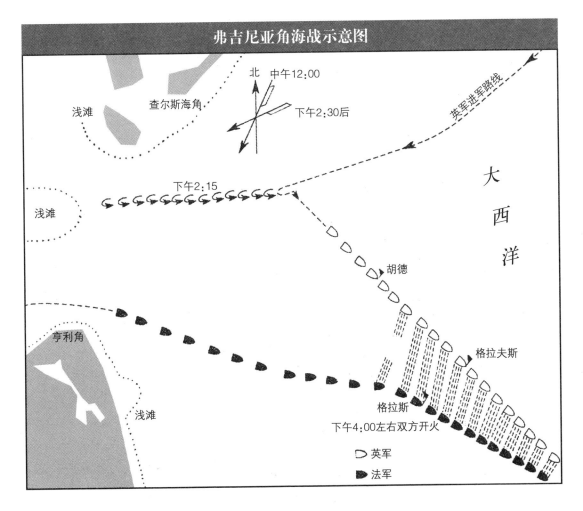

此危急之际,格拉夫斯还是直到10月19日才完成出航准备。他指挥着23艘战列舰于一周后到达切萨皮克湾。但在渡过约克河逃遁的企图被挫败后,康华里已经于10月19日率领英军投降。

一举损失一半的陆军部队对于北美英军来说不啻于当头一棒。时任首相的诺斯勋爵(Lord North)引咎请辞,而乔治三世(George III)也因这场惨败认真考虑了退位事宜。此后洛丁汉侯爵(Marquis of Rockingham)牵头组建了一个对北美态度友好的政府,并派遣使节团前往巴黎与本杰明·富兰克林商讨和平条约。

约克镇的胜利实质上为北美殖民地的战事画上了句号。在康华里投降后得到增援的格林将军于1871年年底前成功肃清了南卡罗来纳的所有敌军，将英军包围在查尔斯顿，而华盛顿则为在此役中大获全胜的强大盟军舰队的离去而扼腕不已。

大陆海军在战争的最后阶段几乎无所作为。实际上，到这一阶段，这支舰队几乎也已经不复存在了。1781年，美军护航舰"联邦"号（Confederacy）和"特兰伯尔"号（Trumbull）被英军捕获，而战舰"萨拉托加"号（Saratoga）则在海上损失。到约克镇战役发起之时，尚可参战的大陆海军舰艇仅剩下在约翰·保罗·琼斯与"塞拉皮斯"号的战斗中并肩作战的护航舰"联盟"号。此时的"联盟"号由大胆的约翰·巴里（John Barry）指挥。1783年3月，巴里指挥着"联盟"号完成了战争中最后一次海上作战行动：该舰在从哈瓦那带回大量现金和一艘新购买的战舰的返航途中遭遇了意图拦截的英军优势舰队，但在战斗中"联盟"号却击退了敌方舰队。

圣徒岛海战，1782年4月12日

康华里战败后，格拉斯伯爵率领他麾下的27艘和巴拉斯的7艘战列舰返回西印度群岛，他接到命令与一支从古巴开来的西班牙舰队会合，准备对英国在西印度群岛的最大属地牙买加发起登陆。在等待登陆牙买加所需的补给的同时，格拉斯充分利用了这段时间。虽然恶劣的天气使得他突袭巴巴多斯的行动无功而返，但随后他又将目光转向了圣基茨（St. Kitts）岛。当从北美一路追踪格拉斯而来的胡德舰队（22艘战列舰）出现在圣基茨外海时，该岛尚未全部落入法军手中，但英军却无力阻止法军对该岛的占领。另一支法军突袭舰队则夺取了多个英属小型岛屿，使得英军最终只能据守圣卢西亚、安提瓜、巴巴多斯和牙买加这几个岛屿。在战争中丢掉北美殖民地之后，英国似乎又要失去西印度群岛属地了。

绝望的处境使得英军不得不再度召唤罗德尼披挂上马。"不列颠帝国的命运掌握在您的手中。"时任第一海务大臣的桑德维奇勋爵（Lord Sandwich）对他寄予如此厚望。虽然因罹患痛风甚至已经难以用手指捏稳钢笔，这位年迈的海军上将还是在他的舰队准备停当之后立即出发前往西印度群岛。罗德尼率领12艘刚刚完成彻底修理的战列舰于1782年2月中旬抵达西印度群岛，并就此接过所有舰队的指挥权，让胡德指挥其中一支分舰队。后者此前刚刚将所有战舰拖上岸边刮除了船底附着物，因此此时英军战舰的船底铜板光洁如新，使得战舰可以以最大航速前进。除了对船体进行整修外，英军战舰的露天甲板上此时也换上了卡隆炮（Carronade），这种当时才发明不久的短管炮口径巨大，可以发射重型炮弹在近距离造成可怕的破坏效果。卡隆炮的重量大大低于长炮（long gun），所需的炮组人数也更少，但却让战舰的单位时间弹药投射量增加了25%。

除了新武器卡隆炮之外，英军战舰所安装的长炮的战斗效率也因为罗德尼麾下的舰长查尔斯·道格拉斯（Charles Douglas）爵士所推行的炮术改革而有了巨大提升。此前的炮术操典要求"在两舰对向通过时进行两到三轮快速齐射"，但此时安装了特制的滑车式炮架后，英军炮组能够将火炮对准前向和后向共4个位置。这意味着在法军战舰能够发挥火力前和通过后，英军还能够对敌舰发起两到三轮齐射，而在双方同向航行时，英军战舰能够在短时间内更快地发射出大量弹药[1]。

射速的巨大提升源自查尔斯爵士所开创的一系列细小改进。被称为"楔子"（wedges）的炮尾斜坡和炮闩后结实的制退索与重物可以有效抵消后坐力，使得火炮能够更容易地复位。法兰绒底的药包和湿质填料使得火炮在重新装填时省略了"清理炮膛"这一动作，无须在发射后掏出仍然带有火星的药包残留物。填充火药的鹅毛管代替了火绳，能够快速地塞进点火孔内，炮手击发火炮时也换用了类似燧发枪一样的火石发火装置。

到4月时，双方舰队都得到了新的增援。格拉斯以马提尼克岛上的皇家堡为基地，准备护送150艘满载着士兵和火炮的运输船前往圣多明各与西班牙人会合。罗德尼的舰队则集结在圣卢西亚近海，意图破坏法军的行动。

4月8日天刚放亮时，格拉斯满意地看着他的庞大运输船队安全驶出了港口，然后率领自己的33艘战列舰扬帆出发。正午前后，得到护航舰告警的罗德尼率领36艘战列舰展开追击。当夜双方舰队维持着目视接触。4月9日和4月10日，格拉斯曾两次救援己方的掉队船只。在第一次行动中，他给予了胡德指挥的英军前卫舰队以重创，使得罗德尼不得不后队变前队以给予其喘息之机。在运输船队向东北驶往圣多明各的同时，格拉斯开始借助向东的风力且战且走，将英军舰队引入多米尼加和瓜德罗普之间的圣徒岛水道（Saints' Passage）。

4月12日，日出后不久，罗德尼命令4艘航速较快的英军战舰追击因碰撞而受损的"热心"号（Zélé），该舰已经掉队很远，由一艘护航舰负责拖曳。虽然此时格拉斯

---

[1] 侧舷齐射（broadside）并非指战舰一侧所有火炮同时开火。实际上当时的战舰如果一侧的所有炮门同时开火将导致木制船体被巨大的后坐力伤害。在实战中各层甲板的舰炮通常是根据敌舰与我方的相对位置按顺序依次开火。

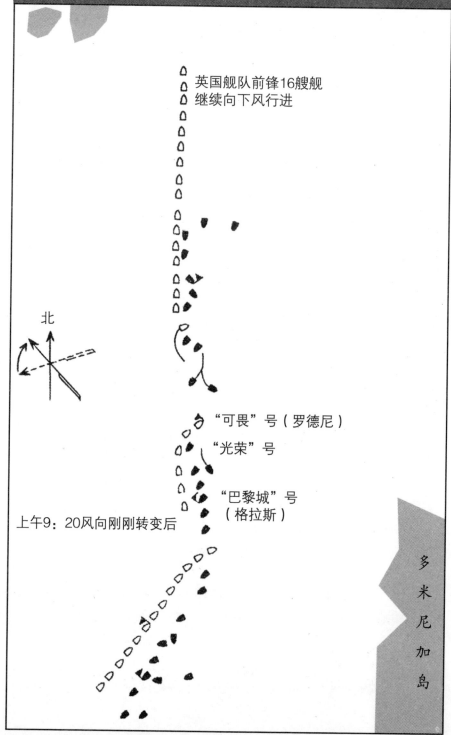

手头仅有30艘战舰，但面对36艘英军战列舰，格拉斯仍然大胆地下令掉头援救落单的友军。他命令舰队以左航向抢风行驶，排成战列线以南-西南航向接敌。罗德尼则召回了追击舰艇，命令舰队以右航向抢风展开战列线，以东北航向前进。在快到上午8时的时候，法军战列线插过英军前进队形，并就此取得了上风向优势。

虽然往常的海战中双方战列线对向而过时通常难分胜负，但此次的擦身而过却因距离极近且风速缓慢而决定了战斗的胜负，双方战舰都完全暴露在敌方最猛烈的火力之下。当队形紧密的英军战列逼近到几乎是手枪射程以内的时候，占据上风向的法军却无法像往常一样利用机动拉开距离。

极近距离的交战显然有利于英军，发射重型炮弹的卡隆炮对拥挤的法军战舰形成了恐怖的杀伤，因为此时法军战舰除了自身的舰员外，还搭载着多达5500名陆军士兵。在所有的法军战舰中，受创最严重的当属"光荣"号（Glorieux），该舰在罗德尼的旗舰"可畏"号（HMS Formidable）的打击下摇摇欲坠。就在此刻，风向又急转向南，使得英军战舰的风帆被从后方灌满，但却使得已经相互紧挨的法军战列此时几乎陷入停顿。大多数法军向右转向以争取灌满风帆，但此举使得他们更加逼近英军战列，而其他法军战舰则开始向后，开始向右抢风航行。这种各行其是的局面使得本就队形不佳的法军战列彻底乱作一团。

已经瘫痪的"光荣"号后方的法军战舰全部改为向右抢风航行，使得法军舰队在"可畏"号的位置出现了一个巨大的缺口。出于避免与法军战舰碰撞的考虑，作为旗舰的"可畏"号向右钻进法军队形的缺口躲避。虽然没有下达旗语命令，但英军战舰却在多点同时切断了法军的队形。可以说，这是线列战术采用100年之后第一次有战列线被敌方打破。

即便"打破战列"，对英军而言胜利也并非唾手可得，相反，敌方队形的破坏并未给英军带来优势。此时双方编队都已经断成数截。在驶过法军队形后，罗德尼的座舰向上风向前进，与敌人失去接触，在他调转风帆准备重新加入战斗时，此前微弱的风彻底平息。至上午10时50分，双方多数战舰都已经脱离交火，而火炮发出的浓烟却在战场上空迟迟不散。此时只有英军后卫舰队和法军前卫舰队的少数战舰还在继续战斗，双方继续对射了一个小时之久。

到下午1时左右，一阵微风突然袭来，使得双方再度爆发激烈的战斗。坐镇旗舰"巴黎城"号（Ville de Paris）的格拉斯伯爵在认识到己方舰队已经无力再战后，意图命令法军有序地朝顺风方向撤退。许多能够执行该命令的法军战舰都仓皇逃去，将已经遭受重创的"巴黎城"号甩在身后。

见敌方已经逃窜的罗德尼优哉游哉地命令少数己方战舰追击溃逃的法军，并很快追上了法军的旗舰。"巴黎城"号进行了英勇的防守战，格拉斯坚守在后甲板的指挥位置上，激励着法国舰员们的士气，而他居然在枪林弹雨中毫发未损。在快到下午6时的时候，自知突围无望的格拉斯命令仍然试图解救旗舰的几艘法军战舰自行撤退。此时的"巴黎城"已经损失了全部帆装且没有了船舵，已无再战之力。在炮弹射光后，法军炮手们仍然往炮膛里装填火药，试图开炮威慑敌人。6时30分，当胡德的座舰擦身而过时，格拉斯伯爵命令降下了军旗。随后不愿发起追击的罗德尼发出旗语命令，要求英军舰队在夜间集结。

此战中英军俘获5艘法军战舰，其中3艘是因战斗第一阶段遭受重创而被俘的。胡德在5天后终于终止了追击，期间他还在莫拿水道（Mona）上捕获了2艘法军战舰。英军的人员伤亡略高于1000人。法军的死伤人数没有可信的相关记录，但显然达到数千人。

胡德在战斗之后撰写了多封批评信件，指责罗德尼不下令全军追击使得英军未能获取更大战果，舰队中的多数军官也赞成他的意见。但在已经许久没有接到胜利消息的英格兰，罗德尼指挥舰队击败敌军、俘虏5艘敌舰的战报还是让人们认为他取得了一场大胜。此外，来自埃尔登（Elden）的约翰·克拉克（John Clerk）也罔顾事实地宣称正是自己对罗德尼的影响让他在战斗中胜利。作为一名彻头彻尾的门外汉，克拉克此前还撰写了一本关于海军战术的书籍以诋毁正规战术，鼓吹混战战术。他对于这场战斗的论断影响了后世诸多海军历史学家，这也使得圣徒岛海战被称为海军战术革命的里程碑。

实际上，罗德尼主动打破己方编队的行动并没有任何战术上的考量，而他麾下的舰长们也并没有认为他这一机动有何重大意义。当看到己方舰队司令的旗舰转向逆风方向时，舰长们心中所想的并非罗德尼此举将带领他们走向胜利，而是认为这会让他们与一场漂亮的歼灭战失之交臂。逆风阵位的主要优势在于使得己方可以采取机动动作，但法军已经证明了这在此战中并不可能实现。而对于英军而言，下风向阵位则是更理想的选择——不仅能够阻碍法军舰队的行动，还能够阻拦他们前往圣多明各的道路。但罗德尼将这些优势弃而不顾，使得法军舰队顺利脱逃。虽然这场海战是英军在整场战争中对法军取得的唯一一场重大胜利，英军距离收复西印度群岛领地仍然任重道远。

从圣徒岛海战中逃脱的法军战舰，以及从海地角赶来的法军战舰会合后，法军总共集结起26艘战列舰。在得到了十余艘西班牙战舰的增援后，联军拥有了40艘战列舰，足以护送8000名西班牙士兵登陆牙买加。对此忧心忡忡的胡德带领25艘战列舰进行监视，由于此前罗德尼的决定使得英军未能取得完胜，此时胡德面对占据优势的联军引而不发也无可厚非。格拉斯伯爵的被俘使得法军失去了主心骨，西班牙人对于参加战斗也并不热心，且热带疾病开始在士兵中蔓延，由于以上的种种情况，牙买加所面临的威胁得以被解除。

欧洲，1782年

1782年春，英国的内阁重组使得科佩尔取代不幸的桑德维奇勋爵就任第一海务大臣，而豪伊则出任海峡舰队司令。豪伊得到了肯彭费尔特的得力辅佐。二人组成的得力拍档使得英军的海战战术革新迈入了新的篇章。豪伊批准自己的下属军官们自由地为舰队设计信号方案。而肯彭费尔特的第一本战术专著便收录了梅伦格的所有信号式样，还融入了许多创新。不过此时这些新型信号旗仍然如同《永久战斗条令》中所收录的旗语一样，需要根据战舰在队形中的位置悬挂。在夏季到来前，英军完成了解救直布罗陀的准备，肯彭费尔特在其新的专著中引入了一种数字式旗语系统，可以同时悬挂一列或数列信号旗。比起罗德尼"打破战列"的行动，由豪伊在海峡舰队内推广的这本专著才更应当是《永久战斗条令》的送葬者。

到1782年夏季时，法国和西班牙再次组建起了强大的舰队，但由于历次对英吉利海峡的行动都徒劳无功，这支舰队转而驶向西班牙围攻直布罗陀。在秋天的进攻中，西法两国均投入了大量舰艇，还出动了防护严密的浮动水上炮台，但英军用烧红了的炮弹焚毁了这些炮台，同时击退了联军的进攻。

豪伊受命解救直布罗陀。但在他进行整备期间，英军却突遭噩耗。当时肯彭费尔特的座舰"皇家乔治"号（Royal George）因发生略微倾斜而入坞修理。此时军官、舰员和访客都还留在船上，当突如其来的海水淹没下层炮位时，这位海军上将甚至还在他的舱室内的办公桌前。该舰以极快的速度沉入水底，虽然此时该舰已经行驶到船坞边上，但仍未逃过一劫，船上共有多达900人罹难，肯彭费尔特也不幸在内。

豪伊的34艘战列舰于10月初抵达圣文森特角（Cape St.Vincent）。虽然联军的战列舰数量多达46艘，但他仍然在未经历激烈战斗的情况下将补给送到了直布罗陀。当他重新驶入大西洋时，西班牙和法国战舰再次与他的舰队展开了远距离交火，这场三心二意的战斗很快便告一段落。显然此时联军舰队并不希望拼死相搏。

絮弗伦在远东

作为唯一一名在此战中赢得声望的法国海军上将，皮埃尔·安德烈·德·絮弗伦（Pierre André de Suffren）在北美独立战争中却没有获得一场胜利。他于1781年春被派往印度，并与英军印度舰队进行了5次海战，他在这5场战斗中的对手一直都是指挥得力的爱德华·休斯爵士（Sir Edward Hughes）。絮弗伦在海战中经常下令将舰队集中在敌军后卫舰队当面，以形成一倍的兵力优势，但他麾下的舰长们却无法将他的战术付诸实施，实际效果也与计划相去甚远。在这5场海战中，双方甚至没有战列舰被俘获的记录。不过就烈度而言，这几场战斗可以算得上是战争中最为激烈的，因为对于充分理解海上力量重要性的絮弗伦而言，印度战场的胜利就取决于能否歼灭英军在该战场的海上力量。

虽然没能达成自己的战略目标，但絮弗伦以其老到的战略目光、充沛的精力以及对时机的准确把握，通过掌握部分制海权获得了一些益处。在与休斯的第一场战斗之后，他与印度迈索尔（Mysore）土邦的统治者（法国在印度最坚定的盟友）建立起了良好关系。在第二次战斗后，虽然他接到命令率领舰队退回毛里求斯（Mauritius）进行维修和补给，但在认识到一旦舰队撤离，法军在印度的战局将顷刻崩溃之后，他违背命令继续作战。在极为激烈的第三次海战后，法军以迅雷不及掩耳之势夺取了锡兰（Ceylon）的港口亭可马里（Trincomalee），并在此对舰队进行了快速的修理。随后法军舰队又以一场平局保住了亭可马里港。第5次海战同样是以战术平局收场，但法军却取得了战术上的优势，此时絮弗伦就此可以发起对库达洛尔（Cuddalore）的围攻。在围攻展开后不久，传来了欧陆已经签订和平协议的消息，双方在印度战场上就此结束了敌对状态。

《巴黎和约》

1783年9月3日签订的《巴黎和约》[1]（*The Treaty of Paris*）标志着这场英国惨败的战争的结束。由于此时双方都已经筋疲力尽，英国在谈判桌上取得了比手中实际筹码更好的结果，而这同时也归功于英军在圣徒岛和直布罗陀的胜利。考虑到此时英军仍然占

---

[1] 又称《英美凡尔赛和约》——译者注

领着纽约、查尔斯顿和萨凡纳，北美殖民地在这份和平条约中获得了出乎意料的优待。根据合约，美利坚联邦合众国被正式承认独立，其疆界范围东起大西洋、西至密西西比，北起五大湖区，南至佛罗里达。英国在和约中保住了直布罗陀和在印度的属地。西班牙则收回了佛罗里达半岛和米诺卡岛。法国归还了绝大部分所占领的英国西印度群岛领地，但保留了多巴哥，同时收回了圣卢西亚和在非洲的塞内加尔殖民地。

总结

英国在北美革命爆发时的马放南山使得北美军队有机会在1775年入侵加拿大并进攻了魁北克，还在1776年将英军逼退至波士顿。但在1776年下半年，英军在完成部队集结后夺取了战场主动权，并一直维持优势至法国参战。英军拥有的制海权使得他们能够对北美殖民地的任何海岸城镇发起掠袭和进攻。但如果英军深入内陆，他们的交通线就会暴露在半游击战术的北美军队面前，并因此遭遇失败。美军在战场上主要通过击败深入内陆的英军来取得胜利，1777年的萨拉托加战役和1781年的约克镇战役分别是北线和南线战场的典型战例。法军舰队将康华里指挥的英军封锁在约克镇使得北美能够获得战争中第二场决定性胜利，从而奠定了美国的独立。

英军于1776年开始在卡尔顿的指挥下从北方深入北美殖民地，在将阿诺德指挥的美军逐出加拿大后，英军经由哈得孙河—尚普兰湖一线进犯北美殖民地。但卡尔顿在此期间花了一整个夏季打造一支舰队击败阿诺德，这才得以利用尚普兰湖作为交通线。虽然北路英军在10月完成了舰队整备，并在瓦尔库尔岛击败了阿诺德，但此时寒冬将至，使得英军的进攻不得不推迟至次年。当伯格因于次年准备延续卡尔顿的战略进军时，美军已经进行了更为充分的准备并在萨拉托加将英军包围。

早在战争爆发之初，华盛顿就意识到一支强大的海上力量是北美争取独立的关键，而他在战争期间始终坚持的战略目标之一，就是与一支强大的海上力量相配合，以对英国在海岸上建立的据点发动海陆联合进攻，而最适宜的进攻目标便是英军在北美军事行动的指挥中心——纽约。1778年，德斯坦伯爵指挥的法军舰队的到来让华盛顿有机会将自己的战略付诸实施，且对纽约的围攻迫使英军放弃了费城。但德斯坦在对纽约和萨凡纳的进攻失败后负伤撤退，这些失败虽然挫伤了华盛顿的勇气，但并未能磨灭他对于自己战略的坚持。在1781年，他的信念得以贯彻，占据优势的美法联军从海上和陆上包围了康华里的部队，使其不得不在约克镇掘壕固守。9月5日，当格拉夫斯指挥的英军舰队从纽约出发赶来解救康华里时，他的舰队和格拉斯指挥的法军舰队在弗吉尼亚角发生了一场激烈的海战，舰队遭受的严重损伤使得格拉夫斯不得不撤退至纽约维修战舰。但在他的舰队搭载着增援赶到之前，康华里已经被迫投降。

弱小的大陆海军在1776年完成对巴哈马的远征后难以有所作为，所发挥的作用也仅限于零星派出巡航舰袭扰英国海上航运。这支海军在战争中的最大作用，是涌现出一系列英勇善战的楷模振奋北美军民士气，这些海军军人包括：威克斯，康宁汉姆，琼斯。大陆海军在整场战争中最为著名的海上对战当属弗朗勃勒角海战（1779年），此战中约翰·保罗·琼斯指挥着老旧的东印度大帆船"好人理查德"号击败并俘获了英军护航舰"塞拉皮斯"号。

法国海军在当时拥有更新锐的战舰和出色的旗语信号系统，但却被过于谨慎的传统所困。即便是在和西班牙舰队联合后，西法联军仍然未能入侵英格兰，也未能挫败英军解救直布罗陀的行动。在弗吉尼亚角海战中，格拉斯指挥的法军舰队虽然以优势兵力击退了格拉夫斯的英军舰队，却并没有打算将英军歼灭。在次年（1782年）的圣徒岛海战中，英军挫败了法西联军对牙买加的登陆企图。此战的结果证明，在经过船底覆铜、炮术革新以及换装卡隆炮之后，英军已经重新夺取了海军技术优势。

与技术进步同等重要的是，经过美国独立战争的洗礼，皇家海军终于跳出了《永久战斗条令》（以下简称《条令》）的窠臼。此间爆发的韦桑岛海战（1778年）和格林纳达海战（1779年）证明了僵化执行《条令》中的总追击战术并非一种稳妥的选择。科佩尔在韦桑岛海战失利后的无罪开释让皇家海军的军官们意识到不应一味遵循《条令》。而弗吉尼亚角海战（1781年）则证明了盲目遵循《条令》很可能导致战败。圣徒岛海战（1782年）中英军以胜利证明了即便违背《条令》打破了战列线，英军依然能够获取胜利。肯彭费尔特引入的战术旗语体系则为《条令》填上了最后一铲土，新的信号体系彻底取代了《条令》，并使得舰队司令们能够根据战场实际情况来灵活指挥自己的舰队。

第6章

法国大革命

　　北美独立战争后的一段时间内，欧洲的军力平衡逐渐被打破，法国的陆军和海军力量因内部动荡而日渐衰弱，这正中英国下怀。法国的军力衰退始于公众财政危机，在1789年革命爆发后，动荡和内战使得法国元气大伤。从巴黎点燃的革命之火最终也燃烧到了土伦和布雷斯特的舰队。海军士兵的起义很快演变成兵变，在此后的两年左右时间内，法国海军作为一支海上力量事实上已经不复存在。由于大量保皇党军官逃往外国，新政府在1791年决定彻底解散原有海军，另起炉灶。新生的法兰西海军契合了当时流行的自由、平等、博爱精神，以平等主义的方式进行了许多改革。大量拥护革命的青年军官得到提拔，许多士官和商船指挥官也得到了军官任命。此前被认为是只配龟缩于下层甲板的水兵炮手队（corps of seamen gunners）序列也以平等为名被取消。到1793年时，共和政府的海军部长已经得到授权，可以将任何人擢升到任何军阶，此时政治可靠性已经成为法国海军指挥官的重要资质。

　　这一政策对法国海军带来了灾难性的影响，但却对法国陆军影响不大。法国陆军中最为稳定的是炮兵军官群体，他们主要来自中产阶级，自大革命伊始便拥护革命，在重组中自然未受太大影响。经过改善的步兵部队配合当时欧陆最强大的炮兵部队很快让法兰西陆军焕发出难以置信的战斗力。但对于法国海军而言，革命军官的热忱却并不能代替经年累月的训练。虽然革命后的法兰西舰队能够以绝大的勇气投入战斗，舰长们也能够以高超的技巧指挥舰只，但新上任的编队指挥官们却还没有足够的时间来学会如何当好一个舰队司令。因此他们时常认错旗语，下达不合时宜的机动命令，在战斗中各个分队进退失据无法相互照应，甚至在战斗的关键时刻手足无措、贻误战机。

战争的爆发

出于对法国的政治剧变蔓延至国内的恐惧，奥地利和普鲁士的统治者决心动用军事手段镇压革命。而英国则希望法国在经历革命后成为一个与自身政体相似的君主立宪制国家，因此在革命之初对大革命表示赞成。时任英国首相的小威廉·皮特（William Pitt the Younger，他是七年战争期间为英国立下汗马功劳的老皮特首相的次子），在1792年2月的政府预算演讲中称："毫无疑问，我国处于一个前所未有的时代，由于欧洲当前的局势，相比以往的战争间隔，我国能够多享受15年的和平。"但只过了6个星期不到，革命法兰西政府就向奥地利、普鲁士和撒丁尼亚王国宣战。

1792年8月，一支奥地利-普鲁士联军从奥地利属尼德兰（今比利时）入侵法国境内，但联军的逡巡不前却给了巴黎的革命领导者们机会组织一支大军抵挡侵略者，随后法军不仅将联军逼退，还攻入比利时，然后反攻至德意志地区。其他法军部队则夺下了莱茵兰（Rhineland）、尼斯（Nice）和萨伏伊（Savoy）。法军所面对的敌人仍然是小规模的职业军队，这些军人只会根据既定命令完成有限的作战目标。而法兰西共和国的将军们却具有更强的主观能动性，且他们麾下数量庞大的法军士兵因民族主义的鼓舞而势不可挡。此外奥地利和普鲁士两国也有自身原因：两国统治者碍于各自的领土野心而并不愿意为了围绕击败法国这一军事目标协同作战。此外，在西线不断战败的同时，两国却因为欧洲东部所出现的扩张机会而抽调了大批部队。在东欧，波兰的混乱与分裂以及奥斯曼帝国势力的衰退给了两国大肆扩张吞并的机会。

奥地利和普鲁士在低地国家的节节败退使得小威廉内阁忧心忡忡，对于威斯敏斯特宫（英国议会所在地）而言，安特卫普（Antwerp）绝对不能落入任何一个海军强国手中。而英国的公众舆论则对法兰西国民公会（French National Convention）的宣言中对革命与扩张的鼓吹感到警惕。法国国民公会的宣言授权法军入侵中立国家领土，并承诺援助欧洲的一切革命活动，并意图推翻所有的欧洲现存政府。而在法国不顾英国此前与奥地利缔结的条约开放斯凯尔特河（Scheldt）通航后，英国和法国之间的关系更是坠入冰点。法国国民公会处死路易十六更加剧了局势紧张，英国就此驱逐了法国大使。1793年2月1日，法国国民公会向英格兰宣战，就此拉开了两国间长达22年的战争的序幕。

作为战时领袖，小威廉·皮特主要负责财政方面，而将战略指挥交给了他的战争部长亨利·当达斯（Henry Dundas）。在当达斯的影响下，英国内阁没有采纳派出地面部队前往欧陆策应盟友进攻巴黎的战略，而是继续采用老皮特在七年战争期间的战略，利用优势海上力量带来的机动性和突然性优势在海外和殖民地展开攻势。

美国独立战争所留下的惨痛教训使得英国认识到在一场发生于大陆上的战争中，英国必须要拥有大陆盟友。此次英国政府则与奥地利、俄国、普鲁士、西班牙、葡萄牙、汉诺威及两西西里王国签订了盟约，就此成立了旨在对抗革命法兰西以及后来的法兰西帝国的反法同盟。根据同盟条约，英国会为盟友在指定地区投入的军队分担军费。条约同样规定英国海军需要为奥地利和意大利的陆军部队提供支援，在地中海战场的作战也由英军担纲指挥。

英国立即发动了手头的经济武器。英军巡航舰开始在公海狩猎法国商船。在护航舰准备完毕后，英国护航商船队开始对北美、西印度群岛以及黎凡特（Levant）地区展开贸易。与此同时，英国开始对曾在北美独立战争中发挥重要作用的法国大西洋和地中海舰队展开封锁。豪伊勋爵指挥的26艘战列舰负责维持对布雷斯特的远距离封锁。而胡德勋爵指挥的16艘战列舰则负责近距离监视土伦。

法国领导人深知此时他们无力对抗英国人的海上行动，因此将手头的力量集中于在欧洲大陆上的陆战行动中。革命法兰西的战争目标是将整个大陆都改造为与他们相同的共和制政体。法国高层认为，在欧洲大陆改旗易帜后，被孤立在海岛上的英国人最终会因为经济崩溃的威胁向法国屈服。因此这场英法之间的海陆角力可以被恰如其分地比喻为"鲸象之争"，困于大陆和海洋内的两头巨兽虽然能够相互张牙舞爪，但却又没有办法给予对方致命一击。

大战开场

为了与部署在荷兰的奥地利军队相配合，由约克公爵指挥的10000名英军的先头部队于1793年8月在奥斯滕德（Ostend）登陆法国本土，同时抵达的还有数量相当的奥地利和汉诺威部队。约克公爵在掌握战略主动权后，迅速抵达港外的敦刻尔克。但在敦刻尔克，他发现外海停泊的舰队并没有装载攻城所需的攻城炮兵部队，因而遭遇了占据数量优势的法军援兵的包围。这是由于英军在位置关键的英吉利海峡沿岸发动攻势,坐镇巴黎的法国战争部长拉扎尔·卡诺(Lazare Carnot)迅速采取了措施。而约克公爵迅速撤往奥地利属尼德兰,将所有的火炮和辎重弃之不顾。

这场惨败显示出不仅英国海陆军之间的协调存在缺陷,也体现了反法同盟军队几乎完全没有相互配合。正是反法同盟内部的协调不畅以及其他多方面因素,使得其无力抓住机会从西面打入法国南部,对法兰西共和政府形成包围之势。

英国在战争中最好的机会就在8月,除了敦刻尔克的登陆行动外,当时驻守土伦的法国海军指挥官作为一名保皇派成员,为了让路易十六的后继者继承,将土伦军火库的钥匙和31艘战列舰拱手交给了胡德勋爵保管。胡德在接过土伦的防务后,慢条斯理地开始对不具备航行条件的法军战舰进行整修。此后一支与英军规模相当的西班牙舰队也开进土伦,不过由于西班牙舰队的指挥官唐·胡安·德·兰加拉(Don Juan de Langara)未能从胡德手中取得同等的权力而愤愤不平,指挥部队自行其是。

土伦守军向胡德投降的消息在法兰西共和国内部掀起轩然大波。取代国民公会成为临时政府的救国委员会(The Committee of Public Safety)火速派遣大军前往收复。在胡德将土伦防御力量部署妥当之前,法国大军便已经经由陆路席卷而至。在经过长期的围攻后,土伦对于反法联军而言已经不再适合防守,而在此战中指挥法军炮兵部队的年轻准将拿破仑·波拿巴也因为战斗中的出色表现崭露头角。认识到事不可为的联军从12月中旬开始撤离,出于道义考虑,联军还一同撤走了数以千计的法国保皇派分子,以免其遭到革命派的报复。在撤离期间,胡德的表现却并不尽如人意——他只来得及撤出4艘法军战舰并焚毁10艘,其他法军战列舰并未受到影响。

胡德对盟友的怠慢使得战争局势很快朝着不利于反法联盟的方向发展。如果联军守住土伦,便不会有让拿破仑·波拿巴扬名立万的意大利战役。如果土伦港和停靠其中的法军舰队都被破坏,那么法国也将无力远征埃及。由于土伦失守,胡德很快便结束了自己的海军生涯——而且是被勒令退役,而奥地利人则必须鼓起勇气面对势必到来的进攻。

本计划被用来防御土伦的英国陆军部队随后被调动到了别处,其中部分被调往印度,这些部队夺占了金德纳格尔和本地治理,其他部队则在约克公爵的指挥下被运往弗兰德斯。还有一些英国陆军部队被投入西印度群岛的作战行动中。英军对西印度群岛的作战源自亨利·当达斯的奇思妙想——他认为法国的经济严重依赖于与富饶的加勒比产糖岛屿之间的贸易。

英军投入西印度群岛远征的6500人部队受陆军少将查尔斯·格雷（Charles Grey）爵士和海军少将约翰·杰维斯（John Jervis）爵士的联合指挥。这支部队于1794年1月抵达西印度群岛，并在此后三个月的作战中将除海地以外的法属西印度群岛岛屿悉数占领。然而此时英军部队突然遭遇严重的黄热病侵袭，而从法国本土赶来的共和派部队配合当地土著和殖民地民兵在瓜德罗普发动了一次反攻。在富有才干且凶狠残忍的黑白混血儿维克多·于格（Victor Hugues）的带领下，法属西印度群岛军队很快包围了英军的驻地。杰维斯同他麾下的海员，以及绝大部分地面部队士兵一样因高烧而无力作战，只能眼看着法军通过多处地点渗透而至。在被迫放弃瓜德罗普并撤回英军部队后，他和格雷于11月带领着疲惫不堪、疾病缠身的英军返回英格兰。于格及其继任者则在进军路上一路掀起对英国占领军的抵抗活动，并最终将英军逐出了除牙买加和巴巴多斯外的整个安地列斯群岛。

6月1日的荣耀，1794年

由于恶劣天气和强征农夫入伍，法国南部出现了粮食短缺，缺粮所带来的动荡很可能导致法国内部爆发内战。为了缓解这一情况，法国政府从美国购买了大量小麦。这些小麦从诺福克（Nolfork）和巴尔的摩（Baltimore）装上美国运输船，但由于英国宣布小麦成为战时禁运品，如何将小麦运往法国成为双方的一大难题。与此同时，还有大量法属西印度群岛运输船满载作为税赋的糖和咖啡停泊在切萨皮克湾内。法国政府急于让这多达130艘的运输船一道渡过大西洋，并派遣了2艘战列舰和2艘护航舰担负护航任务。这支庞大船队于1794年4月11日从切萨皮克湾起航。

英军此时已经获悉了这支美法联合船队的动向，坐镇旗舰"夏洛特女王"号（Royal Charlotte）的豪伊勋爵率领海峡舰队出动截击，以确保这支运输船队永远不能抵达法国。5月19日，当他观察布雷斯特港内时，震惊地发现此时港内的栈桥边已经空无一物。法军布雷斯特舰队趁着浓雾天气溜出港内，且并未惊动执行警戒任务的英军护航舰。不过很快中立国家商船的船长便告知了豪伊法军舰队的动向。豪伊决定加紧追击并歼灭法军舰队，随后再腾出手来包围运输船队。

与经验丰富的英国海军军官相比，法军战舰上的指挥官们都只能算"菜鸟"。布雷斯特舰队司令官，路易斯·德·维拉雷-茹瓦约斯（Louis de Villaret-Joyeuse）曾在此前的战争中在絮弗伦麾下作战，在被擢升为海军少将并接过布雷斯特舰队的指挥

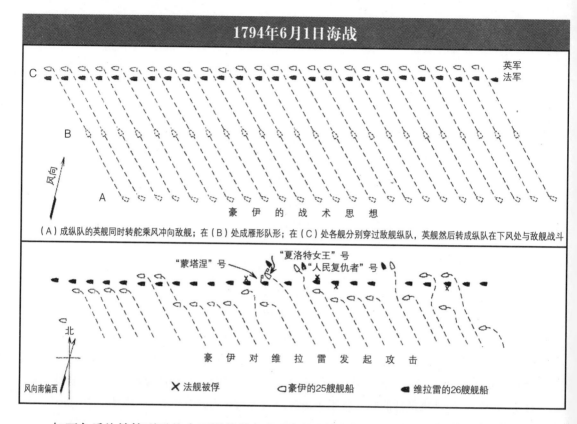

权不久后他就接到了从大西洋护送谷物运输船队到法国沿比斯开湾的各港口中的任务。但此时他麾下的舰长中只有一人在1789年前指挥过战列舰。其他的舰长此前还是海军尉官、商船船长或是港务军官，甚至有一人此前仅仅是下甲板的水手。但法军所缺乏的经验被其革命热忱所弥补，这从法军对战舰的重新命名便可见一斑，新的舰名包括："爱国"号（Patriote），"革命"号（Révolutionnaire），"诛杀暴君"号（Tyrannicide），"人民复仇者"号（Vengeur du Peuple）等。

在得知豪伊的舰队出动后，法国救国委员会立即命令维拉雷出港援救运输船队，此后又要求他尽量避免战斗，保存己方舰队的实力。罗伯斯庇尔（Robespierre）还亲自下达了严厉的警告，称如果运输船队被英军拦截，维拉雷必须以死赎罪——在那个"恐怖时代"（the reign of terror），这种恐吓并非玩笑话。

维拉雷的舰队一路加紧向西进发，并在抵达会合海区后焦急地开始巡航。运输船队的行程发生了延误，直至5月28日清晨，维拉雷的瞭望员才看到一群风帆出现在西北方向的地平线上。但在之后不久，瞭望员就辨认出那并不是运输船队，而是豪伊指挥的英军英吉利海峡舰队。双方此时兵力相当，都拥有26艘战列舰。

维拉雷立即下令舰队抢风加速，将英军带离会合区域。这场追逐战在28日和29日之中一直延续，在此之中双方的激烈机动以及部分战舰展开的遭遇战使得维拉雷的4艘战舰因重创不得不返航维修，而英军也有一艘战舰脱离战斗。在占据上风向后，豪伊试图抓住机会立即发动攻击，但此后的两天中能见度不良的阴天天气和影响舰队机动的狂风使得英军只能紧跟法军舰队。与此同时维拉雷得到了4艘增援的法军战舰，使他的战舰总数恢复到26艘，多于豪伊的25艘。

在双方发生接触5天后，6月1日，当天的日出伴随着多云和强风到来，但是海面上能见度良好。双方舰队此时相隔4英里左右，在前的法军舰队向下风向行驶，引诱着英军舰队向西北方向航行。7点刚过不久，豪伊便命令舰队组成战列，在他确定战术方案10分钟后，英军旗舰挂出34号命令旗，该命令旗意味着英军舰长们需要驾船将从舰艉方向穿过法军舰队阵型，然后从另一面以下风向对敌军展开攻击。虽然豪伊此举会使得英军丧失通过两天的机动占位才取得的上风向优势，但他希望部分己方战列舰能够穿过敌军纵队——而这足以防止敌军朝下风向航行并撤退。但实际上，英军的34号命令旗却是一份撤退命令，该命令注释中写道："当舰长们无法达成预定目的……且在情况所需时（下达此命令）。"毫无疑问，豪伊此举是为了将双方战舰搅在一起以取得一场决定性的胜利。除了作为一种出类拔萃的突击战术外，第34号命令也使得己方战舰能够穿插对方纵队从而从左右两侧对敌方战舰发起打击，并达成战术突然性。英军的战术中考虑到了法军战舰会在舰艉设置炮门或炮位，同时也对此进行了准备。

当豪伊的舰队完成战列线编组后，他于8点前不久挂出"攻击敌军"的命令旗。10分钟后，英军信号炮开火，准备旗同时降下。英军舰长们在接到命令后调转船舵顶风向着与己方战列相对应的法军战舰杀去。此时已近古稀之年（时年68岁）的豪伊在此前4天的追逐战中几乎未能合眼，仅有的休息也仅是在扶手椅上小憩一会儿，虽然此时他已经疲惫不堪，但仍旧强打精神。在合上随身的信号本后，他转向自己的幕僚并说道："现在，先生们，（我们已经）不需要更多的信号本，也不需要在悬挂信号旗了。我现在要求你们去'夏洛特女王'号上的各个岗位上执勤。我不想这艘船因船底被击穿进水而沉没；但如果你们能锁死桁杆（即一直保持最大航速——译者注），那就再好不过；因为这样我们就能更快地决出这场海战的胜负。"

只有包括豪伊的旗舰在内的7艘英军战舰成功穿过法军战列线，其余战舰则继续以传统的线列战术在上风向与法军展开对射。"夏洛特女王"号在穿过敌军战列时对维拉雷的旗舰"蒙塔涅"号（Montagne）的舰艉发动了一轮齐射，横扫了200名法军舰员。

豪伊的攻击使得双方的队形都出现破坏，也使得英军迎来了自接纳《永久战斗条令》以来第一次真正意义上的混战。在近距离的炮战中，法军的士气以及以射击对方帆装为主的射击条令无法匹敌英军的大胆以及以对方船体为目标的技术。火药燃烧产生的浓烟遮蔽了视线，导致双方舰队司令都无法完全掌握延绵4英里长的混战现场的局势，也无法发布任何有效的命令。此时战斗的决胜因素已经转移到了双方下属舰长的手中，对于革命热情正旺的法国军人而言，他们并不缺乏战斗精神，但缺乏克敌制胜的战斗技巧。

双方的战斗在中央以及后方最为激烈，但法军的前卫舰队却完好无损。此时法军前卫舰队的舰长们同以往的法军一样，选择了避战保船。由于处于下风向，他们编成了一个背风前进的纵队。已经将运输船队抛诸脑后的维拉雷下令脱离战斗撤退，在看到已经擅自排成背风纵队的法军前卫舰队后，他命令旗舰跟上这支舰队，其余的所有法军舰队也跟随旗舰开始撤离。在组成一个16艘战舰的纵队后，他下令护航舰牵引3艘桅杆被打断的战列舰撤往安全地带。此后维拉雷的舰队向下风向航行并开始打扫战场，放弃已经没有救援希望的法军战舰。之后，豪伊没有下令发起追击。

被维拉雷遗弃的7艘战舰中，最激烈的战斗发生在"人民复仇者"号上。该舰被英军的"布伦瑞克"号（Brunswick）用船锚缠住了船头。在这场"死亡拥抱"中，"人民复仇者"号用钉弹（langrage）横扫了"布伦瑞克"号的上层甲板，但英军依旧死战不退，利用炮位继续轰击对方船身，直至"人民复仇者"号开始下沉。此时该舰还搭载着300名船员，在船只被最终淹没前一刻，英军仍听到有法国军人高喊"共和国万岁！"（Vive la République）。

豪伊将另外6艘瘫痪的法军战舰作为战利品带回了英格兰。6月3日，运输船队在没有遭遇敌人的情况下安然抵达疏散位置，这使得国民公会宣称取得了胜利。维拉雷也因这一胜利被免去了放弃7艘战舰的罪责，他事后解释称："当（英军）舰队司令正在为自己所获得的褒赏而沾沾自喜时，我救下了运输船队，也救下了自己的脑袋。"

豪伊的精疲力竭使得维拉雷的法军舰队免去了灭顶之灾，但对于已经苦等了对法军胜利18个月的英格兰来说，他这场相对较为平庸的胜利却被冠以"荣耀的六月一日"之名。参战人员被授予奖章和奖金，而有功人员则被王室慷慨地册封了各种勋位，豪伊因此战中的表现而获封伯爵（Earldom）。

第一次反法联盟的破裂

英军地中海舰队在被逐出土伦后，一面维持着对该港口的封锁，一面寻找着合适的基地。由于西班牙的态度愈发冷淡，米诺卡岛已经无法使用，而直布罗陀距离又太过遥远，难以有效提供支援。作为退役前的最后一场战斗，胡德勋爵为挽回局势决定夺取科西嘉岛。当时该岛上存在着反对法国统治的独立游击队正在进行叛乱活动。由于军舰搭载的士兵数量不足，英军水兵和海军军官在岸上战斗中发挥了重要作用，在这场战斗中霍雷肖·纳尔逊（Horatio Nelson）上校面部受伤，从此右眼失明。到1794年6月，科西嘉岛已经完全落入英军手中，使得英军得到了一处实用的基地。

1795年11月，晋升中将的约翰·杰维斯接任英军地中海舰队司令。在他走马上任之际，反法联盟正举步维艰。普鲁士已经因莱茵河一带战役中的惨败于5月与法国媾和。而已经被法国占领的荷兰此后也正式加入了法国阵营，西班牙也于7月退出了战争。而英国则以占领好望角、锡兰以及在印度和西印度群岛的其他荷兰海外领土作为报复。英军还将一支由亚当·邓肯（Adam Duncan）海军中将指挥的舰队开到了特塞尔岛（Texel）外海，以封锁经荷兰将波罗的海沿岸出产的木材和麻类植物运往法国的水路。到1795年年末，战争双方的力量对比已经达到了均势，这不仅是由于法军战斗力的极大增强，也因为第一次反法联盟此时只剩下两大主要列强——英国和奥地利。

作为此时法国政府实际首脑的督政府5人委员会决定同时对现存的两个敌人发起打击。为了在两路攻势中都能旗开得胜，督政府起用了两位当时表现最为突出的年轻将领作为指挥官——拿破仑·波拿巴受命指挥意大利军团（Army of Italy），而仇视英国的路易·拉扎尔·奥什（Louis Lazare Hoche）则就任英格兰军团（Army of England）司令。拿破仑指挥的军队将穿过意大利的伦巴第（Lombardy）地区，战役目标为维也纳。奥什则剑指伦敦，准备向英伦三岛发动一场两栖登陆。

拿破仑于1796年3月就任意大利军团司令，并以一场漂亮的6个星期攻势将奥地利人从伦巴第地区赶了出去。奥什将军则准备先在爱尔兰的班特里湾（Bantry Bay）登陆，他麾下的14000名士兵登上了由布雷斯特舰队护卫的运输舰，负责保卫这支运输船队的布雷斯特舰队此时拥有17艘战列舰。准备不充分和恶劣的天气使得法军的登陆行动功亏一篑。接连不断的狂风天气吹散了整个登陆舰队,法军船只不得不零零散散地撤回法国港口。虽然此次行动中没有任何法军士兵登上了英格兰的土地,但奥什仍应称得上幸运,风暴虽然吹散了他的舰队,但也使英军英吉利海峡舰队未能抓住法军登陆舰队。

1796年8月,西班牙向大不列颠宣战。虽然西班牙海军的战舰在设计和航海性能上都并不出色,从平民中征召的水兵也是由缺乏专业训练、仅凭一腔血勇的军官们指挥,但英国内阁却从数量而非质量的角度评估,命令英军从科西嘉岛撤退。杰维斯因此将舰队先撤往直布罗陀,随后于1796年12月将舰队撤到了葡萄牙的里斯本。

次年,法国政府请求西班牙的舰队从地中海沿岸转移至卡迪兹,随后西班牙舰队将赶往布雷斯特,加入奥什准备再度发起的登陆行动。此次登陆行动将由荷兰、法国和西班牙的联合舰队提供支援。应法国的请求,唐·何塞·德·科尔多瓦(Don José de Córdoba)海军上将指挥的西班牙舰队于1797年2月1日从卡塔纳赫(Cartagena)出港,这支舰队拥有24艘战舰,伴随着开往卡迪兹的运输船队一道进入大西洋。

圣文森特角海战,1797年2月14日

在得知科尔多瓦出港后,杰维斯立即带领舰队中能够作战的10艘战列舰驶出里斯本,前往圣文森特角监视直布罗陀海峡。1797年2月6日,杰维斯又得到了5艘战列舰的增援。此时东向的海风将他的舰队吹离了岸边。一周后,当他接到在西南方向与敌方发生接触的消息时,他的舰队正在赶往原阵位。西班牙舰队同样因东风被吹入了大西洋,而此时西班牙人则借助东风快速向卡迪兹方向驶去。

2月14日,当海雾升起之时,英军舰队发现了西班牙人,他们的舰队此时正顺风前进,队形也并不严整,英军随即开始逼近。11时,杰维斯的15艘战列舰开始与西班牙舰队交战,此时英军编队以托马斯·特洛布里奇(Thomas Troubridge)指挥的"卡洛登"号(Culloden)为先导,杰维斯的旗舰"胜利"号(Victory)位于编队正中。在发现西军队形中存在一个巨大缺口后,杰维斯向舰队发出旗语信号:"英格兰此时非常需要一场胜利(A victory is very essential to England at this moment)",随后又下令,"舰队穿过敌方战列线。"

一度陷入慌乱的科尔多瓦赶忙命令舰队封闭缺口,他一面命令舰队主力升起更多

的风帆以增加速度，一面命令指挥前卫分队的莫雷诺（Moreno）少将赶回。但他的命令下达得太迟了。"卡洛登"号已经突破西军战列，使得西军被截为向下风向前进的莫雷诺分队（7艘）以及逆风向前进的科尔多瓦舰队主力（17艘）。

西军舰队主力为了避免与英军相撞，开始稀稀拉拉地向北转向，同时与敌舰交火。莫雷诺虽然试图冲破英军的队形，但英军仅用数轮侧舷齐射便将他的分队打跑，其中一艘西军战列舰沿着英军队形一路向后部前进，最终绕过英军队尾，其他莫雷诺的战列舰则绕过英军舰队前卫与科尔多瓦的主力会合。

当英军领舰脱离敌军射程后，杰维斯发出旗语命令"连续攻击"（tack in succession）。正迫不及待"找点事做"的特洛布里奇立即掉转航向，朝着正在撤退的西军主力舰队杀去。在得到杰维斯的旗语后，所有的英军战舰都在"卡洛登"号转弯的位置进行回转，使得编队继续向西班牙舰队的方向行进。这一战术着实令人疑惑：如果英军舰队同时转向，一方面英军战舰可以始终利用侧舷火炮打击敌军，另一方面还能够维持对敌军前卫和主力舰队的分割状态；而顺次转向不仅使得部分火炮无法发挥作用，同时也使得科尔多瓦得到机会与莫雷诺会合，一起逃往卡迪兹。

正在指挥战列倒数第三位的74炮战列舰"上校"号（Captain）的霍雷肖·纳尔逊在目睹了这一切后，已经难以容忍跟随舰队在转弯点进行无谓的转向。而在他发现科尔多瓦的领舰正在通过抢风航行从英军战列线后方穿过后，他彻底失去了耐心。他将杰维斯的旗语和海军的作战条令抛之脑后，指挥战舰脱离战列线进行一个大回转后从后方两艘英军战列舰之中穿过，横挡在以科尔多瓦的旗舰"圣特里尼达"号（Santisima Trinidad）——当时世界上最大的战列舰为首的17艘西班牙舰队的前方。纳尔逊指挥战舰对这艘庞大的四层炮甲板战列舰发起了攻击，并迫使该舰掉头进入逆风航向，其他西班牙战舰急忙赶来救援，对着"上校"号弹如雨下。

对于纳尔逊而言幸运的是，此时完成转弯的"卡洛登"号和其他英军前卫战列舰正在快速赶来。而由卡斯波特·科林伍德（Cuthbert Collingwood）指挥的74炮战列舰"卓越"号（Excellent）则作为编队尾端在接到杰维斯的命令后直接转向，并快速横插到已经严重受创的"上校"号与80炮西班牙战列舰"圣尼古拉斯"号（San Nicolas）之间。"卓越"号猛烈的炮火齐射迫使西班牙水兵逃离了自己的炮位。不得不转头迎风遁逃的"圣尼古拉斯"号与112炮西班牙战列舰"圣何塞"号（San Josef）发生碰撞瘫痪，而此时"上校"号则趁此机会靠上"圣尼古拉斯"号的船舷。

纳尔逊随即命令跳帮队投入接舷战。他自己也从艉楼的一扇窗户中冲进了"圣

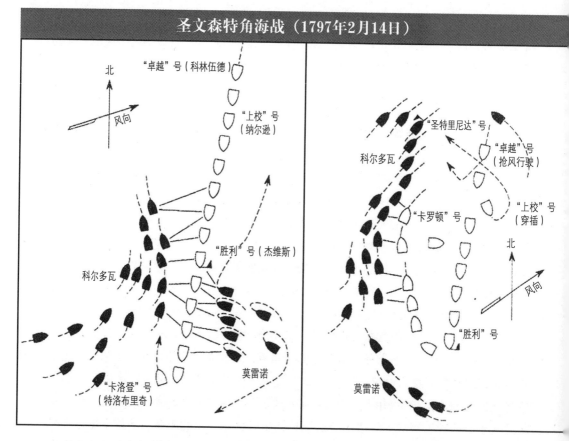

圣文森特角海战（1797年2月14日）

尼古拉斯"号。在船舱内的一场激烈搏杀后他冲到了甲板上，随后他命令水兵们停止降下"圣尼古拉斯"舰上的西军战旗，而是跟随他继续杀向与"圣尼古拉斯"缠在一起无法脱身的"圣何塞"号。纳尔逊高喊着"威斯敏斯特大教堂或是胜利！（Westminster Abbey or victory！）"登上了第二艘敌舰。在经过一番激烈厮杀后，他接受了这两艘战舰的正式投降。

西班牙主力舰队此时有5艘战列舰被英军困住。但战况却因为西班牙军队的援军靠近而变得不明朗起来。莫雷诺完成了对英军舰队的包围，而西班牙后卫舰队的战舰也开始加入战斗。战局陡变让英军无暇接受已经挂出白旗的"圣特里尼达"号的投降，而这也使得科尔多瓦在援军的掩护下得到喘息之机。到日落时分，急于保住已经捕获的4艘西班牙战列舰的杰维斯决定鸣金收兵，他命令"胜利"号在下午5时45分升起了终止战斗的命令旗。

在杰维斯下达命令后,英军舰队停止了攻击,科尔多瓦得以保住旗舰并向北逃遁。随后西军舰队不慌不忙地回到了卡迪兹,而杰维斯则囿于第一海务大臣下达的"我们绝对不能歼灭敌军(西班牙)舰队主力"的命令,而只能对港口进行封锁。

这场胜利使得经历了长期未能得胜的压抑和财政濒临破产的英国人民士气大振,杰维斯为自己挣得了圣文森特伯爵(Earl of St Vincent)的头衔以及极为丰厚的年金。而纳尔逊则被加封巴斯爵士(Knight of Bath),参战的所有舰长也都各自获得了一枚勋章[1]。

从战术角度来看,圣文森特角海战中意义最为重大的就是纳尔逊和科林伍德,以及英军其他战舰,都实现了对部分西军战舰的分割,使得其他西军战舰需要进行机动才能提供支援。此战的经验使得海战战术有了一项新的原则,现在每一名指挥官都应当在最需要的时候向自己的下属部队下达适宜的命令,以最大限度地发挥单位的作用。纳尔逊在尼罗河与特拉法加的胜利进一步发展了这项原则,而这两场海战也成了后世海军军官研究当时海上战争形态的范例。

圣文森特角海战让纳尔逊声名大噪。英国的公众媒体无不颂扬他带头向战力强大的"圣尼古拉斯"号发起跳帮("只有纳尔逊才敢于冲上一等战列舰的舰桥")和俘虏更为强大的"圣何塞"号的勇敢。而在皇家海军内部,纳尔逊的举动招致了一些批评。"他不是违反条令擅自脱离战列了吗?"虽然纳尔逊的行动如果失败肯定会被批评为战场抗命,但杰维斯却赞扬了他的主观能动性。当杰维斯麾下的舰长之一,罗伯特·卡德尔(Robert Calder)指出纳尔逊这是罔顾命令时,这位舰队司令一笑置之称:"当然他抗命了,如果你能够像他一样抗命(后取得巨大战果),我也会原谅你的。"

科尔多瓦的战败不仅让他丢了乌纱帽,而且重挫了西班牙海军的士气。正因此次战败,法军计划中的对英登陆作战,至少在数年内都没有可能再得到西班牙舰队的支援。不过在英国人看来,这场海上的胜利很快就被拿破仑在陆地战场上的无往不利所抵消。到2月2日,拿破仑指挥的法军已经夺取了曼图拉(Mantua)。3月23日,连战连捷的法军在拿破仑的带领下开进了的里雅斯特(Trieste)。4月14日,拿破仑又与奥地利方面签订了《雷奥本停战协议》(Truce of Leoben),这份停战协议以及随后的《坎波福尔米奥条约》(Treaty of Campo Formio)迫使奥地利退出战争。此时英国在

---

[1] 在战斗结束几天后,纳尔逊获知他从2月2日起就已经因军龄达标而被晋升为少将。

大西洋沿岸面对着由法国、荷兰和西班牙组成的联盟。英国在欧陆的盟友就只剩下葡萄牙，而该国也仅仅是允许英军利用里斯本作为基地封锁卡迪兹港。

英国海军哗变，1797年

就在《雷奥本停战协议》签署4天前，英国皇家海军海峡舰队的水兵们开始拒绝出海作战。5月，英军的哗变已经蔓延至诺尔岛（Nore）守军和在特塞尔河口与卡迪兹执行封锁任务的舰队。

军饷太低是激起水兵们怒火的最主要原因。当时一名四肢健全的水兵一个月的薪酬为22先令6便士，这一薪金额度自查理二世时期开始便未曾调整，而这份薪水仅相当于商船海员薪水的零头。水兵的发薪日之间间隔长达6个月，而且只能在本土港口停泊时才会被发给军饷。在发放军饷时，水兵必须在海军军官面前当面点清自己所拿到钱币的面额。最令水兵们感到愤怒的是，只要因故（哪怕是在战斗中受伤）无法执行任务，薪水就会被停发。战利品奖金作为一种不可靠的收入来源，由于是由全体舰员平分，每个人所得到的部分数量也少得可怜。

当时战舰上的伙食不仅分量不足，质量更是糟糕。水兵的口粮配给因采用14盎司一磅的"事物常用"磅秤（正常换算一磅合16盎司，约900克）而总是会有一部分粮食神秘地"发生损耗"。舰上食品的糟糕质量也根本无法通过每日发放一加仑啤酒和半品脱朗姆酒（此时皇家海军的朗姆酒已经禁止直接饮用，必须兑水和橙汁等冲淡为"格罗格酒"）来弥补。虽然在西印度洋群岛执勤的分舰队因在食谱中增加新鲜蔬菜改善了健康状况，但海军部为其他部队所订购的食材仅有面粉、干豌豆和豆类，以及腌肉。正因为糟糕的伙食，虽然邓肯麾下的军官和船员们就在距离本土并不遥远的海域作战，但却饱受疾病的困扰。

另一项令整个皇家海军普遍抱怨的问题是上岸休假时间的不足。在战争时期，本土和海外部署的水兵都被缩短了上岸休假的时间，而在入坞维修期间则禁止舰员外出。虽然在本土驻扎时，水兵的家属被允许在露天甲板上居住，但水兵们很可能整年都无法登上陆地。这套极为不人道的制度使得水兵们几乎是被囚禁在军舰上一样。

值得注意的是，当时的水兵们并没有减轻鞭刑以及其他残酷体罚的要求。实际上，在舰上与他们斗智斗勇的军官所下达的体罚并不比岸上的严刑酷法来得可怕。不过当时皇家海军的军官队伍中存在着一些治军残酷、虐待成性的军官，他们所犯下的不齿之举让那些致力于以温和手段维持纪律、公正对待士兵的正派军官（纳尔逊、科林伍德、豪伊、杰维斯等卓越战将）的努力蒙上了一层阴影。

在进行三周的协商后，海军部委员会在所有的重要方面做出全面让步，并同意将水兵的每月薪金增加5先令6便士。这场斯皮特怀德（Spithead）岛兵变最终于5月15日迎来结束。

由于在总体上向海军做出了让步，当诺尔岛（位于泰晤士河河口）兵变发生时，英国海军部并未对此次兵变进行严厉弹压，使得这场兵变很快从诺尔岛蔓延至邓肯指挥的北海舰队。与斯皮特怀德岛兵变不同的是，此次兵变中，诺尔岛的哗变水兵降下了皇家海军的红旗，并与伦敦城内亲法国共和派的结社建立了联系。

诺尔岛的哗变者们选择理查德·帕克（Richard Park）作为兵变的领袖和谈判代表，他曾是一名皇家海军军官，但也是一名天性叛逆的浪荡子。在因不服从命令被解除军官职务后，他曾因欠债锒铛入狱，随后又被海军作为士兵征召入伍。部分由帕克及其追随者提出的要求是合理的，但更多的是无理取闹。水兵封锁泰晤士河的行为也降低了公众对哗变的同情度。在斯皮特怀德岛兵变期间，领导者称只要敌人出现在海上，他们就会重返岗位作战；而帕克的追随者们则威胁称要将舰队开往法国。

在北海洋面上，邓肯利用他的个人影响力稳住了"坚定"号（Adamant）和他的旗舰"庄严"号（Venerable）的舰员。时年已经66岁的邓肯身材高大，他在"坚定"号上仅用一只手就提起了哗变领导者，哗变也就此平息。他利用手头仅有的两艘战列舰和一艘护航舰巧妙地维持着对荷兰舰队的封锁，他的护航舰保持在水天线以下，向不存在的舰队主力发送旗语命令。邓肯的诡计使得荷兰舰队在之后的三个星期中逡巡不前，英国政府也趁此机会强力弹压了诺尔岛兵变，并将帕克及13名同党处以绞刑。

此时正在卡迪兹港外执行封锁任务的圣文森特伯爵杰维斯以铁腕手段弹压了舰队内的兵变。在一次著名事件中，他以用舰炮火力炸碎满载弹药的兵变船只为威胁，让舰上的水兵不得不吊死了他们的领导者。不过在铁腕手段之外，杰维斯也非常注意让麾下水兵能够得到较好的食物、公正的对待，以及保持忙碌充实的生活状态。在1797年这个敏感微妙的夏天，作为余兴活动，杰维斯指挥舰队两度炮击卡迪兹港。同时，杰维斯也因一时失察，同意了纳尔逊和特洛布里奇出动战舰抢夺一批据信存放在加那利群岛（Canary Islands）的圣克鲁斯岛（Santa Cruz）上的马尼拉银器的计划。这次行动随后变成了一场彻头彻尾的灾难——200名英军被杀死，纳尔逊也在行动中失去了自己的右臂。

坎伯当海战，1797年10月11日

到这一年的仲夏，邓肯的舰队终于从兵变中恢复，可以全力封锁敌人。在10月初，由于补给告罄，邓肯命令大部分战舰返回雅茅斯锚地补给。荷兰舰队的指挥官扬·德·温特（Jan de Winter）在得知这一消息后率领舰队试图趁此机会突破封锁。10月8日，他的舰队经由特塞尔海峡出港，并沿着海岸向南航行。荷军舰队随后被英军巡逻舰发现，一艘航速较快的双桅纵帆船带着战报急忙赶回雅茅斯。邓肯于次日早上收到了报告，而到中午时，他的舰队已经开始向荷兰海岸急速赶去。

从战列舰的数量上而言，双方舰队实力相当，都是16艘，此外双方出动了护航舰和更小的战舰伴随参加战斗。不过英军在火炮数量和吨位上占有优势，拥有7艘74炮战列舰、7艘64炮战列舰和2艘50炮战列舰；而荷军则分别拥有4艘、7艘和5艘同样量级的战列舰（荷军的最小战列舰实际搭载了54门火炮）。此外，由于吃水较浅，荷军战舰在远海的性能并不如人意，但在浅水海域拥有较大优势。由于此时的风向为西北，荷军舰队司令几乎不可能通过逆风航行避开战斗，也无法在落得下风时安全撤退。

英军侦察舰于10月11日上午9点发送旗语信号称"敌军位于下风向"，邓肯随即下达总追击命令，他决心不让荷军舰队有机会退入能够发挥优势的浅水海区。在向东南方向发动追击期间，邓肯的舰队逐渐一分为二。由于张开全部风帆，航速较快的战列舰开始脱离原位置，导致编队愈发无序。两小时后，邓肯发现敌军舰队正位于荷兰沿海城镇坎伯当外海9英里处。在发现温特的舰队放下顶帆准备战斗后，邓肯也下令己方舰队收起部分风帆，准备组成战列线。为了保证这场战斗能够以较为正常的方式进行，邓肯下达了各舰分别负责攻击对应编号敌舰的命令。但在英军舰队恢复为纵队队形之前，荷军便开始向浅滩水域发起冲刺。战况的突然变化使得邓肯不得不命令所有战舰抢风航行，转向直接对敌军队形的中央和后部发起攻击。这道命令决定了战争的胜利。战后温特曾对邓肯说道："你不等待纵队编成（便发起攻击）的命令彻底摧毁了我军。如果我方在你发起攻击时能够更靠近岸边，那么我就可以让两支舰队都搅入浅水中进行战斗。那样的话，胜利无疑将在我国的海岸边，落入我的手中。"

为了有效地缠住敌军舰队，不让其遁入浅水海域，邓肯随后升起了信号旗（豪伊曾使用过的第34号命令），命令舰队穿插敌军战列。可能是由于邓肯的旗语命令未能被认出，或者是他认识到此时混乱的舰队无法执行这一命令，此后他又下令展开近

第 6 章 | 法国大革命

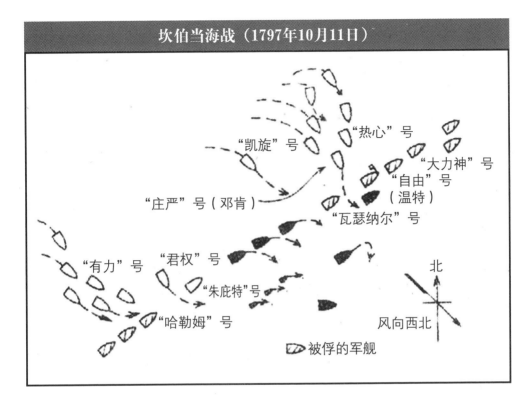

坎伯当海战（1797年10月11日）

战。虽然连续发布的旗语命令让麾下舰长们一度无所适从，但此时所有的舰长都做了该做的事情，近距离对敌军发起攻击。从一名苏格兰舰长的身上窥得大概：这位苏格兰老哥将旗语本向甲板上一摔，用他口音浓郁的英语留下了一句经典名言。"抢——风航行，"他对着操舵手大吼道，"然后朝着敌军正中直冲过去！"

其他的英军战舰也以同样的战斗精神冒着敌军猛烈的炮火一面继续前进，一面寻找战斗最激烈的位置。指挥英军后方编队的理查德·翁斯洛（Richard Onslow）中将则正确地实施了第34号命令，他的座舰"君权"号（Monarch）横穿过荷军战列后占领了荷军后卫舰队旗舰"朱庇特"号（Jupiter）的下风向位置。几分钟后，邓肯的旗舰"庄严"号也成功从温特的旗舰"自由"号（Vrijheid）后方穿过，从下风向位置向敌军旗舰发起攻击。荷军战列被英军战舰一前一后地冲破，使得荷军的两艘旗舰被缠住，从而导致整个舰队都动弹不得。

由于双方战舰都开始向旗舰方向靠拢以提供支援，这场海战很快演变成双方舰队混乱的肉搏近战。与法军和西班牙军不同的是，荷兰海军同英军一样在海战中主要射击敌军船体。双方人员和炮位的损失在快速增加。一艘英军战舰船体中弹多达98发；大多数身处混战中心的荷军战舰都因损伤过重失去了修复的价值。

英军自英荷战争之后从未遇到过如此顽强的对手。饶是如此，凭借着更大的弹药投射质量和更巨大的舰体，英军的获胜只是时间问题。在两艘荷军旗舰均被打瘫后，7艘荷军战列舰（其中多数来自中央分队）并未在战斗中遭受重创，它们溜进了浅水，从而脱离了英军的射程。另9艘荷军战列舰以及2艘护航舰则成为英军的战利品。

这场近岸海战中英军北海舰队有200人阵亡，另有600人受伤，伤亡人数达到了舰队总员额的10%。人数更少一些的荷兰舰队受伤人数与英军相当，但阵亡人数是英军的两倍。"这简直是一场奇迹，"与邓肯一样身材高大的温特说道，"我和邓肯上将麾下的大军逃脱了两败俱伤的命运。"

在经历了多次兵变的危机后，这场对荷兰的胜利让英国公众重拾了对皇家海军的信心。欢庆胜利的火炬与庆贺演说从苏格兰一路风靡至德文郡，在众望所归之中，指挥舰队赢得胜利的邓肯被加封坎伯当子爵（Viscount Duncan of Camperdown）。

第7章

纳尔逊与拿破仑

1797年2月西班牙舰队在圣文森特角外海的战败以及当年10月荷兰舰队在坎伯当外海的惨败并没有能够阻挡法军继续推进登陆英伦三岛的作战计划。在欧陆的停战使得法军得以抽调出部队组建新的且强大的英格兰军团（Army of England）。虽然力主推进这项计划的奥什将军此时已经辞世，但《坎波福尔米奥条约》的生效使得拿破仑腾出手来。督政府开始全面落实这份他们珍视的计划，准备跨过英吉利海峡发动全面进攻。

1797年12月初，拿破仑返回巴黎，他很快接受了新的任命，并开始精力充沛地在英吉利海峡沿岸进行视察。随着对跨海进攻英格兰的计划的了解愈发深入，拿破仑就对这个计划愈发不感兴趣。相反的是，他此时已经将目光落到了其他地方。在意大利战场像凯撒一样无往不利之后，他此时又梦想着像亚历山大大帝一样一路向东方高歌猛进。虽然他此时仍在按部就班地推进着登陆英格兰的计划，但在私下里他已经开始秘密准备对埃及的进攻。对于远征埃及的行动，拿破仑个人的目的主要是出于浪漫主义和自我实现的角度出发，他想把自己的名字铭刻在胜利的桂冠上，并凭借军功获取更大的权力，但对于督政府，拿破仑搬出了其他方面的理由，并以此取得了督政府的坚定支持。

一方面，拿破仑从商业上的利益出发，阐述了向印度发动长期远征的好处。另一方面，拿破仑向督政府担保称，既然入侵英格兰的行动的准备不可能在次年秋天到来前完成，他可以在此之前完成对埃及的征服，随后返回法国。此次远征也能够成为一次出色的佯动措施，迫使英军舰队加强对印度的防御，从而降低发起跨英吉利海峡登陆的作战的难度。在得知督政府担忧远征埃及会导致土耳其敌对之后，他指出当时实际控制埃及的并非奥斯曼苏丹，而是奥斯曼帝国的一个军事集团——马穆鲁克（Mamluks）。毫无疑问，相比起让傲慢的马穆鲁克独占全埃及的统治权，苏丹会更乐于与法国分享对埃及的统治。

远征埃及

在经过一段时间的扯皮后，督政府最终同意了拿破仑的请求。虽然随即展开的大规模作战准备无可掩藏，但这些准备工作的真实目的得到了良好的保密。整个欧洲都很快得知法国正准备发起一场大规模的海上远征，但只有拿破仑身边的少量心腹和督政府的五位督政官才知道此次进攻的目标是埃及。拿破仑在此期间几乎不知疲倦，毫无保留地挥发着自己的热忱。他日以继夜地工作，动员由弗朗西斯·保罗·布吕埃（Francis Paul Bruey）中将指挥的土伦舰队，征召法国和意大利的商船用作运输舰，四处搜罗炮兵和骑兵部队并在自己的意大利军团之外组建起了一支东方军团（Army of the East），为了保密，这支军团曾一度被佯称为"英格兰军团左翼部队"。

在布吕埃的舰队护卫下，远征船队于1798年5月19日驶出了土伦港。但随后夜间刮来的一阵狂风险些让这次伟大的远征"被扼杀于襁褓之中"。不过拿破仑那著名的好运发挥了作用，整个船队没有一艘船只沉没。随后的数日间船队从意大利的各个港口集结而来，最终汇聚成为一支拥有多达280艘运输船的庞大船队，这支船队由13艘战列舰、7艘护航舰和35艘轻型舰艇负责护送。船上搭载着超过50000名法国陆军最为精锐的士兵和负责指挥他们的拿破仑·波拿巴。6月9日，船队驶抵马耳他，守军在进行了象征性的抵抗后向法军投降，拿破仑在岛上留下了4000名士兵驻守，随后于6月19日启程驶向亚历山大港。

如果进行纵向对比的话，拿破仑的此次埃及远征甚至比两个世纪前梅迪纳·西多尼亚指挥的西班牙无敌舰队试图登陆英格兰还要不切实际。如果不是对自己的胜利拥有充分的自信，拿破仑必定没有胆量冒此风险。此役中他的运输船队在没有舰队控制敌方海岸和港口的情况下便跨海投运部队。他的护航舰队的规模太小，既不能有效支援登陆，也无法在敌军舰队的进攻中保护运输舰。拿破仑寄希望于利用保密性和迂回航线达成的战役突然性获取胜利。当一支英军舰队出现在水天线上时，他与胜利几乎失之交臂。这支英军舰队由皇家海军少将霍雷肖·纳尔逊子爵率领，此后这个名字将让拿破仑尊敬并畏惧。

在因手臂截肢上岸休养数个月后，纳尔逊重返大洋，率领由杰维斯指派给他的3艘74炮战列舰和3艘护航舰执行对土伦港的侦察任务，并收集正在此处集结中的法国远征大军的情报。察觉威胁的拿破仑在狂风大作的5月20日命令港内的全部法军舰队对纳尔逊这支小规模的英军侦察舰队发起全力攻击。纳尔逊的旗舰"前卫"号（Vanguard）部分桅杆被打断，而护航舰则因受创过重全部撤回直布罗陀。在撒丁尼亚的避风港内，纳尔逊的旗舰在英军的努力下仅用4天便完成了修理。5月28日，在从一艘路过的商船处得知法军的运输船队已经启程后，纳尔逊赶忙指挥舰队驶往法国沿海，希望能够找到他的护航舰分队。虽然没有找到自己的护航舰，但他遇到了由托马斯·特洛布里奇少将指挥的分队，这支由杰维斯派出的分队拥有10艘战列舰、一艘50炮战舰和一艘双桅横帆船，受命增援纳尔逊。杰维斯认为在得到这支增援后，纳尔逊"应当"能够应付法军。不过令纳尔逊感到失望的是，这支新赶来的分队中同样没有护航舰。

得到增援后共拥有13艘战列舰的纳尔逊指挥舰队掉头向东途径科西嘉沿海前往意大利沿岸，由于舰队中没有护航舰，英军几乎完全无法执行搜索和侦察任务。6月17日，在那不勒斯外海，纳尔逊接到了法军正在进攻马耳他的报告。他随即决定沿最近的路线——穿过墨西拿海峡前往救援。

6月22日，纳尔逊的舰队抵达西西里岛的佩扎罗角（Cape Pessaro）。一艘路过的双桅横帆船告知他马耳他已经陷落，法军舰队则已经在16日再度起航。不过正如我们此前所记述的一样，拿破仑的舰队其实是在6月19日离开马耳他的。由于此时的风向为稳定的西北风，纳尔逊认为法军唯一可能的目的地就是亚历山大港，因此他也随之调整了自己的航向。为了不被航向不定的法军运输船所困扰并抢占先机，纳尔逊将舰队调整为了三个相互平行的纵队，这一队形日后被写入了著名的《特拉法加备忘录》（Trafalgar Memorandoum），成为英军的标准队形，而且航行时的序列就应当是战斗时的序列。在接战后，其中两个纵队将与法军舰队交战，而第三个纵队则将负责追击法军运输舰。

此时拿破仑的庞大船队正位于克里特岛以南海域向东行驶，他计划穿越地中海的狭窄水道后沿非洲海岸驶向亚历山大港。当纳尔逊的密集编队和猬集成群的法军运输船队的就快要撞到一起时,反常的浓雾开始弥漫。在6月22日夜间,双方舰队以非常近的距离擦身而过,如果是在晴朗天气下,双方可以在夜间目视并发现对方。当夜布吕埃曾警告拿破仑称他听到了远处英军鸣放号炮的声音。

以直线航行的纳尔逊在6月28日抢先抵达亚历山大港。在发现港内并没有法军战舰之后,他误以为自己的猜测出现了错误并对此懊恼不已。此时他仍认为法军是6月16日自马耳他出发,根本不相信自己的舰队已经领先了6天的航程。纳尔逊的急躁和他那无穷无尽的精力最终导致了他的盲动。在短暂的按兵不动后,纳尔逊率领舰队出发寻歼敌人。如果当时有人站在亚历山大港外的大灯塔上,那么他在目送纳尔逊的战舰消失在北方的水天线的同时,也能看到拿破仑的法军舰队自西面抵达。

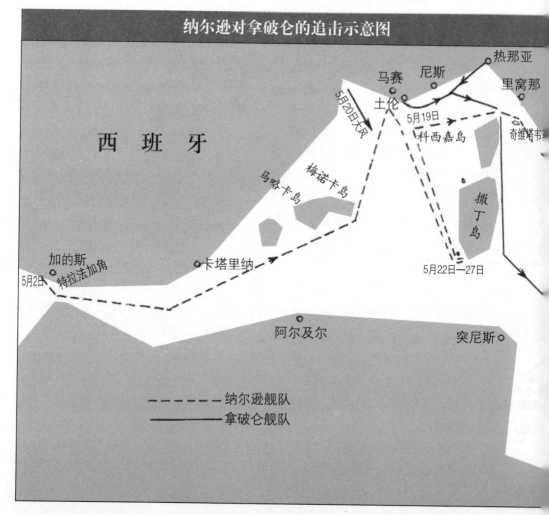

7月1日抵达亚历山大港的拿破仑随即收到了当地法国领事选择性上报的情报,得知英军舰队曾在3天前驶抵该港口。在英军已经先手一步抵达的情况下,大多数人都会选择撤退,至少是暂时性的撤退,但拿破仑性格中的倔强驱使着他在抵达后立即发动登陆。虽然此时天色已晚且海况不佳,但法军运输舰仍然在港口以西若干英里的滩头展开,放下小艇,而布吕埃的舰队则负责提供掩护。约4000名法军士兵冒着小艇相撞和暗礁的危险于夜间艰难地登上了滩头,和第一批部队一起登岸的拿破仑随即率军星夜赶往亚历山大港并于次日将其攻陷。随后法军运输船进入港内卸载,而布吕埃的13艘战列舰和4艘护航舰则在亚历山大城东北12英里处的阿布基尔湾(Aboukir Bay)待机。

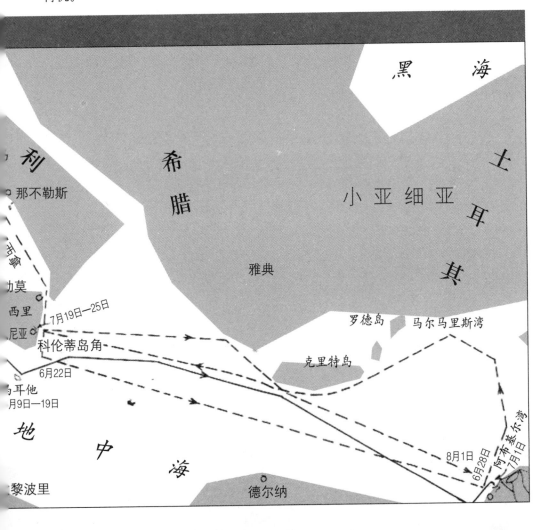

留下3000名士兵守卫亚历山大的拿破仑随后指挥30000名法军士兵沿尼罗河西岸逆流而上,一支小舰队负责为法军运送补给和炮兵。在3周的跋涉后,他的部队已经抵达开罗对岸,几乎够到了金字塔投下的影子。在这里,约10000名马穆鲁克骑兵在24000名步兵的伴随下排成了宽大的阵线阻挡在法军的前进道路上。在这些埃及骑兵鲁莽地发起冲锋时,法军并未盲目开火,而是当敌军骑兵已经冲进白刃战距离时才用燧发枪和葡萄弹给予敌军迎头痛击。炽热的弹丸摧毁了马穆鲁克的军力,也使得拿破仑成为下埃及地区的霸主。在两天后的7月23日,拿破仑带领法军进入开罗。

而此时的纳尔逊则在沮丧与不安中在地中海漫无目的的游荡。自亚历山大港出发后,他首先向北沿小亚细亚的海岸进行搜索。在此地一无所获的他随后又返回西西里,并于7月19日驶入锡拉库扎(Syracuse)港。在得到法军并未攻击西西里和那不勒斯的消息后,纳尔逊几乎崩断的神经终于稍稍得到舒缓,但除此之外他依旧一无所获。"如果他们还在海面上,我一定会把他们找出来,"纳尔逊斩钉截铁地说道,"如果可能的话,就把法军卷入战斗。"在为了进行整补而停留足够时间后,英军舰队于25日出港向东进发。在希腊外海,他终于获得了一条有用的情报。法军的大型运输船队早在四周前就已经驶经克里特岛向东南进发。在获知这条情报后,纳尔逊立即调整航线扑向亚历山大港。

长达一个月的搜寻行动不断挑战着纳尔逊紧张的神经,且除了浪费时间之外毫无意义。与当时的其他许多海军指挥官不同的是,纳尔逊并不喜欢深居简出故作深沉。只要天气晴好,他就会邀请麾下一名或者更多的舰长来到"前卫"号上与他一起进餐,这种餐会不仅仅在于分享食物,更重要的是,也让纳尔逊能够与舰长们分享他的看法。餐会期间每一种可能出现的战斗情境都会被提出——无论是在海面上战斗,还是在锚地内战斗,也无论是昼间作战还是夜间作战,都会成为讨论的对象。纳尔逊从不下放指挥权和责任,但他凭借自己的领导力和对战斗的专业判断让所有的舰长们和他统一认识,使得整支舰队令出必行。"指挥着这样优秀的一班兄弟,"纳尔逊在后来写道,"让我感到无比的喜悦"。

从另一方面而言,时间的流逝也让法军舰队司令面临问题。由于已经长时间没有英军舰队的踪影,布吕埃逐渐放松了警惕。法军舰队在开放的锚地下锚停泊,水兵们则上岸放松,巡航舰疏于执行警戒任务,甚至连维持炮手战备水准的例行射击演习也松懈了下来。布吕埃的确制订了作战计划,但这份计划只是例行公事的敷衍了事,而非真正意识到了遭遇攻击的危险。布吕埃将水文条件复杂的阿布基尔湾视作一座堡垒,并准备在锚地内迎击英军战舰,从而将战斗转化为静态交战,让英军以此见长的驾船技术无用武之地。他将舰队布置为一条紧挨着西侧暗礁,沿北—西北、南—东南方向延伸的战列线。出于英军集中兵力打击中央和后部舰队的传统,以及认为布置在舰队西北方1.5英里外的阿布基尔岛上的炮台能够保护自己前卫舰队的想法,布吕埃将自己最强大的战舰布置在中央和后方舰队。不过布吕埃并没有认识到这是英军在"海上作战"时的习惯,在开阔海域的迎头交战中,前卫舰队很难逆风而动支援后卫舰队,但在锚地作战中,情况却完全不同。

布吕埃的布置在许多方面存在着致命弱点:首先,法军战舰仅在舰艏下锚;其次,法军编队之间存在着明显的空隙。对于这两个弱点,布吕埃计划通过下艉锚和在战舰之间连上绳索来解决。但最为严重的失误在于,布吕埃寄希望于强烈的离岸风让任何冲向法军舰队的敌舰"寸步难行",但地中海沿岸的风向并不是可预测的。事实上,当纳尔逊的舰队抵达埃及时,一场大风让英军舰队直接从头到尾地对法军舰队进行了"洗礼",英军战舰能够随心所欲地攻击他们所选中的敌舰,而法军战舰却因风向相反而无法向前移动支援前方的友邻战舰。简而言之,布吕埃对战事的轻慢、对形势的误判、对战术的理解不足使得法军舰队在由经验丰富的老海员们指挥的舰队面前无比脆弱,而纳尔逊和他的舰长们正是深谙这一切的海战老手。

尼罗河海战,1798年8月1日

8月1日午后不久,英军舰队驶过挤满了运输船的亚历山大港,向着已经能够经由平坦的海岸看到高耸的桅杆的法军战舰冲去。虽然此时对面的法军舰队拥有配备多达120门火炮的旗舰"东方"号(Orient)和3艘80炮战列舰,且要在没有可靠海图的情况下深入水文条件不明的狭窄海域,但事不宜迟,纳尔逊决定立即发起攻击。

此时的法军舰队仍然完全处于懵懂当中,布吕埃对于英军敢于在夜幕即将降临时冲入并不熟悉的暗礁水域感到震惊,并对到底是战是逃犹豫不决。在下定决心进行战斗后,他下令进行了战斗准备,但法军战舰只能利用面向大海一侧的火炮,此外法军也未能在敌军逼近前放下艉锚,或是升起缆索。

纳尔逊的计划已经为他麾下的舰长们所熟知,他准备让英军战舰在沿着法军队列航行的同时放下艉锚,后续的战舰则从不会被攻击的一侧绕过前一艘战舰并在前方接着下锚,由此双方战舰都能以最为猛烈的第一轮火力发动攻击。英军战舰将在法军战舰的舰艏和舰艉侧面方位下锚，从而能够在局部形成二对一的火力优势。在这种"插空"式的占位下，虽然英军战舰可能会在敌军战舰不受控制的摇摆而达成射击条件时遭到敌军侧舷炮火的齐射，但通过收放锚链，英军战舰能够从容选择侧舷炮阵列的目标。

从料敌从宽的角度考虑，纳尔逊认为布吕埃一定会将舰队紧靠暗礁布置，使得法军纵队靠岸一侧无法让船只驶入，因此此战中他的舰长们都应当将战舰停在敌军纵队前部和中部的向海一侧。但他的编队领舰"歌利亚"号（Goliath）的舰长托马斯·福利（Thomas Foley）上校在他的战位上瞭望时却发现了更好的攻击方法。在意识到法国战舰都因仅放下艏锚而自由飘荡后，托马斯毫不犹豫地穿过法军"战士"号（Guerrier）的舰艏，钻进门户大开的靠岸一侧位置。托马斯的战舰一边向敌军发起致命的扫射一边在法军纵队靠岸一侧下锚。另外4艘英军战舰也效法托马斯钻入敌军纵队内侧。

福利的当机立断或许源自纳尔逊曾提出过的："只要有一艘敌舰能够在下锚时摇摆，我们的战舰就能在它旁边下锚。"纳尔逊向来鼓励他的下属临机应变，发挥主动精神。位于英军编队第6位的旗舰"前卫"号则率领后续抵达的战舰在法军纵队的靠海一侧下锚。英军就此对法军的前部和部分中部纵队形成了夹击之势，并以交叉火力对其进行猛烈打击，而其余的法军战舰却因为风向不利而只能眼看着友军遭此毒手。在他的舰队就位后不久，纳尔逊就因为一枚钉弹命中前额而退出了战斗。但他的任务此时已经完成了，他已经带领舰队进入了战斗；他的"兄弟"会完成之后的工作。

夜幕的降临加深了法军的迷茫和惶恐，但对英军的阻碍并不大。英军根据纳尔逊事前的布置使用悬挂在桅顶的灯笼进行识别。此时3艘掉队的英军战列舰也以特洛布里奇的"卡洛登"号为引导进入海湾，但求战心切的特洛布里奇让战舰太过靠近暗礁，从而发生了严重的搁浅。虽然这让"卡洛登"号全船上下悲愤不已，但该舰仍然释放出一个浮标引导后续的两艘英军战舰安全通过了暗礁。英军的援兵来得正是时候，这两艘新到来的战舰缓解了面对法军中央舰队的两艘74炮战列舰的压力，此时庞大的"东方"号和其后的一艘80炮战列舰对这两艘英军战舰进行了猛烈的还击。

法军的前部纵队在遭到压倒性的炮火打击后，第一时间选择了投降。而纳尔逊则随即指挥舰队有序地前进，将敌军中央纵队和部分后方纵队夹在中间。遭到来自多个方向的炮火打击的"东方"号燃起大火，喷起的火苗席卷了该舰的帆装，并开始缓慢地吞噬该舰的舰体。到晚上10点时，大火引燃了该舰的弹药库，剧烈的殉爆将周围

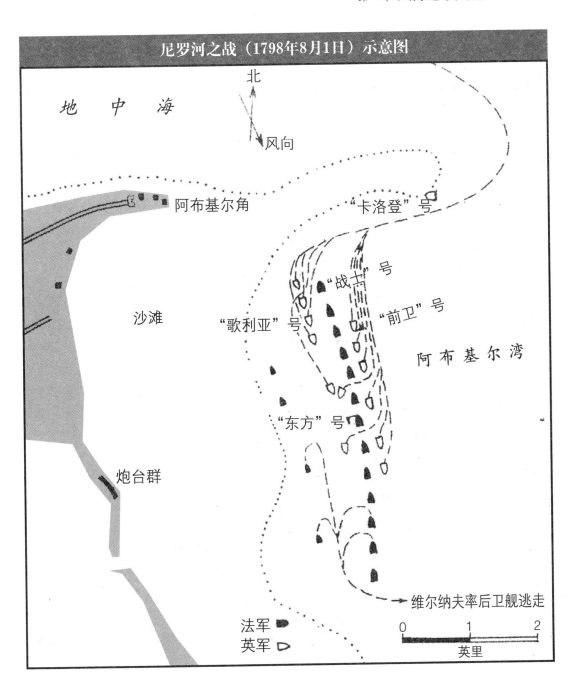

的战舰震开了裂缝。这一恐怖的景象震撼了所有人，即便是久经战阵的老练水兵也放下了手边的火炮，战场在长时间内弥漫着死一般的沉寂。此后火炮的怒吼再度划破夜空，法军中央和后部编队的战舰则开始解下他们的军旗。

1798年8月2日的黎明，英军以几乎全歼敌军舰队迎来了一场史无前例的胜利。此战中英军不仅没有损失任何一艘舰艇，伤亡人数也仅在900人左右；而法军的死伤是英军的6倍之多。除了3艘位于纵队后方的战列舰外，法军所有的战舰都被俘虏或被击沉。而在逃脱的法军战舰中，有一艘被舰员故意搁浅并焚毁。另两艘则会同2艘幸存的法军护航舰在皮埃尔·维尔纳夫（Pierre Villenuve）海军少将的带领下逃出海湾并撤往马耳他。

在"前卫"号的后甲板上，纳尔逊欣慰检视着英军俘虏的9艘法军战舰。"胜利这个词，"他说道，"并不足以形容现在的景象。"前一晚的激战事实上歼灭了法军的土伦舰队，使得英军在地中海拥有无可挑战的绝对控制权，也将拿破仑的陆军孤立在了充满敌意的埃及。那些在此战中得以逃脱的舰员也在精神上成为败军之将；"尼罗河的恐怖"将如同阴云一般萦绕在他们脑海，并且在他们日后与英军的交战中充满了未战先败的预感。对于拿破仑本人而言，这是与英国海军这支常胜海上力量第一次较量，虽然他从未能意识到海上行动的重要性，但英军那些高大威猛的战舰赢得了他长久的尊重，并将对此后拿破仑所经历的所有战役产生重大影响。

从战术角度而言，纳尔逊的这场胜利也因为解决了自正规/混战之争开始以来海战理论学者们一直未能解决的问题：如何在部分敌军当面集结优势兵力的同时牵制剩余部分。简而言之，如何维持战术集中。虽然布吕埃在舰队布置上的错误使得英军有机会对其舰队的前部和中部进行以多打少，不利的风向也使得法军后部纵队难以加入战斗，但纳尔逊对于战局的快速掌握和临机应变使得他理应得到这次胜利。在特拉法加的战场上，当他再度遭遇法军舰队时，虽然此次没有了风向和暗礁等有利条件，但他仍利用自己的决断和临机应变再度造就了辉煌。

相比起战术上的成果，此次海战的战略意义则更为深远。与其他所有的海上决战胜利一样，尼罗河海战也对后续的战局产生了有力影响。

第二次反法同盟

纳尔逊的胜利重新点燃了欧陆的战火。在得知拿破仑孤悬海外后，法国的敌国很快再度展开了攻势。小威廉·皮特也终于组建起了第二次反法同盟。英国及其盟友们没有浪费任何时间，立即利用地中海的制海权展开攻势。俄国-土耳其联军重新夺取了爱奥尼亚群岛（Ionian Islands）。一支由杰维斯从卡迪兹封锁舰队中抽调的分舰队则重新夺取了米诺卡岛。

1799年1月，俄国、土耳其、葡萄牙、教皇国和两西西里王国[1]加入英国的阵营，组建起新的反法同盟。一支奥地利-俄国联军在7月中旬攻入意大利，并将法军逐出了除热那亚以外的整个亚平宁半岛。在中欧，法军所面临的局面也愈发危急起来，反法同盟的兵力已经数倍于法军。而在国内，内战的威胁正不断加剧，督政府的威望已经降到了最低点。

在尼罗河海战后，纳尔逊以那不勒斯作为基地进行休整，在此处他得到了公众的欢迎。在接受驻该国大使威廉-汉密尔顿爵士（Sir William Hamilton）的热烈欢迎时，他却对汉密尔顿的夫人，艾玛（Emma）女士一见倾心，这段情史一直持续到纳尔逊生命的终结，且不仅让他的友人蒙羞，让他的婚姻破裂，还几乎毁掉了他的军旅生涯。

艾玛·汉密尔顿是玛利亚·卡罗莱纳（Maria Carolina）王后的密友，因此后者很快以两西西里王国王后之名将纳尔逊召见。当法国在吞并教皇国后兵锋威胁那不勒斯时，纳尔逊在他的旗舰上鼓励了那不勒斯王室，随后将王室成员与汉密尔顿夫妇一起载往两西西里的巴勒莫（Palermo）。由于纳尔逊此后在那不勒斯和巴勒莫两地奔波，他麾下的军官们时常认为这是艾玛·汉密尔顿的功劳。不过从另一方面上，纳尔逊也是考虑到了两西西里王国是皇家海军在地中海唯一能够得到支援的地方。

在海军上将基斯勋爵（Lord Keith）接替身体状况欠佳的杰维斯出任地中海舰队司令后，纳尔逊对此深感失望，他认为这份任命理应由他得到。当基斯命令纳尔逊指挥舰队以西西里岛东岸的锡拉库扎或其他港口为基地，执行封锁马耳他的任务时，二人的矛盾更为激化。正如纳尔逊所猜测的一样，基斯的命令也有着让这位战将远离汉密尔顿和两西西里王国王后影响的考量。

性格中杂糅了艺术家的敏感和战士的无畏的纳尔逊对于基斯的好意并不领情，他在接到命令后很快被沮丧和愤恨所击垮。由于身体状况一落千丈，他申请返回英格兰休养并得到了批准。他和汉密尔顿夫妇结伴，途经北意大利、奥地利和多个德意志邦

---

[1] 该王国控制了意大利南部和西西里岛。而亚平宁半岛的大部分则被那不勒斯王国控制。

国，最后于雅茅斯登岸回国，沿途受到热烈欢迎。英格兰的民众对于这位尼罗河上的英雄表现出了极大的热忱，但在上流社会，纳尔逊却因与汉密尔顿夫人的公开外遇而遭到了一定的冷遇。

1799年夏季，战事正朝着有利于反法同盟的方向推进，但就在对法国的战争胜利已经近在咫尺之时，同盟间的妒忌却让胜利与反法同盟失之交臂，妒忌引发猜疑，猜疑产生嫌隙，而嫌隙最终让战争功败垂成。当精神不正常、举止怪癖的保罗一世沙皇（Czar Paul）命令在意大利的俄军脱离与奥军的统一战线后，查理大公（Archducke Charles）也命令他麾下在瑞士作战的奥军与俄军拉开距离。在脱离战线的俄军再度完成集结之前，法军便将其击败，并同时重创了入侵荷兰的英俄联军，使后者被迫撤退并付出惨重代价。记下此仇的保罗一世随后退出了反法同盟并将他的大军召回俄罗斯。自此第二次反法同盟便江河日下。在意大利战场的所有战线上，法军都挡住了敌人的攻势。

也正是此时，让法兰西重拾已经失去的威严的拿破仑王者归来。1799年8月9日，在地中海沿岸的弗雷瑞斯（Frejús），拿破仑·波拿巴重新踏上了法国的土地。

拿破仑不顾滞留在埃及的法国陆军，随一支由2艘快速的护航舰和2艘轻型舰艇组成的小舰队从亚历山大港出发，由于英军侦察力量不足，因此未能察觉拿破仑的离去。

在抵达巴黎后，拿破仑发现自己已经成了法国的风云人物。他那令人钦羡的好运让他正好在最恰当的时机返回国内。此时的法兰西已经不再遭受严重的威胁，但大多数的法国国民却并不认为危机已经过去。他们认为正是督政府抛弃了拿破仑在1797年那为法国赢得和平的伟大胜利，让法国再度卷入一场灾难性的战争当中。

在胞弟吕西安·波拿巴（Lucien Bonaparte）的帮助下，拿破仑制订了一系列法令，为他发动政变扫清了道路。已经经历了长达10年的漫长动荡的法国民众非常乐于接受一名强大的执政者。在他起草的新宪法中，他将成为拥有超然权力的国家元首。1799年12月15日，法国全民投票以压倒性多数通过，时年30岁的拿破仑加身共和国第一执政领袖（First Consul），成为法兰西实质上的独裁者。

为了在已经厌倦战争的法国民众当中树立起爱好和平的形象，拿破仑向英国和奥地利提出停战和谈，当然他知道两国肯定会拒绝。与此同时，在他掌控下的报纸开始宣传法国的主动求和被拒绝，随即非常成功地激起了法国全民的愤慨。此时的法国海陆军已经处于拿破仑的直接指挥下，到次年春天，他认为法国已经做好了军事解决反法联盟剩余国家的准备。

拿破仑选择最容易进攻的奥地利作为第一个打击目标。1800年5月，他指挥大军翻越阿尔卑斯山，法军士兵们拖曳着火炮冒着风雪穿过了地势险要的大圣伯纳德山口（Great St.Bernard Pass）突然出现在意大利境内。被突如其来的法军切断了补给线的奥军主力被迫放弃在法意边境构筑的坚固工事，急速向东开进。但仓促行动的奥军在6月中旬的马伦戈战役（Battle of Marengo）中被拿破仑的军队所彻底击败。6个月后，由让·维克多·莫罗（Jean Victor Moreau）将军指挥的法军在德意志的霍亨林登（Hohenlinden）对奥军取得决定性胜利，奥地利被迫接受《吕内维尔和约》（Peace of Lunéville），第二次反法联盟就此土崩瓦解。

哥本哈根海战前夕

为了应对强大的英国海上力量，拿破仑另辟蹊径，在波罗的海掀起波澜。法国一面利用虚荣心将昏庸的保罗一世沙皇迷惑，一面以经济利益拉拢瑞典和丹麦，拿破仑借此逐渐与几国交好，四国与普鲁士共同组成了新的"北方武装中立同盟"。组建这一同盟的目的，是将英国排除在环波罗的海海上贸易之内，并通过向英国禁运桅杆、桁杆所用的船材以及其他重要的海军物资瓦解英军的战斗力。面对刻不容缓的局势，英国政府立即做出反应，在雅茅斯集结起一支强大的舰队准备投入波罗的海的行动。

1801年2月，时年62岁的海军上将海德·帕克勋爵（Sir Hyde Parker）在雅茅斯就任舰队司令，虽然帕克资历深厚，但缺乏战斗经验。海军部选择帕克作为指挥官，主要是认为可以通过交涉手段让丹麦屈服，无需舰队投入战斗。获封尼罗河男爵（Baron Nelson of the Nile）的纳尔逊被海军部指派为副手，显然英军高层也认为这位能征善战的舰队司令可以应付必要的作战行动。考虑到纳尔逊此前对指挥能力不如自己的上级的不逊态度，这项任命让各方都不禁担忧两位将军能否相处融洽。不过即便双方剑拔弩张，纳尔逊还是想方设法试图说服这位比自己年长20岁的上级军官在战时由自己接替指挥，而这正是此后发生的状况。

在任命下达之初，两人的上下级关系非常紧张。当纳尔逊因行动推迟而心急如焚之时，帕克却命令舰队在锚地内平静游荡，直接无视了自己的副指挥官。如果波罗的海沿岸港口的海冰融化，那么北方武装中立同盟的舰队就可以合兵一处，因此英军实际上没有时间可以浪费。最终，比绝大多数人更深知时间的重要性的纳尔逊向刚刚接任海军的圣文森特伯爵（约翰·杰维斯）示意施压。英军舰队随即在3月12日迅速出航，而此时两位舰队司令间的关系依旧远谈不上融洽。

1801年3月19日，拥有23艘战列舰的英军舰队抵达斯卡角（Skaw）外海，此时帕克的司令旗飘扬在98炮战列舰"伦敦"号上，而纳尔逊则搭乘98炮战列舰"圣乔治"号（St.George）。除了这两艘三层炮甲板的朦艟巨兽外，舰队中还包括14艘74炮战列舰，5艘64炮战列舰，一艘50炮战列舰，此外还伴随有11艘护航舰和23艘小型舰艇。帕克派遣一艘护航舰搭载着英国全权代表尼古拉斯·范斯塔特（Nicholas Vansittart）向丹麦人下达最后通牒，要求对方立即退出中立联盟。英军主力舰队在后方缓慢跟随，而此举则让纳尔逊恼火不已。他希望用被称为"全欧洲最优秀的谈判代表"的战列舰让最后通牒更具威胁性，同时也能让舰队在丹麦人加强防御之前陈兵港外。但帕克却对此无动于衷，英军于3月20日在泽兰岛（Island of Zealand）以北海域下锚，等待范斯塔特的回报。英国全权代表于3月23日带来了丹麦人的拒绝，帕克随即召见纳尔逊，对他说道："现在我们肯定有仗要打了。"纳尔逊在写给汉密尔顿夫人的信中写道，"我正是为此而来。"

在登上"伦敦"号后，纳尔逊发现作战会议的与会者们都一脸阴霾。这是由于根据范斯塔特的回报，丹麦人的防御远比想象中的顽强。大多数与会者们都认为应当等待与波罗的海舰队会合后再发起战斗。但纳尔逊认为此举愚蠢到了极点，这只会使得波罗的海国家封锁对英贸易，并使得敌人拥有主动权，可以随时发起进攻。意图打击联盟中坚力量俄罗斯的纳尔逊则提出让舰队从泽兰以南进入地中海，经由大贝尔特海峡（Great Belt），赶在融冰之前直捣停泊于内瓦尔（Neval）的俄军主力舰队，在俄军舰队退入设防严密的喀琅施塔德（Kronstadt）前将其歼灭。这一充满"纳尔逊色彩"的迂回攻击战术能够出敌不意攻击设防最薄弱的区域。如果此举付诸实施，英军将能够彻底击败中立同盟舰队。

对于毫无想象力的帕克而言，纳尔逊的这份计划太过大胆，因此纳尔逊也退而求其次，提出对哥本哈根发动一场进攻。根据范斯塔特的汇报，该城防御工事主要朝向北面，海港入口由火力强大的特勒克荣恩（Trekroner）炮台所保护。纳尔逊因此推荐从南面向该城发起进攻。凭借自己的口才，他热忱的演讲打动了作战会议的成员，并使得他们最终接纳了自己的计划。

帕克最初意图绕经泽兰西面后从南侧逼近哥本哈根，但在得知大贝尔特海峡航线距离更短后，帕克鼓起勇气决定穿越这条位于泽兰与瑞典之间的狭窄巷道。他指挥舰队于1801年3月30日完成了穿越，期间舰队沿东岸航行以避开丹麦炮台的火力，随后在哥本哈根东北5英里处的桑德（Sound）水域下锚。随后纳尔逊带领一支小艇分队前去侦察丹麦军队的防御部署。

位于特勒克荣恩炮台东面的桑德水域被中央沙洲（Middle Ground Shoal）分割为两条南北方向的水道。在西侧水道——即国王海峡（King's Channel），丹麦人布置了一整排的阻塞船以封闭从南面接近城市的航道。这些阻塞船既包括10艘拆除了桅杆的战舰，也包括10艘排水量更轻的浮动炮台。所有的炮台都配备有强大的大炮，而装备有更强大火力的无桅杆战舰则均匀分布在浮动炮台之间。在距离海岸一段距离的位置上，丹麦人还布置了更多的炮兵阵地。通过实地侦察，纳尔逊更加确信了英军应当从南面对城市发起进攻，但英军不能冒着特勒克荣恩炮台的大炮直冲过去，用他自己的话说，那样做无异于"试图抓住牛角来降服一头公牛"；他提出经由国王海峡穿过那些封锁船进入城市。他在当天晚上登上"伦敦"号后向第二次作战会议阐述了自己的想法。

在船上，纳尔逊发现在自己离开后悲观主义的氛围再度在与会者中蔓延开，但随着他的归来，参会的军官们重新鼓起了斗志。他力主从由10艘体型更小型的丹麦战舰组成的阻塞线南端发起攻击，且纳尔逊主动请缨担任这支突击队伍的指挥。与此同时帕克指挥的舰队剩余部分则将装作准备向哥本哈根城北发动攻击，从而使得丹麦军队无法增援南部的防御。一旦阻塞船被击沉，双桅炮击艇便能够部署就位，对城内发动炮击。帕克接受了纳尔逊的计划，为了展现出自己的大度，他将12艘，而不是纳尔逊所请求的10艘战列舰交予后者指挥。

纳尔逊将自己的将旗从"圣乔治"号转移到了吃水更浅的74炮战列舰"大象"号（Elephant）上。纳尔逊此次在战前进行了最为周密的准备。在向东南将舰队不知道位于阻塞线下端阵位的过程中，他一直争分夺秒地熟悉着自己的计划。在作战命令中，他列出了敌方的20艘战舰，并估测了每艘敌舰上搭载的火炮数量。他为自己麾下的每艘战舰都指定了一艘或者更多的丹麦战舰作为目标。由于阻塞船得到了强大的岸防炮台的掩护，且在水深极浅的暗礁水域艏艉下锚，纳尔逊并不准备像尼罗河海战中一样夹击对手。同时纳尔逊也不奢望于在丹军阻塞线南端密集集结以换取火力优势，这是由于丹麦军舰可以利用锚链调整船只角度实现对英军的集火攻击。为避免这一情况发生，纳尔逊要求舰队同时与敌方整条阻塞线接战，凭借猛烈的火力击垮敌军。根据自己的计划，纳尔逊让自己的战列线拥有与相对应位置丹麦军舰相当或者更强大的舰炮火力。除了战列舰编队外，由爱德华·里奥（Edward Riou）上校指挥的英军护航舰将在阻塞线左翼佯动，而由帕克指挥的舰队则威慑哥本哈根城的同时作为机动预备队。

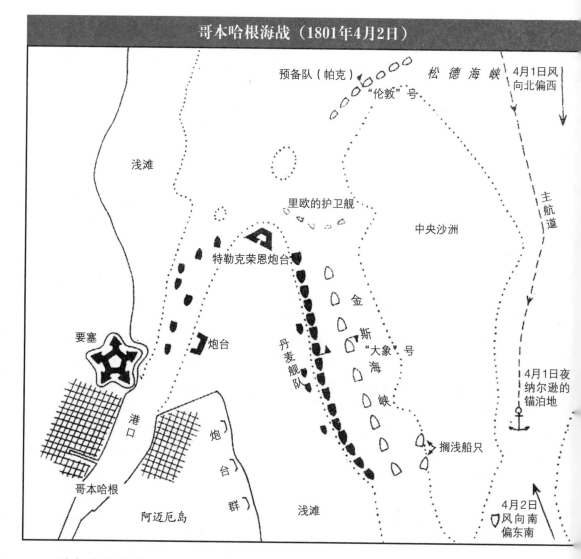

哥本哈根海战，1801年4月2日

1801年4月1日夜间，万事俱备，风向也如纳尔逊所愿的变为南—东南。早上7时30分，他召集舰长们进行了最后一次会商。4月2日9时45分至10时15分，所有战舰陆续起航并编组为间距仅300码左右的密集战列线编队。就在舰队即将接战之际，来自当地的波罗的海引水员因为惧怕将要飞来的炮火而拒绝继续搭乘战舰。随后舰队的一名操舵长自告奋勇带领编队继续前进；不过在此期间英军编队已经出现混乱，有两艘英军战舰开始原地打转。第3艘战列舰也发现无法驶过中央沙洲。这使得纳尔逊的战舰数量直接减少了四分之一，也使得原有的舰炮数量6：5的优势转变为5：5.5的劣势。不过不为所动的英军秉持着战斗传统继续静默向前，投入战斗。在北侧，帕克的舰队因逆风而寸步难行，不过里奥的护航舰编队顺利进入了位于特勒克荣恩炮台东北方向的阵位，并用炮火痛击了最北端的丹麦战舰。

3艘战列舰的脱队使得纳尔逊必须在最后关头对计划进行调整。此时英军战列以"埃德加"号（Edgar）为领舰，每艘战舰都在驶过前一艘之后下锚泊定。这种布局使得英军没有战舰会受到敌军阻塞线的集火攻击，像尼罗河海战时一样，双方战舰都从一开始就处于捉对厮杀的状态。此次战斗由丹麦方先行开火，双方的交战在11时30分达到高潮，并在之后持续着较小规模直至下午2时。"此次战斗，"纳尔逊写道，"没有实行机动：这是一场一贯到底的厮杀。"

在"伦敦"号甲板上目睹双方惨烈厮杀的帕克愈发忧心忡忡，他随后与该舰舰长奥特维（Otway）上校商议是否下达撤出战斗的命令。奥特维坚决反对任何类似举动，并提出在做出决定前由他亲自驾驶小船前去征询纳尔逊的意见。帕克同意了奥特维的提议，不过就在奥特维尚未抵达"大象"号前，帕克在1时30分就挂出了"退出战斗"的旗语命令。纳尔逊最初装作并未意识到这一命令，随后他一面不情愿地回复了收到命令，一面询问编队内舰艇是否仍在与敌军进行近距离交战。在确认战斗正在继续后，纳尔逊将他的望远镜凑到了自己的盲眼上，一面告诉"大象"号的舰长，"你知道的，福利，我只有一只眼睛——所以我可以在有些时候装作自己是个瞎子。就比如现在，我就真的没有看到信号旗。"纳尔逊的战列线内，没有战舰示意接收或者遵守帕克的旗语命令。在北面，里奥作为一名半配属（Semi-Detached）的指挥官，怀着愧意选择遵守命令撤退，他在当时曾说道，"纳尔逊将如何看待我们？"不久之后，一枚飞来的（丹麦）实心加农炮弹将他打成了两截。

当时的战况下，纳尔逊的确应该装聋作哑。此时的风向不允许纳尔逊的编队原路撤退，而如果想要向前，就必须经过整条丹麦阻塞线和特勒克荣恩炮台，在敌军的猛烈火力下，此举怎么看都太过于危险。对于此时的纳尔逊编队而言，胜利，是他们唯一的出路。

下午2时前后，丹麦方面的火力开始减弱，纳尔逊随之向岸上下达了最后通牒："致英格兰人民的兄弟——丹麦人民。如果你们停止抵抗，纳尔逊阁下将放过丹麦军人；而如果你们继续开火，我军将焚毁已经夺下的浮动炮台，守卫这些炮台的勇敢丹麦军人的性命也将不保。"为了让这份照会充满分量，纳尔逊用自己的印章蜡封，而非用胶封合上信封——以免暴露出准备匆忙的迹象。虽然实际上丹麦人面临的局面并不如他在最后通牒中声称的那样绝望，但纳尔逊的虚张声势却见效了，这或许是因为丹麦人刚刚接到了保罗一世沙皇被刺杀的消息，并认识到俄国很快会退出武装中立同盟。在停火后，丹麦人同意为英军舰队提供14周的给养，在此期间丹麦也将不会对战舰进行出海准备。此外丹麦也同意退出武装中立同盟。

纳尔逊鼓动帕克立即对停泊在内瓦尔的俄军战舰发起攻击。他甚至提出率领一支小分队引诱俄军和瑞典舰队。但此时的帕克已经耗尽了仅存的进取心，只想着留在原地等待来自英格兰的进一步命令。

失望至极的纳尔逊提出辞呈要求回国。帕克非常乐意地应允了他的请求，从而踢走了这个总是提出令他不爽要求的下属。这场战斗之后，5月5日，新到达的命令却让两位舰队司令都无比震惊——帕克被召回英格兰，而纳尔逊则升任波罗的海舰队司令。

5月6日，纳尔逊率领舰队出发前往内瓦尔。但帕克的拖延使得他失去了战机。海冰在3天前已经融化，而俄国舰队已经安然抵达了喀琅施塔德。

《亚眠和约》

虽然纳尔逊由于出航太晚未能歼灭俄军舰队，但这对于局势并无大碍。随着新沙皇亚历山大一世（Alexander I）的继位，俄国的倾向发生了转变，武装中立同盟也就此瓦解。当纳尔逊的舰队抵达内瓦尔时，他受到了欢迎，并被俄国人称为"年轻的苏沃洛夫"，在回到英格兰之后，他再度成为风云人物，并因此战的功绩被加封为纳尔逊子爵。

随着武装中立同盟的解体，英国再度对拿破仑进行封锁。此时的法国已经失去了主动权，且英国的海上力量有增无减。在开战时英国皇家海军拥有15000名士兵；而到了1801年年底时，英军战舰上已经有133000名水兵。皇家海军的战舰数量从135艘增加至202艘，护航舰数量也从133艘增加至277艘。与此同时，法国海军的战舰数量减少了50%，且残存的战舰中几乎没有适宜出海航行的。这场战争对两国的经济形势也产生了严重的影响。英格兰有大量民众陷入贫困，几乎所有人都已经无心再战，且继续战争也难以取得最终胜利,由亨利·阿丁顿(Henry Addington)牵头的新内阁也有意达成和平协议。

出于其他的原因,拿破仑同样急切地希望和谈。他希望在谈判桌上赢得在战场上无法赢得的东西。正因如此,当英国秘密提出媾和的消息到达他的案头时,拿破仑立即接受了和谈。作为一名绝佳的谈判高手,拿破仑在戳中对手弱点的同时掩藏自己的短处——他在外交领域如同指挥军队一样上手。在于1801年10月1日达成初步协定后,英国开始快速解除武装。在随后的谈判中,拿破仑却又推翻了此前的口头协定。由于过于快速地解除了武装,此时的英国已经没有了能够作为讨价还价筹码的武力,必须放弃许多通过艰难战斗才夺取的海外土地。明眼人或许会嘲弄这"庸人眼中的和平",拿破仑则一面微笑着一面扼杀着这些"耶利米"们的声音。而此时的英国人也不顾"先祖对战争的预言",只是憧憬着即将到来的和平。

第8章

法兰西帝国战争

英国人于1802年春天欣然签订了《亚眠和约》，从而结束了与法国为期9年的战争。不过形势很快证明，与英国的和平对于拿破仑而言只是进一步整合法国内部的一个机会。此时的法国陆军仍然军容强盛，而法国的船坞也在加班加点。法军不仅驻扎在荷兰，而且广泛插手了德意志各邦国的事务，此外法军还入侵了瑞士，并吞并了皮埃蒙特（Piedmount）地区。

虽然英国对法国这些违反和约的行径进行了公开警告，但拿破仑依旧我行我素。随后虽然法国又重新取回了米诺卡岛，但他们却失去了在地中海仅存的基地马耳他。拿破仑曾以开战为威胁虚张声势，但在1803年5月18日，英国人用对法国的正式宣战回应了他的威吓。

战争爆发之初，阿丁顿内阁对于这场新的较量并没有一个明确的战争目标。阿丁顿以谋求和平上台，而当局势的发展使得战争再度降临时，该届政府直接阵脚大乱。不过即便如此，阿丁顿还是下达了每一届战时内阁都会做的事情：命令皇家海军对于法国的沿海港口实施封锁。在英国宣战时，英军有5艘战列舰正在经验老到的海军中将威廉·康沃利斯勋爵（Sir William Cornwallis）的指挥下扬帆出海。3天后，他们抵达了在韦桑岛外海的传统封锁阵位。同样是在5月18日，基斯在诺尔港升起了自己的司令旗，当夜，纳尔逊在朴茨茅斯（Portsmouth）登上"胜利"号，并随即接手指挥重新组建的英军地中海舰队。

拿破仑的登陆计划

由于英国的再度宣战，拿破仑终于下定决心对英格兰发动入侵。但是如果想给予英国致命一击，法军必须要跨过英吉利海峡。"他们想要我们跳到那条沟（指英吉利海峡）里，那我们就跨过去！"拿破仑发出了如此豪言壮语。

在拿破仑的命令下，每一座沿英吉利海峡的法国港口内造船厂都在加班加点，许多内陆城镇的船坞也一片忙碌，为登陆舰队加紧建造2000艘船只。法军的运输船注重装载能力而轻视适航性能，因此普遍采用平底设计，这导致其在潮涌中几乎无法操纵。声势浩大的准备活动使得英格兰时刻提防着拿破仑的登陆行动，但夏去秋来，寒冬已至，法军却仍迟迟不见踪影。

多个方面的问题导致法军的计划无法实施。一方面，作为集结和装载地域的布伦（Boulogne）港需要疏浚和扩建。这一工程耗费了大量的时间和人力物力，但最终也无法让整个登陆舰队集结和装载完毕。从第一波船团出航到第二波船团出航的间隔长达12小时，而这样漫长的间隔足以让英军舰队在航渡途中截击并歼灭法军士兵的运输船团。

但与此同时，被拿破仑的登陆威胁吓破胆的阿丁顿政府完全没有制定任何进攻计划，而是将人力物力投入到阻拦登岸的法国陆军的计划中。此外当时的英国政府还欠缺考虑地大量征召义勇军（volunteers），此举的后果就是榨干了常备正规陆军的人力资源。在发现阿丁顿内阁所制定的政策根本无法带领英国走向胜利后，小威廉·皮特在下院发起了对政府的猛烈批评。在阿丁顿黯然下台后，英王于1804年5月7日任命小威廉·皮特再度出任首相。就在皮特就任当天，拿破仑加冕法兰西帝国皇帝。

在整个1804年的夏天，小威廉都在着力建立一个新的反对拿破仑的联盟。到11月，俄国和奥地利已经同意与英国缔约成立第三次反法联盟，这个联盟以俄国为领导者，英国负责提供资金支持。该联盟坚持要求法国将军队撤出意大利、德意志地区和荷兰。为了响应俄国的请求，小威廉开始准备将一支陆军部队送往该区域。

由于从加勒比海返回欧陆的法国舰船进入中立的西班牙港口费罗尔（Ferrol）避难，英军战舰也对该港口进行了封锁。在西班牙站在法国一边加入战争后，英军的封锁延伸至卡迪兹和卡塔纳赫。由此，英军的战舰对于法军在海上的一举一动都进行了掌握。用马汉的话来说就是，"法兰西的无敌陆军（grand army）从来未曾正视过那些航行在遥远海域、被风暴所拍打洗刷的战舰，但正是它们让法国与对全世界的统治权失之交臂。"

拿破仑知道他不可能单凭那些平底驳船横跨英吉利海峡。因此他也着力于在英吉利海峡驱逐或者歼灭执行封锁任务的英军舰队。但这类跨海峡的任务最大困难是，即便法国和西班牙的战舰侥幸从英军封锁舰队手中逃脱并集结起来，这支舰队的指挥官也很容易重蹈梅迪纳·西多尼亚在216年前的覆辙——因忙于保护自身舰队安全而无暇顾及运输船团。

知道事不可为的拿破仑将目光放到了英国的海外领地上，他命令负责指挥罗什福尔舰队的海军上将米西西公爵[1]（Comte de Missiessy）和负责指挥土伦舰队的皮埃尔·维尔纳夫海军上将（尼罗河海战的败军之将）出动袭击英国的海外殖民地和在西印度群岛的航运。1805年1月，趁着由托马斯·格拉夫斯勋爵指挥的英军罗什福尔封锁舰队短暂离去的时候，米西西公爵指挥着5艘战列舰和5艘护航舰出发驶往马提尼克岛。维尔纳夫虽然也试图从土伦出发，但被坏天气赶回了港内。

米西西公爵的舰队抵达西印度群岛后，拿破仑那敏捷的大脑又产生了一个新的登陆行动规划。他提出了被他称为"大计划"（Grand Design）的方案，该计划包括以下几个步骤。首先，维尔纳夫指挥的舰队从土伦突围成功，然后向西前进，解救被困在卡塔纳赫的西班牙舰队。其次，两支舰队合兵一处，通过直布罗陀海峡后解救由费德里科·格拉维纳（Fedrico Gravina）海军中将指挥的卡迪兹分舰队。然后，指挥着这支舰队的维尔纳夫出发前往西印度群岛与米西西公爵会合，并在此处等待40天，直到布雷斯特舰队赶到会合。在完成全部5支舰队的集结后，这支大舰队会再度横渡大西洋返回英吉利海峡沿岸掩护登陆船团。拿破仑的这个计划中预计英军在接到殖民地告警后一定会放弃防守欧洲水域，急速赶来保卫海外领土。

在"大计划"中，法军在很多方面都存在难以使之实现的问题，但最大弱点还是这份计划中法军未能认识到英吉利海峡是英国的战略中心所在，无论在其他方向做出什么样的布置，英军都不可能放弃对该水域的绝对控制权。

纳尔逊追击维尔纳夫

执行"大计划"的命令从巴黎发出，送往相关的各位指挥官处，法军的战争机器也就此开动了起来。由于纳尔逊有意放松了封锁，维尔纳夫趁机带领11艘战列舰于

---

[1] 本名埃杜阿尔·托马斯·伯格斯（Édouard Thomas Burgues）。

1805年3月30日从土伦出发。

此时的纳尔逊由于缺乏担负侦察任务的护航舰而对敌军动向处于"两眼一抹黑"的状态。他无法确定维尔纳夫的舰队到底是向西还是会向东。他被赋予的任务是保卫地中海地区的基地,而他也很清楚此时最容易受到攻击的位置都处于土伦以东、那不勒斯、马耳他和埃及。此外,纳尔逊也知悉小威廉·皮特计划在地中海中部所发起的行动。出于以上原因,纳尔逊的主力舰队停泊在乌斯蒂卡(Ustica)岛外海,此处可以同时把守墨西拿海峡和西西里水道的入口。

与此同时维尔纳夫却在大步向西。4月7日,该舰队抵达了卡塔纳赫外海。他向港内的西班牙战舰发出旗语要求与其会合,但此时这些西军战舰并未做好出发准备。考虑到纳尔逊不可能让他有机会在此等待太长时间,法军舰队于次日穿过直布罗陀海峡后,绕过特拉法加角向卡迪兹驶去。维尔纳夫在此处得到了由格拉维纳指挥的8艘西班牙战舰。法西舰队在当夜起航前往西印度群岛。与此同时,米西西伯爵所指挥的罗什福尔分舰队却误以为维尔纳夫已经放弃了西印度群岛作战行动而开始向法国返航。从此刻开始,"大计划"就开始错漏百出。

维尔纳夫穿过直布罗陀海峡的行动也没能逃过英军的眼睛。驻守此地的海军上将约翰·奥德爵士(Sir John Orde)在得知此消息后不顾兵力的严重劣势,立刻出发向英吉利海峡方向驶去,以警告布雷斯特封锁舰队和海军部。在经过卡迪兹时,他发现港内已经空无一物。此时维尔纳尔和格拉维纳的舰队已经进入大西洋,脱离了英军的视线。

从直布罗陀到伦敦,失去维尔纳夫舰队踪影的消息立即掀起轩然大波。此时正搭载着由詹姆斯·克莱格将军(Sir James Craig)指挥的6000名英军,向南赶往马耳他的运输船队登时令人忧心忡忡,这些被派入地中海的部队是俄国加入第三次反法同盟的条件,该船队此时却很容易就会成为行踪不明的法军舰队的猎物。与此同时,英国海军部也发生了人事震动——78岁高龄的前海军军官,海军上将巴勒姆(Barham)勋爵入主海军大臣办公室。这位新的海军一把手刚走马上任就火速签署了必要命令以保证克莱格船队的安全,以及在英吉利海峡维持足够的舰队力量,并向西印度群岛调集战舰以防维尔纳夫的舰队赶往此处。

此时的纳尔逊正在乌斯蒂卡附近海域的阵位上怒气大发。随着日子的一天天过去,越来越多的证据证明维尔纳夫的目的地是在西面而非东面。从4月10日起,纳尔逊开始指挥舰队逆着风向向西前进。当他在5月8日终于抵达直布罗陀时,他在得知克莱格的运兵船队躲入里斯本大感轻松，并分派出自己麾下的战舰为该船队护航。此后他从一艘由英格兰驶来的护航舰处得知维尔纳夫的舰队并没有向北进发。此时他终于可以确定法军舰队司令的目的地是西印度群岛。在落后敌军将近一个月的航程后，纳尔逊终于在5月11日率领舰队开始追击。

6月4日，在维尔纳夫的舰队抵达马提尼克岛21天之后，纳尔逊的舰队抵达了巴巴多斯群岛。在舰队指挥官的激励与催促下，英军舰队创造了24天横跨大西洋的纪录。根据先前命令准备袭击英属殖民地的维尔纳夫在率领舰队前往安提瓜时得知纳尔逊已经追赶而至。他当即将在西印度群岛与其他舰队集合的命令弃之不顾，率领舰队赶往费罗尔。

在纳尔逊得知维尔纳夫的舰队已经驶离西印度群岛后，他派出了快速的双桅横帆船"奇异"号（Curieux）带着"法西联合舰队正在向欧洲驶去"的警告火速赶回英格兰。6月13日，在西印度群岛度过一周多的时间后，纳尔逊率领舰队驶向直布罗陀。

颇为幸运的"奇异"号目击了航行中的维尔纳夫舰队，并从其位置推断出目的地为费罗尔。随后"奇异"号快马加鞭赶回普利茅斯告警。在得知这一情报后，巴勒姆勋爵立即发出警告并派遣由8艘战列舰增援罗伯特·考尔德爵士（Sir Robert Calder）指挥的费罗尔封锁舰队。双方的遭遇战很快到来。7月22日，在浓雾中，考尔德看到了一支向西航行的奇怪舰队，让纳尔逊不惜往返大西洋苦苦追寻的战机就这样拱手出现在他面前。

虽然双方舰队在中午就完成了目视接触，但在随后的近两个小时中双方却并没有做出更多动作。随后，维尔纳夫将舰队展开了一条连贯战列线。考尔德则准备将舰队布置在费罗尔与敌军舰队之间，并意图将舰队集中在法西舰队的中后部；与即将到来的特拉法加海战中的纳尔逊不同的是，考尔德的计划中并没有对前方编队做出太多布置。就在考尔德下令发起攻击前，英军前部编队指挥官发现了敌军前方编队正趁着浓雾继续向费罗尔前进。为了切断敌军前往费罗尔的道路，他命令加速，并带领英军舰队保持与敌人齐头并进，从而使得这场战斗变成了传统的线列对战。并不想主动陷入混战的考尔德接受了这一局面。在浓雾中，双方炮手只能朝着对方炮口火光和声音的方向大致开火，夜幕的降临使得双方结束了战斗。此战中英军捕获了2艘西班牙战舰，但己方有一艘被打瘫失去行动能力。

此时无论是考尔德还是维尔纳夫都无意再战。随着天气转坏，法军舰队司令决定转移至比戈（Vigo，西班牙港口城市），并于7月28日驶入港内。在留下2艘损伤严重

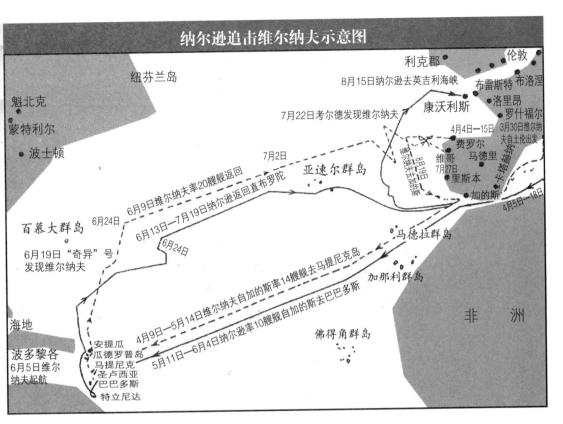

的战舰和1200名伤病员后，轻装上阵的维尔纳夫舰队沿西班牙海岸抵达了费罗尔，从而得到了14艘法军和西班牙战舰的加入。

在得知合兵一处的法西舰队已经抵达西班牙北部后，坐镇布伦的拿破仑认为发动跨海峡登陆行动的时机已经成熟。他向维尔纳夫下令，要求舰队快速赶往布雷斯特并解除康沃利斯对于布雷斯特舰队的封锁，随后两支舰队一道夺取英吉利海峡的控制权。拿破仑在新建中鼓舞维尔纳夫称："我寄希望于你对我的忠诚，你对祖国的热爱，和你对宿敌的愤恨，而哪怕你对于你的职责有些微懈怠，法兰西也将会重新，并且永远沦为小国。"在写给布雷斯特舰队司令，海军上将奥诺雷·冈托姆（Honoré Ganteaume）的信中，拿破仑又写道："这是我们最为重大的作战目标，因此我们将不得不用陆海军士兵们的生命来冒险。"

怀着对皇帝敕令的抱怨，维尔纳夫率领20艘战舰从费罗尔出发，正如此前数个世纪的战争中一样，英国皇家海军依然在英吉利海峡的入口处集结着重兵。在发现自己所封锁的港口空无一物后，考尔德的10艘战列舰解除了封锁并向布雷斯特封锁舰队靠拢。几个小时之后，来自罗什福尔封锁舰队的7艘战列舰也加入了布雷斯特封锁舰队。在直布罗陀得知西法联合舰队失去踪影的纳尔逊率领舰队向北航行，并带领12艘战舰加入布雷斯特的英军舰队，使得此时围困布雷斯特的英军战列舰数量多达39艘。而如此结果与拿破仑分散英军舰队兵力的企图背道而驰。

在驶出费罗尔后，维尔纳夫指挥舰队首先向西北航行，准备随后向西进入英吉利海峡入口。在两天漫不经心的航行后，当他将英军的每艘战舰纳入眼中时，庞大的英军舰队让他大惊失色。8月15日晚，维尔纳夫命令舰队立即改变航线，放弃进入英吉利海峡，转向卡迪兹。

康沃利斯已经猜到维尔纳夫绝不会正面冲入英吉利海峡，因此在8月16日他派遣考尔德带领18艘战列舰返回费罗尔，与此同时他命令坐镇"胜利"号的纳尔逊返回英格兰，从而给了这位已经在海上奔波两年之久的舰队司令一个短暂的上岸假期。

8月20日，维尔纳夫率领舰队驶入卡迪兹港。此举导致了拿破仑的整个"大计划"的彻底失败。最初对于该港口的封锁力量只有科林伍德的4艘战舰，而港内的维尔纳夫则拥有27艘战舰。但随着发现费罗尔港内空无一物，考尔德也率领舰队在8月27日在卡迪兹港外海与科林伍德会合。

此后的两天中拿破仑都始终忧心忡忡地留意着英吉利海峡的天气状况。随后他接到了海军部长寄来的信件，信中称维尔纳夫已经擅自率领舰队驶入了卡迪兹港。盛怒的拿破仑在行动的最后关头取消了登陆英国的计划。在此情况下，他只能退而求其次，转为执行另一个已经完成部分细节制订的计划。他那强大的法国陆军将不会跨过英吉利海峡，而是将向奥地利开进，通过陆战瓦解第三次反法同盟。当拿破仑收到维尔纳夫称他已经进入卡迪兹港内的报告时，他命令维尔纳夫将舰队开入地中海，并通过攻击那不勒斯策应即将发起的奥地利战役。同时，已经受够了维尔纳夫的软弱的拿破仑秘密派出弗朗西斯·罗斯利（François Rosily）上将接替维尔纳夫。

特拉法加海战，1805年10月21日

在拿破仑将目光转向奥地利的时候，纳尔逊则在伦敦辞别他的好友们，准备回到自己的指挥岗位上。1805年9月13日，在与自己深爱的艾玛道别后，他赶往斯皮特怀德，并在该岛得到了兴奋的大众们的欢迎。当他经过街道时，许多民众都热泪盈眶，

还有不少民众向他跪倒并为他祈福。当天下午，纳尔逊的将旗重新飘扬在"胜利"号上，该舰于次日上午在一艘护航舰的伴随下出港启程。在里斯本外海，纳尔逊通过护航舰向科林伍德下达命令，要求英军舰队对他的到来不要进行任何欢迎，他写道："我希望见到敌军（敢于）出海迎战。"由于他的命令，在9月28日"胜利"号加入科林伍德的舰队时，英军没有鸣响礼炮致意，也没有降下司令旗。

纳尔逊充满愧疚地带来了海军部的命令，以考尔德"未能尽全力打败敌人"为由让他返回英格兰接受军法审判。出于对同僚的大度与体贴，纳尔逊让考尔德乘坐他的旗舰，98炮战列舰"威尔士亲王"号（Prince of Wales）返回英格兰，但这也使得英军在战斗爆发的前夜有一艘三层炮甲板战列舰退出战斗序列。

在卡迪兹外海接过舰队指挥权后，纳尔逊的首要目的就是诱使维尔纳夫的舰队出海以寻机将其歼灭。为了完成这一目的，他采用和往常一样的手段，对卡迪兹港进行了外松内紧的封锁。警惕的英军护航舰部队一直在卡迪兹外海保持监视，而英军主力舰队则在港口西面一定距离的海面上巡航待命。

由于维尔纳夫手中可能有30~35艘战列舰，且认识到在维尔纳夫决心出港前必须经过长时间等待，纳尔逊安排手下的舰艇分批进行补给，而其他舰艇依然做好战斗准备。作为第一批前往补给的舰艇，由托马斯·路易斯（Thomas Louis）少将指挥的5艘战舰前往摩洛哥进行了整补。

由于没有机会像尼罗河海战那样在战前召集所有舰长进行会商讨论，纳尔逊将他的想法写到纸上作为指导。从这份《备忘录》的节选中，我们能够管窥纳尔逊的战术思想，并了解到他对于麾下同胞的信任。

> 在多变的风向和恶劣的天气下，将40艘战列舰组成的舰队投入线列作战是几乎不可能的，而即便实施这样的战斗，耗时漫长的交战也会白白浪费掉将敌人拖入战斗的机会，难以达成决定性的成果。
>
> 正因如此，我时常会考虑将航海队形用作战斗队形……
>
> 此外，接替我指挥战斗的军官都必须了解到，在接战前，他能够对整个战列线进行指挥，但在接战后，舰队指挥官的任务就是继续发起猛攻，直至敌舰被俘获或是击沉为止。
>
> 我方舰队必须集中两到三艘战舰攻击敌军旗舰，敌军旗舰可能位于其舰队的中央，或者后部位置……战斗中必须将一切事情交给运气；毕竟海战中

没有什么事情是注定的。战斗中炮弹既能够削断敌人桅杆和帆桁，也可能对友舰造成伤害，但我相信我们能在敌军前方舰队来得及增援后方分队前就取得胜利。

接替的指挥官必须尽全部可能地缩短我方战列线的间距，将间距压缩至条件所能允许的最小间隔。所有舰长必须留意自己在编队中的具体位置和集结点位置。即便无法看到或者理解旗舰所发出的旗语命令，下令让战舰与一艘敌舰并驾齐驱的舰长也不会铸成大错。

《备忘录》中所展现的进攻精神，对属下的信任，以及其简练有效的语言和对于胜利的坚定信念都使之值得一提。虽然这本小册子并不可能取代舰队司令对于战舰的指挥，但却为科林伍德留下主动精神。科林伍德曾回忆称："我的主动精神正是来自于他。"这份备忘录给了英军舰队的舰长们更大的战术灵活性以及在作战中的最大自主裁量权。

简单来说，纳尔逊将自己的舰队分为了3个分队，科林伍德的分队殿后，负责对敌军后方舰队发起主攻，纳尔逊则亲自指挥中路分队占领上风向位置，负责隔开敌军战列前部，并随之对敌军中部发起攻击，争取在敌军前部分队来得及赶回投入战斗前对敌军中部造成决定性打击，而第三分队则由8艘战列舰组成，负责在需要时进行支援。

1805年10月19日早上，负责近岸监视的护航舰发出旗语命令称，"敌军战舰正在出港。"纳尔逊渴望已久的战机终于到来。

在拿破仑的命令下，维尔纳夫出发前往那不勒斯。在两天前得知联合舰队的指挥官将会由罗斯利接任后，维尔纳夫的出发日期却比计划的提前了。与其因当场解职被当做懦夫，他更希望赶在被英军拦截前穿过直布罗陀海峡。如果联合舰队没有被拦截的话固然不错，但即便被英军所拦截，英勇战死对他而言也不失为一个不错的归宿。

当纳尔逊得知维尔纳夫舰队的动向后，他推测敌军的唯一目的便是通过直布罗陀海峡。10月20日夜，纳尔逊邀请多名军官候补生共进晚餐，并向他们允诺称明日将带给他们足够成为余生谈资的难忘经历。

此时法西联合舰队已经进入卡迪兹和特拉法加角之间的海域。出乎纳尔逊预料的是，维尔纳夫知道纳尔逊的舰队位于该海域。虽然这位法军舰队司令非常希望舰队在未经过战斗的情况下经过海峡，但此时他仍然决心继续接下来的行程。当夜，联军舰队一度停止前进，并做好了随时遭到"暴脾气的将军"（fougueux admiral，法国人给予纳尔逊的外号）麾下舰队袭击的准备。漆黑的夜色仿佛让维尔纳夫回到了尼罗河畔那个血与火交织的夜晚，在这样的黑暗中，他认为己方可能再度遭到类似的攻击，但当夜并没有状况发生。纳尔逊此时仍身处卡迪兹外海25英里处，他在天黑前指挥舰队向西南方向的开阔海域航行，为舰队留出足够的安全航行水域，同时他也在留意避免敌军舰队在他发起攻击前退回卡迪兹港内。

1805年10月21日破晓时分，海面波澜不惊，一阵西北—西方向的微风吹拂着水面。英军舰队此时位于特拉法加角以西约20英里的位置上。在第一缕阳光照亮海面的同时，严阵以待的英军瞭望员们也发现了在东面水天线上飘扬的白色船帆。早上6时刚过，纳尔逊就开始实施他的《备忘录》。由于此时路易斯上将所指挥的战舰仍然没有踪影，他取消了后备分队，并通过旗语命令己方的27艘战列舰组成向东的双路纵队。按照此前计划好的队形，纳尔逊所搭乘的"胜利"号引领着北路（上风向）纵队，而科林伍德则坐镇"君权"号（Royal Sovereign），负责指挥南路（下风向）纵队。

与此同时，认识到在抵达海峡前不免一战的维尔纳夫下令舰队集结，同时后队变前队转向，并组成战列线。在变换队形后，法西联合舰队变为了一条向北前进的单列战列线队形，由海军少将皮埃尔·杜马诺阿（Pierre Dumanoir）指挥的第3分舰队打头。由于让联军舰队退回卡迪兹港的命令来得太晚，最终联军已经没有办法避开这场遭遇战。参加此战的其中一名西军舰长在观察海面局势后合上了他的望远镜，大声疾呼"一切都完了！"（Perdidos！）

维尔纳夫的舰队完成转向时整条战列线呈现出轻微的弧度，变成了凹侧面对英军舰队。为了维持编队，联军舰队中航速较快的船不得不收起风帆等待航速较慢的友舰。这使得联军舰队在接下来接近两个小时的时间内几乎止步不前。与此同时，英军的两路纵队已经抵达了与联军战列线呈斜角的攻击位置并开始全速冲刺，为了加快速度，英军张开了包括副帆在内的所有风帆。

根据《备忘录》，科林伍德率队负责截断联军战列，他的纵队将楔入敌军从倒数起第12艘战列舰的前方，而纳尔逊则直扑此时敌军战列线前方纵队位置前两英里的预设位置。双方舰队的运动过程最终会让"胜利"号进入与"海王星"号（Neptuno，维尔纳夫此时的旗舰）可能相遇的航线上。

等待敌人发起攻击的法军和西班牙军承受着巨大的心理压力。联军无从得知英军

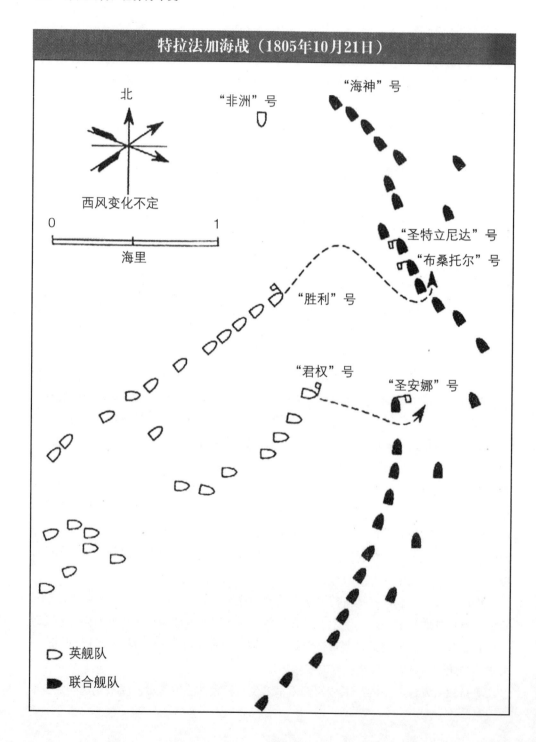

的重拳将落在何处。直至此时，按照纳尔逊保持的航线，联军前部纵队都是遭受纳尔逊12艘艨艟巨舰攻击的目标。但随着舵盘急转，纳尔逊却将矛头指向了维尔纳夫所在的中央舰队。而联军前方舰队则因为风力的轻微以及掉转航向所需的漫长航线无法及时投入战斗。

让自己的纵队同时担负两份职责是纳尔逊在此战中为最新颖的构想。在这片此前考尔德曾因未能当机立断而未能阻拦敌军前部纵队的战场上，纳尔逊凭借着对敌军心理的掌握和他对于敌军前部纵队形成的威胁，能够保证将敌军前部纵队逐出战斗，并在随后与科林伍德分别对敌军舰队的中部和后部发起打击。

随着太阳逐渐升高，英军以不可阻挡的步伐向联军舰队逼近。此时的两路英军纵队，黑色和黄色的舰体在如铅云一般的帆海下若隐若现，英军舰炮推出炮门，每门火炮都违反规定装填了两枚炮弹。由于当领舰接战时，纵队最后一艘战舰可能尚未进入射程，因此每个纵队的领舰都是排水量最大的战舰。纳尔逊亲率纵队的领舰便是他的旗舰"胜利"号，配备有100门火炮，后方跟随的"勇猛"号（Téméraire）和"海王星"号则各自配备有98门火炮。科林伍德的"君权"号同样是100炮的三层甲板一等战列舰，紧随其后的是98炮的"亲王"号（Prince）。为防不测，多名纳尔逊的幕僚恳求他不要带头冲入敌阵。纳尔逊默许了下属的请求，并下达旗语命令让"勇猛"号接替领舰。但当航速稍快的"勇猛"号开始超过"胜利"号时，纳尔逊却下令该舰退回第二位。

上午11时左右，预计战斗将在正午前后爆发的纳尔逊走下后甲板来到自己的船舱。在这里他为自己的遗嘱增添了一份附录，其中包括了一份祷告，这份祷告日后成为英国的宝贵遗产：

"愿我无比崇敬的上帝应许我为我的祖国，以及欧洲的福祉赢取一场伟大且光辉的胜利，愿此役中我没有不当之处让胜利蒙尘；愿此役后不列颠的舰队能以其人道而为人们所铭记。我将自己的一切奉献给知我造我的主，也愿他的光辉能够照耀着我为国尽忠。正是在主的指引下，我找到了自我，以及值得用生命守护的正义事业。"

在回到甲板上后，纳尔逊得知此时从战舰上已经能瞭望到特拉法加角。在11时35分，"胜利"号升起了那句著名的旗语命令："英格兰期望每个人尽到他的责任。（England expects every man will do his duty.）"这份旗语命令因为太长而只能分段发送，在最后一段信号旗被撤下后，"胜利"号挂出了"在更近的距离上对敌军发起攻击"的命令。

战斗一触即发，在正午前后，当"胜利"号仍然未将敌军纳入舰炮射程，且依旧在无情地向敌军前部编队前进的同时，科林伍德的纵队已经开始与敌军交战。与《备忘录》中所要求的分割联军编队后12艘战列舰所不同的是，科林伍德决定从敌军倒数第16艘战舰开始截断，使得他的15艘战列舰面临着以少打多的局面。但他却寄希望于英军更优越的驾船技术和炮术。事实证明，英军的这两项优势并未让他失望。纳尔逊对科林伍德的方案表示赞同，在看到科林伍德击败了并肩航行的"圣安娜"号（Santa Ana）后，他对左右挖苦道："看，我们可敬的科林伍德带领他的战舰打得不错。"

科林伍德的分舰队此时已经打破了纵队队形，展开成为一条朝向西南的弧形队形。由于此时敌军的战列后方也呈朝西南弯曲的弧形，双方的纵队几乎呈平行状态，这也使得科林伍德比此时仍保持着纵队队形的纳尔逊更早投入战斗。在15分钟内，科林伍德的8艘战舰冲破了联军的后方纵队，并随即与敌军展开激战。

此时法军和西军的编队似乎都已经失去了有效指挥。纳尔逊满意于自己编队的伴动使得维尔纳夫的中路纵队无法干扰科林伍德，而此时杜马诺阿的前部纵队也不可能干扰自己对维尔纳夫的攻击。他随即命令"胜利"号的舰长托马斯·哈迪转向，准备对维尔纳夫的旗舰"布桑托尔"号（Bucentaure）发起齐射。12时30分左右，"胜利"号调整舵位进一步迫近。当该舰从后方驶经"布桑托尔"号时，其猛烈的左舷齐射不仅造成了法军近百人的伤亡，也使得维尔纳夫惊慌失措。在"胜利"号的身后，紧跟着"勇猛"号、"海王星"号、"利维坦"号（Leviathan）、"征服者"号（Conqueror）、"布列塔尼亚"号（Britannia）、"阿贾克斯"号（Ajax）和"阿伽门农"号（Agamemnon）。

在成功带领舰队投入战斗后，纳尔逊与他的老朋友哈迪舰长安静地踱上"胜利"号的后甲板。如往常一样，纳尔逊在战斗中佩戴着自己所获得的全套勋章，这使得他成为一个极为显眼的目标。此时他的周围已经成为恐怖和毁灭的游乐场。鲜血流淌在白色的木制甲板上，顺着排水口汇聚成道道"溪流"。站在纳尔逊近旁的副官则被一枚实心加农炮弹直接命中身亡。"这场战斗太过激烈，"他评论道，"所以不会持续太久。"

就在他们在血腥的战场上继续散步的时候，哈迪突然发现自己身侧没有了纳尔逊的身影。直到转身他才看到，纳尔逊此时已经瘫倒在甲板上。"他们终于干掉我了，哈迪。"纳尔逊喁喁低语道。在被抬进船舱时，纳尔逊用他的手绢遮住了自己的脸庞和勋章，以免水兵们认出他导致在战斗中分心。在底舱，外科医生唯一能做的就是确认了纳尔逊已经瘫痪。一名藏身在法军"可畏"号（Redoutable）战列舰帆桁上的法军神射手击中了他，球形子弹从肩膀打入身体，击穿了他的肺部和脊椎，最后停留在背部的肌肉中。而仅在5分钟之后，维尔纳夫的旗舰"布桑托尔"号就向英军投降，此时尚在抢救中的纳尔逊还不知道他的对手已经放下武器。

在纳尔逊负伤后，在战斗继续进行的同时，被安放在底舱的纳尔逊仍然被持续告知着战斗的进展。下午2时刚过，中路的战斗就已经接近尾声，8艘法国和西班牙战列舰向英军投降。3时，科林伍德的分队也取得了对联军后卫分队的胜利，得知胜利消息的哈迪急忙冲向底舱，向已经奄奄一息的舰队司令报告胜利的消息。

"希望我军没有战舰被击沉。"得知胜利的纳尔逊说道。

"无须担心，大人，现在已经无须担心了。"

随后哈迪被唤回后甲板上，准备扑灭杜马诺阿的反击。后者凭借着超人的努力，借助船载划桨小艇的拖曳完成了前卫舰队的掉头。但仅经过了20分钟，联军的垂死挣扎就被挫败。此时哈迪再度来到底舱，向纳尔逊报告有14~15艘敌军战舰被击沉或俘虏。"真是不错，"纳尔逊气若游丝地说道，"但我已经赌了会歼灭20艘。"此时纳尔逊那天生的水手天性最后一次展现了身手，根据战舰的运动、风力的恢复、战舰受损和敌我位置等情况，以及对特拉法加角周围危险的浅滩的熟悉，纳尔逊下达了他最后的一道命令："下锚，哈迪，下锚！"[1] 自知大限将至，纳尔逊请求哈迪不要将他的尸体海葬，带着回光返照般的些许童稚脾性，纳尔逊要求哈迪亲吻。之后他以细不可闻的微声说道："感谢上帝，我已经完成了自己的使命。上帝与祖国。"一刻钟后，纳尔逊与世长辞。

也正是此时，带领4艘残存战舰的杜马诺阿和带领10艘战舰、斗志遭到重挫的格拉维纳都脱离了战斗，将其他友舰拱手送作英军的俘虏。特拉法加海战就此告一段落。

---

[1] 科林伍德并没有很好地执行这道命令，这导致英军的所有战利品中只有5艘没有在战斗结束后的大风暴中沉没。

拿破仑的大陆封锁体系

纳尔逊的胜利终结了拿破仑对英格兰的入侵威胁。特拉法加的胜利也就此使得拿破仑失去了依托海上发动战役的能力，此后他的所有主要战役都是在陆地上发起。在失去了海军的保护后，法国的海外贸易已经名存实亡，而英国的海外贸易则可以自由扩张。此时的英国可以通过海上主动进行力量投射，在欧洲大陆沿岸法国设防薄弱处发动突袭。

而拿破仑也并非全无招架之功，他希望通过将整个欧洲大陆以及大陆内的所有贸易纳入自己的掌控让自己立于不败之地，并摧毁英国的经济。在特拉法加海战结束一个月后，他的强大陆军在奥斯特里茨（Asuerlitz）打垮了俄罗斯和奥地利的联军，并就此瓦解了第三次反法联盟。随后拿破仑又开始征服意大利南部，并在此期间击溃了普鲁士军队，同时再度击败俄军。但在胜利之后，拿破仑并未让沙皇臣服，而是通过《提尔希特和约》（Treaty of Tilsit）将对方拉入自己的阵营，并由此开始了俄法对欧洲的瓜分。拿破仑还要求普鲁士、奥地利、丹麦和葡萄牙与法国结成同盟。

1806年11月，拿破仑发布了《柏林敕令》（Berlin Decree），要求整个大陆封锁体系（continental system）将英国排除出欧洲大陆市场。这份敕令宣布了对英伦三岛进行封锁，同时在体系内的所有港口都禁止英国船只进入，并查扣原产自英国的所有货物。由于拿破仑并没有一支能够在海上实施封锁的舰队，这份敕令违反了国际法的通行准则。

为了应对这场新型经济战争，英国一方面通过枢密令宣布对所有法国控制的港口进行禁运，同时要求中立国的贸易货物只有在先行运抵英国港口并付清关税、认购贸易许可证后才能发往目的地。通过这样的布局，这场经济战争反而让英国从中获利。

拿破仑通过《柏林敕令》在经济上拖垮英伦三岛的企图最后被证明是徒劳的。这份敕令使得欧洲大陆走私横行。即便是法兰西帝国的皇帝，也需要用产自英国的大衣和军靴配发自己的士兵。不愿撤销禁运的拿破仑还是在1807年12月签署了《米兰敕令》（Milan Decree），宣布中立商船服从英国枢密令并向英国缴纳关税是违法行为。所有触犯敕令的商船都会成为拿破仑麾下规模愈发膨胀的私掠舰队的合法猎物。大陆封锁体系已经变成了一场持久战，一场欧洲大陆通过实施经济孤立来摧毁英国的长期较量。

英国的产品开始挤压在不列颠岛的仓库内，许多英国的商人也倒闭破产，但新开辟的海外市场却使得英国逃脱了国家破产的命运。随着时间的推移，从亚洲、澳大利亚、新西兰、南美洲和加勒比地区等新兴市场赚取的利润不仅抵消了断绝与欧洲大陆贸易所带来的损失，还略有提升。从长远角度看，拿破仑的封锁行动实际上却促进了英国的繁荣。

另一方面，大陆封锁体系却对拿破仑造成了严重的损害。欧陆国家与英国相配套的经济产业因与英国的贸易断绝而遭到重创。虽然拿破仑自称人权保护者，但他那无情的敕令却使得人民失去了生活的来源。拿破仑对封锁英国的坚持最终导致了法国与伊比利亚半岛的战争，并最终在俄罗斯的雪原中葬送了他那支强大的军队。此外，拿破仑的错误决策也给了英国这只"巨鲸"化身"雄狮"在欧陆一展雄风的机会。

半岛战争

为了封闭大陆封锁体系的漏洞，拿破仑夺取了西班牙的控制权，并将王位交给了自己的长兄约瑟夫（Joseph）。自此开始，拿破仑就面临着伊比利亚半岛上驱之不散的反叛行动。在西班牙和葡萄牙人的请求下，英国于1808年8月通过海路派遣了一支大军登陆葡萄牙，并很快将法军赶出了这个国家。10月，20000名英军士兵在陆军中将约翰·摩尔爵士（Sir John Moore）的指挥下从葡萄牙进入西班牙增援当地的西班牙反抗军，后者已经将法国占领军逼退至埃布罗河（River Ebro）北岸。

拿破仑对此迅速采取了对策。他率领大军翻越比利牛斯山（Pyrenees），并决心平定西班牙，重新夺取里斯本，将英国人赶下大海。他率领法军在布尔戈斯（Burgos）大败西军，并占领了巴利亚多利德（Valladolid）。当摩尔的英军部队抵达罗德里戈（Ciudad Rodrigo）时，他才获知拿破仑那支规模远大于自己的军队正位于己方和布尔戈斯之间。如同其他英军将领在面临绝境时的选择一样，摩尔在50000名法军的追击下带领自己的部队火速赶往最近的港口拉科鲁尼亚（Coruña），并召唤皇家海军的支援。在一场表现亮眼的后卫战中，摩尔战死沙场，但他麾下的大部分部队都登上了运输船并成功撤回海上。皇家海军再次证明了海上力量可以将地面部队及时投入战场，并在其需要撤离时将其快速撤出。

为了尽可能地牵制拿破仑，英国无意在伊比利亚半岛的事务中置身事外太久。1809年4月，由陆军中将亚瑟·维尔兹利（Arthur Wellesley）指挥的20000名英军士兵登陆里斯本，这次英军还得到了3000名汉诺威士兵的助战。此时整个伊比利亚半岛的多处位置仍驻扎着多达25万法军。

在对局势进行评估后，维尔兹利认为伊比利亚半岛的地形适合利用海上力量发挥优势。率领的部队可以通过海路方便地得到补给和增援，而法军的补给和增援则必须要翻越西班牙崎岖的山岭（以及其中的反抗军）。

由于所指挥的部队实力尚不足以发挥决定性作用，维尔兹利［被封为威灵顿子爵（Viscount Wellington）］认为英军必须要在法军的攻击下坚守里斯本。他指挥数以千计的葡萄牙劳工在托雷斯韦德拉什（Torres Vedras）构筑起连绵的防线，这是一条由横亘在城市周边的近50英里堑壕、路障组成的防线。随后他指挥18000名英军和14000名葡军士兵前出至西葡边境。

正如他所料，安德烈·马塞纳（André Masséna）元帅已经指挥着65000名法军士兵列阵以待。惠灵顿率军撤退，并一路执行焦土战术退入已经在托雷斯韦德拉什建立起来的防线。试探性进攻的结果使得马塞纳意识到强行发起进攻将对自己的部队造成极为严重的损失。当马塞纳的部队已经因为饥饿不得不宰杀驮兽时，威灵顿的部队通过来自英格兰的定期补给船团源源不断地获得增援和充足的补给。正是得益于海上力量的存在，英国的陆军得以在相持中越战越强，而此时他们的对手却肉眼可见地因饥饿而虚弱下去。

严重的缺粮最终迫使法军撤退，在威灵顿大军的追击下再度穿过已经被付之一炬的焦土。此战中马塞纳寸土未得，但却葬送掉了25000名士兵的生命。此战惨败的消息传遍欧洲，对双方的士气都造成了巨大影响，同时这场胜利也让威灵顿的战士们建立起心理优势。在随后两年经西班牙向法国本土的进军中，这支部队继续高奏凯歌。

拿破仑的俄国战役

由于法国无法生产俄国所需要的商品，俄国决定寻求别处。沙皇亚利山大一世开始默许从英国走私货物并允许中立商船自由运入英国殖民地产的货物。拿破仑以诉诸战争相威胁，双方来之不易的停战协定虽然在1811年仍然生效，但双方都不愿就此退步。受到威灵顿在伊比利亚半岛上的胜利鼓舞的沙皇继续维持着挑衅态度。面对挑衅，拿破仑决心动用手中7个王国的王冠和30个公国的强大力量对付俄国。1812年6月23日，法军前卫部队跨过了波兰和俄国的界河涅曼河（Nieman River）。总共有600000名法军士兵被战争拉入了广袤无垠的俄罗斯原野。

沙皇的将军们决定一面撤退一面坚壁清野。最终，在9月初，俄军在距离边境500英里、距离莫斯科仅70英里的博罗季诺（Borodino）发动了一场大会战。此战中法军迫使俄军撤退，但拿破仑付出了30000名士兵的代价。

得胜之后的拿破仑继续向莫斯科进军，并希望凭借占领俄国首都将其逼上谈判桌。但俄国根本不为所动。拿破仑发现自己夺取了一座空无一物的城市，而这座城市很快又被"看不见的手"所付之一炬。这场大火持续多日，最终将莫斯科城烧成了一具空壳。

在空等了5周之后，始终不见俄军投降的拿破仑在10月18日下达了撤退的命令，而这将是一场灾难。向着西欧打道回府的法军很快便被压倒性的力量所击垮，其中原因有：士兵遭遇了严冬的折磨，俄军的不停骚扰，撤退的无序；法军严重缺乏士兵的口粮和马匹的草料，在严寒中遭遇断粮的法军遭遇了严重的损失。大规模的开小差和各自逃生的想法彻底摧毁了这支军队，让曾经无敌于欧陆的法国陆军变成一支在荒芜的雪原中想尽一切办法逃生的乌合之众。

1812年12月中旬，拿破仑的俄国战役走到了尽头。在1812年6月参加入侵俄国的60万士兵只有20000名冻得半死、衣衫褴褛的残兵蹒跚着返回涅曼河的另一侧。

拿破仑的战败

第二次在东方折损了一整支军队的拿破仑回到了巴黎，并奇迹般地征召了大批新的士兵。与此同时，法军在西班牙和俄罗斯的退却鼓舞了普鲁士、瑞典和奥地利。三国连通俄罗斯和英国一道组建起第四次反法同盟。新的反法联盟汲取了此前的经验教训，实现了有效的协同和在目标上的团结一致。1813年10月，在莱比锡，拿破仑再度与自己的对手们展开决战，但在这场被称为"民族会战"（battle of nations）的战斗中遭遇惨败。拿破仑带着残兵回到了法国，由于此时法军与联军的兵力对比已经达到1∶2，法军无法再找到援兵。在1814年春，俄国、普鲁士和奥地利的联军已经抵近巴黎，威灵顿指挥的英军也开进了位于法国南部的图卢兹（Toulouse）。已经耗尽一切资源，且身体与精神都已经无力支撑的拿破仑在1814年4月6日宣布退位，并在之后被流放至厄尔巴岛（Island of Elba）。

不过只过了仅仅不到一年的时间，得益于复辟的波旁王朝的愚行，拿破仑得以逃出厄尔巴岛返回法国，并随即召集起一支20万人的大军，重新对反法联盟发起战争。

他率军首先向比利时开进以将威灵顿（此时已经加封威灵顿公爵）的英军与由布吕歇尔（Blücher）指挥的普鲁士军队分割开。但威灵顿指挥部队坚守住了狭长的战线并随之击败了占据优势兵力的法军。布吕歇尔的大军随即赶到并将敌人击溃。在惠灵顿面前，拿破仑终于遇到了始终比自己棋高一着的对手。1815年6月18日的滑铁卢会战（Battle of Waterloo）使拿破仑的"百日王朝"画上句号。

一个月后，这位曾经将整个欧洲踩在自己脚下，但却始终未能明白海上力量重要性的不世枭雄最终向着那支真正击败了自己的军队投降。在埃克斯岛（Isle of Aix），他登上了皇家海军战舰"珀勒洛丰"号（HMS Bellerophon），并且没有受到任何礼遇。"波拿巴将军"最终将自己交给了这个自始至终与自己为敌的国家。此次拿破仑再未得到机会卷土重来。他的新流放地是远在南大西洋上的圣赫勒拿岛（St. Helena）。在这座远离故国的狭小岛屿上，拿破仑于1821年5月5日辞世，他始终未能明白为什么他率领着欧陆历史上最为强大的军队会被"一群开商铺的"所打败，而答案则是，这群"开商铺的"通过控制海洋拥有了强大的力量。

总结

在法国大革命和法兰西帝国时代连绵不断的多场战争中，以小威廉·皮特牵头的英国政府重拾起老皮特所采用的战略计划：一面支援大陆上的盟友，一面利用皇家海军封锁并歼灭敌军舰队，打击敌方海上航运和商业，同时进攻敌人的海外殖民地，配合盟友的军队对敌人的滨海地区发起攻击。在22年断断续续的战争中，英格兰同欧陆列强一道先后建立起4个大规模的反法同盟。

在第一次反法联盟战争（1793—1797年）期间，皇家海军利用其优势对法国发起了封锁，并在"六月一日海战"（1794年）中击败了法军布雷斯特舰队。法国则通过与西班牙结盟（1796年）并迫使奥地利退出战争（1797年）打破了第一次反法联盟；但法国入侵英格兰的计划却因为杰维斯在圣文森特角海战（1797年2月）中大败西班牙舰队和邓肯在坎伯当海战（1797年10月）中对荷兰舰队的胜利而化为泡影。

第二次反法联盟战争（1798—1800年）中法国与英国展开陆战的企图再度遭到挫败。对自己的计划满怀信心的拿破仑选择通过从埃及进军攻打印度来打击不列颠帝国。但这个需要他取得制海权的计划的后果是灾难性的，在尼罗河海战（1798年8月）中，法军土伦舰队被纳尔逊几乎一网打尽，使得拿破仑和他麾下的军队孤悬埃及。受此鼓舞的奥地利、俄罗斯和其他欧陆列强纷纷加入英国力主的第二次反法同盟。但在1799年10月，对盟友并不信任的俄国退出了战争。在同一个月，拿破仑秘密返回法国并很快以第一执政的职务掌控了法国。在1800年，他率领的法军在马伦戈和霍亨林登对奥地利取得决定性胜利，迫使奥地利退出战争并瓦解了第二次反法同盟。

在英国对拿破仑意图以波罗的海诸国的武装中立同盟削弱英国海上力量的凌厉行动中，纳尔逊率领舰队在哥本哈根海战（1801年）中歼灭了丹麦舰队。虽然英国挥出如此重击，但却如同法国意图登陆英国的行动一样无法发挥决定作用。"鲸与象"之间的隔空互搏终于在1802年以《亚眠和约》短暂地告一段落。

由于拿破仑似乎根本无意履行《亚眠和约》，英国于1803年对法国宣战。此时已经戴上皇冠的拿破仑决定进行一项宏大的跨海峡对英登陆计划。根据拿破仑的"大计划"，维尔纳夫所指挥的土伦舰队逃过了纳尔逊的封锁，与卡迪兹港内的西班牙战舰会合后为了将英吉利海峡内部署的英军战舰调开而横渡大西洋前往西印度群岛。在纳尔逊展开追击的过程中，维尔纳夫却指挥联军舰队返回欧陆。但后者并未根据拿破仑的命令开往英吉利海峡，而是躲入了卡迪兹港。当拿破仑命令他再度出港时，纳尔逊指挥舰队在1805年10月21日爆发的特拉法加海战中摧毁了这支联合舰队。

本为了入侵英格兰而集结的法国陆军部队随后被拿破仑用于对付小威廉·皮特新近组织起来的第三次反法同盟中的其他国家。在相继击败奥地利、那不勒斯、普鲁士和俄国等国的军队后，拿破仑又引诱沙皇签订《提尔希特和约》，密谋以俄法两国瓜分欧陆。拿破仑此时已经能够通过发起大规模经济战打击英国。通过建立起来的"大陆封锁体系"，他试图通过控制的所有欧洲港口对英国实施禁运并扣押所有原产自英国的产品将英国排除在欧陆贸易之外。为了封闭这个封锁体系中的缺口，拿破仑对西班牙和葡萄牙发动了战争，继而与俄国开战。伊比利亚半岛上的战争使得拿破仑将25万精兵留在半岛，并且使得威灵顿有机会重创拿破仑的主力，继而攻入法国本土。拿破仑入侵俄国的作战和他在冬季从莫斯科撤退的行动则葬送了那支在欧洲组建的多达60万人的大军。

第四次反法联盟战争（1813—1815年）中，普鲁士、瑞典和奥地利加入了俄国和英国的阵营，反法联盟击败了拿破仑那支已经被削弱的法军并迫使他退位。当拿破仑逃出厄尔巴岛卷土重来之后，他最终在滑铁卢会战中被英国和普鲁士的联军所击败并再度被流放。此次的流放地为地处南大西洋、配有看守的圣赫勒拿岛。

法国大革命战争和法兰西帝国战争中，英国皇家海军已经将风帆舰队战术演绎得得心应手。挣脱了"战斗条令"枷锁的英军指挥官们敢于让己方战舰冲破敌方战列线并随即发起混战。英军在舰炮技术上的革新使得英军不仅拥有更高的火炮射速，且降低了炮组所需的人数，这使得英军战舰能够在左右两舷同时进行战斗，从而在战斗中获得巨大优势。此外，混战的作战形态也将近距离射击技术和战舰间相互支援摆到了重要位置，而这两点正是英军舰长们尤为擅长的。

在"六月一日"海战和坎伯当海战中，英军对敌军战列线的风格都使得敌军的退路被切断。而在圣文森特角海战中，英军则通过分兵，并将两路舰队分别布置在最需要的位置而赢得了优势。在尼罗河海战中，纳尔逊利用风向使得敌军战列中有一部分无法参加战斗，从而集中兵力攻击其余部分。在特拉法加海战中，纳尔逊派出一支分舰队攻击敌方后卫，而自己则首先对敌军前卫发起佯攻迫使其脱离战斗，并在之后对敌军中央舰队发起猛烈攻击。

第9章

美国海军的发端

北美独立战争结束后，美利坚联邦合众国联邦政府需要在没有征税权的情况下解决战时遗留下来的债务和经济不景气问题。在此情况下国会认为大陆海军已经成为可有可无的奢侈品，并下令将其裁撤。到1785年，所有美军战舰都被出售处理。

大陆海军的军官和水兵也随即复员，纷纷回到了和平时期的商船货运岗位上，但他们很快就发现经过血火拼杀换来的独立却让他们丧失了曾经作为大英帝国臣属所拥有的特权。伦敦政府根据对美国颁布的《航海法令》，发布枢密令禁止美国参与有利可图的英属西印度群岛贸易，并限制英国从美国进口原材料和海军物资的交易。

为了求得生存，美国商船队必须寻求新的市场。一小撮顽强的美国商船主开辟了前往中国的贸易航线，而其他人则开始与欧洲国家接触。在公海，美国商船终于明白了独立也意味着他们不再受到联合王国国旗的庇护。与中国的贸易利润不尽如人意，但相比起与南欧的贸易更加安全。此时在地中海内和直布罗陀海峡外的水域，美国商船成为从北非沿岸起航的巴巴里（Barbary）远洋私掠船的绝佳目标。

对商船的抓捕是臭名昭著的"巴巴里体系"的一环，该体系最早可追溯至中世纪时期。在18世纪，巴巴里诸国——摩洛哥（Morocco）、阿尔及尔（Algiers）、突尼斯（Tunis）和的黎波里（Tripoli）分别由当地的君主所统治，除了摩洛哥之外，其他的巴巴里国家都以某种形式作为奥斯曼帝国的封建臣属存在。这些海岛国家劫掠过往商船，用俘虏的船货勒索赎金，各国所缴纳的保护费是其收入的主要来源。欧陆沿海国家通常会定期向巴巴里海盗缴纳贡金以保证本国商船不受到袭击。即便是英国、法国和荷兰等拥有强大海军的海上强国也会按照海盗们的要求乖乖缴纳保护费，这一方面是由于缴纳这笔贡金要比派遣护航舰方便，同时海盗的存在也能够给商业对手造成麻烦。而对于无力缴纳贡金也没有报复手段的国家的商船而言，一旦进入巴巴里海盗船所活动的海区，就极有可能会遭到毒手。

1784年，摩洛哥海盗捕获了一艘美国商船。1785年，阿尔及尔海盗又捕获了两艘，并将船员绑架为奴隶。1786年，摩洛哥向美国出售了一份豁免条约，要价10000美元。不过阿尔及尔的胃口显然更大，伦敦的商人们也乐见不断发展中的美国竞争者因此遭受打击。

各个阶层，尤其是有影响力的商人阶层对于海军保卫的迫切需求对于1789年《合众国宪法》（U. S. Constitution）的通过发挥了重大作用。虽然国会被授予了"建立并维持一支海军"的权力，并可以通过征税获得财政收入，但海军问题还是需要排在其他亟待解决的问题，尤其是国家负债之后。国家所面临的其他问题导致要求成立舰队的政治呼声偃旗息鼓。除此之外，当时在葡萄牙和阿尔及尔之间爆发的战争也将巴巴里海盗封锁在了地中海以内。

美国国会通过设立关税和港务费专项优惠来扶持美国的航运业。与此同时，英国在西印度群岛的种植园主也发现，在来自美国的牲畜、渔获和小麦供应断绝后，他们的种植园奴隶正因挨饿无法卖力工作。于是他们也乐于从美国开出的双桅横帆船和纵帆船带来这些本应根据枢密令禁止输入的货物。即便是颁布禁运令的伦敦政府，也在了解到这些贸易的必要性后对这些走私行为睁一只眼闭一只眼。在这些有利因素的刺激下，美国的航运业和造船业得到了快速发展。在宪法通过后的第一个5年内，美国的商船总吨位便从124000吨剧增至439000吨。

在新组建的联邦政府内部，海军事务由华盛顿的陆军部长亨利·诺克斯（Henry Knox）主持。他早在1790年就指出了阿尔及尔持续绑架美国船员作为奴隶的问题，要求对建立一支远洋海军进行经费概算和评估。但由于在国会内部的反对，海军舰艇的建造计划被推迟到了1793年开展。不过两个新的事件使得局势变得更为复杂：葡萄牙和阿尔及尔的停战使得一支海盗船队进入了大西洋海域，这支船队一口气捕获了多达11艘美国商船。而法国对英国的宣战又使得中立商船受到了极为严格的规制。英国颁布的新枢密令禁止任何中立商船运载食品前往法国，并严禁所有船只与法属西印度群岛进行任何贸易，法属西印度群岛才将贸易对象转向美国。作为报复，法国的官方战舰以及私掠船对参加对英贸易的美国商船的扣押愈发加剧了局势恶化。这些紧急情况迫使美国国会开始认真考虑建立起一支海军。

1794年海军法案

组建美利坚合众国海军的计划得到了以财政部长亚历山大·汉密尔顿（Alexander Hamilton）为首的联邦党人（Federalist）的青睐，这一党派主要代表着美国东北部商人阶层的利益。他们非常乐于也非常急于利用武装部队保卫自己利润丰厚的海上贸易活动。

与联邦党人分庭抗礼的共和党人（Republican）[1]代表着南方州和内陆地区的种植园主和农场主阶层的利益，以国务卿托马斯·杰斐逊（Thomas Jefferson）为首。对于他们而言，联邦海军是一支有贵族色彩（aristocratic）的、有帝国主义色彩（imperialistic）的、极为昂贵的武装力量。他们辩称，建立海军就是利用从整个国家征集的税收来保护新英格兰的商人和航运业者的利益。

在国会内外的激烈争吵和辩论中，联邦党人设法通过了《1794年海军法案》（The Navy Act of 1794），这是他们所能推动的最好的立法结果。法案中批准了联邦政府购买或者建造6艘护航舰。该法案同时附有一条取消条款，一旦与阿尔及尔谈和，则法案将被取消。虽然在大多数联邦党人眼中这份法案仍然不尽如人意，但该法案让美国海军得以正式建立。

诺克斯征询了美国独立战争时期的海军军官和造船业者的意见后，决定"适当放宽"护航舰的建造标准。为了对付阿尔及尔海盗，他计划建造放大版的44炮护航舰，这款战舰足以战胜任何巴巴里海盗的护航舰。但他的真正目标，是打造一种全新的战舰，这种新战舰的长度与战列舰相当，但舰宽更窄，配备有任何标准型护航舰都无法匹敌的强大火力——可以让美军的护航舰追上并击败任何护航舰。国会批准了3艘这种级别战舰的建造计划，但特别要求另外3艘护航舰应当仅安装36门舰炮[2]。

1796年，正当新型护航舰的建造工作顺利推进之际，美国与阿尔及尔的统治者

---

[1] 读者们请不要将现在的"共和党"与本页的"共和党"混淆，如今活跃在美国政治舞台上的共和党实际上是汉密尔顿的联邦党的直系继承者。

[2] 不过对于当时的战舰而言，搭载多于"标称"的火炮数量是司空见惯的举措。

达成了一份和约,这份和约当中美国将支付525000美元的赎金,附赠一艘36炮护航舰,以及此后以海军物资的形式支付的每年21000美元的贡金。国会则依然批准了建成44炮的"合众国"号(United States),36炮的"星座"号(Consellation)和44炮的"宪法"号(Constitution)。这三艘护航舰均于1797年下水。新型44炮战舰的设计糅合了许多专业人士的理论和实践经验,但由于最终设计是在宾夕法尼亚造船业主约书亚·汉弗莱斯(Joshua Humphreys)的指导下完成的,因此也被称为"汉弗莱斯型护航舰"。

"绝不缴纳"

随着战争的继续,英国认识到了他们和法国一样,越来越依赖于产自美国的食品和美国船运业来喂饱他们和他们的殖民地。这一情况使得英国政府开始对美国航运业采取了安抚态度,并开放了西印度群岛殖民地对美国的贸易,中止了扣押中立船只,减少了对向法国输送财物和物资的罚没。他们甚至允许中立国家商船在法国海外领地和法国港口之间进行运输,这使得航运恢复至了开战之前的状态,并且允许商船在被攻击后驶入中立港口并缴纳关税。英国借此限制并拖延其敌国获取海运物资的速度,但并非直接切断整个海运航线。1797年年底,美国和大不列颠通过《杰伊条约》(Jay's Treaty)正式规定了两国的海上关系。这份条约虽然并没有为美国争取到在海域使用权中的重要特许资格,但这份条约减弱了双方此前一直存在的敌意,同时拖延了美国和英国之间的下一次战争的来临。

法国宣称《杰伊条约》违反了1778年美国和法国签订的一系列商业和结盟条约。他们对于美英将食物归纳入可被查扣的走私货物感到出离愤怒,由于多年歉收,法国已经严重依赖于从美国进口的小麦[1]。作为报复,法国政府傲慢地拒绝美国高官的入境,要求他立刻出境,并签署了一系列的禁运令加剧贸易摩擦。两国的争端在1798年1月18日达到了顶峰,法国宣称:"任何全部或部分搭载来自英国及其海外属地货物的船只都将被视为私掠船合法目标。"用法国政治家们的话来比喻,就是"即便在中立商船上找到了一张来自英国的手绢,那么整条船和船上的物资都会成被视作有罪"。

---

[1] 我们应当重提一下,"六月一日海战"(1794)的起因就是法国试图将一支从切萨皮克湾启程的小麦运输船队安全护送至本土。

这份法令使得大多数美国运输船成为横行西印度群岛的法国私掠船的绝佳目标，法国私掠船随即开始沿美国的大西洋沿岸寻找受害者。仅在一年内，他们就捕获了超过300艘美国商船。

对美国外交代表的羞辱和禁运法令，以及以此为由拿捕美国商船都已经构成了正当的战争理由。但最引起美国民众群情激愤的，却是臭名昭著的"XYZ事件"（X Y Z affair）。为了避免战争，亚当斯总统于1797年秋季秘密派遣3名特使前往巴黎商定一份新的条约——即法国版的《杰伊条约》。这三位从未被公开过姓名的使节（分别被称为X，Y和Z先生）得到了法国外交部长塔列朗（Talleyrand）的接见。在会谈中法国代表要求美方给予贿赂，并且"出借"数百万美元才能开启谈判。当这一厚颜无耻的要求被美国大众所知悉后，即便是最为坚定的亲法派都感到了幻灭。美国公众的态度可以从当时流行的口号"即便将百万美元投入国防，也不会缴纳一美分的贿赂"中窥得一斑，爱国风潮随着民众的愤慨席卷了国会，乃至整个国家[1]。

此时的合众国政府终于在海军建设上有了积极态度。在1798年年初，国会表决通过了建成44炮护航舰"总统"号（President）、36炮护航舰"国会"号（Congress）和36炮护航舰"切萨皮克"号（Chesapeake）的议案，这三艘战舰此前因国会决议而中止了建造。4月30日，国会正式成立海军部（Navy Department）。5月，国会授权美国船只拿捕"在美国水域活动的，受法兰西共和国指挥或悬挂该国旗帜的武装船只"。7月，国会拓展了授权范围，允许美国战舰和私掠船"在公海驱逐、捕拿和俘获任何法国武装船只"。这份授权使得美国进入了一场不宣而战的有限战争"对法准战争"（Quasi-War with France）。

对于第一任海军部长的人选，亚当斯总统选择了本杰明·斯托德特（Benjamin Stoddert），这位来自马里兰州佐治敦的47岁前商船业主曾在北美独立战争中参加战斗，并是大陆议会成员。作为全权负责海军人事管理、后勤管理和作战行动的一把手，斯托德特在对法准战中发挥出色。他的第一项任务是将美国海军转入战时状态，而次要任务则是建立起一支舰队，为进行战争而征召尽可能多的战舰并为这些战舰征募足够的水兵。他的战舰和水兵都主要来自美国的商船队。到战争结束时他已经拥有

---

[1] 行贿受贿在18世纪的外交和国际关系领域非常常见。当美国公众正在大声疾呼"绝不缴纳一美分的贡金"的时候，美国政府仍然在向全部4个巴巴里政权缴纳贡金。

了50艘舰艇，这些舰船通过购买、新建、联邦州捐赠以及与财政部共同使用缉私船[1]获得。与此同时，美国海军已经有了154名经过正式任命的军官，超过350名海军军官候补生和约6000名水兵。于1798年重建的海军陆战队也拥有了近1100人的规模。

美法准战争期间的海军作战，1798—1800年

在国会正式下达授权后不久，斯托德特就派出他的战舰开始在美国近海巡逻。美军的第一个战果是12炮私掠船"可信"号（Croyable），于1798年7月在新泽西州外海被20炮商船改装战舰"特拉华"号（Delaware）捕获。该舰舰长是斯蒂芬·迪凯特（Stephen Decatur）上校，他的儿子与他同名，且日后名气更大。此时的小迪凯特正作为军官候补生在另一艘美军战舰上服役。"可信"号随后被美国海军征用，成为14炮横帆船"报复"号（Retaliation）。

在7月国会授权延伸至允许拿捕法军战舰后，斯托德特对大多数私掠船的基地西印度群岛发动了一系列远征。第一次远征由编队司令约翰·巴里（John Barry）[2]指挥，这位新生的美国海军的高级军官指挥着"合众国"号和"特拉华"号。此次远征仅捕获两艘私掠船，战果寥寥。并非美军消极怠战，而是由于此处没有法军战舰的踪影，且大多数私掠船吃水极浅，可以遁入浅水区躲避追捕。

参加第二次远征的舰队于1798年秋天抵达西印度群岛，"报复"号（前"可信"号）也参加了此次远征，由威廉·班布里奇（William Bainbridge）上尉指挥，这位薄幸的军官遭受过许多劫难。受命调查瓜德罗普岛附近的奇怪船队的"报复"号被两艘法军护航舰追上并俘获。这两艘战舰分别是36炮的"叛乱"号（Insurgente）和44炮的"志愿者"号（Volontaire）。面对敌方压倒性的火力优势，班布里奇只得投降。"报复"号也因此成为美军在准战争期间唯一一艘被敌军俘获的战舰。1799年，美军再度从法国人手中夺回了这艘战舰，从而挣回了颜面。

在扫清北美近海水域的袭击者后，斯托德特将他的大部分兵力（21艘战舰）编为4个分舰队，开始在西印度群岛展开行动。由于英军在圣文森特角、坎伯当和尼罗河

---

[1] 这些缉私船成为美国海岸警卫队（U. S. Coast Guard）的前身，美国海岸警卫队在战时通常会接受美国海军的指挥。

[2] 巴里此时官居上校，是直至内战爆发前美国海军的最高军衔，"编队司令"（Commodore，直译为海军准将）是他的荣誉头衔，在当时被授予指挥多艘舰船的高级军官。

等海战中的胜利，法国及其盟友与其在新世界的殖民地失去了联络，这也使得美军在这片战场上占据巨大的优势。留驻当地的法军战舰稍有异动就会引起英军的警觉，因此只能偶尔派出高航速的护航舰来维持法国和西印度群岛领地之间的联络。

美军分舰队可以自由使用当地数量繁多的英属港口和海军基地，并且得到皇家海军的鼎力协助。对于美军而言，与拥有当时全世界最高水准、战备水平处于巅峰期的皇家海军的合作带来了不可估量的益处。在与英军舰队的友善交流中，美国海军掌握了基本的旗语信号体系、舰队队形机动的大体规则，并且开始向专业化迈进。

在当时的美军编队司令中，影响最大的莫过于托马斯·特拉克斯顿（Thomas Truxtun），这位顽强且不知疲倦的老舵手采用英军模式操练打造自己的舰队。作为航海专业方面的专家，他撰写了一本天文导航术手册，并出版了美国海军的第一版全面的信号书。他搭乘着自己的座舰——护航舰"星座"号参加了准战争当中最为著名的两场战斗。

在执掌以圣基斯岛为基地的分舰队期间，特拉克斯顿在舰队没有执行编队护航任务时派出所有战舰各自独立巡逻。就在进行单独巡逻期间，1799年2月，"星座"号在内维斯岛外海投入了第一场广为人知的战斗。

在强烈的西北风下，美军瞭望员发现在15英里外有一艘帆船正在顺风航行，特拉克斯顿随即命令战舰掉转航向抵近进行侦察。这艘不明船只最终被美军发现是一艘护航舰，即此前曾俘获班布里奇指挥的"报复"号的两艘战舰之一的"叛乱"号。作为当时整个法国海军航速最快的护航舰之一，在发生意外情况后该舰本可以立刻加速逃跑，但人算不如天算，此时的风力突然急剧加强，"星座"号及时收起了船帆，但"叛乱"号却被吹飞了主桅。"星座"号随即迅速逼近，在将船帆放低到"距离甲板只有脚后跟高"的同时，特拉克斯顿决定转为背风航向以便发挥舰上搭载的24磅主炮的火力。当"星座"号的转向使得该舰进入"叛乱"的侧后方时，"星座"号发出了一轮侧舷齐射，将膛内装填的双份弹药打入了法军护航舰的船体。

"叛乱"号很快对"星座"号发起还击，但向上瞄准的炮火仅对"星座"号的帆装造成了微不足道的损伤，而船体则甚至毫发无损。"叛乱"号随后时突发其接舷战，但"星座"号此时已经超越"叛乱"号并在其船头方向一面发起扫射一面超越至另一边。在随后并肩航行并进行一轮交火之后，"星座"号再度从敌舰船头方向穿越扫射，并掉头准备从敌舰舰艉方向穿过发起第三轮扫射。法军舰长见到胜利无望，且甲板上死伤狼藉后降下了军旗向美军投降。

法军护航舰上有29人被打死，另有41人受伤。美军方面有3人受伤，1人阵亡，但这些伤亡并不是由敌军炮火，而是由火炮炸膛造成的。"星座"号相比对手排水量更大，侧舷火力也更强，法国船长也将他的战败归咎于早早失去了主桅。虽然有这些客观因素存在，但美军的的确确在航速上、机动技巧上和作战技术上超越了敌人。"叛乱"号的舰员比"星座"号多出近百人，但由于特拉克斯顿意识到了这点并避免与法军进行接舷战，其并未能让人数优势充分发挥作用。

在大致一年之后，特拉克斯顿指挥"星座"号再度参加战斗。在他的战舰正在瓜德罗普岛外海巡弋时，他发现了一艘大型舰艇并展开追击。该舰是法军的50炮护航舰"复仇"号（Vengence），由于舰上搭载着乘客和大量香料，法军急于避免战斗。在进行了一整个白天的追击后，特拉克斯顿指挥"星座"号在夜间占据了敌舰的尾舷上风位置，然后双方爆发了"两艘护航舰之间所发生过的最为靠近也是最为激烈的交战"，这场战斗持续了近5个小时。

急于逃脱的法军对"星座"号的帆桁和帆装进行射击，但收效甚微。美军则对准船体开火，在"复仇"号的船体上钻开了超过200个弹洞。法军超过100名舰员或死或伤，船体也开始大规模进水。虽然法军舰长急于投降，但在嘈杂的黑夜中，美军既没有看到他的白旗，也没有听见他的大声呼喊。

在凌晨1时，法军舰炮彻底熄火，此时的"星座"号几乎毫发无伤，仅有40名舰员在战斗中死伤。在"星座"号准备靠帮缴获敌舰之前，该舰的主桅和其上的横帆索支帆索都被崩断，整个跌落在甲板上。当时负责指挥主桅的军官候补生詹姆斯·贾维斯（James Jarvis）虽然已经收到了危险的告警，但是拒绝在没有得到命令的情况下撤出战位，他告诉在桅顶战斗的水兵们，即便桅杆倒塌，他们也必须跟着桅杆一起摔下去，他们也的确坚守了自己的岗位，仅有一名水兵生还。

在"星座"号清理完甲板上的狼藉后，"复仇"号已经不见踪影，特拉克斯顿认为该舰已经被击沉。实际上"复仇"号却趁着黑夜缓缓漂离敌人的视线，该舰的舰员拼命舀水泵水，以免船只沉没。依靠着前后桅还存留下来的风帆，该舰在5天的踽踽跋涉后抵达了库拉索（Curaçao），并将千疮百孔的舰体拉上了海岸。该舰舰长汇报称其遭遇了一艘战列舰的攻击。

在这场并未宣战的战争中最为忙碌的美军战舰是"幸运的小企业（Lucky Little Enterprise）"。这艘轻快、浅吃水的12炮纵帆船在保护航运和捕获敌军船只的方面表现比护卫舰还要优秀。在一次巡航中，该舰一举捕获5艘私掠船（其中包括一艘12炮双桅横帆船），并击毁了一艘12炮斜桁四角帆帆船（Lugger），解救了12艘被捕获的美国船只。

战争中航行距离最远的美国战舰则是32炮护航舰"埃塞克斯"号，该舰在舰长爱德华·普雷布尔（Edward Preble）上校的指挥下经由好望角驶往东印度群岛，并在护送一支商船队返回本土前夺回了多艘被俘获的美国商船。

美法在准战争期间的最后一场战斗是在双方代表达成和平协定后进行的。1800年10月12日，在瓜德罗普东北约600英里的位置上，美军的28炮护航舰"波士顿"号（Boston）在并未接到战争已经结束的消息的情况下对同样不知情的法军24炮武装快帆船"摇篮"号（Berceau）发起攻击并迫使其投降。

在战争期间，亚当斯总统就派出他那些急于继续寻求和平的支持者们与法国达成新的和约。不愿看到美国继续和英国走近的塔列朗同样急于达成协议，除了这一原因外，遭受重重封锁的法国也非常需要与美国保持合作，以维持西印度群岛领地的经济继续运转。

在拿破仑身陷埃及、法国国内风雨飘摇之际，美国因国内的反对而在拖延了许久之后才派出和平协定代表团。当美国谈判代表团于1800年3月抵达巴黎时，拿破仑已经手握第一执政大权，并在之后不久就以马伦戈会战中对奥地利军队的大胜给予了第二次反法同盟致命一击。慑于法兰西的胜利之威，美国谈判代表们尽全力争取来的和平协议却并未令大多数美国民众满意。在1801年7月正式签订后，新的《和平协定》（Convention of Peace）取代了之前令人失望的1778年美法条约，以及可憎的法国1798年禁运令，不过这份协定的代价也相当高昂，美国甚至放弃了对于法国此前对美国航运业侵害的求偿权。

在1800年总统大选前夜公布的协定条款葬送了亚当斯的第二任期。杰斐逊和他领导的共和党不仅夺得了总统职位，也在国会中占据了绝对多数席位。

不论如何，这份协议的签订终结了双方的敌对状态。法国政府承诺将会在《捕获法》（Prize Law）限制内采取行动。美军战舰在战争中以击败了体型相当的法军战舰并捕获超过80艘法国船只，无可辩驳地向全世界证明了美利坚合众国海军是一支不可忽视的海上力量。此外这份协定也为美国在1803年购买法国殖民地路易斯安那打开了方便之门。此前美国政府根据协定向法国政府出借的7 000 000美元贷款在美国公众舆论中声名狼藉，但却为领土收购增加了相当的筹码。

的黎波里战争，1801—1805年

新一届的美国国会投票通过法案，将美国海军削减至和平时期状态，杰斐逊总统也非常乐于实施裁军计划。除了"企业"号以及13艘护航舰外的其他美军战舰都被出售，而被保留的护航舰中也有7艘被封存储藏。海军军官团遭到了相应的裁减，仍然维持现役的军官们的薪水也大幅缩水。

在此关头，巴巴里海盗国家的贪婪和傲慢却再一次拯救了美国海军。的黎波里和突尼斯的统治者向美国要求缴纳更多的贡金。当美国海军护航舰"乔治·华盛顿"号（George Washington）运载着年度贡金驶抵阿尔及尔，并在堡垒的炮口下靠岸时，该城总督强征该舰加入阿尔及尔的舰队服役。在击沉该舰并将舰员捕获为奴的威胁下，运拙时乖的威廉·班布里奇不得不在该舰升起了阿尔及尔的军旗，并装载着约200名乘客，数量大致相当的动物和价值1000000美元的财宝启程前往伊斯坦布尔，这些都是阿尔及尔总督向奥斯曼苏丹缴纳的贡赋。

由于的黎波里帕夏向美国提出的增加贡金的要求没有得到满足，他向美国下达了巴巴里风格的宣战书，派兵砍断了美国领事馆的旗杆。在认识到难以满足巴巴里海盗越来越大的胃口后，为保卫美国的海上航运，杰斐逊于1801年派出了包括护航舰"总统"号、"费城"号（Philadelphia）和"埃塞克斯"号，以及双桅横帆船"企业"号的小舰队。该舰队由理查德·戴利（Richard Dale）指挥，他曾是约翰·保罗·琼斯指挥"好人理查德"号时该舰的舰务官。

在获得英国总督批准后，美军舰队以直布罗陀为基地展开活动。戴利首先带领舰队访问了阿尔及尔和突尼斯以展示军力，并于1801年7月下旬开始对的黎波里的港口展开封锁。但仅仅过了18天，他就不得不撤除封锁退往马耳他以补给淡水。

在前往马耳他的过程中，12炮的"企业"号遭遇了的14炮黎波里海盗船"的黎波里"号（Tripoli）。在随即而来的近距离交战中，"企业"号灵活地多次从侧舷擦过试图登陆的"的黎波里"号并对其发起猛烈扫射。在进行三个小时的激战后，陷入绝望的"的黎波里"号船员们开始祈求美军的怜悯。这艘海盗船上有20名船员被打死，30人负伤，而"企业"号这艘小巧的双桅横帆船则在这场战斗中无一人受伤，甚至连船体和帆装都没有受到任何损伤。由于没有得到捕获船只的授权，时任"企业"号舰长安德鲁·斯特雷特（Andrew Sterrett）上尉只得命令"的黎波里"号将帆装统统拆下，仅保留一具帆桁和一张破烂的帆布，之后任其漂流。

美国准备以更大的决心投入战争，美国国会1801年批准拨款派遣一支更大规模的舰队前往地中海。美军原本打算让托马斯·特拉克斯顿担任舰队指挥，而特拉克斯顿选择了拒绝这份任命。时任海军部长的罗伯特·史密斯（Robert Smith）将特拉克斯顿的拒绝理解成他打算退出现役，从而让美国海军失去了在其专业化进程中居功至伟的优秀军官。

史密斯将本应由特拉克斯顿担任的职务交由理查德·莫里斯（Richard Morris），后者带领5艘护航舰和一些轻型舰艇于1802年抵达了地中海。他对的黎波里发动了封锁，由于莫里斯的舰队缺乏浅吃水的战舰，美军无法攻击那些体型轻小、航行于浅水中的的黎波里驳船。但在封锁行动中莫里斯的分舰队捕获了一艘海盗船，用炮火击沉另一艘，并焚毁了一些靠岸的船只。莫里斯随后认为他的舰队已经取得了足够的战果，便解除了封锁并带领舰队前去监视其他巴巴里国家。不过在与的黎波里帕夏的谈判中莫里斯未能压低对方对于和平的开价：对方要求20万美元的贡金并补偿战争所花费的全部费用。在夏天结束之前，海军部长史密斯由于莫里斯的"不主动与逡巡不前"而严厉地将他召唤回国，随后杰斐逊总统解除了莫里斯的军职。

于1803年被派往地中海的第三支舰队仅拥有两艘护航舰——"宪法"号和"费城"号，两舰的主要任务是支援5艘浅吃水的横帆船和纵帆船。海军部长史密斯为这支新的舰队选择的指挥官是时年仅42岁的爱德华·普雷布尔上校。

作为一名脾气火爆的下缅因州人，普雷布尔雷厉风行，对于纪律极为看重。刚上任的他对于手下主要来自美国中部和南部州的军官知之甚少。在此前的美法准战争中，他曾指挥"埃塞克斯"号前往远东作战，前往东方的航程不仅搞垮了他的身体，对他的坏脾气也没有任何缓解。在经历普雷布尔的刻薄言辞后，大多数军官们都对自己的编队司令心生不快。而普雷布尔则正在因他找遍舰队都没有一名年过三旬的军官而大为光火。"他们简直就是只给了我一群大男孩儿！"他在报告中这样写道。

1803年8月中旬，普雷布尔以"宪法"号为旗舰率队前往地中海。航渡过程平安无事，但在舰队接近直布罗陀海峡的一天的夜里，这位新任舰队司令获得了舰队中所有军官的尊敬。在黑夜中发现到一艘船只时隐时现的普雷布尔悄悄地命令舰员们就位，随后按照航海惯例大声喊道，"报上你们的身份！"在反复喊话但是没有得到满意回复后，普雷布尔威胁将要开炮，陌生船只这才傲慢地回复道："这是不列颠国王陛下的战舰'多尼哥'号（Donegal），配有84门火炮，和你讲话的是理查德·斯特拉坎爵士（Sir Richard Strachan），皇家海军编队指挥官。立刻派出交通艇来我的舰上！"

斜挂在绳网上的普雷布尔大声作出回复："这是美利坚合众国战舰'宪法'号，配有44门火炮，和你讲话的是美国编队指挥官爱德华·普雷布尔，只有遭天谴的才会让小艇去别的船上！点燃引火绳，小伙子们！"

事后证明这艘陌生船只其实只是一艘32炮的英国护航舰，并且该舰很快派出了一艘小艇来到普雷布尔的船上致歉，同时解释称该舰长只是为了把舰员们轰回船舱才花了那么长时间回复。友好解除误会的两舰很快分道扬镳，但普雷布尔当晚的表现却让"宪法"号的舰员们深信这位编队司令真地敢于对着一艘战列舰发起进攻。这次事件是普雷布尔和他下属关系的转折点。属下军官逐渐发现普雷布尔其实抱病在身，支撑他继续战斗下去的完全是那对于贯彻命令的超常执着。他麾下的青年军官们很快自豪地自称为"普雷布尔的男孩们"，而在此后的1812年战争中，他们中的每一个人都凭借战功赢得了自己的独特称号。

在抵达直布罗陀后，普雷布尔发现"费城"号在入港时还带着一艘在公海上被捕获的摩洛哥海盗船和一艘之前被海盗捕获的美国商船。这一证据证明摩洛哥公然违反了此前与美国达成的条约，再度开始抓捕美国商船。作为舰队司令，普雷布尔当即下令采取反制措施。他派出"费城"号和双桅横帆船"雌狐"号（Vixen）在班布里奇的指挥下进行封锁，而包括他解救的美军分队的护航舰在内的其他舰艇则随他出现在摩洛哥港口丹吉尔（Tangier）外海展示武力。摩洛哥皇帝被美军所展示的强大军力所震慑，否认了海盗行为并在没有额外索取贡金的情况下保证将继续履行条约。普雷布尔在可以确保从大西洋对岸开来的补给舰的安全后，率领舰队开始在地中海进行巡航。

与此同时，已经得到了"倒霉蛋比尔"诨名的班布里奇却再度麻烦缠身。

普雷布尔派出"雌狐"号伴随"费城"号不仅是为了补充在近岸水域活动的需要，也是为了进行相互掩护。但班布里奇在得知海盗船已经溜出港进行巡航后，却错误地仅派出"雌狐"号进行搜索，而他自己则继续留在的黎波里港外。随后他瞭望到两艘海盗船中的一艘准备进港就立即发动了追击。但海盗船设法遁入了浅水，美军护航舰无法追击。

在掉头返回开阔水域后，"费城"号却突然撞上了一处未在海图上标记的暗礁并无法动弹，两舷的火炮也无力攻击蜂拥而来的的黎波里炮艇。由于"雌狐"号不在身边，"费城"号此时处于孤立无援的境地。班布里奇和他的舰员们为了解救该舰用尽了一切办法，他们张开所有风帆，利用船锚拖曳，将沉重的侧舷火炮推进海里甚至砍掉前桅杆，总之用一切手段减轻船只的重量。

第 9 章 | 美国海军的发端

　　幸运的是，的黎波里炮艇仅仅是射击该舰的桅杆和帆装，这是为了生擒舰上的美国船员以勒索赎金，并让完好的护航舰在己方舰队留用。并不知道他的舰员们没有性命之忧的班布里奇在看到包括双桅纵帆船"马斯提克"号（Mastico）在内的的黎波里增援舰艇出港后，将信号书和弹药从侧舷扔进海中，然后降下军旗投降。当晚，班布里奇和他的舰员们被拉进城内游街，随后开始了他们漫长的牢狱之旅。两天后，一阵疾风带来的高潮使得的黎波里人将"费城"号挪出暗礁，同时他们也将该舰的全部火炮打捞了上来。

　　普雷布尔在得知一艘护航舰拱手让人的消息时已是1803年11月下旬，当时他正在撒丁岛外海巡航。这一消息如同晴天霹雳，意味着拥有"费城"号的的黎波里人此时的海军实力已经至少与自己等量齐观。不过普雷布尔并没有打算退回直布罗陀等待援军，而是将西西里岛上的锡拉库扎作为基地，这个地处地中海中部的要点使得他既能够继续对地中海海域保持监视，又能够继续执行封锁任务。

　　在1803年12月，普雷布尔搭乘"宪法"号，在"企业"号的伴随下进行侦察。在测绘非洲海岸的地形期间，普雷布尔发现了刚从的黎波里出航不久的"马斯提克"号。"企业"号立即发起追击并将该舰捕获。当美军得知这艘斜桁四角帆船参加了对"费城"号的围捕后，便宣布该舰被美军依照法律捕获，并成为美国海军的"无畏"号（Interipd）。

　　从的黎波里港外的暗礁边沿望去，普雷布尔看到"费城"号此时正停泊在当地帕夏城堡的火炮设计范围内，距离该舰很近的地方还布置有的黎波里人的近岸炮台和武装船只。普雷布尔明白重夺该舰并非易事，但如果有机会的话应当将"费城"号解决掉。年轻的"企业"号舰长史蒂芬·迪凯特二世（Stephen Decatur Jr.）上尉同意了普雷布尔的计划，并自告奋勇地担任破坏任务的领队。普雷布尔同意了迪凯特的请战，同时建议他使用仍然安装着地中海式风帆的"无畏"号（前"马斯提克"号）扮作运输船混入的黎波里港。这艘参加了抓捕"费城"号的前海盗船此时又将成为销毁"费城"号的"处刑人"。

　　1804年2月16日夜，完全装作一艘本地帆船的"无畏"号在近乎无风的天气下靠近的黎波里港。当时负责操舵的是萨尔瓦多·卡塔拉诺（Salvador Catalano），一名熟悉该海域水文且会说阿拉伯语的西西里引水员。除了6名志愿者外，其他参战的人员都躲藏在甲板下。在新月的光亮下，"费城"号的舰体在黑夜中清晰可见。卡塔拉诺根据迪凯特的指示，大声呼喊警告周围船只避让，他声称这艘船在一场风暴中弄丢了船锚,因此请求在"费城"号旁侧系缆过夜。卡塔拉诺的请求得到了海盗们的批准,但当缆绳投过之时,船上的的黎波里海盗终于起了疑心。随着两船的靠拢,舰上的海盗们开始大声疾呼"是美国人!"(Ameiricanos!)

随着德凯特"登船!"的怒吼,60名美军士兵蜂拥着冲上"费城"号。当时留在船上的的黎波里看守数量太少,根本不堪一战。德凯特和他的水兵们挥舞着军刀和战斧,劈死了4~5名看守,将剩下的海盗逼得跳船逃生。与此同时,爆破小队从"无畏"号上将易燃物搬运到"费城"号上并点火。已经因长时间日晒干燥无比的护航舰好似一根火把一点即燃。爆破小队中的部分人因为太过深入船只差一点就没能爬上撤离的梯子,但最后都安全地回到了"无畏"号。作为最后撤离的登船者,迪凯特从已经火光冲天的"费城"号上纵身一跃,抓住正在脱离的"无畏"号上的索具扬长而去。

"无畏"号随即利用小艇的拖曳顺着海岸脱离,该舰的风帆随后捕捉到了轻微的离岸风,且离开的航路也被已经成为巨大火炬的"费城"号点亮。的黎波里人的战舰和岸上炮台在发现异动后对该舰疯狂地胡乱开火,但"无畏"号已经顺着原路安全撤出港外。"费城"号的大火一路延烧至水线处,残骸在水上漂泊一段时间后最终沉没。迪凯特的壮举不仅让他蜚声海内外,还让他年仅25岁就晋升上校,成为美国海军有史以来最年轻的上校军官。而"无畏"号的舰员则获得了两个月的额外薪水。

1805年夏季,普雷布尔从同样与的黎波里开战的那不勒斯王国借得了炮艇和装载臼炮的轰击艇,并决心用炮击让敌人屈服。美军的第一轮炮击行动于8月初开始,美军分舰队对的黎波里的城堡、炮台和港内的船队发起炮击,而臼炮则将炮弹打入有城墙拱卫的城区中。与此同时,美军借来的炮艇在那不勒斯船员的操纵下,搭载着美军登船分队抵近暗礁外展开阵列的的黎波里守军船只。其中11艘敌船向由斯蒂芬·迪凯特指挥的4艘炮艇冲去。的黎波里海盗们手持阿拉伯弯刀(scimitar)准备越过甲板,他们对这种跳帮格斗经验丰富,很快地,他们也将会对这种战斗方式感到恐惧。

此次先发起跳帮的却是他们的对手,美军的主动登船令的黎波里海盗们始料未及。在双方船只挨在一起之前,美军水兵们像印第安人一样发出阵阵战吼,随即大步跳过船舷,开始用手枪射击,用登船短矛刺杀,或者挥舞着弯刀(cutlass)和战斧劈砍敌人。

19名美军从斯蒂芬·迪凯特的座船上登上敌船,并很快肃清了其上的19名敌人。迪凯特在格斗中曾一度被一名身高体壮的的黎波里海盗的短矛击碎了弯刀的刀刃,但他堪堪躲过了刺击，随后抓住矛杆将这个大块头摔在甲板上扭打起来。此时一名手持阿拉伯弯刀的的黎波里人意图挥刀砍向迪凯特的脑袋。双手受伤已经无法握持武器的美军水兵丹尼尔·弗雷泽（Danier Frazier）用头挡住了意图劈下来的弯刀。与迪凯特扭打在一起的大块头将他压在身下，并抽出了一把小刀，迪凯特一边拼尽全力用左手箍住敌人持刀的手，一面抓住了放在口袋中的一把手枪，并一枪打在他的背上。

最终普雷布尔下达了重新集结的命令，并让"宪法"号前出掩护炮艇撤退，的黎波里人退回了暗礁内侧，任由3艘己方炮艇落入美军手中。在被俘的3艘炮艇上，47名的黎波里人被杀死，俘虏的49人中也有约半数的人受伤。而在这场混战中，仅有包括弗雷泽在内的4名美军士兵受伤，而美军唯一的阵亡者，则是斯蒂芬·迪凯特的胞弟詹姆斯（James），他在登上一艘已经降下旗帜投降的炮艇时被阴险的黎波里人一枪打中了头部。

此次进攻让的黎波里帕夏开出了150000美元赎金释放所有囚犯，并且不再索要贡金的条件。这一条件已经比前两次地中海舰队巡航所取得的成果都要出色，但对于普雷布尔而言还不够好。他命令舰队继续发起攻击，并且由于的黎波里人卑鄙地杀害了詹姆斯·迪凯特，他还下令在肉搏战中不留活口。在美军随后发起的4轮进攻中，的黎波里炮艇都不敢越出暗礁一步。美军继续着进攻，但帕夏却拒绝降低条件。

作为最终手段，在舰队不得不离开的黎波里之前，普雷布尔打算派出一艘自爆船炸毁港内尚存的的黎波里军民用船只，并且有机会的话破坏该城的城墙。"无畏"号再度被选中，该舰被填入了5吨散装黑火药，并在9月4日由理查德·索姆斯（Richard Somers）上尉、军官候补生亨利·华兹华斯（Henry Wadsworth）和约瑟夫·以色列（Joseph Isreal），以及10名自愿参加的水兵的操纵下出发。美军准备将"无畏"号开到帕夏的城堡边上，然后点燃引线，随后转移到两条小船上快速划桨逃离。不过该舰的炸药却提前爆炸，不仅杀死了所有的船员，而且仅对敌人造成了微小的损伤。因其炸药提前爆炸的原因不得而知，但参加行动的3名军官（含候补生）在出发前宣称，如果发生意外，比起让的黎波里人拿到这些火药，他们宁可在全员尚在船上的情况下引爆"无畏"号。

在普雷布尔的大胆行动下，美国终于在这场旷日持久的战争中占得上风。如果美军能够在接下来发起决定性的重击，这场胜利不仅将为美国重新赢得和平，而且也将为此前的缴纳贡金画上句号。这场胜利展现出的美军实力也会让其他巴巴里国家畏惧。为了实现这样的胜利，美军向地中海增派了所能集结的最强大的舰队，其中包括：护航舰"约翰·亚当斯"号（John Adams），"总统"号，"星座"号，以及更多的小型舰艇。

搭乘"总统"号前来的塞缪尔·巴伦（Samuel Barron）上校比普雷布尔拥有更高的指挥权。在海军部长发给普雷布尔的一封信中，他表扬了普雷布尔的出色表现，同时也强调了必须服从上级的指挥。普雷布尔随后被召回美国，在本土，杰斐逊总统给予了他热情的欢迎和赞扬。在普雷布尔的推动下，美国加快了炮艇的建造。但这也成为他为自己的祖国所做出的最后贡献。由于身体状况的进一步恶化，普雷布尔在1807年8月逝世，年仅46岁。

巴伦和他的继任者约翰·罗德尔斯（John Roders）都没有在普雷布尔的基础上乘胜追击，而是配合当局进行了一场政治投机，帮助哈麦特（Hamet）重夺帕夏宝座。被派往巴巴里诸国的海军情报官威廉·伊顿（William Eaton）是这一行动的煽动者，他找到了哈麦特及其追随者的落脚点，并鼓动他们前往黎波里夺回宝座。1805年3月初，400名衣衫褴褛的哈麦特的士兵在"伊顿将军"的指挥下从亚历山大港出发，打头阵的则是一名美军军官候补生、一名海军士官和由普雷斯利·奥班农（Presley O'bannon）上尉所指挥的7名海军陆战队员。所有的美军官兵都来自双桅横帆船"百眼巨人"号（Argus），正是该船载着伊顿来到埃及。

在这场横穿利比亚荒漠、长达600英里且多灾多难的进军中，哈麦特的军队得到了沙漠部族的响应，最终集结到了超过700名部族战士和500名包括妇女儿童在内的扎营追随者。到4月底，他们终于抵达了的黎波里的滨海城镇德尔纳（Derna），并在巴伦舰队的2艘双桅横帆船和一艘双桅纵帆船的支援下夺取了该镇。哈麦特军此后在此地驻守了数周，并在战争结束前多次打退了敌人的反击。

此时自己的宝座已经风雨飘摇的的黎波里帕夏最终选择了让步。作为与美国人撤回对哈麦特的支援相对等的条件，帕夏同意放弃索取贡金，并以60000美元的价格释放班布里奇和他的舰员。当伊顿对这份条约表示反对时，其他人告诉他，没有任何国家与巴巴里诸国达成过如此优厚的条约，而且如果帕夏被迫退位的话，那他将毫无疑问地对被关押的美国人挥动屠刀作为报复。

杰斐逊的炮艇海军

杰斐逊总统和他领导的共和党希望在"旧世界"的纷争中置身事外。但美国海军所拥有的潜在进攻能力却让共和党人感到并不轻松。为了建设一支只能被用于保卫美国海岸线且没有对他国进攻能力的海军，杰斐逊抛弃了"蓝水海军"的理念。1803年年初，国会授权建造15艘小型炮艇，这些炮艇每艘仅配有一到两门火炮。1805年，国会又授权建造25艘同类炮艇。而这些小炮艇也成为美国在战争中进行的唯一海军扩充项目，杰斐逊的和平主张与当时的世界形势简直背道而驰。

在和平时期，大多数炮艇都被封存。如果战争爆发，这些炮艇将被分配至从缅因州到路易斯安那的沿海地区。这些炮艇将配合岸上修建的要塞、火炮阵地和水上浮动炮台抵御敌人的登陆。

历史已经证明，在拥有强大海军火力支援且能够选择登陆地点的入侵者面前，消极防御几乎是徒劳的。即便是能够将这些炮艇及时组织起来抗击敌方登陆，在船体坚固的护航舰和战列舰面前其防御能力也太过薄弱。另一大重要问题则是并未考虑到海军力量还发挥着支撑国家外交政策、突破海上封锁以及保护海上航运等重要作用。可以说杰斐逊的政策完全无视了北美独立战争以及此后的战争中美国汲取的经验教训。在这一完全错误的政策执行得最彻底的时期，美国在公海上几乎只有中立商船活动，而当不列颠和法兰西两大帝国你死我活的厮杀进入最后阶段时，双方不约而同地开始试图将对方与世界的其他部分分割开来。

总结

在北美独立战争胜利10年后建立起来的美国海军投入保卫美国不断发展的海上贸易的任务中。为了在北非海盗的袭扰中保卫美国商船和船员的安全，《1794年海军法案》艰难地获得了通过。但英法之间爆发的战争和两国随即限制对方对美贸易的行为却给予美国进行海军建设的正当理由。由汉密尔顿所领导的联邦党人为了保卫其代表的东部州商业利益阶层而对远洋海军建设抱以支持态度，而与其针锋相对的由杰斐逊领导的共和党则代表着南部和西部的地主们的利益。

由于此后与北非海盗国家达成了缴纳贡金的协议，《1794年海军法案》中所授权建造的6艘护航舰随后陷入了无以为继的困境，但随着英国和法国对美国海上船运的干扰，国会批准建造其中的3艘。虽然美国随后与英国达成了《杰伊条约》，但此举又触怒了法国人，使得后者侮辱美国外交代表，并扣押载有原产自英国货物的美国船只。法国人的举动最终让美国国会在1798年恢复了海军舰艇建造，成立海军部，并派出战舰对抗法国的武装船只,这场被称为美法准战争(1798—1801年)的战事主要围绕着西印度群岛展开。

美军战舰,尤其是特拉克斯顿指挥的"星座"号在准战争中的海战胜利极大地提高了美国民众对于这支新生的美国海军的自豪感,同时也使得大众肯定了海军部的成绩。但海军的拥护者和反对者们从这场战争中得出了截然相反的结论。联邦党人认为海军凭有限的规模成功地孤立了法国的海外殖民地,这是英军需要动用战列舰部队才能取得的成绩,由此他们赞同时任海军部长的斯托德特的意见,认为美国需要建设一支规模更大的海军。但在共和党看来,这场战争证明了一支小规模的、仅装备巡航舰的海军就已经够用。凭借和平协定上台的共和党人在执政后很快将美国海军的规模压缩到了最低限度。

的黎波里帕夏的宣战迫使杰斐逊总统派出了一系列的海军分舰队进入地中海进行战斗。这场战争持续了4年(1801—1805年),一方面是由于共和党政府的短视和不合时宜的裁军,另一方面也是由于这些分舰队的指挥官缺乏进攻精神。战争的局面在1803年随着普雷布尔抵达地中海而发生了改变。美军在的黎波里港内焚毁被俘虏的"费城"号的行动极大地鼓舞了美国公众。在迪凯特等满怀热忱的青年军官的辅佐下,普雷布尔在锡拉库扎建立起行动基地,并在1804年维持着对的黎波里的严密封锁,同时对的黎波里的城区、要塞和港内船只发动了一系列的攻击行动。后知后觉的美国政府随即才将足够完成任务的海军部队派入地中海。虽然普雷布尔此后被替换,但他之前所采取的行动为美国与的黎波里达成取消贡金的条约铺平了道路。

在的黎波里战争结束后,仍然执掌白宫的共和党人就这场战争得出了令人震惊的结论,即在岸上要塞和炮兵的支援下,美军只需要炮艇就能保卫合众国海疆和利益。在此后的数年中,所有拨付给海军建设的资金都被投入到了建造炮艇上来。与此同时拿破仑已经颁布了新的敕令对英国发起禁运,而英国也颁布了新的枢密令对中立船只严加约束,可想而知,美军即将被迫加入一场他们甚至连物质层面都没有做好准备的战争。

虽然在共和党的荒唐政策下受到极大影响,美国海军却仍旧保留着两大优势:第一,合众国海军的作战舰艇是当时全世界同类舰艇中最优秀的,尤其是"宪法"级护航舰;其次,保留了一支训练有素、满怀理想且具备高度职业化精神的军官团队。

第10章

1812年战争

在"后特拉法加"时代，伴随着英法之间不断升级的贸易战，美国成为公海上仅剩的中立贸易国。美国的商船业者趁着这个前所未见的机会一面发展常规航运贸易，一面大量出口美国盛产的小麦、烟草和棉花。但与此同时，夹在英国枢密令与法国禁运令中间的美国商船和海军船只越来越频繁地遭遇双方干涉，干涉程度也愈发令人无法接受。终于，在1812年，美国不得不拿起武器武装保卫自己的中立权。此次美国的对手变成了英国人。双方的宣战并没有直接导火索，而是皇家海军与美国军民的摩擦和英国对美国境内印第安劫掠者部族的援助导致的两国紧张局势的总爆发。

英国皇家海军的战舰经常为了补给和收集法国私掠船及商船的行踪而进出美国港口，同时这也炫耀着他们的武力。而最令美国人愤怒的，则是他们欺压甚至强征美国商船的船员。由于战舰上的水兵开小差现象极为严重，人手严重缺乏，英国海军军官坚称他们有权利登上中立船只搜寻英国逃兵。由于他们急缺人手，英军军官甚至会将任何听得懂英语的人视作可以被征召的英国人。

1807年6月发生的、骇人听闻的"登船"事件让英军犯下的暴行流传于世。当时由詹姆斯·巴伦准将（他的亲兄弟塞缪尔·巴伦此前曾指挥过对的黎波里的战争）指挥的36炮美军护航舰"切萨皮克"号在驶离汉普顿水道前去接替地中海分舰队指挥舰任务的路程中遭遇了44炮皇家海军护航舰"猎豹"号（HMS Leopard）。当两艘护航舰在弗吉尼亚角外海10英里的航路上相遇时，"猎豹"号的舰长向美军大声喊话，并在随后派遣一名上尉搭乘交通艇向美军提出一份书面要求,勒令美军准许皇家海军登船搜查船上是否有皇家海军的逃兵。当巴伦回复拒绝后,"猎豹"号悍然开火,造成3名美军舰员死亡,另有十余人受伤。由于此时完全没有做好战斗准备,"切萨皮克"号不得不降旗投降,一队英军士兵登上"切萨皮克"号带走4个人,其中仅有一人事后被证明是英国逃兵。这名逃兵最终被判处绞刑。

美国公众对英军的暴行感到无比愤慨。强征商船水手已经足够恶劣,而强行从美国海军的战舰上抓捕水兵则是极其严重的挑衅行为。对于其他无辜美军士兵的杀害行为在任何情况下都无法用自卫作为借口开脱。杰斐逊总统说:"这是从列克星顿会战之后前所未见的暴行。"

在愈发焦灼的政治氛围下,杰斐逊推动国会对所有外贸出口下达了禁运令,虽然禁运令的本意是在不掀起战争的情况下对英国发起报复,但在其生效的15个月内这份法令对于美国本身的伤害远远高于对外国的伤害。在大众的抗议声中,美国国会在1809年撤除了禁运令,以断绝贸易法(nonintercourse)取而代之,新的法令准许美国商人与不在英国和法国控制下的港口进行贸易。美国的商业很快复苏,但英法战舰对美国商船的捕拿查扣也随之卷土重来。到1810年,英国已经扣押了近千艘美国商船;而法国及其盟国也扣押了约800艘。

公海上的中立权问题虽然始终在幕后挥之不去,但这一问题并非带来1812年战争的直接诱因。美国的东北各州有着最大的海上利益,但却坚决反对战争。虽然受到船货损失和羞辱但经济仍然兴盛的东北诸州要求扩建海军以保卫航运,但他们却反对与英国的武装冲突的报复措施,因为这样不仅会带来战争,还会严重损害美国的海上贸易。实际上,将美国逐渐推向战争的动力并非来自东部的沿海各州,而是来自以农业和拓荒立身的南部和西部州。

1809年,詹姆斯·麦迪逊(James Madison)接替托马斯·杰斐逊就任美国总统,维持了共和党的执政。在1810年的国会选举中,由肯塔基州议员亨利·克莱(Henry Clay)和南卡罗来纳州议员约翰·C.卡尔霍恩(John C. Carhoun)领导的共和党少壮派"战鹰"派("War Hawks")在国会大获全胜。这些年轻气盛的青年议员们反映了拓荒者们急于拓展领土的需求。在他们看来,合众国的命运取决于夺取西班牙属佛罗里达和英属加拿大。克里克(Creek)和赛米诺(Seminole)这两个印第安部族定期以西班牙属佛罗里达为出发地深入美国的南方腹地(deep south)发起劫掠。而西北方向,印第安部族结成了以特库塞姆酋长(Tecumseh)为领袖的同盟,抵抗着向西开拓的美国拓荒者。这两个地区的印第安人都得到了英国人的帮助。1811年11月，特库塞姆在蒂珀卡努河之战（Battle of Tippecanoe）中的反击更是让"战鹰"派坚信俄亥俄河两岸拓荒者的唯一办法就是征服英属加拿大。

"战鹰"派对于海上局势知之甚少也不甚关心，但作为极端民族主义者的派别，他们却大呼贸易限制令是对所代表的地区的压迫并对这项发令发出谴责，这主要是由于贸易限制令损害了密西西比河流域各州的商业利益。此外，该派别还坚决反对强化美国海军的力量。他们坚决认为击败英国及其屡弱的盟友西班牙的主要手段，应是攻占他们在美洲的领地。对于夺取加拿大的行动，在杰斐逊的书信中被形容为"将仅是一场武装行军"。克莱则坚称仅需动用肯塔基州的民兵就足以攻占加拿大全境。

英国所面临的困境和拿破仑的高歌猛进促使"战鹰"派鼓动麦迪逊总统开启战端。1812年4月，在"战鹰"派的牵头下，国会通过法案授权总统重新批准禁运令并征召民兵。6月1日，麦迪逊向国会提交了宣战书，其中特别强调了这场战争是因英国的欺压、航海中立权和印第安事务而起。在国会内部，"战鹰"派压制住了代表东北各州议员的反对。在下议院决定是否开战的投票中主战派以79：49获得通过；而在参议院，赞成与反对的比率为19：13。1812年6月18日，美国以6700人的常备军和18艘远洋战舰，以及数量虽多但大半尚未启封的小炮艇组成的军力，正式向"海上霸王"（mistress of the seas）发起了战争。

海上战事，1812年

由约翰·罗杰斯（John Rodgers）准将指挥的一支分舰队一直处于戒备状态，该舰队下辖3艘护航舰、一艘快帆船和一艘双桅横帆船。在接到战争爆发的消息后，罗杰斯满怀雄心壮志地立即率领舰队出港。他的目标是一支护航力量薄弱的、由110艘商船组成的船队，这支船队由牙买加起航，据情报称将乘着墨西哥湾暖流（Gulf Stream）开往英格兰，而这条航线会将该船队带至距离纽约港不到450英里的位置上。对于罗杰斯麾下的水兵们而言，如此巨大的船队简直就是待宰的羔羊，他们几乎已经听到了捕获奖金在他们口袋中叮当作响的悦耳声音。

美军瞭望员发现了一艘英军护航舰。该舰是英军的"贝尔维德拉"号（Belvdera），正驶向哈利法克斯。考虑到歼灭敌舰的任务优先级高于其他一切行动，罗杰斯放弃了搜索英国运输船队，转而追击这艘护航舰。美军已经抵近至开火距离,并由此打响了1812年战争的第一炮。英军护航舰船员在情急之下将该舰的船锚、帆桁、小艇都抛入海中减重,甚至泵出舰载的饮用水。"贝尔维德拉"号成功逃出。

罗杰斯随即掉头追击英国商船队,并一直追击至可以看到英格兰的地方,但他却一直没能追上该船队。在英吉利海峡的入口处,罗杰斯指挥舰队转向向南,并一直航行至与马德里相同的纬度上,以便追捕乘着向东的贸易风航行的英国商船。1812年8月,他引领着7艘被捕获的英国船只驶入波士顿,但这些战果对于战事并没有太大意义。

即便是罗杰斯自己,也将这次巡航看做一场失败。他很快让美国军方接受了新的方针——在执行任务时,美军战舰应当独自或成对行动。罗杰斯的舰队虽然仅捕获少量猎物,但这次巡航依然发挥了无法估量的作用,这次行动拯救了美国商船队。

美国商船在预感到战争即将爆发后都赶忙驶往海外进行最后一次运输并急忙装上货物。指挥驻哈利法克斯英军舰队的赫伯特·索耶(Herbert Sawyer)中将计划在每个美国主要港口外都布置一艘英军战舰,趁这些商船返航之际对其发起偷袭。但当"贝尔维德拉"号抵达哈利法克斯,告知英军战争爆发且驻纽约的美军舰队已经出海的消息后,索耶立即取消了原定的计划并将整个驻哈利法克斯的舰队投入在纽约外海巡航,意图在罗杰斯返航时将其歼灭。得益于此,成百上千回国的美国商船都得以安全抵达港口。

在纽约,美军的14炮双桅横帆船"鹦鹉螺"号(Nautilus)在发现从哈利法克斯赶来的英军舰队后从港内急忙驶向外海,以寻找并警告罗杰斯。在桑迪岬外海,该舰径直冲入英军舰队,在6小时的追击战后,该舰被迫投降。

由于"宪法"号在开战时仍在安纳波利斯(Annapolis)补充人员并进行修理而未能赶上加入罗杰斯的舰队。7月中旬,该舰迎来了新的舰长——"普雷布尔的男孩儿们"之一的伊萨克·赫尔(Isaac Hull)上校,在这位已经发福了的39岁舰长的指挥下,该舰驶出切萨皮克湾并沿海岸线向纽约驶去。在新泽西州外海他发现了英军舰队,但他将其误认为罗杰斯的舰队。不过他在最后关头认识到了自己的错误,赶忙转向向东南驶去。在随后两天的平静航行中他的舰员们尽全力用小艇牵引或用小锚让该舰脱离追击的英军战舰的火炮射程〔小锚(kedging),是指由小艇交替将一具系在长绳索上的小型船锚带到前方抛下,在船锚触底后船只收回锚缆从而向前航行〕。在第三天,一阵突如其来的海雾使得英军失去了"宪法"号的踪影,赫尔趁机改变航线安全脱险。

无法前往纽约的赫尔转向赶往波士顿。在波士顿他只进行了刚好足够完成补给的停留。随后"宪法"号开始了一场劫掠巡航，俘获多艘英国商船，并将船只及其船员送回美国港口。8月19日下午，在波士顿以东约700海里的海面上，"宪法"号发现了一面转瞬即逝的风帆，察觉事有蹊跷的"宪法"号立即前去调查。这艘不明船只最后被证明不是商船，而是44炮英军护航舰"战士"号，该舰脱离了在纽约外海巡弋的英军舰队，正在返回哈利法克斯进行休整的途中。

英军舰长詹姆斯·戴克斯（James Dacres）上校知道"宪法"号的侧舷齐射总重量高于自己的座舰，但他仍然对对手展现出轻蔑的态度。皇家海军有着以弱胜强的传统。在战争爆发之初，戴克斯就向罗杰斯准将送出了一份挑战书，声称他"非常乐于与'总统'号，或其他任何战力相当的美军护航舰……进行'几分钟的'面谈"。此时"总统"号的姊妹舰"宪法"号正巧接受了这份挑战。

双方的舰长都下令将船帆调整至战斗状态——加挂顶帆和船头三角帆。随后，趁着美军护航舰在顺风航行中落后，"战士"号三次在其横穿"宪法"号船头方向时发起侧舷齐射。赫尔在确认戴克斯的下一步动向后，左右横摆船舷以避开英军的扫射。英军射来的炮弹只能在"宪法"号坚固厚重的船壳上无力地弹开，该舰也因此博得了"老铁甲军"（old ironside）的美称。

戴克斯随后转为顺风航向，意图与美军进行近距离战斗。赫尔则命令战舰张开主顶帆和前帆加快速度，与英军并驾齐驱，同时冷静地保持射击纪律。当"宪法"号抵近至距离敌舰不到手枪射程一般的距离时，该舰的全部右舷火炮开始了猛烈射击，赫尔大喊道，"所有侧舷火炮全力开火！"

舰炮开火的火光与硝烟顺着"宪法"号的舰体弥散开来，装填了实心弹与葡萄弹双份炮弹的火炮开始了怒吼。"战士"号的舰炮同样发起还击，但面对美军战舰厚重的侧舷列板根本无能为力。而美军射出的实心弹却反复击穿了英军护航舰的船体，裹挟着大量致命的碎片席卷船舱，而葡萄弹则撕扯着英舰的帆装和桁杆。在猛烈的炮火下，"战士"号的后桅被打中并开始摇晃，最终向一侧折断，导致该舰航速降低并转为迎风航行。"宪法"号则如法炮制，从舰艉方向穿过敌舰，沿敌舰甲板对其发起扫射。

在"宪法"号开始横摆以避开敌舰从后方发起的扫射时，"战士"号的船艏斜桅插进了"宪法"号的后桅帆装中。在此情形下，双方舰长命令准备接舷战，当双方水兵离开他们的火炮向着即将靠帮的位置集结时，位于高处的双方神射手都对对方造成了严重的伤亡，其中"战士"号的损失更为严重，舰长戴克斯也被射中受伤。双方在接舷前互相大量投掷钩索，但在双方开始跳帮战之前，"战士"号的前桅和主桅就

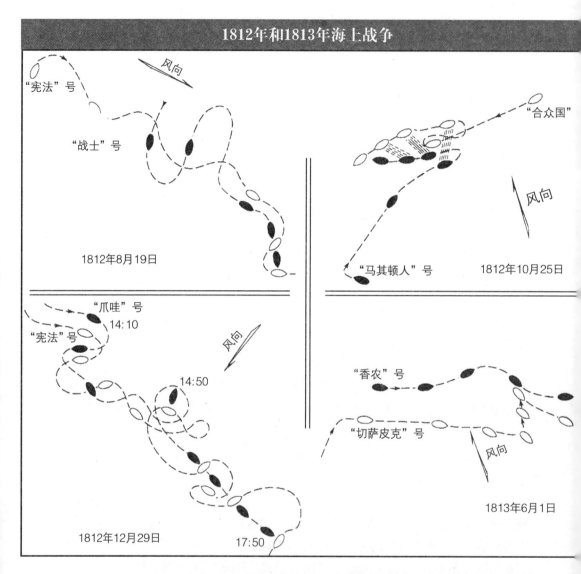

已经倒向一边，使得该舰在波涛汹涌的海面上无助地旋转起来。由于此时已经没有可以挂起白旗的桅杆，"战士"号从船艉开了一炮示意投降。8月20日，美军在转移所有俘虏后将该舰点火焚烧。美军在战斗中阵亡7人，另有7人受伤；而英军则有15人阵亡，63人受伤。

在波士顿，凯旋的"宪法"号进入港口时得到了人群极为热烈的欢迎。赫尔的胜利鼓舞了全体国民的士气，一举冲淡了此前在加拿大边境的一系列战败所带来的沮丧情绪。但在地面战场，杰斐逊豪言的"武装行军"已经成为一系列残酷厮杀的开始。印第安人夺取了迪尔伯恩堡（Fort Dearborn，今芝加哥）并对美国守军发动了屠杀。一支英军袭扰部队则夺取了美军设在马基纳克岛（Mackinac Island）的据点。威廉·赫尔将军（伊萨克·赫尔上校那年迈又优柔寡断的舅舅），在部队未发一枪的情况下就拱手将底特律交给了英军。至此美国举国上下才真正意识到了已经丢失了西北国土。"宪法"号虽然取得了胜利，但依旧无法让这个已经产生巨大裂痕的国家重新团结起来，下定决心全力投入战争。

仿佛是为了证明美军不光能像在与"战士"号的较量中赢得胜利一般，在1812年10月的一场海战中，由雅各布·琼斯（Jacob Jones）上尉[1]指挥的20炮快帆船"胡蜂"号（Wasp）击败了同样是20炮的英军双桅横帆船"雀跃"号（Frolic）。美军凭借精湛的炮术首先将英舰打得直接哑火并打断了系索门架，从而使得后桅船帆从朝前转为朝左，"胡蜂"号随即一面掠过敌舰侧面一面发起扫射。当美军在获胜后登上敌舰时，他们发现"雀跃"号的110名船员中死伤达到了90人。但就在"胡蜂"号将俘获的敌舰系上缆索时，一艘英军战列舰突然出现并将两舰同时捕获。"雀跃"号由于损毁过于严重，失去挽救价值而被直接焚毁。

同样是在1812年10月，美军护航舰也取得了战争中的第二场胜利。斯蒂芬·迪凯特准将指挥着44炮的"合众国"号在非洲外海的西南方向航线上巡弋时，遭遇了正驶往西印度群岛的英军38炮护航舰"马其顿人"号（Macedonian）。"马其顿人"号航速很快，但该舰最大口径的舰炮也不过18磅。美军护航舰装备的24磅长炮和42磅卡隆炮不仅射程更长，投射总质量更是达到英舰的两倍，但"合众国"号一直因航速过慢而饱受诟病。

英军舰长约翰·S. 卡尔登（John S. Carden）是一名非常有经验的护航舰指挥官，但他过分低估了对手素养，认为凭借自身的快速灵巧可以迫近并击败笨重迟缓的美军护航舰。而美军的舰长，在的黎波里战争期间身先士卒的迪凯特此时已经成长为一名自律且精明强干的33岁军官。虽然此时英军占据着上风向的优势，但迪凯特却通过机动避免"马其顿人"号逼近自己。在"合众国"号还处于英军的18磅舰炮射程外时，

---

[1] Master Commandant是美国海军的早期军衔，用于授予那些指挥的船只较小，不足以被任命为"舰长/上校"（Captain）的舰艇指挥官。

该舰的24磅炮便已经开始撕开"马其顿人"号的船体,并一举打断了英舰的后桅,同时打飞另外两根桅杆的顶帆,将英军的多门火炮打坏。在美舰的打击下,"马其顿人"号的甲板已经变成了死伤狼藉的修罗场,为了挪出操作左舷火炮的空间,英军水兵甚至直接将支离破碎的阵亡者尸体和重伤员直接丢进海里。在整场战斗期间,卡尔登都未能逼近到"合众国"号的100码距离内。在战斗的最后,出于仁慈,迪凯特在占据一次阵位后没有发起扫射。卡尔登随即投降,而"马其顿人"号也被美国海军所重新利用。此战中英军伤亡超过100人,而美军仅遭受了十余人的伤亡。

1812年12月,美军又赢得了第三场护航舰胜利。在巴西殖民地的萨尔瓦多外海,由威廉·班布里奇准将指挥的"宪法"号遭遇了由亨利·兰伯特(Henry Lambert)上校指挥的"爪哇"号(Java)护航舰,双方随即展开了当时最为激烈的护航舰对战。两舰在性能上势均力敌,主炮数量都是44门。虽然美军护航舰吨位更大,侧舷火炮投射量占优,舰员数量也略多,但真正决定性的差距是在双方舰员的训练水平上。"爪哇"号在驶离英格兰后只进行了一次使用实炮的射击训练。而美军则根据传统在海上定期进行火炮和燧发枪射击训练。

为了对敌舰发起扫射同时避免被敌方扫射,双方护航舰在接战的近两个小时中一面咬尾转圈,一面互相重击着对方的船体,破坏着对方的帆装,将对方的甲板人员打得血肉横飞。在战斗的最后,"爪哇"号的船艏斜桁和前桅杆已经被打飞,系帆索(tack)[1]不知所踪,几乎动弹不得。虽然此时该舰已经无法转向任何一侧,只得漫无目的地漂流,但"宪法"号还是从舰艉掠过,发动了一轮致命的扫射。在绝望之下,兰伯特舰长甚至打算对美舰发起撞击并进行接舷战,但班布里奇根本不给他这个机会,"宪法"号掠过英舰舰艏方向并再度泼洒出一轮死亡的弹雨。兰伯特在此期间被一发来自"宪法"号主桅楼的子弹射中,摔下桅杆殒命。孤立无援、进退不得的"爪哇"号随即停火,"宪法"号则趁此机会短暂脱离进行修理。班布里奇在战斗中两度受伤但仍然坚守指挥岗位,在返回战场后他将船横打在"爪哇"号船艏方向准备发起扫射,而就在此时,英军降下了他们的军旗。训练不精的英军死伤多达122人,而美军则仅有34人伤亡。在被搜刮一空之后,破败不堪的"爪哇"号于次日被焚毁,而"宪法"号则返回波士顿进行修理。此前被揶揄为"倒霉蛋比尔"的班布里奇此前曾在"报复"号和"费城"号上两度向敌人投降,又曾在指挥"乔治·华盛顿"号时

---

[1] 帆船上用于系住船帆边角的绳索。

遭到敌人侮辱，而这次扬眉吐气的胜利，终于让他能够为美国海军给予自己的信任正名。

美军对英军战舰取得的胜利在英格兰民众中掀起了轩然大波；在此前长达近10年的时间里，从未有过皇家海军的舰长降下自己的军旗。英军对美军战舰所取得的那屈指可数的胜利也有些胜之不武：击败14炮的"鹦鹉螺"号动用了整个哈利法克斯分舰队；击败14炮的"詹姆斯·麦迪逊"号（USS James Madison）的是28炮的"巴巴多斯"号（HMS Barbados）；击败20炮的"胡蜂"号的是74炮的战列舰"HMS Poictier"号；击败14炮的"雌狐"号的则是32炮的"南安普顿"号（HMS Southampton）。当然，除了"雀跃"号的舰长之外，其他英军舰长也是向着尺寸更大、侧舷投射数量更多的美军战舰投降。不过英国人的战败很大程度上可以归咎于自己的轻敌，他们所面对的美军舰员已经拥有比己方更高的训练水平。自特拉法加海战后，由于很少在海面上与敌人遭遇，英军已经荒废了火炮的射击训练。

此时的美国上下都为他们的海军所取得的一连串胜利而兴高采烈。国会在嘉奖赢得战斗的官兵后，热情洋溢地投票通过了追加建造6艘护航舰和4艘战列舰的拨款。虽然美国民众为海军所取得胜利而心满意足，但这些胜利对于战争的结果并没有产生太大的影响。相对于对手，此时的美国海军规模实在有限，既不能保卫美国的海上商运，也无法严重袭扰形成严密的船队体系的英国海上航运。就后一点而言，从美国各个港口出发的私掠船反而发挥了更大的作用。

海上战事，1813年

1813年上半年，时年仅32岁的詹姆斯·劳伦斯（James Lawrrence）上尉成为在美国家喻户晓的海军军官。早年他曾作为迪凯特在焚毁"费城"号时的副手。在进入1813年后仅仅数周，他就因为在巴西近海的一场大胆行动而声名鹊起。他指挥快帆船"大黄蜂"号（Hornet）在巴西近海接替"宪法"号进行巡航。在避开一艘英军的74炮战列舰后，劳伦斯设法捕获了一艘装载着价值23000美元财货的双桅横帆商船，并在此后不久在一场短暂而血腥的战斗中击沉了皇家海军的快帆船"孔雀"号（HMS Peacock）。他因为这些胜利而被擢升上校军衔，并接任"切萨皮克"号护航舰的舰长。此时该舰正在两艘英军护航舰的严密监视下，被困于波士顿港内。

劳伦斯上校在5月接管"切萨皮克"号，并受命准备对圣劳伦斯湾（Gulf of

St.Lawrance）内的船运发起一场突袭。但他此时的当务之急是建立一支可以堪用的船员队伍。由于此时美军战舰上的水兵还是只签订一次巡航的契约，波士顿地区的大多数优秀水手都在听说能够发大财之后上了私掠者的"贼船"，因此劳伦斯的船员当中有大量比例都是毫无经验的新手。

指挥着一群菜鸟的劳伦斯本应在将舰员训练到位前避免与敌军护航舰正面交锋。但英军护航舰"香农"号（HMS Shannon）的舰长菲利普·布洛克（Philip Broke）故意将另一艘执行封锁的护航舰支走，并指挥战舰在波士顿港外来回航行耀武扬威，年轻气盛的劳伦斯根本无法对于这种挑衅忍气吞声。1813年6月1日，在布洛克的挑战书送达之前，他就指挥着"切萨皮克"号出海迎战。人手严重不足的"切萨皮克"号所面对的是一个可怕的对手，双方战舰的火炮定额均为38门，但实际上都装载了50门左右，但除了火力相当外，"香农"号在多个方面都是皇家海军护航舰中的翘楚。布洛克作为一名炮术专家，已经指挥了该舰7年之久，他发明了一系列新颖的装置来控制火炮并提升射击精度，不仅如此，在皇家海军军官都已经轻视炮术练习的时代，他仍然让舰员们每天进行两次射击演习，每周操练5天。

战斗的结果无须赘言。布洛克指挥战舰驶向开阔海域。交战中双方甚至没有任何的战斗机动。当"切萨皮克"号从"香农"号的尾舷上风方向接近时，被已经被击飞了前桅上的风帆，操舵手也被打死。失去操控的"切萨皮克"号随即转向当前风向，掉头航行，将舰艉暴露给对手的"切萨皮克"号随即进入了"香农"号的侧舷扫射射界。在布洛克的带领下，英军登船士兵涌上美军护航舰。此时"切萨皮克"号上的大多数美军军官都已经或死或伤，劳伦斯在战斗中被一发从上方打来的燧发枪弹击中，性命垂危，当他被搬进船舱时，仍然反复嘶喊着："不要放弃战舰！"英军很快打垮了失去指挥的美军舰员。整场海战仅持续了15分钟，但就在这四分之一个小时内，62名美军官兵阵亡，另有73人负伤。英军的损失同样惨重：43人阵亡，39人负伤。获胜的英军将"切萨皮克"号及其上的美军战俘们带往哈利法克斯。劳伦斯在被押解途中断气，他在临终前依然重复嗫嚅着，"不要放弃战舰。"

虽然英军的封锁越来越严密，但一些美国海军的小型舰艇、快帆船和双桅横帆船，以及大量的美国私掠船都设法入海对英国的海上商运发起袭击，由于英国船队拥有精良的护航力量，美军袭击舰并不会在定期运输船队的贸易航线上行动，而是在包括英伦三岛周边在内的近岸水域实施袭击。当美军的这些小型战舰遭遇皇家海军的同量级对手时，他们通常会毫不犹豫地发起攻击。在战争期间的快帆船和双桅帆船对战中，美军仅有的败绩是在1813年8月，美军18炮双桅横帆船"百眼巨人"号（USS Argus）在英吉利水域捕获19艘商船后在威尔士外海遭遇英军18炮双桅横帆船"鹈鹕"号（HMS Pelican）并被击败俘虏。9月，在缅因州外海，继承了"幸运的小企业"舰名的14炮双桅横帆船第二代"企业"号在一场激烈的战斗后击败了英军的18炮双桅横帆船"拳师"号（HMS Boxer）。双方的舰长都在战斗中阵亡，两舰最终在波特兰的一处废船场内并排被焚毁。

大湖区的水上作战

在夺占底特律后，英军威胁称将把美国广袤的西北领土改作美国和加拿大之间的印第安人缓冲区。不过英军在底特律的驻军却相对薄弱，这是由于英军及其印第安盟友所需的口粮、弹药以及其他补给都依靠经由圣劳伦斯河和大湖区的补给线来提供。正因如此，美军的一大重要战役目标便是切断敌军的水上交通线。美军计划发起一场攻势夺取蒙特利尔，并由此封锁圣劳伦斯河，但由于参战的纽约州民兵不愿跨过加拿大边境作战，这场攻势最终流产。

在安大略湖方向，一支美军海陆混合部队袭击了上加拿大（Upper Cannada）的首府约克（York，今多伦多），并在之后攻占了位于加拿大属尼亚加拉河岸边的乔治堡。美军和英军在战争中都没能完全控制此湖泊。由伊萨克·昌西（Issac Chauncey）海军准将指挥的美军水上部队和由海军准将詹姆斯·约爵士（Sir James Yeo）指挥的英军水上部队在安大略湖上展开了一场毫无意义的造舰竞赛。在双方以同往常一样的均势兵力发生遭遇战的同时，这场战斗演变成了一场扁斧、大锤和凿子之间的竞赛，双方最终建造了超过100艘炮艇，而这些炮艇直到最后都未曾参加过战斗。

在战争爆发之初，英军在伊利湖（Lake Eire）上拥有一支由数艘武装船只组成的小舰队；而美军当时在伊利湖上没有任何作战舰艇。在赫尔将军将底特律拱手献出后，美国海军部长派出航海长[1]丹尼尔·多宾（Daniel Dobbin）和一队船匠前往伊利湖择地建一处基地并开始建造美军的湖上舰队。多宾选中了位于湖中的普雷斯克岛（Presque Isle）并开始建造4艘纵帆船。与此同时，昌西准将在并不知晓多宾已经开展造船工作的情况下派遣杰西·艾略特（Jesse Elliot）上尉前往伊利湖进行同样的工

---
[1] Sea Master，在当时指没有军籍但被军方雇佣的航海专业人士——译者注。

1812年战争中的几次湖上战斗示意图

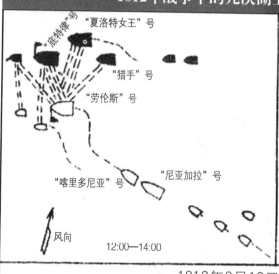

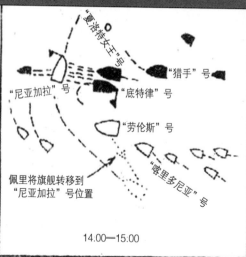

1813年9月10日伊利湖之战

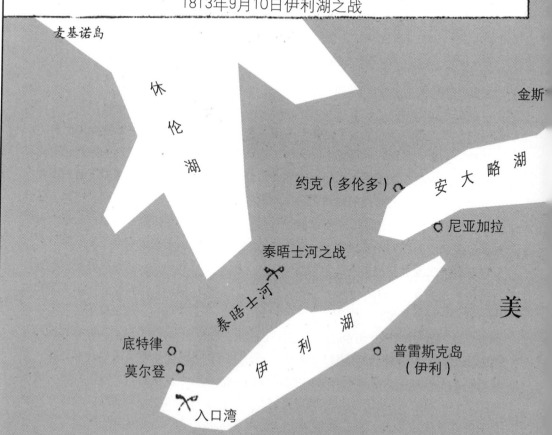

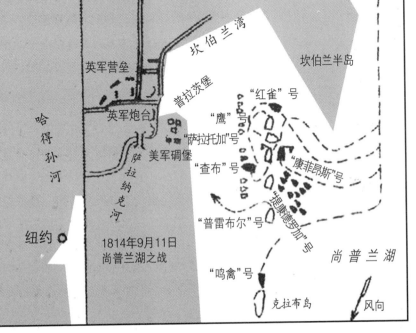

作。艾略特选择了尼亚加拉河畔的黑岩（Black Rock）作为基地并以俘虏英国武装双桅横帆船"喀里多尼亚"号（Caledonia）为自己的任务拉开了振奋人心的序幕。在买下4艘纵帆船后，艾略特返回了安大略湖。

在1813年1月，昌西视察了普雷斯克岛，他认为多宾建造的这4艘纵帆船体型太小不足以参加战斗，并下令开始建造2艘20炮的双桅横帆船。2月，昌西任命27岁的海军中校奥利弗·哈泽德·佩里（Oliver Hazard Perry）中校指挥正在招兵买马的伊利湖分舰队，佩里是为了逃避长期被封锁的远洋舰艇上的无所事事而自愿加入淡水部队的。在得知黑岩可能已经进入了英军炮火的射击范围后，昌西下令撤除了这座海军基地。

佩里在3月底抵达普雷斯克岛，并随即以极大的热情投入加快两艘双桅横帆船建造的工作中。他召集了更多的船匠，亲自监督木材伐运，征集当地的废铁和铁匠，从匹兹堡（Pittsburgh）调集补给，并征召当地民兵保卫这座基地。

完工的两艘双桅横帆船中，一艘被佩里命名为"尼亚加拉"号，而另一艘作为佩里旗舰的则被他命名为"劳伦斯"号，以纪念他的亡友，时运不济的"切萨皮克"号舰长。这两艘双桅船配备有18门32磅卡隆炮和2门12磅长炮，由此成为伊利湖上最为强大的战舰。

威廉·H.哈里森将军（William H. Harrison）将军见证了两舰的建成，他率领着一支从肯塔基州开来的陆军部队驻扎在俄亥俄河北岸，等待着伊利湖分舰队夺取该湖的控制权，随后他将率领部队向底特律开进。英军同样也关注到了美军的造船行动，他们随即在莫尔登堡（Fort Malden）建造了一艘战舰——"底特律"号（Detroit）。1813年5月，约准将派出罗伯特·H.巴尔克莱（Robert H. Barclay）中校指挥伊利湖分舰队。巴尔克莱所接到的命令是，必须让美国海军在伊利湖上的两部分兵力无法汇合，并且绝对不能让在普雷斯克岛建成的两艘双桅船驶出港口。

直到6月中旬位置，巴尔克莱的舰队都在普雷斯克岛和尼亚加拉河之间巡航。但与此同时，伴随着美军攻克乔治堡，英国陆军暂时从尼亚加拉半岛撤退。佩里抓住这个机会将"喀里多尼亚"号和纵帆船从黑岩撤出，并用牛拖曳着这些战舰逆着湍急的水流进入伊利湖。此后佩里趁着大雾让舰队紧靠岸边航行，溜过了巴尔克莱的封锁线安全进入普雷斯克岛湾。

7月23日，在原材料和熟练工匠不足的困境下，在普雷斯克岛建造的两艘双桅船终于完工。8月2日，当巴尔克莱的舰队为了补给而脱离封锁位置时，在舢板的帮助下，没有装载武器的"劳伦斯"号和"尼亚加拉"号成功穿过河湾内的暗沙进入湖内,并在之后完成了武器的安装,如果巴尔克莱的舰队此时出现,佩里根本没有机会完成这一壮举。

在此之后不久,已经晋升中校的艾略特带着101名军官和水兵从安大略湖抵达普雷斯克,同时哈里森将军也借给了佩里100名神枪手负责在船顶射击敌军。佩里任命艾略特作为他的副手,并让他指挥"尼亚加拉"号。艾略特对于这样的安排并不完全买账。他认为应该是自己,"喀里多尼亚"号的捕获者,而不是初来乍到的佩里担任伊利湖分舰队司令。

当巴尔克莱返回普雷斯克岛的封锁线时,他发现佩里的分舰队已经来到了湖面,随后巴尔克莱立即下令撤退,返回莫尔登堡等待"底特律"号完工并作为自己的新旗舰。此时的佩里则趁此机会向前推进,并在莫尔登堡对岸的蒲特英湾(Put-in Bay)建立起了一座基地。

9月初,"底特律"号虽然已经完工,但还未安装武器。此时莫尔登堡的粮草已经几乎告罄,而集结在此的,包含妇女和儿童在内的14000名印第安人则使得粮草的消耗量居高不下。为了避免断粮,英军此时的当务之急便是重新夺取伊利湖上交通线的控制权以送入补给。巴尔克莱用从莫尔登堡内搜罗到的各色火炮勉强武装起了"底特律"号,该舰配备了17门不同口径的长炮和2门卡隆炮。9月10日上午,士气遭受重创的英军在巴尔克莱的指挥下出港对对手发起挑战。在他的旗舰"底特律"身后,跟随着配备3门12磅长炮和14门卡隆炮的"夏洛特女王"号(Queen Charlotte),13炮纵帆船"普雷沃斯特夫人"号(Lady Prevost),10炮双桅横帆船"猎手"号(Hunter)以及两艘尺寸更小的舰艇。

伊利湖海战,1813年9月10日

在发现英军战舰后,美军舰队乘风直接以斜向接近敌军舰队。佩里的战旗高扬在"劳伦斯"号的顶桅上,这面战旗以蓝色为底,用白色棉布绣上了劳伦斯舰长的遗言:"不要放弃战舰。"

根据佩里战前下达的作战命令,他的旗舰"劳伦斯"号将与英军旗舰"底特律"号捉对厮杀,而另一艘双桅船"尼亚加拉"号则负责对付英军的另一艘重火力战舰"夏洛特女王"号。佩里对于自己的其他战舰并不抱太大希望,因为这些小艇只都只配备了一到两门火炮,即便是"喀里多尼亚"号也只安装了3门。由于他的两艘双桅船的火炮投射总质量仅占到敌军投射总质量的40%，佩里命令己方战舰快速逼近敌舰到仅几十米的距离上，以最大程度发挥桅杆上的神射手们和短射程的卡隆炮的作用。为了强调这一点，佩里在作战命令中引用了纳尔逊的《备忘录》名言："如果将敌舰放得太远，那就是你的失职。"[1]

顺风而下的"劳伦斯"号在"底特律"号上的长炮打击下受到了不小损失。但佩里顽强地命令战舰继续前进，直到双方靠拢前卡隆炮都不许开火。随后"劳伦斯"号在近距离对"底特律"号发动了一轮齐射，导致该舰人员大量死伤，且甲板上一片狼藉，堆满了被打烂的帆桁和索缆，不过"底特律"号上的火炮仍然在继续开火。

与此同时"尼亚加拉"号却因逆风而跟在迟缓的"喀里多尼亚"身后不远的位置上，两舰都没有按照佩里的命令靠近敌舰发起攻击。由于无法靠近"尼亚加拉"号，英军的"夏洛特女王"号以及其他战舰都加入了对"劳伦斯"号的围攻中。在此后两个小时的交火期间，身陷重围的"劳伦斯"号几乎被轰成了一堆残骸，舰上半数舰员或死或伤。在最后时刻，是舰上的牧师和佩里两个人在操纵舰上最后一门能够打响的火炮。当美国的国旗仍然飘扬在千疮百孔的"劳伦斯"号上时，佩里派出该舰唯一一艘尚能航行的小艇带着他的舰队司令三角旗和蓝色战旗离开。在英军射来的炮弹不断在身边炸开之际，他通过绳索爬到了"尼亚加拉"号上，该舰乘着一阵微风刚刚超过还在逆风行驶的"喀里多尼亚"号。在佩里登上"尼亚加拉"号后，"劳伦斯"号降下了国旗。

佩里随即接管了"尼亚加拉"号，同时命令艾略特搭乘小艇前去催促航速缓慢的纵帆船和快帆船。随后佩里指挥该舰向着下风向航行，意图穿过英军战列直抵"底特律"号前方。为了避免被美军扫射，同时也为了给予"尼亚加拉"号一轮齐射，"底特律"号进行了转向，但这一动作恰好让该舰与正在朝下风方向转向的"夏洛特女王"号撞个正着。当两艘英军战舰以船头插进船舷的"尴尬"姿势动弹不得之时，佩里指挥"尼亚加拉"号航行至两舰艏艉相撞之处横打过船体，对两舰的甲板发动装填了双份炮弹的猛烈扫射。与此同时，"尼亚加拉"号的左舷火炮也进行了多轮跨射，将其他英军小型舰艇赶回港内。

很快地，"底特律"号和"夏洛特女王"号就失去了战斗意志，降下军旗投降，其他英军小型舰艇也随之放弃抵抗，美军在此战中的伤亡为123人，其中三分之二都

---

[1] If you lay your enemy alone, you cannot be out of your place.

是"劳伦斯"号上的舰员。英军的伤亡则为135人。

在战斗结束后，佩里从自己的口袋里掏出来一张已经用过的信纸，在其背面写下了对哈里森将军的汇报：

> 致尊敬的将军：——我们已经遭遇了敌军舰队，而且现在这支舰队是我们的了：
> 两艘战舰，两艘双桅船，一艘纵帆船和一艘快帆船。
> 怀着无比的敬意向您问候。
>
> O.H.佩里

趁着当月还没结束，佩里就将战舰修缮完毕，并将哈里森将军的陆军部队运过了湖。英军仓皇撤出莫尔登堡，和他们的印第安盟友一道撤入泰晤士河（Thames）谷，但哈里森随后发起追击并将这支敌军击溃。这场被后世称之为泰晤士河战役（Battle of Thames）的战斗中，印第安联盟领袖特库姆塞阵亡了，随着他的去世，印第安人对美军的抵抗活动逐渐被瓦解。西北领土从此被美国牢牢地掌握在手中，进而保证了俄亥俄州、印第安纳州、伊利诺伊州、密歇根州和威斯康辛州等州成为联邦合众国的一部分。

波特和"埃塞克斯"号（Essex）

在1812年下半年，英军的封锁尚未对美国海军的行动构成严重限制，大卫·波特（David Porter）上校指挥着护航舰"埃塞克斯"号出海参战。他在南大西洋上错过了与班布里奇和劳伦斯的会合，于是独自前往霍恩角。在此后的一整年中，埃塞克斯号都在大西洋巡航，袭击敌方的海上航运。该舰在此期间最为突出的功绩是通过捕获十余艘捕鲸船而严重破坏了英国的捕鲸业。由于捕鲸船和商船上都为远洋航行而搭载了充足的补给，波特的舰员们日子过得不错。其中一条配备有10门6磅炮和10门18磅炮、舰况良好的捕鲸船被波特征用，并命名为"埃塞克斯二世"（Essex Junior）。由于捕获的敌船像滚雪球一样越滚越多，波特那小小的舰员队伍已经难以向新的被捕获船只上派出人手操纵。为了向一艘失而复得的美国捕鲸船派驻捕获物押船官，波特不得不派出他船上最年轻的军官候补生，同时也是他的养子：大卫·法拉古特（David Farragut），这位当时年仅12岁的未来海军上将到该船上负责押解。

在得知英舰正在对自己进行追踪后，波特指挥战舰撤退至马克萨斯群岛（Marquesas Isle）进行了全面的休整。此后波特没有继续向西完成环球航行，也没有向东打道回府，他无法抗拒与在太平洋上皇家海军战舰较量的诱惑。"埃塞克斯"号此后返航至南美洲西岸，并在1814年2月3日抵达瓦尔帕莱索（Valparaiso）。5天后，两艘英军战舰也抵达该港口，两舰分别是由詹姆斯·希尔亚（James Hillyar）上校指挥的38炮护航舰"福柏"号（Phobe）和20炮快帆船"小天使"号（Cherub）。

波特意识到了他此时处于相当不妙的境地。他在火力上的最大弱势是射程方面，舰上的主要火力是40门32磅卡隆炮。"埃塞克斯二世"号的船身和火力也都太过单薄，不适于作战。"福柏"号和"小天使"号上的长炮射程上远超过自己，且两舰加起来的投射总质量也远超自身。波特希望在开阔海域作战，让英军战舰互相拉开距离，继而各个击破。希尔亚是个机警的对手。他在锚地的入海处来回航行，准备在"埃塞克斯"采取任何动作后立刻发起截击。他拒绝了波特与"福柏"号进行单舰对决的要求。

波特空等了6个星期，但希尔亚并未露出破绽。而在3月28日，在突如其来的强劲南风下，"埃塞克斯"号的一根锚缆被扯断。而当另一支船锚已经无力固定船体时，舰员们不得不将这只船锚的缆绳一同切断，使得"埃塞克斯"号在港内漂流起来。抢风航行的"埃塞克斯"号钻过了占据上风向的"福柏"号和"小天使"号，趁机驶入开阔海面。在被发现逃出港内后，该舰就立即遭到了英军的全力射击，主桅顶部被打飞到船外。由于无法甩开英军战舰，波特试图重新躲回港内。但在尝试无果后，他将战舰掉头向岸边驶去并在瓦尔帕莱索以北几英里处的中立水域下锚。

英军战舰罔顾智利的中立地位，逼近"埃塞克斯"号并在下午即将四点时开始向其发起攻击。英军战舰维持在卡隆炮射程之外，从容地用舰上搭载的30门18磅长炮和2门9磅长炮给予"埃塞克斯"号重击。而波特手中唯一的还击手段就是从舰艉炮位开火的3门12磅长炮。由于舰员和军官已经大量死伤，波特试图让该舰调转方向并销毁该舰，但他没能成功。在尝试无果后，波特允许不愿成为战俘的舰员跳船逃往岸上。在下午6时20分，当逃生者们靠近海滩后，波特降下了军旗投降。"埃塞克斯"号上有58人阵亡，另有65人受伤，伤亡人数超过了舰员的一半，而"福柏"号和"小天使"号的伤亡加在一起也仅15人。波特犯下了海军破交作战指挥官所常见的错误，贪恋于与敌舰交战而非达成战略目标（攻击敌方商船）。

北美战事，1814年

1812年6月下旬，当美国宣战的消息还没传到伦敦时，英国政府就撤销了此前曾提交美国政府的、要求禁止与拿破仑控制下的港口进行贸易的枢密令。这事实上使得美国失去了一个重要的宣战借口。在美国宣战的消息传到英格兰后，英国内阁并没有立即恢复枢密令，而是希望，"我们两国之间长久以来的和平亲睦能够恢复如初。"[1]但在和平的努力都付诸东流（主要原因是英国将强征入伍问题视作内政不容干涉）之后，英国皇家海军开始增强部署在哈利法克斯和西印度群岛的舰队兵力。

1812年12月，拿破仑大军在俄罗斯覆灭的消息传到了伦敦。对英国而言，此时与美国的和谈重要性已经降低。几天后，英国政府宣布对特拉华湾和切萨皮克湾实施贸易封锁，意图削弱美国政府的战争决心，英国人事前已经知道在商人聚集的纽约和新英格兰反战情绪较为强烈。

1813年10月拿破仑在莱比锡的战败以及他在次年4月的退位让英国人腾出了越来越多可以用于对美战争的兵力。最终，在1814年3月，英国对美的封锁令升级为"包括所有美利坚合众国所拥有的港口、锚地、海湾、海峡、内河、河流出入口、岛屿和海岸"。1814年禁运令的出台使得美国在该年的商船贸易量相比1811年下降了11%。而英军对于沿岸货运的封锁严重扰乱了美国的国内经济。而作为国内运输业务的替代，当时的货运马车运输能力仅为船运吨位的零头。

在海运断绝导致的经济瘫痪下，美国最青睐，也是最为有效的报复手段就是私掠行动。近岸纵帆船的船长们熟知当地水域的情况，知道哪里存在可以用来摆脱英国警戒船的浅水水道。在登记过的526艘私掠船中，有200艘的确进行过1次或是更多次的巡航，且总共捕获了超过1300艘船只。私掠行动的活跃惹恼了政治实力雄厚的英国商人阶级，调动起了英国国内的反战情绪，并由此为推进双方和谈做出了贡献。

交战双方要求结束敌对状态的谈判几乎是从宣战之日起便开始了。在拿破仑被击败后，麦迪逊总统接受了英国首相的专门提议，两国代表在弗兰德斯群岛的根特（Ghent）为了终止这场战争展开谈判。为了让战场上的胜利为谈判桌上提供更多的筹码，英国开始将经历过伊比利亚半岛战争的威灵顿麾下的老兵部队送到美洲，以便对美国发起一系列攻势。英军计划从北面入侵美国，以便将大片美国东北部的国土送

---

[1] 出自1812年6月30日，英王在国会开幕时在王座上的演讲。

给加拿大。为了调走美军的兵力并且在谈判桌上取得筹码，英军还准备从切萨皮克湾和墨西哥湾发起两栖登陆。

1814年夏，皇家海军的战舰开入切萨皮克湾并在未遭到抵抗的情况下将4000名英军精锐部队送上了帕图森河（Paxtuxent River）的西岸。英军战舰追击着逆流而上的美军炮艇，而入侵的英军则一路绕开闻讯而至的美国民兵部队向华盛顿开进。在包括麦迪逊总统在内的美国政府官员仓皇撤离后，英军为了报复美军，点燃了白宫、国会大厦以及其他公共建筑。

与此同时，一支小规模的英军舰队已经逆着波多马克河航行多时，很多时候这支舰队要靠扔出小锚来前行。英军舰队的出现，迫使位于华盛顿对岸的亚历山大市（Alexandria）投降，英军虏获了当地的美国船舶。在敌军地面部队和战舰的威胁下，美国高层签署命令将停留在华盛顿海军船坞内的一艘快帆船和一艘护航舰焚毁以免其落入敌人之手。

在退出华盛顿地区后，英军舰队装载着陆军部队顺着切萨皮克湾向北进发，并劫掠了巴尔的摩。英军士兵们对城市的进攻却因为英军舰队无法强行突破麦肯利堡（Fort McHenry）进入港口而被迫推迟。9月13日夜间，被扣留在一艘英军战舰上的美国平民弗朗西斯·斯科特·基在目睹了英军对麦肯利堡要塞不成功的炮击后，为了纪念这座要塞的顽强防御所展现出的振奋人心的精神，他写下了日后一时成为美国国歌的《星光灿烂的旗帜》（*The Star-Spangled Banner*）。

尚普兰湖之战，1814年9月11日

1814年夏，加拿大总督乔治·普雷沃斯特（George Privost）在蒙特利尔地区集结起包括4个旅的威灵顿麾下老兵在内的12000名英军士兵，准备经由此前英军曾使用过的尚普兰湖入侵路线进入美国境内。而美军在这一地区能够用于防御的只有1500名士兵。美军在亚历山大·麦克姆（Alexander Macomb）的指挥下，在尚普兰湖西岸的普拉茨堡（Plattsburgh）安营扎寨。

普雷沃斯特推迟了入侵行动，他当然不是慑于麦克姆那支微不足道的美军，而是如同38年前的盖伊·卡尔顿爵士所面临的一样，他必须要在英军夺取尚普兰湖的控制权后再发起进军。英军的尚普兰湖分舰队必须击垮美军在湖上的舰队，如若不然，美军的舰炮将有机会摧毁普雷沃斯特必须使用的沿湖道路，且阻碍英军利用湖面运输补给。

美军的尚普兰湖分舰队由托马斯·麦克唐诺（Thomas Macdonough）中校组建并指挥，同时他也是"普雷布尔的男孩儿们"的一员。该分舰队以27炮小型巡航舰（covertte）[1]"萨拉托加"号（Saratoga）为旗舰，另有20炮双桅横帆船"鹰"号（Eagle）、17炮双桅纵帆船"提康德罗加"号（Ticonderoga）、7炮快帆船"普雷布尔"号（Preble），另有10艘装有一到两门火炮的划桨船。

陈兵尚普兰湖北端的英军分舰队规模稍逊，包括16炮双桅横帆船"红雀"号（Linnet）、双桅纵帆船"查布"号（Chubb）和"鸣禽"号（Finch），两舰各载有11门火炮，此外英军还装备有十余艘安装有一门火炮的划桨船。不过英军还留有后招，他们当时正在建造37炮护航舰"信任"号（Confiance）。该舰直到今天都一直是这座湖泊上战斗力最强的战舰，正是其强大的性能给了英军底气，扬言彻底击败整个美军分舰队。

"信任"号于8月25日下水。普雷韦斯特在得知这一消息后立即下令实施入侵计划，全然不顾这艘崭新的战舰是否做好了战斗准备。

在得知国土遭受侵犯后，来自纽约州和弗蒙特州的民兵火速赶到普拉茨堡支援麦克姆。麦克唐诺将自己的分舰队部署在普拉茨堡的侧翼，以免这座堡垒遭到英军分舰队的攻击。他让自己的4艘主力战舰沿着南北方向在陆地与坎伯兰角（Cumberland Head）之间水面上零散地下锚。虽然这种布置使得战舰失去了航行能力，但也让这4艘战舰成为稳定且炮手充足的火炮平台。

英军在9月6日夺取了普拉茨堡，麦克姆率领美军退过萨拉纳克河准备建立新的防御阵地，并摧毁了渡河的桥梁。此时普雷沃斯特开始不断催促新上任的尚普兰湖分舰队司令乔治·唐尼（George Dwnie）上校指挥舰队即刻出发参加即将发起的海陆联合进攻。唐尼虽然有更好的主张，但最后还是做出了让步。此时造船工人们还在"信任"号上加班加点，该舰的新舰员们甚至来不及测试帆装的质量或者进行火炮试射。

9月11日清晨，英军战舰列队坎伯兰角外侧，唐尼乘坐划桨船在海角周围侦察，意图判断出美军的兵力部署。和同时代的其他海军军官一样，唐尼和麦克唐诺都认真研究了纳尔逊的战例。双方都非常清楚此时麦克唐诺的阵型与布吕埃在尼罗河海战时的布置极为相似，以迎风方向纵队排列，且前卫的前方航路被半岛堵死。唐尼决定效

---

[1] 小型巡航舰（covertte）指比护航舰（frigate）更轻更小的快速巡航舰，这种舰种体型略小于护航舰，略大于快帆船（sloop）、双桅横帆船（brig）和纵帆船（schooner），按照六等划分法通常为五等战舰——译者注。

法纳尔逊在1798年的战术，集中火力攻击美军纵队的前部，然后再解决整个纵队。

不过麦克唐诺也不是瞎子，他很清楚自己的布阵和布吕埃有着根本的不同。坎伯兰角的尖端位于麦克唐诺纵队的南侧；英军若想逼近他的纵队，就必须尽可能地靠近坎伯兰角，但由于高耸的坎伯兰角的存在，从北吹来的风将很有可能被彻底挡住。与布吕埃不同的是，麦克唐诺让战舰在下锚的同时也做好了挂帆准备，使得美军能够调转船身重新为火炮布置射界。当得知英军分舰队已经列阵普拉茨堡湾外后，他命令敲响战斗鼓，并模仿纳尔逊在特拉法加挂出的旗语，向他的舰队传讯道："被强征的海员们，希望每个人都恪尽职守！"

唐尼命令舰队转向向南前进，并排开一字横队在战斗鼓的鼓点中向美军舰队逼近。因为桅杆高大而让顶桅接收到了吹过坎伯兰角的大风，"信任"号逐渐甩开了其他战舰，一马当先的英军旗舰随即遭到整个美军战列的"重点照顾"。在航行到与"萨拉托加"号并肩位置后，"信任"号用一轮装填双份炮弹的齐射横扫了40名美军舰员。但"萨拉托加"号的回击不仅打断了"信任"号的所有桅杆，还将该舰的一门舰炮打坏。被打出炮位的舰炮滚过了整个甲板并撞伤了唐尼。

双方的小型舰艇都很快在主要战斗中退场。"查布"号降下了军旗投降。"鸣禽"号陷入沉没，顺水向南漂流。"普雷布尔"号被英军划桨船的火炮打瘫，只得躲入麦克姆的陆军设置的炮垒的火力掩护下。"提康德罗加"号则加入了划桨船之间的炮战。

与此同时，美英的4艘"大型"战舰则展开了最终的厮杀。"鹰"号受到"信任"号前部火炮的密集射击，同时也被并排的"红雀"号的侧舷火炮攻击。当"鹰"号右舷的大多数火炮都被打哑后，该舰砍断锚缆，重新在"萨拉托加"号舰艉后方下锚。此举却使得"红雀"号占据了可以横扫"萨拉托加"舰艉的扫射位置。在此后半个小时的激烈交火中，4艘战舰的全部桅杆都被打飞，舰体破损也达到了无从修复的地步。

当双方旗舰的侧舷齐射对轰几乎偃旗息鼓的时候，麦克唐诺却突然让"萨拉托加"号来了个180°回转，将完好无损的左舷火炮对准"信任"号发动了又一轮侧舷齐射。而当"信任"号也想要采取同样的行动时，却在掉头到一半时将艉部暴露给了严阵以待的"萨拉托加"号炮组，从而遭到了致命的扫射。随着从弹孔灌入的海水使得舰内水位越来越高，英军旗舰最终不得不投降。随后"萨拉托加"号将仍然完好无损的侧舷炮阵列对准了"红雀"号，后者很快投降，"鸣禽"号也一样放弃了抵抗，搁浅在螃蟹岛（Crab Island）上。只有少数英军划桨船逃过了美军的追捕。在这场两小时20分钟的近距离交战中，美军付出了200人伤亡的代价，而英军的伤亡则达到了300人。

麦克唐诺的胜利不管是从战役，还是全局角度上来看都称得上是决定性的。普雷沃斯特因此战失利而补给线面临威胁，抛弃了所有的重型火炮和补给品仓皇撤回加拿大，他的失败让英国政府重新审视了局势，并认同了威灵顿的预判。威灵顿认为继续发动新的攻势所付出的代价将更大。英国就此提出了停战所需的领土要求，并由在根特的谈判代表告知美方，为在年内签订和平协定铺平了道路。

1815年的战事

在两国在根特正式签署和平协定期间，双方仍然爆发了多场血腥的战斗。在陆地战场上，其中最为著名的便是安德鲁·杰克逊（Andrew Jackson）少将指挥美军击退了英军对新奥尔良的反攻。虽然为了发起登陆，英军事实上完全掌握了制海权，但双方在这场战役中还是意外地爆发了海上战斗。由托马斯·AP.盖茨比·琼斯（Thomas ap Gatesby Jones）中尉指挥的5艘美军炮艇试图阻挡英军进入博恩湖（Lake Borgne），但英军的40艘武装舰载长划艇和双桅横帆船直接将他们甩在一边。杰克逊指挥炮艇在密西西比河的左岸占据了一处阵地，在此处他的右翼被河水包围，而左翼则是一处沼泽。两艘美军的轻型纵帆船"卡罗来纳"号和"路易斯安那"号从河道内提供了有效的火力支援。在"卡罗来纳"号被英军火力点燃焚毁后，该舰的舰员继续操纵岸上的火炮作战。1月8日，数千名英军半岛战争老兵在陆军少将爱德华·帕克南爵士（Sir Edward Pakenham）的指挥下，对杰克逊已经挖好坚固工事的神枪手部队发动了正面突击。在步枪开火的烟尘散去后，包括帕克南在内的2000余名英军被打死，其余部队落荒而逃，美军则仅损失71人。美军这场在和平协议签署后两周才取得的大胜对于战争的结局没能产生影响，但却让杰克逊由此平步青云，踏上了通往白宫的道路。

在远海，在斯蒂芬·迪凯特上校的指挥下的美军重型护航舰"总统"号在纽约港试图躲过英军封锁舰队出海时被捕获。幸运的"宪法"号则在查尔斯·斯图尔特（Charles Stewart）上校指挥下从波士顿成功逃出，并在1815年2月下旬的一场战斗中一举俘获20炮快帆船"库阿妮"号（Cyane）和18炮快帆船"黎凡特"号（Levant）。

通常在二对一的战斗中,英军的两艘战舰通常会一艘与敌方展开正面对射,而另一艘则抢占扫射位置。但斯图尔特凭借炉火纯青的驾船技巧让"老铁甲军"在这场战斗中自始至终没有受到扫射。

《根特和约》(The Treaty of Ghent)中并没有涉及强征水手和中立权的内容,但随着拿破仑被流放到厄尔巴岛,这些问题已经不再成为困扰。根据这份条约,双方退还了占领的对方领土,边界恢复至战前状态。但由于签订和约和新奥尔良战役胜利的消息同时传达,许多美国人认为是合众国击败了英国并达成了一份战胜条约。在此之后,美国通过一系列的双边条约与加拿大划定了完整的无争议边界,并使得美加边境成为世界上最长的一条不设防边境线。美国人民在战争结束后很快淡忘了被封锁的日子、被焚毁的华盛顿以及陆军在战争中铸成的大错,但他们铭记了海军在战争中的辉煌胜利并且强化了对国家统一的认同感。

总结

从英国的角度上来看,1812年战争其实是一场通过谈判赢得和平的有限战争,也是在英国利用海权击败拿破仑的同时被迫卷入的一场战争。而在美国人看来,1812年战争是一场全力以赴的战争,战争目标则包括终结英国援助下的印第安人袭扰,吞并加拿大,并在英国对海运的干涉中争取作为中立国的正当权利。

在大西洋战场,这场战争主要围绕着英国皇家海军对美国港口的封锁和美国军舰与私掠船对英国海上航运的袭击展开。在地面战场上,北线的战事胜负取决于谁能控制大湖区的水运补给线。欧洲大陆的局势决定了战局的和缓与否。在1812年,由于只向北美战场投入了少量资源,实力处于下风的英军处于守势。在1813年,英军在防守加拿大的同时加强了对北美沿海的封锁。在1814年,英国将封锁范围拓展至整个美国海岸线,并在威灵顿麾下的老兵到位后成功攻陷了华盛顿,对巴尔的摩发动了一场不成功的突击,跟随此前的沿尚普兰湖路线入侵纽约州的作战行动则最终流产。

美国海军在大西洋航运袭击行动中通过多次小规模战斗积累了一些战果,在太平洋海域也进行了一次航运袭击行动。美军在护卫舰对决中四战三胜,和在快帆船/纵帆船对决中的八战七胜,让美国国民大感振奋。在战争期间,美军和英军的战舰共进行了25场战斗,美军获得了其中13场的胜利。在这些战斗中,除了两场之外,其余的战斗都是拥有更强侧舷火力的一方赢得胜利。这两场意外,一场是美军20炮快帆船"黄蜂"号击败英军双桅横帆船"雀跃"号，另一场是英军护航舰"香农"号击败"切萨皮克"号。这些海战的结果证明美军所建造的远洋护航舰性能可以匹敌皇家海军中的同类型号，但双方的海上战斗对于战争的结果并没有产生任何影响。英国在所有类型的战舰上都有压倒性的数量优势，这使得他们能够对美国的海岸实施封锁，并在任意一点发起登陆作战。美军战舰和私掠船所发动的零星航运袭击成为当时美国仅有的海上报复措施。对于美国人而言，海上作战意义在于证明了炮舰海防政策的彻底破产，而熊熊燃烧的华盛顿则证明了民兵国防体系的失败。

在美加边境，美军因为计划冒进、领导失当以及民兵体制的固有缺陷而未能在战争爆发之初达成预定目标。陆战失利所带来的沮丧也没有被美军在两个大湖上的分舰队所取得的辉煌胜利而冲淡。佩里的在伊利湖的胜利为其后的泰晤士河战役获胜奠定了基础。这两场胜利使得英国将美国西北边境领土划作印第安人缓冲区的图谋未能得逞。麦克唐诺在尚普兰湖的胜利意义甚至大于前两者，其避免了大片美国领土（至少包括缅因州）被加拿大所割占。我们无法想象如果唐尼获胜且普雷沃斯特继续长驱直入将对这场战争产生什么样的影响，但可以确定的是，麦克唐诺的胜利让英军重新考虑了这场战争的战略并为促成英国在和平谈判中的妥协做出了直接贡献。

第11章
转型中的全球海军，1815—1860年

1815—1860年，美国和西欧海军日新月异的高速发展折射出当时工业与科技的快速进步。海军在此期间很快地就用蒸汽机取代了风帆，用铁壳取代了木壳，用爆炸炮弹取代了实心球形弹。这一切都使得海军战舰的外形和使用手段以及其搭配的火力在短短数十年中的演进程度远超此前的三个世纪。由于在这段时间内大国之间较少发生战争，海军并没有得到在舰队对战中进行实战检验的机会。

美国海军：战斗行动

在1812年战争结束后，与此前的历次战争相比，美国海军赢得了前所未有的大发展。这一方面是得益于美国海军在战争中的杰出表现所带来的国民认同感与自豪感。但更重要的原因则是美国突飞猛进的海外贸易急需一支强大的海军保卫。在和平到来后不久，战时铺设龙骨的74炮战列舰"独立"号（Independence）、"华盛顿"号（Washington）和"富兰克林"号（Flanklin）相继下水。随后国会又授权建造9艘战列舰。当然，这些战列舰仍然是风帆动力的木制船只。虽然雄心勃勃的造舰计划最终被逐步地削减了数量，但美国仍然获得了一支看似威武雄壮、实则已经开始落后于时代的舰队。沿袭了各种型号的美制战舰都会比国际标准设计尺寸略为放宽的传统，1820年后建成的美军主力舰所搭载的火炮数量均为86门。其中"宾夕法尼亚"号

(Pensylvania)所搭载的火炮数量甚至达到了120门,该舰在刚下水时曾是世界上体型最大的战舰。

对于文职出身、毫无相关经验的海军部长威廉·琼斯而言,管理这样一支急剧扩充中的海军实在是超出了他的能力范围。在战争期间,海军部长就被如山一般的文案工作彻底压垮,他向国会强烈呼吁建立由三名军官组成的海军委员会,负责为他提供建议并辅佐他的工作。国会于1815年上半年授权组建该委员会,虽然对于琼斯来说来得太晚,但该委员会却为他的后继者本杰明·克劳宁希尔德(Banjamin Crowninshield)发挥了很大作用。麦迪逊总统提名了约翰·罗杰斯、伊萨克·赫尔和大卫·波特三名上校出任委员。其他曾在早期出任海军委员的军官还包括威廉·班布里奇和史蒂芬·迪凯特上校。

得到扩充的美国海军此后被编成了半永久的分舰队并派往世界各地。美国海军的主要任务仍是保护航运安全。地中海分舰队的任务同此前来到该海域的美军分舰队一样,对付那些常年干扰航运的巴巴里海盗船。由于从1807年起美国就没有向阿尔及尔缴纳贡金,该国的总督向海盗船下令恢复对美国商船的劫掠。在1812年战争结束后不久,美国国会就向阿尔及尔宣战并派出由斯蒂芬·迪凯特指挥的地中海分舰队,该分舰队下辖9艘舰艇,其中包括3艘护航舰。他得到的命令是让非中立或持非友善态度的巴巴里国家就范,并取缔与阿尔及尔的纳贡条约。

在航渡期间,迪凯特捕获了两艘阿尔及尔战舰。在抵达阿尔及尔后,他向总督递交了新的条约,条约中要求阿尔及尔人不得继续捕拿扣押美国船只,同时不再勒索贡金。迪凯特告诉阿尔及尔统治者,要么签订和约,要么目睹阿尔及尔剩下的舰队被美军捕捉或歼灭。在这一威胁之下,总督不得不签署了新的和约。

迪凯特随后前往突尼斯和的黎波里,在两地他都要求当地统治者支付在1812年战争中由私掠船带入港内并交给英国人的美国船只的赔偿金,并如愿拿到了赔款。的黎波里帕夏在会见中抱怨道,"为什么你的国家会让你们这样野蛮的年轻小子来与老牌国家签订和约。"在迪凯特的访问结束后,一支更为强大的、下辖74炮战列舰"独立"号的分舰队抵达地中海,这样的"肌肉展示"让巴巴里国家明白了美国已经跻身主要海上强国行列,美国船只再也不应被当作他们的海盗体系的目标。

美国海军一直维持着地中海分舰队的存在直至南北战争爆发,期间主要使用在马翁港和米诺卡岛租借的设施。在19世纪20年代,美军分舰队一直将全部兵力投入到对抗地中海东部的海盗行为的战斗中,这些海盗于持续十年之久的希腊独立战争(Greek

War of Independence）中产生。

美国海军西印度群岛分舰队同样是为了保护美国航运安全而组建的。在18世纪下半叶，美洲水域的海盗行为已经在很大程度上被遏制了。但在法国大革命战争和法兰西帝国战争期间，海盗行为又在加勒比海和墨西哥湾海域死灰复燃，并且有愈演愈烈之势。而到了1810年，随着委内瑞拉、哥伦比亚和墨西哥为了反抗西班牙统治而掀起起义，局势变得更加不可收拾。在起义方与古巴、波多黎各等忠于西班牙统治的殖民地的战争中，双方都派出了大量的私掠船打击对方航运，但这些私掠者很快就变成了海盗，不分敌我地对一切海上运输发起攻击。

海盗们的主要目标就是出入密西西比河流域通往大海的门户——新奥尔良港的船只。随着大量西方移民的涌入，该港口很快就成为美国境内仅次于纽约的第二大港。1819年，美国海军部长命令奥利弗·哈扎德·佩里上校前往委内瑞拉递交书信，以敦促该国停止颁发实际上已经沦为"海盗许可证"的捕拿许可证。佩里虽然圆满完成了任务，但在返航途中染上了黄热病。

佩里的委内瑞拉之行收效甚微，这让美国意识到了有必要采取行动。1822年，美国海军组建了西印度群岛分舰队，在此后的数年中该分舰队一直在全力搜捕海盗船，并捣毁了位于加勒比群岛和美国沿海的数以百计的海盗窝点。

西印度洋分舰队的首任司令詹姆斯·比德尔（James Biddle）准将在作战中发现他手头缺乏用来深入海盗藏身处的小型船艇。即便他的舰队抓捕了一伙海盗，他们也很有可能被美国法庭以缺乏证据为由释放。比德尔的继任者大卫·波特准将在这个位置上发挥更好的作用。这是因为他调来了更多的浅吃水舰艇。在静水海域和突破浅湾、河口的作战中，前长岛湾（Long Island Sound）摆渡船"海鸥"（Sea Gull）号表现最为突出，波特经常将自己的司令旗挂在这艘蒸汽侧置明轮船上。在捕获海盗船之后，波特通过将海盗移交给英国的海盗追猎船来对其进行"合法解决"，后者在捕获海盗后通常会不经过任何法庭审判就立即将海盗绞死。不过波特的好勇斗狠很快让他在波多黎各的法哈多（Fajardo）遇上了麻烦。在他麾下的一名军官被投入监狱之后，波特立即派遣200名士兵登陆，并威胁当地市长要么公开道歉，要么他的城市将会在地图上被抹去。在波特对他国采取越界态度的消息传到华盛顿后，波特被召唤回国并被送上了军事法庭，最终被判处6个月缓刑。波特在此之后愤然辞去了军职，并在墨西哥成为该国海军总司令。到1841年，西印度群岛分舰队终于圆满完成了任务，然后被收编进新成立的本土分舰队内。

到19世纪30年代，随着美国在东方贸易的拓展，当地的美国商船需要得到比偶尔访问的战舰更强大的军事力量保护。在1831年，在苏门答腊岛上的瓜拉巴蒂（Quallah Battoo），当地人抢劫了一艘美国商船并残杀了该船的大量船员。1832年，一艘美军护航舰抵达该地并派出一支登陆分队摧毁了当地的防御设施，随后焚毁整个城镇作为报复。

美国海军的东印度群岛分舰队最初组建于1835年。这支分舰队不仅负责保护美国在中国到阿拉伯地区的贸易航路上的商业利益，同时也为美国在这个世纪中获利最为丰厚的外交行动提供了武力支持。在1840—1842年，在劳伦斯·卡尼（Lawrence Kearny）准将指挥下，该分舰队通过一系列狡诈的力量展示为美国争取与中国的贸易中"片面最惠国"待遇的谈判铺平了道路，为了争取这一待遇，英国甚至不惜发动侵略战争。

此外还有多支美军分舰队活跃在巴西外海、太平洋和西非。美军的非洲分舰队是为了履行帮助英国禁绝海上奴隶贸易而建立起来的。在1819年，美国国会就已经将贩奴贸易列为海盗行为。从创建伊始，美军非洲分舰队就一直支援保护美国黑人奴隶的利比里亚共和国。但随着在1824年美英之间发生龃龉后，两国间的合作不欢而散。正是因为美国在这一问题上的固执，在此之后的多年间，许多国家的运奴船在没有得到美国政府允许的情况下借助星条旗的庇护在大西洋上逃脱了制裁。根据美英之间在1842年达成的韦伯斯特-阿什伯顿条约（Webster-Ashburton Treaty），美国同意派遣一支至少拥有80门舰炮的分舰队返回非洲海岸进行反蓄奴任务，同时美国坚持只有美军舰艇可以拦截并搜查悬挂美国国旗的船只。

除了保卫贸易之外，美国海军的人员也在探索，水文调查和研究中做出了重大贡献。美国发起的1838—1842年探索大远征（United States Exploring Expedition of 1838—1842）是该世纪上半叶发动的探索范围最为广泛的远征，大大丰富了人们对于太平洋地区的认识。由查尔斯·威尔克斯（Charles Wilkes）上尉指挥的6艘舰艇搭载着科学家和多种设备完成了环南极洲航行，登上了土阿莫图岛（Tuamotu Islands）、社会群岛（Society Islands）和斐济群岛（Fiji Island），并对如今美国的西海岸进行了测量考察。威尔克斯关于此次远征的相关书籍风靡一时，并且为海军赢得了更多公众关注喜爱。

美国海军上尉玛修·方丹·莫里（Matthew Fontaine Maury）则为海洋学的发展作出了独特贡献，并由此得到了"七海探路者"（Path Finder of the Seas）的美誉。作为航图与仪器站（Depot of Charts and Instruments）[1]的主管，莫里研究了大量的旧航海日志。在这些日志中，他发现了环球海风、天气、洋流、气温和气压之间的关系的最初线索。在来自全球许多国家的航海者的帮助下，莫里绘制出了最佳捕鲸场的范围图和不同季节中气温、海风、洋流和天气状况的对应关系图。他将这些图表和相关解释收纳于《相关解释与航海指南》（Explanations and Sailing Directions）中，这本于1848年出版的小册子在再版过程中内容不断增多，到最终版时已经多达上千页。该指南预测了船只以最大航速在优良的海况下航行的最优航线。莫里绘制的图表和《相关解释与航海指南》让航海者们从纽约到加利福尼亚的平均航行时间减少到47天，仅这一条航线便每年可以节约200万美元。

美国海军：问题

除了硬件方面的建设，美国海军在其他方面的发展都谈不上顺利。当时的美军水兵基本上是文盲且行为散漫，大多数人只能承担简单的作业任务。刚刚被海军接纳不久的蒸汽机已经严重超出了海军中绝大多数水兵的能力范围。水兵队伍的纪律主要靠鞭刑来贯彻。美军同当时其他国家的海军一样保留着鞭刑，且经常实施。对于水兵的主要犒赏依旧是格罗格酒，在1812年战争结束后，海军的标准饮酒配额是每人每天半品脱威士忌。

在参加了1812年战争的美国海军军官中，许多人能力出众且富有个人魅力。但从客观上而言，他们中的所有人都深受决斗精神毒害。他们为了自己的荣誉经常进行战斗，美国海军因此损失了大量的军官，甚至包括功勋最为卓著且最为受人爱戴舰长之一的斯蒂芬·迪凯特。1820年，在距离华盛顿不远的布拉德斯堡的一场决斗中，迪凯特被詹姆斯·巴伦击杀。这缘于二人在多年前结下的旧怨。迪凯特曾在军事法庭上审判"切萨皮克—美洲豹"事件时判决巴伦因疏于防备而有罪。1837年版《海军条例》（Navy Regulations）曾规定，军官进行决斗将会被送上军事法庭。虽然军法约束使得决斗之风不再盛行，但并未能完全禁止这种行为。

对于战后的美国海军而言，军官的晋升缓慢带来了长期的不良影响。这一情况一直存在，随着1812年战争的爆发，年轻的美国海军中青年军官开始越来越多地跻身高

---

[1] 即如今的美国海军天文及水文测量办公室（US Naval Observatory and Hydrographic Office）

层。战后仍然在海军中服役的现役军官因为战后的长期和平而垄断了高级军官职位。长期存在的军阶体系问题又因国会的坚持而更为严重,国会一直拒绝设置任何高于上校的海军军衔,即便是准将军衔也只是一个用于授予分舰队指挥官的名誉头衔(不会增加薪水)。

海军中有太多无法晋升的上尉,年逾30岁的军官候补生成为普遍现象,甚至有人直到50岁都未能晋升为正式军官。美国海军当时的军官等级体制由此分为作为主体的大量低级军官(候补生)以及由少数上尉、中校和上校组成的军官群体。平均年龄越来越大的军官候补生群体此时已经几乎没有被视作军官了。他们与舰员们厮混在一起,很少与上级军官保持联系。军官候补生的教育通常在海上进行,由舰上的牧师和出于政治考虑专门任命的教师负责。

在军阶金字塔的顶端,年事渐高的战争英雄们也在自己的军阶上原地踏步。这些资深军官们轮流出任海军委员会委员,而该委员会在近20年的时间里都由约翰·罗杰斯准将所把持。在美国独立战争和1812年战争的历史经验的误导下,海军委员会接受了当时政治界和陆军方面所流行的观点,认为国防战略应当围绕着沿海防御和海上破袭制订。毫无疑问,在近岸防御中,陆军将会依托其要塞发挥主导作用。在政军两界,已经少有人能够回想起在与英国的两场战争中,海军的破交作战虽然取得了一些亮眼战果,但对于得到强大护航力量的运输船队基本上毫无作用。

虽然美国海军的战略地位逐渐下降,但海军此时也正在接受最新的技术进步。技术的进步主要源自少量头脑灵活的军官的极力推动,正是这一小部分人意识到了海军武器必须紧跟当时正在突飞猛进发展的科学技术革命的步伐。在这些有识之士中,表现最为出众的当属伊利湖海战战胜者的胞兄玛修·加尔布雷斯·佩里(Matthew Calbraith Perry),以及在军队和政治领域都做出卓越贡献的罗伯特·F. 斯托克顿(Robert F. Stockton),这两人都是1812年战争的老兵。而同样贡献巨大的还有兵工专家约翰·A. 达尔格伦(John A. Dahlgren),他的突出功绩让他突破了"军衔天花板",破格得到了晋升。

有识之士们都已经认识到了美国海军应改革水兵征召体制和军官教育体系。佩里也随之成为对当时体制进行改革的排头兵。在士兵方面,佩里早在1824年就向海军部长建议引入学兵和练习舰体制,同时让征召而来的美国年轻人在海军中学到良好的品格操守。但直到1842年,佩里的想法才开始付诸实施。在那一年,美军新建成的"萨摩斯"号(Somers)双桅横帆船搭载了74名选拔的学兵。在佩里的主持下首次试验性的练习舰巡航开始。

佩里选择了自己的妹夫亚历山大·斯莱德尔·麦肯齐（Alexander Slidell Mackenzie）中校担任"萨摩斯"号的舰长。麦肯齐对学兵计划表示支持并跃跃欲试。佩里同时安排了他的儿子作为该舰的舰务长，他的另一个儿子和一个外甥出任军官候补生。从某种意义上来说，这项试验计划更像是一个"家族生意"。

此次试验的一大致命错误，便是任命海军部长之子菲利普·斯宾塞（Philip Spencer）为军官候补生。虽然斯宾塞声名狼藉，但佩里坚持了这项任命，这一方面可能是为了展现体系改革的成果，另一方面也有可能是为了讨好当时的海军部长泰勒。在一次从西非返回美国的航程中，一名军官侍应生向麦肯齐揭发称斯宾塞正在策动船员发起兵变，并准备杀死所有军官后夺取该舰前往西印度群岛成为海盗。虽然斯宾塞此时的确已经有些精神不稳定，但麦肯齐所采取的对策也不怎么样。麦肯齐为了稳定船上局势将斯宾塞和另外两名水兵吊死在帆桁的桁端。此事传回国内后引发举国轰动，虽然麦肯齐随后被送上军事法庭进行问询，最终被无罪释放，但学兵和练习舰计划很快销声匿迹，直到1864年才再度提上日程。与此同时，国会于1850年废止了鞭刑，继而于1862年停止了发放每日配酒。

美国在1802年便在西点建立起了合众国军事学院[1]（United States Military Academy），该学院的毕业生在1812年战争中用优异表现证明了该军校的价值。相比之下，国会却长期否决建立一所类似的学院培养和教育军官候补生的提议。在反对的声浪中，提出反对的国会议员们得到了一些战功卓著的海军军官的支持，这些老派军官争辩称，在岸上教育水手就如同"在阁楼上教鸭子游泳"。他们宣称对于新进入伍的年轻军官们来说，最重要的就是"睁开眼睛看"，并指出此前的像约翰·保罗·琼斯、斯蒂芬·迪凯特和奥利弗·H.佩里这样杰出且知识丰富的海军军官都完全是自学成才的。

在莫里和M.C.佩里等军官们看来，军官们走上指挥岗位之初通常对于履行其职责几乎毫无准备。莫里和佩里坚持呼吁建立一所设在岸上的学校，并在岸上给予军官候补生们全面的课堂教育。菲利普·斯宾塞事件给予了他们一个现成的论据。秉性顽劣的斯宾塞能当上军官候补生，是海军将国会议员的子弟招收为军官候补生以换取政治支持的陋习的结果，一些有影响力的选举人也会把将家里的不肖子弟送进海军服役。

---

[1] 即"西点军校"。

最早的一批美国海军岸上专门学校是因海军对考试的重视而诞生的,当时仍然在舰上学习的军官候补生必须要在通过测验后得到"通过测验的候补生"(Passed Midshipman)头衔,才能正式晋升上尉履行军官职责。为了帮助候补生们通过测试,民间指导学校应运而生。在19世纪40年代,位于费城的指导学校声名鹊起,这主要归功于威廉·肖维勒(William Chauvenet)教授(他后来被耶鲁大学授予了名誉学士学位)的努力。由于肖维勒所主持的学校非常受候补生们的欢迎,美国海军开始逐渐关停其他早期创办的学校。此后海军部批准肖维勒将课程延长至一年,费城海军学校也很快成为日后的海战精英们诞生的摇篮。

历史学家和教育家出身的乔治·班克罗夫特(George Bancroft)在1845年接任海军部长,他在上任后立即着手为费城海军学校寻找一处更宽敞且适合教学的办学地点。他看上了一处已经荒废了的军邮所:马里兰州安纳波利斯市的塞汶堡(Fort Severn)。此处毗邻塞汶河入海口,顺流直下便是切萨皮克湾。班克罗夫特从陆军部长处得到了保证,称陆军愿意将这处破败不堪的军邮所移交给海军。在由包括M. C. 佩里在内的军官测试委员会在费城海军学校会面时,班克罗夫特提议将学校搬到安纳波利斯,委员会同意了他的提议。

1845年10月10日,教职员和学生人数都大为扩充的海军学校(Naval School)在安纳波利斯正式开课,该校的首任校监是古板但正直的富兰克林·布坎南(Franklin Buchanan)中校。安纳波利斯仿照了西点的模式,由校监成立一个包括现役军官和民间教职员组成的学术委员会来"决定军校生的表现,听取教学系统的汇报,并根据经验提出他们认为需要进行的调整"。在学术委员会的建议下,美国海军于1850年将学制延长至4年,同时海军学校也正式更名为合众国海军学院(United States Naval Academy)。1851年,学院又对教学进行了另一项重大调整,4个学年将连贯进行,且每个夏天学员都会在海上进行巡航实习。

美墨战争,1846—1848年

到1845年时,有大量美国人移居到此的得克萨斯已经实现了事实独立9年之久,而墨西哥军队也从未认真尝试夺回这片土地。加利福尼亚也在武装暴动中驱逐了墨西哥政府的代表后脱离了墨西哥的控制。加利福尼亚的两大执政者都是本地人,民事行政长官在洛杉矶(Los Angeles)统治着加利福尼亚南部;而军事长官则将治所选在了蒙特利（Monterey）。在这两大势力中间混杂着无政府主义者，同时本地人与美国定居者之间的矛盾也时有发生。在如此混乱复杂的局势下，我们可以认为美国对加利福尼亚的介入避免了内战。

1845年3月1日，泰勒总统下达了总统生涯中最后的行政命令之一，批准了国会两院的联合决议——在得克萨斯人民的请求下，得克萨斯将作为一个州加入美利坚联邦合众国。随后上任的波尔克总统预见到可能与墨西哥发生的战争后，开始全力向美墨边境部署武装部队。乔治·班克罗夫特在此期间起草了大多数重要命令。作为海军部长，他命令约翰·斯洛特（John Sloat）准将指挥的太平洋分舰队夺取旧金山并尽量夺取其他加利福尼亚沿海的港口。同时兼任代理陆军部长的班克罗夫特还命令扎卡里·泰勒（Zachary Taylor）将军率军开入得克萨斯，并在得克萨斯与墨西哥的争议领土格兰德河（Rio Grande）一带占领阵地。在另一个方向，班克罗夫特命令大卫·康纳（David Conner）海军准将指挥的本土分舰队为泰勒将军的部队提供海上运兵，保护补给船和基地等支援。除了这些正规军的行动外，他还非正式地组织由名誉上校约翰·C. 弗雷蒙特（John C. Fremont）指挥的拓荒者和侦察兵对加利福尼亚进行了一场"探索远征"。随后一支由名誉准将斯蒂芬·W. 卡尼（Stephen W. Kearny）指挥的美军部队从堪萨斯州的莱文沃斯堡（Fort Leavenworth）出发，向新墨西哥开进。

泰勒的部队于1846年春季在抵达格兰德河后遭到了墨西哥部队的抵抗。在一系列的小规模遭遇战中墨军杀死了多名美军士兵，美国借此向墨西哥宣战。斯洛特准将随即命令他麾下包括一艘护航舰在内的4艘风帆船只驶出位于墨西哥马萨特兰（Mazatlan）的临时基地，向加利福尼亚开进。7月，美军舰队高悬着国旗，在未受到任何抵抗的情况下进入了蒙特利和旧金山。此后斯洛特因病离任，搭乘"国会"号护航舰抵达的罗伯特·斯托克顿准将接替了斯洛特的任务。

斯托克顿用麾下的水兵和陆战队员组建了一支小规模地面部队、他将这支小部队配属给了弗雷蒙特。弗雷蒙特的部队此时又增添了当地定居者和卡尼的正规军士兵。卡尼将军的这支分队此前在向加利福尼亚开进期间占领了圣达菲（Santa Fe）并吞并了新墨西哥。这支规模不大的混合部队随后先后夺取了洛杉矶、圣迭戈（San Diego）、圣芭芭拉（Santa Barbara）和其他加利福尼亚城镇。1847年初，已经虚弱不堪的墨西哥守军派出代表签订了《卡汉加条约》（Treaty of Cahuenga），从而正式将加利福尼亚割让给了美国，大西洋沿岸的战争就此告一段落。

坐镇墨西哥城的墨西哥中央政府既没有知悉战败消息，也没有意识到美国已经吞并了加利福尼亚。为了将墨西哥人打上谈判桌，美军开始计划夺占墨西哥的首都。虽然泰勒将军已经深入墨西哥领土，但仍然距离墨西哥首都仍过于遥远，难以形成威胁。波尔克总统随即派出了由温菲尔德·斯科特（Winfield Scoot）中将指挥的12000名美军士兵登陆韦拉克鲁斯（Veracruz）并由此直取内陆不远处的墨西哥城。

就在斯科特的远征军展开行动的同时，康纳对墨西哥东海岸的封锁行动也牢如铁桶。在他的指挥下，舰队牢牢掌控着整个墨西哥湾的制海权。1847年3月上旬，斯科特的运输船队加入了此时正停泊在距离韦拉克鲁斯仅13英里的利萨尔多锚地（Antón Lizardo）的舰队。此时包括大量的蒸汽动力船在内，美军集结起了规模超过100艘的庞大船团。这是一场规模巨大的两栖登陆行动，美军登陆士兵数量的记录直至第二次世界大战爆发后才被打破。

在利用小型蒸汽船对墨西哥海岸线进行侦察后，斯科特·康纳及其参谋人员决定让部队在韦拉克鲁斯以南绵延3英里的海滩上登陆。在利萨尔多锚地，登陆部队于3月9日从运输船上换乘至战舰上。参加抢滩的战舰拖曳着65艘骑浪艇，这些骑浪艇将直接登上海滩。

当日午后，拖曳骑浪艇的舰艇开始在滩头附近下锚，骑浪艇上的水兵也开始解下牵引绳划向预定的船只装载登陆士兵。每个骑浪艇分队都由一名海军上尉指挥，每艘骑浪艇都由一名军官候补生或军士指挥。当墨西哥骑兵发现海滩外的船影后，美军曾一度担心需要进行一番苦战。但已经被强大的对手吓破胆子的墨军骑兵指挥官带着他的部队躲进了城里。

美军为提供火力支援出动了6艘浅吃水炮艇，这些炮艇主要配备32磅高爆弹火炮，停泊在距离岸边仅90码的距离上。在登陆小艇将这一距离上的海面挤满后，炮艇又前出至由一艘蒸汽船标定的距离岸边仅40码的停止线。在斯科特将军的旗舰所发出的旗语命令下，登陆小艇开始向滩头发起冲刺。第一波登陆的部队几乎同时登上滩头，在强大舰队的激励下，所有登陆小艇的动作都非常迅速。随着一名美军士兵将美国国旗插上滩头的一个沙丘，多艘战舰上的乐队都开始演奏起了《星光灿烂的旗帜》音乐。

在卸载完所有乘客后，登陆小艇快速地回撤到运输舰上搭载第二波次部队。到晚上10点时，已经有10000名美军士兵上岸，其余陆军部队则在次日悠然完成了登陆。

在海陆军部队正在紧锣密鼓地谋划对维拉克鲁兹城的联合进攻时，M.C.佩里准将接替了康纳负责指挥本土分舰队。在海军舰炮和海陆军的上岸火炮进行了3天的狂

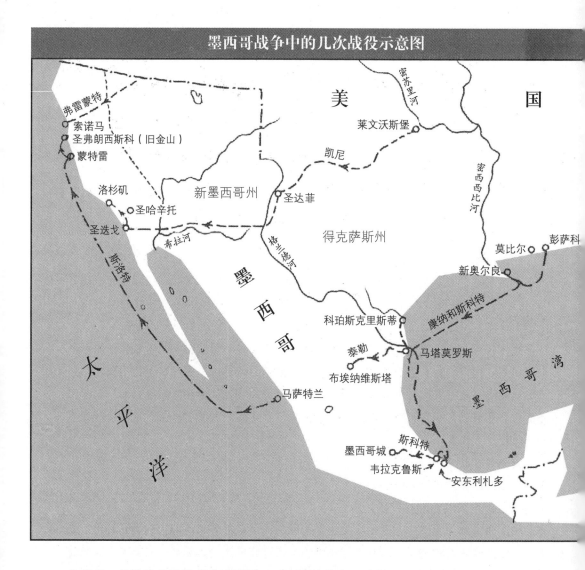

轰滥炸,将该城的城墙轰出多处缺口后,该城的守军选择了放弃抵抗。

在斯科特的陆军部队向内陆的墨西哥城进发的同时,佩里的分舰队加强了对墨西哥沿海的封锁并攻占了多处港口。佩里在夺下港口后仍然允许民用船只出入,但他同时命令收取关税以补贴美国的战争开销。

伴随斯科特的陆军部队一起行动的还有300名美国海军陆战队士兵,他们在查普特佩克(Chapultepec)打响了美国海军陆战队在内陆的第一战。在攻陷墨西哥城后,希望震慑当地民众的斯科特特意挑选了制服颜色鲜亮的陆战队员担任指挥部驻地蒙特祖玛（Montzuma）大厅的卫戍部队。

在随后签订的《瓜达罗普—伊达尔戈条约》（Treaty of Guadalupe Hidalgo）中，墨西哥将加利福尼亚和新墨西哥出让给美国，并承认了美国在格兰德河以北的得克萨斯州的主权。在墨西哥出让的土地包括了现在的加利福尼亚、内华达、犹他州以及亚利桑那州的大部分、科罗拉多州和怀俄明州。作为回报，合众国向墨西哥政府支付了1500万美元。

其他国家的海军

1816年，维也纳会议（Congress of Vienna）所成立的国际委员会将彻底消灭这些海盗的任务交给了英国。埃克斯茅斯（Exmouth）爵士指挥着5艘战列舰抵达了阿尔及尔，并对该城市的港口、城防和岸上设施发起了攻击。阿尔及尔总督在目睹了自己的船队付之一炬之后，终于接受了英国人所提出的要求。

埃克斯茅斯的进攻行动终于彻底终结了正式的"保护费"（贡金）体系，但劫掠货船的丰厚利润诱惑还是让巴巴里诸国的君主们没能抗拒太久。此后欧洲和美国的海军舰队依然不得不在巴巴里国家沿海进行定期巡航，直到19世纪30年代法国以消灭海盗体系作为正当借口征服阿尔及尔后，巴巴里体系才正式从历史舞台上退场。

1821年，希腊人对土耳其统治者的秘密抵抗终于演变成了公开的武装起义。无力镇压叛乱的奥斯曼苏丹在1825年向埃及总督请求借兵助战。到1827年，埃及军队已经重新夺取了雅典，希腊起义者们也几乎被逼上战败的边缘。就在此时，英国、法国和俄罗斯派出了包含10艘战列舰的多国舰队，在英国海军中将爱德华·科德林顿爵士（Sir Edward Codrington）的指挥下前来调停。虽然科德林顿所接到的命令仅限于实施封锁，但三国希望借此迫使苏丹接受调停。

为了给土耳其人施加更大的压力，科德林顿在1827年4月20日率领舰队开进了希腊的纳瓦里诺（Navarino）港，并停靠在土耳其和埃及舰队的旁边。在紧张的局势下，双方从最初的轻武器交火逐渐升级为一场全面对决，这便是纳瓦里诺海战。它是人类历史上最后一场完全由风帆战舰进行的舰队对决。虽然土耳其军队在人员数量和火力上远超参战的欧洲舰队，但联军舰队利用一场混乱的近战将土耳其舰队一举歼灭。此战之后埃及撤回了助战的军队，而俄国沙皇则受此鼓舞，以东正教的"信仰守护者"的名义公开介入希腊局势。1830年，奥斯曼苏丹不得不承认了希腊的独立。

在随后的二十余年中，欧洲各国的海军再也没有参加过重大的战事。未来的海战形态在从风帆到蒸汽机、从实心弹到高爆弹的替代过程中模糊不定，但欧洲海军依然忙碌。欧洲海军要负责保护航运，维护帝国在海外的利益，派出船只进行探索和科研远航以及执行当时被称为"展示旗帜"（show the flag）和"惩戒土著"（chastised native insolence）的军事行动。

18世纪30年代初，皇家海军的小型水文调查船"小猎犬"号（HMS Beagle）完成了科学史上影响最为深远的科考远航。"小猎犬号"在航程中探索了巴塔哥尼亚（Patagonia）、福克兰（阿根廷称马尔维纳斯）群岛、加拉帕戈斯群岛和南非西海岸。在漫长的旅程中，参加这次远航的民间自然学家查尔斯·达尔文（Charles Darwin）收集到了各种各样的物种标本和数据。他根据此次远航的成果建立起了生物进化论。

在19世纪40年代，法国和英国的海军还参加了对海外的军事干涉行动。这些行动规模都相当有限，两国甚至没有考虑过派遣舰队实施行动。为了报复墨西哥暴民焚毁了位于维拉科鲁兹的一处法国面包房，法军战舰在这场被称为"糕点战争"（Pastry War）的冲突中动用高爆炮弹舰炮对港口要塞发起炮击，墨军很快投降。在英国对中国发起的鸦片战争中，英国皇家海军和东印度公司的战舰都参加了战争。这些海外行动的主要长期影响在于让两国的少数海军军官意识到了高爆弹药火炮、铁制舰体和蒸汽动力装置的价值。

克里米亚战争，1854—1856年

在1853年，俄罗斯派出一支军队侵入了奥斯曼土耳其的领土，并且向现罗马尼亚所在地域开进，双方随即爆发战争。为了避免势如破竹的俄军占领君士坦丁堡（伊斯坦布尔），英国和法国向马尔马拉海（Sea of Marmara）派出了强大的海军舰队。

俄军并没有被两国的干涉吓到，他们的战舰在海军中将P. S. 纳西莫夫（P. S. Nakhinov）的指挥下在黑海自由巡航，猎杀着奥斯曼船只。1853年11月，纳西莫夫发现有7艘护航舰出现在土耳其设防薄弱的港口锡诺普（Sinop）的外围。拥有6艘战列舰的纳西莫夫冲入了锚地并利用强大的68磅锥弹炮击沉了所有7艘护航舰，击毁了岸上炮台并点燃了整座城镇，以不到40人的阵亡歼灭了近3000名土耳其士兵。

俄军在此战中的残忍行径令西欧国家感到震惊：俄军将炮口对准已经向其投降的舰

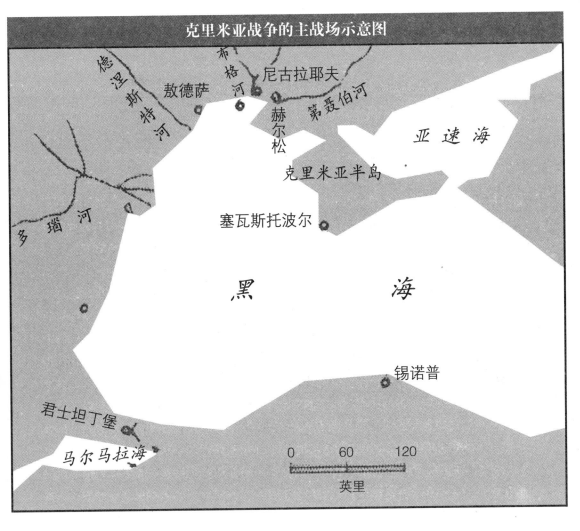

克里米亚战争的主战场示意图

艇，攻击逃上小艇和在水中挣扎的士兵。此前仍然偏好球形炮弹和木制舰体的英、法两国海军部在此战的刺激下开始重新评估此时装备的海军武器。显然，没有敷设装甲的木制舰体在高爆炮弹面前已经形同虚设，不仅无法挡住炮弹，还会被点燃引发火灾。

由于英法已经正式宣布保障奥斯曼土耳其的安全，锡诺普海战迫使两国向俄罗斯宣战。1854年6月，英法联合舰队驶入黑海，并将60000名英法军队士兵送上了瓦尔纳（Varna），以此减轻土耳其军队的压力并迫使俄军退回多瑙河右岸。

虽然联军至此已经兵不血刃地达成了他们的最低目标，但两国政府此时却认为即便是为了取悦公众,也应当借机扩大战果。英法随即向波罗的海方向派出舰队,法国甚至派出陆军在波罗的海沿岸对俄军发起进攻,北线战事的唯一作用就是拖住了可能被派往黑海方向增援的俄军部队。

在南面,联军的指挥官们受命将部队从瓦尔纳通过船运送往克里米亚半岛(Crimean Peninsula),准备夺取俄军的海军基地塞瓦斯托波尔(Sevastopol)。他们认为这样做不仅可以为土耳其在锡诺普的惨败复仇,而且能够让战争在1854年冬天来临前结束。

联军向克里米亚的航行并未受到拦阻,数量明显居于劣势的俄军黑海舰队选择了在塞瓦斯托波尔避战不出。俄军的谨慎对于联军而言是一件幸事,因为此时法军的战舰上挤满了陆军士兵,一旦发生战斗,这些拥挤的战舰甚至可能来不及开炮自卫。

联军选择的登陆场是一片在海图上被标注为"旧堡"(Old Fort)的区域,位于塞瓦斯托波尔北面约30英里的地方。此处地形平缓,适于行军,但滩头的存在将成为后勤补给的噩梦。该地区完全没有粮草,而且连泉眼都没有,只有苦涩的咸水。由于登陆场及其附近完全没有港口,因此此处根本无法用作展开作战行动的补给基地。

为了消灭事实上并不存在的滩头防御,法军拖来了大量的火箭发射船。为了将火炮送上滩头,法军还专门建造了登陆艇。英军则使用小型的蒸汽明轮驳船和搭载在大船甲板上的小艇进行运输。登陆行动必须在良好的规划、快速的实施和坚定的决心下才能成功,由于举棋不定,这场登陆行动从一开始就步调迟缓,错漏百出。1854年9月14日到9月18日,只有极少数的人员和装备被送到了岸上,而英军士兵在大雨和烈日的灼烤下干等了3天才等到了装载帐篷的船只。由于缺乏足够的医疗设施,数以百计的联军死于霍乱和痢疾。大量物资在舰队和滩头间运来运去,而与此同时指挥官们却在为了让部队得到需要的装备而绞尽脑汁。

登上滩头的英法士兵虽然处在蹩脚的指挥下,但仍体现出强大的勇气,在一个月的时间内他们一路推进至塞瓦斯托波尔的南部。此处作为港口虽然条件不佳,但足以作为后勤补给基地运作。在联军步步紧逼的同时,塞瓦斯托波尔城的俄军工兵、士兵和包括妇女在内的平民都被发动起来,加紧修建此前被忽视的城防设施。

1854年10月中旬,联军终于开始了攻城行动,陆地上的火炮和舰炮都开始对塞瓦斯托波尔发起炮击。不过这完全就是浪费时间,虽然塞瓦斯托波尔南面的城防工事被炮火重创,但在卡隆炮的炮弹爆炸硝烟散去后,联军却并未抓住机会发起突击。这场炮击中同样还留下了颇为惨痛的教训,让蒸汽动力的巨大作用得到了充分展示。由于风力不足，联军强大的战列舰几乎无法动弹，只能依靠小型的蒸汽船牵引才能抵达射击位置，但即便如此，战列舰距离岸边也太遥远，难以有效发挥火力。由于无法进行任何机动，风帆战列舰只能成为俄军岸炮阵地的固定靶，因此在战斗中受到了巨大损伤，而与之相反的是，两艘参战的螺旋桨蒸汽船抵近岸边，击毁了数座炮兵阵地，并利用灵活的机动性躲过了敌军反击安然撤出。

联军的攻城战随着冬天的到来而失败，取而代之的是对塞瓦斯托波尔的围城战，这也意味着两军需要在克里米亚度过严冬。塞瓦斯托波尔最终于1855年9月9日陷落，此时距离联军登上旧堡的滩头已经过去了近一年之久。

在联军工兵开始爆破塞瓦斯托波尔的船坞和堡垒的同时，一支9000人左右的英法联合远征军通过海路向金伯恩（Kinburn）驶去。金伯恩有布格河、印古尔河（Ingul）和第聂伯河三条河流的入海口，由一条长长的沙咀连接3座炮台拱卫。夺取金伯恩可以让联军顺着三条河流而上，同时也能切断俄军建立起海军基地和兵工厂的尼古拉耶夫（Nikolayev）与富庶的商业城市赫尔松（Kherson）向黑海的运输通道。远征军的部队在三座堡垒之间的沙咀上登陆，从而将其分割开来。在两天的海陆联合炮击之后，俄罗斯守军很快选择了投降。

如此快速的胜利主要归功于3艘其貌不扬的小型装甲浮动炮台——"雷鸣"号（Tonnante）、"毁灭"号（Dévastaion）和"熔岩"号（Lave）。这3艘浮动炮台都是法军在锡诺普海战后仓促建造的。3座炮台都配备了足以进行短途机动，但无法进行远程航行的蒸汽动力发动机，其船体由17英寸厚的木板制造，在水线以上敷设了4.5英寸厚的铁板。在战斗中，3座炮台都逼近至距离敌方不到1000码的位置开火，敌方射来的球形实心弹都被铁甲弹开，而高爆炮弹则因撞击而爆裂，无法对船体造成任何伤害。金伯恩的陷落对于战争的结局没有太大影响，但对要塞的炮击行动让多国的海军观察员们受到启发，从而开启了海军的装甲时代。

最终不得不停战求和的俄国被迫拆除了塞瓦斯托波尔的军事设施，但俄军因防御作战的有效性而受到了称赞。英法联军虽然赢得了战争，但两国军队的拙劣表现都让其声望蒙羞。

技术发展

海军军官大多都有为无风和逆风天气所困的不快经历，但最初他们并没有接受组建一支完全利用蒸汽动力的舰队的做法。这是由于在19世纪初蒸汽动力的效率还不如风帆，早期的操作维护人员的手艺也相当粗糙，经常造成发动机停机，这在作战中是尤为致命的。当时的船只如果采用蒸汽动力将极大地降低巡航半径，一艘早期蒸汽动力船可以在不到100英里的航行中用光所有燃料。此外当时所采用的带罩式明轮也是一大缺陷，其长度达到整艘战舰舷长的三分之一，虽然采用蒸汽动力可以让战舰获得机动性上的优势，但只要明轮或者蒸汽机被命中，蒸汽战舰就将失去动力，毫无还手之力。正因为存在这些缺陷，当时的海军高层们倾向于让商船首先进行"试错"，等待着可靠、高速且燃料经济性可以接受的蒸汽发动机的出现。

当然，在蒸汽动力军用化的道路上，还是有"吃螃蟹的人"。在1812年战争中，对英国海军的严密封锁愤恼不已的美国海军让著名的蒸汽动力船建造商罗伯特·富尔顿（Robert Fulton）设计并建造一艘蒸汽动力封锁突破船（Blockade Breaker）。这艘被命名为"德摩罗格斯"（Demologos）号（后更名为"富尔顿"号）的蒸汽船成为世界上第一艘蒸汽动力战舰。该舰的舷板厚达5英尺，其锅炉和发动机被设置在船体中央靠近水线的低矮位置，而单独的明轮则位于二者之间，这样的设计使得该舰几乎不惧任何常规武器的打击。但就在"德摩格罗斯"号做好战斗准备之前，战争就结束了。此后该舰被系留在布鲁克林（Brooklyn）海军造船厂用作接收舰，并在之后毁于火灾。

英法海军很早就紧跟潮流开始运用蒸汽动力船只，但最初的运用范围仅限于拖船、交通艇等小型辅助船艇。直到19世纪30年代，两国才最终开始建造专门用于作战的小型蒸汽船。美国海军则对此更为犹豫不决，在1812年战争结束后的20余年间都没有建造过任何用途的蒸汽动力船只。

直到1837年，美国海军才下水了第二艘蒸汽动力战舰——"富尔顿II"号。这艘700吨排水量的侧置明轮船舰长180英尺，设有4根高耸的烟囱和3具桅杆。长期为蒸汽推进装置奔走呼喊的玛修·C.佩里不仅监造了这艘战舰，并且亲自担任了该舰的首任舰长。佩里所制定的锅炉工与机械师招募、薪资和军衔评级计划也被海军委员会接受，正是源于这份计划，美国海军的工程人员团队才得以诞生。

由于第二代"富尔顿"的储煤量非常有限且存在其他缺陷，美军认为改建并不适合进行海上航行，但是佩里依旧指挥着该舰从纽约航行到了华盛顿，并在此向范·布伦（Van Buren）总统和国会议员们展示了该舰，让他们认识到了蒸汽动力舰队已经可以实现。在此次展示的推动下，美国海军在1842年下水了两艘3220吨排水量的侧舷明轮船"密西西比"号（Mississippi）和"密苏里"号（Misouri）。"密苏里"号在建成次年便在火灾中损毁，但"密西西比"号却在服役生涯中有着优异表现，参加了美墨战争。该舰最终在美国南北战争中在密西西比河上被击沉。

全球海军对于接受蒸汽动力作战舰艇的观望态度最终因实用化螺旋桨推进器的出现而被打破。螺旋桨在两个国家被各自独立地发明了出来。在英国由农民皮特·史密斯（Pitt Smith）发明，在瑞典则由发明天才约翰·艾瑞克森（John Ericsson）发明。螺旋桨克服了明轮的所有缺点，但英国海军部最初却并不相信螺旋桨推进的船只速度更快。在英国碰壁的艾瑞克森很快被从美国赴英访问的罗伯特·斯托克顿上校招揽。斯托克顿利用自己的政治影响力让海军于1842年批准建造艾瑞克森式的螺旋桨蒸汽动力船。美军的军用快船"普林斯顿"（Priceton）也由此成为世界上第一艘螺旋桨驱动作战舰艇。该舰同时也是第一艘将全部动力设备布置在水线下从而无须担心被击中的战舰。

皇家海军最终也认识到了螺旋桨的优势，并在"普林斯顿"号亮相后不久下水了螺旋桨驱动快船"响尾蛇"号（Rattler）。"响尾蛇"号通过与一艘马力相当的明轮军用拖船的试航比赛以及多次高速测试充分展现了螺旋桨动力的巨大优势。在此后的短短数年间，英军就为大量参加过拿破仑时代战争的旧式战舰加装了蒸汽机和螺旋桨。法国于1850年率先下水了第一艘螺旋桨动力战列舰——"拿破仑"号。两年后，英国又建造了"阿伽门农"号。在19世纪50年代，美国下水了"梅里马克"（Merrimack）级高速螺旋桨护航舰，该级舰在即将爆发的美国南北战争中将发挥重大作用。

英国东印度公司在第一次鸦片战争中首次使用了两艘铁质船体的蒸汽动力炮艇，而到1844年时，美军和英军都开始在大湖区部署铁质舰体的军用蒸汽船只。皇家海军随后开始订购铁壳护航舰，在外人看来这或许将使得铁成为海军舰艇的通用舰体材料，但一系列的测试证明了在当时的冶金技术条件下，钢铁船体并不比橡木船体更坚固。皇家海军因此将刚装备的铁壳护航舰用作运兵船，在此后的多年间纯铁壳战舰的建造工作也基本中止。在克里米亚战争中，没有铁壳军舰参加战斗。

实心弹无法击沉战舰，这使得各国海军都开始缓慢地将爆炸炮弹作为通用弹药。在特拉法加海战中，双方的战舰在极近距离上发射了数千发炮弹，但没有一艘战舰被直接击沉。从几个世纪以前，小型的炮击艇和炮击舰就开始使用装填爆炸物的弹药轰击敌方要塞，并展现出了毁灭性的杀伤效果，但海军军官们普遍认为高爆弹药在舰队交战中非常容易被引爆造成事故，且由当时标准的24磅或32磅舰炮发射的高爆弹则威力太小。

在拿破仑时代的战争结束后，法军炮兵军官亨利-约瑟夫·佩克桑（Henri-Joseph Paxhan）设计出了一款发射高爆炮弹的火炮。这种火炮身管更短，重量更轻，使用的装药量也比发射实心弹的同口径火炮更小。这款火炮在1824年的演示中直接击沉了一艘两层炮甲板战列舰，从而充分展示了其巨大潜力。法国和英国海军在18世纪30年代后期列装了佩克桑炮，该炮作为一种专用武器配合实心弹火炮使用。

土耳其舰队在锡诺普的覆灭证明了爆炸弹药不可撼动的地位。炮弹威力的增强同时也使得各国海军开始在木制和铁制的舰体上敷设厚重的铁板作为防护，由此诞生了"铁甲舰"（Ironclad）。英国和法国都为了克里米亚战争紧急建造了一批铁甲舰。在战争结束后，法国建造了世界上第一艘远洋铁甲舰"光荣"号（Gloire），这艘排水量达5699吨的木制船体铁甲舰舰体敷设有4.75英寸厚的铁板。皇家海军则下水了世界上第一艘真正的"战列舰"（Battleship）作为回应，在1860年建成下水的"战士"号（HMS Warrior）长达380英尺，排水量9000吨，原计划在厚18英寸的柚木舰体外敷设了4.5英寸厚的装甲带。事实证明没有任何一种木料能承受如此巨大的舰体和沉重的装甲，庞大的大功率发动机以及其上搭载的40门火炮所带来的巨大压力，而该舰的重量已经远远超出了风帆时代的任何常规船只。在认识到木材的局限性后，该舰的设计师决定完全利用铁材建造舰体。

"战士"号的下水宣告了木制战舰时代的落幕，但此后仍有相当数量的木制船体战舰继续服役了一段时间，例如在美国南北战争中，木制蒸汽动力快船和护航舰就发挥了主要作用。但在19世纪60年代之后，英国就完全建造铁制或钢制战舰了。虽然其他国家的海军在这一方面有所反复，但最终都效仿英军彻底转向了钢质舰体。

到拿破仑战争结束时，海军舰炮在设计和性能方面仍然与英军对阵西班牙无敌舰队时的火炮相差不大。虽然此时在火炮的装填和瞄准方面已经进行了部分改进，但火炮本身依旧是"历史悠久"的铸铁制造的、滑膛的、发射实心弹的前装火炮。双方的交战距离在数百年间也没有太大改变，舰炮的有效射程通常为300码，极限射程则为2500码左右。提升精度的努力很大程度上被当时采用的实心球形弹抵消。这些球形炮弹并非真正的完全球体，且为了避免刮擦而在炮膛内壁与炮弹之间留出了"游隙"（Windage），这一切不仅使得装药所产生的大量推进力白白浪费，也使得炮弹在膛内实际上是在不断"蹦跳"前进，根本无从估计出膛时的方向和角度。

明轮的出现使得战舰所能搭载的火炮数量有所减少，这一现状使得各国都开始试验探索如何利用更少的火炮实现更大的杀伤效果。探索的结果之一是回转炮（Pivot Gun），这种炮可以增强两舷的齐射火力。另一个方案则是加大火炮的口径，但受到铸铁炮管强度的限制，如果为发射重于32磅炮弹的火炮装填足量的火药，那么火炮很可能因发生炸膛事故而损毁，并伤及火炮班组。

在19世纪40年代初期，艾瑞克森和斯托克顿两人各自设计了一门12英寸口径的锻造身管火炮并安装到"普林斯顿"号上。艾瑞克森将自己设计的火炮命名为"俄勒冈"，该炮在试射中于炮尾附近出现了裂痕，这位瑞典发明家随后用厚重的锻铁环对炮尾进行了加固。斯托克顿的火炮与艾瑞克森的设计相似，被他命名为"和事佬"（peacemaker）。该炮使用了更厚的身管，但没有使用炮尾环进行加固。在试射中，"和事佬"发生了炸膛，此次事故导致一名军官、两名国会议员、海军部长以及国务卿罹难。美国海军随即停用了所有锻铁火炮，并直到军械专家对这些火炮进行详细检查后才恢复使用。

19世纪50年代初，约翰·A.达尔格伦中校（John A. Dahlgren）设计了一款酒瓶状的前装火炮，这种火炮在炮尾部位厚度极大，而到发射时受到火药气体压力更低的炮口部位又有一个较大的收敛。这种火炮的性能超过了当时其他所有火炮，达尔格伦火炮也因此很快被美国海军装备。

达尔格伦炮最终又被筒紧炮（built-up gun）取代，筒紧炮的炮管由两到三根同心圆筒组成，外层身管在被加热膨胀后包裹内层，随着降温而牢牢地箍住内层身管。英国设计的阿姆斯特朗炮（Armstrong gun）内层身管以锻铁柱为原料，通过卷制与焊接制成筒状，这种设计使得身管在火炮开火过程中由径向受力变为纵向受力。

为了给完全暴露在露天甲板上的大口径回转火炮及其炮组提供保护，约翰·艾瑞克森和皇家海军上校库柏·科尔（Cowper Coles）各自独立研制出了海军火炮炮塔。第一艘建成的回转炮塔战舰是艾瑞克森设计的"莫尼特"号（USS Monitor），该舰在1862年的汉普顿水道之战（Battle of Hampton Roads）中与南军的"弗吉尼亚"号（Virginia）展开了激战。

直到19世纪中叶，空心弹和实心弹依旧都是球形的。此时的空心弹引信是一根填满了压实火药的空心管。在火炮发射前，炮手根据火炮与目标之间的距离截短引信，随后引信被"砸"进或者"拧"进炮弹中，引信外端仍留在炮弹表面上。随后空心弹会连同弹托（sabot）一起从炮口塞进炮膛之中，并且在弹托的固定下保持引信朝向炮口的姿态。当火炮开火时，从弹丸四周冲出的火焰会在将炮弹推出炮膛的同时点燃引信。

可想而知，这种简陋的时间引信要么爆炸得太早，要么太迟。[1]当时的选择还有触发引信（Percussion Fuse），这种引信会在碰撞之后爆炸，不过对于会在炮膛内碰来碰去的球形炮弹而言，装上触发引信无异于自杀。如果不能沿长轴进行滚转以保持稳定，长圆柱形的空心炮弹在由滑膛炮发射后会很快在空中发生翻滚。虽然让炮弹保持滚转可以由在炮膛内如同轻武器一样刻制膛线来实现，但对于火炮而言，要想让膛线充分发挥作用，必须要让炮弹严丝合缝地嵌入炮膛，对于19世纪初期的火炮而言，这种设计所产生的巨大压力极易引发炸膛。

早在坚固的筒紧炮被发明之前，英国的军械专家们就开始寻找在留出游隙的同时发挥膛线作用的办法。如"兰开斯特炮"（Lancaster Gun）——这种火炮从椭圆形截面螺旋炮膛中发射出椭圆形炮弹，以及"惠特沃斯炮"（Whitworth Gun）——一种通过截面为六边形的螺旋炮膛发射六边形炮弹的火炮。但这些权宜之计都被证明还不够优秀。世界上第一种大量投入使用且能够承受膛线所带来的巨大压力的火炮是采用筒紧工艺的阿姆斯特朗炮。这种火炮发射外附铅制弹带的长椭圆形炮弹，软质金属弹带在与膛线严密嵌合的同时又能保证炮弹顺利从弹膛中穿过。

美国海军长期拒绝迈进膛线时代。在南北战争以及其后的20年间，达尔格伦炮都一直是美国海军战舰的标准火炮。美军当然有着自己的理由，达尔格伦炮的球形炮弹和大装药量使得其相较于当时口径较小的长椭圆形炮弹火炮拥有更好的穿透力。膛线炮所带来的更远的射程在当时被曲解为容易诱使炮组在接近敌舰前耗尽弹药，美国海军的军官们在见识了帕罗特炮（Parrott Gun）的失败后更加偏执地坚信着自己的观点：这种膛线火炮在炮尾部分环绕着一圈沉重的锻铁紧固环，但在整根身管的其他部分都缺乏加固，因在开火时有可能在炮口部分发生爆裂而声名狼藉。

管理调整

当时仍秉承了风帆时代的组织形式很快就被证明不足以解决新技术所带来的问

---

[1] 弗朗西斯·斯科特·基在《星光灿烂的旗帜》中曾写道"炸弹在空中爆裂"，由此可知当时英军射出的炮弹引信装得太短了。

题。为了迎接这些挑战，当时主要的海上强国都对海军的行政管理和组织指挥体制进行了调整。由于这段时间内全球处于相对和平的状态，各国对于海军的调整主要集中在后勤方面；而在作战指挥方面则基本没有太大的改进。英国和美国海军在这场改革中依旧引领着潮流。

英国在1832年重组了海军部，时任第一海军大臣的詹姆斯·格拉汉姆爵士（Sir James Graham）彻底打破并重组了海军部的行政管理模式。5位现役的海军副大臣组成的海军部委员会（Board of Admiralty）直接向他本人负责。每名海军副大臣都负责总抓海军部下属5个文职分部门中的一个。每个分部又下设一名文职副部长向副大臣负责。分管物资和设计部门的被称为"海军测量长"（Serveyor of the Navy），分管财政部门时被称为"审计长"（Accountant-General）或"财务长"（Treasurer）；分管仓储部门的被称为"仓储长"（Storekeeper-General）；分管补给部门的被称为"粮秣长"（Controller of Victualling）；分管医疗部门的被称为"医疗长"（Physician-General）。

在10年后，美国海军也用一个与英军相似的体系取代了海军委员会。在1842年美国海军部成立了5个分别由一名现役军官负责的局：造船厂与船坞局（Navy-Yards and Docks）、修造，装备与维修局（Construction, Equipment and Repairs）、口粮与军服局（Provision and Clothing）、军械与水文局（Ordnance and Hydrography）和药物与外科局（Medicine and Surgery）。

新的组织结构使得英国第一海军大臣和美国海军部长成为各自海军部唯一可以进行组织协调的角色。这两个职位均由政治任命的官员担任，并且都能成为内阁成员。在美国，文官担任首长一直是海军部的传统。英国海军部在特拉法加时代的海军大臣巴勒姆勋爵卸任后也大体维持了文官统军，不过也有一些英军军官在退役后出任海军大臣的例子。英美海军都没有设置负责指挥全局作战的总司令，海军副大臣和美国海军的局长则都因负责后勤问题而难以在战时为部长们出谋划策。虽然存在着一些权宜之计和临时调整，但美英两国的海军行政体系一直以此状态维持到了19世纪末。

在作战指挥方面出现的新的挑战同样需要改革和调整来应对。在1837年，技术军官（Engineer Officer）同时出现在英国皇家海军和美国海军序列中，不过这批新兴的军官群体在两国海军中的地位却并不一致。在美国海军中，技术军官虽然从入伍开始就被列入正式军官，并且作为参谋军官的一员，但直到19世纪末一直都没有被纳入晋升体系内。而在贵族传统悠久的皇家海军内，挥剑奋战的"勇士"地位显然要比"操舵工"高，因此从1837年，皇家海军的技术人员一直限定在准尉军衔上。直到1847年，皇家海军的高级工程技术人员才得到了正式的军官任命，但是他们此时被授予的军衔"舰上机械检验官"（inspector of machinery afloat）让人有些摸不着头脑。

总结

1815—1860年是一段海上军事行动相对和缓的阶段。美国和英国海军在此期间轻松击败了阿尔及尔。英国和法国的舰队则参与了对中国发起的帝国主义战争。美军的太平洋和本土分舰队则参加了1846—1848年的美墨战争。英国皇家海军和法国海军在1854—1856年的克里米亚战争中都参加了波罗的海和黑海的作战行动。这些战争并没有产生大规模的全面冲突，其间也没有在海面上发生舰队交战。

虽然局势和缓，但这一时期无疑将在海军史上写下浓墨重彩的一笔。在人类利用摇橹驱动船只2000年、利用风帆驱动船只300年后，全球海军又迎来了新的伟大变革——蒸汽动力的应用。与此同时，各国海军还接受了装甲防护、铁制船体、膛线筒紧炮和触发引信等新发明。当时的各国军队即便没有因新技术的出现而进行颠覆性的革新，至少也会在武器库中配备上一些新式军火。

毫无疑问，技术的革新将使得战争的心态发生天翻地覆的转变。空想战术家们撰写了连篇累牍的军事著作阐述他们的理论。但在1860年"战士"号下水时，新型武器和新式战术理论却基本没有得到检验。1861年爆发的美国南北战争引起了全球军事思想家的注意。在这场内战逐步升级为大规模战争的同时，多国政府向这场战争派出了观察员以了解新式武器在战场上的实战表现。正因如此，除了其他方面的重大意义之外，南北战争还成为新式军事技术的试验场。

第12章

美国南北战争：封锁和巡航舰

在许多军事历史学家眼中，美国海军在南北战争中发挥了至关重要的作用。联邦（Union）[1]海军的主要战略任务是实施海上封锁，辅之以围困和夺占邦联（Confederate）[2]港口，此外联邦海军还在西部的诸多河流上展开战斗。联邦海军的奋战为联邦军最终赢得胜利做出了不可磨灭的贡献。由于在密西西比以东发起叛乱的州主要以棉花种植和出口为经济支柱，邦联军总体上没有工业基地，且邦联东部的州甚至连食物都无法自给。虽然在战争爆发之初，联邦军海军仍然规模较小且装备根本不足以满足任务需要，当时海军需要封锁邦联所控制的长达3500英里的海岸线，并在近200座港口以及可以通航的内河进行巡逻。但是在1861—1865年期间，联邦海军在海军部长吉迪恩·威尔斯（Gideon Welles）的领导下还是有了长足的增长。联邦海军在战争中成功地与陆军联合实施了被后世称之为"蟒蛇绞杀"（Anaconda）的战略，依据这项战略，联邦军逐渐绞杀了南方的贸易和商业生命线。在战争的最后阶段，由于所有类型消费品的匮乏和滥发纸币，邦联方发生了严重的通货膨胀。到1864年，一金元居然可以兑换2000元的邦联币。

---

[1] 联邦指美利坚合众国联邦政府领导下，仍忠于联邦的美利坚合众国各州所组成的政权，又称"北军"。——译者注

[2] 邦联指试图脱离美利坚合众国的各州成立的美利坚联盟国，又被称为"南军"。——译者注

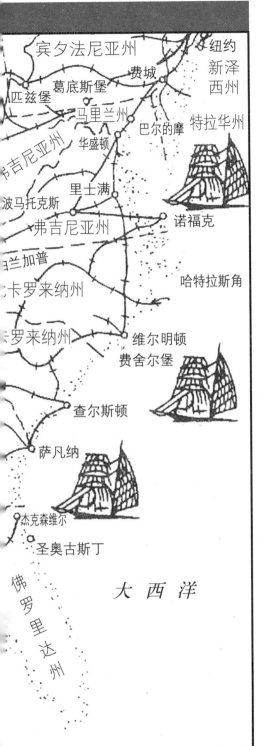

萨姆特堡的投降

在宣布独立后,美利坚邦联国（Confederate States of America）宣布有权收缴在其国境内的所有联邦财产,并打算在随后的谈判中以货币形式对联邦进行补偿。最先发起叛乱的7个州有大量的联邦军事设施,包括彭萨科拉海军造船厂（Pensacola Navy Yard）、15座保卫港口的要塞、6座联邦军火库,且在得克萨斯还布置了18座军供站,这些军供站无一不储备着大量的武器装备。在弗吉尼亚加入邦联后,邦联军又得到了最具价值的军事资产——诺福克海军造船厂（Norfolk Navy Yard）。由于在战争爆发之初即便是基本的轻武器的产量也难以满足战争所需,邦联政府对于收缴的联邦军火的重视程度丝毫不亚于对所获取土地的重视程度。

当邦联于1861年2月正式成立时,詹姆斯·布坎南（James Buchannan）仍然是白宫的主人。正是由于他的软弱和联邦军队在大多数南方堡垒的疏于防备,邦联军兵不血刃地夺取了境内的绝大多数联邦军事资产。但是得益于地处偏远且守军实力强大,彭萨科拉的皮肯斯堡（Fort Pcikens）、基韦斯特岛（Key West）的泰勒堡（Fort Taylor）和干龟群岛（Tortugas）的杰斐逊堡（Fort Jefferson）仍然控制在联邦军手中。此外同样没有被邦联军夺取的还有弗吉尼亚州的门罗要塞（Fortress Monroe）,查尔斯顿港的要塞也被联邦军守住了一段时间。

由于南卡罗来纳州在分离主义运动中首当其冲，位于该州查尔斯顿的堡垒对于南北两方都有着重大的意义。在查尔斯顿周边建立的3座石质堡垒中，只有坐落在查尔斯顿港入海口以北的大陆上的穆特里堡（Fort Moultrie）留有驻军。由于担心可能到来的突然袭击，谨慎的联邦陆军少校罗伯特·安德森（Robert Anderson）将他麾下的83名士兵转移到了更容易防守的萨姆特堡（Fort Sumter），这座堡垒坐落在港口入海口正中的一座人造小岛上。南卡罗来纳州民兵随后占领了穆特里堡和更小的平克尼堡垒（Castle Pinkney）。

1861年1月9日，悬挂着联邦陆军旗帜的商船"西方之星"号（Star of the West）试图冲入港内为萨姆特堡运来补给和增援。但该舰遭到邦联军新设置在港口入海口以南的莫里斯岛（Morris Island）的火炮开火射击，南北战争的第一炮就此打响。没有安装任何武器的"西方之星"被迫撤退。

在一个月的静默僵持后，邦联军将领、前联邦陆军工兵军官皮埃尔·博勒加德（Pierre Beauregard）完成了进攻计划的准备工作和火炮的安置。1861年4月12日日出时，邦联军对萨姆特堡的炮击开始，战争就此无可避免，美国历史也由此进入了最为血腥的阶段。

一座堡垒在所有火炮布置停当，守军齐装满员时几乎是牢不可破的，但此时的萨姆特堡只有三分之一的火炮就位，且守军人数只有编制员额的八分之一。安德森只能进行象征性的抵抗。在勇敢地与邦联军火炮进行3天交火后，自知防守无望的他放弃了抵抗。

但就在萨姆特堡准备投降之际，一支搭载着200名士兵的联邦海军小型解围舰队出现在了查尔斯顿港外海准备发起行动。此次行动依赖于搭载于明轮快船"波瓦坦"号（Powhatan）上的火炮。但海军部队并不知情的是，这艘大型蒸汽快船得到了来自林肯总统的直接命令，被秘密调去解救皮肯斯堡。失去支援的解救舰队所能做的就只有载走投降后立下不再战誓言被释放的安德森部队士兵。

林肯对于南方州的攻击做出了断然反应：1861年4月15日，他下令召集75000名州民兵转入联邦军队。这一采取铁腕手段的威胁使得弗吉尼亚、北卡罗来纳、阿肯色和田纳西州加入已经宣布分离的7个州组成的邦联。

诺福克海军船厂的失守

诺福克海军造船厂是美国当时规模最大的海军造船厂，除了拥有海军最大的两座船台之一外，这座造船厂还储存着约300门旧式的达尔格伦炮，以及50门当时最先进的9英寸火炮。此外还有许多战舰正在这座造船厂维修，其中包括50炮螺旋桨护航舰"梅里马克"号。

注意到弗吉尼亚州分离主义者已经蠢蠢欲动的威尔斯海军部长向时任造船厂指挥官的C. S. 麦考利（C. S. McCauley）准将发出警告，要求他"保持高度警惕"。4月12日，海军部长命令总工程师本杰明·F. 伊舍伍德（Benjamin F. Isherwood）来到诺福克视察"梅里马克"号的发动机维修情况，并评估是否能被转移至费城。在弗吉尼亚宣布分离后，希拉姆·波尔丁（Hiram Paulding）准将立即被派来接替麦考利。波尔丁所得到的命令是疏散或销毁诺福克的所有海军物资和船只。

当波尔丁搭乘着"波尼人"号（USS Pawnee）在4月20日抵达诺福克时，他发现"梅里马克"号和另外3艘战舰都被麦考利下令凿沉。虽然得到了从门罗要塞开来的援军，面对随时可能到来的攻击，波尔丁依然缺乏兵力。"波尼人"号上的水兵和陆战队员们彻夜工作，在干船坞内埋设地雷，在建筑物和已经沉入水下的舰船桅杆上设置易燃物，并设法卸掉了大炮的炮耳。在黎明到来之前，联邦军点燃了此前洒下的火药引火线，随着纵火小组划船撤离，整座造船厂彻底陷入烟火之中。在大火燃尽之后，邦联军发现当时北美最大的现代化武器军械库在大火中完好无损，储藏在内部的大炮随后将配备在南军为保卫港口新建的堡垒上。

封锁开始

所有人都非常清楚，在联邦军压倒性的工业优势面前，邦联海军即便在单舰对决中也丝毫不能占到便宜。出任美利坚邦联国总统的杰斐逊·戴维斯（Jefferson Davis）也因此采取了海权弱势一方的传统战术——袭击航运，并向武装私掠船发放拿捕许可证（Letter of Marques）和强制拿捕许可证（Letter of Riprisal）。在戴维斯下令允许私掠后仅2天，林肯就对所有的南方军控制港口下达了封锁令。

由于在国际法框架下，中立国不受任何"纸面封锁"的约束，美国海军必须尽快实施实际封锁。但对于当时仅有7600人、现役战舰数量仅42艘（其中许多还被部署在

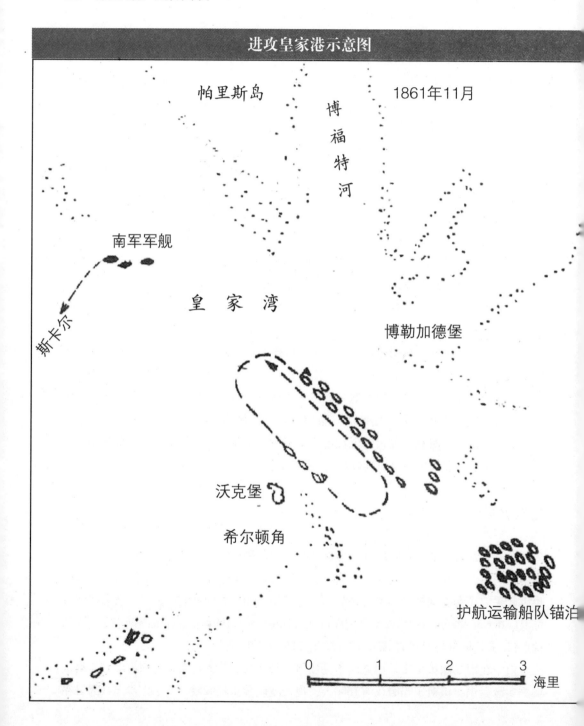

遥远的海外）的美国海军而言这是不可能完成的任务。

不过凭借着一支庞大的商船队和海员队伍，充足的船台和机器工厂，以及海军部长威尔斯的精明领导和海军部长助理古斯塔夫·V. 福克斯（Gustavs V. Fox）的得力辅佐，联邦海上力量的实力出现了爆发式的增长。即便是谷物运输驳船和摆渡船联邦军也没有放过。在将一切可以安装火炮的船只都搜罗征用的情况下，到1861年12月美军已经有264艘各型舰艇服役。此外征召而来的数以千计的"海军志愿兵"（Naval Volunteers）虽然不如"老海军"一般机敏灵活，但他们主要来自渔船队和商船队，已经有了丰富的航海经验。

在封锁开始实施后，联邦海军显然需要得到充足的后勤补给支援，所需的规模和复杂程度已经超过了事前的估计。内河巡航的舰艇必须采用蒸汽动力，因此必须配备运煤船和加煤站，而且这些设施距离封锁阵位越近越好。随着越来越多的舰艇加入各分舰队，对于补给基地数量和规模的要求也越来越高。虽然在北方州基地数量充足，但联邦海军非常需要在进行封锁的南方港口附近设置基地。如果在查尔斯顿和萨凡纳附近设有基地，联邦舰艇就无须定期返回华盛顿或费城进行补给休整，从而节约出大量舰艇。此外这些前进基地如果能够进行补给和维修的话，还能为进行巡逻的舰艇提供一支快速的增援力量。

正因为这种种必要性，联邦军决定在集结起足够的两栖登陆部队后便立即夺占满足这些条件的战略要地。在1861年，联邦军所能集结的舰艇和部队根本不可能夺下查尔斯顿、萨凡纳或是北卡罗来纳州的威灵顿之类的设防严密的港口，且所需夺占的港口需要能为联邦军提供优良的深水锚地，并且最好能够设置船坞设施。除此之外，预定夺取的港口还必须要靠近邦联主要港口，且陆地方向便于防守。所幸的是，南方州漫长且地形条件复杂的海岸线在难以封锁的同时也为联邦海军塑造出了可以作为基地的优良港湾。由于有着数千英里的海岸线和近200处港口需要防守，邦联军根本无法在联邦海军意图攻击的地域提前做好防范。

皇家港

在舰艇和人员到位后，联邦军开始着手在邦联军控制的海岸线上建立基地。联邦军的第一次重大行动便是夺取位于查尔斯顿与萨凡纳正中间的皇家港（Port Royal），这座港口位于查尔斯顿和萨凡纳之间，攻占该港口的任务由塞缪尔·F. 杜邦（Samuel

F. Du Pont）准将指挥，在1861年11月发起。皇家港由两座建立在港口入海口两侧的土木堡垒所保卫，分别是位于希尔顿角（Hilton Head）的沃克堡（Fort Walker）和位于湾角（Bay Point）的博勒加德堡（Fort Beauregard）。

当时的联邦海军还非常缺乏使用蒸汽动力船只与堡垒对抗的经验。此时联邦军依然在担心蒸汽动力所带来的机动性优势能否抵消其被敌军火力击中蒸汽管线或打穿锅炉所造成的危险。正因如此，杜邦为此战请求到了一支强大的舰队。除了一支完全由风帆驱动的补给舰分队外，整个舰队有13000名士兵，拥有11艘大型战舰、36艘运输船和好几艘"90天炮艇"。这支舰队在火炮总数上对两座堡垒形成了5∶1的巨大优势。

在卡罗来纳外海的一场风暴中，舰艇所搭载的小艇大多损失，此次行动从一场两栖登陆不得不转为一场纯粹的海军作战。在进行了侦察和水文调查后，杜邦命令运输船在远离岸边的海域下锚等待，然后带领作战舰艇开始炮击沃克堡。只有两门火炮安置在北侧的沃克堡遭到了舰艇的狂轰滥炸。根据杜邦的计划，他的主力舰队将直接进入海湾内，而在开阔海域待命的炮艇则会对于设防薄弱的北侧堡垒发起纵射，随后他的主力舰队将在海湾内以椭圆形航线与邦联军的主力要塞进行正面对决。

不过当杜邦的旗舰46炮蒸汽护航舰"沃巴什"号（Wabash）向左回转并在近距离上驶经敌方堡垒时，只有两艘战舰与他组成编队，另外7艘则在原地加入了对北侧堡垒倾泻炮火的炮艇们的行列。当"形单影只"的3舰纵队完成两轮椭圆航线并即将开始第三轮攻击时，其他战舰舰长才仓促指挥自己的战舰加入旗舰的行列。在舰队主力的集火下，联邦军很快打哑了守军火力，邦联军随后放弃了沃克堡。防御更为薄弱的博勒加德堡守军自知防守无望，也很快放弃堡垒。联邦军士兵们在敌人落荒而逃后悠然登上岸边，期间未发一弹。皇家港在落入联邦军手中后成为封锁舰艇的主要基地。

夺取皇家港的行动在很多方面展现了联邦海军在这类任务中的主要行动方式。其他一些行动没有受到任何抵抗，但也有一些行动需要陆军部队上岸杀出一条血路。哈特勒斯水道（Hatteras Inlets）、罗阿诺克岛（Roanoke Island）、伊丽莎白市（Elizabeth City）、新布伦、亚密利亚岛（Amelia Island）、杰克森维尔（Jacksonville）、希普岛（Ship Island）和彭萨科拉都被联邦军逐步收复成为封锁基地。联邦军收复圣奥古斯丁（St. Augustine）和诺福克的行动很快便将邦联军对于大西洋沿岸的控制区压缩至萨凡纳一带以及南卡罗来纳州查尔斯顿至北卡罗来纳州威灵顿之间的海岸。

特伦特事件

南方州在战争中的根本战略是在保卫领土的同时依靠北方对战争的疏于准备快速赢得胜利。但南方州的领导人们同时也认为，前期的战争以及严密的封锁会使得英国和法国为了确保纺织产业所需要的原棉而进行干涉。不过"棉者为王"（King Cotton）却被无情的现实击破：欧洲各国拥有巨大的棉花库存，埃及和印度的棉花生产也在快速扩张，此外北方废奴主义者在英格兰的有效宣传也发挥了巨大作用。

英格兰事实上曾一度倾向于干涉，但并非出于经济原因。为了寻求国际上的外交承认，邦联曾派出了两名前联邦参议员詹姆斯·M.马森（James M. Mason）和约翰·斯莱德尔（John Slidell）作为驻欧洲全权代表。两位使节带着家眷抵达哈瓦那，并在此登上了英国邮船"特伦特"号（Trent）。在得知此事后，联邦海军上校查尔斯·维尔克斯（Charles Wilkes）指挥着"圣哈辛托"号（USS San Jacinto）于1861年11月8日在公海上截住了"特伦特"号并登船拘捕了所有相关人员。虽然此举完全是维尔克斯的个人行动，但还是让英国走到了与联邦开战的边缘。

从法律角度而言，维尔克斯的行动无疑侵犯了中立权，只有悬挂与涉事船只相同国旗的军舰才有权查检，这正是美国在1812年不惜与英国兵戎相见也要维护的权利。对于英国而言，这一时间引发了公众的强烈不满，官方也随即发表声明谴责此举是在侮辱神圣的联合王国旗。不过林肯在回应中强调了此举没有政府的批准，国务卿苏华德（Seward）也向英国驻华盛顿全权公使递交了言辞恳切的道歉信进行安抚，马森与斯莱德尔也被从关押的波士顿港地牢中释放。

铁甲舰

以农业经济为支柱的南方州无力与拥有大量造船厂的北方展开造舰竞赛。但19世纪60年代却是一个新发明层出不穷、工程与武器技术日新月异的时代。依靠着少量建造精良且设计新颖的优秀战舰，邦联军很大程度上抵消了联邦军所占有的数量优势。曾担任过美国国会参议院海军事务委员会主席的史蒂芬·R.马洛里（Stephen R. Mallory）在邦联独立后出任了邦联海军部长。深知科技革命为海军舰艇的重大意义的马洛里早在威尔斯为联邦海军成立"铁甲舰委员会"（Ironclad Board）之前就已经着手建造带有装甲的战舰了。

为了迅速获得成果，最为现实的方案便是利用已有战舰进行改造。此前在诺福克海军造船厂沉没的"梅里马克"号就显得尤为合适。这艘长约260英尺的护航舰排水量约4500吨，由两台600马力蒸汽机驱动，并搭载着多达40门达尔格伦炮。在1861年7月初，马洛里就命令将该舰改造为一艘铁甲舰。随后"梅里马克"号被打捞出水，已经严重烧毁的上层建筑被清理一空，动力系统也得到修复。

受命改造"梅里马克"号的邦联工程师们因邦联薄弱的工业基础而只得因陋就简。整个邦联境内，只有一座轧钢厂能够生产用于敷设侧舷装甲的两英寸厚板。由于钢产量为零，轧钢厂只能利用废旧的铁轨作为原料。在数个月的辛勤劳动后，这艘被重新命名为"弗吉尼亚"号（CSS Virginia）的战舰终于初露峥嵘。该舰的最大创新在于其造型独特的炮房（Casemate），这座长178英尺的上层建筑上敷设有两层防护铁板，每侧都与垂直面呈35°倾角。炮房内安装有7门口径从6英寸到9英寸不等的火炮，其中有4门是线膛炮。在炮房顶部是用于通风的厚实铁制格栅。除了这些改装外，该舰的舰艏还加装了一个凸出的铁制冲角。该舰没有敷设装甲的舰体，如舰艏和舰艉部分，其干舷高度只有1英尺左右，在该舰航行时几乎会被淹没水中（因此很难被命中——译者注）。

马洛里对"弗吉尼亚"给予了厚望，他认为该舰在具备作战能力后至少应当能够歼灭封锁下切萨皮克湾的联邦军木制战舰，并切断联邦军向门罗堡运送补给和增援部队的海上通道。除此之外，邦联军还根据可靠情报得知由乔治·麦克莱伦（George McClellan）将军指挥的美军意图经约克镇半岛从切萨皮克湾一侧进攻里士满。如果联邦军失去对汉普顿水道的掌控，那么这个进攻计划也会成为空中楼阁。

"弗吉尼亚"的现实威胁迫使联邦海军部长威尔斯寻求对抗手段。根据他的命令成立于1861年8月的"铁甲舰委员会"审议了上百种铁甲舰设计方案后汇报称，虽然以当时的技术水平能够远洋运作的装甲舰艇还并不实际，但他们认为铁甲舰将在近岸和内河作战中发挥难以估量的巨大作用。该委员会推荐了3份方案："加莱纳"（Galena）号，一款装甲防护较轻的炮艇；"新铁甲舰"号（New Ironsides），一款型宽较大的型号，在查尔斯顿发挥了良好作用；而最后一种，采用了极为激进的创新设计的"莫尼特"号（Monitor），则是约翰·艾瑞克森的杰作。

"莫尼特"号是在海军造船史上极为独特的完全原创设计。在9月中旬仅得到了非常轻率的合约承诺后，艾瑞克森就开始着手设计工作。在他的天分、勤勉和热忱以及严厉监督下，他的战舰仅用了101天就下水完工。在建造开始前建造人员手中没有任何详细的设计图和缩比模型。但在开工后，艾瑞克森加班加点地绘制出了100张细节图以满足了施工所需。"莫尼特"号的首任机械师估计该舰应用了超过40项可以申请专利的全新发明。

"莫尼特"号以及以后的同类型舰艇（浅水重炮舰）的共同特点就是为较小的火炮旋台安装上最厚重的装甲和最大口径的火炮。由于储备浮力极低，该舰几乎没有干舷，装甲厚重的主炮塔就成为敌军火力唯一可以攻击的目标。为了避免被击中，该舰没有设置非必要的上层建筑。

完工时的"莫尼特"号船体长124英尺，其上的筏状甲板则长172英尺，宽41.5英尺，该舰的垂直侧舷安装有带橡木内衬的4.5英寸铁质装甲板。为了防止被吊射击穿，该舰甲板上也敷设了一层1英寸厚的水平装甲。9英尺高的火炮旋台直径20英尺，通过一个黄铜座台安装于甲板上。由8层1英寸辊轧铁板制成了圆柱状炮塔的层压侧壁。炮塔顶部由铁轨制成的格栅保护。140吨重的旋台由一根延伸至龙骨的枢轴支撑，在蒸汽辅机的驱动下，枢轴可以带动炮塔进行360°回转。

该舰的火炮旋台内安装有两门11英寸口径滑膛式达尔格伦炮。当火炮的炮口退入炮塔内（如进行清理和装填）时，炮塔上的射孔将被厚重的铁制"封阻板"（Port Stopper）遮蔽。"封阻板"采用钟摆一样的悬挂安装方式。在艾瑞克森看来，旋台在直到向敌军开火前一刻才应当旋转到位，以尽可能减少暴露在敌方炮火下的时间，因此炮手打开封阻板所需的时间应该压缩到最短。

"莫尼特"号上的发动机是当时常见的双室蒸汽机（Double-Trunk Steamer），气缸直径达36英寸，被安装于一个铸铁同心筒内。蒸汽机由两台箱式回流水管锅炉提供蒸汽。该舰的首任舰长是约翰·L.沃登（John L. Worden）上尉，他是一位勇猛且深受爱戴的领导者，但缺乏指挥这种新型战舰所需的技术知识。"莫尼特"号于1862年2月25日正式服役，并在短暂的试航后被派往汉普顿水道。

汉普顿水道之战

汉普顿水道锚地位于詹姆士河（James River）入海口，宽达6英里。联邦军地面部队依托于老康弗特角（Old Comfort Point）的门罗要塞和位于纽波特纽斯的炮兵阵地扼守着入海口北岸角。占据着南岸的邦联军则在塞弗尔角（Sewell' Point）和西面的大角（Big Point）。由路易斯·M.戈德伯勒（Louis M. Goldborough）分舰

队司令（Flag Officer）指挥的联邦军北大西洋封锁分舰队（North Atlantic Blocking Squadron）在当时拥有着近乎无敌的实力。这支舰队拥有50炮螺旋桨护航舰"明尼苏达"号（Minnesota）和"罗阿诺克"号（Roanoke），44炮风帆护航舰"圣劳伦斯"号和"国会"号，以及24炮风帆快帆船"坎伯兰"号（Cumberland），此外还拥有多艘拖船和辅助船只。考虑到"弗吉尼亚"号的巨大威胁，联邦军指挥官希望通过撞击将该舰击沉以免其逃出伊丽莎白河（Elizabeth River）。

1862年3月8日，转投邦联的富兰克林·布坎南（Franklin Buchanan）分舰队司令在作为舰长接收刚刚服役的"弗吉尼亚"号后指挥该舰驶入汉普顿水道。在此之前该舰没有接受过任何战前整备，没有进行过任何机械装置测试，甚至没有进行过任何炮术训练。但此次试航将很快变为实战。在依靠自身蒸汽动力进入深水后，"弗吉尼亚"号的缺陷很快暴露无遗。该舰的舵效反馈极为缓慢，用了半个多小时才完成了一圈回转。

为了解救被封锁在詹姆斯河上游的邦联军炮艇，布坎南指挥战舰向着正锚泊在纽波特纽斯外海的"国会"号和"坎伯兰"号直冲而去。联邦军战舰也迅速采取了行动，"国会"号和"弗吉尼亚"号很快开始相互用侧舷火炮对射，与此同时"弗吉尼亚"号却对"坎伯兰"号发起了冲撞。联邦军射来的球形实心弹纷纷在表面被牛脂浸润的装甲炮房上弹开，没有伤到"弗吉尼亚"号，但"弗吉尼亚"号的冲角却已经深深地撞入了"坎伯兰"号的舰体，快速猛烈的撞击不仅直接撞沉了该舰，还几乎让自己随着正在下沉的"坎伯兰"一起沉入水底。所幸"弗吉尼亚"号的冲角在撞击后折断，这艘铁甲舰得以设法后退。由于"坎伯兰"号的火炮在下沉过程中直到被淹没为止都一直在开火，布坎南命令"弗吉尼亚"号继续对下沉中的敌舰发起扫射。"坎伯兰"号最终沉入水底，但该舰的军旗依旧飘扬在伸出水面的桅顶上。

在武装拖船"波弗特"号（Beaufort）和"罗利"号（Raleigh）的帮助下，"弗吉尼亚"号掉头转向"国会"号并利用炮击将该舰点燃。起火的联邦军护航舰降下了军旗投降。在此次战斗中，站在战舰顶部以获得更好的观察视野的布坎南被联邦军从岸上射来的一发步枪弹击伤。盖茨比·AP.罗杰·琼斯（Catesby AP. Roger Jones）上尉随即接替了指挥。

与此同时，"明尼苏达"号为了抵达可以近距离支援友舰的位置发生了严重的搁浅，被点燃的"国会"号也因大火延烧至弹药库而发生殉爆。

由于吃水深度达23英尺，即便琼斯竭尽全力，"弗吉尼亚"号也难以抵近至搁浅的"明尼苏达"号2000码以内的距离，懊丧不已的他只得指挥战舰在塞韦尔角附近的一处锚地下锚。此战中除了撞角折断、水线以上船体部分受损和两门火炮炮口被打坏外，"弗吉尼亚"号在这场血与火的洗礼中表现上佳。该舰的装甲板证明了其坚不可摧的防护性能，且该舰在次日就又做好了战斗准备。邦联军的铁甲舰和少数护航舰艇以总计21人伤亡的代价直接击沉了一艘大型帆船，并点燃了一艘护航舰导致其殉爆，联邦军的阵亡和溺亡人数达到了250人。

虽然"弗吉尼亚"号在此战中获得了压倒性的胜利，但"莫尼特"号此时已经在赶来的途中。在拖船的牵引下，该舰从纽约出发，海上航渡的旅程对于舰员们而言就如同噩梦一般。特拉华角海域的恶劣天气使得海水从锚链孔中渗入舰体内部，并从排风筒和发动机内大量倒灌。该舰的转舵索一度损坏，整船人的性命全系于和拖船拴在一起的缆绳上。1862年3月8日下午4点，该舰终于抵达查尔斯角，切萨皮克湾内平静的水文条件使得该舰终于循着诺福克外海的炮声向交火方向前进。在向坐镇"罗阿诺克"号的上级约翰·马尔斯顿（John Marston）上校报告后，"莫尼特"号的舰长沃尔登上尉接到了掩护此时处于搁浅中的"明尼苏达"号的任务。于是他在"明尼苏达"号以西的位置下锚。

3月9日上午，当"弗吉尼亚"号返回战场准备彻底解决仍旧动弹不得的"明尼苏达"号时，"莫尼特"号主动向敌舰发起了挑战。在航行至极近距离后，双方激烈交火，但都未能对对方造成明显伤害。在交火中，"莫尼特"号凭借着更为出色的机动性使得"弗吉尼亚"号的固定火炮难以找到合适的射击角度。此外联邦军铁甲舰仅12英尺的吃水也使得其拥有更大的机动空间。在极近距离上进行了两个小时的交手后，琼斯试图对"莫尼特"号发动撞击，他指挥战舰冲向"莫尼特"号的侧舷，但这次撞击没有对"莫尼特"号造成任何损伤，反而导致"弗吉尼亚"号已经受创的舰艏又增加了一道漏水口。沮丧的邦联指挥官试图靠帮，但灵活的"莫尼特"号却始终维持着一定距离。当"弗吉尼亚"号最终放弃，转而准备击沉已经搁浅的"明尼苏达"号时，该舰在试图抵近至更适合的射击位置时同样发生了严重的搁浅。

此时"明尼苏达"号和"莫尼特"号都在近距离对"弗吉尼亚"号发起重击，即便该舰的装甲不会被击穿，装甲板在反复攻击下也最终会被弹飞。就在联邦军几乎胜局已定，"莫尼特"号在仅10~15码的距离上准备让11英寸主炮发出怒吼的时刻，一发邦联军空心弹不偏不倚地击中了"莫尼特"号驾驶舱的窄缝。这发炮弹击伤了沃尔登上尉并使其暂时致盲，使得"莫尼特"号在随后的近20分钟内失去了有效指挥。由于"莫尼特"号的副舰长塞缪尔·D. 格林（Samuel D. Greene）上尉正忙于指挥旋台内的火炮，直到舵手的转向使得该舰脱离有效射程后他才赶忙接替指挥。

与此同时，机警的邦联军舰长抓住机会释放小艇，通过投掷小锚将战舰拖出了浅水。随着舱底污水水位越涨越高，"弗吉尼亚"号在琼斯的指挥下谨慎地退去。终于接替指挥的格林将"莫尼特"带回了"明尼苏达"附近，姗姗来迟的他向着远去的"弗吉尼亚"号发出了两到三发炮弹。汉普顿水道之战就此落下帷幕。

除了驾驶室受到微小损伤外，"莫尼特"在此战中毫发无损。"弗吉尼亚"号的炮房虽然没有被击穿，但已经有许多装甲板被打裂，其下坚固的橡木支撑柱也发生断裂。"弗吉尼亚"号的上层建筑几乎被完全损毁，而舰体也损坏严重，需要进入干坞修理。如果当时军械局没有勒令"莫尼特"号上崭新的达尔格伦炮只允许装填15磅发射药，而是装填此后被证明可以安全使用的25磅甚至是30磅发射药，"莫尼特"的强大火炮将快速击破"弗吉尼亚"号的装甲。

虽然在战斗中居于下风，但这艘邦联的"重锤"仍然在诺福克逗留了两个月时间，某种意义上成为仅有一艘战舰的"存在舰队"。在完成修理后，"弗吉尼亚"号曾在4月11日、5月8日和5月9日出现在水道上。但随着戈尔兹伯勒得到包括铁甲舰"加莱纳"号和"诺格塔克"（Naugatuck）号在内的强大增援，"弗吉尼亚"号如果在此时出战无异于自杀。联邦军在依旧维持着封锁的同时，按照原定计划从4月5日起将波多马克军团的121500名士兵运到了约克镇半岛。

尽管联邦军此后在多场苦战中取得了战术胜利，麦克莱兰向里士满的进军还是被邦联军的北弗吉尼亚军团挡住。由于联邦军少将安布罗斯·伯恩赛德（Ambrose Burnside）的部队正从北卡罗来纳向北进发，且麦克莱伦的部队已经逼到了家门口，邦联指挥层认为诺福克此时已经无法守住。5月10日，邦联军放弃了诺福克和无比宝贵的海军造船厂。而"弗吉尼亚"号则因为其发动机的可靠性欠佳且航行性能差劲而无法驶入深水区撤离。邦联海军因此不得不悔恨地炸毁了功勋最为卓著的战舰。而"莫尼特"号则于同年在卡罗来纳角外海失事沉没。

邦联军的布雷行动与潜艇出击

"弗吉尼亚"号是邦联军铁甲舰中唯一取得了显著战果的战舰。虽然南方邦联还在多处地方建造了铁甲舰，并且就近取得了一些较小的胜利，但邦联铁甲舰根本无法与经过改进后联邦军开始批量建造的"莫尼特船"（浅水重炮舰）较量。

作为弱势一方，南方海军自然开始寻求利用技术创新扭转颓势。在邦联军所使用的新式武器和战法中，最为成功的当属当时被称为"鱼雷"（Torpedo）的水雷。这种静止式水下爆炸武器既可以使用触发引信，也可以通过从岸上连接的电缆击发。辞去了在联邦海军中职务的玛修·芳汀·莫里成为邦联军"水下炮兵队"（Submarine Battery Service）的掌门人，尽管面临着包括铜线在南方州境内极为短缺在内的重重困难，莫里还是想方设法地在邦联军的主要港口和港湾入海口敷设了水雷阵。在战争中联邦军有31艘战舰触雷沉没，这一数字大大高于其他所有原因所导致的损失。

邦联军同样还试验了一种被称为"大卫"（David）的新型半潜式攻击艇，这种蒸汽动力的小艇在艇艏前方的长杆上安装有一枚水雷。"大卫"在巡航时只会露出驾驶舱盖和烟囱。邦联军希望这种小艇能够在夜幕掩护下不被察觉地接近敌方下锚战舰发起攻击。在1863年，一艘"大卫"在查尔斯顿对"新铁甲舰"号发动了一次成功的攻击，虽然此次行动的确对该舰造成了一定的损伤，但没能击沉这艘顽强的联邦战舰。

终于，邦联军建成了世界上第一艘真正的潜艇，在莫比尔（Mobile）建成的"汉利"号（CSS Hunley），这根极为袖珍的、以手摇曲柄作为动力的金属"雪茄"可以搭载9名艇员。但它极不稳定，试航期间连续两度沉没并导致艇员组全部溺亡，大为光火的博勒加德勒令该舰不得完全下潜。被用作"大卫"艇的"汉利"号在之后击沉了联邦军 "豪萨托尼"（Housatonic）号螺旋桨快帆船，但该艇在得手的同时也第三次带着所有艇员沉入了水底。[1]

破交战

除了用这些极为超前的新式兵器进行豪赌（但受制于南方薄弱的工业基础根本不可能成功）之外，邦联海军仅剩的有效进攻手段就只剩下了航运破袭，这依旧是海军

---

[1] 世界上第一艘参加海上战斗的潜艇是北美独立战争时期建成的"乌龟"号（Turtle），该艇由康涅狄格人大卫·布什奈尔（David Bushnell）建造，以橡木作为主要材料。该艇因其如乌龟一样依靠两侧的动力前进，艇部朝底，黄铜制成的观察塔向上伸出，活像乌龟的脑袋而得名。这艘潜艇的水平和垂直移动都依靠一名艇员手摇螺旋桨推进器来实现。"乌龟"号曾对一艘停泊在纽约的英军战舰发动了一次不成功的攻击。1800年，罗伯特·富尔顿建造了一艘更为实用化的潜艇——"鹦鹉螺"号（Nautilus），不过他没能为该艇找到买家。

实力弱势一方的传统选项。南方州的领导人在认识到南方缺乏私掠船后，寄希望于戴维斯总统于1862年4月发布的公告能够吸引外国冒险者和欧洲商船前来领取私掠许可证。通过建立起对海盗行为的法律规范并宣布将保护所有悬挂联邦旗的船只，邦联希望私掠行动不仅能直接攻击北方州的经济命脉，同时也能够将联邦军战舰牵制在公海反海盗行动中，从而减轻封锁的强度。在邦联的主权受到海外的广泛承认后，其捕获物法庭将建立在海外港口，而抢夺来的货物则将在邦联的港口就近售出。

这一政策似乎非常契合美国的海军传统，如我们所见，在北美独立战争和1812年战争期间，私掠行动都是美国在公海上的主要进攻手段。但此时的国际局势已经与前两场战争时大不相同。虽然美国没有签订于1856年缔结、英法等国已经签字的《巴黎宣言》（Declaration of Paris），从而将武装私掠船视为非法。而英国已经拒绝在其广袤的领土上设置任何捕获物法庭，法国也紧跟其后。在此情况下，外国冒险者认为为邦联进行私掠行动的收益已经与风险不成比例，因此对南方的征募并不感兴趣。

虽然在海外碰壁，但邦联及作为独立主权实体运作的各个加盟州都在战争初期颁发了大量的私掠许可证，这些私掠船大多都是些体型小、火力弱的舰艇。开战数周之后，随着联邦军封锁力度的加大，邦联私掠船开始越来越难以穿越封锁捕获商船，而到了1862年年中时，邦联的私掠行动则已经几乎绝迹。即便如此，当时仍然活跃的30艘左右的私掠船还是让联邦军在短期内不得不分散注意力和精力。以双桅横帆船"杰斐逊·戴维斯"号（Jefferson Davis）为例，这艘载有5门炮、载员74人的230吨战舰在从科德角（Cape Cod）驶往特立尼达岛的一次7周巡航中捕获了10艘联邦商船。在一段时间内，联邦军一度动用了8艘战舰对其进行追捕。显然对于该舰和类似私掠船的追捕行动削弱了联邦军执行封锁行动和其他作战行动的战斗效率。虽然数量稀少，但邦联军私掠船还是在战争最初的5个月中捕获了50~60艘商船。美国商船的海运保险费价格随之飞涨，将注册地转移至海外也在美国商船中成为普遍现象。

不过在此之后由于并没有新的私掠者加入，邦联军捕获商船的速度只是在缓慢提升。对于拥有足够的资本和够大的胆量的人来说，现在已经有了风险更低且远更为有利可图的新买卖可做——那就是"封锁突破"。

如果私掠船的效果不佳，那么南方征召的巡洋舰以及正规海军舰艇都会加入到破坏航运的任务中。这些舰艇通常在外国建成，由外国舰员操纵，只有指挥官是邦联人。这些舰艇给北方的商船队造成了巨大的损失。美利坚合众国联邦政府曾向日内瓦国际法庭递交了对联邦军舰船"阿拉巴马"号高达15500000美元[1]的悬赏令，由英国造船厂建成的邦联巡航舰所造成的"直接损失"的严重程度由此可见一斑。

除了袭击所带来的直接损失外，邦联袭击舰所造成的非直接花费甚至更大。航运保险的大幅度上升使得美国航运企业不得不出售旗下大量船只。在1861年，有126艘美国商船将注册地改为外国，1862年数量达到135艘，而在巡航舰"阿拉巴马"号的活动达到最顶峰的1863年数量则飙升至348艘。

对于南方而言，袭击商船的最大意义在于让联邦将大量海军舰艇投入到了公海上。以"阿拉巴马"号为例，仅一艘袭击舰就让联邦军不得不出动一个由7艘战舰组成的分舰队在加勒比海对其进行搜索，事实上我们难以得知联邦军被邦联袭击舰牵制在海上的战舰的精确数目，但可以毫不夸张地说，邦联军袭击舰至少牵制了10倍于其总吨位的联邦军舰艇。

最早实施商船袭击任务的正规邦联海军舰艇是"萨姆特"号（Sumter），这艘排水量500吨的螺旋桨蒸汽船由一艘和平时期的邮政船改装而来。该船被邦联政府从一家新奥尔良航运公司买下后进行了军用改装，并加装了一门8英寸旋回炮和4门24磅侧舷短跑。

拉斐尔·瑟姆斯（Raphael Semmes）舰长指挥该舰于1861年6月从密西西比河下游顺流而下，并开始与执行封锁任务的"布鲁克林"号玩起了猫鼠游戏，由于后者的吃水过大，总是难以穿过沙洲抓住"萨姆特"号。在"布鲁克林"号为了追捕一艘当地船只而脱离阵位后，"萨姆特"号的机会终于来了。当"布鲁克林"号意识到所犯下的错误赶忙返回时，"萨姆特"号已经逃之夭夭。在加勒比海以及西班牙和葡萄牙外海进行巡航期间，"萨姆特"号捕获了17艘船只，其中6艘被焚毁，2艘被夺回，还有2艘在收取赎金后释放。另外7艘被捕获船只被送往古巴后由西班牙政府扣押，随后被归还北方州的船主。

在"萨姆特"号从"布鲁克林"号手下溜走后，联邦军将"尼亚加拉"号（Niagara）和"波瓦坦"号（Powhatan）调入墨西哥湾分舰队（Gulf Squadron），会同"旧金山"号、"伊洛魁"号、"里士满"号和"拱心石州"[2]号（Keystone

---

[1] 通货膨胀已经让当代读者难以认识到在1865年币值下这是一笔何等的巨款。不过可以相比较的是，1861—1865年期间美国联邦政府的年均收入仅为1.6亿美元。按照今天的币值计算"阿拉巴马"号的赏金可能高达数十亿美元。

[2] 宾夕法尼亚州的别名——译者注。

State）前往加勒比海进行了一场最终被证明是徒劳的大搜索。在1862年1月"萨姆特"号终于在直布罗陀被联邦军的"奇尔沙治"号（USS Kearsarge）逮了个正着，随后"伊诺"号也加入了对"萨姆特"号的围困。虽然在中立港口内没有被联邦军炮火"炸个稀烂"的危险，但瑟姆斯舰长此时还被其他许多问题困扰：他无法在直布罗陀得到煤炭补给，锅炉此时已经积满水垢，发动机也需要修理。在此情形之下，瑟姆斯干脆地将"萨姆特"号登记变卖。不过"萨姆特"号为邦联效力的生涯并没有结束，接手的英国船主随即又将它用作了封锁突破船。

"萨姆特"号的短暂袭击舰生涯相当典型。该舰最大的作用就是让日后成为"袭击舰大师"（Master raider）的拉斐尔·瑟姆斯积累了经验。在"萨姆特"号的巡航中，瑟姆斯明白了要避开直布罗陀等经常遭到封锁的交通要害，并且在捕获船只后将其销毁而非冒着风险押送至中立港口，他的舰载火炮便是因此而被查扣的。瑟姆斯在很长一段时间内都能够掌握追击自己的联邦战舰的一举一动。

从南方私人所有的船只被改装为战舰在战争中算得上异类。由于造船设施的缺乏，南方州不得不依靠自己的代理人在海外购买舰艇。在萨姆特堡的炮声响起之后不久，邦联议会就批准了以165000美元的单价购买6艘风帆/蒸汽混合动力巡航舰，并以百万美元的天价购买2艘铁甲撞击舰。都曾是合众国海军军官的詹姆斯·D.布洛克（James D. Bulloch）和詹姆斯·H.诺斯（James H. North）被邦联派往英格兰求购上述船只。这笔生意牵涉到大量的暗面交易和英国传统的繁文缛节，虽然遇到了许多的问题，但精明强干且坚定不移的布洛克非常擅长化解此类问题。不过与此同时，美国驻英国使节查尔斯·弗朗西斯·亚当斯（Charles Francis Adams）和在英国各个造船港口的美国领事人员都在竭尽全力利用外交手段和英国法律来破坏邦联代理人的努力。

1861年的英国和其他西方国家一样，在中立法中专门强调了禁止为友邦敌对方的船只"装备，修缮，改造，或者加装武器"。为友邦的对方制造和出售武器以及其他战时禁运品虽然被允许，但是客户必须要承担全部的风险。根据此前英国法庭的判例，只要舰只上面出现了军用舰艇的特征，法庭就可以据此下达扣押令。虽然存在种种制约，但是邦联还是利用法律的漏洞让英国造船厂建造不带武装的船只，并交付给并不存在的"外国买主"。邦联在欧洲和加勒比海地区的许多港口有不少的代理人，这些人当中有些还持有的是外国国籍，可以很方便地伪装成"外国买主"。在船只交付的同时，在英国制造的舰载武器也会被运往此前约定好的"汇合点"。袭击舰将在这些"汇合点"完成武装后投入使用。从始至终，袭击舰都无须前往邦联控制的港口。在英国法律顾问的全程引导下，布洛克在整个战争期间的采办活动一帆风顺，成功将"佛罗里达"号、"阿拉巴马"号、"谢南多厄"号以及其他邦联袭击舰送上战场。

购买英制铁甲舰的行动则是另外一番状况，由于这种类型的舰艇的军事用途在建造过程中根本无法遮掩，即便手段老辣的布洛克对此也一筹莫展。但此时位于别根海特（Brikenhead）的莱尔德（Lairds）公司却为布洛克带来了意外之喜，该公司此前被授予合同建造两艘安装有9英寸线膛炮的"撞击舰"，这两艘战舰最初的买家是法国政府，随后又由埃及帕夏接盘，之后又被一家法国私人企业预订。英国外交大臣拉塞尔勋爵（Lord Russell）在1863年两舰建成后不久就下令将其扣押。如果成功交付邦联后，两舰将成为令联邦海军感到棘手的麻烦。

"佛罗里达"号在1862年3月建成。该舰随后开往拿骚港，并在此处得到了殖民地当局的协助，安装上了2门7英寸线膛炮和6门6英寸线膛炮后在约翰·N. 马菲特（John N. Maffitt）中校的指挥下正式服役。该舰有着显赫而成功的作战生涯，但最终于1864年10月在巴西巴伊亚港（Bayia）内被联邦军的"沃楚赛特"号（USS Wachusett）捕获。美国对这次严重侵犯巴西中立权的事件进行了大方的道歉，而"佛罗里达"号被返还前因一场"原因不明的事故"在汉普顿水道内沉没。

"阿拉巴马"

"阿拉巴马"号可以被认为是邦联军最为著名的一艘袭击舰。这艘三桅全装帆船长230英尺、宽32英尺，载重吃水15英尺。该舰的300马力蒸汽发动机在试航中跑出了13.5节的高速。在巡航时该舰通常使用风帆动力以节省燃煤。

为了避免被英国当局扣押，"阿拉巴马"号在建成下水后直接在试航中驶出了英国并再也没有返回，该舰向着在亚速群岛的汇合点赶去，布洛克已经在这里准备好了武器、燃煤，上舰作战的军官已完成作战准备。偷运来的6门侧舷安装的32磅长炮、一门100磅炮和一门8英寸空心弹火炮的军火都被绞车运上了"阿拉巴马"号。83名随舰从英国赶来的水手（其中大多是招募自利物浦港的英格兰和爱尔兰冒险者）为了赏金自告奋勇地加入到了舰员队伍中并成为舰员中的骨干力量。拉斐尔·瑟姆斯接收了这艘战舰并举行了服役仪式：他召集全体舰员，阅读了所接受的命令，并升起了邦联的旗帜。此时的"阿拉巴马"号已经成为一艘货真价实的战舰，并已经准备好完成自己的任务。

瑟姆斯是一位严厉且干练的舰长；除了他之外没人能够约束这些来自利物浦的硬汉。他最初在北大西洋进行了两个月的巡航，期间一共抓捕了20艘商船。根据此前在"萨姆特"号上所得到的经验，他在被捕获的商船上得到自己想要的财货后，就会将商船付之一炬。当越来越多的被俘商船船员使得"阿拉巴马"号不堪重负时，瑟姆斯将一艘被捕获的商船释放，让该船载着人满为患的俘虏们自行寻找陆地逃生。

在一路巡航至大浅滩（Grand Banks）之后，"阿拉巴马"号的燃煤接近告罄，于是该舰驶往马提尼克岛的皇家堡，此处是一个事前已经安排好的燃料补给点。"阿格里皮娜"已经在此处等待，但在两舰完成加煤作业之前，联邦军的"圣哈辛托"号突然出现，并开始在3英里领海范围外进行巡逻。在支走了补给舰后，瑟姆斯指挥"阿拉巴马"号趁夜溜过了"圣哈辛托"号，并在委内瑞拉的一处隐秘的小港口完成了燃煤和物资补给。

瑟姆斯此后开始在加勒比海域巡航，希望截住一艘往返于科隆和纽约、在货舱中装载着黄金的"蒸汽运宝船"，这样他就可以支付水手们已经被拖欠多时的薪水，从而掐灭已经冒出的兵变苗头。之后他在该海域捕获了大量的船只，但其中收获最为丰富的也只是一艘从纽约开出的大型载客班轮，该船交出了价值10000美元的美元银币和联邦国库券。

瑟姆斯此后指挥该舰进入墨西哥湾，准备干扰联邦军在得克萨斯州沿海发动的两栖登陆行动。当一支联邦舰队正在加尔维斯顿外海进行炮击时，"阿拉巴马"号启动蒸汽机缓慢航行引诱联邦战舰前来。联邦军改装炮艇"哈特勒斯"号（USS Hatteras）前来查验，在距离友舰超过20英里的海面上，"哈特勒斯"号追上了此时悬挂英国旗帜的"阿拉巴马"号。不过就在联邦军战舰放下了登船小队准备对该舰进行登临检查时，"阿拉巴马"号的大副突然大喊道"这里是邦联国蒸汽战舰'阿拉巴马'号！"索姆斯也立即下令发动齐射。"阿拉巴马"号优势火力很快重创了这艘联邦炮艇。已经正在下沉的"哈特勒斯"号从舰艉开了一炮示意投降。瑟姆斯很快将"哈特勒斯"号上的幸存者转移到了自己的船上，几分钟后"哈特勒斯"号就彻底沉没。"阿拉巴马"号随后快速驶往牙买加的金士顿，并在警报传开前放走了立下不战誓言的俘虏。

在此后的18个月间，瑟姆斯一直在与追捕他的联邦军巡航舰们进行着"猫鼠游戏"，吸引着后者在全世界海域对其进行毫无结果的追击。随着先后在加勒比海、南大西洋、印度洋、巽他海峡（Sunda Straits）、南中国海和孟加拉湾进行活动，"阿拉巴马"号逐渐因自己的成功而尝到恶果。随着瑟姆斯指挥该舰不断向远处进发，他发现在这些海域活动的北方商船数量在急剧减少。在一路航行至南大西洋后，"阿拉巴马"号终于捕获了两艘商船，随后向北前往欧洲进行整补。在1864年6月11日，瑟姆斯指挥战舰驶入了瑟堡（Cherbourg），并向法国政府申请使用船坞。

此前在公海上行动期间，"阿拉巴马"号可以通过预估被派来追捕自己的联邦军战舰的动向甩开追击者。由于当时还没有跨洋电缆，他通常都有好几天甚至好几周的时间来甩开追兵。但当"阿拉巴马"号在瑟堡停泊后，当地的美国领事拍电报告知正在约翰·A.温斯洛（John A. Winslow）上校，他指挥的螺旋桨快帆船"奇尔沙治"号正在荷兰沿海的弗拉辛港（Flushing）下锚停泊。3天后，这艘联邦军战舰出现在瑟堡外海，"奇尔沙治"号并未选择下锚，而是在港外就近占据了一处巡逻阵位。

瑟姆斯原本计划让战舰入坞修理，而他的舰员们也可以获得理应得到的上岸休假。但在入港后他并没有得到使用船坞的许可，且情况的急转直下使得他只能在瑟堡等死或者杀出一条生路之间二选一。由于"阿拉巴马"号和"奇尔沙治"号在性能上似乎不相上下，偏好冒险的瑟姆斯决定险中求胜。他通过联邦领事向温斯洛发出了决斗书，要求在"阿拉巴马"号完成加煤之后进行单舰决斗。

6月19日早晨，"阿拉巴马"号驶出了港口，"奇尔沙治"号已经在法国领海外生火等待。新建成不久的法国铁甲舰"库罗纳"（Couronne）号跟随而出，并在3英里领海线外下锚。注册地为英国的私人游艇"猎鹿犬"号（Deerhound）作为见证方徘徊在决斗海域。成千上万的观众挤在岸边热切观望。

在距离海岸线大约7英里的距离上，"奇尔沙治"号调转船头开始"阿拉巴马"号直冲而来，而后者则开始左转以露出侧舷火炮。在大约2000码的距离上，"阿拉巴马"号发动了第一轮齐射，虽然其中大多数落空，但还是有一发打进了"奇尔沙治"号的舱面索具内。温斯洛引而不发，继续向敌舰冲去。在快速进行装填后，邦联方在1000码距离上再度发起齐射。就在此时，"奇尔沙治"号也向左转露出侧舷火炮开始射击。

随后双方以顺时针方向以半英里的直径进行回转交战。这是双方为了获得侧舷火炮射界并占据扫射位置而进行机动的结果。此时速度高达3节的潮水正在将厮杀中的两舰推向瑟堡以西的海滩。

不过战况很快证明双方的实力并不对等。"阿拉巴马"号上已经疲劳不堪的动力装置使其难以追上"奇尔沙治"号。而迫于弹药有限，邦联军的炮手们很少能够进行训练，此外"阿拉巴马"号上的火药和炮弹也是劣质产品。相比之下，"奇尔沙治"号不仅新近进行了维修而且早已做好了战斗准备。不仅如此，维斯洛还通过沿锅炉和蒸汽机房所在的舰体侧面悬挂缆绳和木板的方法将动力系统遮蔽并保护了起来。在一个小时的交战，双方绕了7圈后，"阿拉巴马"号已经几乎沉没，而"奇尔沙治"号只受到了轻微损伤。瑟姆斯此时试图让"阿拉巴马"号冲滩搁浅，但涌入千疮百孔的舰体内的海水已经熄灭了锅炉，使得该舰万劫不复。随着"奇尔沙治"号开始绕过该舰舰艉发起扫射，瑟姆斯降下了他的军旗。

在被打成筛子的"阿拉巴马"开始沉没之际，胜败双方都加紧放下小艇，"猎鹿犬"号也插上一脚帮助营救落水者。瑟姆斯在将他的佩剑丢入海中后也跳出船舷。在投降20分钟后"阿拉巴马"号舰艏笔直地指向天际，艉朝下沉入水中。瑟姆斯和其他40名舰员被"猎鹿犬"号救起后带回英国。在联邦军眼中，这些人的脱逃只不过是这次胜利的一点瑕疵而已。温斯洛因此战的胜利获得国会的致谢，并被晋升为准将。

在1862年9月5日至1864年4月27日的作战生涯中，"阿拉巴马"号共捕获了68艘联邦舰船，其中的大部分都被该舰在海上破坏。这次史诗远航使得瑟姆斯成为历史上最为成功的商船袭击者。除了捕获船只造成的直接损失外，"阿拉巴马"号还给联邦商船业主造成了巨大的间接经济损失——海运保险价格节节高涨，航次延误或者取消成为家常便饭，大量的货物随船葬身大海。

为了替换已经被击沉的"阿拉巴马"，布洛克又购买了"谢南多厄"号。1864年10月，该舰在马德拉群岛（Madeira Islands）接收到一艘渡轮带来的武器完成武装。"谢南多厄"号随后立即向太平洋出发，并在次月开始了它的狩猎之旅。该舰主要在阿留申群岛一带活动，并总共捕获了36艘船，其中大部分是捕鲸船。"谢南多厄"的袭击给美国捕鲸业带来了致命一击，此后再也未能从中恢复。由于"谢南多厄"号的舰长瓦德尔（Waddell）上校直到1865年8月2日才得知邦联已经投降，"谢南多厄"号的战果中有三分之二都是在战争结束后取得的。在邦联军袭击舰中，"谢南多厄"号造成的损失仅次于"阿拉巴马"号。

封锁突破

直到新奥尔良失守之前，邦联军的封锁突破行动一直都没有收到效果。各种船只满载着成包的棉花溜出封锁前往哈瓦那、拿骚、百慕大（Bermuda）或圣托马斯等港口。随着北方封锁舰效率的提高，小型风帆船只再也不能轻易冲破封锁，只有快速的蒸汽船才能胜任偷运任务。不过即便如此，随着战争进程的发展，偷运船被抓获的风险也越来越大。联邦海军已经捕获了850艘各类封锁突破船，其中一些船只甚至是专门为突破封锁而建造的。

不过随着封锁效率的提升，成功突破封锁的船只能够获得的奖赏也越来越多。偷运者们在英国设立起了股份制公司；克莱德造船厂生产的船只为了封锁突破任务专门进行了改装，这些偷运船在英国海军军官的指挥下被送往拿骚港和百慕大港。

这些专门建造的封锁突破船排水量约450吨，采用木制船体，吃水非常浅，但航速非常快。大多数突破船采用明轮驱动，燃烧无烟煤以免暴露行踪。这些突破船线型优良，长宽比通常为8：1。这些突破船最突出的特点就是快，航速能达到17节。偷运船中有许多都采用伸缩桅杆，上层建筑布局也极为简洁，大多数的桅杆基本上就只是一根长棍，没有其他复杂的累赘设计。封锁突破船大多采用灰色涂装，干舷非常低，通过在夜间"摸黑行动"，几乎无法通过目视发现。

在典型的偷运行动中，封锁突破船通常会在百慕大群岛的圣乔治岛装船，在日暮时分偷偷顺着隐秘的水道出港，并躲开在暗礁外严阵以待的联邦军战舰。封锁突破船在暗夜中只能以低于最适宜航速的速度前进。在精心的导航下，偷运船能够在两天后的日暮时分精确地抵达如萨凡纳等港口的附近。随后偷运船将在夜幕降临后紧贴岸边慢慢靠近港口，在与港口和堡垒通过灯光信号进行识别后，突破船将发起最后的全速冲刺，强行突破联邦军的"近岸封锁"。在码头上，卸下的不仅有急需的弹药物资，还有烈酒、巴黎时装、亚麻布、珠宝、茶叶和咖啡等奢侈品。货物在卸船完毕会立刻被偷运公司的代理人运入仓库中保管，与此同时，成包的棉花会被堆进船舱或捆在甲板上，甚至会在船长的住舱顶上也塞满棉花包。随后偷渡船会用硫黄熏蒸船舱，以逼出所有试图搭船逃跑的偷渡者。在入夜时分，偷运船的船长们会将所有能够发现的联邦军封锁船位置标记在他们的海图上，趁着夜幕从多艘封锁舰中间安静地利用蒸汽动力溜出封锁线。在偷运船上，保持安静是一项严格的纪律，有时偷运船能够在根本不被察觉的情况冲出包围，而一旦被察觉，偷运船也可以利用速度上的优势脱身。

即便冲破了近岸封锁，偷运船在航行过程中仍然有可能在公海上被航速更快的联邦军战舰发现。总的来看，封锁突破船的成功概率都大于失败概率，只要邦联尚有港口可供船只出入，那么封锁突破船总能设法进行贸易。到1865年1月为止，84艘专门建造的蒸汽动力封锁突破船中有37艘被抓获，25艘因触礁、碰撞和失事损失，但仍有

22艘撑过了战争。

在1863—1864年，突破船的利润已经丰厚到了只要完成两到三次往返航程（通常会在数周内完成），所赚取的金额就足够付清船只本身的售价。以咖啡为例，在拿骚以12美分一磅价格装船的咖啡，运达里士满的价格高达2.75美元一磅。早在1862年12月，拿骚至萨凡纳的海运报价就已经高达500美元一吨。商船主们哪怕仅拥有一艘船，足够走运的话也能轻易地每年赚取上百万美元。虽然所面临的风险已经增加了几倍不止，但突破船的船长船员们却将其视作赚取高额报酬的良机。在1860年，一名商船船长的每月薪水可能在140~160美元，而出任封锁突破船船长的每月薪水可达5000美元，此外还有在偷运中个人投机所获得的回报。而普通的突破船海员底薪也达到了每月100美元，且每次成功往返都能获得50美元的补贴。

不过必须要注意的是，偷运行动事实上并没有打破联邦军所制定的封锁战略。事实上，封锁突破船榨干了南方所剩无几的老练水手队伍，并且吸引了大量本应用来建设南方军事工业的资本，而黄金的流出更加剧了货币的贬值，可以说封锁突破船对于南方实力的削弱可能甚于其产生的收益[1]。这些船只有限的载货能力使得其除了少量运输棉花外没有可以拿得出手的货物，而进口时所携带的利润高昂的奢侈品占的巨大比例也使得其带来的物资不可能对战争局势产生任何影响。在"封锁拍卖"中高价售出的绸缎、珠宝和法国白兰地虽然让进口商赚得盆满钵满，但此时南方的工业正因没有缺乏化学品和锅炉钢而陷入停滞，挤满伤病员的医院极度缺乏鸦片酊和其他药物。这种敛取暴利的行径最终引起了愤恨，北弗吉尼亚军团缺衣少弹的窘境也迫使邦联议会在1864年3月1日通过法案，禁止进口奢侈品。虽然法案得到了通过，但并没能够得到有效实施，在南方州的报纸上，对于"这一小撮发国难财的"的声讨在此之后也并未平息。

---

[1] 有趣的是，邦联政府也将资金投入了未受严格限制的"私人企业"中，邦联政府是4家偷运公司的秘密控股人，并且在其他许多公司都拥有股份。

第13章
西部战事

从战争爆发之初，林肯和他的军事顾问们就已经认识到了夺取密西西比河及其支流的控制权对于北方的胜利而言至关重要。从经济上而言，这些河流是位于中西部地区的忠诚州所产出货物的天然快速运输通道。在军事上，这些通航河流也能为在泛阿巴拉契亚地区战斗的大军提供安全可靠的补给线。如果联邦军能够有效控制密西西比河，就能够将得克萨斯阿肯色和路易斯安那州与南方邦联的主要部分分割开来，从而使得正在东部作战的邦联军主力失去主要的食物来源。此外邦联经墨西哥转口的进口通道也会被联邦军切断。防止邦联控制密西西比河，最终成为联邦军内陆封锁作战的基本原则。

南方领导层同样认识到了流经西部的这些大河的重要性，并竭尽全力阻挡联邦军在该方向的攻势。在南方的抗击下，联邦军用了长达两年的时间，付出了上万人生命的代价，才最终控制密西西比河及其主要支流。

在肯塔基州宣布终于联邦之后，邦联失去了利用俄亥俄河作为主要防线的机会。从田纳西州流出并汇入俄亥俄河的田纳西和坎伯兰河此事成为联邦军发起进攻的绝佳通道。联邦军迅速集结起了一支内河船只组成的海军，这支舰队最初主要由内河蒸汽船改装的炮艇组成，但很快就得到了紧急建造的"伊兹"（Eads）型炮艇的支援。这批新建炮艇以其设计和建造者的名字命名，除了安装有13门重型火炮，舰体还得到了2.5英寸厚的铸铁板保护。作为参加进攻大军的一员，安德鲁·赫尔·福特（Andrew

Hull Foote）舰队司令负责指挥这支内河舰队，他与刚刚从平民生活中被召回现役的尤利西斯·S. 格兰特（Ulysses S. Grant）准将合作，后者手头拥有17000名士兵。

联邦军的第一个目标是亨利堡（Fort Henry），这座临时搭建起来的堡垒位于田纳西河上联邦军基地帕迪尤卡（Paducah）上游60英里处。1862年2月6日，福特指挥7艘炮艇抵近至距离堡垒仅不到100码的距离上一顿狂轰滥炸，将邦联军的防御工事夷为平地。格兰特指挥的陆军部队则直接绕过了这座堡垒，只派驻一支微不足道的小部队负责进驻这个已经被攻陷的据点。

而邦联军建立在坎伯兰河岸边的堡垒多纳尔森堡（Fort Donelson）则并没有那么容易被攻陷。这处位于坎伯兰西岸高地上的据点天然就利于防守，指挥着15000名士兵的吉迪恩·J. 皮罗（Gideon J. Pillow）准将将战场选在此处，准备进行一场坚决的防守战。1862年2月13日，格兰特开始对这处堡垒进行围攻。次日，福特带领他的炮艇抵达，开始与堡垒内的火炮进行近距离较量，而格兰特的部队则在陆上实施机动，切断了守军的最后一条撤退路线。联邦军战舰在这番炮战中遭受了重创，其中3艘战舰不得不退出战斗。福特在战斗中也身负重伤，且最终因伤势过于复杂不治身亡。虽然损失严重，但格兰特的部队已经切断了仅剩的道路，邦联守军彻底成为瓮中之鳖。皮罗准将派出一支小部队乘坐蒸汽船向上游逃窜，而骑兵上校内森·B. 福勒斯特（Nathan B. Forrest）指挥的骑兵分队则经由冻结的沼泽逃出了联邦军的封锁。不过截至16日，仍然有10000名南军士兵被困在堡垒内，他们在当日接受了格兰特的要求，向联邦军无条件投降。此战的胜利让格兰特收获了极大的声望，北方州的报纸热情地将他们的英雄称为"（让敌人）无条件投降的格兰特"。

亨利堡和多纳尔森堡的接连失守和在密苏里州的战败使得邦联军不得不沿密西西比河两岸撤退至哥伦布市以南60英里处，在此处密西西比河拐了两个大弯。此处不仅有着利于防守的高地，还有这地势低平的10号岛（Island Number 10），即开罗市下游的第10座岛屿。邦联军在这处要地布置了近10000名守军，并配有强大的火炮和一支由6艘船组成的小舰队，与他们对阵的则是由约翰·波普（John Pope）准将指挥的20000名联邦军士兵和一支负责支援的炮艇分队。

河流两岸的沼泽地使得波普的部队根本不可能在没有得到充分支援的情况下向位于下游的邦联军阵地发起进攻或围困。他的部队首先占领了位于10号岛下游的新马德里（New Madrid），为了得到水运补给，波普的部队在10号岛上游的被淹没的树林中凿出了一条运河。不过这条小运河的深度不足以让需要前往下游对付邦联军炮艇的联

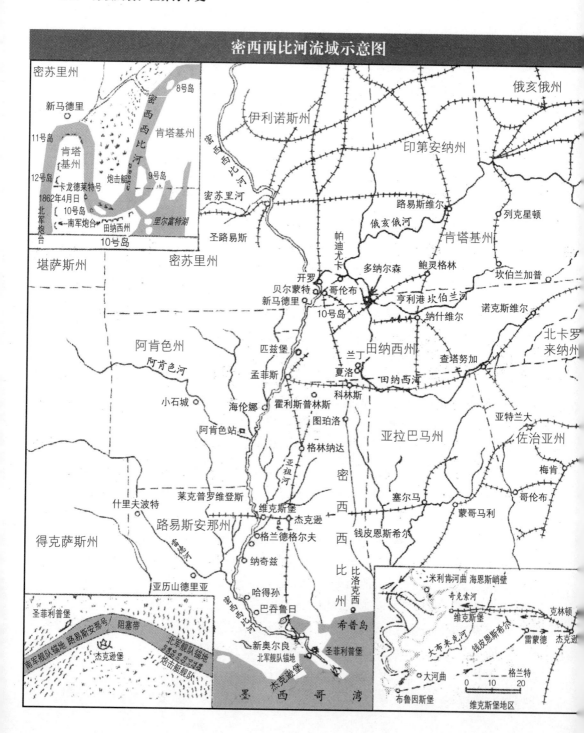

邦军战舰经过。在此情形之下，"卡隆炮"号（Carondelet）舰长亨利·沃克（Henry Walke）自告奋勇，准备冒险冲过邦联军设置在南岸的炮兵阵地。

沃克对此进行了精心的准备，他将锚链叠在甲板上以防备射来的炮弹，又在暴露在敌军炮火下的一侧舰体外捆扎了一大包煤炭。4月4日夜，在一场雷电交加的暴风雨中，"卡隆炮"号缓缓顺流而下。该舰搭载了作为增援的一个连陆军神枪手，水兵们则手持刀剑严阵以待。"卡隆炮"号直接冲过了邦联军的炮兵阵地而没有受到任何伤亡。两天后，同样是在一个雷电交加的暴风雨夜，"匹兹堡"号（Pittsburg）重演了"卡隆炮"号的壮举。

在联邦军的铁甲炮艇将木制的邦联炮艇赶到河流下游后，波普指挥部队在没有受到任何抵抗的情况下渡过了密苏里河。进退维谷的邦联军被"将死"（Checkmate）在原地，所有守军连同他们的重炮没有抵抗就向联邦军投降了。

在夺下这一要地后，格兰特准备指挥新组建的田纳西军团向战略要地柯林斯（Corinth）挺进。此次战役他得到了由唐·卡洛斯·比尔（Don Carlos Buell）指挥的俄亥俄军团的20000人增援。联邦军对田纳西河的水上控制使得格兰特可以从水路对柯林斯发起长途奔袭，格兰茨命令自己的33000人主力在匹兹堡码头等待比尔的部队。而邦联军将领阿尔伯特·悉尼·约翰斯顿（Albert Sydney Johnston）很快在柯林斯集结了45000人的部队并抢先对格兰特发起攻势。随后在1862年4月6日爆发的夏伊洛战役（Battle of Shiloh）是整场战争中最为血腥的战役，双方的伤亡总计达到20000人。这场战斗如果不是因为比尔的增援部队通过内河船只赶来增援，以及"泰勒"（Tyler）号和"列克星顿"内河炮舰的及时火力掩护，联邦军恐怕很难取得平局。虽然南方州凭借此次战斗暂时阻挡住了北军的攻势，但此战的高昂代价使得邦联在其他方向的战线上都防备空虚，其中尤以新奥尔良为甚。

新奥尔良

作为全密西西比河流域的贸易中心，新奥尔良是南方最大且最为富饶的城市。该城坐落在密西西比河被分为三条注入墨西哥湾的主要支流的"大分汊口"（The Head of the Passes）上游100英里处，在战争爆发前该城一直是最大的棉花出口港口和仅次于纽约的美国第二大进口港。该城本身不仅有巨大的价值，对于联邦军而言，夺取该城也意味着能够控制整条密西西比河。早在1861年9月，联邦军就夺取了位于密西西比河三角洲以东海面上的军舰岛，该岛随后成为联邦军封锁船的主要前进基地。

虽然体型小巧，形似乌龟的"马纳萨斯"号取得的有限的胜利牵制了联邦军在大分汊口的封锁行动，且小型偷运船只可以通过许多窄小的河道遁入开阔海域，但联邦军还是很快让新奥尔良感受到了巨大的压力。战争爆发前该城繁盛的贸易如同遭遇了窒息一般凋零了下去。

对于可能从墨西哥湾方向发动的攻击，新奥尔良主要依靠堡垒作为防御，并在该城下游90英里处的普拉克明（Plaquemine）设置起了坚固的原木桩障碍。在河流右岸的杰克逊堡（Fort Jackson）装备有16门设置在避弹堡内的火炮和74门在普通炮垒内的火炮。而在上游不远处左岸的圣菲利普堡（Fort St. Philip）则配备有52门火炮，但没有避弹堡。邦联军还在杰克逊堡的火炮射程内建造了一列由大量井字梁和沉重的锚链捆在一起的巨大柏木浮排，十余枚重量3000余磅的船锚将这座浮排牢牢地固定在河床上。虽然这样的防御几乎坚不可摧，但这道防线还是在被大自然的力量冲破，1861年晚冬的大洪水裹挟着上游的垃圾直接冲垮了其中一处浮排。随后联邦军很快进行了紧急修理，将截去桅杆的双桅船捆成一列作为权宜之计。"马纳萨斯"号同样也是守军的一部分，该舰配备有一门32磅炮，此外邦联军还拥有十余艘小型的木制炮艇。当时新奥尔良正在建造两艘强大的铁甲舰"路易斯安那"号和"密西西比"号。

为了挡住格兰特向柯林斯的进军，约翰斯顿将军将用于防守新奥尔良的大部分士兵都调走了。此时的新奥尔良城防司令曼斯菲尔德·洛威尔（Mansfield Lovell）少将手头只有1500名堡垒守军，在城市内也只有3000名民兵。但邦联领导层却并不担心联邦军可能从墨西哥湾发动海上袭击。他们认为真正的威胁来自河流上游，而消除威胁的最好办法就是在北面的陆战战场上获得胜利。

联邦军最初认为在没有集结起50000名士兵和充分的海军支援的情况下不应当贸然对新奥尔良发起任何进攻行动。但时任海军部长助理的古斯塔夫斯·福克斯（Gustavus Fox）认为一场完全由海军实施的行动将能够取得成功，而陆军只需要提供新奥尔良投降后占领城市所需的部队就已经足够，他的意见得到了大卫·迪克森·波特（David Dixon Porter）海军准将的坚定支持。波特提出用臼炮炮击艇袭击杰克逊堡和圣菲利普堡，之后大吃水深度的海军战舰将能够逆流而上，兵临城下。

在下定决心后，这一行动并立即开始实施。时任西部封锁舰队司令的大卫·格拉斯哥·法拉古特（David Glasgow Farragut）上校被任命为进攻新奥尔良舰队的司令。在1862年2月下旬，法拉古特在军舰岛集结起了4艘一等蒸汽快船（First-class Steam

Sloop），担纲旗舰的"哈特福德"号（Hartford）、"里士满"号、"彭萨科拉"号和"布鲁克林"号，此外还有身经百战的"密西西比"号明轮战舰以及12艘炮艇。"哈特福德"号是一艘崭新的战舰，长225英尺，排水量为2900吨，单纯依靠蒸汽动力可以达到8节的航速。该舰的武备包括侧舷的22门9英寸达尔格伦炮和舰艏艉各一门30磅线膛炮。小型舰艇中有3艘排水量为1000吨，其他舰艇的排水量为500吨。

波特还召集了21艘由小型纵帆船改装而来的炮击艇，这些炮击艇都安装了新近在匹兹堡生产的13英寸臼炮，这些炮击艇很快便加入了法拉古特的舰队中。此时法拉古特遇到了一个问题，密西西比河主要入海河权未经疏浚，重型舰艇即便是趁着春季的高潮水位也根本无法越过沙洲。联邦战舰进行了减重，并设法在淤泥中挖出了一条水道能够让战舰跨过暗沙，而此时一个月的时间已经过去了。

不过法拉古特却巧妙地将这段本会被浪费的延误时间排上了用场。他仔细地分析了近期的情报，为封锁舰队的补给工作完成了已经积压许久的繁重文书工作，并向麾下的舰长们详细传达了作战计划的细节。

1862年4月17日，波特的炮击艇分队抵达距离杰克森堡2英里的下游位置。其中的15艘紧靠右岸向杰克森堡发起猛烈轰击，另外6艘则在河中央下锚，对圣菲利普堡发起攻击。被点燃了引线的臼炮弹以每分钟一发的速度向敌军射去，很快将堡垒内外的木质建筑焚毁一空，并一度差点危及杰克逊堡的弹药库。不过邦联军火炮对更加暴露的炮击艇的还击也击沉了一艘炮艇。在持续一周的炮击之后，无从休息的邦联守军士气已经跌落谷底。在4月20日夜间，联邦军炮艇"伊塔斯卡"（Itasca）和"皮罗拉"号（Pinola）冒着邦联军炮火奋力作业好几个小时后，成功突破了浮排障碍，并开辟出一条可供法拉古特的大型战舰一次通过一艘的通道。

法拉古特此时则正在完成让大型战舰冲过邦联军设防阵地的准备。联邦军战舰将锚链堆叠在容易受到攻击的舰体中央部分；动力装置的舱室四周堆积起了沙包；甲板被漆成白色以便舰员在黑夜中操船。所有的战舰都被配重为舰艏更低的姿态，即便发生搁浅，战舰也能在潮水的助力下成功后退。在4月24日凌晨2时，"哈特福德"号发出信号："出发。"

在波特的炮击艇的持续火力掩护下，联邦舰队以小型炮艇"卡尤加"号（Cayuga）为先导，带领法拉古特的第一批战舰通过木排与纵帆船残骸之间的狭窄缺口。当堡垒向舰队开火时，联邦战舰就会向着炮口火光方向用葡萄弹和"罐弹"[1]（Cannister）还以颜色。位于纵队第3位的"密西西比"号被"马纳萨斯"号发射出的一枚炮弹击中，但由于炮弹着角过大，该舰并未受到损伤，随后第一批8艘战舰都逆流而上脱离了邦联炮火射程。率领第2梯队的"哈特福德"号在圣菲利普堡边的河道上则避开了一艘邦联拖船牵引到侧舷位置的纵火木筏，并很快击毁了这条火筏。在通过的大型战舰中，"布鲁克林"号受损最为严重，该舰在试图穿过木排时与"金尼奥"号（Kineo）发生碰撞受伤；而在圣菲利普堡河段又遭遇体型虽小却"分量十足"的"马纳萨斯"号一记撞击几乎沉没。"伊洛魁"号（Iroquois）与静止不动的"路易斯安那"号相撞，虽然两舰已经无法机动作战，但仍然可以作为静止炮台。"伊洛魁"号在脱身向上游前进前遭遇了严重的人员伤亡。在法拉古特的炮艇队中，只有3艘损伤不严重，可继续向上游前进。虽然所有的联邦军战舰都被火炮击中，其中许多弹痕累累，但在这场为期一个小时的行动中联邦军没有舰艇沉没，总体的人员损失也维持在较小程度。

4月18日早上，联邦军进行了清扫行动。巨大的"密西西比"号将"马纳萨斯"号追击到直接搁浅，随后"马纳萨斯"号被舰员放弃。北军的炮艇部队则向上游冲刺，迎战火力强于自身的对手。战斗中联邦军只有"伐楼那"（Varuna）号因遭到邦联军"摩尔州长"号（Governor Moore）的扫射而沉没，但联邦海军此时已经肃清了整个密西西比河流域。

在安德鲁·杰克逊的部队曾经坚守过的阵地上，邦联军临时建立起了一个重炮阵地作为新奥尔良的内层防线。但拥有绝对火力优势的联邦舰队很快抹去了敌军的最后抵抗，并在距该城不远处河面上下锚。

被切断了补给和增援的杰克逊堡和圣菲利普堡在4月28日投降。由本杰明·F.巴特勒（Benjamin F. Butler）少将指挥的陆军占领部队在5月1日抵达新奥尔良。此战中北军用微小的代价取得了巨大的胜利。

向维克斯堡进发

我们可以指出在法拉古特的大吃水战舰在当时最合理的运用方式应当是立即调

---

[1] 一种由被封装在圆筒内的大量金属弹丸进行杀伤的霰弹——译者注。

往设防仍然空虚的莫比尔港。如果莫比尔港被攻陷，那么联邦军将有效地封锁整个墨西哥湾沿海。不过在当时林肯和他的智囊团的首要着眼点仍是控制整条密西西比河，并且打算为了实现这一目的投入全部可动用的力量。正因如此，法拉古特虽然极不情愿，但还是不得不指挥舰队继续对河流上游进行旷日持久且琐碎的进军行动。查尔斯·H.戴维斯（Charles H. Davis）中校所指挥的上游炮艇部队此时正被皮洛堡（Fort Pillow）阻挡。炮艇部队将沿着密西西比河一路向下游推进，而法拉古特的舰队则会继续向上游进发直至两支舰队会师，会合的位置可能在维克斯堡（Vicksburg）一带。

当然，法拉古特此时指挥的这些大吃水深度远洋快船根本不是为了内河作战所设计的。因此他的舰队时常因暗沙而搁浅，被水下的障碍物所碰伤舰体，甚至因漂流而来的杂物而出现伤亡。不过即便如此，法拉古特麾下的战舰还是在向北进发的过程中将河上的港口一座接一座地夺了下来。1862年5月8日占领巴吞鲁日（Baton Rouge），5月18日夺占那切兹（Natchez）。在5月18日，法拉古特的先遣队指挥官S. P. 李（S. P. Lee）中校在维克斯堡港外的"奥奈达"（Oneida）号炮艇上向敌人送去了劝降书，但在高处建立起了坚固阵地的邦联军直接无视了联邦军的提议。

与此同时，戴维斯向下游的进军却并非一帆风顺。事实上，就在刚刚从负伤的舰队司令手中接过指挥权后，戴维斯就遭受了屈辱的战败。在5月10日，邦联军河防舰队（Confederate Defense Fleet）的撞击舰在皮洛堡上游的梅子河曲（Plum Bend）撞了戴维斯一个猝不及防。邦联军以最小的损伤击沉了联邦军的铁甲舰"辛辛那提"号（Cincinati）和"芒德城"号（Mound City）。随后邦联战舰赶在拥有火力优势的联邦战舰反应过来前撤退到了皮洛堡的炮火掩护下。虽然沉没的两艘战舰很快被捞起重新投入战斗，但邦联的突袭成功还是让联邦军深刻体会到了保持警惕的重要性。

邦联舰队的有限战果并没能挽救皮洛堡。在联邦军夺下柯林斯后，皮洛堡就处于腹背受敌的危险状态，在戴维斯的猛烈炮火下坚持数周后，守军明智地选择了放弃这座堡垒。此时联邦军上游舰队也得到了由陆军工兵部队的查尔斯·埃利特（Charles Ellet）上校指挥的4艘机动灵活的木制撞击舰的增援。得到增援后的联邦战舰在6月9日抵达孟菲斯。由8艘撞击舰组成的邦联军舰队决定再次背水一战。在孟菲斯居民的观战下，拥有更好操纵性能的撞击舰在此战中发挥了决定性作用。在一个小时的混战后，虽然埃利特中校受到了致命伤，但联邦军击溃了7艘南方战舰，只有一艘得以逃至下游。联邦军随后很快占领了孟菲斯，而戴维斯的战舰则一路顺流而下向南推进至维克斯堡一带。

在对维克斯堡进行炮击后，法拉古特意识到从河面舰艇上射出的炮火很难有效压制地处高处的维克斯堡守军火炮。此时联邦军陆军西部总司令亨利·W. 哈勒克（Henry W. Halleck）少将提出在必要时可以出动陆军部队协同行动。但在威尔斯海军部长的命令下，法拉古特决心带领舰队绕过该城。1862年6月28日，他率领8艘战舰成功突破维克斯堡周围的炮兵阵地，但另有3艘战舰因严重受损而不得不掉头撤退。此次强行突破行动证明了法拉古特"舰炮无法有效对抗邦联军设置在山顶上的坚固阵地上的炮火"的观点。

向下游挺进的戴维斯海军和从海上赶来的法拉古特舰队终于在维克斯堡上游不远处会师。此时看上去似乎密西西比战役已经告一段落。但事实上，此时距离维克斯堡落入联邦军手中尚有一年之久。在此期间，该城就像是一块噎在密西西比河咽喉上的骨头。

此时的联邦领导人在维克斯堡方向可谓一筹莫展。除了海军部队，联邦军在该方向只有托马斯·威廉姆斯（Thomas Williams）准将指挥的3000名士兵。而邦联军的15000名士兵则在厄尔·范·多恩（Earl Van Dorn）少将的指挥下已经在维克斯堡建立起了坚固的防御。波特的16艘和戴维斯的4艘炮击艇曾用13英寸臼炮对维克斯堡发起吊射，并对城市造成了破坏。从华盛顿发来的命令却将波特和他的炮击艇调往弗吉尼亚支援麦克米兰的部队。威廉姆斯的士兵们试图在维克斯堡对岸挖出一条运河直接绕过发卡形河曲的半岛。这项工程随后被证明是不可行的，且威廉姆斯的部队中有三分之一的士兵因热虚脱和疟疾而失去了战斗力。在此期间最令法拉古特感到气恼的是，有一艘邦联军铁甲舰大摇大摆地从他的整个舰队当中直冲而过。

这艘铁甲舰是邦联军崭新出厂的"阿肯色"号（CSA Arkansas），该舰是在维克斯堡以北的亚祖河（Yazoo River）上的亚祖市的一座简易船坞中建成的。在1862年7月15日，联邦军铁甲舰"卡隆炮"号在一艘撞击舰和一艘炮艇的伴随掩护下，执行对亚祖河的侦察任务，而此时"阿肯色"号也碰巧顺流而下。联邦军战舰在遭遇这一看似强大的对手后，立即掉头撤退。邦联铁甲舰趁势直接将"卡隆炮"号追至搁浅，随后追着另外两艘小型舰艇径直冲入联邦军舰队的阵线。"阿肯色"号虽然马力不足，在静水中航速较慢，但借助河流的流速，该舰一面穿过整片锚地，一面将所有火炮以最快射速开火。虽然联邦军舰艇的猛烈侧舷火力将该舰用铁轨覆盖作为装甲的炮房打得摇摇欲坠，但该舰仍然从炮火中幸存，并成功逃入维克斯堡炮火掩护下的安全区内。由于联邦军舰长们对突如其来的敌舰大为震惊，他们都没来得及下令生火备航，联邦战舰根本无法发起追击。

出于对部署于维克斯堡下游的运输舰和炮击艇安全的担心，法拉古特在当晚指挥他的舰队从城市驶过，试图通过集火射击击沉"阿肯色"号。在几天后，他得到批准将编队中的大型战舰从维克斯堡一带撤离。由于此时的水位正在不断下降，他的舰队没有丝毫耽搁，载着威廉姆斯准将的部队一道撤退。在新奥尔良他收到了好消息，他被晋升为了海军少将（Rear Admiral），从而成为第一位荣升该军衔的美国海军军官。戴维斯中校也将他的淡水海军带回了上游300英里处的阿肯色州海伦娜市（Helena）。在联邦军撤退后，密西西比河上延伸500英里的流域重新落入邦联军手中。

腾出手来的范·多恩由此得以增援缺兵少将的约翰·C. 布雷肯里奇（John C. Breckenridge）少将，后者此时正准备夺回巴吞鲁日。但在海军炮火的强大支援下，联邦守军打退了此次进攻。此战中"阿肯色"号曾试图支援南军地面部队，但该舰的发动机出现故障，为防止被敌军缴获而被舰员焚毁。随着邦联军开始加固巴吞鲁日上游不远处的哈德森港（Port Hudson）的防御，联邦军决定从巴吞鲁日撤退。

哈德森港位于维克斯堡下游150英里处，拥有一处可以俯瞰密西西比河河曲的高地。对于南方州而言，如果维克斯堡和哈德森港能够守住，那么两地之间从西南方向注入密西西比河的红河（Red River）可以继续作为连接密西西比河以西邦联州和其他邦联州的水上交通线使用。从红河上游，邦联军能够得到陆军所急需的肉类和谷物，以及被运至墨西哥的欧洲产品。位于哈德森港制高点的重炮阵地也能够为任何从下游对维克斯堡发起的水面攻击造成极大难度。

直1862年11月，格兰特才指挥他的部队向维克斯堡开进，他指挥的田纳西军团40000名士兵从位于霍林斯普林斯（Holly Springs）的补给基地出发。格兰特希望他能够将这一战区内的邦联部队吸引至格林纳达（Grenada）附近。与此同时，由威廉·特库姆塞·谢尔曼（William Tecumseh Sherman）少将指挥的32000名联邦士兵在淡水海军（此时由从弗吉尼亚赶回来的波特指挥）支援下将从北面对维克斯堡的防御发起攻击。联邦军的计划必须完美地把握住实施时机，维克斯堡的邦联守军必须被吸引足够长的时间才能让谢尔曼和波特乘虚而入夺占城市。谢尔曼和格兰特的部队随后则将会在格林纳达和杰克逊之间战场上包围邦联部队。

驻守格林纳达的24000人邦联部队从任何方面都不是格兰特的对手，但此时的天气却眷顾着他们。12月的降雨使得没有铺装的道路完全无法通行。因此联邦军和邦联军只能沿着密西西比中央铁路沿线一方追击、另一方撤退，而邦联军则在撤退过程中拆毁了铁轨和枕木，以拖慢联邦军的进军步伐。此外贝德福德·弗罗斯特（Bedford

Forrest)指挥的骑兵部队也溜到联邦军战线后方破坏了许多铁路且切断了电报线。在12月19日至12月30日这12天之间，格兰特与谢尔曼失去了联系。趁着联邦军陷入混乱，范·多恩带领2500名邦联士兵奇袭了霍林斯普林斯，邦联奇袭部队凭借压倒性的兵力优势很快战胜了守军并破坏了大量的补给。后勤遭到重创的格兰特不得不后撤80英里至大章克申（Grand Junction），但即便如此部队人员也仍在忍饥挨饿。格兰特的计划彻底崩盘，而邦联军则将许多此前用于对抗他的部队从格林纳达乘火车经杰克逊送至维克斯堡。这些及时的增援赶在谢尔曼和波特发起进攻之前充实了维克斯堡外围的防守兵力。

虽然遭受到了这些挫折，谢尔曼的部队还是在波特的炮艇护航下乘船顺流而下发起进攻。此时联邦海军的首要任务就是清理亚祖河下游的邦联军水雷，在此期间一枚水雷击沉了"开罗"号铁甲舰。在亚祖市上游8英里处的海因斯崖（Haynes's Bluff）是联邦军此次进攻的重点。在圣诞节次日的雨幕中登陆后，谢尔曼的部队沿着沼泽中的5条道路向这处崖壁进发。虽然在进攻中联邦军战舰为挺进中的部队编织了一道有效的掩护弹幕，但身着蓝色军服的联邦士兵们只能挤在狭窄的道路上，从而被邦联方的步枪和葡萄弹杀伤惨重，反复的冲击也只是徒劳地增加阵亡名单的长度。这场被后世称为"奇克索崖战役"（Battle of Chickasaw Bluffs）成为谢尔曼的军团罕见的惨败之一。虽然谢尔曼和波特希望找到另一个发起进攻的方向，但在那个湿冷多雨的冬天，上涨的河水使得崖壁两侧的河岸成为几乎不可逾越的沼泽。在一片晦暗的气氛中，波特只得护卫着谢尔曼的部队退回河流上游。

联邦军高层终于懊悔地承认夺取维克斯堡的行动尚需时日，甚至可能要等到春季的洪水退去之后。在整个冬天，频繁的追逐战让战舰和部队一片忙碌。为了找回面子，联邦军对位于阿肯色河上的阿肯色站（Arkansas Post）市的辛德曼堡（Fort Hindman）发动了水上进攻，5000名邦联守军被俘。

在格兰特就任密西西比河联邦军司令后，他在位于维克斯堡上游不远处的米利肯斯河曲（Milliken's Bend）开始集结部队。虽然抱持怀疑态度，但他还是批准了陆军工程兵继续开挖此前威廉姆斯将军的部队所试图挖掘的运河。如果能够直接穿过维克斯堡河对岸的半岛，那么格兰特就能够将部队调动至该城南面他希望发动进攻的位置上。虽然联邦军进行了大量的作业，但随着春季洪水的到来，这条运河很快被滑坡的泥土和从上游飘来的杂物堵塞，甚至工兵的营地也被大水冲毁。心急的波特此前已经多次试图让战舰穿过维克斯堡或者控制亚祖河的上游入口，但这些行动没有一次成功。

第 13 章 | 西部战事

在此期间联邦军有所收获的水上行动只有破坏邦联军对维克斯堡至哈德森港的水道控制并袭击通过红河运输的邦联补给。为了实施这次行动，年轻有为的查尔斯·内维尔斯·埃利特（Charles Rivers Ellet）上校接过了他父亲生前所指挥的"西部女王"号（Queen of the West）撞击舰，并指挥该舰冲过了维克斯堡的炮兵阵地。虽然波特为此次行动送上了祝福，但本应在1863年2月2日日出前完成的行动却因埃利特座舰的转向装置出现故障而发生了耽搁，当埃利特的战舰航行至维克斯堡外的河面上时，太阳已经升起。随后这艘撞击舰冒着猛烈的炮火赶忙冲出了敌方射程，所幸该舰虽然被实心弹和空心弹反复命中多次，但没有出现任何伤亡且行动如常。

"西部女王"号作为袭击舰的生涯短暂但非常成功，该舰捕获了多艘满载着邦联军部队粮秣的汽船。不过很快这位19岁的中校就遇到了灭顶之灾。在红河上行驶时他指挥的战舰发生了搁浅，就在他脱困前，邦联军士兵们蜂拥登上了战舰，将联邦舰员悉数俘虏。"西部女王"号在被俘后成为此时只有改装内河炮舰和武装拖船的邦联军内河舰队的新旗舰。

在2月13日，对"西部女王"号的命运浑然不觉的波特派出"印第安诺拉"（Indianola）号前去支援这艘撞击舰。但已经落入邦联手中的"西部女王"及其伴随舰艇在维克斯堡下游遭遇"印第安诺拉"号后立即对该舰发起了攻击。联邦军铁甲舰遭受重创后在追逐中搁浅被俘。

由于此时手头的大多数装甲战舰被派往远离维克斯堡的地方执行任务，波特根本无法集合起一支队伍来报仇雪恨。不过作为一名富有黑色幽默感的指挥官，他命令手下用一艘运煤驳船的船体"伪造"了一艘浅水重炮舰。他用接在一起的原木伪装成高耸的桅杆，粗壮的木桩成为威武的舰炮。这艘通体被漆成不详的黑色的战舰，用波特的话说，看着比他麾下最精锐的炮艇还要厉害。这艘七拼八凑的"炮舰"在夜里被拖到河上释放，然后顺溜漂过了邦联军炮台。"强大战舰"的出现让试图拖出搁浅的"伊利诺拉"号的邦联工人陷入一片惊惶之中，并在之后炸毁了这艘战利品。"西部女王"号则在得知这一消息后撤退至路易斯安那的水网中，法拉古特的炮舰之后将该舰击沉。

法拉古特并没有波特那般幽默。出于对维克斯堡僵局的焦虑和对邦联军在哈德森港不断增强的兵力的担心，他决心绕过哈德森港并封锁红河。他深知这一任务并不轻松：他的舰队需要顶着流速高达5节的水流绕过角度达150度的河曲，此外河边还埋伏着火炮阵地。在认识到联邦军可能在夜间行动后，邦联军在河的东岸设置了一部蒸汽机车头用的大灯照亮了整个河面，并在西岸准备了大量的干柴。一旦有船只靠近，邦联军就会点燃干柴，让明亮的火光为炮手照亮敌舰的轮廓。

在3月14日夜静谧的夜幕中，法拉古特指挥舰队以"哈特福德"号为先导，"信天翁"号炮艇（Albatross）紧随其后。"哈特福德"号在进入河曲后直接在敌军炮火下搁浅了，得益于"信天翁"号在旁援护，"哈特福德"号设法脱困并继续向上游进发脱离敌军射程。跟随其后的"里士满"号和"莫农加希拉"（Monongahela）号则遭受重创不得不放弃前进。巨大的明轮铁甲舰"密西西比"号单舰发起突破，但却在河的西岸发生严重搁浅，并在之后遭到敌军炮火的猛烈射击，次日早上发生殉爆。虽然只有"哈特福德"号和更为轻小的护卫"信天翁"号得以突破，但这支两艘战舰组成的舰队已经能够完成法拉古特的当前目的——封锁红河的水运。

夺取维克斯堡

冬去春来，密西西比河水位的回落终于使得从西岸绕开半岛的水道得以通航。在1863年4月初，格兰特将他的大部分部队调动到了靠近维克斯堡外围防线的南部锚地大海湾（Grand Gulf）对岸的位置。此时如果陆军部队想要渡过河流，必须得到海军舰炮的火力掩护和海军舰艇的运输。

波特在4月16日夜派出7艘铁甲舰和3艘满载补给的运输船顺流而下通过了维克斯堡的炮台。虽然敌人的炮火猛烈，但除了一艘运输船被击沉外没有其他舰艇损失。一周后，又有6艘运输舰试图突破炮火，其中5艘成功通过。由于海军战舰的长期炮轰也没能压制住大海湾的邦联军火炮，波特和格兰特决定继续再顺流而下9英里抵达布鲁因斯堡（Bruinsburg），在此处联邦军舰队未遭到任何抵抗就将陆军运到了对岸。

在格兰特发起渡河的同时，谢尔曼的军团也对位于维克斯堡防线另一端的海因斯崖发动了一次佯攻。邦联军将谢尔曼的进攻认作主攻，而将格兰特的行动视为牵制。被联邦军防线左翼所钉住无法前进的谢尔曼效法格兰特将他的军团主力调去与大海湾附近的联邦军主力部队会合，而该方向的邦联军则已经被撤走。

格兰特汲取了1862年12月攻击维克斯堡时所积累的惨痛教训。他派出本杰明·H.格里尔森（Benjamin H. Grierson）上校带领1000名坚韧顽强的骑兵在密西西比州腹地进行了一场600英里的长途奔袭。在1863年4月17日至5月2日期间联邦军骑兵破坏了60英里长的电报线并捣毁了两条铁路上的铁轨，从而使得密西西比流域的邦联部队无法得到其他方向的及时增援。此时被围困邦联部队的总指挥是约翰·C.彭伯顿（John C. Pemberton）中将，他在维克斯堡一带有32000名士兵可供调遣，此外邦联军西部总司令约瑟夫·E.约翰斯顿（Joseph E. Johnston）上将则已经在密西西比州首府杰克逊组建了一个军团。

同样根据此前的教训，格兰特大胆地切断了与沿河基地的联系，命令部队就地待命。为了将自己的部队运动至邦联军两个集团军中间，他指挥着44000名士兵向杰克逊开进。在被格兰特军团逐出杰克逊后，约翰斯顿命令彭伯顿对联邦军发起背后袭击。彭伯顿率领部队从东南方向迂回，希望能够切断根本不存在的联邦军补给线。格兰特则抓住机会全军突击，在冠军山（Champion's Hill）击败彭伯顿并将他赶回了维克斯堡。

向北撤退的约翰斯顿随后命令彭伯顿撤离城市与他会合。但位于格兰特右翼的谢尔曼部队通过夺取奇克索和海因斯崖切断了维克斯堡守军向北撤退的通道。联邦水兵们一面在炮舰上开火轰击，一面目睹着谢尔曼的骑兵部队从崖壁上居高临下对敌军发起追击，联邦军队在1862年12月曾对该崖壁发动了一场伤亡惨重但收效甚微的攻击，且直到18天前才夺下这里。

彭伯顿的部队损兵折将，此时已经被包围在维克斯堡并且所有补给都被切断，与此同时饥肠辘辘的格兰特军士兵们则可以得到波特的舰队带来的补给。虽然邦联军部队击退了联邦军的一次以暴风雨作为掩护的进攻行动，但在来自河面与陆地的无休无止的炮击下，这座城市的下场只有一个。1863年7月4日，就在北军庆祝在葛底斯堡（Gettysburg）取得胜利的同时，彭伯顿也率领他那支忍饥挨饿的部队投降。

恰如其分地来说，格兰特和谢尔曼为维克斯堡战役的胜利做出了最主要的贡献。但格兰特本人却大度地谦让称，是海军的战舰让此战的成功成为可能。联邦军的战舰维持着陆军的唯一补给线（从开罗到维克斯堡的密西西比河段），孤军深入的联邦部队就仿佛是一只悬挂在邦联城墙上的靶子。作为机动重型火炮和部队运输船，邦联炮舰的足迹遍布整个战场上每一处可以通航的水域，它们破坏邦联军补给，支援联邦守军抵御进攻，护送无武装船只，并切断了敌军的所有水上交通线。

与此同时，法拉古特的舰队也在河流下游执行同样的任务。在法拉古特的激励和密切支援下，纳撒尼尔·P.班克斯（Nathaniel P. Banks）少将于1863年5月中旬发动了对哈德森港的攻势。5月27日，班克斯的部队对邦联工事发动了一次并不成功的突袭行动，随后转为进行炮击。维克斯堡失守的消息让哈德森港的邦联守军明白联邦军很快就会把主力调来对付他们，而维克斯堡的易手使得他们的坚守的这一战略要地失去了绝大部分价值。因此在7月8日该城守军选择了投向。

此时联邦军已经取得了对密西西比河的完全控制。随着这条从开罗湾延伸而出的"水蟒"的起舞，邦联州已经被一分为二。自此，被分隔开来的邦联西部各州除了摇旗呐喊之外，再无法为东部的邦联州出力更多。

红河战役

紧接着成绩斐然的密西西比河战役之后的，则是联邦军在战争中所遭遇的最大灾难——徒劳无功的红河远征。联邦军在密西西比河以西的任何军事行动此时都已经毫无实际意义。但林肯总统和苏华德国务卿希望在德克萨斯保持军事存在，以牵制在墨西哥活动的那支法国军团。北方州的商人们也支持此次行动，他们认为此战能够缴获正在红河沿岸等待装船的数以千计的成捆棉包。

远征于1864年春季发起，这场海陆联合的远征行动用了班克斯将军的27000名士兵，由波特的炮舰部队作为支援。此时已经升任少将的波特如往常一样热情高效的投入到了他的新任务中，不过他的努力因为班克斯的失职和邦联军的顽强而徒劳无功。为了免于落入敌人之手，邦联军抢先焚毁了所有的棉花。

作为一名政客出身的将领，班克斯在出任被攻陷后的新奥尔良的军事长官时展现了自己的能力，但在野战方面的无能却是灾难性的[1]。在整场红河远征期间，他采取的指挥措施可谓败招频出。在距离得克萨斯边境尚远的地方，他命令部队沿着狭窄的道路排出一字长蛇队伍穿越茂密的林区，孤军深入的联邦军部队被一支撤退中的邦联部队发现后，后者抓住机会掉头对敌军形单影只的先头部队发起猛烈反击。联邦军的其余部队望风而逃，让波特的炮舰留在身后自求多福。

冒着敌军炮火又失去陆军支援的波特只能带领舰队朝着下游原路返回。不过此时正在下降的水位给他的撤退造成了极大的困难。他不得不炸毁了自己出色的铁甲舰"东港"号（Eastport）。最后，波特通过修筑大坝升高水位的办法，将剩余的舰艇成功带回了亚历山大。

---

[1] 由于极度缺乏训练有素的职业军官，林肯总统曾任命多名政客出任联邦军将领。这些政客出身的将军在实战中大都表现平平。

第14章
封闭邦联港口

从战争爆发之初,联邦军就开始着手准备夺回萨姆特堡,并以此为基地攻占查尔斯顿。在1861年11月联邦军夺取了皇家港之后,驻扎在希尔顿水道的联邦封锁舰就让查尔斯顿的航运举步维艰,但这条连通拿骚和哈瓦那的水道却一直没有被彻底切断。作为"蟒蛇"战略的一部分,联邦军一旦集结起足够的部队,就将开始夺取南方的重要港口城市。虽然战略价值低于新奥尔良和威尔顿,但查尔斯顿对于南北双方都有着不可取代的重要象征意义,这也使得北军决定率先夺取该港口。

在意识到敌人将发动一场渐进式的长期进攻后,总管该军区的博勒加德将军和负责具体战术指挥的罗斯维尔·S.雷普利(Roswell S. Ripley)准将运用出色的工兵技术加强城市的防御。除了原有的石质堡垒(萨姆特堡、穆特里堡和平克尼堡)外,查尔斯顿还新建了多处土木结构且采用沙袋加固的坚固堡垒:莫里斯岛上的瓦格纳堡(Fort Wagner),沙利万岛(Sullivan Island)上的博勒加德堡和多处小新据点。这些工事面朝着入港水道,而港口内侧则由雷普利堡(Fort Ripley)和经过加固的杰克逊堡负责控制。这些岸防设施总计装备有149门9英寸口径的火炮。这些火炮发射锥形空心弹,具有极为强大的穿透力。除了这些工事外,邦联军还充分发挥想象力,在港内敷设了当时可以找到的几乎所有类型的障碍物,如被打入海底的沉重木桩,用原木与绳索制成的浮排,用于缠死螺旋桨的绳索障碍物以及大量水雷,其中一些水雷可以在岸边观察点遥控引爆。

在地形方面，查尔斯顿港的港内是一个"死胡同"，即便联邦军舰队能够冲破外层堡垒进入港内锚地，它们仍将处于四面八方射来的猛烈火力之下。正因如此，联邦军无法像进攻皇家港时那样往复逡巡或像攻击新奥尔良时一样绕过堡垒炮击城市。如果贸然发起海军攻击，进攻的舰艇无异于将自己完全暴露于敌人火力下。进攻方只能通过长时间的持续炮击彻底压制敌军阵地才可能成功。

指挥南大西洋封锁舰队的联邦海军少将塞缪尔·F.杜邦丝毫没有轻视所面临的挑战。但在1863年初，随着"新铁甲舰"号和"帕塞伊克"号以及"纳罕特"号（其中后两艘是设计经过改良的新型浅水重炮舰）加入杜邦的舰队，海军部开始向这位舰队司令施压，要求他准备对查尔斯顿发起一场完全由海军实施的进攻。随着其他新型装甲战舰的建成服役，杜邦决定通过实战检验装甲战舰能否战胜同样城坚炮利的陆地要塞。

联邦军的大规模攻被确定在1863年4月7日。作战计划非常简单：9艘联邦军铁甲舰将以纵队队形直接突入入港水道，并推进至距离萨姆特堡仅600～800码的位置上，作为首要目标，联邦军将利用精确的猛烈炮火尽可能地削弱这座堡垒。在前一个目标完成后，铁甲舰纵队的第二个目标就是消灭位于莫里斯岛上的炮兵阵地。水雷和其他阻塞物则由艾瑞克森的新发明———一款拖曳着抓钩的V形筏来解决，其拖曳的抓钩可以有效破坏固定水雷阵的锚链，这款其貌不扬的装置可以安装在一艘浅水重炮舰的舰艏部位。担纲领舰的"维霍肯"号（Weehawken）获得了在此战中率先试用这种装置的"殊荣"。

这场行动从一开始就多灾多难，"维霍肯"号的扫雷具缠上了自己的锚链，其他铁甲舰不得不干等了好几个小时。而操纵迟缓的"新铁甲舰"号则难以适应狭窄水道，在航渡过程中不得不两度抛锚以免发生搁浅。

直到下午三时前后，联邦纵队的先导舰才抵达萨姆特堡外围。在联邦军战舰进入直射射程后，急不可耐的邦联军火炮就开始投射出可怕的弹幕，不过比起巨大的投射量，射击精度却不敢恭维。在数以百计的大口径炮弹飞向联邦军铁甲舰的同时，舰队则慢条斯理地开火。联邦军战舰所发射的139发炮弹几乎全部击中了萨姆特堡，其中半数炮弹击中了主墙与胸墙，其余的则飞进了工事内部。炮火对石制工事造成了可观的破坏，成排布置的军官住房则被彻底摧毁，但萨姆特堡的作战效能并未受到显著影响。

为了在天黑前撤到暗沙以外，杜邦在下午4时30分发出信号，并带领他的纵队返

第 14 章 | 封闭邦联港口　　257

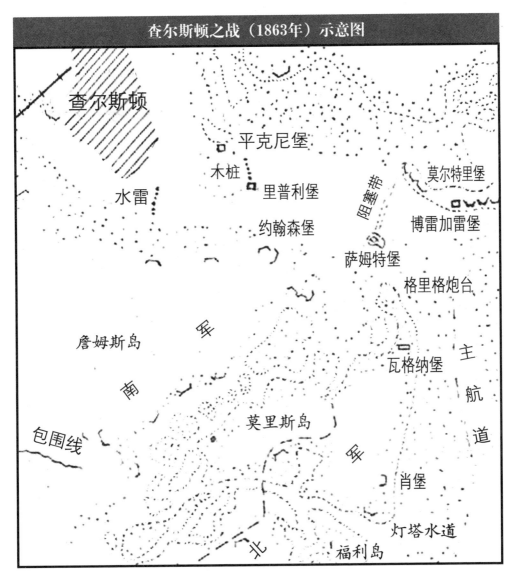

回深水区域。他计划次日再度发动进攻，但他的舰长们送来的损伤报告却令杜邦不得不三思。"维霍肯"号舰长约翰·罗杰斯上校报告称仅他的座舰就有53发炮弹击中，而"帕塔普斯科"号（Patapsco）则至少被命中了47发。其他的联邦战舰也被敌人反复命中。舰队中受损最严重的是装甲防护较轻的"基奥卡克"（Keokuk）号，该舰被击中了90余次，且水线以下部位被击中了19次。该舰千疮百孔，发生了严重的漏水，虽然设法撤出战斗，但仍在次日沉没。

"帕塞伊克"号的损伤已经严重到急需入坞进行全面维修的程度，其他浅水重炮舰的装甲板也因冲击发生了松动，或是出现炮塔旋转机构卡死、螺帽被震飞等故障，但令人惊异的是几乎没有受到结构损伤。虽然代价不小，但杜邦证明了装甲坚固的战舰的确可以在岸防火炮面前生存下去。

此次战斗同样证明了光靠海军单打独斗是无法夺取查尔斯顿的。杜邦和他的舰长们一致认为，继续发动海上进攻只能是得不偿失。不久之后，杜邦自己请求辞去了指挥职务。

围困查尔斯顿

杜邦卸任后，接替他的职务的约翰·A.达尔格伦海军少将调整了作战计划，转而利用常规的围攻夺取该港口。地面攻势由陆军工兵部队准将昆西·A.吉尔摩（Quincy A. Gillmore）指挥的陆军负责，而联邦舰队的任务则转为为战役提供支援。

1863年7月，攻城部队被调动至福利岛（Folly Island）。吉尔摩在此处建筑起了炮兵阵地以压制邦联军在位于附近的莫里斯岛南端的邦联军工事。7月10日，吉尔摩的部队在4艘铁甲舰的强大炮火支援下沿着灯塔水道发动了攻势。铁甲舰与岸上的陆军部队齐头并进，并在攻打瓦格纳堡外围防御时用弹幕为陆军部队开道，联邦军用14个小时突破了外围防御。在战斗中，提供炮火支援的"卡茨基尔"号（Catskill）受到了来自瓦格纳堡的炮火的猛烈打击，被命中60余次，从而造成严重损坏，其他联邦战舰的损伤则更为轻微。

7月1日，吉尔摩的部队试图攻破瓦格纳堡，但被击退且遭受惨重损失。7月18日发起的一场更为坚决且准备更为充分的步兵冲击也被击退。战斗中海军战舰成为机动重型炮兵，配合着岸上的炮火将瓦格纳堡笼罩在可怕的交叉火力下，将邦联军炮手赶进了地下避弹堡中。但在联邦军部队开始冲击后，邦联守军冒着炮火冲回了胸墙并向联邦军突击分队泼洒着葡萄弹和罐弹。这场无异于谋杀的残酷战斗使得1500名联邦军士兵阵亡。从联邦军散兵坑到瓦格纳堡之间的600码沙滩上躺满了身着蓝色军装的尸体，联邦战舰继续对堡垒发起炮击，直到所有伤员被转移为止。

在这场失败之后，吉尔摩重新振作了起来，开始在莫里斯岛上设置围攻工事，同时还在岛上布设重炮兵阵地，这样的布置既可以炮击萨姆特堡，也可以将5英里外的查尔斯顿市区纳入火力范围。到9月中旬，联邦陆军已经设置了60门重炮，而在此之后海军舰队也一度加入对瓦格纳堡和萨姆特堡以及格里格炮台的猛烈弹幕轰击中。在炮击持续，联邦军为了计划在9月7日发起的瓦格纳堡进攻紧锣密鼓地做准备的同时，邦联守军趁夜从瓦格纳堡和格里格炮台双双撤回大陆上。吉尔摩对此非常满意，因为他现在能够用邦联军的火炮调过头来对付此时尚存的港口防御设施。

地面和舰载火炮的猛烈打击此时已经将萨姆特堡炸成一片废墟，其中大多数火炮都被炸出了炮位。在几乎没有制订协同计划的情况下，达尔格伦和吉尔摩在9月8日晚派出小分队乘小艇前去肃清这座堡垒。500名海军水兵和陆战队员成为这场偷袭的先导。有两艘联邦军浅水重炮舰悄悄跟随在小艇后方担负近距离掩护任务。

虽然此时萨姆特堡的大口径火炮已经被打哑，但守军仍充满斗志。可能是提前从奸细处得到了消息，堡垒守军指挥官斯蒂芬·艾略特（Stephen Elliot）少校让所有人各就各位保持警戒。当小艇的黑影出现在它们下方时，邦联军士兵用手榴弹和步枪火力编织起了一道致命的火网。邦联军的开火就如同信号一般，此时周边的邦联堡垒和躲在港内的邦联铁甲舰"契克拉"号（Chicora）都开始朝着萨姆特堡的墙体基部位置猛烈射击。

在猛烈的敌方火力面前，尚未靠岸的绝大多数联邦军小艇都根据命令或在自行判断下撤退。吉尔摩的400名并未进入敌方射程的士兵小心翼翼地退回了莫里斯岛。而冲进堡垒的100名左右的联邦军士兵则很快战死或被俘。与达尔格伦所预料的，此次偷袭能够轻易取胜相差甚远，进攻部队实际上却扎进了敌人的埋伏圈里。

10月，联邦军又试图利用海陆配合的猛烈炮击迫使敌人从萨姆特堡撤离，但这次尝试最终也宣告失败。达尔格伦和吉尔摩继续进行着围困和炮击，而邦联军在1864年继续坚守"勇敢的查尔斯顿"。

威胁亚特兰大

在1863年7月联邦军在葛底斯堡和维克斯堡双双取得胜利之后，双方在弗吉尼亚和密西西比沿岸陷入了僵持；田纳西中部在之后的一段时间内成为南北双方的主战场。当联邦军威廉·S. 罗斯克兰斯（William S. Rosecrans）将军的部队将邦联军布拉克斯顿·布拉格（Braxton Bragg）将军的部队逐出位于佐治亚州边境的查特努加（Chattanooga）后，邦联总司令李（Lee）将军派出朗斯特里特（Longstreet）所指挥的军团乘火车前去增援布拉克。与此同时，霍克（Hooker）也将两个联邦军团送上火车增援罗斯克兰斯。朗斯特里特带着邦联援兵率先抵达，在1863年9月发动的奇卡莫加战役（Battle of Chikamauga）中，邦联军取得了局部胜利，将联邦军击退至查特努加。此时已经得到了西部联邦军总司令任命的格兰特将罗斯克兰斯撤职并逮捕起诉。格兰特随后成功确保了联邦军的补给线，在11月的查特努加战役（Battle of Chattanooga）中，联邦军又将布拉格的军队赶出了挖好的阵地并退回佐治亚州。格兰特随后将西部联邦军的指挥权交给谢尔曼，自己则赶回华盛顿接任联邦军总司令并直接指挥波多马克军团。

此时联邦军终于在陆战方面也实施了一体化的战略。格兰特指挥的部队在弗吉尼亚战场对李发动猛烈进攻，歼灭或至少包围北弗吉尼亚军团，与此同时，谢尔曼的部队则会利用一场大规模的侧面迂回进入佐治亚州，在战役的第一阶段，联邦军将侦察并试图夺取亚特兰大。

向亚特兰大的进军使得法拉古特谋划已久的彻底封闭莫比尔港的行动有了新的重要性。对于谢尔曼来说，如果联邦军表现出打算攻打这座邦联仅剩的沿墨西哥湾港口，那么莫比尔的守军将得到约瑟夫·E.约翰斯顿将军（接替了布拉格）的增援。在此情形下，已经赶去莫比尔的邦联军将对亚特兰大爱莫能助。于是在1864年7月，法拉古特请求已久的浅水重炮舰开始到位，而陆军也提供了一支部队用来围困并夺取堡垒。

莫比尔战役

作为最后一座仍掌握在邦联手中的墨西哥湾沿海港口，莫比尔位于莫比尔湾的尽头，距离墨西哥湾25英里。该港口的防御与此前被攻克的新奥尔良类似，包括守卫入口水道的堡垒和负责支援的海军舰艇，对于大吃水深度的战舰而言，想要进出港口都必须要通过夹在位于莫比尔角（Mobile Point）的摩根堡（Fort Morgen）和位于多芬岛（Dauphin Island）的盖纳堡（Fort Gaine）之间的水道。位于西北方面的鲍威尔堡（Fort Powell）把守着一条更浅的水道。邦联军在从多芬岛向东延伸到水道入口两英里的水面上设置了几乎无法通过的水下木桩障碍。此外，由三列锚雷组成的水雷阵从木桩障碍一直延伸至距离摩根堡的火炮仅400码的地方。水雷阵的东端设置有一座浮标。留给封锁突破船的未布雷水道宽度仅150码宽，且完全暴露在石制的摩根堡炮台上设置的45门重型火炮的直射范围内。

除了设防设施外，邦联军在海湾内还停泊着新建成的铁甲舰"田纳西"号，该舰是"弗吉尼亚"的改进型设计，武备包括分别布置在舰艏和舰艉，可发射重达110磅的炮弹的两门枢轴式7英寸线膛炮，另有两门6.4英寸线膛炮，每侧各一门。虽然火力强大，但该舰的动力不足，航速缓慢，且操舵链完全暴露在外，极易受到敌方火力破坏。该舰还得到了3艘轻型炮舰的掩护，分别是"塞尔玛"号（Selma）、"盖纳"号（Gaine）和"摩根"号（Morgan）。这支实力微弱的邦联舰队一共只有16门舰炮，而法拉古特的作战舰队拥有多达18艘战舰和159门舰炮。

1864年7月8日，联邦最早建成的浅水重炮舰之一的"曼哈顿"号（Manhattan）在彭萨科拉报到入列；此后又有3艘铁甲舰加入：从大西洋航行来的"特库姆塞"号（Tecumseh），从密西西比河赶到的"温尼贝格"号（Wennebage）和"契卡索"号（Chikasaw）。法拉古特同时得知，到7月月底，他就能得到由戈登·格兰吉尔（Gordon Granger）少将指挥的陆军部队的支援。法拉古特用几天时间完成了攻击莫比尔湾及其堡垒的初步作战计划。他决定在一个潮水高度足以让联邦战舰经由摩根堡进入莫比尔湾，且强烈的西南风可以将他的木制风帆战舰成对送过波特堡的早晨发起进攻。他的旗舰"哈特福德"号在左侧的"梅塔康米特"（Metacomet）号的的伴随下，将率先通过雷场与摩根堡之间的水道。随后，"布鲁克林"号和"欧克拖拉拉"（Octorara）号，"里士满"号和"皇家港"号，"拉克万纳"号（Lakawanna）和"赛米诺"号（Seminole），"莫农加希拉"号（Monongahela）和"肯纳贝克"号（Kennebec），"奥西皮"号（Ossipee）和"伊塔斯加"号（Itasca），以及"奥奈达"号（Oneida）和"加莱纳"号将依次成对通过。

这份作战计划随后进行了修改，参战的4艘浅水重炮舰将在木制战舰和堡垒之间排成一道纵队。法拉古特道："此战中我希望铁甲舰发挥的作用是，首先，尽可能地压制对我军通道发起扫射的敌军炮火；其次，在我军通过堡垒时提防（邦联）铁甲舰的出现；最后，在我军战舰攻入海湾时吸引敌军炮兵阵地的注意力。"此外这份计划的另一大修改则是，法拉古特将"布鲁克林"号那一组战舰放在了"哈特福德"号的前头。做出这一调整主要是因为"布鲁克林"号拥有更加强大的向前火力且在舰艏安装了一部扫雷具，这一决定将会让他后悔不已。由于"特库姆塞"号的姗姗来迟，原定与陆军同时发起的进攻被延后了24小时，而陆军则已经登上了多芬岛并开始对盖纳堡发起围攻；如果该舰及时抵达，联邦军的攻势就能够完全按照计划发动。

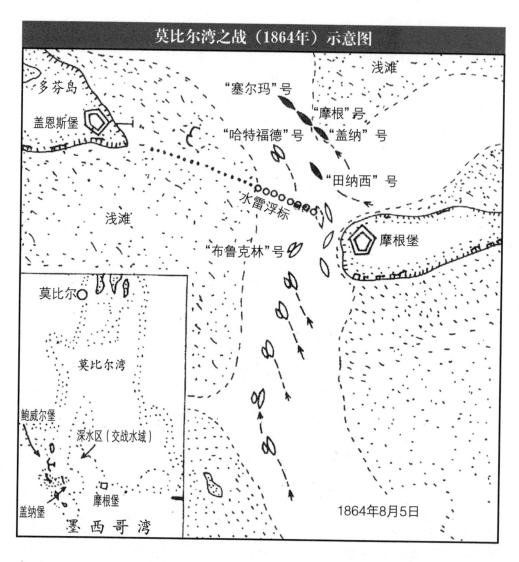

4艘浅水重炮舰的装备都足以胜任交给它们的任务。采用单座炮塔的"特库姆塞"号和"曼哈顿"号在1000吨左右的船体上安装了两门15英寸火炮,每一门都可以发射重达440磅的钢制头壳炮弹,具备强大的穿甲能力,旋转炮塔由10英寸的装甲保护;在炮塔之上则设置有驾驶室,且只能从炮塔内进入。"温尼贝戈"(Winnebago)号和"奇克索"号则是采用浅吃水和双炮塔布局的内河用战舰,由8.5英寸的装甲提供保护且各自配备有4门11.5英寸火炮。虽然这4艘浅水重炮舰的航速比起"田纳西"号快不了多少，但联邦战舰都拥有更厚重的装甲和口径更大的火炮。

1864年8月5日早上5时30分，联邦舰队开始向水道的入口进发。邦联战舰上此时已经设置好了之前在新奥尔良和哈德森港证明有效的防护配置。"特库姆塞"号沿靠摩根堡一侧缓慢驶入水道，身后跟随着两两成对的"布鲁克林"等战舰。双方的第一轮交火爆发于7时左右，在向要塞开火两次后，"特库姆塞"号就将火炮调转对付从邦联水雷阵后方的水域向河曲缓慢驶去的"田纳西"号。虽然在身后响起了此起彼伏的炮火，但"特库姆塞"号的舰长格雷文（Graven）却将注意力集中在邦联军的这艘铁甲撞击舰上。他所处的位置以及摩根堡与雷区浮标之间的狭窄水道都使得格雷文怀疑法拉古特下达的命令："所有战舰必须小心翼翼地沿最东端浮标行驶，在浮标与岸边之间没有任何障碍物。"格雷文决心命令他的战舰调转船头切入与"田纳西"号的碰撞航线，并与"布鲁克林"号拉开了300码左右的距离。该舰此时已经为火炮装填上了60磅发射药和钢头炮弹，正向着对手直冲而去。而在邦联军战舰上，军官和水兵们则已经做好了防冲击准备，根据舰队司令布坎南的命令，直到两舰相撞前"田纳西"号都不能开火。就在双方距离仅稍多于100码的时候，"特库姆塞"号撞上了一枚水雷，巨大的爆炸直接撕碎了该舰的船底，随后其舰艏几乎立即沉入水下，而翘出水面的舰艉上螺旋桨还在空中打着转。该舰搭乘的100多名舰员中只有21人生还。

对于联邦军而言幸运的是，除了这场悲剧之外，其余的铁甲舰都保持着适当的位置并执行着之前收到的命令，不过很快木制战舰的状况就迅速演变成了一场灾难。"布鲁克林"号的舰长在接到了关于前方水域令人迷惑的报告后下令停船，随后又掉头以对抗此时的潮水。在此后的一段时间内"布鲁克林"号以及伴随的"雷伊"（Lay）号穿过了水道，朝向堡垒并排而立，而剩下的战舰也跟随两舰偏离了位置。

法拉古特派遣他的引水员登上顶桅以从炮火的硝烟中获得清楚的视野；他在主帆左侧站定，随着硝烟的升起不断爬高以保持和引水员的沟通，而"梅塔康米特"号的舰长则一直都待在明轮罩上方，他的旗舰"哈特福德"号的舰长也是一样。在"特库姆塞"号沉没时，法拉古特下令"梅塔康米特"号放出一艘小船救援水面上的生还者。此时由于"布鲁克林"号已经挡住了他的去路并且可能导致整个舰队都被吸引到紧靠摩根堡的火炮的位置，法拉古特下令"哈特福德"号向左转向从"布鲁克林"号后侧直接穿过了水雷阵，随后又从安全水道中原路返回。根据一些战后整理的记录，法拉古特在当时大喊着"该死的水雷！全速前进！"[1]正如法拉古特一直预测的那样，大多数的水雷都因为长期的浸水而无法触发。

比起笨拙迟缓的"田纳西"号，"哈特福德"号的动作相当灵活，而"田纳西"号也终于调转过来开始攻击其他联邦军战舰。与此同时"哈特福德"号在敌军炮舰的猛烈射击中受到了一定的伤亡，直到该舰得到足够的机动空间调转炮口后才得以缓解。该舰的齐射很快击退了邦联军炮舰，而"梅塔康米特"号则脱离阵位对邦联军炮舰发起了追击。

一度将联邦军战舰堵在摩根堡炮口下的"布鲁克林"号终于回到了正常航线并且在已经被"哈特福德"号甩开1英里后带领舰队绕过了水雷阵。虽然纵队中有多艘战舰被摩根堡的火炮所击中，但只有纵队末尾的"奥纳达"号被重创至瘫痪。该舰还是在伴随舰艇的支援和潮水的帮助下绕过了水雷阵。在联邦军木制战舰驶入海湾后，它们遭遇了"田纳西"号，后者一边缓慢地驶经整条战列，一边与联邦战舰互相对射，不过联邦军战舰都没有受到严重损伤，而"田纳西"号所受到的损伤也仅限于一根烟囱被打得千疮百孔。

拥有联邦舰队中最快航速的"梅塔康米特"号毫无困难地追上了邦联炮舰"塞尔玛"号并迫使其投降。另外两艘邦联炮舰则遭受着法拉古特的战列线的炮火洗礼。被重创濒临沉没的"盖纳"号被其舰员设法冲滩搁浅，只有"摩根"号侥幸逃脱且受损轻微，该舰随后躲到了摩根堡的炮火射程内，并在之后向莫比尔驶去。

"哈特福德"号在海湾入口4英里处下锚停泊，法拉古特命令舰员们开始吃早饭。其余的联邦战舰也很快在附近下锚。在此期间，旗舰舰长向法拉古特总结了这场战斗："我们之前干得不错，长官，但如果'田纳西'号还继续躲在摩根堡的火炮掩护下，那我们所做的一切都是徒劳的。"

邦联军的舰队司令则决定用还能消耗6个小时的载煤量对法拉古特的舰队发动突然袭击。在已经对联邦军造成了打击后，法拉古特认为"田纳西"号可能会被用作一座拱卫摩根堡的浮动炮台。然而布坎南却一心只想着抓住机会对付"哈特福德"号。

当法拉古特得知"田纳西"号又掉头返回时，他对此几乎不敢相信。他曾担心这艘邦联撞击舰可能攻击被留在海湾外侧的轻型舰艇，或是对舰队发起夜袭。但布坎南

---

[1] 法拉古特自己在回忆中声称他通过祈祷得到了上帝的指引，并听到脑内响起的声音告诉他继续前进。而亲历者们也承认他们的司令确实下达了全速前进的命令。

选择正面对战，他指挥着那动作迟缓的撞击舰在大白天冲向17艘联邦军战舰，且对手手中的大部分战舰都在航速和火力上胜过他的战舰。"我不认为老巴克（布坎南）会是这样的蠢货。"法拉古特向身边的人大声讲道。

随后发生的是一场野蛮的围殴。"莫农加希拉"号和"拉克万纳"号率先撞击了这艘邦联战舰，但两舰在撞击中遭受的损伤都要大于受到撞击的一方。最终两艘旗舰终于相互斜向靠近碰到了一起，两舰从舰艏方向发生碰撞，随后左舷相互刮擦。"哈特福德"号在仅10英尺距离上射出的炮弹在"田纳西"号的炮房上弹开，而舰炮射界不佳的"田纳西"号则只来得及对着对手开出唯一的也是最后的一炮。朝着"田纳西"号全速冲去的"拉克万纳"号此时却一头撞向了转向中的"哈特福德"号，撞击就发生在法拉古特所站位置的不远处。

联邦军的铁甲舰此时都开始朝着"田纳西"号发起攻击，"奇克索"号紧追着邦联撞击舰，且用炮弹打坏了敌舰的舵机，打断了左舷操舵索，并击伤了布坎南。此战中唯一一发击穿"田纳西"号的炮弹则是"曼哈顿"号发射出的一发15英寸炮弹。一名邦联军军官回忆称："在（这发炮弹击中我们）之前，我们认为至少可以撑过白天，因为（我们的战舰）有2英寸硬木，外面还覆盖着5英寸的硬铁板。"

此时的"田纳西"号已经接近瘫痪，该舰左侧的3处炮门都已经被堵死，转向机构瘫痪，被打飞的烟囱则使得炮房内弥漫着难以忍受的高温和浓烟，情况已经无可救药。此时整个联邦舰队都正在赶来参加这场围剿，但邦联军一方已经没有火炮可以开火还击。在得到布坎南的授意后，"田纳西"号的舰长约翰斯顿（Johnston）爬到炮房顶上亮出了白旗，此时恰好上午10时。

邦联海军在整场战斗中共有12人阵亡，20人受伤，而"田纳西"上则仅有2人阵亡，9人受伤。联邦军此战中的死伤则达到52人阵亡，170人受伤，这还没有算上因"特库姆塞"号触雷沉没造成的损失。而仅"哈特福德"号一艘战舰就有25人阵亡和28人受伤。

在海战结束当天的夜间，鲍威尔堡的守军将这座堡垒炸毁后撤离。8月6日，盖纳堡向联邦军投降。格兰杰将军的部队由此经过此处开往莫比尔角，而摩根堡也在月底宣告停火投降。

联邦军的这些胜利使得莫比尔与外界的交通完全断绝。由于此时联邦军已经不需要莫比尔作为地面作战的基地，莫比尔由此失去了战略意义。直到1865年春天，联邦军都无意直接对该城发起攻击，在配合陆军对该城进行围困期间，6艘联邦军战舰和一艘小艇被水雷炸沉。由于外围防御堡垒已经陷落，莫比尔最终在4月12日［邦联总司令李将军在阿波马托克斯（Appomattox）向联邦军投降3天后］被联邦军占领。

谢尔曼的进军

在莫比尔方向战事推进的同时，谢尔曼正指挥部队将约翰斯顿向亚特兰大方向逼退。虽然实力处于劣势，但约翰斯顿的部队利用"费边战术[1]"（Fabian Tatics）使得谢尔曼在74天的时间里只推进了100英里。不过急于求成的邦联总统戴维斯却撤换了约翰斯顿，换上了胡德，胡德在上任后发起了攻势，但被联邦军连续击败3次。谢尔曼随后切断了胡德的补给线并包抄亚特兰大。铁路线被破坏，这迫使胡德从城市中撤离以免全军被围困歼灭。几乎是同时发生的莫比尔湾战役（Battle of Mobile Bay）和亚特兰大陷落（1864年9月2日）标志着邦联已经踏上了末路。

在分给乔治·H.托马斯将军一支足以击败胡德的部队后，谢尔曼率领60000人开始了足以载入史册的进军。联邦军部队在一条60英里长的战线上沿途四处破坏。他在1864年12月下旬包围了萨凡纳并夺下该城，随后挥师北上进入南北卡罗来纳，在当地约翰斯顿手中的兵力根本无法形成有效抵抗。

在谢尔曼进军的消息传到查尔斯顿港外后，达尔格伦组织起了一个配备有两门野战榴弹炮的海军水兵旅，这个旅在约翰·G.福斯特（John G. Foster）将军的指挥下在萨凡纳和查尔斯顿之间的战斗中表现优异。此外，在谢尔曼的部队向北进军的过程中，联邦军浅吃水炮舰部队充分发挥自身优势，为地面部队提供后勤和炮火支援。随着谢尔曼那支高歌猛进的西部军团开始完全包围这座城市，查尔斯顿的守军于1865年2月18日撤出。最终，联邦舰队的水兵们登上了这座曾长期被他们的炮火所蹂躏、街道沦为一片瓦砾的城市。

美国内战这场悲剧终于迎来了终幕。在忽视约翰斯顿那支孤军奋战的小规模部队后，格兰特选择用一场对李的军团钳形攻势来实现最后一击，邦联政府不惜一切代价守住首都里士满的决心使得李的军团被牵制在此处。在谢尔曼的军团无情地向北推进的同时，格兰特突然将自己的大部分兵力调动去支援正在里士满南部和东部作战的詹姆斯军团。匹兹堡被围困；匹兹堡至里士满一带则成为一处巨大的堡垒，邦联军构筑

---

[1] 即且战且退的战术——译者注。

起了绵延超过40英里的筑垒工事，并依托连接南面和西面的铁路线获取补给与增援。

第一次费舍尔堡远征，1864年圣诞节

早在1862年初冬，威尔斯海军部长就曾向陆军部提出动议，表示愿意抽调部队组织对北卡罗来纳州开普菲尔河（Cape Fear River，又译作"恐惧角河"）河口邦联守军发起水陆联合进攻，但他的动议没能被接纳。位于这条河流瀑布线处的威尔顿（Wilmington）在当时已经成为封锁突破船的主要港口。这条河流的两处入海口都非常危险，史密斯岛（Smith's Island）外海有着臭名昭著的"飞盘暗礁"（Flying Pan Shoal），而此处到邦联军基地的距离使得联邦军战舰非常难以维持近距离封锁。威明顿与里士满以及其他邦联城市之间优越的铁路交通使得该城对邦联具有远高于莫比尔而仅次于新奥尔良的重大战略意义。不过由于太多地方都急需陆军部队，陆军部长斯坦顿在随后近3年的时间都没能训练出满足此次行动所需的部队。而在此期间，开普菲尔河河口的主要防御设施费舍尔堡（Fort Fisher）则被南军从一座缺兵少将的"沙土炮台"建设成拥有防护极其精良的重炮的可畏堡垒。

1864年9月，威尔斯再度提出了实施两栖登陆的请求。格兰特对此产生了兴趣，认为这可以切断李的部队从外界获取补给的通道，并承诺将会在10月1日调集起足够的部队。疲病交加的法拉古特回绝了担任此战海军指挥官的任命，而波特则以招牌式的热忱抓住了这个机会以重夺因红河惨败而失去的荣耀。

联邦军的作战计划最初非常简单。一支拥有150门火炮的舰队将对已知由800人和75门火炮防守的费舍尔堡发动炮击。而一支规模不低于8000人的陆军部队则将在舰炮火力掩护下登上堡垒以北的开阔海滩。随后这支部队将横跨开普菲尔河展开一条战壕防线以切断从威明顿赶来的邦联援军。随后则视情况通过突击或围困夺取这座堡垒。

在10月中旬，一支鱼龙混杂的舰队集结在汉普顿水道。这支舰队拥有从最新式的螺旋桨护航舰和铁甲舰以及由港口渡船改装而来的五花八门的舰艇。从吨位上计算，这是悬挂星条旗的美利坚联邦合众国战舰在19世纪的最大规模集结——即便是1847年支援美军登陆韦拉克鲁斯的舰队也无法匹敌。

指挥这支庞杂的舰队进行最简单的机动和炮术训练就已经成为一个非比寻常的难题，但波特却斗志满满地迎难而上。他采用经过改良且更为精确的封锁计划来调度开

普菲尔河外的联邦军战舰，同时与所有的舰长进行了私人面谈，甚至准备了石板印刷的总体部署图，其中标注了55艘装载火炮的战舰在战斗中的具体位置。

在费舍尔堡外部署起规模如此之大的一支炮击舰队只能依靠抽调封锁南方海岸的舰队来实现。波特和威尔斯部长都希望能够立即实施行动以便让这些战舰尽快恢复执行重要的日常任务。虽然兵贵神速，但这支舰队却在汉普顿水道下锚停泊了5周以等待迟缓的本杰明·F.巴特勒（Benjamin F. Butler）将军将他的部队从百慕大舍垂（Bermuda Hundred）带来。在没有指定总司令的情况下，海陆军的联合行动需要海陆军高级军官紧密配合才能成功。但波特和政客出身的巴特勒之间并没有那种默契。

波特对所有政治家入伍将领的指挥水准都保持怀疑，对于本·巴特勒更是如此。当波特得知巴特勒只能在11月下旬才姗姗来迟时，他非常愤怒，因此提出在发起登陆之前直接用一枚漂浮式水雷将堡垒炸毁。不过收集装满这条巨型"鱼雷"的爆炸物又导致了行动的进一步推迟。

这位联邦军炮击舰队缔造者对用水雷摧毁岸上目标这个大胆的想法青睐有加。在从民间科学家处得知这一做法可能有效后，他便决定大胆进行尝试。不论结果如何，此次尝试都能拉开进攻的序幕。在下定决心后，波特开始准备他那个"浮动大烟花"。因干腐而船体脆弱的"路易斯安那"号汽船本是一艘调查船，该船从里到外被满满当当地塞进多达215吨的黑火药。船体内布置了导火索，一部钟表定时装置用于在驾船的志愿者们弃船逃生后引爆炸药。

从多处陆军和海军军火库中搜寻爆炸物花费了一段时间，而坏天气又导致了进一步的推迟。12月中旬，联邦军舰队才肃清了弗吉尼亚的各处海角。运输船队在与舰队会合途中又遭遇狂风。海军舰队勉强下锚稳住了阵脚，但运兵船队却不得不返回波弗特（Beaufort）。直到12月23日，美军海陆部队才终于在费舍尔堡外海部署就位。

当夜，"路易斯安那"号被一艘拖船拖行至距离堡垒不到300码处并在此下锚。船上的志愿者们赶忙设定好钟表定时装置，然后点燃导火索。为了再加一重保险，船员们还在一个后船舱里用松果点起了一把火。虽然这场行动在黑夜掩护下进行且非常隐秘，但从堡垒中射出的炮火还是在舰员们逃离前引燃了爆炸物，所幸没有发生殉爆。水手长站在滑轨边挨个清点，直到所有人都成功逃出后才钻上等待他的小船。此时负责指挥的军官下令水手们开始拉回绳索，向远处等待中的拖船靠拢。

这次尝试有些虎头蛇尾。钟表定时起爆器似乎没能启动，反而是大火在预定起爆时间20分钟后才将黑火药点燃。这个大烟花的声光效果着实令人印象深刻：巨大的火柱直冲天空，随后人们听到了4声巨响。但联邦舰队并没有感受到爆炸的冲击波，这可能是由于船上装载的黑火药大都已经被烧毁，而非被引爆[1]。

费舍尔堡守军早就知道了联邦军的计划，并且非常害怕这场爆炸。但当真的被引爆时，这枚大水雷却没有造成任何伤害，一些守军士兵甚至整夜酣睡，对夜里发生的事情浑然不觉。守军指挥官威廉·兰姆（William Lamb）上校认为这是一艘封锁突破船发生搁浅导致起火殉爆。一名从北卡罗来纳州入伍的邦联士兵在当晚执哨，他在次日早上换岗时说，他"觉得这是杨基佬（对联邦军的蔑称）的一艘炮舰的锅炉爆炸了"。

在第一缕曙光中，联邦军舰队进入预先安排好的炮击阵位，开始向费舍尔堡垒发起火力覆盖。在一分钟内有115枚炮弹击中了这座堡垒的护墙和内部。两座露天弹药库被炸上天，兵营和其他设在阅兵场内的木制建筑物很快被烧毁。仅仅一个多小时后，甚至连象征性抵抗都没法做出的邦联军就在这场一边倒式的炮战中放弃了还击，放弃了胸墙转而躲进安全的地下避弹堡内。不过压制一座堡垒是一回事，将其攻下又是另一回事。舰队持续不断发动炮击直至日落，但运输船一直不见踪影。

1864年12月24日，也就是圣诞节的早上，运输舰终于抵达。波特派出17艘炮舰掩护登陆行动，并抽调出100艘舰载小艇帮助部队上岸。这场延宕多时的登陆行动终于开始了。

在联邦军士兵于堡垒以北5英里处登陆的同时，联邦舰队再一次靠近，并开始对堡垒发起缓慢但准确的炮击。波特欣喜地看到身着蓝色军装的散兵线开始在靠近堡垒外围工事的地方对敌军进行侦察和狙击。

随后传来了令人不可思议的消息，在6500名登陆士兵中，有2200人再度登船。对陆军的情况毫不知情的波特认为这意味着进攻将在次日发起，于是命令铁甲舰整夜对敌军堡垒发起炮击。不过他随后收到了巴特勒的消息，称"由于堡垒在海军炮火打击下没有受到实质性损伤"，进攻将不可能成功。由于巴特勒所接到的命令是发动一场突袭，而非围困，他在认为立即发动攻击将无异于自杀后打定了退堂鼓，将部队撤回汉普顿水道。

---

[1] 即便是在最乐观的条件下，这枚漂浮的大水雷也不太可能重创由土木和沙包建成的坚固工事。当然，如果能够用上现代的高性能爆炸物那就另当别论了。

盛怒的波特直到格兰特下达处分后才消去怒气。在格兰特的要求下，陆军部长解除了巴特勒的指挥官职务，命令他返回家乡马萨诸塞州。波特则施压要求陆军派出一位更有决心的指挥官重新发起进攻。与此同时，他带领舰队前往波弗特补给弹药、食物以及其他物资。随后他终于收到了格兰特的消息："如果你能多等几天的话，我将派来更多的部队和一位不一样的将军。"

第二次费舍尔堡远征，1865年1月13日—1月15日

巴特勒的决定固然值得商榷，但这其实也是建立在可靠的侦察情报基础上的。海军的炮击实际上只击毁了费舍尔堡上75门火炮中的3门，800名守军中也只有3人在炮击中身亡。声势浩大的炮火中大多数都漫无目的，波特的炮手们专门瞄准的攻击的目标可能就是堡垒上的邦联旗帜，而这些旗帜似乎是邦联守军特意插到各处吸引火力的。

不肯承认失败的波特继续对巴特勒大加挞伐。不过在另一方面，他也静下心来完全重新制订了炮击计划。每艘战舰都被给予了指定的射击目标。"此次任务的目的，"他写道，"是将炮弹打到胸墙上，并砸毁那些设置避弹堡的墙窝。如果炮弹在敌方炮位上方爆炸，将发挥最好的效果，但如果炮弹在爆炸前就落地，效果就将大打折扣。"他禁止对准邦联旗帜的徒劳射击。波特写道："那些（旗帜）基本上就是用来将炮火从他们身上引开的，而对这种目标射击无法对地方造成任何伤害。"所有舰长、军官和水兵接到了严厉命令，禁止向敌方旗帜和旗杆射击，而应对准敌方或炮开火，炮击中的流弹将自然而然地炸掉那些旗帜。

在1865年1月12日的晚上，第二次远征费舍尔堡的登陆船队抵达了堡垒附近，而伴随的波特舰队此时战舰数量也增加至62艘。登陆部队由顽强、精力充沛的阿尔弗雷德·H.特里（Alfred H. Terry）准将所指挥，包括参加过上次登陆的部队在内，陆军登陆部队的人数已经增加到了8000人——正好是海军此前曾要求的数字。在1月13日黎明前，舰队发起了雷鸣般的登陆前火力准备，而"新铁甲舰"号和其他铁甲舰则抵近到了距离海滩不到700码的距离上。

早上8时，特里的部队开始上岸。联邦军部队在白天挖出了一条横跨半岛的战壕防线，从而确保了后方安全并彻底切断了费舍尔堡与内陆之间的联系。在日落时分，木制战舰停止了开火，但铁甲舰却整夜炮击。

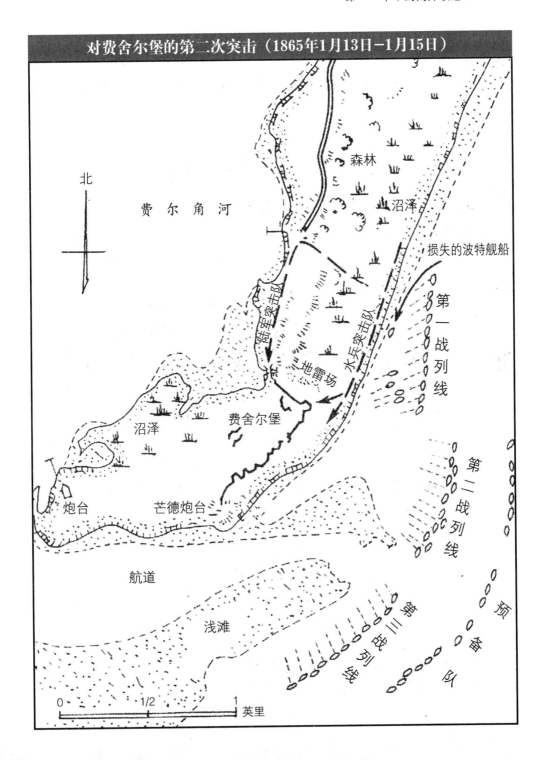

1月14日，联邦陆军将野战炮运到岸上并在费舍尔堡内陆一侧推进至500码距离。此时舰队仍在对费舍尔堡的朝海一面发动猛击。在确认战况后，波特修改了命令，炮手们开始进行细致的瞄准并挨个摧毁邦联军的火炮。当夜邦联军经由菲尔角为堡垒送来了增援，从而让兰姆上校的守军规模增加至1500人。

1月15日早上，波特派出1600名"蓝夹克"（即水兵）和400名陆战队员上岸参加计划在下午发动的对堡垒的突击。联邦军工兵很快在沙土中掘进出壕沟，从而在堡垒的内陆一侧抵近至距离堡垒仅200码的位置。工兵们随后构筑起了一整排的步枪射击掩体，波特的陆战队员们随后占据了这些射击阵位。

到中午时海军的炮火已经摧毁了堡垒朝海一面的绝大多数火炮。下午3时，联邦舰队调高仰角开始对向岸一侧炮垒发射炮弹，同时全体鸣响汽笛作为攻击发起的信号。在军官的引导下，装备转轮手枪和弯刀的水兵们沿海滩向着东侧凸角向海一侧高高的胸墙发起冲刺。海军的进攻方案是，部署在步枪射击掩体内的陆战队员们提供轻武器掩护，迫使敌军无法从胸墙上露头。不过由于未能进行事前演练，计划的混乱使得陆战队员们并没有被部署到合适的位置，邦联士兵们站在胸墙后面向着冲来的"蓝夹克"锋线发起猛烈的进攻。幸存的军官们曾3次集结起水兵连续发动突击。只有少数水兵成功抵达胸墙并爬上了高耸的墙体，但纷纷被敌军的枪托和刺刀击退。到这场失败的进攻结束时，超过300名水兵丧失了生命。幸存的海军士兵们纷纷在沙地上挖掘掩体或选择了撤退。

当胸墙上的邦联守军看到联邦水兵的进攻被击退后，他们停止了开火并三次高呼庆祝胜利，但这却让他们受到来自身后的步枪射击。特里的步兵声东击西，利用水兵发起攻击制造的空档很快扫清了通往堡垒朝岸一面的道路。猝不及防的守军选择了继续战斗。他们退入了堡垒内互不相连的隐蔽部中，但联邦军士兵将这些掩体逐一肃清。联邦舰队在陆军的进攻中提供了弹幕掩护。在日落后，联邦军推进并攻破了坚固的"大炮墩"（Mound Battery）。残存的邦联军沿海向着联邦角（Federal Point）的末端逃去。他们在弹尽粮绝后丢弃了自己的武器。晚上10点，特里准将赶到并接受了他们的投降。他下令射出一枚火箭示意取得胜利。随后舰队以欢呼，汽笛和火箭作为回应。邦联军的补给来源就此不复存在，对于海军而言，战争就此落幕。

就相关数字来看，第二次费尔堡战斗无疑是战争中最为血腥的战役之一。邦联军有700名士兵阵亡或受伤。联邦军陆军阵亡691人，海军则阵亡309人。这场战斗是整场内战中海陆联合对坚固设防设施发起攻击的唯一成功案例。此战展现了海军战舰强大且精确的炮火对于地面作战的巨大作用。同时也证明了即便是面对设防最为坚固、构筑最为巧妙的设防工事，大胆且得到良好配合的海陆联合进攻也有取胜之机。这场战斗提前暴露出了第二次世界大战中的两栖登陆作战中面临的问题，也说明两栖登陆作战的巨大的价值。

巴特勒将军在返回家乡的路上收到命令前往国会接受战争指挥委员会（Congress Committee on the Conduct of War）的质询。就在他坚称费舍尔堡不可攻破的时候，该堡垒被攻占的消息传到了华盛顿。

终幕

凭借着几乎无穷无尽的增援和补给，格兰特得以对里士满—匹兹堡防御区发起南北两路包抄。通过一次攻击一个区域，他对已经耗尽兵力的邦联施加着越来越大的压力。为了避免被包围，李最终不得不放弃了里士满（1865年4月2日）。在邦联军北弗吉尼亚军团试图向北与群山中的约翰斯顿部队会合的同时，格兰特落下了他的最后一子，宣告将军。在将他的主力一字排开并向着李的部队南面推进之后，格兰特抵达了一处可以拦截邦联军的位置。在谢里登将军的骑兵直接切断了邦联军的撤退路线后，李在阿波马托克斯宣告投降（4月9日）。一周后，约翰斯顿向谢尔曼投降，联邦陆军的战争也就此告终。在这场导致了近100万人伤亡的战争中，联邦军取得了最终胜利，而奴隶制也被摧毁。

总结

联邦军和邦联军所采取的战略从很大的程度上都基于一个事实：双方的首都都位于各自领土的边缘，且相距仅100英里左右。定都里士满的邦联军不得不将大量的，几乎是其军事力量的大部分陆军部署在弗吉尼亚。但联邦军还是能够在弗吉尼亚部署一支规模略大的陆军部队以保卫华盛顿并进攻里士满。指挥北弗吉尼亚军团的罗伯特·E.李（Robert E. Lee）娴熟的指挥技艺使得邦联军很快扭转了局势，并使得这条战线进入僵持状态。联邦军便利用其占有压倒性优势的兵力发动外线作战以切断李的补给，从而将其击败。弗吉尼亚方向的战斗由此主要是一系列攻防相持。真正的决定性战役则在别处打响。

作为"削弱李的后勤基地"的第一步，联邦军开始布置海上封锁以拦截从欧洲向邦联输入补给。为了实施封锁，联邦军部队在靠近邦联主要港口的地方夺取了多处基地。位于查尔斯顿和萨凡纳之间的皇家港港口在1861年被由杜邦指挥的一支舰队攻占。

为了打破和削弱封锁，邦联军投入了铁甲舰、水雷（当时被称为"鱼雷"）、半潜杆雷艇和一艘潜艇。邦联军最著名的铁甲舰是"弗吉尼亚"号（前"梅里马克"号）。该舰在1862年3月8日从诺福克出发进入汉普顿水道并击沉了快船"坎伯兰"号和护航舰"国会"号。次日，该舰与建造神速且新近赶到的联邦军铁甲舰"莫尼特"号进行了4个小时的鏖战。

战争中有31艘联邦战舰被水雷击沉，水雷成为联邦军战舰沉没的主要原因。在查尔斯顿港，邦联军试图使用被称为"大卫"的杆雷艇打破封锁，其中一艘邦联杆雷艇击伤了联邦军铁甲舰"新铁甲舰"号。而邦联潜艇"汉利"号则首开击沉敌舰的先河。它击沉了螺旋桨快船"胡萨托尼克"号。

由于根本无法建立起与快速增强的联邦海军相抗衡的舰队，邦联选择发动商船破袭。袭船战不仅能够重创北方的重要经济来源，同时也能牵制大量联邦战舰，从而在搜捕袭击舰中削弱联邦军的封锁。邦联曾试图鼓励私掠行动但收效甚微，随后便转为利用常规海军舰艇发动破交袭击。邦联袭击舰中最为著名的当属由拉斐尔·瑟姆斯指挥的"阿拉巴马"号巡航舰。该舰于英国建成，在亚速尔群岛安装武器并补充人手，在整个生涯期间从未抵达过任何一个邦联港口。在两年的巡航中，该舰的足迹远达印度洋和南中国海，并捕获了68艘联邦商船，其中多数都被该舰摧毁。

在战争期间，封锁突破（偷运）行动一直是躲避联邦封锁舰的主要手段。随着封锁舰船数量的增加，邦联的海运很大程度上只能由专门为偷运建造的高速、低干舷蒸汽轮船来实施。这些封锁突破船大多在英国建造，且偶尔由不着军服且使用假名的英国海军军官指挥。

控制密西西比河流域成为"削弱李的后勤基地"的主要手段之一，同时这场进攻也截断了经墨西哥流入邦联的食品通道。在1862年2月的作战中，格兰特的陆军部队和福特的炮舰通过夺占田纳西河上的亨利堡和坎伯兰河上的多纳尔森堡突破了邦联军在西北方向的防线。在炮舰的支援下，格兰特的陆军部队沿着田纳西河一路推进并在夏洛伊战役（Battle of Shiloh，1862年4月6日至4月7日）中击退了邦联西部部队的反击。

为了阻止格兰特的推进，邦联军从南方抽调部队使得新奥尔良防守空虚。法拉古特指挥的墨西哥湾舰队出动螺旋桨快船、炮舰和一艘明轮船，在波特的炮击艇支援下逆流而上，冲过了密西西比河上的邦联堡垒抵达新奥尔良，该城在1862年4月29日投降。

此后联邦军炮舰部队从北方沿着密西西比河顺流而下，而墨西哥湾舰队则从南面逆流而上，两路舰队各自瓦解了沿途的抵抗力量并占领了两岸的邦联阵地。邦联军在密西西比河上处于内线作战状态，相比起需要绕过大半个美国的联邦舰队，可以更快速地调动兵力，但占据压倒性优势的邦联军却依托外线作战占据了优势。

邦联军的两路舰队在维克斯堡附近会师。该城坐落在一处高坡上，战舰上的火炮难以触及。1862年12月，谢尔曼指挥32000名联邦士兵在波特的炮舰的掩护下试图从靠河一侧发起登陆从而夺取城市。谢尔曼指挥40000人从陆路包抄格兰特，但因补给被邦联军切断而被迫撤退，且损失惨重。

1863年，格兰特率军沿密西西比河右岸南下，并用海军舰艇将部队运到维克斯堡以南。他攻入邦联军的两个军团之间后将敌人逐个击破。最终，在波特的炮舰的支援下，他对维克斯堡发起了围城，迫使该城士兵于1863年7月4日投降。4天后，不久之前才被邦联军加强防守的哈德森港也向得到法拉古特舰队支援的联邦军班克斯将军投降。此时邦联腹地已经处于四面楚歌的境地，联邦的封锁使得向欧洲的海运被切断，而西南各州也因为密西西比流域被联邦占领而无法提供援助。

1864年的红河远征意图夺取棉花产地，并将星条旗重新插上得克萨斯州的土地以应对法国控制墨西哥的行动，但这次远征被证明是一场灾难，其中最为惨痛的教训莫过于波特的内河舰队历经千辛万苦才从水位不断下降的红河撤出。

封锁突破船的屡屡得手让联邦开始采用更为有效的手段封锁邦联的港口。联邦军曾多次试图从海上夺取查尔斯顿但都未能成功。1863年4月，一支由9艘联邦铁甲舰组成的纵队冲入了查尔斯顿港内部但在周边堡垒的猛烈炮火下被迫撤退。1864年8月，法拉古特指挥舰队冲过摩根堡进入莫比尔湾彻底封锁了这座港口，且联邦军在此战中还击败了邦联铁甲舰"田纳西"号。

在接下来的密西西比战役中，谢尔曼率军在佐治亚州杀出一条道路，进而夺占亚特兰大和萨凡纳，随后继续经过卡罗来纳绕到李的军团侧后，切断了李与南方纵深腹地之间的补给线。在谢尔曼抵达之前，邦联守军已经抛弃了查尔斯顿，从而使得联邦海军率先占领这座城市。此时邦联仅剩下唯一一座港口——北卡罗来纳州的威明顿还能让封锁突破船进出。为了彻底封闭这座港口,波特从执行封锁任务的战舰中抽调出近100艘战舰组成舰队,配合陆军对设防坚固的费舍尔堡发起登陆。联邦军的第一次登陆在1864年圣诞节展开,但失败了,而在1865年1月初所发动的第二次战斗则夺下了这座堡垒。在威明顿被彻底封闭后,李的后勤补给已经接近断绝。他的迅速战败和邦联的崩溃最终不可避免。

第15章
19世纪后期海军的发展

到南北战争结束时,联邦海军已经拥有搭载了5000门舰炮的700艘各型舰船,现役人员有6700名军官和51000名士兵。但在此后的5年内,美国的铁甲舰大多被封存,而商船改装而来的军舰则被售出或拆毁,大多数内河舰艇也被退役。到1870年年底,美国海军仅有52艘战舰,500门舰炮处于现役状态。快速的裁军也展现了此时美国的利益重心仍在内部整顿上——西部正在开拓,东北正在工业化,而南方则正在重建。

大体而言,由于3000英里之外大西洋彼岸的力量均衡,美国的国家安全基本得到了保证。大多数美国领导人以及许多海军军官都希望回归美国在19世纪初所采取的防御性政策:用岸防堡垒保护沿海城市免遭敌军战舰攻击,同时防守港口以保证敌人的陆军无法发动入侵。

当时美国海军的实力已经足以胜任这项任务。封存中的美军浅水重炮舰在启封后可以协防港口,而巡航舰则可以用于袭击敌方航运。执行后一个任务的是美军的两级蒸汽-风帆混合动力的木制螺旋桨巡航舰,这些巡航舰在内战期间铺设龙骨,拥有修长的船体和飞剪式船艏,蒸汽机则首次运用蒸汽技术。两级巡航舰都由工程天才,海军蒸汽工程局局长本杰明·富兰克林·伊舍伍德(Benjamin Franklin Isherwood)监造。在1868年的试航中,"万帕诺亚格"号(USS Wampanoag)号(也是该级的首舰)达到了接近18节的高速,在此后的21年中都没有其他美军战舰达到过如此速度。"万帕诺亚格"号如同1812年战争时的美国护航舰一样,拥有远超对手的航速。但

1868年时的海军高层并没有意识到这样高的航速所带来的巨大价值，而是认为这只是在无端地浪费燃料。"万帕诺亚格"号及其姊妹舰因较差的风帆航行能力而遭受指责，后续建造的巡航舰都进行了重新设计，以削弱蒸汽动力为代价增加更多的帆装。当时的海军部长签署了一道命令，要求联邦海军除交通艇和拖船以外的其他船只都必须要具有完全依靠风帆动力进行航行的能力。

对风帆动力青睐的背后原因则是削减开支。在1868—1883年，由于没有迫在眉睫的战争，美国国会仅为海军批准了堪堪维持舰员数量和战舰航行能力的拨款。预算的紧缩使得美国海军在作战能力和军官团发展上受到了严重的限制。战舰的舰长们被要求除非遇到紧急情况，都应当完全利用风帆动力。如果舰长们启动蒸汽机，他们必须在事后为这种可能造成赤字的开销详细说明原因。随着老旧舰艇逐渐淘汰且没有新舰艇补充，对军官的需求也减少了。晋升再度陷入停滞，35岁以上的尉官比比皆是。在某些年份，一年只有最多10名军校生获得军官任命；而其他人则被海军学院发给1000美元遣散费后自谋生路。

虽然当时仍旧装备着老旧的船舰和武器，美国海军却继续执行着它的传统任务。例如在1871年，美国海军少将约翰·罗杰斯在调查一艘美国双桅商船在朝鲜海域失踪事件时，命令水兵和陆战队上岸摧毁了多处朝鲜堡垒，并杀死了350名朝鲜人。美国水兵曾登陆蒙特维的亚（Mointvedio），在骚乱中保护当地的美国人及其财产。美国海陆军战队则登陆巴拿马以保证泛美地峡铁路不被当地叛军所切断。从这一时期开始，美国海军陆战队接过了保护美国驻外大使馆和领事馆的职责，被派遣到诸如布宜诺斯艾利斯等地方。

美国海军的军官在这一时期也曾客串外交官的职能，他们宣布了无人定居的中途岛环礁为美国领土，同时说服日本向美国商船开放更多的港口，维持了与朝鲜、萨摩亚群岛的图图伊拉以及马达加斯加等国的商业与航海条约，甚至还调停发生在西非的边境冲突。

在探索方面，美国海军曾在巴拿马、尼加拉瓜和墨西哥进行了多次远征探索，以调查适合开凿运河的线路。此外美国海军还向南极派出过多支探险队。其中最值得铭记的莫过于1879年发起的"珍尼特"号远征（Jeannette），这场远征行动以悲剧落幕，船员大部分罹难。带领船员们脱险的助理工程师乔治·梅维尔（George Melville）此后又参加了格利里救援（Greely Relief）行动，这次行动成功救出了被困在埃尔斯米尔（Ellesmere）岛上的美国陆军的A. W. 格利里（A. W. Greely）中尉和他带领的探险队，他们此前曾被困在该岛长达3年之久。

利萨海战，1866年7月20日

在亚得里亚海上爆发的利萨海战作为世界上第一场蒸汽铁甲舰舰队之间的交锋而名留史册。这场海战的方方面面在当时被各国海军所深入研究，从而在战术、武备和船只建造方面汲取经验。

1866年6月，普鲁士和意大利对奥地利发动了战争，前者是为了推动在自己领导下的德意志统一进程；而后者则是为了收复威尼西亚（Venetia）。意大利军队在陆地战场遭遇了战败后，希望通过一场海战胜利为自己在谈判桌上积累筹码。当时意大利海军曾号称是世界最强海军力量。其拥有12艘铁甲舰，包括新型蒸汽动力护航舰"意大利"号（Re d'Italia）、"波托加罗"号（Re d'Portogallo）以及最新式的炮塔式撞击舰"铅锤"号（Affondatore，意为"击沉者"），意军的所有铁甲舰都配备了大口径的阿姆斯特朗线膛炮。此外意军还拥有16艘木制蒸汽战舰。虽然舰队强大，但意军的水兵疏于训练，军官也缺乏主动精神，至于他们的海军总司令，海军上将卡洛·迪·佩萨诺（Carlo di Persano）伯爵则根本不具备身居此位所需的知识与能力。

与拥有十余艘铁甲舰的意大利海军相比，奥地利海军只有7艘铁甲舰，且全部都是老旧的蒸汽护航舰。奥地利海军的木制战舰则主要包括"皇帝"号蒸汽动力战列舰（Ship of the Line）、5艘螺旋桨动力护航舰和1艘小型巡航舰。每艘木制战舰上都只有少量的火炮为线膛火炮。奥地利海军的舰炮数量虽然不到意军的一半，但他们在舰队指挥方面却占据难以估量的巨大优势——指挥这支舰队的是海军少将威廉·冯·特格特霍夫（Wilhelm von Tegetthoff）男爵，下属的军官训练有素，相比起大多数意大利海军的舰长，奥地利海军军官不仅拥有更加主动的进攻精神，同时还对战舰更为熟悉。虽然接到了"将敌军从亚得里亚海一扫而空"的命令，佩萨诺却只是在他的基地安科纳周边徒劳地实施机动，几乎没有与奥地利军队发生战斗，且在此期间也没有训练他那些射术拙劣的舰炮班组。最终，佩萨诺接到了来自意大利国王的强制命令，要求他"对敌军堡垒或舰队发起定然能够取得胜利的作战"。在此严令之下，佩萨诺决定在利萨岛外海截击奥地利舰队。

率领舰队正停泊在165英里外的奥地利港口波拉（Pola）的特格特霍夫在得知意

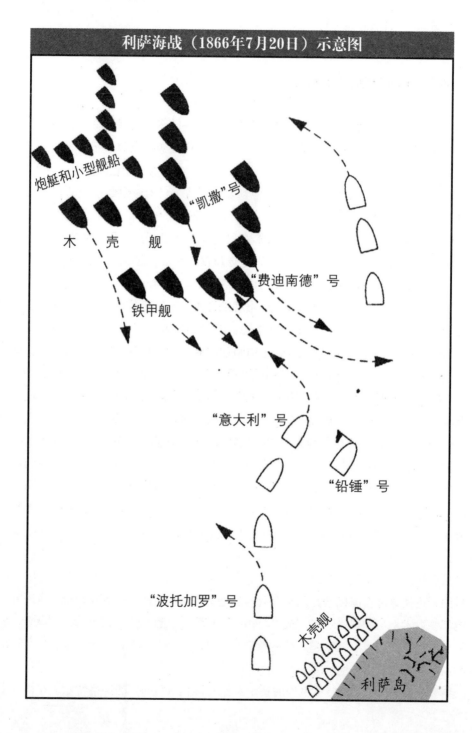

军对利萨岛发起进攻后，他首先感到的却是震惊。特格特霍夫难以相信意军居然会在没有任何战斗突然性，甚至连制海权都没有确保的情况下贸然发起两栖登陆。但在得到意大利军队的确已经做好了登陆的全部准备的报告后，承认现实的特格特霍夫还是率领舰队出海迎战。在抵达利萨岛外海后，奥军转为了战斗队形。由于舰炮火力大为逊色，特格特霍夫专门选择了利于发起撞击的队形——奥军舰队排成了由3个V形梯队组成的方阵。第一个V形梯队由7艘铁甲舰组成，由旗舰"费迪南德"（Ferdinand Maximilian）号领头。第二个V形梯队则由木制护航舰和一艘小型巡航舰组成，由体形巨大的"凯撒"号担任领舰。而其余小型战舰则组成了第3个V形梯队。

在此前的两天里，佩萨诺的战舰一直在炮击利萨岛上的堡垒，但一直没能彻底压制岛上守军的88门小口径火炮。此时的意军舰队已经遭受了大量的人员伤亡，且一艘铁甲护航舰已经因大部分弹药被消耗，且燃料仅够两天之用而脱离了战斗序列。即便如此，佩萨诺还是在7月20日早上继续发动登陆。他继续着对堡垒的炮击，而当他从瞭望员处得知奥地利舰队的烟柱已经出现西北方向时，意军正在准备让地面部队登陆。

情急之下，佩萨诺将他的铁甲舰匆忙排成一列纵队并横挡在汹汹而来的奥地利舰队前面。在此危急之际，佩萨诺却将他的司令旗从"意大利"号转移到了战列线外侧的"铅锤"号上，此举的原因一直未能被弄清。意军铁甲舰纵队由此在前三艘战舰与后方纵队之间拉开了一个大口子。特格特霍夫则抓住这一机会带领他的铁甲舰横队冲入这个缺口，他的木制战舰则负责攻击佩萨诺的木制战舰和后方的铁甲舰分队。

海战迅速变成了一场混战，且舰艇的机动因浓雾和黑烟而受到一定的阻碍。"铅锤"号曾两度试图对"凯撒"号木制战舰发起攻击。"凯撒"号成功地斜向撞击"波托加罗"号，但随后被对方的炮火点燃，并被"铅锤"号重创退出战斗。与此同时奥军的炮火直接让一艘意军装甲炮舰发生了致命的火灾。

整场战斗中最为瞩目的莫过于特格特霍夫的旗舰对"意大利"号直接发动了撞击。当"费迪南德"号在一片迷雾的战场上摸索前进时，该舰恰好开到了"意大利"号的附近。意军战舰在之前就因为与另一艘奥地利海军战舰的刮碰而失去了操舵能力。此时在水面上的"意大利"号的右舷后部遭到了"费迪南德"号的全力撞击。当"费迪南德"号缓慢后退的时候，"意大利"号开始向右倾斜，随着数以吨计的海水顺着被撞出的大洞灌入舰体内，该舰最终因为巨大的惯性发生倾覆。就在该舰倾覆并沉没的时候，舰上疏于训练但作战勇敢的舰员们仍然高呼着国王万岁。

"意大利"号的沉没让这场海战很快落幕。意大利舰队向西撤退。由于己方舰队有多艘战舰受伤且己方实力仍旧劣于敌人，特格特霍夫并未选择追击。不过即便如此，他仍然完成了拯救利萨岛的任务。他在返回奥地利后成为国民英雄，而佩萨诺将军则被撤职。

海军战略家们批判了佩萨诺在敌军舰队尚未被击败的情况下就对利萨岛发起登陆的鲁莽举动。而战术家们则注意到舰队采取舰舷对敌的姿态能够击败以纵队队形进行战斗（至少是试图将纵队作为一个整体）的敌方舰队。不过此战最令人困惑的教训就是"意大利"号被击沉的原因。此次战斗和"梅里马克"号（即"弗吉尼亚"号）撞沉"坎伯兰"号的战例类似，撞角的攻击甚至优于舰炮，舰船设计者们陷入了迷茫，直到20世纪，各国主力舰仍然保留了水下撞角设计。

甲弹之争

在南北战争期间，艾瑞克森、伊舍伍德和达尔格伦等发明先驱让美国海军一直走在技术创新的前沿。但战后的预算缩减迫使他们不得不放弃了自己的项目。技术发展的领跑地位很快便落到了英国、法国和德国手中。

在1879年，皇家海军"怒喝者"（HMS Thunderer）号上的前膛装填火炮发生了炸膛，这使得英国海军部承认此类火炮并不安全，皇家海军从而开始逐步接纳后膛装填火炮。随着法国海军发明出隔断螺纹式炮闩闭锁机构，后膛火炮的装备迎来了爆炸式的增长。随着材料技术的发展，锻铁逐步取代了铸铁成为火炮炮管的材料，而钢材则取代了铸铁成为筒紧炮的套管的材料。到1881年时，海军线膛炮已经完全用钢材制造。

与此同时，燃速较慢的"褐色"火药也开始出现，这种发射药中将稍微烧焦的稻草添加到发射药中，原有的木炭和硫黄含量则有所降低。缓燃火药使得舰炮的炮管能够加长，炮口初速度从而增加，射程也随之提升。到1887年，法国军队开始使用无烟火药（即火棉），这种发射药由硝化纤维制成，凭借优异的性能，这种发射药很快被全球其他国家所效仿。

随着设计的改进，此时的穿甲弹在穿透力方面也有着极大的提升。不过在当时，由于巨型火炮所带来的巨大后坐力，直接在战舰上安装巨型火炮除了会导致所有舰员葬身海底外没有任何用处，直到同步发展中的液压缓冲装置的实用化，大口径火炮的巨大后坐力才得以在被缓冲装置吸收后经由炮座分散传递,避免发生事故。随着各方面技术的全面发展,到19世纪末时,海军舰炮的精确射程已经翻了许多倍,而在威力方面,当时的海军炮大致可以在有效射程内击穿相当于自身口径厚度的优质装甲板。

在这一时期,随着冶金学漫长且复杂的发展历程,装甲的防护性能也在逐步提升。最初的"铁甲舰"(Ironclad)顾名思义,指的是早期装甲战舰所采用的防护材料是铁。随着1874年设计的英军"不挠"号(HMS Inflexible)的出现,该舰的"复合装甲"(由表面的钢甲和多层铁质装甲板构成)让"铁甲舰"一词变得不再恰当。该舰的水线装甲带由24英寸锻铁制成,登峰造极的装甲厚度使得这条装甲带只能在极近距离上被强大火炮才能够击穿。1879年设计的"巨像"号(HMS Colossus)完全采用了复合装甲设计,使得其水线装甲带的厚度缩减到了18英寸。此后镍钢装甲的出现使得装甲厚度有了进一步缩减。而随着哈尔维(Harvey)表面硬化法(通过热处理和淬火提升钢板表面硬度)的出现和1895年克虏伯(Krupp)表面处理法的采用,主力舰的装甲带厚度由此降到了最低点,1897年获批建造的英军"老人星"号(HMS Canopus)的主装甲带厚度已经降低至6英寸。

舰体设计

战舰装甲材料和舰体的演进是并驾齐驱的。随着"勇士"号(HMS Warrior)在1860年下水,英国制订了新造战舰必须采用铁制舰体的政策。木材储量更为丰富而冶铁业稍弱于英国的法国则直到1872年都在继续建造木制舰体铁甲舰,但在此之后法国却对英国实现了超越,建成了钢-铁混合舰体的"可畏"号。英国则在1886年开始下水全钢制舰体战舰,重新夺回了技术领先地位。

从铁甲舰诞生之初,设计者们就开始在全装甲或是在关键位置设置绝对有效的防护之间做出抉择。最早的铁甲舰同他们的木制舰体前身一样,都几乎是在整个舰体侧面设置火炮,因此装甲必须沿着整个侧舷延伸。随着舰炮威力和尺寸的增加,设计师们开始将舰炮集中设置在舰体中央部分,围绕着火炮设置的装甲也随之集中起来。随着需要敷设装甲的区域的缩小,防护区域的装甲也由此变得越来越厚重。随着炮垒(barbette,固定的露天环形装甲胸墙,安装在内部炮座上的火炮可以进行回转)和半封闭式炮塔(部分封闭,伴随火炮转动)的出现,装甲防护得到了进一步集中。

到19世纪末,战舰设计师们发现无法为战舰的任何部分舰体提供绝对不会被穿透的防护。最为合理的解决办法是为火炮、弹药库和轮机舱设置能够在实战距离上合理程度抵御敌方火炮的装甲，同时为处于舰体内其他部位的舰员设置用于抵御敌方速射炮的轻装甲防护。

在装甲之外，另一种提升防护能力的手段便是水密隔舱设计，水密隔舱可以让战舰即便是被击中，也能够避免被击沉。在当时的战舰设计中，煤仓被设置在舰体外侧，因此燃煤能够在被穿透过程中吸收炮弹所携带的动能。

另一个与水密隔舱密切相关的设计是带装甲防护的甲板（在国内被称为穹甲——译者注），用于保护战舰的关键部位免遭吊射火力打击。设置在水线附近的全长度装甲甲板可以抵御吊射炮弹，使得其下的舰体部分维持充足的浮力，这样水面以上舰体部分即便被反复击穿也不会沉没。在19世纪最后30年出现的防护巡洋舰（protected cruiser）上，穹甲是战舰仅有的防护措施。

鱼雷和载舰

上文曾提到过，南北战争时期的静止式水中爆炸物被交战双方称为"鱼雷"（torpedo[1]）。在这一名词被用于指代依靠内能源发动机推进、利用携带的爆炸装药攻击敌人的自航式水下武器之后，静止式的水下爆炸武器被称为"水雷"（mine）。

最早的自航式鱼雷采用压缩空气驱动一副螺旋桨推进，于1866年由英国人罗伯特·怀特海德（Robert Whitehead）发明。他是位于亚德里亚海岸边的阜姆（Fiume）的一家机械制造公司的英国籍经理。在此后的30年间，随着水压定深仪和陀螺稳定舵的出现，鱼雷的精度有了极大的提高。从鱼雷发明之初，各国海军就不约而同地将鱼雷看作一种令人畏惧的强大武器，这是因为其能够对大型战舰造成严重毁伤，但鱼雷本身（以及投送平台）的所需费用却远低于大型舰艇。对于海上实力处于弱势的国家而言，如果使用鱼雷就能以极少的花费去挑战当时最为强大的海军力量。同时，即便是数量稀少的早期鱼雷，也迫使战舰开始提升水密隔舱的分舱数量。

作为拥有主力舰数量最多，因而受到鱼雷挑战最为严重的国家，英国在研制发射鱼雷的舰艇和防御发射鱼雷的战舰两个方面都引领着时代。早期的鱼雷艇（torpedo

---

[1] Torpedo一词最初意为"电鳐"，美国南北内战双方因水雷的爆炸景象如水中霹雳一般而将水雷冠名为"电鳐"——译者注。

boat）体型轻小且没有任何装甲，依靠高速度来避开目标射出的炮火。

为了应对这类小艇的攻击，英军为他们的战舰配备了小口径的速射火炮，但他们随后很快发现大型战舰上的炮手们的反应速度根本无法跟上轻巧快速的鱼雷艇。正因如此，英国研制了一种高速战舰"鱼雷艇驱逐舰"（torped-boat destroyer，随后又被简称为驱逐舰），用来保护大型战舰免遭鱼雷攻击。作为该类战舰的开拓者，1893年在英国下水的"浩劫"号（HMS Havock）驱逐舰安装有速射炮和鱼雷，同时体型和航速都比当时的鱼雷艇稍大。而第一批美国驱逐舰（总共建造了16艘）于1898年被授权开建，这批排水量为420吨的燃煤型战舰直到第一次世界大战期间都处于服役状态。

速射炮的发明又使得两种新的战舰得以诞生，即两种专门用于摧毁驱逐舰的巡洋舰（cruiser[1]）。巡洋舰如同其前身护航舰（frigate）一样，在和平时期被用于保护海上航运，也被用于在海外宣示武力，而在战时则负责保护己方航运并对敌方航运发起攻击，同时在海战中，巡洋舰担负着为战列舰分队提供侦察的任务，并且也负责摧毁敌方巡洋舰。在19世纪后期，新兴的巡洋舰逐步分化为两种不同类别：①快速但防护较弱的轻巡洋舰（light cruiser），通常配备4.7～6英寸的舰炮；②航速稍慢的防护巡洋舰（protected cruiser）和装甲巡洋舰（aromored cruiser）则配备有穿甲和除速射炮之外的两门或以上的大口径火炮。这两种巡洋舰也被用于防止主力舰遭到驱逐舰的攻击。

另外，潜艇也被改进用来发射鱼雷。第一艘实用的潜艇于1864年在法国建成，但真正的现代化潜艇还需要解决一系列技术问题才能出现。例如在19世纪80年代，由蓄电池供电的电动机开始被安装到潜艇上，使得潜艇在潜航状态下也能行驶，而水平舵应用则使得潜艇能够在水下保持平衡。在之后的一个十年中，与鱼雷上类似的陀螺仪装置开始被安装在潜艇上，解决了转向中所面临的问题。美国和法国在当时引领了潜艇技术的发展，但直到进入20世纪的第一个10年之前，潜艇都还尚不完善，并不足以承担作战任务。

动力革新

高速的驱逐舰的出现正是得益于在美国南北战争后开始出现的舰用锅炉和发动

---

[1] 注意"巡洋舰"与风帆时代的"巡航舰"并非同一舰种。

机的发展。早期的船用锅炉通常都仅仅是一个铁皮箱子。随着冶金学的发展，到19世纪末时，箱型锅炉的蒸汽量增长了1倍。在这一时期，水管锅炉的发明再度提高了锅炉的效率，在水管锅炉中，铁管内的水流在流入锅炉时受到燃烧产生的高温气体的加热。到19世纪末时，水冷锅炉已经能产生高达每平方英寸250磅的巨大压力，驱动蒸汽机产生14000马力的巨大动力，从而让战列舰的航速达到18节，巡洋舰的航速达到24节。在利用蒸汽轮机取代往复式蒸汽机后，驱逐舰的最高航速甚至能够达到36节。

到19世纪90年代，除潜艇之外所有在下一个25年中崭露头角的基本类型战舰都已经诞生，其基本性能也已经与第一次世界大战期间所使用的型号没有太大区别。当时的战列舰排水量已经达到15000吨，配备有14英寸厚的镍钢表面硬化装甲，重装甲炮塔内安装的后膛装填舰炮口径已经达到16.25英寸。当时的装甲巡洋舰在尺寸上已经可以达到战列舰的级别，装甲厚度可达6英寸，携带火炮的口径达9.2英寸。防护巡洋舰的排水量达到5600吨左右，配备有2.5英寸厚的穿甲和口径可达6英寸的速射炮。而驱逐舰尺寸还相对较小，最大的也没有超过400吨，但要注意的是这些驱逐舰在试航中已经达到了36节的航速。

新生的美国海军：舰艇

到了19世纪80年代，美国终于开始重建已经被忽视已久的海军。对于美国而言，重建海军正赶上了天时、地利、人和的大好时机：舰艇和舰载武器技术的发展终于进入了一个稳定状态，新打造出来的舰队还不至于很快过时。而国家也有能力，而且有意愿加强海军力量。内战结束后美国的经济走出了低迷迎来了一波繁荣时期。战后重建和其他方面的内政事务开始退居幕后，而在对外事务中美国获得的利益却与日俱增。作为正在极速推进工业化的国家，美国的国内市场已经饱和，制造商急于将市场发展到海外。但在当时，欧洲国家（尤其是英国、法国和德国）在新一轮的帝国主义瓜分浪潮中已经对全球市场实现了经济上的控制。为了与这些国力日益增强的垄断势力展开竞争，美国的商业领袖们认为应当振兴商船队，并建立起一支足以保护前者的海军力量。

在1880年，对商界的压力嗅觉灵敏的共和党依靠赢得参众两院多数席位，完全掌控了联邦政府。新上任的詹姆斯·艾伯拉姆·加菲尔德（James Abram Garfield）总统任命鼓吹建立"大海军"的威廉·H.亨特（William H. Hunt）出任海军部长。亨特随即组建了一个由海军指挥和参谋军官组成的委员会，推荐应当建造的战舰种类。委员会报告被亨特递交给了国会，这份报告要求建造不少于68艘新型战舰。被如此宏大的造舰计划所震惊的国会施加了压力，要求联邦政府忽视这个计划，同时还将亨特踢到了驻外大使的位子上坐冷板凳。国会重新还组建了一个委员会，后者递交了一份不那么野心勃勃的计划。

在第二个委员会的最低限度造舰数量基础上进行了进一步削减之后，国会于1883年授权批准建造防护巡洋舰"亚特兰大"号（USS Atlanta），"波士顿"号（USS Boston）和"芝加哥"号（USS Chicago），以及通信船"海豚"号（USS Dolphin）。这个分舰队立刻被公众冠以"海军的ABCD"的绰号。虽然从第二次世界大战时期的标准来看这些舰艇不值一提，但却象征着旧美国海军的转型新生。这4艘战舰采用钢制舰体，蒸汽螺旋桨推进，配有双层底和水密分舱，且全面配备了电力设施，不过这些创新仍然掩盖在舰上所安装的部分式帆装之下。为了鼓励海军退役老旧的木制舰体船只，国会将木制战舰的维修经费压缩到了仅相当于同级别新型战舰的20%的水平。

从1885年开始，美国国会每年都会为海军的造舰计划批准经费。在岸上设施开始足以维持一支新型舰队后，美国海军的兵力和现代化程度都有了缓慢的提升。由于当时的美国造船业对现代化战舰的设计还缺乏经验，且缺乏建造钢制船体的能力，造舰计划最初并不顺利。许多美军钢制战舰都直接自英国购买，而如装甲、传动轴和重型舰炮等关键部件也依赖于进口。

为了克服这些困难，时任海军部长的威廉·C.惠特尼（William C.Whitney）将多艘战舰所需的钢材合同打包成为一个440万美元的天价合同，由此激励国内的钢铁工业。惠特尼由此保证了海军能够得到持续不断钢制装甲板供应，同时也为海军在与国会的预算斗争中争取到了一个新的盟友。

于1886年拨款新建的"得克萨斯"号（USS Texas）和"缅因"号（USS Maine）是美军的第一批现代化战列舰，同样也是新的国产化政策的早期成果。不过这两艘战舰很快就被视为是二等战舰，因为它们几乎无法承担除近岸防卫之外的其他任务。虽然"缅因"号以战列舰的头衔在哈瓦那爆炸沉没，但与该舰同类型的战舰随后还是被更妥帖地划分为了装甲巡洋舰。美国的军舰设计师和造船业者们从他们的作品中汲取了教训，从而在19世纪80年代末诞生了诸如"纽约"号（USS New York）和"奥林匹亚"号（USS Olympia）等可以与同期世界上其他任何巡洋舰相媲美的优良战舰。

在这一时期，国会议员和富有见地的公众演说家们开始质疑美国战时航运袭击计划。在1812年战争和内战中，美军私掠船和邦联巡航舰都未能穿过封锁将战利品带回港口。南卡罗来纳州参议员玛修·C.巴特勒就曾批评商船袭击战是"一种毫无意义的游击战，袭击战"。虽然并不代表所有的国会议员，但巴特勒和他的支持者们想要的是一支足以打破敌军封锁并击败海上入侵的敌人的强大战列舰舰队。

在1889年提交的报告中，海军部长本杰明·F.特雷西（Benjamin F. Tracy）回应了巴特勒的呼吁，要求国会批准建造两支战列舰舰队，其中在太平洋部署8艘，在大西洋部署12艘，这支战列舰部队还将得到至少60艘巡洋舰的支援。特雷西总结道："这个国家需要一支海军来远离战争的威胁，但只有能够打赢战争的海军才能实现这一切。"

国会并不打算按照特雷西的要求建造军舰，但在1890年国会还是批准了建造3艘远洋战列舰："印第安纳"号（USS Indiana）、"马萨诸塞"号（USS Massachusetts）和"俄勒冈"号（USS Oregon），三舰的排水量都为10288吨，航速可达16节，配备有4门13英寸、8门8英寸和4门6英寸舰炮。它们在当时都是极为强力的战舰。在1892年国会又批准建造"衣阿华"号（USS Iowa）战列舰，相较于"印第安纳"号，该舰排水量更大，航速也更快。

到美西战争爆发前夕，美国海军虽然距离世界一流还相去甚远，但也已经是一支不可小觑的海上力量：兵力达到4艘一等战列机，2艘二等战列舰，2艘装甲巡洋舰，10艘防护巡洋舰，此外还拥有相当数量的炮舰、浅水重炮舰和鱼雷艇。

新生的美国海军：军官和士兵

在南北战争期间，不愿加入邦联方的合众国海军学院师生在战争期间撤退到罗德岛州的纽波特。由于领导不善，这所学院发生了严重的衰退。战争结束后，威尔斯海军部长将学院迁回了安纳波利斯，并将重振这所学院的任务交给了他手下最为得力的两位军官——大卫·D.波特少将和斯蒂芬·B.鲁斯（Stephen B. Luce）中校，二人分别担当校监和军校生指挥官。波特和鲁斯剔除掉了教职员和学生中的不良分子，提升了教学水准，并为学校引入了荣誉制度。到1869年时，学院的声望已经恢复，从而吸引了天赋异禀的阿尔伯特·迈克尔森（Albert Michelson）加盟。他作为学员入学就读，随后则成为留校的一名军官。正是在这所学校中，他测定出了比此前的试验更为精确的光速数值，为科学实验的发展作出贡献，正因为这份贡献，他成为第一位荣获诺贝尔物理学奖的美国人。

在1873年，一批海军学院的军官和民间教职员建立起了美国海军学院（United States Naval Institute），以便对海军的专业问题展开研讨并出版著作。海军学院开始发行收纳了本学院论文专著和其他相关学术著作的《美国海军学院论文集》（United States Naval Institute Proceedings）。这本书最初以一系列小册子的形式发行，最终则发展成了一本月刊，并成为供美国海军相关的文章发表及研讨的主要平台。同时美国海军学院也成为海军相关书籍的重要出版商。

鲁斯于1868年回到了舰上岗位，鲁斯对此时操纵着美军战舰的水兵们的素质感到震惊。在南北战争期间，来自各个阶层的、年轻奋进的美国青年们活跃在战舰的甲板上，此时的美军战舰就和内战之前一样，水兵的来源主要是招募自全球各处滨海地区的流浪汉们。令人惋惜的是，玛修·佩里那颇具前瞻性的、用练习舰将美国青年训练成水兵的计划因1842年的"索姆斯"号事件被套上了绞索。虽然在内战结束前夕练习舰计划得到了恢复，但此时这份计划才刚刚开始展现效果。鲁斯自告奋勇地加入这一计划中，他最初负责指挥一艘练习舰，随后则成为整个练习舰队的司令。在他的旺盛精力和极大热忱下，通过引入对抗演习和集体合唱船歌等有益身心的项目，练习舰计划逐渐焕发了生机。即便是海军装备和武器的复杂性使得新水兵们需要在岸上设施齐全的学校内先行接受教育，鲁斯所发展出来的海训项目仍然非常见效。

从很久之前开始，鲁斯就认识到了未来的海军领导者们需要在接受海军学院的基本职业教育之后进一步深造。他提出建立一所海军战争学院，在这所大学里，被遴选而出的海军军官们将会研习"战争的艺术"。他的想法遭到了当时的海军高级军官们的坚决反对，后者认为这种在象牙塔里的学习没有什么益处。但鲁斯却得到了哈吉部长威廉·E. 钱德勒（William E. Chandler）的赞同，后者还为鲁斯提供了必要的行政支持。在1885年9月，已经升任少将的鲁斯在罗德岛州纽波特市外海的考斯特斯哈珀岛（Coasters Harbor Island）正式成立了海军战争学院（Naval War College），当时包括他自己在内，整座大学拥有3名教师，同时他自己出任校长。在历经了种种起伏后，海军战争学院终于证明了自己的价值，其他国家也开始竞相仿照，建立起自己的海军高级学府。

另一大重大革新是在1882年成立的海军情报办公室（Office of Naval Intelligence，ONI）。这个新成立的机构通常是依托驻外国美国使馆海军武官展开活动，收集外国海军的情报来帮助制订美国的战争计划。在成立后不久，ONI便递交了一系列海军问题上的分析汇报。这些保密文件对海军学院的公开发行的月刊提供了补充。

海军工程兵团（Navy Corps of Engineers）于1842年成立后，技术军官们要求在军衔、住宿、个人储物仓和薪金等方面享有与指挥军官（line officer）一样的待遇，但指挥军官们长期拒绝着技术军官们的要求。到19世纪90年代时，由于舰上机械设备的复杂性与日俱增，即便是最为傲慢的指挥军官也无法将操纵战舰的技术军官们轻视为简单的机械工人。由助理海军部长西奥多·罗斯福（Thodrore Roosevelt）主持成立的一个海军兵科和参谋科军官委员会在进行了长期的争论后，最终建议合并兵科和技术科军官体系。美国国会于1899年根据委员会的建议立法生效，让海军军官体系合二为一。虽然技术军官们在军阶上赢回了尊严，但他们在晋升后去指挥一艘战舰甚至是一支海军部队显然是不切实际的。美军的解决方式是在统一的军阶体系内建立起独立的技术专家军官团，技术军官通过军衔的EDO（即"只承担技术勤务"（engineering duty only））后缀来与指挥军官相区别。

阿尔弗雷德·泰耶·马汉

1886年，鲁斯将军离开了纽波特，赴任美国海军北大西洋舰队司令。接替他出任海军战争学院校长和首席教官的便是阿尔弗雷德·泰耶·马汉上校，马汉前不久出版了《墨西哥湾和内陆水域》（*The Gulf and Inland Waters*），这是一本描写美国南北战争的海军史方面专著。

马汉最初认为美国应当避免占领海外领土，因为这不仅可以省下建设一支用于保护海外领地的庞大海军所产生的巨额花费，同时较小的规模也会使得军队无法坐大，不足以干涉以民主程序运转的政府。在这些观点之下，马汉认同当时美国海军的指导思想，认为近岸防御和商船袭击便是美国海军在战时所需执行的全部任务。

但在1886年秋天，马汉为了做好就任战争学院院长的准备开始研究历史后，他发现"在历史研究中，制海权是一个从未被真正理解和探究的因素"。在认识到这一点之后，马汉开始了他的长期休假。在休假期间他验证了成为海上强权的国家，尤其是英国的地理布局和国民气质，并研究了地理、人口、政治以及其他的国民性格方面的因素对于海上力量发展的影响。[1]

马汉的研究成果凝练于他根据自己在战争学院发表的文章所编著的两本专著：1890年出版的《海权对历史的影响1660—1783年》和1892年出版的《海权对法国大革命和法兰西帝国的影响》。这两本著作追踪了英国利用海上力量维护世界贸易和殖民帝国的历史。作为一个岛国，英国并没有将精力投入在维持一支巨大的防御型陆军中，而是将大部分军费投入到建设一支强大的、以主力舰为核心的海军上。英国海军利用英国地处西欧通往外界的必经之路上的优势，控制了北大西洋海域，并在此基础上最终对全球海域实现了控制。

在1897年出版的《海权对美国国家利益的影响：现在和未来》（The Interest of America in Sea Power: Present and Future）一书中，马汉指出，让英国成为海上霸主的大多数潜在条件当时的美国都已经具备。要成为海权强国，美国所需要的就是一支足以打破任何海上封锁并对潜在敌人的舰队占据优势的主力舰舰队。正如我们所知道的，当马汉出版他的海权理论专著时，他所奉行的理论已经被广泛接受并实施，但马汉从历史角度上为海权理论提供了基础，同时还指出了工业化列强将奉行新型的帝国主义理念。

向民众和政府展现制海权的优势，以及如何发展制海权是不够的；让他们知晓如何利用制海权也同样重要。根据马汉的学说，在战时，海军的最主要任务就是控制进行海上航运的海域，从而保护己方的航运力量，防止敌方利用这片海域进行运输。在与拥有一支配备有主力舰的强大敌国的冲突中，获取制海权的唯一手段就是利用更为强大的主力舰队来歼灭或是瘫痪敌方的舰队。由快速巡洋舰实施的袭船战或许可以一定程度上影响敌军的海域利用能力，但无法夺取这片海域来让它为我方所用。因此相较于歼灭敌军最强大的作战舰队，袭击对方商船仅仅是海军的附带任务而已。

不过当时的战舰受限于技术水平，无法携带横跨大洋所需的燃煤，也无法在长时间航渡后击败一支与己方等量齐观的对手。正因于此，海军需要在海上航运可能受到威胁的海域设置海外基地，以拓展舰队的作战距离范围。建立基地的目的就是维持舰队，因此海外基地需要拥有自持能力。正因于此，海外基地的理想位置是设置在殖民地内，这样基地不仅能够得到殖民地提供的资源，还能增强对后者的控制。海外殖民地的存在同时也会刺激本国的海上航运业，从而让贸易的利润更为丰厚，而保卫航运

---

[1] 本书的第2章~第8章基本上源自马汉的海权理论。其他的章节则对他的理论做出了印证。

恰恰也是缔造海权的重要目的。马汉的这一逻辑链条让他从最初的孤立主义政治立场和防御型海军战略支持者转变为了一名帝国主义和攻势海上战略的拥趸。

在任何的战术和战略态势下，海军统帅都希望将分散的敌军逐个击破。同时，为了避免被敌军分割歼灭，海军统帅也会避免让己方已经被分散开的舰队对敌方的一整个舰队发起进攻。因此，海军统帅会倾向于向分散的敌军发起集中攻击，同时利用兵力牵制敌方剩余舰队，使其无法干扰我方的进攻行动。马汉将这种战术描述为："分散兵力后，在一个区域对敌军舰队形成绝对数量优势，而在其他海区则尽可能地迟滞敌军，以确保主力舰队的攻势取得充分效果。"这种在局部对敌方发动集中攻击，而局部采取守势的战术成为马汉的"集中优势兵力"（Concentration）学说的重要环节。为了有效集中起优势兵力，海军舰队应当被置于统一指挥下，各分队之间必须实现相互支援策应，围绕一个统一的主要目标行动，同时海军的作战也需要围绕着战略重心展开。

马汉在海军战争学员期间的著作让相当数量的美国海军军官受到了启发，他的《海权对历史的影响》最初在美国国内反响平平，但却在海外（尤其是英国，日本和德国）声名大噪。这些国家此时正在如火如荼地参加着造舰竞赛[1]。英国评论家们认为这本书归纳出了英国海军军官和政治家们几乎是依靠直觉来遵循的准则。德国皇帝则下达敕令，要求他那支新生的海军中的每一艘战舰都要在军官舱内存放该书的德语译本，而德国海军部则将这本书分发给了所有的学校、公共图书馆和政府部门。日本政府也为该国的海陆军军官、政治领袖和学校提供了译本。但在美国国内，马汉的著作最初并没能得到广泛传播，它的影响力主要是来自他著作的早期译者，尤其是海军部长特拉西（Tracy）；参议院海军事务委员会主席亨利·考伯特·洛奇（Henry Cabot Lodge），以及主力海军部长，日后成为副总统，继而接任总统的西奥多·罗斯福。

总结

在美国南北战争结束后，重新统一的联邦合众国在解决了内部事务，且没有外敌

---

[1] 1889年颁布的《英国海上国防法案》（*British Naval Defense Act of 1889*）中正式规定英国皇家海军必须要达到"两强标准"，即维持一支相当于海军规模第二位和战列舰数量总和第三位的战列舰部队。此后大多数海上列强都开始仿效英国，将海军的大部分资源都投入到了建造战列舰中。

威胁的情况，终于使得海军有机会在实力和技术上重新跟上时代的步伐。英国、法国和德国在19世纪后期通过代价高昂的反复试错，终于得以缔造出了全钢制舰体的海军舰队。

海军舰炮、舰体和装甲板的材料从铸铁发展成为钢材。在装甲板防护性能的提升同时，舰炮的威力也在水涨船高。随着舰炮的尺寸和威力的逐步提升，设计者们开始将火炮集中在船体中部以便集中装甲实时防护，这一改变使得外覆装甲、伴随火炮旋转的炮塔得以被广泛接受。在装甲板无法防止舰炮击穿舰体后，战舰的舰体内部开始划分出水密隔舱，以保证战舰即使被击穿也不会直接沉没。

攻击到底是选择用撞角还是舰炮一度成为讨论焦点。汉普顿水道海战（1862年）和利萨岛海战（1866年）的经验让一些海军理论家倾向于使用撞角。自航式鱼雷的出现使得前两种武器的地位都受到了挑战，同时也为战舰的武器提供了新的选择。鱼雷的诞生也使得鱼雷艇和潜艇成为强大的海战武器。原本作为攻击鱼雷载舰的驱逐舰，自身也逐步发展成为一种搭载鱼雷的舰艇类型。

美国海军从18世纪80年代开始迎来复兴，并在其中借鉴了其他国家海军所摸索出的技术和理论上的经验。到1898年，美国已经拥有了一支全钢制舰体的海军，这支新生的舰队也已经为所面临的第一个挑战——美西战争做好了准备。马汉在他的《海权论》中指出，正是凭借着地理位置和其他方面的优势，英国通过巧妙地利用其以主力舰为主的舰队控制了全球海域，最终建立起了一个强大的全球性帝国。

马汉的理论是美国海军内部新思潮中的突出成果。在这股思潮中，美国人对海军学院进行了改革；此后又先后成立了海军学院、海军情报办公室和海军战争学院；在行政方面还将技术军官融合进指挥军官的军阶体系中。

第16章
日本海上力量的崛起

　　和英国一样，作为岛国的日本在古代曾经成为陆权强国的扩张目标。在1274年和1281年，元朝皇帝忽必烈曾两度派出大军远征，意图登陆日本。在蒙古大军的威胁下，日本人暂时放下了纷繁不休的内斗，联合起来防御。由于突然降临的台风让双方的大量战船都吹散甚至直接沉没，日本人的防御终于获得了成功。这有如天助的"神风"后来演化成为日本武士道观念的一部分。

　　在手腕强硬的幕府将军丰臣秀吉再度统一日本后，日本在1592年和1597年两度试图经由朝鲜向东亚大陆发动侵略。在这两场入侵中，日军都曾一度占领朝鲜半岛的一部分，但随后都被由明朝陆军和朝鲜水师组成的联军所击退。

　　当时东亚地区各国的水上武装技术水平与勒班陀海战中的基督教和穆斯林舰队相当，大多数战船都还是配备轻型加农炮的桨帆船。同当时的地中海一样，在东亚，海战仍然要依靠接舷战和登船战。在1592年，由朝鲜海军将领被誉为"东方纳尔逊"的李舜臣所指挥的朝鲜水师利用安装有冲角，背部覆盖有像龟壳一样的铁板且向前安装有火炮的桨帆船"龟船"直接冲破了日军战船的队形。阵脚大乱的日军随后被朝鲜的常规桨帆船猛烈攻击，日军战船上的接舷战士兵被朝鲜战船上倾泻而出的加农炮弹、火铳和火箭纷纷击倒。

　　而日本在1597年发动的第二次侵略（万历朝鲜战争）则以更为耻辱的方式落幕。李舜臣在一场可以被看做是"亚洲的特拉法加"的海上决战中为国捐躯，他在战斗中大胆地在开阔海域对数量远多于己方的敌军舰队发起了主动进攻,并通过有效的战斗指挥歼灭了敌方舰队。直到3个世纪后,日军舰队才卷土重来,再次染指朝鲜水域。

在丰臣秀吉死后,集权制度使得日本闭关锁国。在贸易方面,日本和英国拥有极为相似的优越地理条件,但执掌日本政权的幕府将军却拒绝进行对外贸易,并竭力避免在任何方面受到外国的影响。日本在随后的250年中与世界的其他地方主动断绝了交流。

门户开放

在18世纪30年代之后,美国的捕鲸船队逐渐将作业中心海域从赤道以南转移到了北海道附近的北大西洋海域。自此之后日本对于美国政府愈发忌惮起来。加利福尼亚州的合并和俄勒冈州的开拓使得美国自此成为一个太平洋沿岸国家。建立从美国到上海,横跨太平洋的长距离蒸汽船只环形航线使得美国需要在日本港口停泊。由于与日本建立外交关系的努力一直未能如愿,菲尔莫尔总统决心利用一次军力展示叩开日本的大门。

此时正在指挥美军东印度洋舰队的玛修·加尔布雷斯·佩里准将得到了总统的命令,要求他向日本天皇递交一封总统的亲笔信。佩里同时得到指示,与日本当局磋商制订一份条约来保障美国公民和财产在日本的安全,并能让美国船只在日本港口进行补给和贸易。佩里得到了在必要时使用武力的许可,但仅作为最终手段。

在仔细研究了日本国情之后,佩里认为要达成目的,此行必须按照一国向另一国进行外交的方式尽到全部礼节,同时必须与日本的最高官员达成协议。他在给海军部长的汇报中称,他认为一场"傲慢且目中无人的举动"能让美国从那些"掌权者"那里得到最大限度的尊重。对于这种任务,佩里无疑是极佳的人选,他年富力强,甚至有一些咄咄逼人,能够在日本统治者面前展现美国的尊严。

在经过一个漫长的准备期之后,美军远征舰队在1853年上半年出航启程,在出行前佩里收集了大量准备赠送的礼物——主要是美国产的机器和其他工业品。随同佩里前往日本的美军舰队包括明轮护航舰"萨斯奎哈纳"号和"密西西比"号,以及风帆快帆船"普利茅斯"号和"萨拉托加"号。这支舰队在1853年7月于东京湾内下锚,佩里得到了国宾的礼遇,并在一场仪式中将封在一个镶金紫檀木中的总统亲笔信递交给代表天皇的两名皇子。

在离开时佩里宣称他将在1854年春天返回以听取日本的答复。在返回旗舰后，佩里毫不理会日本当局的抗议，率领舰队航行至距离江户（今东京）不到6英里的海面上。多达200万名居民都能够清楚地看到美军的战舰后，佩里令舰队离开前往中国。佩里将谈判者的天分展现得淋漓尽致。佩里清楚地知道，如果强令日本当局作出决定，后者一定会以缺乏商讨为由拒绝他所提出的要求。

在中国过冬期间，随着一艘明轮护航舰和两艘风帆快帆船的加入，佩里的舰队实力又得到增强。在一支俄国舰队抵达上海后，为了避免俄国人依样画葫芦，佩里立刻重返日本，在隆冬时节再度抵达江户。

重启磋商后，佩里与日方代表都互不相让。虽然美国国务院非常清楚此时的日本军力孱弱，但最终还是做出了让步。在1854年3月底签署的《神奈川条约》（The Treaty of Kanagawa）中，日方保证在日美国人的安全，并向美国船只开放下田（Shimoda）和函馆（Hakodate）两座港口，但是这份条约并没有涉及贸易方面的内容。

佩里通过固执但灵巧的施压使得日本同意了大部分的条件。在两年后，汤森德·哈里斯（Townsend Harris）赴日本缔结了更为优厚的条约，而此时的幕府也已经认识到了开放贸易是引进先进技术的绝佳手段，而工业革命在日本的兴起也使得日本能够确保自身的安全和独立。

外国人的到来和各种条约的缔结使得日本各藩镇大名们感到愤怒，他们（攘夷派——译者注）就此开始挑起事端。在萨摩藩（Satsuma）杀害一批英国人之后，6艘英军战舰赶来发动炮击，并焚毁了鹿儿岛上的萨摩海防设施。长州藩大名毛利敬亲则下令对出入丰后水道的外国船舰发动炮击。随后西方列强在1863年和1864年先后发动4次声势越来越大的远征才迫使长州藩大名就范，签订条约重新开放水道。

列强的报复使得许多藩镇的大名重新"睁开了眼睛"，让他们更为重视海军力量的巨大作用。大名们废除了他们禁止与外国交往的命令，并且欢迎其他国家进行交流，或者至少引进西方的军事技术。大名们将他们的好战与暴戾转向了幕府，在持续两年的倒幕战争中推翻了幕府将军的统治，并实行了"大政奉还"，将权力"交还给了天皇"。在"明治维新"期间，日本以令西方为之侧目的速度推进着工业化；而在这场铺天盖地的改革当中，首先就是改组日本的陆军和海军。

日本海军的现代化从幕府倒台之前就已经开始，早在1865年，横须贺海军造船厂的第一座干船坞和滑道就已经落成。幕府的军官和学兵被送往国外，主要是英国和美国，进入各个层级的海军学校就读[1]。

从1874年开始，日本陆续从外国船厂订购战舰，同时开始尽全力在本土建造外购战舰的改进型。到19世纪90年代，日军的巡洋舰已经与欧洲的先进产品不相上下。

日本在1870年时所面临的战略困境在很多方面上都和英国曾经面临的困境颇为相似。两国都孤悬大陆之外，一旦大陆上出现一个强大的陆权国家或者陆权国家联盟，日本就必须仰其鼻息。最令当时的日本感到忧惧的就是中国清朝海军力量的不断增强和俄国为了取得不冻港在远东的不断扩张。在战略上看，相较于两个对手，日本的地理位置更有利于集中优势兵力。虽然日军在战舰数量上逊于两个对手，但不管是中国还是俄国都无法集中全部海军力量对付日军，这使得日本在与两国的海战中居于不败之地。

为了保障本土安全，日本开始奉行扩张性的国策，企图沿大陆东海岸建立起一道屏障，随后对这些夺取而来的土地施加政治控制。日本从1876年吞并小笠原群岛开始踏上了扩张之路，并在3年后吞并了琉球。为了建立起屏障，朝鲜半岛，中国的台湾和澎湖列岛，俄国控制的萨哈林岛（库页岛）都成为日本觊觎的目标，并企图使这些地方成为对中国和俄国发动战争的跳板。日本的统治者们接纳了这一国策，并在1894年对两大对手中实力较弱的中国发动了战争。

中日甲午战争，1894—1895年

这场战争的导火索是一场在朝鲜发起的暴乱（史称"东学党起义"），这场起义源于日本的掠夺和挑唆。在起义爆发后，清朝政府派兵进入朝鲜，而日本则利用此前签订的协约派兵登陆仁川。日军逼迫朝鲜国王退位，并扶持了一个"摄政王"作为傀儡，同时要求清军从朝鲜半岛上撤退。清政府没有同意日本人的要求，而是通过海路向朝鲜增派援军。在运兵过程中，4艘从佐世保出发的日军巡洋舰在没有事先宣战的情况下悍然对清军运兵船团发起攻击，清军一艘巡洋舰遭受重创，一艘炮舰被击沉，另一艘被俘，此外还击沉了一艘满载士兵的清军运输船。日本由此创下了此后战争中的惯例——先发动偷袭，再装模作样地宣战。中日双方于1894年8月1日正式宣战。

---
[1] 安纳波利斯海军学院于1869年招收了第一名日本留学生，最后一名日本留学生则在1906年入学。总共有16名日本留学生进入了安纳波利斯学习，其中7人成功毕业。

在日军通过海路将大量士兵和补给运进朝鲜的同时，清军却在一段时期内只能利用漫长且路途崎岖的陆路通道运输兵员和补给。日军的快速急进迫使清军在1894年9月中旬再度利用海路运输部队。护送第一批船队的是由水师提督丁汝昌指挥的北洋水师10艘战舰。这支舰队的核心是2艘航速缓慢的德制7400吨铁甲舰"定远"和"镇远"号[1]。两舰各配备有4门12英寸舰炮，均布置于位于舰舯两侧的炮塔内。除这4门巨炮外，清军舰队还配备有多种更小口径的舰炮，但其中仅有3门是速射炮，口径均为4.7英寸。在将运兵船派往鸭绿江口后，丁汝昌下令舰队排成战列线下锚警戒。

1894年9月17日上午10时，北洋舰队的水兵们正在按照正常轮班进行训练时，瞭望员汇报称看到了西南方出现浓烟。显然这是日军舰队正在逼近。为了取得更大的机动空间，丁汝昌命令舰队生火出航，向敌军方向前进。清军舰队于上午11时开始出发，整个舰队基本排成了一路横队，这是向敌军逼近的标准阵型。

由伊东祐亨中将指挥的日军舰队的主力武器是67门4.7英寸和6英寸速射炮，作为当时最具威力的海军舰炮，中口径速射炮凭借瞄准技术的改进在远距离对射中甚至能对大口径舰炮形成优势。日军舰队分成了两个半独立的分舰队。其中由坪井航三指挥的第一游击队由4艘巡洋舰组成，能够达到17节的航速。由伊东亲自指挥的本队虽然拥有4艘航速更快的巡洋舰，但还跟随着2艘老旧的铁甲舰，这些老舰都只能依靠在转向中抄近道勉强跟上本队的脚步。日军舰队中没有拥有较为厚重的装甲的战舰。

各自拥有10艘战舰的日清两军在上午11时40分发生目视接触。位于北洋舰队正中的是"定远"号和"镇远"号两艘战列舰，而两翼则由5艘巡洋舰和3艘快船掩护[2]。丁汝昌将两艘快船部署于最右端，一艘快船和一艘轻巡洋舰部署于最左端。这样的布阵使得北洋舰队的两翼都极为薄弱，这在随后的战斗中被证明是致命的。伊东指挥舰队从左侧以纵队队形迫近，日军舰队的航速足有北洋水师的两倍，日军就以这样的高速冒着与迎面开来的清军相撞的危险直接掠过了清军战列的前方。虽然北洋水师在6000码的距离时就开始射击，但坪井航三的第一游击队无视了清军的火力径直前进，并直到他的战舰所配备的速射炮能够有效发挥火力时才开火。日军第一游击队在绕过清军侧翼后的转向使得清军最右端的两艘快船很快遭到了日军舰队的两面夹击，从而

---

[1] "镇远"号的副管带（副舰长）是美国人菲里奥·诺顿·马吉芬，他也是一名安纳波利斯海军学院的毕业生。

[2] 按照当时的划分标准，排水量低于2000吨，且并非以鱼雷作为主要武器的无装甲战舰被称为"快船"（Sloop）。19世纪后期的快船在等级上类似于20世纪的驱逐舰，在尺寸和武备上都要逊于巡洋舰。

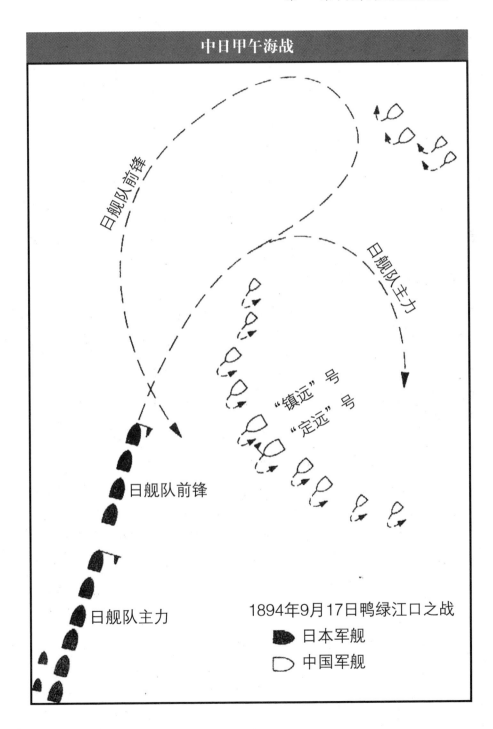

招致了厄运。

　　伊东在绕过清军战列后意图快速包抄清军的后方。他的本队的确进行了包抄，但坪井的第一游击队却率先向北转向，前去追赶4艘从鸭绿江赶来增援的中国战舰。在击退清军增援后，坪井指挥舰队向南前去支援遭受清军舰队猛烈打击的日军本队后卫。在速度劣势下，丁汝昌布置的队形很快遭受日军包夹，并在密集的火力下迅速被击溃。北洋水师右翼的一艘快船（应指"超勇"号）在燃起大火后沉没；另一艘位于右翼的快船（应指"广甲"号）则在靠近内陆的海域严重搁浅。位于左翼的两艘清军战舰在遭受重创后退入旅顺口。两艘清军巡洋舰（"致远"和"济远"号）在与铁甲舰脱离后被坪井指挥的日军舰队击沉，后者当时正在战场上巡弋，搜寻重创和失去航行能力的清军战舰。

　　伊东的舰队集中火力攻击着"定远"号、"镇远"号和另外两艘巡洋舰，而这也是丁汝昌手中尚未被击沉或逃散的全部兵力。日军舰队以2500码的距离一面环绕一面对清军舰队发动快速而稳定的射击，且火力集中于两艘铁甲舰。日军的大口径舰炮撕裂着两舰的上层建筑，速射炮反复横扫着两舰甲板，杀伤着暴露在炮位上的清军炮手们。但这两艘巨舰的核心部分却保护在厚重的14寸装甲之下，在日军的弹雨中岿然不动。尽管受到猛烈打击，两艘铁甲舰却一直保持着舰艏对敌，利用巨炮缓慢回击。虽然腐败不堪的清政府为这支奋战的舰队提供了劣质的武器——炮弹中装填的不是炸药，而是锯末甚至沙子——但即便如此，北洋水师在奋战中维护了自己的荣誉。下午3时30分，一枚12英寸弹头引爆了伊东祐亨的旗舰（"松岛"号）上堆放在外的待发弹，导致日军死伤上百人，并迫使该舰退出战斗。

　　伊东祐亨最终承认他的舰队此时所携带的武器对于清军的两艘铁甲舰无能为力。在下午5时30分，从旅顺口出动的清军鱼雷艇对日军舰队发动了一场凶猛的夜袭后，伊东祐亨决定撤退。此时的"镇远"舰将仅剩的3枚12英寸炮弹塞进炮膛中准备进行最后一轮齐射。而"定远"舰也同样处于弹尽粮绝的境地。双方直到天黑都一直保持着对对方的监视，随后各自失去了目视接触。1894年9月18日清晨，幸存的4艘清军战舰抵达了旅顺口。

　　此战中，日军的战斗表现明显优于清军。海军理论家们根据此战的经验教训验证着自己的战术理论，但分析中却出现了一个疑点。大东沟海战的态势与利萨岛海战非常相似，一方舰艏对敌，一方则排成横队侧舷对敌。两场战斗的结果虽然大相径庭，但有一点是一致的，那就是将舰队分成多个分队的一方赢得了胜利。多个分队所带来的战术灵活性和相互配合的优势自此得到了全球的海军军官们的认真研究。

另一项引起轩然大波的则是此战中同时推翻了此前互为对手的巨炮和重装甲之间的较量。日军的大口径舰炮甚至未能确认命中过清军战舰的装甲，而获胜所依靠的主要是拥有压倒性优势的速射炮火力。

日军陆军在朝鲜战场上取得胜利后跨过了鸭绿江开始入侵中国东北，伊东的舰队护卫着一支庞大的步兵部队从日本出发，准备在登上辽东半岛后对旅顺口展开围攻。当伊东的舰队正在实施这项计划时，清军舰队从旅顺港逃回了威海卫。

1894年11月中旬，伊东的舰队掩护着日军将攻城火炮搬上了大连湾。在3天后，日军攻破了旅顺港城防。让整个世界震惊的是，这座军港要塞在6个小时内便宣告陷落。

为了保障计划向北京发起进攻的日军陆军的安全，日军决心歼灭遁入威海卫的清军舰队。在尤为寒冷的这年冬天，日军利用海陆联合进攻意图将清军舰艇逼出港口。一支多达32000人的日军部队在威海卫西面登陆后向着这座清军的重要军港开去，并很快将威海卫的要塞和港区沿岸攻陷。由伊东祐亨指挥的海军舰队则在外海实施封锁的同时，对港内的清军舰艇发动了一系列鱼雷艇夜袭攻击，并击沉了"定远"号和1艘巡洋舰。丁汝昌命令残存的北洋舰队冲出封锁，但仅有3艘战舰侥幸逃脱；另外13艘战舰要么被俘，要么在礁石上搁浅。

两周后，清军在辽阳地区遭遇决定性的失败，清政府此后开始与日方议和。

1895年4月17日签订的《马关条约》为甲午中日战争画上了句号。在这份日方强加的不平等条约中，清政府除支付日军的全部战争开支，撤离朝鲜半岛外，还被迫割让台湾、澎湖列岛和旅顺口给日本。

日俄战争的导火索

一直觊觎着旅顺口这座不冻港的俄国在甲午战争后立刻作出反应。俄国政府与德法两国一道对日本发出警告，称日本割让中国大陆的任何部分都会"为远东的和平制造巨大的障碍"。日本表面上选择了屈服，但随后却将陆军的规模扩充了两倍，海军扩充了3倍。

在日本不得不从朝鲜撤军并放弃了占领旅顺的同时，俄国则在将泛西伯利亚铁路一路纵贯亚洲北部。在1896年，清朝政府被迫承认俄国有权以一条近乎直线的线路穿过中国东北将泛西伯利亚铁路连接至符拉迪沃斯托克（海参崴）。但在两年后，俄国却图穷匕见，悍然占领旅顺。随后俄国又开始谋求在朝鲜获得统治地位。

为了防止俄国摘走自己掠夺来的果实，日本开始厉兵秣马准备战争。在委托欧洲的造船厂建造6艘战列舰和6艘巡洋舰的同时，日本外交官也在积极游说，以便其余的远东利益关切方在战争爆发时保持沉默。1902年缔结的《英日同盟条约》（Anglo-Japanese Alliance）约定了英日两国在与两个或两个以上其他国家作战时会进行相互支援，并互相保障在中国和朝鲜的利益。随后日本要求俄国军队撤出中国东北，双方在谈判桌上一直拖延到1904年2月。1904年2月6日，日本断绝了与俄国的外交关系。

在即将到来的战争中，日本在实力上处于相对劣势。日军必须要通过两栖登陆才能夺取俄军控制的土地，且他们的陆军兵力也只有俄军兵力的一半。日军在战舰数量上也弱于对手，日军仅拥有6艘现代化战列舰，而俄军拥有15艘；日军拥有21艘驱逐舰，而俄军拥有38艘；不过日军拥有39艘远洋鱼雷艇，巡洋舰数量相对俄军也有着25：19的优势。俄国此时在经济上自给率更高且与法国是盟友关系，能从这个欧陆最大的放贷国借取资金。

俄国在军队数量和经济上的优势并不能抵消日军的兵力集中在战略重心地带这一优势。大多数俄国陆军部队都孤悬于泛西伯利亚铁路的末端，俄国海军也被分割成了实力大致相当的三个舰队——分别被部署在波罗的海、黑海和东亚。英国的摇摆不定使得波罗的海舰队直到战争爆发后依然留在欧洲。而黑海舰队则因签订于1870年的《伦敦条约》（London Treaty）"禁止外国军舰出入达达尼尔海峡"而无法脱身。此时俄军远东舰队的主力大多部署在旅顺港，但有4艘重巡洋舰停泊于符拉迪沃斯托克（海参崴），另有一艘巡洋舰和一艘炮舰停泊在朝鲜仁川。

俄国在远东没有优良的海军基地可供利用，而当时远东舰队能使用的最优良修船设施则位于旅顺港20英里外不设防的民用港口大连港。相比之下，日军在本土除4座大型海军基地外还有11座大型民用船坞和修理设施可供使用。

在此情况下，日军的战略显然就是"先下手为强"，而俄军则希望以拖待变，避免在海上或者陆上与敌人决战，从而争取到让增援兵力抵达远东的时间。

旅顺地区的战事

和甲午战争一样，日军此次也是在正式宣战前就对俄国舰队发起了进攻。在1904年2月8日夜，由东乡平八郎海军中将指挥的日军联合舰队主力抵达了旅顺口外海，并派出10艘驱逐舰趁敌不备发起鱼雷夜袭，攻击俄国战列舰和巡洋舰。当晚俄军有两艘战列舰和一艘巡洋舰被击中。2月9日，一支由巡洋舰和驱逐舰组成的日军舰队袭击并重创了驻扎在仁川的俄军巡洋舰，迫使这艘巡洋舰和炮舰为避免被俘而自沉。

一周后，已经正式宣战的日军派出第一军在东乡的战列舰部队掩护下从仁川上岸，而俄军旅顺港分舰队却无动于衷。

3月初，俄军的消极避战随着雄心勃勃的新任俄军远东舰队司令斯捷潘·奥希波维奇·马卡洛夫（Stepan Osipovich Makarov）中将的到来而一度被一扫而空。马卡洛夫在到任后立即着手重整士气，培育官兵的主动精神，并将物资准备和人员表现都提升到了很高标准。在他抵达的次日，俄军驱逐舰就对日军的巡逻舰队发动了攻击并造成了可观的损失。东乡也很快认识到了他的对手终于摒弃了避战保船的策略。

不过对于俄国而言不利的是，在抵达一个月之后，马卡洛夫的旗舰"彼得巴甫洛夫斯克"号（Petropavlovsk）在追击一队日军布雷船只的过程中碰上了一枚水雷，马卡洛夫和600名舰员一起沉入了海底。马卡洛夫的阵亡对于俄军来说是一个无比重大的损失。一位驱逐舰舰长写道："所有让舰队维持战斗力的希望都随着他（的阵亡）一起被埋葬了。"

马卡洛夫的继任者，威廉·卡洛维奇·维特捷夫特（Vilgelm Karlovitch Vitgeft）中将迅速让舰队恢复到防御态势。此后不久，圣彼得堡传来消息，称波罗的海分舰队将在1904年7月底离开波罗的海并在5个月后进入黄海。这一消息让维特捷夫特更加坚定了自己以拖待变，保存兵力直到与从波罗的海开来的增援会合的决心。

在战场的另一方面，日军开始了行动。在5月初，日军第一军便跨过鸭绿江开始向旅顺港进发。日军第二军则在东乡的舰队的掩护下在辽东半岛登陆，并快速向南席卷了扼守俄军海军基地的狭窄处。而维特捷夫特的舰队却在下锚坐等，白白浪费了突然出击并利用炮火痛击日方登陆纵队侧翼的机会。

命运似乎又给了维特捷夫特一次机会。在几个小时内，俄军的水雷接连炸沉了两艘东乡的战列舰。此时维特捷夫特手头拥有6艘战列舰，而东乡只有4艘，但他却并没打算采取行动。

维特捷夫特选择龟缩在旅顺避战不出也并非全无逻辑。此时波罗的海舰队的援兵已经上路，一旦成功会合，日军将面临二对一的数量劣势。但旅顺港已经处在日军火炮的打击之下，这座军港岌岌可危，驻泊港内的俄军舰队显然是该有所行动了。毫无疑问，维特捷夫特此时应当全军出击，对东乡平八郎的舰队造成尽可能大的损失。即便此战告负，已经在战斗中被削弱的日军舰队也会被随后赶来的波罗的海舰队彻底击败。但事实上俄军高层却下令让他逃跑。沙皇直接要求他："带领全部战舰撤往符拉迪沃斯托克（海参崴）。"

22个小时后，1904年8月10日清晨，旅顺分舰队的全部力量——6艘战列舰，4艘巡洋舰和8艘驱逐舰开始了他们的逃命之旅。日军侦察舰很快发现了俄军舰队的踪迹并电告东乡。他所率领的6艘装甲战舰和9艘巡洋舰则在中午时分与俄军发生了目视接触。维特捷夫特试图让舰队从日军侧面溜过，以最高速度冲向朝鲜海峡。双方舰队随即在下午沿着太阳下落的方向进行了一场蒸汽锅炉之间的较量。直到日落时分，日军舰队才终于追上维特捷夫特的纵队并开始射击。

为了歼灭俄军，东乡舰队一度逼近至距离俄军4000码的位置，但是随着天色渐黑，且发现俄军驱逐舰正在靠近，担心遭到鱼雷攻击的东乡决定退出战斗。当夜俄军舰队则兵分两路，5艘战列舰、1艘巡洋舰和3艘驱逐舰退回了旅顺，而其他俄军战舰则遁入中立港口，就此退出了战争。

在符拉迪沃斯托克（海参崴）的3艘俄军巡洋舰此时已经出发增援旅顺舰队撤离。对于维特捷夫特的败逃浑然不觉的他们在8月14日抵达了位于朝鲜海峡的独岛（日称竹岛）外海。他们在此处一头撞上了由日军上村彦之丞中将指挥的4艘巡洋舰，日军随即发动追击。日军很快让航速最慢的俄军巡洋舰被击伤脱队，由于损伤过大且增援无望，该舰随后被舰员凿沉。另外两艘在被击成重伤后逃回了符拉迪沃斯托克（海参崴）。由于俄军此时在该港内还有一艘没有出动的巡洋舰，符拉迪沃斯托克（海参崴）舰队依然具备相当实力。当旅顺分舰队被击退的消息传来时，符拉迪沃斯托克（海参崴）方面的士气很快被瓦解，后者随后在战争中再无所作为。

得知从波罗的海出发的俄军增援舰队正在赶来，日军开始竭尽全力攻克旅顺。日军不顾传统的围攻战术直接发动了总攻，发动"万岁冲锋"甚至使用"人弹"在铁丝网障碍中炸出一条通道。不过困兽犹斗的俄军抵抗也同样顽强。日军在进攻可以俯瞰港区的203高地期间损失了约6万人。

在此之后，俄军旅顺舰队在很长一段时间内都已经不再作为一支具备作战能力的舰队存在了。战舰上的副炮和大量舰员都上岸协助防御。而在高地被攻克后，旅顺分舰队遭遇了一支海军力量所能受到的最大侮辱——被围堵在海湾中，遭受岸上炮火的轰击。旅顺俄军在1905年1月2日投降，港内的俄军舰艇则全部被凿沉或是被击沉。对于俄军而言，此时他们能指望的就只剩下从波罗的海劳师远征而来的舰队，而且这支舰队本应早早动身。

波罗的海舰队的远航

1904年10月14日，在经受了众多令人沮丧的延误后，波罗的海分舰队的7艘战列舰、5艘巡洋舰、7艘驱逐舰和一支由9艘辅助船组成的舰队离开了位于利巴瓦（Libau）的基地，踏上了他们长达18000英里，前往符拉迪沃斯托克（海参崴）的漫长旅程。指挥这支舰队的是齐诺维·彼得洛维奇·罗杰斯特文斯基（Zinovi Petrovich Rozhestvenski）中将，虽然他有着不灭的热忱和暴躁的脾气，但这二者却并不足以让这支舰队按照预定计划完成出航准备。

就在这场远航开始之初，对于英日同盟极为警惕的俄军舰队就引发了一场国际事件，差点让英国对其刀兵相见。在10月21日夜间，当俄军舰队正在北海上航行时，这支舰队发现了英国拖网渔船队，并将其误认为是准备发起攻击的英军驱逐舰队，从而对其开火。在短暂而猛烈的开火中，一艘渔船被俄军击沉。

随后俄军舰队罔顾营救生还者便继续前进，英国皇家海军的巡洋舰分队则开始一路对俄军舰队进行抵近监视，直至俄军抵达直布罗陀时，沙皇政府为了过路不得不承认此次事件的裁决结果，英军则在此之后撤除了监视。

在抵达丹吉尔港（Tangier）后，罗杰斯特文斯基命令福克萨姆（Folkersam）少将带领轻型舰艇经由苏伊士运河进入太平洋，而吃水过深的重型舰艇则只能向南绕过整个非洲大陆。在航程中俄军舰队在数处法国和德国港口得到了德国运煤船的燃料补给。1905年1月9日，两支分队在马达加斯加外海的诺西贝岛（Nosy Bé）附近会合。随后俄军又很快在该岛水域等来了从俄国本土增援而来的5艘巡洋舰和2艘驱逐舰。也正是在此地，罗杰斯特文斯基得到了旅顺俄军已经投降的消息。

虽然此前俄国政府可能更倾向于让罗杰斯特文斯基掉头返航，等待组织起一支真正强大的舰队再度出击。但由于西伯利亚铁路被证明难以将足够的人员和物资从俄国运到中国东北，俄国政府明白此时必须不惜任何代价地让俄军舰队抵达符拉迪沃斯托克（海参崴）：如果不能切断日本向大陆运送增援和补给海上通道，俄军地面部队必将面临灾难。俄国海军部因此命令罗杰斯特文斯基继续前进，同时告知他，由涅博加托夫(Nebogatov)少将指挥的1艘慢速老式战列舰、1艘巡洋舰和3艘老旧的岸防铁甲舰将加入他的舰队。对于罗杰斯特文斯基来说，他情愿没有这些"累赘"的拖累。

罗杰斯特文斯基倾向于立即从马达加斯加附近水域出发，但在欧洲，俄国政府与德国商人之间重新洽谈煤炭补给合同又耗费了两个月。在此期间波罗的海舰队的舰船和人员都在热带的湿热环境中备受煎熬。最终舰队终于拔锚起航，前往法属印度支那半岛，在印度支那半岛又蹉跎了一个月之后，涅博加托夫的舰队才终于抵达。气急败坏的水兵们将这些老旧战舰称为"自沉者"级。

5月14日，舰船数多达53艘的俄军舰队从印度支那半岛的港口出发，开启了驶往符拉迪沃斯托克（海参崴）的最后旅程。要想抵达符拉迪沃斯托克（海参崴），罗杰斯特文斯基的舰队必须穿过日本海。此时他有3条航线可供选择：沿朝鲜半岛航行，穿过津轻海峡或是穿过宗谷海峡。从战略角度上看，这三条航线并没有什么区别，都会被日军抢先抵达。罗杰斯特文斯基选择了航程最短的那条——穿过朝鲜海峡东面的对马海峡。

5月23日，在琉球附近海域，运煤船为俄军舰队进行了最后一次加煤，所有战舰都被命令只装载在战斗航速下可用至一周所需的煤炭，5月27日是俄军预计将会遭遇日军舰队的日期。随后罗杰斯特文斯基命令舰队转向东北，并开始向对马海峡前进。在航渡过程中，福克萨姆少将因心脏病逝世，不过他的死讯却并没有传达到整个舰队，也没有传达到在舰队副司令死亡后自动接替副指挥任务的涅博加托夫耳中。福克萨姆的将旗依旧飘扬在"奥斯利比亚"号（Oslyabia）上，而该舰舰长则受命负责指挥福克萨姆之前所指挥的分队。

在此我们需要指出的是，罗杰斯特文斯基面临着一个几乎不可能解决的问题。作为最古老的战争教条，一名指挥官在同一时间内应当只有一个主要目的。但此时此刻，罗杰斯特文斯基却同时担负着三大主要任务：①应对日军舰队的攻击；②将舰队带到符拉迪沃斯托克（海参崴）；③由于泛西伯利亚铁路的瘫痪，符拉迪沃斯托克（海参崴）港内所准备的物资并不能够满足这支舰队需要，因此罗杰斯特文斯基必须让军辅船伴随自己行动。因此他必须要同时兼顾战斗、行进和辅助船只护卫三大任务。而他的对手则只需要做一件事——专心击败俄军舰队。

慑于日军的夜间鱼雷攻击，罗杰斯特文斯基将通过对马海峡的行动安排在白天进行。他的战列线由4个各下辖4艘战舰的分队组成，此时的俄军舰队拥有8艘战列舰，航速和武备各异。由于辅助船和涅博加托夫的慢速战舰的拖累，俄军舰队只能以10节的速度前进。在航渡过程中战列线以纵队排列而行，巡洋舰既可以支援战列舰，也能在需要时根据命令保护运输船队。驱逐舰在昼间作战中仅负责防御，而在夜间则将对敌军重型舰艇展开攻击。5月27日正午，当分舰队驶入海峡时，一串旗语信号从罗杰斯特文斯基的旗舰"苏沃洛夫"号上升起："北偏东23°。"——这正是前往符拉迪沃斯托克（海参崴）的航向。而这份旗语命令也在"苏沃洛夫"号上一直飘扬着，直到战役结束。

对马海战，1905年5月27日—5月28日

正如罗杰斯特文斯基所料的那般，东乡平八郎的4艘战列舰和8艘重巡洋舰就在朝鲜外海，对马海峡的西侧等他到来。在5月27日日出前不久，日军的一艘侦察舰向东乡发回了电文：俄军出现，正在向对马海峡前进。日出后，东乡命令舰队向东出发，截击俄军，他坐镇"三笠"号指挥第一分队，上村彦之丞指挥的第二分队紧跟其后。东乡平八郎最初计划让战列线像一道水坝一样拦在俄军战列线的前进道路上迫使俄军掉头。而他的轻巡洋舰则可以攻击俄军的巡洋舰和辅助船只。在日落后，以舰炮作为主要武器的战舰将会脱离战斗向北撤退，为接手夜间攻击的驱逐舰留出开阔的射界。在5月28日清晨，日军战列线则将再度向南卷击。随后日军将会采取这样的昼夜交替战术直至俄军舰队被消灭为止。

东乡舰队快马加鞭，在5月27日下午一点左右赶到对马海峡以北水域，横挡在俄军自西向东前进的航线上。随后日军舰队向南转向，以便从东面对俄军发起攻击。转向完成时日军舰队距离俄军8英里左右。俄军舰队为了尽快抵达符拉迪沃斯托克（海参崴）选择了北偏东23°航向，比日军上报东乡的预判航线更加向北。而这一航线也使得日军可以打击俄军舰队的左翼从而将其击退。下午1时30分过后不久，东乡下令舰队航向西北，并带领他的分队向着俄军前进方向迎头直上，此时双方舰队距离为15000码。日军舰队随即又顺次向左转向，将战列线调整到位于俄军左侧，且对头前进的状态。此时"三笠"号的桅杆上升起了信号旗，下达了那道著名的旗语命令："皇国兴废在此一战，各员一层奋励努力。"

为了不让俄军从自己身旁绕过，东乡发出旗语"紧随我"，然后带领自己的分队左转回航。上村也紧随其后。为了让东乡座舰保持领舰位置，日军分队选择了顺次转向，这是一个非常危险的动作，在前方战舰转向时其他战舰的火力都会被其阻挡，而所有战舰在同一位置转向也使得正在转向的战舰几乎成为对方的静止靶标。不过正如东乡所预料的那样，此时的俄军舰队还处于懵懂当中，未能抓住这次良机。此时的俄

军还在笨拙而迟缓地将队形调整为单路纵队，俄军战舰在变换队形过程中相当混乱，一些舰艇的火力被遮挡，而"奥斯利比亚"号甚至被挤出了纵队。损伤轻微的日军舰队完成了长达16分钟的转向，已经不再处于容易遭受攻击的劣势境地。罗杰斯特文斯基则因此错失了战胜日军或是成功撤退的机会。

日军舰队开始朝着俄军前卫发动猛攻，并通过一轮试射很快测定了距离。在加速至14节后，东乡和上村分队径直前进，完美地抢到了俄军的"T字头"[1]。罗杰斯特文斯基选择向右转向应对，但日军却继续利用航速优势抢占有利阵位并向包括"奥斯利比亚"号（此时仍被挤到纵队的左侧）在内的俄军前卫倾泻炮火。俄军也还以颜色，将东乡的一艘后卫战舰打得无法转向，被迫退出战列。

下午3时，作为俄军战列线领舰的"苏沃洛夫"号因敌军猛烈打击而失去控制，开始向右转向，该舰的一座烟囱和一根桅杆都已经被炸飞，上层建筑也已经千疮百孔。该舰原地打转一周后挣扎着向东北方向撤退，载着身负重伤昏迷不醒的罗杰斯特文斯基一起退出了战斗。日军射来的高爆弹在"奥斯利比亚"号舰艏的水线附近位置炸开一个大洞。涌起的波浪使得该舰舰艏下埋，导致左舷火炮全部被水淹没。由于左侧进水过多，该舰很快向左倾斜，并在坚持了几分钟后彻底倾覆，带着全舰800名官兵中的600人沉入海底。

由于涅博加托夫直至此时仍不知道自己已经接替指挥位置，俄军舰队处于群龙无首的状态中。俄军战舰此时只能继续遵照罗杰斯特文斯基的最后一道旗语命令：航向符拉迪沃斯托克（海参崴）。俄军反复试图执行此命令，但均被日军所阻挡，日军分队利用航速优势前冲后突，始终阻挡在俄军的前进道路上。而俄军则为了避免被占据"T字头"和调整航向向北，以高速按顺时针方向兜了两大圈。

到下午4时35分，在双方舰队以7000码的距离进行了一个半小时的交火后，东乡停止了继续攻击，转而命令日军驱逐舰发起鱼雷攻击。20分钟后，得知驱逐舰部队无法完成该任务的东乡和上村又赶忙向着水天线上映照出炮口火光的南方快速开进。日军主力舰队错过了躲进烟雾中向西撤退的俄军主力，最终发现自身卷入了轻巡洋舰交战中。上村的分队留在此地增援日军轻巡洋舰，而东乡则向西北方向前进准备猎取更大的战果。

---

[1] 截断或是横跨敌军纵队，使得双方队形呈近乎相互垂直的"T"形阵型中，处于上方一横位置的进攻方可以以侧舷对敌，从而集中全舰火力攻击敌方纵队的舰艏，而受攻击一方除非距离敌方纵队距离尚远，否则难以利用舰艉火力。

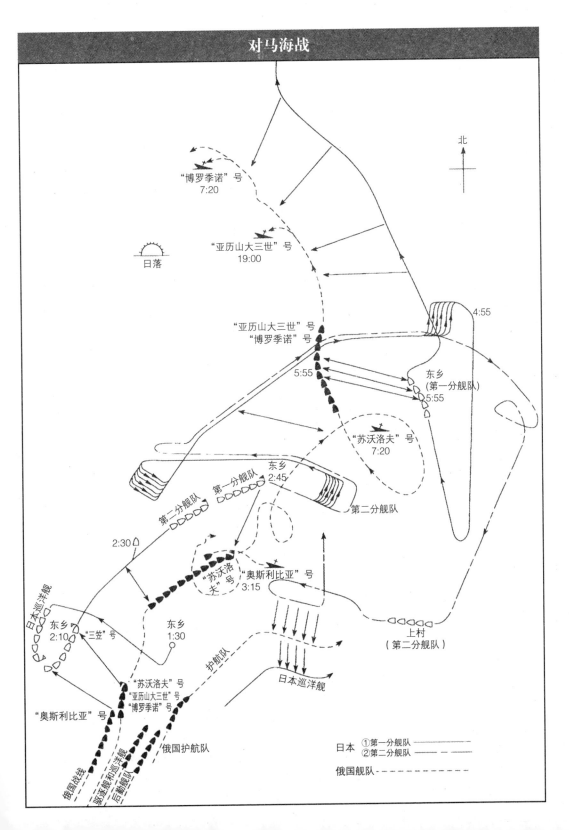

海战的第三阶段于下午5时55分，随着正向北航行的日军第一分队发现位于前方左侧正在向北航行的俄军战列舰部队而打响。东乡舰队连续进行了四次转向，在天黑前快速拉近了双方的距离。不过此时的俄军已经充分做好了战斗准备，很快东乡发现自己正遭受敌军猛烈的炮火打击，处于全面劣势之中。此时西下的夕阳直射着日军火控手的眼睛，而他的舰队正在以6艘战舰迎战俄军10艘战舰。但随着日照方向逐渐偏移，日光开始对日军有利，俄军受到逆光的影响。东乡的战舰对准俄军战列线的领舰"亚历山大三世"号（Alexander III）发动了精准而猛烈的攻击，该舰的舰艏几乎被炸飞，在退出战列线后该舰最终倾覆沉没。日军随即又将火力转向了新的领舰"博罗季诺"号（Borodino），在夜幕降临的同时，该舰也燃起了大火，使其在夜幕中成为日军测距仪极为显眼的目标。晚上7时20分，该舰的两处弹药库发生殉爆，从而导致舰体倾覆，在以船底向上的姿态挣扎几分钟后也沉入海底。

"博罗季诺"号的战沉彻底打乱了俄军纵队。坐镇"尼古拉斯一世"号（Nickolas I）的涅博加托夫直至此时才得知自己已经接替指挥，挂出"紧随我"的旗语带领乱成一团的残存舰艇向西南方向驶去。日军的战列舰和巡洋舰此时也根据计划离开了该海域，向着北面郁陵岛附近的预定会合点驶去。随着日军战列舰部队的撤离，海战进入了第四个阶段；双方将发起一系列混乱而激烈的夜间鱼雷攻防。

日军驱逐舰此前已经击沉了身受重创的"苏沃洛夫"号，但一艘俄军驱逐舰赶在该舰沉没前抢出了仍然因头部伤势意识不清的罗杰斯特文斯基。在夜幕中，日军的21艘驱逐舰和37艘鱼雷艇从各个方向杀向了四散在战场上的俄军舰队，击沉了两艘战列舰并重创了两艘巡洋舰，后来两艘巡洋舰为了避免被俘被俄军凿沉。

5月28日清晨，在上一日交战海域以北140英里的位置上，东乡的参谋们正在用望远镜扫视空空如也的水天线，而一支位于南面60英里处的日军巡洋舰分队汇报称发现了俄军的舰艇。日军战斗舰队立刻全速赶去，并在9时30分观测到了"奥廖尔"号（Orel）和"尼古拉斯一世"号，2艘岸防铁甲舰和1艘巡洋舰。日军当即在俄军射程外开火，全然不顾"尼古拉斯一世"号悬挂着代替白旗的白色桌布，该舰是根据涅博加托夫的命令升起该旗帜的。俄军巡洋舰很快高速逃离。

此时散落在战场各处的俄军战舰中，1艘加入战列线的岸防铁甲舰由于遭受重创而自沉；2艘巡洋舰冲滩搁浅；4艘驱逐舰和4艘辅助船被击沉；包括救起罗杰斯特文斯基的那艘在内的2艘驱逐舰被日军俘虏；3艘巡洋舰、3艘辅助船和1艘驱逐舰躲入了中立港口，而后被扣押。在这场海战中，俄军的12艘装甲舰艇中的8艘（其中包括5艘战列舰）被击沉。在从波罗的海启程的53艘俄军舰艇中只有1艘巡洋舰和2艘驱逐舰抵达了符拉迪沃斯托克（海参崴）。

从各种角度上而言，对马海战都是一场具有决定性意义的战斗。由于国内发生起义，俄国无法再向远东增兵，从而失去了在陆地战场上取得胜利的可能性。而海上的失败则使得沙俄仅存的希望彻底破灭，只能请美国总统西奥多·罗斯福出面调停。在英国新汉普谢尔郡朴茨茅斯召开的和平会议上，双方谈判人员取得了不错的成果。俄国将旅顺和库页岛南部割让给日本，缔结了眼前急切需要的和平协议。由于俄国陆军虽遭战败，但主力成功撤退且仍然具备战斗力，日本要求俄国支付赔款的要求遭到了参与调停的其他各方的拒绝。

如果东乡在此次战斗中战败，日本的陆军部队将被孤立在中国东北，且补给线被切断。而俄国军队则无疑将调动远东的主要兵力对日军造成重创。

俄国的战败让俄国民众感到愤慨。海战中涅博加托夫和他麾下多名舰长轻率投降。在日俄战争结束后，涉事的军官们遭受了审判并被判处死刑，不过这一惩罚并未实施。这场审判杀死的实际上是已经存在的一项悠久传统：如果一名舰长在获胜无望的境地下依然勇敢地进行了战斗，那他将可以降下自己的战旗向对方投降。自对马海战后，各国海军不约而同地遵循了更为严苛的原则：在任何情况下，战舰和舰队都不得向敌人投降。

对马海战展现了重装甲防护的巨大意义和当时的战舰对于大口径重型舰炮的需要。日军在这场战斗中依靠快速的战舰组成的战列线以及上下一致的战术特色赢得了巨大优势。东乡平八郎的战术总体上展现了精湛的技巧。上村彦之丞的表现则与特拉法加海战中的科林伍德相仿，二人都被给予了较大的自行裁量权，且充分利用了随机应变的权力。上村对于此战胜利的贡献得到了日本海军高层的认可，在后者的眼中，此战的胜利很大程度上是得益于让半独立的分队自行作战。

在战略方面，这场战争的教训被精辟地总结。在马汉的迫切要求下，西奥多·罗斯福总统在1909年3月3日写给继任者威廉·霍华德·塔夫脱（William Howard Taft）的一封信中提到：

> 亲爱的威尔：（这次战争）是我们近来得到的宝贵经验之一，就是在巴拿马运河竣工前决不能将战列舰部队分别部署到大西洋和太平洋海域……日俄战争已经结束4年，是诸多因素的共同作用让俄国输掉了这场战争；但其

中最为重要的因素就是他们将舰队分割成了三个实力极不均衡的分队。攒成一团的日军舰队在战争中总是能够碾碎零星分散的俄军舰队。

总结

在20世纪早期建立并崛起的海上力量中，日本独树一帜。16世纪下半叶征朝失败的丰臣秀吉舰队中绝大部分战舰是桨帆船，而在1894年的大东沟海战和1905年的对马海战中得胜的日军舰队则已经完全是当时设计最为先进的蒸汽动力战舰。

美国海军的佩里准将于1853年率领两艘蒸汽动力护航舰和两艘军用快帆船驶入东京湾炫耀武力并无视了日方的驱逐。佩里叩关展现了日本在军力上的孱弱，从而迫使日本开放口岸。

在佩里进行武力展示后，外国军舰对于下关海峡上的鹿儿岛的炮击让日本的领导人认识到让国家在危急存亡之际幸存下来的办法只有与外国通商，至少要掌握西方的军事技术。在令人惊叹的热忱下，日本人不仅学习到了西方此前三个世纪内的海战经验，同时在海军武器、战略和战术中的诸多方面都已经走在了西方发明者们的前头。

当时的日本领导人认为想要保卫日本，必须夺取中国台湾、朝鲜半岛和库页岛，而夺取这些领土意味着与中国和俄国的战争。

日军拉开了甲午中日战争（1894—1895年）的序幕。这场战争中日军在陆地和海上战场上都取得了胜利。由伊东祐亨指挥的日军舰队在鸭绿江海战（黄海海战）中击败了清军北洋舰队，随后日本海军配合陆军占领了旅顺口，并歼灭了在威海卫的清军残存舰队。日方要求清政府从朝鲜半岛撤军，并割让台湾、澎湖列岛和旅顺口。

在与俄国的战争中，日本人故技重施，在不宣而战的情况下袭击了在旅顺港内的俄国舰队。在日俄战争（1904—1905年）中，日本陆军夺占了旅顺港，而日本海军则利用内线作战的优势相继歼灭了俄军部署在旅顺、仁川和符拉迪沃斯托克（海参崴）的远东舰队三大主力部分。此后日军舰队开始保存战舰，同时继续进行炮术和机动训练，为利用现有的舰队击败劳师远征的俄军波罗的海舰队做好准备。

在战术方面，日军很早就意识到了纵队队形和侧舷火力的重要价值。依靠高速和机动，日军舰队在战斗中通常可以破坏敌军的队形，并对被分割的敌军舰队残部形成优势火力。他们遵循着纳尔逊在特拉法加海战中所采用的制胜原则，将舰队分为半独立的分队展开作战，以保持在战斗中的灵活性，使得战舰可以在最需要的时候以最短的路线抵达阵位。

两次胜利让日本在20世纪初跻身一流海军强国的行列，而见识了日本海军力量的英国也毫不犹豫地将日本拉为盟友。不过在日本眼中，西方列强攫取了自己的胜利果实，因此日本继续巩固海军力量，以便在时机成熟之际建立起远东的霸权。

第17章

美西战争

如果要问是哪个事件让美国被承认为主要列强，那一定是1898年爆发的美西战争（Spanish-American War）。这场仅持续100天左右，美方付出约3000人阵亡的代价，短暂的、一边倒的战争不仅让美国从此参与到复杂的远东局势中，同时也让欧洲列强就此认识到美国已经拥有了一支不可小觑的军事力量。对于美国自身而言，美西战争也是一个重要的转折点，标志着美国开始更加深入地参与到国际事务中。

美西战争中的第一场主要海上战斗爆发于半个地球之外的菲律宾，但这场冲突却是因为古巴陷入无政府状态而引起的。古巴人民反对西班牙统治者的漫长革命在1895年演变成一场声势浩大的暴动。起义者们为了报复西班牙人的残暴统治而采取了无差别破坏的政策，即便是美国人的财产，如果不缴纳保护费也同样难以幸免。而从美国人手中征收来的钱财则被起义者们投入了抵抗活动和宣传当中。实际上美国对古巴局势采取介入的一个重要目的就是保护美国人在当地拥有的大量甘蔗种植园和榨糖厂。这些资产为美国带来了无法忽视的巨大利益，仅投资额就达到了500万美元，而年贸易额则高达1亿美元。决心终结古巴混乱局势的西班牙政府在1896年初派遣瓦莱里亚诺·魏勒尔（Valeriano Weyler）将军前往古巴，采取强硬措施恢复秩序。瓦莱里亚诺的手段是将平民强制迁移，从而使得起义军无法得到民众的接济。但集中营恶劣的卫生条件却使得数以千计的平民（尤其是妇女和儿童）在此丧生。美国民众对"屠夫魏勒尔"的暴行义愤填膺，很多人都呼吁美国当局承认起义者的"政府"。作为对民众呼声的回应，美国国会通过一项决议，要求政府承认古巴此时处于战争状态。反对帝国主义的克利夫兰总统将这份决议视作是对他的行政权力的侵犯，宣称他既不会出动陆军部队，也不会选择与西班牙开战。相反的是，他向西班牙政府表示美国希望西班牙对古巴"如果能够用更有道义的手段进行统治，我们（美国）将毫不犹豫地承认和支持"。

随后上台的西班牙自由派内阁在1897年召回了魏勒尔，修改了集中营制度，同时给予古巴人一定程度的自治权，美国公众也就此开始对古巴事务失去兴趣。但在1898年2月发生的两大事件却引发了美国公众的极大愤慨。一个事件是《纽约新闻报》（New York Journal）公开了一封由古巴人团体设法取得的、西班牙驻华盛顿大使杜普伊·德·罗姆（Dupuy de Lôme）言辞轻佻的私人信件，这位大使暗示西班牙在与美国悬而未决的贸易协定谈判中的表里不一，同时将时任美国总统的麦金利（Mc Kinley）称为"三流政治家"。另一个事件是奉命前往古巴保卫美国公民生命和财产安全的"缅因"号（USS Maine）战列舰在一场爆炸中断为两截，260名舰员罹难。美国公众相信这场爆炸的罪魁祸首就是敷设并引爆了水雷的西班牙人。《纽约新闻报》当时曾悬赏50000美元捉拿元凶，但从未有人认领。虽然后世的研究证明"缅因"号的殉爆很有可能是一场内部原因导致的意外，但此时的美国已经被这两大事件逼到了战争边缘。[1]

如果美国与西班牙爆发武装冲突，古巴将成为美军的首要目标，而波多黎各则是次要目标，因此美军舰队的大部分兵力都集中在大西洋方向。为了加强已经部署在大西洋的舰队力量，"俄勒冈"号（USS Oregon）从普吉特海湾（Puget Sound）出发开始了远征，该舰用66天绕过南美大陆，完成了15000英里的航程抵达加勒比群岛，期间平均航速达到了近12节。在该舰抵达后，美军北大西洋舰队拥有了5艘战列舰（"衣阿华"号、"印第安纳"号、"马萨诸塞"号、"得克萨斯"号和"俄勒冈"号），此外还有两艘装甲巡洋舰"纽约"号和"布鲁克林"号以及其他一些更小型的

---

[1] 美国海军上将海曼·G. 里科弗收集了当时所能找到的所有资料（其中包括1911年"缅因"号被打捞出水时的残骸照片等），并在1975年将这些资料转交给了大卫·W. 泰勒船舶研究与发展中心结构设计部门设计应用助理Ib·S. 汉森和海军水面武器中心研究员物理学家罗伯特·S. 普莱斯。两位专家运用现代技术和知识以及现代战争经验和测试项目相关数据得出结论，称"损伤痕迹是由一场大规模内部爆炸所引发的"。他们认为煤仓通风不畅导致煤舱内的燃煤自燃，从而引发临近弹药库内的发射药被点燃，弹药殉爆波及临近弹药库是导致"缅因"号沉没的原因。（H. G. Rickover, How the Battleship Maine Was Destoryed, Washington D. C, 1976）

作战舰艇。与此同时海军部在太平洋地区仅部署了一支小规模的亚洲舰队，这说明在美国海军眼中，太平洋的重要性更低。

西班牙方面也受到了"缅因"号事件的影响，他们一面试图安抚陷入狂怒的美国，一面开始准备战争。西班牙海军部在得知爆炸事件后，一方面向西军舰队发出告警，一面建议此时指挥本土主力舰队的帕斯卡尔·塞韦拉（Pascual Cervera）将军准备摧毁美军设在基韦斯特的基地，并对美国沿海实施封锁。

在塞韦拉眼中，西班牙海军部提出的方案是不切实际的，此时他手头可以作战的舰艇只有4艘巡洋舰和2艘驱逐舰，且这些舰艇的状况都不容乐观。他指出西军的海上实力远逊于美军，且西班牙在大西洋西岸缺乏强大的基地，无力支持他的舰队在古巴和波多黎各作战。他认为西班牙最为可行的海军战略是在战争爆发后将舰队用于防御本土，只有在得到一个拥有强大海军实力的盟友的大力援助下，对美国沿海的攻击行动才可能收获良好的效果。西班牙海军部随即修改了命令，但仍然坚持西班牙海军至少应当守卫波多黎各。1898年4月8日，依旧认为自己毫无胜算的塞韦拉率领舰队从卡迪兹港出发，行至弗得角群岛（Cape Verde Islands）等待政治局势的进一步变化。

西班牙本土舰队出动的传言在美国东海岸的民众间引发了极大的战争恐慌。被耸人听闻的消息所惊吓的民众担心沿海的任何地方都可能遭受敌军的炮轰和登陆。美国陆军和海军也都收到了增强沿海防御的急切呼吁。陆军部长罗塞尔·阿尔杰（Russell Alger）事后回忆称：“在西班牙先头舰队正在驶来的消息传来后，许多方面都异常急切地要求陆军部设法增援。求援电报、书信和代表当地利益的政治家演说如雪片一般涌入了陆军部。他们（指沿海居民）希望在海滩的每一处都布置上大炮，在所有标注在地图上的河流和港口都布设水雷。”[1]西奥多·罗斯福则安抚已经神经紧绷、担心自己资产安全的波士顿金融家们，将他们的资产安置在向内陆50英里处的伍斯特（Worcester）以保证安全。

之后，这些沿海居民都要求海军派出舰队提供保护，这一要求产生了更大的问题，对于一支舰队来说，机动性是其发动攻击的重要武器。即便是被赋予了防御的任务，舰队也不应当被拆分成火炮平台使用。

海军部自然深谙于此，因此北大西洋舰队仍然被用作一支可以机动作战的部队。即便塞韦拉对除加勒比海地区外的其他地区发起攻击，美军依然可以依靠集中起来的

---

[1] Russell A. Alger, The Spanish-American War(New York 1901), 38.

北大西洋舰队发起反击。虽然将舰队分兵沿海岸部署无异于自杀，但东海岸沿海城市要求海军军舰保卫的要求必须通过某种办法实现。美军最初提出了折中的解决方案，北大西洋舰队分为两个主要分队。其中一个分队在海军少将（临时）威廉·T.桑普森（William T. Sampson）的指挥下以基韦斯特为基地，并做好对古巴和波多黎各发动攻击的准备。另一个分队被称为"飞行舰队"（Flying Squadron），将司令部设在诺福克，由温菲尔德·斯科特·施莱（Winfield Scott Schley）准将指挥，是一支堡垒机动舰队，负责为大西洋沿岸提供机动防御。规模小得多的北大西洋巡逻舰队（Northern Patrol Squadron）由老旧且基本派不上用场的战舰组成，负责守卫特拉华角以北的海岸线。

与此同时，西班牙内阁则对于美国要求西班牙与古巴起义者达成停火，并取消集中营制度这一要求踌躇不已，内阁担心如果答应美方要求将导致国内爆发革命，而拒绝美方要求又将与美国爆发战争。到1898年4月9日，西班牙内阁终于准备对美国的两点要求让步，但此时已经太晚了。麦金利总统认识到如果继续扯皮，他无疑将在下届总统选举中输给那些高喊着"自由古巴！"（Freedom Cuba）的民主党人，因此他必须下决心终结古巴这个西班牙殖民地。麦金利于4月11日向国会做出了宣战演说，要求获得动用海陆军的授权。一周后国会发布了一份联合决议，宣布古巴的自由和独立，要求西班牙撤军，同时授权总统运用武装部队贯彻这份决议。此外一份名为"特勒修正案"（Teller Amendment）的文件明确无论战争的结果如何，美国都不会寻求吞并古巴。

1898年4月22日，美国海军部命令桑普森对从哈瓦那至西恩富戈斯（Cienfuegos）的海岸线进行封锁。4月25日，美国国会发布宣战声明，称战争自4月21日起已经爆发。4月29日，赛韦拉的舰队离开弗得角，赶往波多黎各进行防守。赛韦拉得到了"包括航行路线、停靠港口，在各种情况下是否进行战斗在内的完全的行动自由"。

菲律宾战役

相比起东海岸的人心惶惶，濒临太平洋的美国西海岸却并没有急切地呼吁让本就弱小的美海军太平洋兵力提供近岸保护。有许多美国人已经意识到西班牙人在这片海洋上拥有相当的实力。这些有识之士当中就包括时任美国海军部副部长的西奥多·罗斯福，他非常了解西班牙人在菲律宾的殖民地以及驻扎在那儿的一支舰队。当美西之间的矛盾开始浮出水面后，罗斯福就决定美国必须要做好同时在大西洋和太平洋方向发起攻势的准备。对菲律宾的西班牙舰队发动快速而凶狠的打击需要一名富有能力的海军指挥官，罗斯福选择了乔治·杜威（George Dewey）准将，并任命他为美国亚洲舰队总司令。

杜威在接到任命时正在监察与调查委员会（Board of Inspection and Survey）出任委员会主任。杜威在内战期间已经积累了丰富的作战经验，且因在战斗中大胆主动而名声在外。实际上，杜威在作战中远非"主动"二字可以形容。和他的老上级大卫·格拉斯哥·法拉古特一样，他有着一双能够即刻辨明战术态势的锐眼，同时还拥有掌握微小细节的能力。在离开华盛顿赴任前，杜威阅读了他所能找到的所有关于菲律宾的资料，并研究了所有能找到的周边海域的海图。在催促海军部尽快将所需弹药运往前线后，杜威于1897年12月初出发前往日本。一个月后他在长崎登上了旗舰"奥林匹亚"号并正式就任司令职务。

为了靠近马尼拉，杜威很快将自己的舰队调到了中国香港。在此处他接到了已经升任代理海军部长的罗斯福发来的有线电报："确保燃煤充足。在……的情况下，你在这场战争中的任务是寻找没有离开亚洲沿海的西班牙舰队，然后对菲律宾群岛发起攻击。"事实上杜威并不需要这样的提示，他早已开始为即将到来的任务进行充分的准备。他购买了一艘运煤船和一艘运送补给的汽船用于后勤保障，还让所有战舰先后进入船坞保养、整修机械设备、清理水线下舰体，将所有的白色涂装都重新漆成灰色。作为舰队司令，他对所有细节工作都进行了亲自检查，确保所有的舰员都按照日常计划进行训练。由于缺乏在菲律宾的西班牙舰队和堡垒的相关信息，他派出了一名间谍前往马尼拉，并让自己的助手伪装成旅行家从旅行者处收集信息。为了避免英国在美国宣战后执行中立原则，他还在距离周围海岸有一定距离的大鹏湾设置了一处临时锚地。

1898年4月25日，杜威收到了一份来自海军部长的有线电报："美国和西班牙之间的战争已经开始。立即前往菲律宾群岛，在抵达后即可展开作战，尤其要注意攻击西班牙舰队。你必须俘获或歼灭敌军舰艇。尽全力战斗。"杜威又等待了36个小时，直到美国驻马尼拉领事赶到，带来西班牙方面战斗准备的最新情况。4月27日，杜威的舰队开启了征服菲律宾的旅程。

美军亚洲舰队拥有4艘巡洋舰，包括旗舰"奥林匹亚"号（5870吨），"巴尔的摩"号（USS Baltimore），"罗利"号（USS Raleigh）和"波士顿"号（USS

Boston）；两艘炮舰"海燕"号（USS Petrel）和"康科德"号（USS Concord）；以及一艘缉私船"麦卡洛克"号（USS McCulloch）。美军战舰总吨位约20000吨，载有约100门舰炮，但其中只有一半是口径大于4英寸的。在600英里以外的菲律宾，唐·帕特里克·蒙托霍（Don Patrico Montojo）少将指挥的西军舰队已经严阵以待。蒙托霍手头仅有的现代化战舰就只有"克里斯汀娜女王"号（Reina Cristina），该舰排水量约3500吨，安装有6.2英寸火炮。他手头的另一艘巡洋舰，老旧的木制战舰"卡斯蒂利亚"（Castilla）号甚至已经无法利用自身动力航行。除两艘巡洋舰外，他手头还有5艘排水量从500到1100吨不等的战舰。考虑到自己的战舰根本没有机会在机动作战中击败美军舰队，蒙托霍计划让舰队下锚作战，将战舰用作堡垒舰队，为岸炮火力提供补充。

在向菲律宾进行航渡期间，美军舰队为战斗进行了最后的准备，其中包括昼间和夜间的作战演习，消防和损管演练，以及拆除所有可能导致火灾的木制品。4月30日，在对苏比克湾进行侦察并发现西班牙舰队并不在此处后，杜威说："这下我们知道他们在哪里了。"他指挥舰队经科雷吉多尔岛（Corregidor）南面的水道驶向三面环水的马尼拉湾。

虽然表面上胸有成竹，但杜威自己却怀揣着不安。马尼拉的要塞防御在远东普遍被认为是不可攻破的，且这条水道也已经被布设了水雷。在30年前的南北战争中，他的老上级法拉古特曾一面咒骂着水雷、一面指挥战舰不顾雷场存在径直冲入莫比尔湾。杜威判断西军在马尼拉的工程兵并没有将水雷敷设在科雷吉多尔岛外海的深水中，因此决心让舰队趁着夜幕发起行动。他在之后写道："当我发现自己身处困境，或者因为相互冲突的情报而无法做出正确抉择时，我时常会问自己，'法拉古特会怎么做？'在前往马尼拉湾的航程中我反复询问自己，而且想到了他在那个晚上带领我们的舰队冲进莫比尔湾，而这也让我相信他也会做出和我一样的选择。"[1]

1898年5月1日午夜刚过，美军舰队就全部通过了进入马尼拉湾的水道，且期间完全没有遭遇水雷，只有少数岸防炮阵地向美军舰队开火。美军的还击很快压制了西军岸防火炮，随后整个舰队毫发无损地通过海峡。日出时分，杜威的分舰队在马尼拉外海发现了西班牙舰队，马尼拉城的岸炮阵地进行了开火但没有取得命中。

为了避免美军战舰对马尼拉城发动炮击，蒙托霍将自己的舰队布置在了甲米地

---

[1] Autobiography（New York,1916），50.

（Cavite）外海。由于没有弹药补给，杜威在发现西军舰队后抵近至5000码距离。在早晨5时40分，杜威向"奥林匹亚"号舰长下令："准备好了就开火，格里德利（Gridely）。"美军一面以稳健的射击攻击敌舰，一面在绕过西班牙舰队后效法杜邦在皇家港水道所采取的战术来回巡弋开火。包括"克里斯汀娜女王"号在内的多艘西军战舰试图上前迎击，但均被击沉或被炮火逼退。当杜威在上午7时35分因弹药告罄的紧急报告决定暂时撤出战斗时，"克里斯汀娜女王"号和"卡斯蒂利亚"号都已经濒临弃舰。上午11时，杜威恢复了进攻，并利用一个小时的炮轰彻底歼灭了西班牙舰队。当他下令停火时，蒙托霍的所有战舰或是起火燃烧，或是沉没，或是弃船。

此战西班牙方面总计有381人阵亡或受伤。而杜威的舰队则没有人阵亡，仅有7人受伤。将炮术训练贯彻日常训练的美军在此战中取得了至少170发命中；而几乎没有进行相关训练的西班牙军队仅命中了15发。美军的此次胜利不仅是依靠压倒性的实力，也是依靠更为充分的战斗准备。如果杜威没有即时锁定并击败蒙托霍的舰队，美军的补给情况将变得不容乐观。

在扫清该区域的所有西班牙海军力量后，杜威在马尼拉外海下锚，以便防止外部势力的干涉。他的任务很快因5艘虎视眈眈的德军战舰的出现而变得复杂了起来，此时急切地想要攫取海外殖民地的德国正希望借此机会夺取这块美国理应不感兴趣的殖民地。但实际上，美国却对这片土地有着非常大的兴趣。11000名美国陆军士兵很快从旧金山出发，前去夺取马尼拉并继而占领内陆土地。在搭载陆军的运输船前往菲律宾期间，负责护航的巡洋舰"查尔斯顿"号兵不血刃地占领了西班牙属关岛，而直至美军战舰来到关岛，西班牙总督还不曾得知战争已经爆发。仅在不到一个月后，作为新兴帝国主义国家的美国再度吞并了原本作为独立国家的夏威夷。

1898年8月13日，在陆海军的联合炮击之下，仅进行了象征性抵抗的马尼拉宣布投降。美国海陆军随后开始了长达三年的、镇压菲律宾人的作战。菲律宾人希望获得独立，而非换一个主人。在近半个世纪后，美国才将主权交还给菲律宾人。

加勒比战役

桑普森少将此时虽然处于遥控指挥的状态，但却丝毫不缺乏进攻热情，他一度准备以对哈瓦那发动两栖登陆拉开美西两国战争的序幕。他希望通过迅速夺取西军殖民地首府和军事据点来尽早结束这场战争。时任海军部长的约翰·D. 朗（John

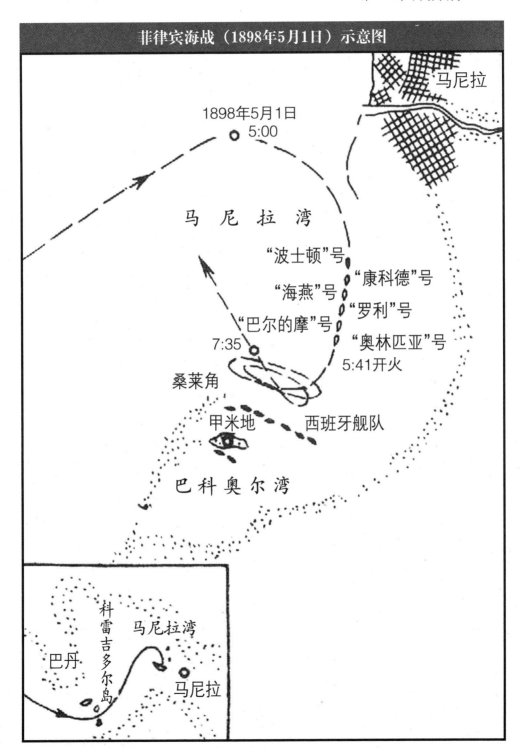

D. Long）并不支持桑普森的计划，这一方面是因为美国陆军此时距离做好战争准备仍为时尚远，另一方面则是朗不希望在西军舰队依然保存有实力的情况下让美军舰队去对抗哈瓦那的岸防火炮。根据以往战争的经验，进攻方在将己方战舰暴露在敌方要塞火炮下之前应当先歼灭敌方舰队取得制海权，拥有对岸轰击和支援的登陆部队，还有一支掩护舰队则负责保卫登陆场和支援舰队，击退任何可能来犯的敌军舰队。

由于此时北大西洋舰队已经被拆分成诺福克和加勒比海两部分，朗直观地认为在哈瓦那的西军舰队实力仍未受损害的情况下，桑普森的实力并不足以实施一场两栖登陆。朗的意见得到了新组建的海军战争委员会的支持。这个委员会当中包括已经退役的前北大西洋舰队司令蒙哥马利·斯卡德少将（Montgomery Sicard），海军航海局局长阿仑特·S. 克劳恩谢尔德（Arent S. Crownshield）上校和海军历史学家与军事理论家马汉上校。该委员会最初仅作为一个单纯的情报分析机构运作，但随着时间的推移逐渐成为一个中央战略委员会。作为统合整个海军的指导机构，该委员会在下达具体的战术指示时有时会冒犯负责前方指挥的指挥官。委员会的存在相对于此前战争中"毫无计划"式的高层指挥是一个巨大的进步，但这个委员会尚未发展出第二次世界大战中的参谋长联席会议（Joint Chiefs of Staff），无法协调陆军和海军行动。

当塞韦拉根据马德里方面的命令自1898年4月29日从弗得角群岛起航时，他还是一如既往的阴郁。这是因为他深知自己在对手面前毫无胜算。此外，他麾下最精锐的巡洋舰"克里斯托弗·可伦布"号（Cristóbal Colón）尚有两门10英寸火炮没有安装，而另一艘"比斯卡亚"号（Vizcaya）则因为水线下舰体严重浸水而航速缓慢。

桑普森很快得知了塞韦拉的航线，认为西军会在波多黎各的圣胡安（San Juan）停泊加煤，于是立即敲定了计划准备在此截击。同时马汉也做出预测，认为西军舰队将率先停靠圣胡安，并建议向该海域派出侦察舰以便及时发现西军动向，继而告知桑普森。而美军主力舰队则得知西军行踪后则可以赶往圣胡安发起决战。不过桑普森在5月3日放松了对古巴的封锁，随战列舰"衣阿华"号和"印第安纳"号前往波多黎各，伴随的还有装甲巡洋舰"纽约"号，两艘浅水重炮舰和一艘鱼雷艇。由于浅水重炮船必须依靠船只拖行，影响了整个舰队的航速，桑普森直到5月12日才抵达圣胡安。没有发现塞韦拉踪迹的美军对港口发动了一个小时的炮击，战斗中美军伤亡8人，战舰损伤轻微。

马汉批评了桑普森率领舰队前往波多黎各的行动。美军在加勒比地区的首要作战目的是通过登陆夺取古巴，其次才是击败或者封锁西班牙舰队。因此直到塞韦拉的踪

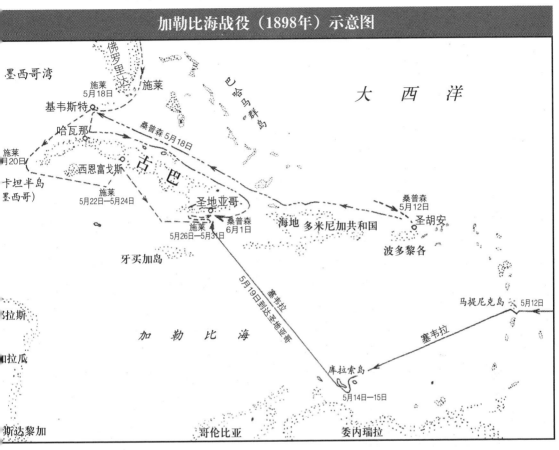

迹被锁定前，古巴都一直应当成为美军的战略重心。用马汉的话来说，桑普森放弃封锁古巴的行动，是牺牲自身在战略中心位置的有利阵位来执行一场收效可疑的"古怪行动"。

事实上，塞韦拉此前已经通过换位思考猜出了桑普森的下一步行动。此时美军的北大西洋舰队正四散在各处，施莱尚在诺福克，桑普森的舰队正在圣胡安，部分舰艇停泊在基韦斯特，一些战舰还在古巴外海执勤，而"俄勒冈"号战列舰此时正在从太平洋赶来，西班牙舰队借此机会躲过了所有美军舰队并溜入了古巴的后门。在以不到7节的航速横跨大西洋后，塞韦拉申请在马提尼克岛补充煤炭。由于遭到法国当局的拒绝，他又航行至库拉索岛，岛上的荷兰当局应允了他的请求。在完成加煤后，西军舰队向古巴直冲而去。

在收到塞韦拉的舰队已经进入加勒比海的消息时，在圣胡安一无所获的桑普森已经带领舰队返航。他立即丢下两艘浅水重炮舰，率领舰队全速赶往基韦斯特，并在5月18日抵达，几个小时后施莱的"快速舰队"就从诺福克赶到此处。认为西班牙舰队携带了用于防守古巴首府所需的弹药后，桑普森立刻加强了对哈瓦那的封锁，并指挥"快速舰队"绕行古巴南海岸，前去封锁与哈瓦那之间有铁路连通的西恩富戈斯。但在这个时候，塞韦拉再次出乎桑普森预料地向远在古巴群岛东南部的孤立港口圣地亚哥（Santiago）驶去。在5月19日早上，西军舰队经过狭窄的水道进入该港港湾时，塞韦拉受到了热烈的欢迎。诚然带领舰队安全抵达圣地亚哥已经是一项巨大的成就，但是这位西军指挥官在此之后只是让舰队停泊在港湾内，直到美军舰队将该港彻底封锁9天后才采取行动。

此时的施莱正快马加鞭地赶往西恩富戈斯。在抵达后他发现自己无法看到港口内的状况，不过他看到了港内升起的煤烟，他就此推断西班牙舰队可能停在此处。在得到证据证明塞韦拉的舰队并不在西恩富戈斯后，桑普森派出快速通信船告知施莱："西班牙舰队可能在圣地亚哥，如果你能确认西军舰队不在西恩富戈斯，那么就立即全速、但小心地前往古巴岛上的圣地亚哥，如果敌军舰队在该处则立即将其封在港内。"在5月24日，施莱和岸上的古巴起义者取得联系并最终确认塞韦拉的舰队并不在西恩富戈斯，他随后立即赶往圣地亚哥。虽然因一艘炮舰在障碍密布的海面上遭遇麻烦而一度将航速降至6节，但施莱的舰队还是在5月26日完成了315英里的航程。在距离圣地亚哥尚有20英里的海面上他与3艘美军侦察巡洋舰取得了联系，这3艘巡洋舰同样没有发现塞韦拉的行踪。

此时的施莱开始担心自己的燃煤供给问题，虽然他的舰队带有一艘运煤船，但恶劣的海况使得战舰无法在海上进行加煤。因此在当晚他命令舰队返回基韦斯特补充燃煤。由于运煤船的发动机发生故障，施莱并未立即启程，而在5月27日早上他从一艘专程赶来的侦察巡洋舰上得到了发自华盛顿的简短命令："海军部所获悉的所有情报都指向西班牙舰队现在仍停在圣地亚哥港内。海军部希望你能核实情报，如果敌军此时仍在港内，在对其发动决战前不得脱离。"对于这份命令，施莱回复称："非常抱歉，我部无法遵守海军部的命令；我部将沿尤卡坦（Yucatan）水道返回基韦斯特加煤；没有任何敌军动向的踪迹。"[1]所幸海面迅速恢复平静，"飞行舰队"也得以全

---

[1] 施莱通过通讯巡洋舰将命令带到就近的海地，此处设有连接华盛顿的海底电报线。

员完成加煤。施莱随即掉头返回圣地亚哥并在5月28日晚上在港外占据阵位。5月28日早上，停泊在港湾入口处的"克里斯托弗·可伦布"号被美军清楚地看到，此时该舰已经进入港内4天。6月1日，桑普森也抵达了圣地亚哥外海并接任总指挥，他的舰队还得到了刚抵达的"俄勒冈"号的增援。此前被拆分成多块的北大西洋舰队终于合兵一处。

美军战舰此时已经占据了封锁阵位，5艘战列舰顺次在距离港湾入口4~6英里处摆出了一道半圆形封锁线，而小型舰艇则在更靠近海岸的水域游弋巡逻。在夜间舰队将进行集中，利用一艘战舰上的探照灯照亮港湾入海口。在这场持续一月之久的封锁行动中，美军舰队时常炮击莫洛（Morro）炮台等拱卫圣地亚哥港的炮台。而在夜间，实验型巡洋舰"维苏威"号（Vesuvius）则利用3门15英寸固定式的压缩空气动力喷进炮发射重达1500磅的高爆弹头，虽然方式新颖，但效果却并不显著。为了给执行圣地亚哥封锁任务的舰船提供一处能够进行补给和常规维护的前进基地，6月10日，650名海军陆战队员攻占了古巴岛上的关塔那摩（Guantanamo），并在此后一周的战斗中牢牢守住了自己的阵地。这批陆战队员同时也是第一批踏上古巴领土的美国士兵。

虽然躲入陆路交通不便的圣地亚哥的塞韦拉舰队并不能对美军造成什么损失，但这支舰队逃脱封锁的可能却影响了美军在其他方向的作战行动。只要西班牙舰队仍然有可能袭扰登陆和其他作战行动，美军就无法利用起古巴周边的绝对制海权。但桑普森的舰队却无法突破圣地亚哥港狭窄且多风的水道，水道中不仅布设有水雷，而且水雷阵还得到了岸炮阵地的掩护。如果强行发起冲击，一旦攻击纵队中央位置的战舰触雷沉没，那整个编队就将首尾不得相顾。作为冲入港内歼灭塞韦拉舰队的替代方案，美军打算将一艘无法被绕过也无法被风暴吹走的船体自沉在港口入口处，让西军无法出港。桑普森选择了一艘小型运煤船作为路障，该船由精心挑选出的7名由海军造船师（Naval Constructor）雷蒙德·P. 霍布森（Richmond P. Hobson）指挥的船员操纵，如果行动成功，雷蒙德会将该船炸沉在入口水道的最窄处。但在行动中，运煤船被西班牙人发现，之后西军岸炮开火击毁了该船的转向装置，该船漂过了最狭窄处才沉没，只能造成非常微小的阻碍。

随着阻塞港口的尝试遭遇失败，美军认识到如果西军失去港湾天险，那么西军将不得不出港迎战桑普森的舰队，否则美军将能够冲入港内将其歼灭。桑普森因此向华盛顿发出请求，要求调派足够的地面部队夺取岸上的西军炮台，以便他的小型船只清

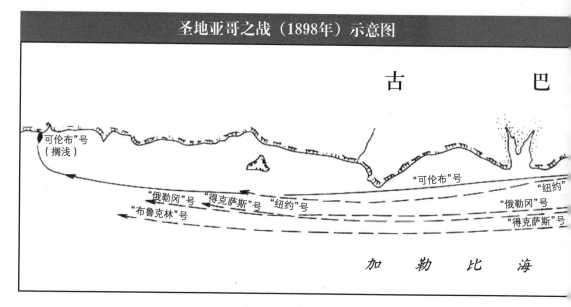

圣地亚哥之战（1898年）示意图

除周边的水雷。

正希望从这场战争中分到一杯羹的陆军很快就在坦帕市（Tampa）集结了16000名由威廉·R.沙夫特（William R. Shafter）少将指挥的陆军士兵。5月31日，陆军部向沙夫特下达了如下命令：

> 搭乘海军提供的船队前往古巴岛上的圣地亚哥附近，在海军掩护下视情况在该地以东或以西的位置登陆，随后占领能够俯瞰港区的高地，或向内陆进发，包围或歼灭当地守军；以便掩护海军派出的小船扫清水雷，如有可能支援海军夺取或歼灭根据情报停泊在圣地亚哥港内的西班牙舰队。

可以看到沙夫特被给予了相当大的自由裁量权，尤其是他可以视情况对圣地亚哥城和西班牙驻军的主力发动进攻。而这巨大的自主权也使得沙夫特能在海军部与陆军部之间缺乏协调的情况下，根据海军的请求采取作战行动。事实上，此战中沙夫特和桑普森需要相互支援，通力合作。

装载着陆军部队的民用运输船在海军战舰的护航下于6月中旬从坦帕出发，这支远征军在6月20日抵达了圣地亚哥。这支大军中还包括有雷昂纳德·伍德（Leonard Wood）将军所率领的"莽骑兵"（rough riders）。不愿干坐在海军部办公桌后的西奥多·罗斯福也作为"莽骑兵"的一员随同参战。美军随后花了4天时间不慌不忙地在

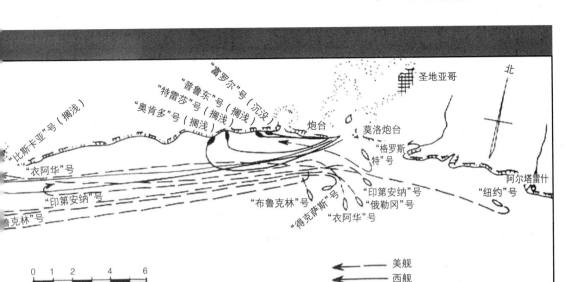

圣地亚哥以东18英里处的代基里（Daiquiri）完成了登陆。期间海军除做好进行火力支援的准备外，还为陆军提供了换乘的小艇。

6月20日，桑普森会同加西亚将军和其他古巴起义军军官，举行了此战中与沙夫特将军的唯一一次会议。虽然此次会议中海陆军并未达成任何决定，但桑普森因沙夫特已经接受将岸防炮台作为陆军的攻击目标而感到满意，同时沙夫特也说服了舰队司令，让他赞成陆军将圣地亚哥城作为更合适的攻击目标。沙夫特口述了攻击圣地亚哥城的决定（由桑普森的一名参谋记载在了一份备忘录中）。当沙夫特的部队朝着内陆开进时，桑普森还认为陆军的动作只是佯动，但在几天后当他收到消息称圣地亚哥城才是沙夫特的真正目标时对此震惊不已。

因崎岖的道路和铁丝网障碍而举步维艰的陆军士兵们此时正暴露在热带毒辣的日光下，其中的许多人都因中暑和伤寒症丧失战斗力。西班牙军队在圣胡安山（San Juan Hill）和卡尼村（El Caney）都进行了顽强抵抗，并导致美军付出了相当于总兵力10%的伤亡。面对急迫的战况，时年已经63岁但体重高于300磅的沙夫特也同样被伤寒症所击倒，不得不待在帐篷里。在此情况下他向桑普森发出了一封紧急求援信："昨日爆发惨烈战斗，但我方已经在距离城镇四分之三英里处建立起坚固工事。我请求您立即派部队强行进入港湾支援，以避免我的部队遭受进一步损失。"这意味着因各种原因在市区外围停滞不前的陆军全然不顾此前被交付的首要任务，要求海军为了增援陆军部队闯入水雷阵之中。因在通信交流中完全无法与沙夫特就海陆军各自应承担的任务达成一致而大为光火的桑普森在7月3日乘旗舰"纽约"号脱离战位，沿海岸向东开进，准备与沙夫特进行私人会面。桑普森在此关头脱离封锁圣地亚哥战位的行为又为他之后与施莱之间的不快埋下了伏笔。

在桑普森登岸前，他与沙夫特之间的分歧就因为塞韦拉的行动而得到了解决。实际上，如果说美军的处境已经称得上"危急"的话，那么西班牙军队的处境更是危在旦夕，似乎圣地亚哥城和港内的舰队很快就会被美军一锅端。为了避免这种情况发生，坐镇哈瓦那的古巴总督布兰科将军（General Blanco）电令塞韦拉不惜一切代价立即出港，而塞韦拉也遵守命令，抓住"纽约"号脱离战位，"马萨诸塞"号正在关塔那摩加煤的时机发起逃脱。西军旗舰"玛利亚·特蕾莎"号（Maria Theresa）于7月3日上午9时35分率先出发，紧随其后的依次是巡洋舰"比斯卡亚"号，"克里斯托弗·可伦布"号，"奥肯多"号（Oquendo）以及两艘驱逐舰。在看到驶抵港湾入口的"玛利亚·特蕾莎"号所冒出的煤烟后，刚刚赶回的"纽约"号赶忙升起战备旗并加速向西准备加入已经与敌军发起交战的施莱（在桑普森离开期间代行作战指挥任务）。

圣地亚哥港外，美军的封锁舰队开始靠拢，且当"玛利亚·特蕾莎"号一出现就对其开火。施莱的旗舰"布鲁克林"为了避开准备对自身发动撞击的"玛利亚·特蕾莎"号，赶忙向右回避，直接穿过近旁的"得克萨斯"号的舰艏，导致后者不得不全速后退以免发生碰撞。几乎兜了一个圈子的"布鲁克林"号和其余的美军战舰向西对逃脱封锁的西班牙战舰发起追击。为什么"布鲁克林"号最初向东，而不是向西转向？是为了避免遭受敌舰撞击，还是为了给其他美军战舰让出射界？这一行动的动机从未得到令人信服的解释，施莱本人称"（向东转向）是在那样的情形下恰当的机动"以及"毫无疑问正是这个动作拯救了当天的战况。"[1]

迅捷快速的"布鲁克林"号很快拉近了距离，并重新冲到了追击舰队的前头，"俄勒冈"号、"衣阿华"号、"得克萨斯"号和"印第安纳"号紧随其后。小型的游艇改装战舰"格罗斯特"（Gloucester）号也逼近了两艘西班牙驱逐舰。在美军战列线的集火下，"玛利亚·特蕾莎"号中弹30余次，舰内的蒸汽管线严重受创，木制甲板也开始着火，该舰随即向海岸方向转向，并在港口入口以西6英里处抢滩搁浅。

---

[1] Winfield Scott Schley, Forty-five Years under the Flag (New York, 1904), 302.

"奥肯多"号和"比斯卡亚"号随后也在美军的猛烈火力下起火燃烧，并同样选择了冲滩。只有塞韦拉舰队中航速最快的巡洋舰"克里斯托弗·可伦布"号迅速脱离了美军战舰的射程并开始高速逃窜。该舰的司炉工在酒精的刺激下爆发了超常的努力，让该舰的航速一度达到14节。在一场持续了55英里的追逐战后，"布鲁克林"号和"俄勒冈"号终于追上该舰并开始命中该舰。此时仅受到轻微损伤的"克里斯托弗·可伦布"号便降下了自己的军旗，转向海滩方向并向美军投降。被小巧的"格罗斯特"号猛烈攻击的两艘西班牙驱逐舰随后又遭到了赶上来的"印第安纳"号的攻击。一艘驱逐舰几乎被一枚13英寸炮弹炸为两段；而另一艘驱逐舰则被一枚更小口径的炮弹重创，在向"格罗斯特"号投降后沉没。

　　与马尼拉湾海战一样，西班牙舰队被实力更为强大，组织更为完善的美军舰队彻底歼灭。圣地亚哥海战中西班牙海军有160人阵亡，包括塞韦拉在内的1800人被俘。美军的人员伤亡则仅为1人阵亡、1人受伤。

　　塞韦拉的战败产生了相当深远的影响。在持续两周的海军炮击后，面临着食物短缺的圣地亚哥城逐渐无力防守，防守的22000名西军士兵在托拉尔（Toral）将军的率领下正式向沙夫特投降。少量残存的西班牙战舰在开往马尼拉湾进攻杜威的途中得知消息后急忙绕道红海赶回西班牙，以防美军北大西洋舰队进攻西班牙本土沿海。此时美军已经完全取得了加勒比海的制海权，远征军在海军的支援下登陆了波多黎各并向着当地首府进发。到7月底，就在美军全线告捷，海军也开始制定对西班牙本土发动远航的计划时，西班牙急切地寻求和平。1898年12月10日，双方于巴黎签订了和平条约，西班牙放弃了古巴，并将波多黎各、关岛和菲律宾割让给了美国。

　　杜威在马尼拉的压倒性胜利使得国会中的扩张主义者们在1898年年中声势大壮，成功压倒了反对声音，并通过吞并夏威夷群岛的决议。1899年初，美国宣示了威克岛的主权，而在1899年的下半年，美国又吞并了包括天然良港帕果帕果（Pago pago）在内的萨摩亚（Samoa）群岛部分岛屿。美国国会在扩张方面可谓不遗余力。

　　失去了重要殖民地的西班牙则决定放弃无力维持的殖民帝国，专注于国内发展。1899年西班牙将所有的太平洋领地以低廉的价格出售，其中包括马绍尔群岛、卡罗林群岛，除关岛外的马里亚纳群岛全境在内的约1000个岛屿，虽然这些岛屿大多极为狭小，但却已经足够建设大量的飞机场，且其中不乏优良的锚地。美国对于这份交易并无兴趣，而急于加入新的帝国主义竞争的德国则将这些岛屿一并"打包带走"。

总结

对西班牙愤恨不已的美国人民随着美国战列舰"缅因"号在哈瓦那港内的爆炸而彻底被激怒。美国国会随即在1898年4月宣布承认古巴自由和独立,西班牙与美国也就此互相宣战。

得到了海军部长助理罗斯福警告的杜威准将在战争爆发之际便让自己的亚洲舰队做好了战斗准备。这支由4艘巡洋舰、2艘炮舰、1艘缉私船组成的舰队从中国沿海出发前往菲律宾。美军舰队于5月1日午夜进入马尼拉湾,并在5月2日的马尼拉湾海战中全歼了西班牙舰队。

桑普森少将指挥的北大西洋舰队在战争爆发后对哈瓦那实施了封锁。开战时他手中拥有4艘战列舰,而第5艘"俄勒冈"号正在从西海岸赶往加勒比海的途中,此外北大西洋舰队还拥有3艘装甲巡洋舰以及多艘小型舰艇。而桑普森的对手塞韦拉此时则带领着4艘装甲巡洋舰和3艘驱逐舰处于赶往古巴的途中,西军舰艇也根本没有做好战斗准备。

桑普森在7月3日的圣地亚哥海战中同样取得了不逊于杜威的胜利,但这场战役的状况却远比马尼拉湾海战来得复杂。推测塞韦拉会在波多黎各加煤的桑普森选择在此处守株待兔,但塞韦拉却选择在库拉索加煤,并在之后溜进了圣地亚哥港。被桑普森派去搜索塞韦拉舰队的施莱则在他预计会遭遇西班牙舰队的西恩富戈斯浪费了大量的时间。在抵达圣地亚哥外海后,施莱一度打算撤回基韦斯特加煤。但由于海况转好,施莱的舰队在海上完成了加煤并返回圣地亚哥,在此处施莱舰队与桑普森带领的北大西洋舰队余部会合。

由于水雷的阻碍,桑普森的舰队无法进入圣地亚哥港内,而水雷又得到了西军岸炮的掩护,为了扫平障碍,桑普森请求陆军部队攻占岸防炮台。由沙夫特将军指挥的16000名美军士兵在登陆后却并未向岸防炮台进军,而是向圣地亚哥城进军。在遭遇顽强抵抗后,沙夫特请求桑普森强行进入港内支援陆军的作战。就在气急败坏的桑普森搭乘"纽约"号向东准备与沙夫特进行面谈时,塞韦拉的舰队从港内发起了突围并沿着海岸向西前进。

美军舰队很快展开了追击,在此期间施莱的旗舰"布鲁克林"号最初一度向东转向,但很快完成了回转加入了追击行列。"纽约"号此时也匆忙赶到加入追击。在随后的追逐战中,西班牙舰队遭到了全歼。

在圣地亚哥被攻陷后,美军部队在海军的掩护下登陆了波多黎各。西班牙政府被迫求和,在双方的最终和约中西班牙放弃了古巴,并将波多黎各、关岛和菲律宾割让给了美国。

西班牙舰队的惨败标志着美国从此跻身主要海上强国的行列,但在这场战争中,不管是施莱在封锁圣地亚哥时的举棋不定,还是他在塞韦拉突围时的错误转向,都暴露出了相当的问题。可以说,作为此战的海军指挥官,桑普森和施莱二人在圣地亚哥海战中的表现都让自己的声名蒙尘。

第18章
美国海上力量的崛起

20世纪的第一个十年见证了世界海上力量平衡的重大变化。凭借着一支更为高效的舰队,日本在1904—1905年的战争中击败了俄国,震惊了西方世界。德国也发起了一轮规模宏大的造舰计划以挑战英国对北海的控制权。美国海军在此前的战争中全歼了两支西班牙舰队,并由此开始发挥巨大作用。虽然美国作为海上强国的崛起并不如日本或德国那样令人吃惊,但注定对世界产生更为深远的影响。

在让美国跻身世界霸权的历程中,年富力强的西奥多·罗斯福总统可谓居功至伟。在那个罕有饱学之士进入政界的时代,罗斯福无疑是个例外。他是一个兴趣广泛的阅读者,且对历史拥有独到的见解。早在1882年,时年24岁的西奥多·罗斯福就出版了《1812年的海上战争》(*The Naval War of 1812*),该书无疑是西奥多·罗斯福早年的广泛兴趣和敏锐掌控海军准则的印证。在1888年,罗斯福进入海军战争学院继续学习,在校园中他结识了阿尔弗雷德·泰耶·马汉。在1890年,就任政府公共服务局官员的罗斯福在《大西洋月刊》(*Atlantic Monthly*)上发表了对马汉的《海权对历史的影响1660—1783年》的书评,罗斯福在书评中公开祝贺了马汉,并提出了他对于美国"需要一支强大的,不仅拥有巡洋舰,还要拥有质量和数量都不输于其他国家的强大战列舰的强大舰队"的主张。

1901年秋天,一次对威廉·麦金莱总统的刺杀让副总统西奥多·罗斯福成为美国历史上最年轻的总统。这位年轻大胆的政治新星就此成为美利坚合众国的国家元首。

之后，在亲自挑选继任者威廉·霍华德·塔夫脱（William Howard Taft）的任期内，罗斯福借助自己的声望和个人影响力将他的外交和海军政策付诸实施。

美国的私有工业资本因为国家的持续扩张而攫取了丰厚的利益。航运业与出口业者，尤其是造船公司和钢铁企业都无一例外地支持建立一支强大的海军。在1903年，这些利益集团和退役海军军官以及无私的平民代表一起建立起了"美国海军协会"（the Navy League of the United States）。作为一个拥有明确目标的新兴团体，海军协会很快开始发挥作用。

从1903年开始，美国海军部每年都获批下水两艘主力舰。虽然在此后的10年中偶尔发生例外，但海军主力舰的建造最终成为常态。总体而言，塔夫脱任期内（1909—1913年）的造舰政策继承了罗斯福时代的规划。

从下面这张表格中，我们可以看出海军在经费方面所获得的长足增长。

财年度	联邦财政总支出（美元）	海军经费（美元）	占财政支出比例
1890年	318040711	22006206	6.9%
1900年	520860847	55953078	10.7%
1901年	524616925	60506978	11.5%
1905年	567278914	117550308	20.7%
1909年	693743885	115546011	16.7%
1914年	735081431	139682186	19.0%

海军建设经费的增加主要源自海军作战舰艇吨位和复杂性的水涨船高。1903年，一艘一等战列舰的造价为538200美元。而1907年获准建造的"特拉华"号和"北达科他"号的标准排水量已经增加至20000吨，造价822500美元。到第一次世界大战时，美国的战舰建造成本已经增至1500万～2000万美元。在20世纪初，一艘一等战列舰的舰长通常不超过400英尺，排水量15000吨左右。而到了1914年，美国已经建成了排水量达32000吨的战列舰。

此时美国造舰计划中存在的一个明显缺点便是预算完全倾斜于主力舰的建造。主政的罗斯福和塔夫脱解释称一艘战列舰的工期长达4年，而小型战舰却可以在短时间内建成。但在当第一次世界大战期间，美国海军于1917—1918年期间投入战斗时，此前专注于主力舰建造的决策被证明存在相当大的问题。

总委员会与联合委员会

美西战争期间,海军战争委员会在围绕统一目标实施行动方面证明了自身的价值。战争结束后战争委员会被解散,美国则开始着手成立一个让海陆军能够有效配合作战的协调机构。支持者们倾向于建立起一个由陆海军高层军官组成的委员会来负责海陆协同事宜。

对于两个军种而言,此时的问题集中在,此时合众国武装力量需要的到底是总参谋部,还是两个军种各自独立的最高指挥机关,或是仅向政府提供专业建议的总委员会(General Board)?海军和陆军的高级将领大都倾向于建立总参谋部,支持这一方案的陆军部长伊莱休·罗特(Eluhu Root)牵头组建起了由陆军总参谋长领导的陆军总参谋部(Army General Staff),并由其负责监督和协调陆军的运作。海军部长朗(Long)则并不信任将行政权力完全交给现役军官的体系,强力反对在海军内部成立总参谋部。在1900年3月,他下令设置了海军总委员会(General Board of the Navy),但该机构只负责提供建议。

1903年,海军部和陆军部的部长共同创立了海陆军联合委员会(Joint Army-Navy Board)作为确保海陆军协同行动的制度基础。这一委员会包括有陆军总参谋部的4名军官和海军总委员会的4名成员,该委员会负责"就海陆军协同行动有关的各项事宜进行商议、讨论,并形成最终结论"。由于该委员会的成员彼此不信任,联合委员会最终成为军种之间相互掣肘的绝佳舞台,在基地选址以及领导权问题上扯皮不休。即便如此,该委员会还是在制订和更新美国的战争计划方面做出了相当的贡献。由该委员会制订的这批战争计划因涉及的对象不同被冠以不同的颜色以作区别:如为美国爆发内战所制订的"蓝色计划",对日作战的"橙色计划",对英作战的"红色计划",对德作战的"黑色计划",对墨西哥作战的"绿色计划"等。

海军总委员会的成员几乎都是马汉学说的拥护者,他们提倡:①建立一支强大的战列舰部队,并据此建立起一支"存在舰队";②夺占海外领土,尤其是在太平洋地区进行扩张,为舰队提供维修和加煤等基地设施;③在中美洲地峡(Central American Isthmus)开凿一条运河以便美军舰队在大西洋和太平洋之间相互支援。对于海军总委员会而言,其最大的问题是经常遭到国会的抱怨,这是由于在不遗余力地鼓吹扩充海军的过程中,海军总委员会经常使用将战斗力强大的美国战舰描述为老旧船只,而将已经老朽的外国战舰列作现役战舰之类的伎俩。

"大棒"政策与巴拿马运河

在西奥多·罗斯福的公众言论中，"温言在口，大棒在手"（"Speak softly and carry a big stick"）无疑是最为深入人心的一句话。政治讽刺漫画家们由此经常将他描绘成一个在自己的肩膀上扛着一根巨大棍棒的形象。而在罗斯福执政期间，海军也成为他最常使用的"大棒"。在此期间，美国海军利用开凿巴拿马运河将"大棒"政策表现得淋漓尽致。

这条横贯中美洲地峡的运河的巨大意义早在开凿之前两个世纪就被人们所认识。在19世纪末期，一家由费迪南德·德·莱赛普（Ferdinand de Lesseps）（此前曾指导苏伊士运河的发掘）所领导的法国集团就尝试着在巴拿马挖掘出一条河面与海平面齐平的运河。虽然开凿海平面运河在苏伊士取得了成功，但在巴拿马，这意味着需要开凿大陆间的分水岭。这一项目很快因为计划不充分和疾病而偃旗息鼓，并最终因资金链断裂而惨淡收场。

美国则不允许这个项目彻底搁置。"俄勒冈"号在美西战争期间绕行南美大陆进行增援以及此后美军对太平洋领地的夺占使美国迫切需要一条处于美国控制下的地峡运河，以便在两大洋之间快速调动海军部队。时任美国国务卿的约翰·哈伊（John Hay）在1850年与英国签订的协议已经为开凿运河铺平了道路，但这份协议要求运河必须由英美联合建设，共同拥有，且不得进行任何要塞化。国会拒绝通过最初版的《哈伊-庞斯富特协议》（*Hay-Pauncefote Treaty*），但在1901年接受了第二版，在第二版中美国不仅对运河拥有排他的控制权，而且还有权力在运河区进行要塞化和驻军。

考虑到法国公司的失败，美国政府认为巴拿马的运河线路并不实际，曾一度考虑转向其他线路，比如开凿一条横跨尼加拉瓜的运河。这对于急于将已经破产的莱赛普集团的资产抛售，并希望美国接盘的法国控股企业来说无疑是一个坏消息。控股公司的新闻发言人菲利普·比诺·瓦里拉（Monsieur Philippe Bunau-Varilla）同时也是该项目的一名大股东，能言善辩的他发起了一场宣传攻势，以说服美国公众和被选举出来的国会议员们。比诺的宣传攻势最终取得了效果，哈伊国务卿随即就运河问题开始与哥伦比亚（巴拿马当时是该国的一个省份）展开磋商。两国经过磋商达成了初步条约（即《哈伊-埃朗条约》），根据该条约，美国以1000万美元的价格和250000美元的年租金租下了一条横贯地峡、宽6英里的土地用于建设运河。

哥伦比亚参议院拒绝通过这份条约，但法国公司已经得到了美国政府支付的4000万美元（以收购该公司已经完成的工程和留在现场的设备）。随着1904年10月法国公司购买的特许权到期，其所有的固定资产都被哥伦比亚征收。在哥伦比亚的角度上来看，这一年的耐心等待终于获得了丰厚的利益。

不过哥伦比亚的小算盘中却忽视了大胆的比诺·瓦里拉，后者以纽约旧瓦尔多夫-阿斯多利亚酒店（Waldorf-Astoria Hotel）为总部策动巴拿马人发动了一场独立革命。同时哥伦比亚人也没有考虑到同样已经耗尽耐心的西奥多·罗斯福总统已经准备好了"挥舞大棒"。

巴拿马的暴动并不罕见。根据罗斯福的统计，巴拿马人在53年中发动了53场暴动。但1903年的革命并不是本地人单打独斗，除了以200美金一天的报酬雇佣而来的500名"爱国军"（Patriot Army）以及巴拿马消防局的441名成员作为预备队，比诺·瓦里拉还确信美国人的支援将帮助他实现自己的计划。

根据1846年与新格林纳达（即哥伦比亚）签订的条约，美国将保证在地峡地区的"完全中立"和"航运自由"。根据这份保证，美国海军的"那什维尔"号（USS Nashiville）号战舰在1903年11月2日抵达科隆港。11月3日，岸上如往年一般发起了暴动，而在11月4日，巴拿马共和国就已经正式宣告成立。由于科隆与波哥大之间并没有陆路通道，而通过海路运来的哥伦比亚陆军却被美军客气地告知，根据条约规定，如果哥伦比亚军队登陆将破坏地峡地区的中立，美军不允许哥伦比亚军队登岸，而"那什维尔"号上的舰炮则为这套说辞增添了无言的论据。随后赶来的"迪克西"号（USS Dixie）搭载了一队陆战队员，以便上岸执行必要的警察任务。11月6日，美国正式承认巴拿马革命政府的地位。

从未放弃自己法国国籍的比诺·瓦里拉摇身一变成为新生的巴拿马共和国（Republic of Panama）驻华盛顿的全权代表。在革命爆发15天后的11月18日达成的《哈伊-比诺·瓦里拉协议》（Hay-Bunau-Varilla Treaty）中，巴拿马将一条10英里宽的运河区以1000万美元的价格和250000美元的年租金无期限地转让给了美国。11月23日，该协议得到美国参议院的通过。虽然巴拿马革命政府的存在得益于"那什维尔"号的及时赶到，但革命政府的成员还是在协议条款中发现了漏洞。就在巴拿马的政府正准备像哥伦比亚政府一样拒绝美方提出的条款时，仍然身在华盛顿的比诺·瓦里拉暗示巴拿马人，如果未能达成协议，美方很可能撤走支援，在此情况下，巴方迅速（甚至谈得上草率）地通过了协议。

在美国陆军工程兵团（U. S. Army Corps of Engineers）的组织和技术指导下，劳工大军十余年的努力终于让理想成为现实。1914年8月巴拿马运河开通，此时整个世界开始走向战争。而美国海军也赶在这个时候拥有了一条可以在本土两条相隔遥远的海岸线之间快速转移的宝贵通道。

一些自由主义报纸声称美国索取运河区的行为是"国家强盗"，或者将其视作攫取"他国主权"的行为。在1921年，美国向哥伦比亚支付了2500万美元的"良心费"作为迟来的道歉赔偿；而在1978年，美国和巴拿马新订立的协议开启了将运河区所有主权全部归还给巴拿马的最终进程。

干涉拉美

西奥多·罗斯福总统在1901年发表了一份令他追悔莫及的演讲。他在演讲中称："如果南美洲国家在欧洲国家面前'行为不端'（misbehave），那就让欧洲国家'教训他们'（spank it）。"1902年，正如他所言，英国说服了德国和意大利对拖欠了英国国际债务的委内瑞拉发动了沿海封锁。进行封锁的欧洲战舰捕获了数艘委内瑞拉炮舰并击沉两艘，随后德军还对一座堡垒发起炮击，并殃及一座临近的村镇。在列强的施压下，委内瑞拉政府迅速接受了债务问题的仲裁结果。

这一事件让西奥多·罗斯福备感忧虑，甚至一度打算干涉列强的行动。巴拿马运河让加勒比海域拥有了新的重要战略意义，虽然糖料贸易的衰退使得这片海域成为远离主要贸易航道，无人问津的死水潭，但运河完工后，这片海域在战争中将成为至关重要的交通干道。美国决不能容忍其他国家再度对运河入口水域进行封锁和炮击，而且他国的封锁很可能演变成一场企图在当地站稳脚跟的登陆行动。外国势力在拉美打下落脚点不仅与《门罗宣言》背道而驰，还有可能威胁巴拿马运河这一美国新的生命线。

1904年，历经一系列血腥起义的多米尼加共和国政府因无力偿还大笔债款而宣告破产。以德国为首的数个欧洲国家一度打算动用武力收回债款。为了预防，西奥多·罗斯福发表了基于《门罗宣言》、日后被称为"罗斯福推论"的主张。称美国有义务"……在拉丁美洲……犯下严重错误或者未能履行义务时执行国际警察权（international police power）"。换言之，在他国需要强力介入以保证拉美国家履行条约义务时，美国政府和海军陆战队将会代劳。

美国第一次履行"罗斯福推论"便是在多米尼加共和国的事务中，通过接管该国海关，美国抽走了该国55%的关税收入用于偿还外债。在此后的多年中，美国的身影经常出现在革命活动频繁的加勒比国家并对其进行干涉。美国海军和海军陆战队部队在尼加拉瓜、海地和多米尼加等国不仅执行作战任务，还参加了对当地的行政管制。对于国力更强、局势更为稳定的拉丁美洲国家来说，美国海陆军在被占领国的日常演训便是"美帝国主义"的又一例证。

古巴在1906年、1912年和1917年爆发的无政府主义起义让美国海军陆战队三度登上古巴。美国干涉古巴的借口是根据此前订立的《普拉特修正案》（Platt Amendment），该修正案允许美国武装部队在必要时对古巴进行干涉以维持秩序和维护古巴的独立。这份修正案的效力得到了一份由古巴政府和美国政府正式签订的条约的保障，同时在美国的坚持下该修正案还被写入了古巴的宪法。作为修正案的一部分，美国向古巴租借了关塔那摩作为海军基地。由于美国国会未能在加勒比地区拨款修建其他海军基地，关塔那摩此后成为美国在加勒比地区防务的核心。虽然《普拉特修正案》在1934年因美古双方的新条约而被废除，但美国海军此后仍旧继续使用关塔那摩基地，即便是在1961年双方断绝外交关系后也是如此。

由于美国在墨西哥持有超过10亿美元铁路、油井和矿山资产。1914年，时任总统的伍德罗·威尔逊（Woodrow Wilson）试图为墨西哥政府保驾护航，但却因负责此事的亨利·T. 梅约（Henry T. Mayo）海军少将的傲慢让两国关系跌落至开战边缘。威尔逊总统拒绝承认由刺杀了前任总统后自行宣布上位的维多利亚诺·韦尔塔（Victoriano Huerta）组建的墨西哥政府。而在韦尔塔的无政府主义者们取消了美国资本的股息后，美国资本家强烈要求威尔逊总统采取手段，不过此时美国总统仅让美国海军的战舰部署在墨西哥沿海，批准给韦尔塔的政敌售卖军火物资，以及要求韦尔塔下台。

在这样的紧张局势下，墨西哥当局在1914年4月9日拘捕了一群正在坦皮科（Tampico）码头上装载汽油的美国海军船员。虽然墨西哥当局很快释放了美军士兵并进行了道歉，但指挥舰队的亨利·T. 梅约少将却并不买账。他向驻坦皮科的墨西哥守军指挥官下达了最后通牒，要求对方在24小时内"在岸上显眼位置公开挂出美国国旗并为其鸣放21响礼炮致敬"。墨军将领在韦尔塔的命令下拒绝了这一要求。于是威尔逊总统命令停泊在维拉克鲁斯外海的美军舰队的指挥官夺取当地的海关大楼。他的这份命令几乎导致了第二次美墨战争的爆发。

在"普雷"号（Prairie）、"切斯特"号（Chester）和"旧金山"号三舰的舰炮火力支援下，一支由陆战队员和水兵组成的美军混合部队在4月22日攻入了城内，并占领了海关，电报局以及其他一些靠海的建筑物。此时由美军舰队总司令查尔斯·J.贝吉（Charles J. Badger）指挥的5艘战列舰也赶来支援。登陆部队4月22日中午完全占领了该城，之后该城的防务由美国陆军的部队接管。

在双方的敌对状态扩散开来之前，阿根廷、巴西和智利出面调停，从而避免了战争的全面爆发。韦尔塔在当年7月自愿出走海外，1914年11月，美军战舰也就此撤离了墨西哥沿岸。

远东问题

美西战争期间的经验让美国海军迫切需要在西太平洋沿岸设置基地。在战争期间，迫于英国的恪守中立，杜威不得不撤离中国香港，被切断了全部后勤支援。如若不是在马尼拉海战中一举得胜，没有友方港口进行补给的杜威可能遭遇战败。因此在菲律宾谋取海军基地也成为美方在和平谈判中的重要考量之一。正如我们所知，美国不仅在谈判中索取了整个菲律宾群岛，且为了保护这处孤悬大洋彼岸的战略要冲又相继吞并了关岛、夏威夷、美属萨摩亚和威克岛，后来还开凿了一条在美国控制下的跨中美洲地峡运河。

吞并菲律宾使美国拥有了扩大对远东，尤其是对中国贸易的机会。虽然美国的商人们对中国庞大的潜在商品市场跃跃欲试，但欧洲列强已经捷足先登，在对华贸易方面占据了几乎垄断的地位。在中日甲午战争之后，列强开始加深对中国的侵略，侵占中国土地建立"势力范围"，同时依靠海军舰队进行维持。

要破解这一局面，美国政府既可以选择加入划分势力范围的阵营，也可以阻挠他国将中国彻底瓜分。美国海军中有不少军官青睐于前一种方法，并呼吁在舟山群岛或是在台湾海峡另一侧的三都澳（Samsa Inlet）设置海军基地。美国国务卿哈伊于1899年起草了一份文件，要求瓜分中国的列强应当在各自的势力范围内对友好国家开放通商，这一政策被称为"门户开放"。

列强接受哈伊提出的"门户开放"政策带来了一些积极的影响，缓解了对中国主权的威胁，也减轻了欧洲列强之间的摩擦。但即便如此，哈伊的提议也并未能彻底解决列强在中国的竞争与对抗。为了保护各自的利益，欧洲列强定期派出战舰在中国水域巡航。

1900年，由血气方刚的爱国者组成的义和团（也被称为"义和拳"）发动了一场将外国势力驱逐出中国的起义运动。清政府在义和团运动爆发之初而试图阻止义和团，但随着义和团运动的声势愈发浩大，清政府开始转而支持义和团。在1900年晚春，驻北京的列强使团开始向本国政府请求陆军和海军增援。美国海军派出了"纽瓦克"号（Newark）巡洋舰驶入海河，舰长B. H. 麦卡拉（B. H. McCalla）上校派出了约100人的水兵加入由英国海军指挥的总兵力约2000人的多国联军，企图攻入北京但未成功。为了装作不与其他帝国主义列强同流合污，美国宣称美军在此次行动中是独立进行作战。

第二支联军规模约18600人，其中包括2500名美军陆军和海军陆战队士兵。1900年8月4日八国联军攻占北京。1901年9月，清政府与参加联军的国家签订不平等条约，分39年赔偿各国3.33亿美元。

参加了侵略的美国这次有了发言权。国务卿哈伊再度重申了他的"门户开放政策"，呼吁列强"恪守全球通行原则在中国的所有港口实施平等且无差别的贸易"的政策，同时特别强调美国将支持中国的领土完整。

俄国以义和团运动为契机，以占领北京作为筹码加强了对旅顺的掌控，在占领满洲的同时还将朝鲜纳入了势力范围。而对旅顺觊觎已久，且对朝鲜半岛有着自己的谋划的日本则着手准备对俄国发动战争。

西奥多·罗斯福最初对于日本和日本人民极为欣赏，他认为日本是一个雷厉风行且富有朝气的国家，而这一特质与他个人极为相似。他对于1902年缔结的用于对抗俄国的英日同盟表示欢迎，而在1904年日俄战争爆发后，他也热切地希望日本获得胜利。由于此时国际上仍广泛认为俄国拥有更强的实力，罗斯福相信日本在此次战争中的胜利将有利于推进"门户开放"政策。当日本不宣而战，奇袭旅顺港的俄国舰队时，罗斯福不但没有进行谴责，反而对此表示赞赏。而陆军部长罗特（Root）对此事的评论则是"野蛮"。

日军在旅顺和对马岛的一边倒胜利震惊了整个世界，但日本耗费了大量人力和经济资源，已经精疲力竭。日军的胜利同样让罗斯福警醒，开始将日本视作一个威胁。对马海战刚结束，日本政府就通过高层渠道秘密请求罗斯福出面调停这场血腥的战争。在稍做权衡后，认为尽快结束两国敌对状态是保持地区力量平衡最佳手段的罗斯福接受了日本的请求。

日俄双方于1905年签订的《朴茨茅斯和约》为战争画上了句号，但这份条约在日本国内却并未受到欢迎，这是由于日本民众认为俄国不仅应当割让占据的土地，还应当支付赔偿金以补充因为战争而大伤元气的国库。日本民众聚集在东京街头表达自己的愤怒，并归咎于罗斯福总统，美日关系由此急转直下。

1906年，日方因为旧金山学校委员会对"东方人"（Oriental[1]）的学龄儿童采取的种族隔离政策而被进一步激怒。在日俄战争结束后，大量的日本劳工来到了旧金山地区并在此定居，而低成本的日本劳工影响了白种人劳工，从而引发了种族间的仇视。大量进入公共教育体系内的日本学童几乎都对英语一无所知，而这又使得问题进一步复杂化。为了弥补语言上的鸿沟，教育部门曾试图让日本青少年学生就读小学低年级从头学习英语却导致了混乱。教育委员会认为解决这一问题的最佳手段便是专门为这些日本青少年设置一所学校。

美方采取教学隔离的消息传到日本后立即点燃了公众的怒火。刚刚战胜了俄国的胜利者们对于这种明显体现出种族优越论的行为群情激愤，局势最终演变成了一场全面的外交危机。罗斯福通过在年度国情咨文中对旧金山市提出批评，一定程度上安抚了日方的情绪。最终他与日方达成了所谓的"君子协定"（Gentlemen's Agreement），根据约定，日方将约束移民的行为，而作为回报，联邦政府设法说服了旧金山市取消了这项招致众怒的教学政策。

在劝说旧金山市当局让步后，罗斯福打算在通过外交手段"温言劝慰"后"展示大棒"。他下令美军出动由16艘当时一流的战列舰组成的舰队（史称"大白舰队"，Great White Fleet——译者注）进行一次环球访问。在美方的申请下，横滨也成为舰队的访问港口之一。

1907年12月，规模浩荡的战列舰部队在罗布利·D. 伊凡斯（Robley D. Evans）海军少将的指挥下从汉普顿水道解缆起航，在访问南美后经麦哲伦海峡开始了这段长达46000海里、耗时14个月的漫长旅程。在向包括日本在内的全世界展示美国拥有强大海上实力的同时也推动了美国海军造舰计划。当然，此次远航还检验了美军战列舰舰队长时间洲际航行的作战能力，舰队在抵达远东前一直保持着战斗航速。相较之下，1905年劳师远征的罗杰斯特文斯基（波罗的海）舰队则显然没能通过这项考验。

"大白舰队"的巡航同时达成了三大目标。日本公众热情地欢迎了美军舰队的到来。而在澳大利亚和新西兰，以及中东和欧洲港口，这支舰队的到访彰显了美国的强

---

[1] Oriental（东方人）是对东亚人的一种蔑称——译者注。

大实力。在此次航行中，美军战舰表现良好，海上加煤行动仅仅是遇到了一些微不足道的意外。舰队在此次远航中的出色表现让美国公众认识到团结一致所能缔造的伟大力量。

此次远航也存在着两个问题。一方面日本军部认为美国的此次武力展示证明了日本应当不惜一切代价地打造一支超越美国的海军力量。而在另一方面，就在美军舰队刚刚准备启程的时候，英国公开了此前在建造过程中一直处于保密状态的"无畏"号（Dreadnaught）战列舰，这艘新型战列舰的出现让当时的一切战列舰都显得过时。对于了解这一情报的各国海军人士而言，罗斯福这支威武的"大白舰队"已经成为一支看似风光的"浮动马戏团"。

日本对俄国的胜利同时也展示出日本已经有能力威胁美国在远东的利益，这使得美军联合委员会不得不抛开军种间的不睦共同思考对策。在日本因旧金山学校隔离事件一度发动战争恐吓的情况下，联合委员会紧急制订了当日本对菲律宾群岛发动进攻时的防御计划。在此之后，美国的战争计划部门开始将日本视作为潜在敌人。从1911年起，海军总委员会、陆军总参谋部和美军联合委员会开始协同制订了一系列代号为"橙色计划"的对日全面作战计划，这些计划都假设，不论与日本爆发什么情形的战争，菲律宾群岛都会是日本的首要目标。

美国与英国和德国的关系

从19世纪末开始，曾经是美国传统"敌手"的英国开始对合众国采取截然不同的友善态度。在美西战争期间，英国是列强中唯一对美国表示支持的国家。在战争期间英国不仅保护了美国在西班牙的利益，还并未阻挠美国政府求购原本由巴西订下的两艘正在英国船厂中建造的巡洋舰。此外英国还劝说了加拿大同意让部署在五大湖区的美国缉私船经由圣劳伦斯河转移至大西洋。

英国在美国独占巴拿马运河建设项目的主动让步被公众认为是英国不打算与美国产生冲突。而在此之后，英军西印度洋舰队于1904—1905年期间彻底撤离西印度群岛，也无声地承认了美国在加勒比海地区的霸权。英美之间的良性互动也使得两国之间已经几乎不可能爆发战争。虽然美军联合委员会因职责所在制订了代号"红色计划"（Red Plan）的对英战争计划，但没人会非常认真地看待这种可能性。

相比之下，新近跻身欧陆主要强国行列且公然推行帝国主义政策的德国开始招致美国人的猜忌和敌视态度。在西方列强扩张过程中，许多军备疲敝、国力孱弱的南美洲国家都成为德国的眼中"肥肉"，这些国家仅有的安全保障就只有《门罗宣言》。时任德国宰相的奥托·冯·俾斯麦（Otto Von Bismarck）曾轻蔑地将《门罗宣言》称作是"美国人典型的傲慢"。但即便如此，他还是选择并不涉足南美事务。而不如"铁血宰相"稳健慎重的德皇威廉二世则在1902年批准德军舰队对委内瑞拉沿海发动炮击，而这也成为罗斯福发表推论的诱因之一。

在19世纪的最后30年中，随着在太平洋地区贸易的发展，德国开始谋求在当地取得殖民地，而美国也开始在这一区域寻找海军基地。1878年，美国和萨摩亚王国达成一项协定，以提供保护为代价在帕哥帕哥港建立海军补给站。而在1879年，德国会同英国也与萨摩亚达成了类似协定。在经过20年的明争暗斗后，英国宣告退出。德国于1884年对俾斯麦群岛（Bismarck Archipelago）和新几内亚北部的侵占曾一度引起英国和澳大利亚的警惕。德国在1885年宣布上所罗门群岛成为德国的保护地，但随后在1899年德国将除布卡岛（Buka）和布干维尔岛（Bougainville）之外的整个群岛都转让给了英国，以换取后者承认德国在西萨摩亚的权益。

在1898年的马尼拉海战结束后，杜威率领的美军亚洲舰队曾一度对马尼拉进行封锁以等待美军的陆军占领部队到来。其间有多个国家的战舰进入马尼拉湾进行监视并准备在需要时保护岸上的本国公民。大多数到来的外国军舰指挥官都与杜威进行了交流，而杜威则给这些外国军舰分配了锚地。但指挥德军舰队的冯·迪德里希斯（Von Diederichs）海军中将却并不是其中之一，他全然无视杜威所颁布的封锁规定，擅自与岸上建立联系。实际上迪德里希斯此行带来的舰队甚至要强于美军亚洲舰队，他领受的任务是在时机到来时，通过购买或是其他手段为德国谋取菲律宾群岛的一部分。早就因日常军务焦头烂额的杜威在忍受了迪德里希斯连续数日的轻慢态度后终于怒火中烧。他对一名德军军官说道："告诉你们的司令，对封锁令最轻微的触犯都会产生严重的后果，没错，我说的就是战争。如果你们已经准备好了与美国开战，那我们可以在5分钟内开始斗个你死我活。"

由爱德华·奇切斯特（Sir Edward Chichester）上校率领进入马尼拉湾的皇家海军巡洋舰部队认真遵守了杜威的封锁令，同时与美军维持了良好的关系。在马尼拉被美军地面部队攻陷当天，所有的外国战舰都抵近岸边以便进一步的观察。奇彻斯特上校的巡洋舰分队当时凑巧挡在杜威和迪德里希斯的舰队中间。这一无心之举之后被解释为德军意图对美军舰队发起攻击，而英军以此种举动表态盎格鲁-撒克逊人将会同仇敌忾。

在这样一种氛围中,美国颁布了旨在赶超德国的海军建设项目,决心取代德国成为"仅次于不列颠的海上次强"。美国公众因为德皇威廉二世傲慢的公开态度对德国愈发猜忌和怀疑。在扩张方面,德国快速地在非洲扩张着殖民地,并"租借"了中国青岛,此后还从西班牙手中买下了加罗林群岛、马绍尔群岛和马里亚纳群岛,而这些群岛都处于美国和菲律宾之间的交通线上。

美军联合委员会也为可能与德国之间发生的战争制订了"黑色计划",这份计划中一厢情愿地想定美德之间的战争将会是一场主要由双方主力舰队之间所进行的海上战争,且认为德国海军能够在大西洋和加勒比海地区自由行动。这一误判极大地影响了美国海军的新一轮造舰项目,让美国海军着重于建造战列舰,而这些战列舰在第一次世界大战中几乎没有派上用场,相比之下,在战争期间急需的、用于执行商船护航任务和反潜作战任务的驱逐舰等小型舰艇却遭到了忽视。

技术的进步

蒸汽时代初期,海战交火距离仍然较近的原因之一就是云雾和浓密的炮口烟都会严重遮挡炮手的视线,使得舰炮的瞄准非常困难。而在各国已经普遍接受无烟发射药的19世纪末期,战舰从最大射程上开火已经成为可能。英国皇家海军进行了一系列认真的尝试以提升火控效能和满足远距离对射,而美国海军此时并未加紧追赶这一潮流。美军战舰在圣地亚哥海战中对西班牙战舰的命中率仅为3%。正在远东服役的美国海军上尉威廉·S.西姆斯(William S. Sims)在见识到英国皇家海军更为优越的炮术后结识了射击指挥仪(Master Sight/Director)的发明者——皇家海军上校佩西·斯科特(Percy Scott)。斯科特通过对舰炮班组操作时间与能动性的关系的研究改良了炮组训练方法。他证明了在采用改进的瞄准装置后,舰炮可以在战舰进行转向的同时保持对目标的跟踪。

在研究了斯科特的发明后,西姆斯立即返回了美国并带着极大的热情投入到对美国海军炮术的改良中。由于他的建言对官僚来说几乎成了对牛弹琴,于是西姆斯违反了军纪越过指挥链直接上报给罗斯福总统。不拘一格的罗斯福非常欣赏西姆斯的报告,海军部新任导航局局长、开明的亨利·C.泰勒(Henry C. Taylor)少将则任命西姆斯为炮术练习总监(Inspector of Target Practice)。在1902—1909年在任期间,西姆斯将他研究的新式训练和瞄准方法推广到了整个美国海军。虽然一些军官颇为厌恶西姆斯时常表现出的"帝国主义派头",但新的炮术训练还是得到了贯彻。

在世纪之交获批开工的美军战列舰(如"新泽西"号和"罗德岛"号)排水量通常为15000吨左右,航速约19节,武备方面除4门12英寸主炮外还拥有8门8英寸炮和12门6英寸炮。随着无烟发射药的采用和炮术的进步,最佳交战距离已经拓展至最大口径主炮的最远有效射程,而较小口径的火炮甚至根本够不到这样的距离,美军军官由此开始思考,"为什么要采用混杂的口径?为什么不取消所有较小口径的次级主炮?"美国海军的河马·庞德斯顿(Homer Poundstone)上尉早在1901年就设计出了一款完全采用大口径主炮的战列舰,不过这份方案显得过于超前了——至少当时的海军部是这么认为的,也因此拒绝了这份方案。

在1905年批准建造的战列舰"密歇根"号(USS Michigan)和"南卡罗来纳"(USS South Carolina)号上,美军才采用了8门12英寸主炮且取消所有次级主炮的火力布局。该级舰的主炮被安装在4座双联装炮塔中,成对沿中心线布置在舰艏和舰艉,其中内侧的两座炮塔都加高了座圈以便越过前面的炮塔开火,这种设计使得战舰能够向侧舷集中8门主炮的火力,或者利用4门主炮向前或是向后开火。在接下来的两年中获准开工的"特拉华"号(USS Delaware)和"北达科他"号(USS North Dakota)配备了10门12英寸主炮,同时设置了5英寸的反鱼雷艇副炮。

率先将全大口径主炮战列舰投入服役的却是英国人。著名的"无畏"号战列舰得到了机敏睿智、大胆进取的第一海军大臣约翰·费希尔(John Fisher)的全力支持。该舰于1905年10月铺设龙骨,此后在几乎完全保密的情况下开始了紧锣密鼓的建造,于1906年下水,创造了战列舰建造史上绝无仅有的速度纪录。该舰于1907年完工服役,并在当年下半年首度向公众披露,而此时美国的全大口径主炮战列舰还在建造过程当中。由于该舰的划时代意义,自此之后,所有全大口径主炮战列舰都被称作"无畏舰",而已经过时的、仍旧采用混合口径主炮的主力舰则被称为"前无畏舰"(Predreadnought)。

刚服役时的"无畏"号配备有10门12英寸主炮,全部设置在5座直接布置在甲板上的双联主炮塔内,主炮火力是普通战列舰的2.5倍。德国在此之后也奋起直追,加紧建造自己的主力舰。

"无畏"号是世界上第一艘采用蒸汽轮机驱动的大型战舰,21节的航速在当时的战列舰中可谓一骑绝尘。

到"无畏"号服役的时代,石化燃料已经被大量作为产生蒸汽的热源驱动小型舰艇,或者被潜艇等舰艇上的内燃机所使用。继任英国海军部第一大臣的温斯顿·丘吉尔力推皇家海军的大型战舰换用燃油。最早采用油品燃料的战列舰是英国建造的,排水量为27500吨的伊丽莎白女王级(Queen Elizabeth class),首舰于1912年安放龙骨,该级舰在随后的两次世界大战中都发挥了重要的作用。

与燃煤相比,燃油能让战舰获得更高的速度(伊丽莎白女王级的极速达到了25节)、更大的作战半径,且储存与补充也更为便利。事实上战舰可以在除风浪最为剧烈的海区之外的几乎所有海面上进行海上加油。正因为这种种优点,其他国家的海军都开始效仿英国海军,对战舰进行改造。对于国内拥有发达的石化工业的美国而言,战舰进行煤转油的过程算不上复杂,但是对于严重依赖于海外资源的英国而言,此举不无风险。正是考虑到此种风险,英国当即与盎格鲁-波斯石油公司(Anglo-Persian Oil Company)签订了长期合同,该公司随后被英国政府逐步收购股份,成为一家英国政府控股的公司。

同样由费希尔上将所缔造的还有世界上第一批战列巡洋舰"不挠"号(HMS Indominatable)、"不屈"号(HMS Inflexible)和"无敌"号(HMS Invincible)。该级战舰采用了与"无畏"号相同的火力,但减轻了装甲增强了动力,使得航速提升至26节。被设想用作"巡洋舰杀手"的战列巡洋舰可以依靠航速甩开战列舰,同时在火力上压倒其他任何类型的舰艇。德国人也很快跟上了英国的脚步建造战列巡洋舰。但包括美国在内的其他海军列强都更青睐于将资源投入到航速更慢但装甲更为坚固的战列舰上。

原本用于歼灭敌方鱼雷艇的驱逐舰经过演变却成为攻击敌方大型水面舰艇的主要鱼雷载舰。在1907年服役的5艘排水量800吨的美国驱逐舰是美国海军第一批采用蒸汽轮机的舰艇。根据1911年海军造舰法案新建的驱逐舰排水量则放宽到了1000吨以上。当时各国海军的驱逐舰在战术上都被用作主力舰的侦察舰,同时驱逐舰分队也成为舰队不可或缺的重要部分。而在第一次世界大战当中,驱逐舰还在反潜作战中展现了自身的价值。

美国海军于1900年所购买的第一艘潜艇"霍兰"号(Holland)以该艇的设计和建造者约翰·P.霍兰(John P. Holland)的名字命名,该艇全长54英尺,水下排水量74吨,在水面航行时以一台汽油机作为动力,而在潜入水下后利用艇载蓄电池和电动机驱动。美国海军高层对于该艇的试航表现印象深刻,随后又向霍兰订购了5艘设计相近、体型稍大的潜艇。英国维克斯公司也购买了霍兰的设计，英国海军部则在1900年下半年向维克斯公司订购了5艘该型潜艇。

在随后的10年间，潜艇得到了全球海军大国的接受，同时尺寸和吨位也水涨船高。到1914年时，新型潜艇的排水量已经达到500~800吨，可以进行长距离的远洋航行。虽然依靠罗盘进行远洋航行会因为潜艇舱内线缆所产生磁场造成的导航误差而不切实际，但随着陀螺仪在1908年的成熟，潜艇终于获得了在水下进行巡航的能力。德国在1909年投入使用潜艇用柴油机，很快被所有拥有潜艇的国家所接受。柴油机用于水面推进，不仅极大增强了安全性，同时也增加了巡航航程。

当时人们将潜艇看作是一款攻击敌方装甲舰艇的利器。各国海军希望远洋型潜艇能够伴随舰队行动，而体型更小的小型潜艇则可以用于港口和海岸防御，从而防止敌方对港口进行近距离封锁。利用潜艇对商船进行攻击的巨大潜力在当时并未被人们所认识。至少可以肯定的是，德国在当时并未认识到这款武器在破坏交通线上的价值，德国不仅对于接受这款新式武器后知后觉（1906年才装备），且在1914年战争爆发前仅建造了相对较少的数量的潜艇。到第一次世界大战爆发时，尚没有武器能够对下潜到冲撞深度以下的潜艇造成有效伤害的武器，各国海军也并不关注探测潜艇的技术。

在参加这场世界大战的所有武器当中，飞机无疑是最具美国色彩的一种。1903年，第一款成功完成动力飞行的航空器由威尔伯·莱特和奥利弗·莱特兄弟驾驶在北卡罗来纳州纳格角（Nag's Head）的基蒂霍克（Kitty Hawk）飞上蓝天。美国陆军和海军中的有识之士很快认识到了这种飞行器的巨大军事潜力。虽然距离将飞机投入攻击性任务还为时尚早，但人们已经非常认真地将飞机看作是一种新的侦察和远距离火炮校射手段。在1910年和1911年初，尤金·伊利（Eugene Ely）在一艘临时加装了飞行甲板的战舰上分别完成了人类历史上首次舰载机起飞和降落，从而证明了航空母舰的可行性。格伦·H.寇蒂斯（Glenn H. Curtiss）则在1911年设计制造出世界上第一架水上飞机。同年美国海军从寇蒂斯处购买了两架飞机，从莱特兄弟处购买了另外一架。1912年，美国海军T. G.艾莉森（T. G. Ellyson）上尉借助压缩空气弹射装置从波多马克河上的一艘驳船上弹射起飞。作为当时美国海军中最为思维开阔且奋进进取的海军军官之一的布兰德利·菲斯克（Bradley Fiske）少将大力支持了鱼雷机的发展，并设计出了一款实用的鱼雷投放装置。

美国海军于1912年在马里兰州安纳波利斯的一处营区内组建了第一个海军航空单位。1913年该部队被调至佛罗里达州的彭萨科拉。在此处该部队逐渐成长为彭萨科拉海军航空站（Pensacola Naval Satation），并成为海军的航空训练学校。1913年，日后的海军航空局（Bureau of Aeronautics）局长，第二次世界大战结束后先后担任美国海军太平洋舰队和太平洋地区司令，当时仍然是一名上尉的约翰·H. 道尔斯（John H. Towers）在舰队演习中完成了海军的首次侦察飞行。在1914年的韦拉克鲁斯行动中，海军飞行部队也执行了侦察与搜索任务。

最快被各国海军所接受的发明当属无线电，这一情况当归结于相较于前途更不明晰的潜艇和飞机，无线电所带来的巨大优势已经被广泛认识和利用。无线电的应用使得战舰能够与舰队和基地保持联系，因而使得海军的战略与战术运用发生了深刻的变化，相互分隔的海军分队能够更为密切地协同作战。

到1914年时，各国最新服役的新锐战舰已经拥有了颇为现代的外观。新建战舰有不少在30年后的战争中依然展现了相当的战斗力。

总结

20世纪初，自特拉法加海战以来无可争议的"海上霸王"大不列颠发现自己的海上霸权正面临着3个新兴海上强国的挑战：战胜了俄国舰队的日本；开启了庞大造舰计划并正试图挑战英国对北海的控制权的德国；击败了西班牙的舰队的美国。此时的美国在励精图治的西奥多·罗斯福总统的领导下正在施行一个庞大的造舰项目，打造一支"仅次于英国"的强大海军。为了指导正在蓬勃发展的美国海军，美国海军部长成立了由海军高级军官组成的总委员会，同时由陆军部长牵头、海陆军高级军官组成的联合委员会，负责保证海陆军协同作战的进行并制订战争计划。

标榜着"温言在口，大棒在手"的西奥多·罗斯福总统奉行着强硬的对外政策。海军主要被用于干涉加勒比及毗邻地区的拉美国家。罗斯福的外交政策首先在将巴拿马从哥伦比亚分裂出去的行动中付诸实施，而此举为美国争取到了在巴拿马境内开凿一条由美国控制的运河的权力。

为防止其他国家染指拉丁美洲（虽然通常是为了讨还拖欠的债务），罗斯福宣称如果有必要对拉美国家进行干涉，美国将代为进行处置。这一政策被后世称为《门罗宣言》的"罗斯福推论"。美国海军和海军陆战队此后先后干涉了尼加拉瓜、海地和多米尼加共和国，主要任务是收集债款和恢复秩序。根据在美国坚持下写入了古巴宪法的《普拉特修正案》所赋予的权力，美国海军陆战队曾三度登上古巴执行占领任务。此后美国曾因为墨西哥误捕美军舰艇人员后拒绝向美国道歉而悍然占领韦拉克鲁斯,此事曾一度让美国和墨西哥逼近开战边缘。

夺取菲律宾让美国就此牵涉进远东事务中。美国提出"门户开放"政策以免中国被外国势力彻底瓜分,随后加入了镇压义和团起义的行列中,之后又调停了日俄战争。在美国调停下于1905年签订的《普利茅斯》条约令日方感到失望,而随后美国旧金山的学校对"东方人"学童采取的种族隔离制度更是让日本群情激愤。作为这场外交危机的结果之一,美军联合委员会开始了对日战争准备,并据此制订了"橙色计划",该计划旨在在日本对菲律宾发动攻击时保卫菲律宾,此外罗斯福还派出战列舰舰队("大白舰队")进行了环球航行,此次远航让日本深刻认识到了美国的军事力量的强大。

通过在美西战争期间对美国表示支持,以及承认美国对于巴拿马运河的排他控制权,将舰队从加勒比海地区撤出等举动,英国赢得了美国的友谊。而与此同时,德国因为对委内瑞拉沿岸发动炮击,在萨摩亚归属问题上与美国纠缠不休,以及在美西战争期间无视杜威下达的马尼拉湾封锁令,大肆攫取殖民地,开始受到美国的猜忌和敌视。

无烟火药的采用和舰炮射击精度的改进(在英国皇家海军中由佩西·斯科特完成,在美国海军中则由威廉·S.西姆斯实现)使得全大口径主炮战列舰的出现成为可能,其中第一艘下水的全大口径主炮战列舰是英国的"无畏"号。英国和德国此后竞相建造了同样采用全大口径主炮,但牺牲了装甲以换取速度的战列巡洋舰,而美国却并未跟随这股风潮。

美国海军在世界上率先装备潜艇,世界上第一艘潜艇是"霍兰"号。当时人们都认为潜艇会被用作港口和近岸防卫的武器以及用于攻击重装甲舰艇。但是没人能认识到潜艇将成为绝佳的(破坏交通线)武器。由美国人发明的飞机在当时被认为会成为战争中有效的侦察和远距离火炮校射工具,但此时人们尚未发现这种机器巨大的破坏力。相比之下,无线电的巨大作用很早就被人们认识到,并随即得到了广泛应用。

第19章
第一次世界大战：水面作战

爆发于1914年夏末的这场大战席卷了整个欧洲，不仅严重削弱了英国和法国的国力，摧垮了德意志帝国与奥匈帝国，甚至还让德国进入了革命与内战当中。正是因为第一次世界大战严重破坏了欧洲的社会、政治和道德秩序，才使得意大利的法西斯主义和德国的纳粹主义得到机会崛起。正因如此，第一次世界大战为第二次世界大战埋下了伏笔。

欧洲国家建立起相互对垒的阵营是导致第一次世界大战爆发的关键因素之一。两大阵营都是由一张包括秘密协定、经济统合以及军事"谅解合作"组成的严密的势力网络。到1914年，在欧洲已经形成了势均力敌的"三国同盟"（Triple Alliance）（德国、奥匈帝国与意大利）以及"三国协约"（法国、俄国和英国）相互对峙的局面。

这场战争爆发的直接原因是奥匈帝国王储在萨拉热窝（Sarajevo）被一位塞尔维亚爱国者刺杀。奥匈帝国的外交大臣在得到了德国有名无实的支持（也就是开了一张"空头支票"）之后向塞尔维亚发出最后通牒，要求赔偿和惩治暗杀者。塞尔维亚同意了这些要求，但奥匈帝国同时要求在塞尔维亚国土上行使警察权，而这一要求遭到了塞尔维亚的拒绝。

长期在巴尔干半岛推行泛斯拉夫主义的俄国此时已经与塞尔维亚缔结了双边防御条约。在奥匈帝国和塞尔维亚双双开始战争动员之际，俄国也紧随其后。由于需要两线作战，德国当时的战略是在法国完成动员前对其发起一场迅雷不及掩耳的猛攻［即

"施里芬计划"（Schlieffen Plan）〕。在1914年7月29日奥匈帝国对塞尔维亚宣战后，德国于8月1日对俄国宣战，于8月3日对法国宣战，于8月4日对比利时宣战。英国政府出于名誉与利益的考量决定对法国进行支援并协防比利时，在8月4日午夜正式向德国宣战。

双方的海军战略

正如我们之前所提到的，在第一次世界大战爆发之前，德国就已经实施了一个持续多年的宏大造舰计划。德国宰相俾斯麦曾对大举兴建一支实质性的远洋海军表示反对，认为这将刺激英国与德国展开造舰竞赛。在俾斯麦下野后，继位不久的德皇威廉二世被德意志帝国海军部部长阿尔弗雷德·冯·提尔皮茨（Alfred von Tirpiz）的一套逻辑可疑的理论所说服，后者认为建立一支强大的公海舰队（High Sea Fleet）相较于刺激英国展开两强竞赛更有可能让英德缔结友好关系。就提尔皮茨看来，面对正在建设一支强大舰队的德国，英国会寻求友谊，而非对这支舰队发起挑战。

包括提尔皮茨和威廉二世皇帝在内的德国海军规划者们都认为发展的重点应该集中在战列舰上，而其他种类的战舰主要负责执行侦察和护卫任务。正如同马汉"对优势海上力量发起破交战是无效的"的理论，德国也对于破交战准备甚少，并只是将潜艇用作舰队的一种辅助兵力。正因如此，在战争爆发时德军仅拥有不到50艘潜艇。

如俾斯麦所预见的一样，德国建立一支强大战列舰舰队的决定招致了英国的极端猜疑。在注意到德军新建战舰大都"短腿"（即续航力不强），仅适用于在北海进行作战后，英国正确地判断出德国的海军扩张计划所针对的正是自己。因此在1908年德国宣布扩大造舰计划规模后，英国随即在1909年直接将造舰计划的规模翻倍以示回应。不过提尔皮茨并未善罢甘休，在英国和法国在1911年重新拉近双边关系后，他立即请求在1908年造舰计划基础上增加一个补充方案。此时靡费甚巨的造舰竞赛甚至已经在英国引发了政治问题。在1912年，英国派出时任陆军部长的霍尔丹子爵（Viscount Haldane）赴德讨论双方能否达成一些让步，但德国人为海军军备协定开出的要价却过于高昂：德国要求英国在德国与法国开战后保持中立。英德在造舰上的疯狂竞赛使得战争爆发时双方都拥有着一支强大的海军，但是两国直到开战为止都还未能建立起满足庞大的海军所需的稳定建军策略，以及战斗条令和顶层组织架构。

在战争爆发前的几年中，皇家海军的发展完全处于一个人的指导之下，他就是锐意进取的第一海军大臣约翰·费希尔勋爵。英国于1904年修改的法律使得他的权力完全凌驾于其他海军大臣之上，而费希尔也充分利用这次机会来实现自己的抱负。虽然第一海军大臣对于作战指挥无权干涉，但他却在行政、战略规划与政策制订方面独揽了大权。让皇家海军迈入现代化的改革虽然给皇家海军带来了很大的提升，但也存在着很大的争议。他支持发展了海军军官教育，拆毁了老旧战舰，同时还发展了一套核心舰员体系，可以让预备役战舰很快恢复到作战状态。而在他的改革中，最为惹人争议的莫过于重新分配皇家海军兵力，以及采用以"无畏"号为蓝本的全大口径主炮战列舰为骨干，全面重建皇家海军的兵力。

在19世纪，为了保卫自己的利益，英国海军在全球保持着广泛的部署，到1909年时，英国在全球的众多基地部署有多达9支舰队。由于实力不断增强的德国海军在北海方向已经成为一股威胁英国的力量。费希尔认为将舰队集中在多佛、直布罗陀、苏伊士、好望角和新加坡这些锁钥位置便能掌控全球海域，因此他将9支舰队重新编制为5支，部署于上述这些关键基地。其中驻扎在英国的本土舰队拥有远强于其他舰队的实力，事实上英国将四分之三的兵力都集中在了本土水域，这样的集中兵力也是部分得益于1902年缔结的英日同盟，1904年达成的英法谅解以及不断拉近的美英关系。

与世界上的其他战列舰一样，英国之前的舰队因费希尔推动建造的"无畏"号的出现而过时。正因为此，费希尔的批评者们认为迈入无畏舰时代使得英国失去了主力舰队的规模优势，同时鼓舞了德国与英国在同一起跑线上展开造舰竞赛。而费希尔的支持者们认为无论早晚，新的技术始终会出现，所以让英国引领时代总好过让别人走在前面。

费希尔在皇家海军中远不如那些守旧派的海军上将们受到欢迎。在1910年初，守旧派的群起而攻使得他黯然离职，不过他得到了男爵敕封为自己的退休光彩了不少。虽然离开了海军部，他对海军依然产生着重要的影响，作为他在海军部的继任者，亚瑟·威尔森爵士（Sir Arthur Wilson）继承了他的政策。

从1904年开始，英国的国家战略由帝国国防委员会（Committee of Imperial Defence）负责制订。从那时起，国防委员会就开始探讨在接下来的这场战争中如何有效地利用英国的武装部队对抗敌军。委员会的所有成员都认同皇家海军的主要任务是对德国发动封锁并保护英国的海上航运。此时英国手头所拥有的海军兵力某种程度上而言已经超额完成了这些任务，因此争论就集中在怎样运用这些"冗余兵力"和有效使用英国规模正在不断增加的陆军上。

支持费希尔和亚瑟·威尔森的海军将领们从英国在七年战争以及拿破仑时期前三次反法联盟的战略中得到启发,倾向于采用外线战略,同时反对将英国军队直接投入欧陆对抗敌人的大陆战略。他们认为英国军队应当利用地理位置与优势海上力量从外线对敌军外围位置发起打击,利用两栖登陆削弱敌军的军事力量,将敌军部队牵制出主要战场,同时借此破坏敌人的盟友关系。在他们的眼中,欧洲大陆的地面战场应该交给比利时、法国和俄国的陆军,以及其他能够分散同盟国注意力的国家来负责,英国则为这些国家提供援助,这些援助中的一部分可以用夺取而来的德国海外贸易和物资来提供。简而言之,外线战略的支持者们倾向于沿用大小皮特的战争计划,而且这一战略正是英国所首创的。

而支持英国陆军作战总监亨利·威尔森(Sir Henry Wilson)上将的另一派则坚持认为应当将英军陆军的主力投入到欧陆的西线主战场上。这一派从最终击败拿破仑的第四次反法联盟中获得启发,在第四次反法联盟期间,一支英军陆军部队在西班牙和葡萄牙军队的支援下从南向北对法军发动攻势,同时俄军会同奥地利和普鲁士军队从东方进军,两路夹击摧垮了拿破仑帝国。大陆战略的支持者们认为1914年时的外交和地理位置与第四次反法联盟战争如出一辙。而德皇如同拿破仑一般处于腹背受敌的状态,必须进行一场两线战争。因此大陆战略的支持者们认为英国能对战争做出最大贡献的方式就是将陆军的主力部队投入到欧陆战场上去。

为了得到一份已经商定的战略计划,当时的首相赫伯特·阿斯奎斯(Herbert Asquith)在1911年8月23日召集帝国国防委员会的成员召开了一次特别会议,这次会议还邀请了部分内阁阁僚和海陆军的高级军官。在当天早上,亨利·威尔森上将提出了陆军青睐的大陆战略方案。下午,亚瑟·威尔森海军上将则提出了海军青睐的外线作战战略。这次会议的目的是为了总体评估并选择出更明智的方案。

亚瑟·威尔森海军上将此时被各方希望制订能为陆军提供支援,尤其是为前往法国的英国远征军(British Expeditionary Force,BEF)提供急需的运输的计划。但即便是这位海军上将制订了此类计划,他也是对这些计划守口如瓶。作战部(War Office)部长哈登(Haldane)就向阿斯奎斯抱怨不已,他在一封私人信件中写道:"现在所有(我们需要)的东西都被锁在了一位寡言的海军上将脑子里,这种情况无疑是可笑而危险的。"

显然当时的第一海务大臣雷金纳德·麦肯拿(Reginald McKenna)没有能力,或者不愿催促威尔森海军上将投入行动。因此人们认为此时的海军部需要一名更加果断的海军部长，阿斯奎斯认为时任内政部部长（Home Office）的温斯顿·丘吉尔正是合适的人选，于是他直接将丘吉尔与麦肯拿对调了岗位。

丘吉尔来到海军部走马上任时已经非常清楚他当前的任务包括让威尔森海军上将靠边站、为皇家海军组织起一个可以媲美陆军总参谋部的海军最高参谋机关，并立即制订将英国远征军运往法国的行动方案。

对于丘吉尔而言，驱逐威尔森并非难事，但是在组建能够发挥实际作用的海军总参谋部上他却遇到了不少困难。英国的海军军官们没有接受过执行总参谋部相关作业的任何训练。他们缺乏军事学的相关教育并因此缺乏大战略思维所需要的宽阔视野。丘吉尔总结道："在海军军官的培训和服役生涯中，他们从未被要求阅读过任何海军战争学的书籍，也没有被要求通过任何异常哪怕是最基础的海军史考试。"他还写道：

> "军官们（指海军军官）的沉默并不是因为已经融入思考与学习的缄默，而是由于他们背上了日常工作和越来越复杂且多样化的新兴技术所带来的重负。我们拥有尽职负责的行政长官，我们在每个领域都拥有杰出的专业技术军官，我们拥有无可匹敌的优秀航海军官、出色的军法军官，优秀的航海军官，以及勇敢而赤诚的心；但在这场战争爆发之际，虽然我们有许多军官能够指挥好战舰，但其中却没多少人能指挥好战争。"[1]

德国海军造舰项目对英国产生的持续威胁使得英国进一步与法国进行了接触。在1912年帝国国防委员会得出结论，认为英军应当进一步地将舰队集中于本土水域。根据英法所达成的协定，英军将全部战列舰部队集中部署在北海方向，而法国海军则将所有战列舰调进了地中海。在英法随后进一步达成的协定当中，英国承诺，如果爆发一场两国并肩作战的战争，那么英国皇家海军将负责保卫法国的北部和西部海岸。不过即便达成了如此深入的会谈，英法此时也并未缔结盟约。虽然双方在1904年达成了《英法谅解备忘录》，亨利·威尔森上将也提出派出英国远征军前往欧陆战场的左翼在法军的战略指挥下作战，但事实上英国政府并没有在法国遭到攻击时派军援助的政治义务，不过多数的英国领导人都认为英国出于道德义务应当协防法国。

就在斐迪南大公遇刺引发奥匈帝国、俄国、德国和法国相继动员的同时，英国在

---

[1] 《*The World Crisis*》（New York，1931），62-3.

此次战争中所扮演的角色却悬而未决。对亨利·威尔森上将的提议寄予厚望的法国人在得知英国远征军此时仍未出发时表现出了震惊与不悦。直到德国拒绝保证在战争中尊重英国的中立权后，英国内阁才通过投票决定参战。在1914年8月4日午夜，所有的皇家海军司令部都接到了一句简短的电文："开始与德国处于敌对状态。"

好戏开场

德国在君士坦丁堡深耕多年，获得了相当的影响力，德国人对于开发当时尚未发展但潜在价值巨大的中东地区给予了厚望。英国与俄国在1907年签订的协约加强了土耳其拉近与德国关系的意愿，此后土耳其又邀请德国训练土耳其军队。作为回应，德军的奥托·黎曼·冯·桑德斯（Otto Liman von Sanders）上将于1914年12月抵达了君士坦丁堡，并被授予土耳其陆军地面部队总监的职务。1915年7月，认为英国在战争中将置身事外的土耳其提出与德国秘密结盟，德国欣然接受。

从战争爆发前开始，英国就计划征用所有外国在英国船厂订购的战舰。其中价值最高，也是潜在威胁程度最大的就是土耳其订购的两艘战列舰，且其中一艘已经完工。在得知战舰被英方征用后，土耳其政府对此勃然大怒，而德国则借机送了个顺水人情，将已经被困在地中海无望返回德国本土的战列巡洋舰"戈本"号（Goeben）和轻巡洋舰"布雷斯劳"号（Breslau）赠予土耳其。由于一连串的情报错误以及指挥失误，英法海军未能拦截住这两艘德军战舰，两舰在威廉·苏雄（William Souchon）海军少将的指挥下抵达了君士坦丁堡。8月13日，两舰抵达港内3天后，土耳其宣布"买下"了"戈本"号和"布雷斯劳"号，不过此后原来的德军舰员依然留在舰上服役，且苏雄少将仍然是他们的指挥官。1915年10月，苏雄带领着一支土耳其-德国联合舰队对俄国在黑海的港口敖德萨和新罗西斯克发起了攻击，在塞瓦斯托波尔外海布设了水雷，并击沉了一艘俄军炮舰。这场挑衅行动最终导致了俄国与土耳其爆发战争。

当战争在西欧已经一触即发之时，英军本土舰队（Home Fleet）和德国公海舰队都进入了作战状态。其中英军本土舰队的主力集中在了由约翰·杰里科（Sir John Jellicoe）海军上将指挥的"大舰队"（Grand Fleet）当中，该舰队以奥克尼群岛（Orkneys）的斯卡帕湾为主要基地，并在苏格兰的多处峡湾设置有次要基地。大舰队下辖有20艘一流战列舰和4艘战列巡洋舰。该舰队的首要任务是防止德军战舰突破封锁进入大西洋以及保卫北海方向，监视德军公海舰队的动向，在适当的时机攻击并力图歼灭该舰队。英军的巡洋舰和驱逐舰巡逻分队从多佛，哈里奇（Harwich）和亨伯（Humber）出发，保卫英国沿海。在战争爆发后，下辖17艘前无畏舰的海峡舰队投入到将英军部队和补给运往法国的海运安全的行动中。德国公海舰队由弗雷德里奇·冯·英格诺尔（Friedrich von Ingenohl）海军上将指挥，下辖13艘当时一流的战列舰、3艘战列巡洋舰和8艘前无畏舰。该舰队以维瑟河（Weser）和易北河（Elbe）的河口以及杰德湾（Jade Bay）为基地。公海舰队领受的任务是避免德国沿海受到英国的攻击并寻机削弱英军舰队的实力。

在英军开始向法国运兵（主要通过南安普顿到勒阿弗尔（Le Havre））后，本土舰队开始经受考验。这场运兵行动风险不低，如果德军倾巢而出进行拦截，英军将付出惨重代价。所幸与地中海战场的失败相比，这场策划缜密的行动执行得滴水不漏。大舰队前往北海，准备给驶出基地的德国公海舰队一记重击。海峡舰队则在英军和法军近岸巡逻分队的协助下封闭了英吉利海峡两端，对德军舰艇和潜艇可能发动的袭击保持着不间断地警戒监视。运输远征军的船只各自独立航行，在完成装卸后就争分夺秒地返航加快速度，在燃料耗尽前完成尽可能多的航次。在1914年8月9日—8月22日期间有5个师规模的英国远征军毫发无损地抵达了法国。这次行动完全没有走漏风声。

开战后的德军已经启动了经过调整了的"施里芬计划"的西线部分：横扫整个比利时，通过一场大规模的迂回行动直取巴黎，争取一举让法国退出战争。不过德军的企图因法军在9月初的第一次马恩河战役死死守卫住了巴黎的门户而被打破，此战中有多达数万人的英国常备军部队负责防守协约国军队左翼，同时还在德军两个集团军之间打进了一个楔子。德军最终被打退至埃纳河（Aisne）一线，巴黎也得以幸免。

协约国的海上力量也通过成功将英军送到海峡对岸，为成功抵御德军的锋芒做出了间接贡献。到9月底，已经有25万名几乎完全由职业化的常备军组成的英军远征军登上了法国。在整场战争中，德国海军都未能成功对这座横跨海峡的这座"海上桥梁"造成破坏。

英伦三岛毗邻北海的独特地理位置使得德军公海舰队几乎成为英国大舰队的囚徒，即便英军舰队只是锚泊于港内也足以对德军施加实质性的封锁。由于实力明显处于劣势，德国公海舰队显然不会贸然出港挑战已经集结完毕的大舰队。但从另一方面来看，密布的水雷以及可能遭到潜艇和飞艇的攻击，也使得大舰队难以进入效仿杜威在16年前那样深入杰德湾直接攻击德军舰队。此时英军的目标就是吸引德国公海舰队

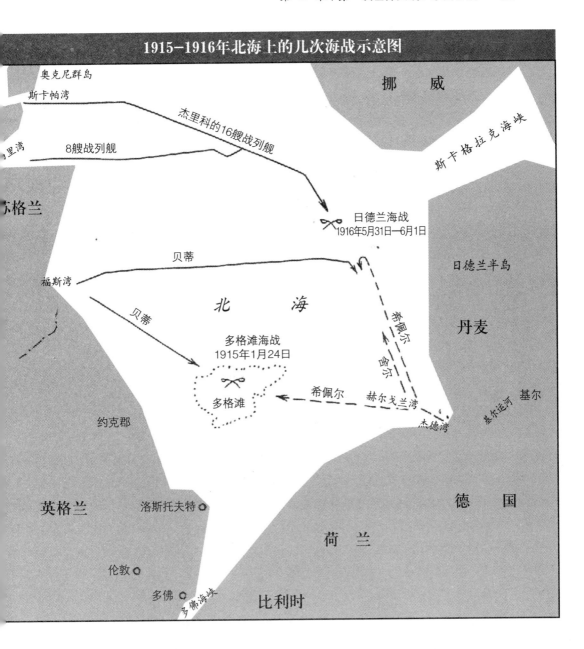

使其一部分出港并引而歼之。而德军也如出一辙地希望吸引到大舰队的一部分来逐步将敌军歼灭。

赫尔戈兰湾行动，1914年8月28日

双方在北海的第一场对战成为日后在该海域交战的范本——一场伏击与反伏击的较量。罗杰·凯斯（Roger Keyes）准将指挥的英军潜艇部队汇报称发现德军在赫尔戈兰湾位于易北河与维瑟河河口之间的三角形水域内进行侦察行动。在每天下午的晚些时候，德军的轻巡洋舰护送驱逐舰进行一次夜间巡逻。而在日出时，德军巡洋舰会在赫尔戈兰岛西北20英里处与驱逐舰会合，护送其返回港内。凯斯认为敌军的惯常行动模式为英军提供了一个绝佳的机会，因此制订了一份旨在对敌军进行突然袭击的计划。他准备利用自己的潜艇部队作为诱饵，让强大的水面舰艇支援部队埋伏在水天线以下，他将引诱德军舰艇进入赫尔戈兰岛西面的水域，而英军舰艇将从北方杀入该水域然后向西转向，截住所有他们拦截的敌军舰艇的去路。凯斯认为此次行动英军能够一举歼灭德军的夜间驱逐舰巡逻队，如果幸运的话还能消灭一些德军的巡洋舰。

凯斯前往伦敦向海军部的大臣们递交了这份作战计划。海军部随即批准了这份计划并提出在1914年8月28日实行计划，但当时批准动用的水面舰艇力量仅为由理查德·迪怀特（Richard Tyrwhitt）准将指挥的2艘轻巡洋舰和33艘驱逐舰。不过在凯斯离开后，海军又追加了由威廉·R.古迪拉夫（William R. Goodenough）准将指挥的5艘轻巡洋舰和由大卫·贝蒂上将（Sir David Beatty）指挥的5艘战列巡洋舰。令人啼笑皆非的是，因为海军部不可思议的疏漏，当凯斯和迪怀特率领部队前往赫尔戈兰海域时都还不知道自己有着如此强大的援军。

德军得知了凯斯的计划并意图进行一场反埋伏，这让战场状况更加复杂。但德军和凯斯与迪怀特一样都不知道古迪拉夫和贝蒂的舰队正在赶来。德军在赫尔戈兰附近海域内布置有19艘驱逐舰和2艘轻巡洋舰，此外在东面和西面还部署有4艘轻巡洋舰。在距离此处50英里的杰德湾内部还有德军的战列巡洋舰分队虎视眈眈。此时双方都力图将对方引诱到陷阱当中。如果迪怀特没有增援的话，情况似乎明显对英军不利。

凯斯的计划似乎是奏效了。他作为诱饵的3艘潜艇保持水面航行状态从西面逼近赫尔戈兰湾。当德军驱逐舰前出进行观察时，迪怀特的战舰突然蜂拥而出对德军展开追击，此时躲藏在赫尔戈兰岛后的两艘德军轻巡洋舰也冲出进行拦截。英军很快将一

艘德军轻巡洋舰打得向威尔海姆斯海文（Wilhelmshaven）方向撤退；随后英军舰队向西回航，在遇到一艘落单的德军驱逐舰后很快将其打成了一堆烟火四起的残骸。正当凯斯向西返航时，他的瞭望员看到了古迪纳夫的巡洋舰正在从早上的海雾中驶出，将古迪纳夫误认为英军的凯斯发报求援，迪怀特的舰队赶紧加速赶到，所幸双方及时辨识出了友军才避免在英军之间发生激战。

虽然此前英格诺尔已经下令德军战列巡洋舰部队可以在需要时前出赫尔戈兰海域，但他显然忘记了当时的潮水情况。直到当天午后，潮水的高度才足够战列巡洋舰通过杰德湾的沙洲。与此同时海域内的德军5艘轻巡洋舰继续对英军发起攻击，古迪纳夫的舰队击沉了1艘，而在其他德军巡洋舰未来得及逃窜之前，贝蒂的战列舰部队就从西北方向杀到，之后利用13.5英寸巨炮又将2艘敌舰轰沉。幸存的两艘德军轻巡洋舰虽然遭受重创，但成功逃离并向着从杰德湾驶出的德军战列巡洋舰撤退。当德军战列巡洋舰终于赶到时，英军的所有舰船都已经离开该海域。

皇家海军由此在水面战斗中让德军流下了"第一滴血"，以35人阵亡和舰船轻微损伤为代价击沉德军3艘轻巡洋舰和1艘驱逐舰，杀死了超过700名德军水兵，另俘虏400人。在德军横扫比利时和法国北部的阴霾下，英军的这场胜利振奋了协约国军民的精神。不过英国海军部的军官们却认识到这场胜利暴露出了舰队的严重问题。在最后关头仓促调整作战方案以及未能及时通知海上指挥官差点就导致英军战舰之间自相残杀。

德国海军部也认识到了此次作战中所暴露出的不足。虽然提前获得了英军设伏的情报，本能够击败伏击者的德军主力舰却因为没有做好准备无法出海而无法挫败敌方的计划。对此次失败造成的舰船和人员损失震怒不已的德皇决心在此之后将舰队的行动完全掌控在自己手中。他命令英格诺尔在未得到他亲自批准情况下不得擅自出击，赫尔戈兰海域也被布置了水雷。一队德军战列舰处于时刻待命状态，而德军的战列巡洋舰也在杰德港沙洲外待命，准备对英军的再度冒险给予迎头痛击。

赫尔戈兰之战的胜利对英军带来的鼓舞很快就被德军潜艇所造成的损失抵消了。1914年9月，德军潜艇在北海击沉了4艘英军巡洋舰。这批在1901年和1902年建成的巡洋舰的舰体防水隔舱设计在大威力的德军改进型鱼雷面前不堪一击，因此很快沉没并导致了极大的人员伤亡。在接下来的战争中，英军舰队在北海经常因为过度警惕而贻误战机，英军非常担心德军可能将己方引诱到水雷区或潜艇伏击区内。

德国太平洋舰队

德国人在1898年侵占了中国青岛用作海军基地。正如我们之前所提到的,德国在1899年又从西班牙手中购买了加罗林群岛、马绍尔群岛、马里亚纳群岛的大部。德国陆续在这些新建的岛屿殖民地上建设了大量的加煤站。到1914年夏天时,德军在太平洋海域有6艘巡洋舰活动,这批巡洋舰由格拉夫·施佩(Graf Spee)海军中将所指挥。

由于德国在甲午中日战争结束后迫使日本归还旅顺的行动中发挥了重要作用,日本对德国积怨已久。1902年缔结的英日同盟并未要求日本加入在欧洲爆发的战争,但日本在第一次世界大战爆发后立即准备履行盟约义务,并向德国下达最后通牒要求德国撤出在中国和日本活动的全部战舰。日本宣战的长远目的是将德国驱逐出在太平洋地区的属地并将这些殖民地占为己有。

此时的施佩舰队正在加罗林群岛的波纳佩(Ponape)岛水域活动,他的舰队下辖有11600吨级装甲巡洋舰"沙恩霍斯特"号(Scharnhorst)和"格奈森瑙"号(Gneisenau)以及轻巡洋舰"埃姆登"号(Emden)和"纽伦堡"号(Nürnberg)。波纳佩岛距离澳大利亚舰队的主力母港悉尼有2700英里的距离,与部署于本州海域的日军舰队的距离也同样遥远,因此德军太平洋舰队此时仍相对安全。不过施佩非常清楚如果自己继续撤往西太平洋或继续待在中太平洋地区都迟早会被敌军围歼。因此他决定远航至南美西海岸,作为德国的友好国家,智利能够为自己提供继续作战所需的煤炭。他决定让自己的舰队集体行动,以袭扰敌军商船作为首要目标,不过他同时派出了"埃姆登"号和一艘运煤船向西穿过大西洋对在印度洋上的英国航运发起袭击。

在安然抵达南美后,施佩在复活节岛与防护巡洋舰"莱比锡"号和轻巡洋舰"德累斯顿"号会合。由于收到情报告知称英军巡洋舰已经在南美西海岸活动,施佩立即向南美启程。到10月底时,德军舰队已经抵达智利外海,而"莱比锡"号则打破无线电静默试图误导英军认为该海域只有一艘德军战舰正在活动。

9月初,皇家海军的克里斯托弗·克拉多克(Sir Christopher Cradock)少将被任命为一支负责在巴西沿海行动的英军巡洋舰部队的指挥官,该海域当时有两艘德军战舰正在袭击航运。10月21日,克拉多克率领最高航速仅12节的前无畏舰"老人星"号(Canopus),装甲巡洋舰"好望角"号与"蒙茅斯"号(Monmouth),轻巡洋舰"格拉斯哥"号,辅助巡洋舰"奥特兰托"(Otranto)号驶出位于福克兰(阿称马尔维纳斯）群岛的斯坦利港，经麦哲伦海峡进入太平洋，随后英军舰队向北转向，以便航速缓慢的"老人星"号能够在瓦尔帕莱索（Valparaso）以西的海域与舰队主力会合。航速较快的"格拉斯哥"号一马当先，在抵达科罗内尔（Coronel）外海后监听到了德国海军的无线电信号并准确判断出这是发出自"莱比锡"号的信号，施佩的计谋因此奏效了。

科罗内尔海战，1914年11月1日

1914年11月1日上午，一艘德国民用汽船向施佩发报称"格拉斯哥"号已经在科罗内尔南面不远海域下锚。德军指挥官很快率领舰队扑向该海域。与此同时克拉多克的舰队主力在接收到较强的无线电信号后也向北转向准备搜索"莱比锡"号的踪影。在与"格拉斯哥"号会合后，克拉多克并不准备等待步履蹒跚的"老人星"前来会合。

下午4时许，双方舰队发生了目视接触，两位指挥官都对面前出现的不止一艘巡洋舰而吃惊不已。"沙恩霍斯特"和"格奈森瑙"号面对他们的主要对手"好望角"号和"蒙茅斯"号占据了巨大优势。只有"好望角"号的2门9.2英寸主炮可以与两艘德军装甲巡洋舰上多达16门的8.2英寸主炮等量齐观。除此之外德军的舰员们已经共同服役了3年之久，两舰都因为精湛的炮术而闻名。"沙恩霍斯特"号获得了德国海军的1913年"战斗演习奖杯"且在1914年名列亚军，而1914年的奖杯则被姊妹舰"格奈森瑙"号摘下。除此之外德军战舰上还配备了一套指挥仪火控系统，而这一系统直到此时仍未安装在英军的巡洋舰上。

下午6时许，克拉多克准备抢占德军的T字头。在失败后他将航向向南调整，与向西航行的德军处于平行状态。看到正在下沉的夕阳，施佩下令舰队停火并与英军拉开距离。就在太阳沉入水天线，但英军巡洋舰的轮廓在余晖中仍然浮现时，施佩下令德军舰队在11370码的距离上开火。短短5分钟的开火后炮术上更胜一筹的德军就取得了决定性的命中，一举击毁了"好望角"号的前炮塔和指挥塔。强劲的东南风不仅使得海面波涛汹涌，更使得所有的战舰产生左倾，而恶劣的天气对原本炮术就略逊一筹的英军的阻碍也胜于对德军。下午6时50分，已经发生侧倾的"蒙茅斯"号脱离了英军战列，同时舰体内燃起大火，很快该舰的所有火炮也都停止了射击。下午7时26分，德军的两艘前卫巡洋舰停止射击，由于遇到了一连串来势凶猛的雨云，视线受到严重

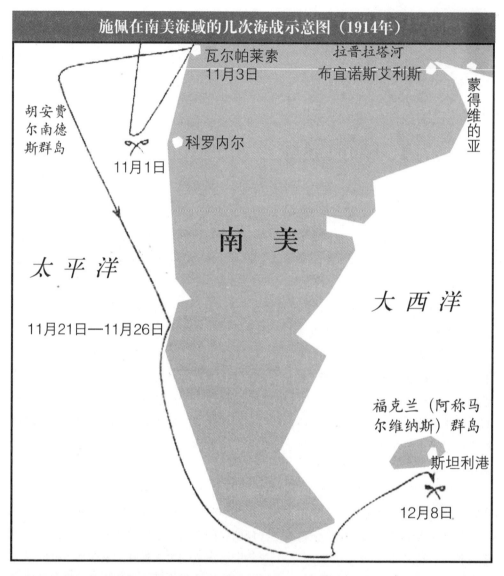

阻碍的德军对于英军旗舰的命运一无所知,在被"沙恩霍斯特"号命中约30发后该舰因为弹药库殉爆而彻底被击沉。

战意正酣的施佩指挥舰队开始搜寻并彻底结果英军舰艇。在渐浓的夜幕中,"莱比锡"号高速冲过了"好望角"号的残骸而并未辨识出已经沉没的敌舰。在快到晚上9时的时候,"纽伦堡"号追上并击沉了踽踽独行的"蒙茅斯"号,而"奥特兰托"

号和"格拉斯哥"号则顺利向西逃出。

从战略上来看，德军的此次胜利可谓得不偿失。在短期内，来自秘鲁和智利的硝酸盐、铜和锡的运输被彻底切断，不过经由普拉特河进行的运输并未受到影响。但在战术上，德军显然收获了一场胜利，两艘英军巡洋舰及其舰上的官兵都被"一笔勾销"，而施佩的舰队则仅被在无关紧要的位置上击中6次，全舰队仅2人受伤。此战中德军舰队指挥官充分发挥了战术和实力上的优势，巧妙地利用了双方位置，光照，风向和海况等各种要素。不过虽然遭到战败，克拉多克还是降低了德军继续取得胜利的机会——此战中施佩舰队已经消耗了42%的8.2英寸炮弹，且德军在这一海区完全没有可能得到弹药补给。

英国海军部在得知科罗内尔惨败的噩耗后立即取消了战列巡洋舰部队在本土水域的待命。两天前才刚被丘吉尔重新推举为第一海务大臣的费希尔命令多夫顿·斯特迪（Doveton Sturdee）中将率领"无敌"号和"不屈"号两艘高速的战列巡洋舰以最快速度赶往福克兰（阿称马尔维纳斯）群岛，英军根据情报推测施佩舰队接下来将在此处现身。同时为了加强福克兰（阿称马尔维纳斯）群岛的防御，老旧的"老人星"号被命令停泊在斯坦利港以保卫这座锚地。斯特迪的舰队于12月7日抵达，加入了已经在此处等待的6艘英军巡洋舰的行列。

施佩步步为营地驶过了南美大陆的南端，还用了三天时间从一艘被缴获的加拿大帆船上为自己的舰队加煤。这些动作耗费的时间根本无从弥补。12月6日上午，施佩召集手下的舰长们举行了一次会议，期间舰长们建议对斯坦利港发动攻击，摧毁此处的无线电台，抓捕当地的英国总督并夺取储存在当地的煤炭。施佩同意了这一计划。

福克兰（阿称马尔维纳斯）群岛海战，1914年12月8日

施佩的舰队于12月8日上午抵达福克兰（阿称马尔维纳斯）群岛外海，他随即命令"格奈森瑙"号和"纽伦堡"号前往斯坦利港进行侦察并炮击岛上的无线电台。此时英军舰队正在港湾内加煤准备向南面发起巡航。当岛上的瞭望塔于7时50分发现德军巡洋舰踪影时，斯特迪的舰队完全被打了个措手不及，根本无法立即出动。9时20分，"老人星"号对敌舰发动了非直瞄射击，但此时德军尚在射程之外。很快，向港口入口前进的"格奈森瑙"号上的瞭望员发现了英军战列巡洋舰高耸的三角桅并发出告警。与此同时英军开始吹响"各就战位"的哨音。轮机人员也尽快让战舰进入全速

状态，但德军还是成功撤退并与英军拉开了15英里的距离。此时海面波澜不惊，天空万里无云——所有的战场条件都有利于英军发挥航速和火炮上的优势。

12时50分，英军战舰将作为后卫的"莱比锡"号纳入射程。施佩认识到如果德军继续集结成群，在英军强大的12英寸主炮下没有任何生存机会，因此他决定牺牲自己的两艘主力战舰让另外更轻型的三艘巡洋舰脱困。这三艘德舰向南脱离了施佩，英军派出"格拉斯哥"号、"康沃尔"号（HMS Cronwall）和"肯特"号前去追击。

在这场追逐战中，英军战列巡洋舰始终保持在德军舰炮最大射程1000码的位置上，利用火力优势有条不紊地将德军的两艘装甲巡洋舰推进绝望的深渊。下午4时17分，已经严重右倾，且大火在全舰肆虐的"沙恩霍斯特"号带着所有的舰员倾覆沉入海底。5时30分，"格奈森瑙"号的航速降低到仅有5节，该舰舰长下令打开通海阀，随后该舰也很快沉入海底。"沙恩霍斯特"两舰的牺牲最终被证明是徒劳的，另外3艘德军巡洋舰很快被英军追上并击沉。英军舰队带着单方面的完胜返回了斯坦利港，舰队只受到了轻微损伤，伤亡人数也极少。通过此次海战，英军歼灭了最后一支处于北海封锁线以外的德军主要水面舰艇部队。

多戈尔沙洲战斗，1915年1月24日

在北海的伏击与反伏击戏码依旧上演的同时，1914年12月，德军的战列巡洋舰对英国约克夏郡沿海进行了炮击。1915年1月，由贝蒂指挥的战列巡洋舰部对为了找回颜面在赫尔戈兰湾以西进行了一场徒劳无功的扫荡。在得知贝蒂舰队的出动并发现英军在北海的一处名为多戈尔沙洲（Dogger Bank）的浅水海域活动后，英格诺尔在1月23日命令弗兰茨·冯·希佩尔（Franz von Hipper）海军中将率领舰队赶往该海域。

希佩尔的舰队包括3艘战列巡洋舰与1艘装甲巡洋舰，由6艘轻巡洋舰和超过20艘驱逐舰负责支援。他接到的命令是在1月24日上午对多戈尔沙洲进行侦察，之后截击并消灭任何发现的英军侦察兵力。此次德军的作战计划无疑是英军赫尔戈兰湾行动的简化版：都是集中优势兵力对敌方轻型舰队发起以多打少的突然袭击。

不过此时的德军并不知道英国人已经获得了一个能够彻底挫败伏击突然性的秘密优势。俄军在波罗的海俘获了一艘搁浅的德军轻巡洋舰残骸，而在附近的浅水中，俄军潜水员找到了一本虽然被水浸泡但仍旧可以辨认的密码本，而其中也包括有德军在北海方向的坐标位置。由于此前德军从未突然更换密码本，英军利用这一优势获悉

了近期德军公海舰队的动向。布置于从苏格兰一直延伸至多佛海峡的英国东海岸上的英军无线电测向站监听到了大多数德军水面舰艇和潜艇的收发电报,并分拣出了发信源,此后这些信息都将被送往海军部进行解码。得益于德军密码的破译,英军截获了命令希佩尔舰队出港的消息。

1月23日下午希佩尔的舰队驶出杰德湾后15分钟,贝蒂也率领5艘战列巡洋舰与负责侦察的轻巡洋舰和驱逐舰从佛斯峡湾(Firth of Forth)起航。贝蒂于24日早上抵达了预定的拦截阵位,比预计时间略为提前,此时海面平静,西北风微弱,通视距离良好。

几分钟后希佩尔的舰队也早于预计时间从东南方向高速赶来。德军在辨认出英军战列巡洋舰的三角桅后很快掉转航向,以最快速度向基地撤退。希佩尔舰队此时以旗舰"塞德里茨"号战列巡洋舰为先导,航速最慢的"布吕歇尔"号(Blücher)为后卫开始撤离。英军也赶忙发起追击。

在快到上午9时的时候,贝蒂的旗舰"狮"号作为英军的前卫开始对敌舰发动缓慢但准确的远程炮击,随后很快对"布吕歇尔"号取得了命中。随着快速的英军战列巡洋舰迅速拉近距离,贝蒂下达了"各舰按照对应顺序对敌军发动攻击"的命令,由于此时英军有5艘战舰,德军仅有4艘战舰,这道命令产生了一定程度的混乱,德军的"毛奇"号没有被英军战舰攻击,而位于队尾,航速较慢的"布吕歇尔"号则很快发

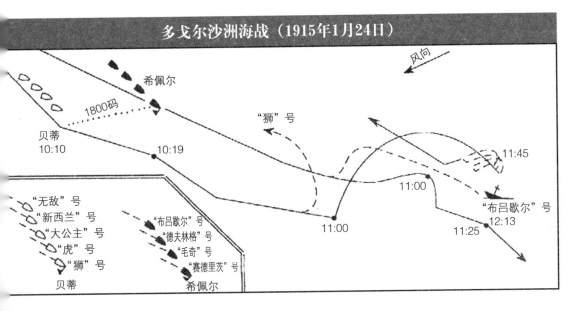

生火灾和侧倾，并脱离了队形。

正在撤退的德军战列巡洋舰则对"狮"号发动了集火。这艘英军旗舰接连被命中多发大口径炮弹，航速减慢且发生倾斜，被迫退出战列。在该舰脱离队形后，贝蒂又下达命令，"集火敌军队尾"，让舰队对位于最后一位的，仍处于作战状态的德军战列巡洋舰进行集中攻击。但坐镇"新西兰"号（HMS New Zealand），接替了指挥位置的阿奇柏德·摩尔（Archibald Moore）中将却误认为贝蒂指的是"布吕歇尔"号，后者虽然此时仍然位于德军队形的末尾，但却成为一堆正向着东北方向漂泊的燃烧的残骸。遵守这道含混不清的命令，摩尔带领战列舰纵队和英军轻巡洋舰对"布吕歇尔"号倾泻了狂风暴雨般的炮火，英军由此与一场大胜失之交臂。老旧的装甲巡洋舰在弹雨中进行了勇敢却徒劳的抵抗后沉入海底，但希佩尔的主力部队却安全地逃脱了英军的追击。

多戈尔沙洲之战被英国媒体粉饰为了皇家海军的一场大胜，但熟知此战内情的英军高级军官却总体上对此战嗤之以鼻。凯斯准将就曾尖酸地评论称："摩尔（的舰队）像一群疯狗一样围着已经伤痕累累，眼看就要沉没的'布吕歇尔'号群起而攻之，这简直是整场战争中最令人不忍卒视的篇章。"

高级军官们普遍认为在当时的状况下，摩尔应当充分领会这道命令所蕴含的上级意图，而非是遵照字面意思的僵化地，毫不思考地执行上级的命令。年事已高的费希尔对于摩尔的表现同样大发雷霆："如果他还有哪怕是一丁点儿的纳尔逊精神，他就应该无视那道命令继续追击！就像纳尔逊在哥本哈根和圣文森特角海战中所做的一样！在战争中最重要的原则就是学会违抗命令。哪怕是傻子也能遵守命令！"

贝蒂也因这场战斗中的疏忽而自责不已。"对当天情形的失望让我几乎无法思考，"他后来谈到，"每个人都认为我们取得了一场巨大的胜利，但实际上这却是一次糟糕的失败。我当时认为我们应当将4艘敌舰全部击沉，也能够将敌舰全部击沉。"

德皇对于此战结果的愤怒堪比费希尔。在赫尔戈兰湾之战中英格诺尔未能让战列巡洋舰做好准备及时投入战斗，这次在多戈尔沙洲海战中他又没能让战列舰部队做好准备及时支援希佩尔的战列巡洋舰。德皇当即解除了英格诺尔的公海舰队司令职务，换上了雨果·冯·波尔（Hugo von Pohl）。比起前任司令，更加谨小慎微的冯·波尔坚决地贯彻了皇帝的旨意，让公海舰队的主力完全处于避战不出的状态。

日德兰大海战，1916年5月31日—6月1日

贝蒂迫不及待地希望得到另一次与希佩尔的战列巡洋舰部队较量的机会，而杰里科上将也同样期望能够引诱公海舰队主力出战。但冯·波尔的避战不出让英军的舰队指挥官们除摩拳擦掌之外无事可做。在1915年双方在大西洋主要是协约国与德军潜艇的较量。

1916年1月，冯·波尔海军上将因身体状况欠佳而退休，接任公海舰队总司令的赖因哈德·舍尔（Reinhard Scheer）海军中将比前任指挥官更为大胆。舍尔计划以公海舰队的部分力量为代价削弱大舰队的实力。他打算利用潜艇在英军基地附近海域布雷，并在进出基地的水道处巡逻设伏。德军水面舰艇部队将采用精妙的诱饵战术让杰里科将自己的舰队分兵出动，此后德军就有机会集中力量"断其一指"。舍尔的计划无疑是一场稳赚不赔的赌博。如果冒险成功，他将从对手的失误中取得极大的收益——尤其是北海的制海权。而即便作战失败，公海舰队所面临的战略态势也不会变得更糟。

相比之下，如果在海上遭到击败，或是实力受到严重消耗对于英军而言却是满盘皆输。英国不只是协约国战争补给的重要转运基地，英国本身所需的食物与基础战争原料也需要进口。因此除非公海舰队形成绝对优势，杰里科都会尽量避免冒险。丘吉尔曾经将杰里科称为"交战双方唯一一个只需要一下午就能让一方彻底输掉战争的人物"。将公海舰队逼出设防严密且水雷密布的母港显然并不现实，因此杰里科倾向于进行一场决战。为达成这一目的，他决定周期性地在北海进行扫荡。

杰里科认为凭借英军的数量优势，自己可以在一场于白天进行的巨舰大炮的较量中彻底消灭敌人，因此他决定根据自己的判断在最有利的条件下才会进行决战。不管自己的声名受到了怎样的影响，大舰队都必须要在确定已经对公海舰队取得明显优势的情况下才能发起战斗。杰里科在向海军部递交的战术观念总结中写道：

"德军非常依赖潜艇、水雷和鱼雷进行战斗，且已经在这些特定领域中拥有了相当的优势，毫无疑问，他们也会尽可能地在舰队决战中充分利用这些装备。因此我们必须考虑利用我们的战术方法来应对德军利用这些手段发动的攻击。"

"如果敌军战列舰部队在战斗中有意避开我军先头舰队，我倾向于敌军是在引诱我方进入水雷和潜艇的伏击区，因此我军应当避免落入陷阱。"

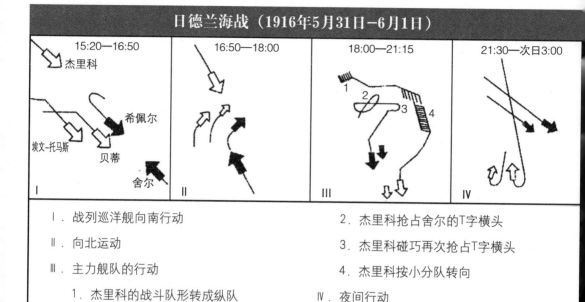

"我希望这份报告能够引起海军大臣们对这一问题的注意,毕竟避免被诱入陷阱的谨慎也可能被解读为消极避战,此外这样的保守也会使得我军很难让敌军投入到如我军所愿的舰队决战当中。"

采取了攻势战略的公海舰队在1916年4月下旬出动了由战列巡洋舰和轻型巡洋舰组成的编队对洛斯托夫特进行了炮击。杰里科打算诱使德军进行决战,但未能奏效。一个月后,舍尔准备对挪威南部海域的协约国船运发起一场袭击战。而此处的斯卡格拉克海峡(Skagerrak)则是一条即便德军舰队与北海沿岸基地的联系被切断后依然可以逃回基尔的安全通道。

1916年5月1日上午,公海舰队开始从杰德湾出航准备参加对挪威的袭击。率先离开杰德湾的是希佩尔的战列巡洋舰分队的5艘战列巡洋舰组成的纵队,战列巡洋舰分队得到了驱逐舰屏护幕的掩护,同时一支由轻巡洋舰和驱逐舰组成的侦察分队对舰队前方一片扇形区域进行侦察。在希佩尔的舰队成功进入开阔海域向北进发后,一条由16艘无畏舰组成的狭长单纵队在6艘前无畏舰的跟随下鱼贯而出,大量的轻巡洋舰和驱逐舰占领阵位为主力舰提供掩护与侦察。

而希佩尔和舍尔并不知道的是,英军的大舰队已经于昨夜从斯卡帕湾和苏格兰沿海峡湾的基地中倾巢而出。皇家海军通过无线电情报和密码破译得知一支德军舰队正在备战出航后，认为德军落入了自己的圈套。但杰里科未能预料到的是，这次德军一举出动了整个公海舰队。

1916年5月31日下午，英军战列舰舰队在杰里科的亲自指挥下抵达了距离挪威海岸约90英里处的位置。这支舰队中的24艘无畏舰排成了6支相互平行的纵队，且得到了驱逐舰屏护幕和巡洋舰/驱逐舰侦察幕的支援。贝蒂的战列巡洋舰分队则位于主力东南方向70英里的位置，更加靠近德军，该分队同样得到了轻巡洋舰和驱逐舰的支援。除战列巡洋舰之外，一个拥有4艘高速无畏舰的战列舰中队也被配属给了贝蒂，这个中队的指挥官是埃文-托马斯（Evan-Thomas）海军少将。

一时间，在北海海面上云集着151艘英军战舰和99艘德军战舰。大舰队和公海舰队，这两支对对方存在浑然不觉的当时最强大水上力量向着一场激烈的交锋疾驰而去。

下午2时20分，贝蒂分队的一艘轻巡洋舰发报称"目视发现敌军"，随后贝蒂正带领着自己的战列巡洋舰调整至南-南东航向，试图将自己楔入德军舰队与己方主力之间。埃文-托马斯的快速战列舰则因为战舰烟囱冒出的浓重烟雾而未能及时接收到转向命令，耽误了好几分钟。3时25分，贝蒂的舰队发现了德军舰队的踪迹，且在辨认出是希佩尔的战列巡洋舰部队大喜过望。为了这个机会他已经苦等了近一年，而且这次他下定决心绝不让希佩尔逃出自己的掌心。贝蒂此时似乎在所有方面都占得上风：战列巡洋舰与希佩尔有6∶5的优势，还有埃文-托马斯的4艘无畏舰在10英里后加紧脚步追赶——更不用提在水天线下方还有杰里科的24艘无畏舰。

希佩尔迅速采取了对策，虽然贝蒂认为德军战列巡洋舰分队会像上一次遭遇战中一样朝着杰德湾逃窜，但这一次希佩尔打算的是将贝蒂的战列巡洋舰引诱到舍尔的战列舰部队炮口之下。双方在下午3时55分开始交火，两条战列线逐渐拉近到距离13000码的平行航线上，双方的炮弹也开始逐渐取得命中，日德兰大海战前哨战的序幕就此拉开。这场前哨战同时也被称为"战列巡洋舰交战"（Battle Cruiser Action）或者南方追击战（Run to the South）[1]。

---

[1] 在此次战斗的双方官方报告中，航向和航迹都采用的是磁罗经的数据。由于战场所在地的经度为西经13°15′，所以在航迹复原中必须减去这一数值才能得到正确的航向。在战斗最为激烈的时候，双方战斗日志的记录者都直接抄录了磁罗经所记录的数据，在距离海岸有一定距离的开阔海域这种定位方式是足够安全的。

直到瞭望员发现一长列桅杆和烟囱从水天线朝着自己直奔而来之时，贝蒂都一直保持着原来的航向；他立刻下达旗语命令要求舰队依次转向回航。此时他有机会将整支公海舰队吸引到杰里科的射程内从而一举翻盘。直到已经掉头完成的贝蒂迎面驶过埃文-托马斯的舰队，托马斯才姗姗来迟地执行这道命令，从而导致战列舰分队被战列巡洋舰分队甩开。此时托马斯的战列舰正同时处于舍尔的战列舰分队和已经完成转向位于德军舰队前卫位置的希佩尔战列巡洋舰的双重炮火打击之下——在如此猛烈的炮火下，即便手中是甲坚炮利的"伊丽莎白女王"级战列舰，托马斯依旧识趣地选择了掉头撤退。

随着贝蒂和埃文-托马斯的舰队调过头来被希佩尔追击，海战的第二阶段——北方追击战（Run to the North）已经开始。在通过无线电得知战况后，杰里科的大舰队开始全力冲刺支援贝蒂。他计划将所有24艘战列舰排成一条单纵队，如同坚墙一般横挡在舍尔战列线的前进道路上，而这也可以防止公海舰队经由斯卡格拉克海峡逃窜或者沿基尔运河返回基地。

为了让自己的阻拦计划成功，杰里科必须首先确定舰队的布置方案——如何将6条纵队合并为一个单纵队，以及应该如何规划航迹。为了下达正确的命令，他必须首先获知德军公海舰队的位置与航向。不过此时的贝蒂根本无法提供任何准确的情报。他能够在作为旗舰的"狮"号上汇报舍尔舰队的船头指向，但他却根本无法上报自己的具体位置。海面上低沉的烟气和迷雾彻底遮蔽了水天线，让他不可能利用天文导航法确定自己的位置，而经过长达17个小时的公海航行后，航位推算法也不再有效。

下午5时42分，杰里科的侦察巡洋舰回报称贝蒂的战列巡洋舰分队已经近在咫尺。此时的贝蒂与希佩尔进行着激烈的交战，并力图将德军编队向东驱赶，而这与杰里科舰队赶来的方向南辕北辙。下午6时，坐镇"铁公爵"号（HMS Iron Duke）的杰里科从他的旗舰上已经能够看到贝蒂的舰船，但由于浓雾的遮挡他没能发现舍尔和希佩尔的踪影。不愿继续干等的杰里科命令舰队向左转向进入向东的航线。贝蒂的战列巡洋舰向着英军主力战列舰部队加速前进，而埃文-托马斯的战列舰则被甩在身后。双方的侦察巡洋舰都被派出前往并未发生交战的海域进行侦察。而在被称为"风角"（Windy Corner）的主要交汇点，侦察巡洋舰回报称"有大量的敌军舰船……敌舰甚至已经远远超出了水兵们所曾预想的数量。[1]"

日德兰海战的第三阶段，也就是双方主力舰队交战（Main Fleet Action）即将打响。事实上，虽然已经到了双方主力舰队即将遭遇的关头，即便杰里科能够控制双方舰队的运动，他也难以让自己的舰队处于更有效的部署态势。呈向东航行的单纵队的英军战列舰对部队与从东南方向驶来的舍尔的纵队构成了一个倾斜的"T字形"。但在北海浓重的雾气下，杰里科没能完全抓住机会对敌军发起决定性的炮火打击。在前方的浓雾中看到炮口的闪光后，舍尔的舰队于下午6时35分开始实施已经被反复精心演练的"战斗转弯"，脱离了交战。

如果当时英军战列线立即转向发起追击，那么英军将有机会利用压倒性的优势火力快速结束战斗。但正如我们所见，对于德军伏击的极大担忧让杰里科无意发起坚决的追击。他让舰队继续保持向东一段时间后，命令舰队散开成多个分队向南将舍尔的舰队封堵在杰德湾的基地群之外。

舍尔指挥舰队在下午6时55分向东转向，他或许是希望能够从英军编队末尾处逃脱并借机返回基地。但是杰里科舰队的位置并没有舍尔所预想的那么靠南。舍尔向东的命令让德军纵队在硝烟与迷雾中径直冲入了英军战列舰部队的正中，他的舰队再次处于这个倾斜的"T字头"的不利一方。考虑到自己的舰队既不可能悄悄溜走也没有机会在日光下凿穿英军舰队的队形，舍尔再度下令掉头回航，同时让驱逐舰发起进攻，并利用战列巡洋舰吸引英军的火力。

在这战斗的关键之际，杰里科再度未能及时下令追赶德军。相反，他命令自己的各战列舰分队再度分成小队调转方向以免被德军驱逐舰所释放的鱼雷所击中。英军的这一动作使得双方再度脱离接触。一小时后，双方舰队再度如巧合般相遇，双方的前卫舰队发生了交火，但由于夜幕将至，杰里科拒绝了让舰队进一步与德军贴近。当夜幕完全降下时，双方舰队几乎平行地向南航行。正位于自己的基地与舍尔舰队中间的杰里科打算在破晓时分重新拉开战幕。

这场海战的第四阶段，夜战（Night Action）阶段在1916年5月31日夜间与6月1日凌晨展开。舍尔此时处于极为绝望的境地，如果他的舰队与基地之间的联系在夜

---

[1] 引用自Holloway H. Frost的《The Battle of Jutland》（Annapolis，1936）第305页。1922年，美国海军战争学院的深造军官们在研究杰里科复杂的部署时提出了采用更为简单，同时机动更为容易的环形队形进行昼间战斗。次年夏天，曾作为战争学院学员的切斯特·W. 尼米兹中校将环形队形引入到了美军舰队当中。

间继续处于被切断状态,英军舰队将能利用接下来的一整个白天集中优势兵力找到对付自己的办法。两相权害取其轻,虽然他可以笃定大舰队就拦在自己回港的道路上,但还是决定以最短的路线向母港直奔而去。将自己已经受创不轻的战列巡洋舰分队安排在队尾后,他下令舰队顺次转向西南,并全然不顾靠近岸边继续"坚守"(Durchhalten)航向。在晚上10时15分到次日凌晨2时期间,双方在直射距离爆发了一系列短促但极为激烈的遭遇战,德军战列舰和驱逐舰部队在夜幕中强行在英军轻型舰艇当中犁开了一条道路,且从距离英军战列舰仅6英里的位置上直穿而过,期间仅损失了1艘老旧的前无畏舰和2艘轻巡洋舰,且在夜战中击沉了英军1艘装甲巡洋舰和5

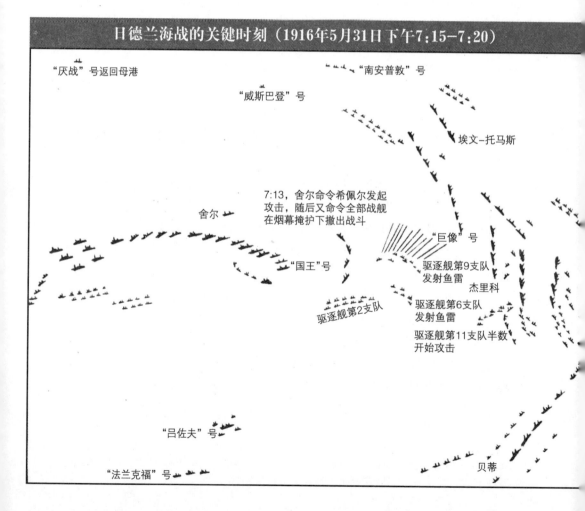

艘驱逐舰。舍尔赶在杰里科搞清舰队后方发生的情况之前成功冲破了英军的封锁。

直到2时30分，终于认识到猎物已经溜走的杰里科并不敢继续接近德军布设的水雷阵，因此选择让舰队向北转向。日德兰海战就此告一段落，舍尔则于当日下午返回杰德湾。

虽然公海舰队的撤退并不能被称为一场胜利，但德国人却有理由为己方在面对优势英军时仍不落下风而感到高兴。此战中英军在战舰数量上拥有8∶5的优势，而损失数量之比则与力量比基本相当。英军损失3艘战列巡洋舰，3艘装甲巡洋舰和8艘驱逐舰，总计排水量111980吨。德军则损失了1艘老旧的前无畏舰，1艘战列巡洋舰，4艘轻巡洋舰和5艘驱逐舰，总计62233吨。

战斗结束后英国海军部发布的战报并未对英军的损失做出任何隐瞒。而英国公众和皇家海军内部也因为英军未能继承纳尔逊传统将德军全歼而颇为失望。杰里科在此战中的表现颇受诟病。那些"扶手椅战术家"们抨击他在战斗中多次未能抓住战机，反而让德军得以利用。当杰里科被晋升为第一海务大臣时，他的晋升也被外界误认为是明升暗降的典型案例。

虽然在战斗结束后德国海军上下都认为自己取得了相当的成就，不过此战中优异表现却随着舰队在接下来的时光中闭港不出而消磨殆尽。在日德兰海战之后，公海舰队主力如同此前一样不敢冒险与英军舰队主力对抗。除一次短暂的训练巡航和两次未能成功的对挪威海域航运的袭击行动之外，整个舰队都待在港内无所事事。无事可做的舰队官兵从已经不再出港的战舰上抽调下来投入到极为活跃的潜艇部队中，而基尔港水兵的起义最终点燃了德国民众以及在战场上的士兵们的不满情绪，在国内的起义与外界的军事压力下，德国的国防最终土崩瓦解。

日德兰海战可以被视作是蒸汽时代水面战斗的顶峰——正如同勒班陀海战是桨帆船时代的顶峰；特拉法加海战是风帆时代的顶峰一样。在接下来的二三十年间这场海战被全球的海军学府进行了最为深入的探究。在下一场世界大战中，双方海上对决的主力已经变成了能够在距离敌人200英里或者更远距离上对敌人发起攻击的航母舰队，而无畏舰的巨炮在这样的交战中已经完全派不上用场。

第20章
君士坦丁堡战役

在英法联军成功在巴黎近郊阻挡住德军的攻势后，英国内阁曾预计战争将在90天内结束。时任陆军部长的赫拉迪奥·基齐纳（Lord Horatio Kitchener）陆军元帅则对这种一厢情愿的推测嗤之以鼻。他坦言这场战争将持续至少3年，且只有能够在战线上维持上百万训练有素的士兵的那一方才能赢得这场战争。到1914年年底，其余的内阁成员大都接受了基齐纳的观点，至少承认这并不是一场可以在短期内结束的战争。在东线战场，德军仅依靠不到总兵力两成的部队就打得俄军节节败退。俄军并不缺乏勇气，但他们装备极为简陋，缺乏足够的炮兵，有的步兵甚至连步枪都没有。波罗的海已经被德国人完全控制，而黑海则因为土耳其已经封锁达达尼尔海峡，俄国没有可用的对外交流通道。虽然美国为协约国提供紧缺的军需给养，但俄国根本无法进行任何国际贸易，更遑论参与其中。

此时的西线战场已经陷入僵局，双方在从北海海边延伸至瑞士边境长达350英里的战线上掘壕对峙。双方每次突破对方防线的尝试在敌军的铁丝网和机枪下都只能换来可怕的损失；到1914年底双方各自就已经遭受了超过50万人的伤亡。由于这条战线的首尾两端分别是茫茫大海和一个永久中立国，双方都没有丝毫可能在地面战场上从侧翼突破敌军战线。但是此时英德双方都在研究从海上发起攻势。

德军的方案是对英国的海上生命线发起袭击战。最初德军依靠水上破交船进行袭击，随后潜艇部队也加入进来，攻击运载着英国维系自身所需的给养和食物的运输船只。德国的无限制潜艇战曾一度将英国拉近到战败的边缘,但随着美国逐渐被拖入到这场战争中,基齐纳预测赢得战争所需的百万大军终于从大洋彼岸来到了欧洲战场,让协约国赢得了胜利。

英国所制定的旨在在西线战场之外的地方打开局面的计划都是为了解除俄国港口所遭到的封锁,从而武装起沙俄庞大的人力储备,同时转运出俄国手中数量巨大且英法急需的小麦。费希尔建议出动一支两栖登陆舰队进入波罗的海,在里加港搭载上俄军步兵后将这些步兵送到距离柏林仅90英里的德国沿海发起登陆。这一主张似乎是快速结束战争的绝佳手段,但在此之前英军必须首先确保公海舰队无从插手其中——要么利用水雷和潜艇将其封锁在港内,要么将该舰队引诱到海上歼灭。即便大舰队成功引诱公海舰队进行了决战,1914年时的英军高层也普遍认为这场战斗将会使得大舰队的实力被严重削弱。

在英国战争委员会内部,攻击土耳其的提议逐渐受到了重视。此时协约国军队在达达尼尔海峡部署有一支由老旧的前无畏舰组成的舰队用于监视达达尼尔海峡,同时还提防"戈本"号与"布雷斯劳"号溜出封锁袭击英国在地中海的航运。在这支前无畏舰部队支援下发动一场两栖登陆,既能够让此时保持中立状态的意大利被拉拢到协约国一方,又能鼓舞观望中的巴尔干半岛诸国对土耳其和奥匈帝国发起攻击。

中东局势的发展也为这场攻势推波助澜。1914年年底,土耳其按照原定的扩张计划准备对俄国的高加索地区发动进攻。俄军总司令尼古拉斯大公(Grand Duke Nicholas)请求英国设法发动一次佯攻,从而将土耳其军队的有生力量从土俄边境引开。基齐纳立刻保证因国会采取行动。考虑到自己手头一时间根本没有多余的部队可用,基齐纳将这个问题推给了丘吉尔。此时的英国海军部能够在达达尼尔海峡一带安排一场海军力量展示的行动吗?

丘吉尔与费希尔商讨了这一问题,相识多年的二人在多年间发展出了情同父子般的深厚友谊。丘吉尔珍视费希尔在海军相关事务中如百科全书般的广博知识,他自己对海军问题也有着深厚的见解。费希尔则非常赏识丘吉尔的敏捷才思与强大的表达能力。正因为二者的交厚,在费希尔重返海军部之后他们已经建立起了一个非常有效的工作团队。

在土耳其问题上,费希尔希望直接开辟新的战场。他以极大的热情写下了一封以"亲爱的温斯顿"为开头的亲笔信,并派出自己的信使火速递给丘吉尔,这封涂满了下画线、用上了大量的大写字母和感叹号的信中写道:"我认为对土耳其发动攻击能够奏效！"（这些单词全部用上了大写字母）"但必须立即展开行动！"[1]他建议英军立即抽调所有的英印军部队和75000名英军老兵在达达尼尔海峡的小亚细亚一侧登陆，而希腊人则同时在加里波利半岛发起进攻，保加利亚人向君士坦丁堡发起进攻，同时罗马尼亚人对奥匈帝国发起进攻。在地面行动展开的同时，封锁舰队的前无畏舰将强行冲破达达尼尔海峡。

这是一份极为大胆的计划，同时也完全不切实际。基齐纳此前已经着重强调了英军已经无兵可派。而虽然协约国领袖们都热切期望希腊、保加利亚、塞尔维亚和罗马尼亚加入战争，但这些国家在协约国展现出自身能够在中东赢得一场胜利之前都不太可能贸然参战。因此费希尔的整个计划中唯一有可能实施的就只剩下让老式战列舰强行冲入达达尼尔海峡。而丘吉尔就这最后一点进行了着重的研究。

1915年1月3日，丘吉尔向负责指挥达达尼尔封锁舰队的萨克维尔·H.卡尔登（Sackville H. Carden）海军中将发了一份电报。并询问完全凭借舰船实施达达尼尔作战是否可行？丘吉尔在电文中写道，"行动是否会造成惨重的损失？"

时年58岁的卡尔登在马耳他船坞总监的位置上度过了4年的和平时光，他在接到海军大臣直接向他拍发的电报后有些受宠若惊，同时也认识到了这个问题需要一个确实的答案。他的回复在1月5日被送达了海军部："我不认为达达尼尔海峡可以被直接冲过。突破达达尼尔海峡需要大量舰艇进行一场长期的作战。"

战争委员会和海军部对于这份来自现场指挥官的意见印象深刻，丘吉尔回电给卡尔登道："你的观点得到了高层的赞同。请将你认为这场作战所需完成的任务、所需动用的力量以及如何运用这些力量等内容通过电报详细告知。"

由卡尔登的参谋部制订的计划于1月11日送到了海军部。这份计划将攻击行动拆分成了4步：

1. 摧毁达达尼尔海峡入口处的所有堡垒。
2. 扫清直到狭口处的水雷，并削弱用于掩护水雷阵的岸防堡垒。
3. 削弱狭口的堡垒。
4. 扫清狭口内的水雷，随后消灭从狭口向内的所有堡垒和水雷阵地，最后舰队进入马尔马拉海。

---

[1] "I CONSIDER THE ATTACK ON TURKEY HOLDS THE FIELD!" "but ONLY if it's IMMEDIATE!"

为了让这个计划顺利实施，卡尔登认为需要动用12艘战列舰，3艘战列巡洋舰，3艘轻巡洋舰，1艘舰队领舰，17艘驱逐舰，6艘潜艇，4架水上飞机，12艘扫雷舰以及大量的各型辅助船只。

海军总参谋部在讨论后批准了卡尔登计划。费希尔则建议除卡尔登所要求的十余艘老旧前无畏舰之外，总参谋部应当派出新建成的无畏舰"伊丽莎白女王"号进行增援，这一提议得到了丘吉尔的赞许。"伊丽莎白女王"号当时正在赶往直布罗陀以对其强大的15英寸舰炮进行测试。为什么不将该舰送到达达尼尔海峡凭借其远超过土军舰炮的射程进行实战测试呢？因此计划当即得到了批准。被请求参战的法国海军也同意派出4艘老式战列舰加入行动。

在1月13日举行，费希尔也列席参加的一场战争委员会会议上，丘吉尔用自己强大的魄力与口才全力兜售卡尔登的计划。战争委员会对这个计划也产生了兴趣。基齐纳认为这一计划值得一试，并指出如果炮击行动如果没能产生预期效果将会被中断。在全票赞成后，委员会指示海军部制订计划"在2月进行一场海军远征行动，以炮击并夺取加里波利半岛及君士坦丁堡为任务目标"。

夺取加里波利半岛的任务将由两个营的皇家海军陆战队和水兵完成。在舰队将敌军堡垒摧毁并迫使敌人放弃阵地（正如杜邦舰队1861年在皇家港所做的一般）；或通过封锁敌人的水路补给占得上风（如法拉古特舰队在1862年围困新奥尔良和1864年封锁莫比尔湾一般）后发起登陆行动。

1月末，达达尼尔海峡行动正在有条不紊地推进当中。所需弹药已经调集完毕，支援而来的参战舰艇也在陆续抵达。海军总参谋部此时最担心的就是此前充其量只指挥过一支巡洋舰中队的卡尔登是否胜任这个任务。第一海务大臣（费希尔）评论道："我从不记得，他（卡尔登）曾经做过任何令人印象深刻的事情。"为了辅佐卡尔登，也为了给他吃下定心丸，丘吉尔安排了两名经验丰富、技艺娴熟的军官加入他的参谋部：约翰·德·罗贝克（John de Robeck）少将被任命为副指挥官，而罗杰·凯斯准将则被任命为参谋长。

在此关头，费希尔的突然变卦令所有人都震惊不已，他宣布自己并不支持整个计划。费希尔的反对来自一封由约翰·杰里科写给他的信件，其中抱怨大舰队此时的兵力优势并不足以在可能发生的决战中确保胜利。费希尔对杰里科的意见表示赞同，同时对海军大臣丘吉尔提出了抗议。他反对将驱逐舰和战列巡洋舰部队调入爱琴海海域。令费希尔忧心忡忡的并不是那些早该被丢进拆船厂的前无畏舰可能会遭受损失，而是舰上的舰员，不断完工的英军新型战舰正需要这些训练有素的官兵。他将自己的立场转回了早期所坚持的论调，在达达尼尔海峡的胜利需要一支强大的陆军部队配合才能实现。

1月27日，费希尔向阿斯奎斯首相递交了一封短信，称为了表示自己对海军大臣的反对不会参加次日举行的战争委员会会议，并准备辞职。他在信中写道："我对于离开海军大臣一事深感痛苦，我与丘吉尔相交颇深，对他充满敬意，但在此事上我和他不可能统一意见，正因为上下一致对于战争至关重要，因此我并不希望成为绊脚石。"

在次日早上会议召开前，丘吉尔说服了费希尔和他一道在首相面前直接提出二者计划的不同。首相在听取了二人的方案后做出了决定："达达尼尔行动将会继续。"三人随后一起参加了会议。当丘吉尔开始在会上汇报战役行动的准备情况时，费希尔愤而指出他不应在今天这种情况下提出此事。在首相强行压下二人的矛盾后，费希尔突然从桌边站起，大步走向会议室的大门，准备立即写好自己的辞呈。基齐纳则随之起身拦下了这位海军上将，将他拉到了一处凹窗处。基齐纳向费希尔指出首相已经下了决定，现在他有义务尽全力让这个计划顺利实施。费希尔接受了基齐纳的劝说并返回了会场。

在会议结束后丘吉尔邀请费希尔来到他的办公室，在随后那场漫长但友善的讨论中他最终说服了这位老人。虽然费希尔仍然对于即将发起的行动抱有异议，但丘吉尔告诉他，他的卸任会使得英军更有可能在这场行动中遭遇失败。如果继续留在海军部中，费希尔还能继续推进耗费他毕生心血的造舰项目。费希尔在之后回忆道："在我最终决定留任后，我就全身心（Totus porcus）地投入到了这次行动中。"

达达尼尔战役

土耳其军队将达达尼尔海峡的防御集中在靠近爱琴海的12英里沿岸上。土军在海峡入口处布置了4座堡垒，共计27门火炮，另在狭口上游的十余英里海岸线上布置了11座堡垒共计88门火炮。在两处主要防御带之间的陡峭海岸线上还部署着一些小口径火炮。

在1914年11月，卡尔登的爱琴海舰队就在丘吉尔的命令下对海峡入口处的堡垒发起了炮击。英军未说明展开这一敌对行动的目的。在德国海军顾问的建议和帮助下，土军拓展了在狭口处设置的雷场，并在下游的科菲兹角（Kephez Point）附近的海面上布置了一处新的雷场。土军设置了新的炮台来保卫这些雷场，同时还布置了用来发现夜间行动的探照灯。土军在科菲兹角和狭口入口处布设了机动式的榴弹炮，可以快速地从一处阵地转移到另一处阵地。虽然达达尼尔海峡的设防总体而言算得上严密，但布置在要塞中那些大口径岸防炮所需炮弹的数量并不充足，且由于同盟国与土耳其两国之间还夹着俄国和其他中立国，土耳其只能通过秘密途径得到少量大口径炮弹的补充。

丘吉尔为卡尔登派去了额外的火力支援，但却没能为他在爱琴海找到一处前进基地。卡尔登的舰队利用距离海峡入口15英里的忒涅多斯岛（Tenedos）作为临时锚地，但此处缺乏紧急修理所需的设施。丘吉尔打算通过与希腊政府的协商在达达尼尔海峡入口西南方向50英里的利姆诺斯岛（Lemnos）上的穆德罗斯港（Mudros Harbor）建立起一个两栖作战基地。不过在1915年初，穆德罗斯港还只是一个小渔村，偌大且多风的锚地中只有一座小码头可供使用。除此之外距离此处最近的能够让处于战斗装载量的舰船停靠的港口就只剩下距离达达尼尔海峡足有700英里的亚历山大港。而舰队母港则位于马耳他，距离更是遥远。

英法联军对达达尼尔海峡的攻击自1915年2月19日展开。卡尔登搭乘战列巡洋舰"不屈"号带领与另外5艘前无畏舰组成的舰队从忒涅多斯岛锚地出发。在他们向达达尼尔海峡入口前进时，入口左侧有两座被赫勒斯角（Cape Helles）和附近的塞德巴尔村（Sedd el Bahr）所掩护的炮台。在两座炮台后方的是加里波利半岛的高地，高耸入云的群山被棕色的矮树和一种特有的矮松所覆盖。在群山的右方，靠近亚洲海岸库姆卡尔村（Kum Kale）的地方还有两座炮台，而且二者后方是更加高耸的群山。

随着冬日的朝阳将阴影一扫而空，卡尔登的战舰在最远射程上开始了一场对四座炮台的缓慢但精准的射击。土军知道己方火炮无法击中英军战舰，因此不打算浪费弹药，而在当天日落时分当英军的数艘战舰打算抵近观察毁伤效果时，两座土军炮台突然开火并将英军驱离。此后由于爱琴海海域季节性的暴风雨天气和糟糕的能见度，炮击行动直到2月25日才再度展开。当天英军战舰抵近到了更近的距离同时遭受了一定的损伤，不过这场持续了一整天的炮击也将海角上的炮台炸成了一堆瓦砾。

接下来的一周中，只要天气允许，英军就会派出由陆战队员和水兵组成的爆破小队登上两处海角将舰炮无法彻底摧毁的土军大炮炸毁。但随后土军开始在英军的前进道路上挖掘防御工事坚守，深深的堑壕可以让士兵免受舰炮的杀伤。土军凭借工事对

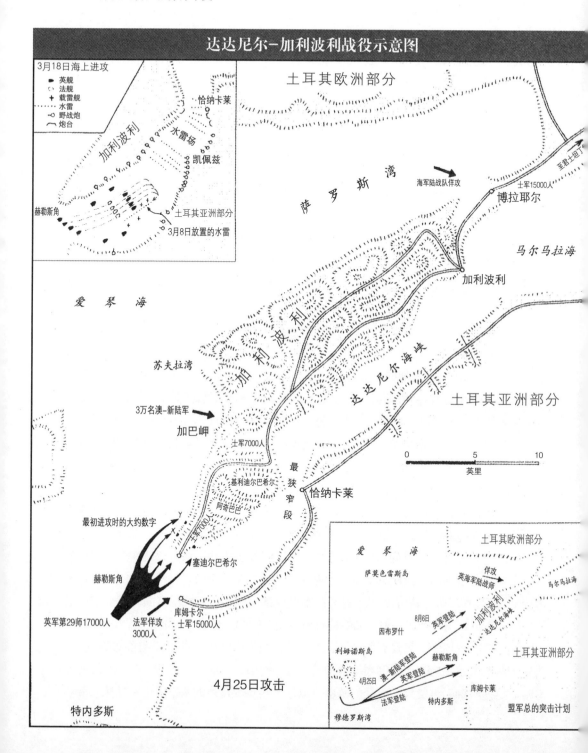

一支登陆小队发起射击并射杀了20名英军。3月4日,英军完成了爆破行动,卡尔登宣布第一阶段的目标已经完成。

这一消息让英国战争委员会颇受鼓舞,同时也让在君士坦丁堡的奥斯曼政府感到恐慌。随着人们估计俄国很快就能出口多余的谷物,芝加哥期货市场上的小麦价格开始暴跌。希腊政府提出为登陆加里波利半岛提供3个师的部队,而希望自己入主君士坦丁堡的俄国则拒绝了这一请求并准备派出一个军团在奥斯曼投降后立即占领君士坦丁堡。

此时英军计划的第二步也开始实施:英军将扫清海峡内的水雷并压制两岸的支援炮兵。在天气晴好时,英军战舰就会进入海峡对两岸开火,但收效甚微。土军的机动式榴弹炮躲藏在灌木丛中,英军很难测算瞄准点,且这些火炮可以很快就转移到别处。

配备了无线电的水上飞机被用于搜索土军的火炮,但是在这段时间内天气过于恶劣,只有两天的风势足够让飞机出动。水上飞机起飞后很难爬升到步枪有效射程之外。航空侦察在这一阶段的主要贡献在于确定了科菲兹角水雷场的位置,这一水雷场布置在达达尼尔海峡入口上游7英里处,排成了多道横跨海峡的线型阵列。

相比整场进攻中其他的作战行动,扫雷行动无疑是最没有成效的。英军使用无武装的木制拖网渔船,利用简陋的应急拖体扫除水雷,参加行动的也都是被征召自北海沿岸港口的渔民。这些木制扫雷艇虽然在平静且没有发生战斗的水面上表现尚可,但海峡中速度高达4节的涌流使得这些扫雷艇举步维艰,释放了扫雷具时更是如此。更为严峻的是,扫雷艇的操纵者们缺乏在敌方火力下作业的经验,经常在炮弹于附近爆炸后便仓皇逃开。

在3月26日的昼间扫雷行动出师不利之后,扫雷艇只在天黑后出动,但守军利用探照灯将海峡内照成了白昼,而英军的护航舰艇则难以消灭这些探照灯。在此后的每天晚上,只要岸炮开始怒吼,英军的拖网渔船就会掉头逃窜,而此时扫雷艇与水雷场仍相距甚远。在收到战报后愈发急不可耐的丘吉尔向卡尔登发报称:"我不明白为什么扫雷艇在毫无伤亡的情况下就被敌军炮火驱散。为了扫清直到狭口处的水雷,即便付出两百甚至三百人伤亡的代价也是微不足道的。"

对战况甚是着急的卡尔登为每艘拖网渔船都配备了一名海军军官作为指挥,并把军官生、准尉和士官充实到扫雷艇的船员当中。这一做法居然产生了令人惊奇的效果。英军拖网渔船径直深入科菲兹角水雷场内,冒着猛烈的炮火展开作业,即便船身被命中多发炮弹，扫雷具被打飞也继续进行作业，最后，英军遭受了9人的伤亡，其中5人阵亡，4人受伤。

英军的战斗舰艇则根据丘吉尔的命令绝不靠近尚未扫清水雷的区域，同时尽可能地从科菲兹角雷场的边缘对狭口的堡垒进行炮击，甚至从爱琴海水域越过加里波利半岛的群山对土军发起吊射，但由于距离太远，这些炮击都很难取得决定性成果。

一名土耳其水雷专家在观察到协约国战列舰进入海峡后习惯性地会贴近靠亚洲一侧后，在3月8日午夜派出了一艘小汽艇在亚洲海岸一侧敷设了一整列的20枚水雷。这些水雷中只有3枚碰巧被扫清，其他水雷则一直没有被协约国军队发现。

在丘吉尔看来，此次作战的低伤亡意味着英军缺乏敢于尝试的勇气，在这样的僵持局面下必须采取冒险行动来打开局面。3月11日，他向卡尔登发报："我们不希望催促你或者逼迫你超出判断范围的命令，但我们已经清楚地认识到了在此次行动期间你需要为了胜利达成决心，现在我们想要知道的是，你认为行动是否已经推进到了关键节点。"

因丘吉尔的逼问而沮丧不已，且愈发认识到这一任务已经超出自己的能力范围的卡尔登在此之后便食不知味，夜不能寐。在3月16日，他向丘吉尔发报称只要天气情况允许，舰队将动用全部力量奋力作战。在此之后，在心理医生的建议下，卡尔登提出辞去自己的职务。在丘吉尔批准后，德·罗贝克接替了他的职务并计划在3月18日发起孤注一掷的突击行动。

罗贝克决定动用全部战列舰来获得压倒性的数量优势。由于海峡的宽度并不足以让所有的战列舰充分展开，他准备用4艘战列舰炮击狭口处堡垒进行攻坚，同时老式战列舰在侧翼压制沿海岸线布置的机动式榴弹炮以及掩护雷场的炮台。罗贝克认为在持续一天的攻击后敌方堡垒的炮火将被明显削弱，拖网渔船便可以在水雷场内扫清一条通道。随后舰队将继续向前推进，在直射距离上彻底摧毁这些堡垒并进入马尔马拉海。

罗贝克以手中最强大的4艘战舰为先导拉开了3月18日攻击的序幕。"伊丽莎白女王"号、"阿伽门农"号、"纳尔逊勋爵"号和"不屈"号在距离查纳克（Chanak）14000码的地方排成横队。由于它们处于狭口内的岸防炮射程之外，虽然这4艘战舰被沿岸的土军火炮反复命中，但却只受到了极为轻微的损伤。在4艘英军战舰对堡垒进行了长达半小时的炮击且通过目视确认有效命中多发后，罗贝克命令第二梯队4艘法军战列舰开始向前推进。在英军第一梯队战舰继续开火的同时，法军战舰从英军身旁穿过抵近到距离主要目标10000码的位置上。随后法军战舰会同英军一道开始了炮击。在随后两个小时的战斗中,从上游以及两岸射来的土军炮弹对法军战舰的上层建筑造成了很大破坏,其中一艘战舰的舰体甚至被击穿了水线下的部分。

在土军堡垒的火力已经遭到严重削弱后,罗贝克根据计划命令法军战舰回撤,同时让4艘早已在后方待命的英军战舰前出轮换。正当法军战舰向右回转进入纵队队形准备根据事先安排好的航线沿海岸撤回时,这支纵队一头撞进了土军在3月8日布置的、尚未被扫清的水雷阵中。法军战列舰"布韦"号(Bouvet)在触发一枚水雷后像石头一般直接沉进海底,还带走了超过600名该舰的舰员。

大多数此前被充实到扫雷艇队伍中的军官和士官此时已经回到了自己此前的岗位上。这一做法事后被证明是不明智的。当这些木制小艇再度进入海峡时,两岸的土军火炮迅速让扫雷艇被笼罩在了火网之中。虽然此时的土军火力并不如此前有海军官兵压阵时那般猛烈,但对于这些渔民而言还是无法忍受。他们的拖网渔船全然不顾督战的海军警戒艇,调转船头用最快的速度逃出了海峡。

看到拖网渔船四散而逃的罗贝克直到此次进攻已经事不可为,此次大胆的赌博也未能快速打开局面。他下令前卫横队开始撤退。但随后不久支援队伍中最靠近亚洲海岸的"不屈"号战列巡洋舰就在紧挨着"布韦"号触雷沉没位置的地方又吃了一颗水雷。向右倾斜且舰艏已经下埋的该舰最终艰难地退出了海峡。屋漏偏逢连夜雨,前卫队伍此时又一头扎进了一整排未被扫清的水雷中。老式战列舰"无阻"号(HMS Irresistible)撞上了一枚水雷并在岸上机动火炮的猛烈打击下开始向着亚洲一侧海岸漂流而去。一艘协约国驱逐舰及时赶到并设法救走了舰上的大部分官兵。在舰队中的其他战舰成功撤退后,负责拖曳已经瘫死的"无阻"号的"海洋"号(HMS Ocean)战列舰又撞上了一枚土军于3月8日敷设的水雷,两艘战列舰双双在当夜沉入海底。

防守狭口的土军和德国顾问为所取得的胜利欣喜不已,在目送协约国舰队狼狈撤退的同时松了一大口气。由于此时大量的土军火炮已经被炸出炮位或者直接击毁,且弹药也所剩无几,守军非常清楚协约国战列舰如果突破了雷场就能轻松地攻破狭口。在土军看来,协约国军队的进攻近在咫尺,他们很快就会卷土重来。守军将这一情况电告君士坦丁堡,奥斯曼政府于是开始为放弃首都做最后的准备,并开始转移城内的黄金、珍贵艺术品以及其他高价值的物品。

远在伦敦的高层和身处爱琴海的罗贝克也都希望尽快恢复攻势。"不屈"号和两艘被击伤的法军战列舰脱离舰队返回马耳他进行维修。丘吉尔向罗贝克保证战舰的损失会很快得到补充。罗贝克则遣散了征召来的渔船，让驱逐舰拖曳扫雷具进行扫雷任务。他向海军部汇报称"有望在三到四天内完成重新展开行动的准备工作"。

不过计划赶不上变化，这场原本完全由海军包揽的行动又有了新的组成部分。早在英军开始对达达尼尔海峡外围的堡垒发动炮击之前，基齐纳就决定将陆军部队派到这处战场上。由于土耳其军队不大可能在君士坦丁堡受到威胁的情况下攻击苏伊士运河，基齐纳命令此前部署在埃及的澳新军团（ANZAC）转运到利姆诺斯。基齐纳同时准备将此时还驻扎在英格兰的英军第29师分批运往该岛，但由于此时两处主要战线发生的紧急状况，该师拖到3月16日才启程。基齐纳与海军部进行了协调，让后者派出了皇家海军水兵师（Royal Naval Division）的步兵，同时让法军贡献了一个驻扎在北非的师。到3月第3周时，英军已经集结到了多达810000人的步兵和炮兵部队，这些部队有的已经抵达了利姆诺斯，有的还在赶往战区的路上。

3月22日，已经准备好在几天内对峡口再度发动一场海上攻势的罗贝克登上"伊丽莎白女王"号前往利姆诺斯岛会晤了以澳新军团司令威廉·贝德伍德（Sir William Birdwood）少将和接任爱琴海战区协约国军队总司令的伊安·汉密尔顿（Sir Ian Hamilton）上将为首的一行人。虽然双方在会议期间探讨的具体内容难以一一列举，但在会议结束后，罗贝克的思路有了彻底的转变。罗贝克同意在陆军发起岸上作战行动的同时与陆军一道协同攻击达达尼尔海峡。罗贝克将这一消息转达给闷闷不乐的丘吉尔。费希尔和海军总参谋部的其他高级军官接受了罗贝克的看法，而丘吉尔则只得颇不情愿地将这一提议递交给了战争委员会。基齐纳就此接手了指挥战役的责任。

加里波利战役

从被基齐纳任命为爱琴海协约国军队总司令那一天起，汉密尔顿上将就一直在研究加里波利半岛——最初靠地图研究，在抵达利姆诺斯岛后还通过讨论以及亲自视察获取资料。由于位于基里德·巴尔（Kilid Bahr）平原上的堡垒能够扼守住达达尼尔海峡通往狭口的海域，因此基里德·巴尔成为他的登陆部队的首要目标。

在乘坐一艘巡洋舰亲自侦察加里波利半岛沿岸期间，他在脑海中已经将占领基里德·巴尔的任务分配给了他手头唯一拥有战斗经验的部队——第29师。他决定让这个师在赫勒斯角登陆，因为此处地面相对平坦，且登陆部队能够就近得到海军舰炮的支援。除此之外，赫勒斯角的情况此前已经由卡尔登的爆破小队进行了侦察，英军对此地相对熟悉。但由于海滩过于狭长，英军的登陆行动必须在多处滩头同时展开，只有这样才能够快速登陆。在赫勒斯角滩头纵深5英里处便是从海上也能清楚看到阿奇巴巴山脊（Ridge of Achi Baba），由于山岭的阻隔，此处就已经是协约国军队舰炮所能支援的最远距离。如果协约国军队将火炮设置在阿奇巴巴，便能够支援对更为纵深的基里德·巴尔的攻势。汉密尔顿希望自己的部队能够在登陆后48小时内推进至此处。

汉密尔顿所面临的另一个问题就是怎样孤立赫勒斯角的土耳其守军，切断其增援和补给。为了达成该目的，汉密尔顿大胆地计划在与加里波利半岛另一端的布赖尔（Bulair）地峡发起登陆，这处地峡显然就是土军获得从君士坦丁堡补给的陆上通道。不过由于地峡附近海域水浅，运输船必须在很远的地方下锚，从而导致部队需要经历漫长的转运过程才能从运输船上抵达岸边。除此之外，对布赖尔沿岸茂密且整齐的草地侦察让汉密尔顿发现此处有重兵把守，土军在此构筑了精妙的堑壕和炮位工事体系。

在巡洋舰沿着海岸航行期间，汉密尔顿试图在加里波利半岛窄腰处寻找适宜登陆的海滩。他在海岸线上突耸而出的伽巴帖培（Gaba Tepe）角稍微向北的位置上找到了合适的滩头，此处平缓的沿岸使得大军能够长驱直入，进入半岛内陆高耸的山地中。如果在半岛的高地上布置火炮，再加上海军舰炮的火力支援，英军就能用火力封锁土军经达达尼尔海峡或陆上沿海峡沿岸南北方向道路向半岛输送补给和增援的路径。通过在蜂腰部发动登陆，以及在布赖尔和基里德·巴尔方向发动佯攻，英军就能让部署在加里波利半岛南部的土军外线部队在一段时间内被全数牵制，从而给第29师留出时间攻占基里德·巴尔。汉密尔顿的总体计划就此敲定，之后就剩下敲定具体细节了。

但在此时，从英格兰将第29师运来的运输船却没有随船装载作战物资一事让汉密尔顿震怒不已。该师的火炮和弹药等装备物资都还在别的船队上，而机枪更是奇缺无比。由于蒙德罗斯岛只有一座栈桥且缺乏换乘所需的小艇和岸上设施，汉密尔顿让运输船团转往亚历山大港停靠，并在完成准备后自行赶来。

第29师的士兵在埃及扎营的同时，后勤军官指挥装卸工和水兵开始了繁重的补给卸载、清点统计和重新装载，以保证需要配套使用的物品能够按照预先顺序被储存在一起，卸载后即可配套使用。在此期间汉密尔顿除视察部队之外，还与第29师师长埃尔梅尔·亨特-韦斯顿中将（Sir Aylmer Hunter-Weston）进行了会晤，并同自己的参谋部一道完善了接下来的战役中所需的计划。4月10日，汉密尔顿返回蒙德罗斯港，登上"伊丽莎白女王"号战列舰，将自己的计划递交给了罗贝克少将和他的司令部。

两天后，罗贝克签署了他的联合作战命令（Orders for the Combined Operation）。

随着满载部队和物资的运输船从埃及挤进蒙德罗斯港，海军军官们开始与即将负责支援的陆军部队进行联系，并协同他们进行登陆演习，让部队能够掌握快速完成装卸以及在操纵小艇的技巧。所有滩头的登陆行动都被安排在4月25日进行。

在协约国军队3月18日的海上攻击未果后，心急如焚的土耳其政府将加里波利半岛土军的指挥权交给了德国军事顾问团团长奥托·黎曼·冯·桑德斯上将。在得到了土耳其方面会将所有能够调动的火炮都运往半岛并在原有的5个步兵师基础上再增援一个步兵师的承诺后，黎曼接受了这一职务。

黎曼·冯·桑德斯充分利用了基齐纳调动英军第29师和英国陆军部未按照战斗需求装船所带来的一个月的时间。他为手下的土军士兵制订了包括强行军在内的一整套严格的训练计划。他让土军在所有协约国可能登陆的滩头挖掘出了错综复杂，相互连接的堑壕体系，且阵地上配置了机枪阵地和数以英里计的绵长铁丝网。

不过在部署方面，黎曼却误判了盟军准备登陆的地点。他认为协约国登陆部队的首要目标是切断他与君士坦丁堡的陆地联系，于是将两个师（约15000人）的部队部署到了布赖尔地域，并将自己的司令部设在此处附近的加里波利镇上。他将另外两个师部署在靠近亚洲一侧的库姆卡尔角上，仅有一个师被布置在加里波利半岛南部（汉密尔顿准备投入主力登陆部队的位置）。黎曼的第6个师被用作预备队，一旦战况吃紧这个师可以被很快投入到达达尼尔海峡两岸的任意位置上。恰如上天注定的巧合一般，这个预备队师当时正部署在加里波利半岛的蜂腰处，驻地距离澳新军团的登陆场只有不到4英里。该师的师长便是令人敬畏的穆斯塔法·凯末尔（Mstafa Kamel），正是他在8年后建立起了土耳其共和国并成为该国的首任总统。

4月24日夜，超过200艘协约国舰船驶过爱琴海洋面，向各自的目标扑去，这些船只分别搭载着10000名执行对布赖尔的佯攻任务的海军步兵，3000名对库姆卡尔发起牵制登陆的法军士兵，负责登陆伽巴帖培的30000名澳新军团士兵，以及17000名主要由英军第29师士兵组成的负责登陆赫勒斯角的英军部队。与英军以往的两栖作战行动一样，此次行动英军仍然没有设立统一海陆军联合指挥部，但为了保证在行动中军种间能够进行密切地配合，汉密尔顿上将和他的参谋部登上了罗贝克少将的旗舰"伊丽莎白女王"号。

为了行动的突然性，贝德伍德上将在日出前便命令澳新军团的先头部队发起登陆。由于夜幕的阻碍，先头部队的士兵们操纵着小船在预定登陆场以北1英里的位置上了岸。澳新士兵们发现此时他们面前的不是汉密尔顿望远镜里曾经出现的缓坡，而是一座陡峭的山崖，他们不得不冒着土军断断续续的步枪和机枪火力冒险攀登山崖。不过对于澳新军团士兵们来说幸运的是，此处的守军人数太少，他们很快停止了射击并消失在夜幕中。随着阳光驱散了黑暗，登陆者们此时才发现自己处于极端不利的地形下，且各步兵营相隔太远难以有效组织。先遣队奋力攀上了沿岸的峭壁，才发现其后是一道深谷和更多陡峭的山崖。

汉密尔顿上将和罗贝克少将所乘坐的"伊丽莎白女王"号在行动发起时一直停留在澳新军团登陆滩头附近，直到他们得知登陆行动成功才离开。随后该舰向南驶向赫勒斯角滩头进行视察。赫勒斯角地域由于当地猛烈的潮汐而不适宜在夜间登陆。黎明时分，汉密尔顿和罗贝克听到了从远处传来的如雷鸣般的舰炮怒吼，在随后的寂静中，登陆部队正向着滩头驶去。

汉密尔顿上将此前已经将赫勒斯角登陆作战的战术指挥权交给了亨特-韦斯顿中将，韦斯特准备将自己约3000人的先头部队送到这处位于塞德巴尔以东不远处，被英军称为"V滩头"（Beach V）的大约300码宽的狭长滩头上。与此同时另外5个营（约5000人）的部队将在V滩头侧翼，代号S、W、X和Y的四处滩头上岸。为了防止部队擅自行动，亨特提前命令位于侧翼的各营直到V滩头的主力部队开始向加里波利半岛内陆推进后才能展开行动。随后侧翼各营将会与这3000人的先头部队会合。亨特希望英军能够在登陆首日占领阿奇巴巴的山脊，随后在次日占领基里德·巴尔的平原地带。

上午6时，依然保持着向南航向的"伊丽莎白女王"号接近了Y号滩头，此处与其说是一处登陆场，倒不如说是通往一处山崖的崖底。汉密尔顿惊讶于不见土军踪影，但英军士兵们却站在崖底无所事事。显然这是由于赫勒斯角的登陆发生延误，导致主力部队迟迟不到。汉密尔顿的总参谋长催促他赶紧下令让海军水兵师取消对布赖尔的牵制登陆行动，并将他们调到这处平静的滩头，从而尽快向距离滩头仅不到3英里的阿奇巴巴高地发起冲击。汉密尔顿拒绝了参谋长的请求，他认为此时距离动用自己的战略预备队还为时尚早。

在"伊丽莎白女王"号上，汉密尔顿注意到在X和W滩头的登陆行动进展顺利。虽然从许多登陆艇上密布的弹孔和滩头倒伏着的尸体可以看出英军付出了相当代价，但此时两处滩头的部队都已经成功深入内陆对土军发起攻击。不过在"伊丽莎白女王"号绕过赫勒斯角后，当汉密尔顿再度举起双筒望远镜时，V滩头的景象让他震惊不已。

V滩头是一处浅凹状的海滩，滩头只有一道细长的沙滩，其上便是陡峭的斜坡，而土军在斜坡顶上构筑的堑壕和位于东侧塞德巴尔的坚固堡垒让整座海滩成为杀戮场。距离在滩头不远处，由运煤船匆匆改装为步兵登陆舰的"克莱德河"号（River Clyde）率先发起冲滩。躲在堑壕和石砌工事内的土军利用步枪和机枪对该舰发起扫射，而英军士兵则利用得到沙包掩护的机枪在船头与土军展开对射。滩头上尚能行动的英军部队此时被钉死在一道距离水线不远处的低矮沙堤后方动弹不得。

余下的景象则称得上恐怖，英军士兵的尸体层层叠叠地摞在滩头和之前被用作临时栈桥，现在已经被打得四处漂流的驳船上。一些勇敢的英军士兵冒着土军的猛烈火力冲上了斜坡但被打倒，倒卧在斜坡上的尸体展现着他们的顽强与勇敢，而靠近滩头的海水已经被阵亡者的鲜血染上了红色。

此时隐蔽在"克莱德河"号上的后续部队大概有千人之多。此外还有数以百计的英军士兵正从远处的海上乘小船赶来。没有人愿意发送新一轮的登陆信号，因为这无疑是在将士兵们扔进注定的死亡与毁灭中。

凯斯海军准将建议将满载士兵的小船拖到Y滩头登岸，这批部队可以在上岸后从后方攻击V滩头当面制敌从而打开局面。虽然汉密尔顿批准了这项建议，但他在将这一调整告知战术指挥官方面显得拖沓。当他最终将这一建议通过无线电告知位于W滩头外海的亨特-韦斯顿时，他的措辞却让这一命令听起来像是一次普通的询问："你想让一些部队转移到Y滩头吗？如果想的话，我们有一些拖船可供使用。"又经过了一阵延迟才接到消息的亨特回电称，在他看来对当前计划进行的任何修改都会导致登陆发生进一步的延误。汉密尔顿对此不再多言，因为他现在又有了新的坏消息：穆斯塔法·凯末尔的预备队虽然数量上处于下风，但已经封锁了澳新军团从伽巴帖培继续向内陆推进的道路。

在赫勒斯角，在暮色下，乘小船登陆的英军步兵终于突破了V滩头。"克莱德河"号上的幸存者也在夜幕的掩护下登上陆地建立起了单薄的防线。疲惫不堪的士兵们手持武器整夜戒备，同时漫无目的地向着在已经被摧毁的堡垒废墟中顽抗的土军射击。

在北面，土军最终也发现了登上Y滩头的两个营的英军，并对其发动了彻夜的袭扰。次日早晨该滩头的英军在没有接到命令的情况下就乘小艇撤离了滩头。不过在其他滩头的各营则坚守住了阵地。到4月26日中午之前，V滩头已经开始卸载补给，到入夜时分英军已经将从X到S滩头的阵地打通为了一道连贯的战线。

4月27日，包括在库姆卡尔进行牵制性登陆的那个团在内的法国步兵师接管了英军战线右翼的防务。但是从登陆日开始已经三天未能合眼的英军第29师的士兵们此时还需要从水线将物资搬运上岸，因此该师无法发起进攻。当亨特在4月28日强令该师向前推进时为时已晚，从布赖尔和库姆卡尔赶来的土军生力军很快就阻挡住了协约国军队的进攻。

僵持与撤退

协约国军队始终没能打下基里德·巴尔，也从没能拿下阿奇巴巴。在加里波利半岛的战场上，双方很快转入了如同西线战场一般的静态僵持之中。

土耳其军队将大炮从海峡附近的阵地转移到了赫勒斯角的坚固堡垒之中。土军除利用火炮与协约国军队的海军对抗外，每当英军发起进攻，侧射而来的土军炮火也屡屡将英军的行动挫败。在澳新军团登陆的滩头，土军持续的袭扰炮击使得澳大利亚和新西兰军队很难将部队集结成一支突击力量。虽然协约国海军的炮手们随着长时间的实战水平有所提高，但当时还没有发明能够在步兵发起冲击时根据前方部队的呼叫发动精确炮火打击的方法。当协约国战舰将炮火调转到一处土军堑壕时，土军会在夜幕的掩护下向前掘进到贴近英军战线的位置，从而导致舰炮不分敌我地造成伤亡。不过一旦土军脱离堑壕保护，协约国军队的轻武器和舰炮火力每每都能将土军击退。在长期的相持过程中，双方的战壕体系不断扩张，后勤需求也随着战线的拓展水涨船高，伤亡也在不断增加着。

到8月6日时，汉密尔顿上将已经指挥着12万人的地面部队，他此时又在澳新军团左面的苏弗拉湾（Suvla Bay）将两个师的"基齐纳新军"（Green Divisions）送上了滩头。这支新上岸的部队原本意图与澳新军团配合将加里波利半岛拦腰截断，但他们面前有着如刀锋般陡峭的山崖和没有出口的峡谷，拙劣的指挥更是让整个计划付诸东流。期间一个由英国和廓尔喀士兵组成的混成营在英雄般的苦战后顺利抵达了高地，并最终到达了能够俯瞰达达尼尔海峡的位置，但这支部队很快被一顿高爆炮弹齐射所重创，而这轮炮火很有可能是由协约国舰队发射的。不过即便如此，他们还是在坚守，黎曼·冯·桑德斯调遣穆斯塔法·凯末尔来进攻，已经三天三夜不眠不休的凯末尔指挥着同样精疲力竭的土军士兵比英军更加勇猛。在凯末尔的指挥下，土军将英军逐出了要害的山脊，一路将其击退至挖掘好了堑壕工事的滩头防线，随后双方再度陷入无法攻破对方防御的僵持当中。

从4月下旬到12月，部署于此的少量英法潜艇用实际行动向人们证明了他们能够让"不可能"变得轻而易举。协约国小型潜艇频繁地穿过达达尼尔海峡深入马尔马拉海进行巡逻。在土耳其人于狭口处投放一张钢制大网以拦截时，协约国潜艇兵们驾驶潜艇径直冲向大网，随后反复前后挪动挤压，直至将网挤开。在马尔马拉海，协约国的单艇和双艇巡逻队袭扰了土军航运长达7个月之久。协约国潜艇击沉了多艘运输船，击沉了两艘停泊在君士坦丁堡的敌方战舰，上浮后轰击敌方列车，甚至组织艇员发起短暂的上岸袭扰战斗。正因为潜艇的活跃，黎曼不得不依靠经由布赖尔地峡的道路获取补给和援兵，而这意味着增援部队们只能步行，补给只能由骆驼和牛车运送。

到11月，协约国军队显然已经不再可能从加里波利半岛一路推进到君士坦丁堡。到此时为止已经有接近50万人的英法部队被部署至此，虽然已经蒙受超过25万人的伤亡，但盟军与君士坦丁堡之间的距离仍旧与4月时一样遥远。土耳其军队在半岛上也部署了规模相当的部队，且蒙受了同样惨重的伤亡，不过土军此时依旧守住了通往达达尼尔和君士坦丁堡的锁钥基里德·巴尔。见事不可为，基齐纳终于不情愿地下达了从加里波利半岛撤退的命令。

澳新军团的部队在撤退过程中展现了他们的别样才智，即便在他们的堑壕已经空无一人之后，他们仍能模拟出仿佛寻常步枪和大炮火力一般的动静。在为期5个夜晚的撤退行动中，澳新军团部队按照一份缜密策划的时间表实施撤离，而在这4天的白天，澳新部队仍旧装出了滩头人满为患的假象。英军的精湛射击技术为伪装出这样的假象提供了成功的基础。出于对英军狙击手的惧怕，土军不敢冒险在白天进行侦察行动，因此他们未能揭穿英军的伪装。

当澳新军团对面的土军发现协约国军队的堑壕已经空无一人后，他们旋即赶去支援赫勒斯角的部队。不过在该方向的协约国军队也在一周多一点的时间内成功全部撤退，期间土军一直未能发起猛烈攻势。赫勒斯角的成功撤退和澳新军团的撤退行动一样，都部分归因于土军对协约国军轻武器火力的敬畏。同时我们也要认识到，土军在当时无意阻挠协约国军的撤退。当然，撤退成功的主要原因还是缜密的规划，严格的纪律以及恪守行之有效的时间表。协约国军队从加里波利半岛上撤离的行动可以被认为是战争史上最值得铭记的两栖撤离行动之一。

余波

　　加里波利行动的惨淡收场无疑让协约国的声望受到了重创。决定进行这场战役的军方高层几乎都难以逃过战败后的风波。费希尔勋爵于1915年5月请辞,以对军方派遣更多战舰前往爱琴海表示抗议。在此之后不久丘吉尔被赶下了海军大臣的位子,此战对他的声誉的影响直到第二次世界大战爆发都未能平复。汉密尔顿在此战之后再也未能得到野战指挥的任命。声誉蒙羞的基齐纳也被停止了主持战争委员会的职务,不过他的突然离世让一切口诛笔伐戛然而止。在搭乘一艘巡洋舰前往俄国进行一次正式访问期间,他的座舰在奥克尼群岛(Orlkneys)附近触雷沉没。阿斯奎斯依然在任,但他此后一直未能逃脱参与敲定达达尼尔战役这一骂名之中。1916年,此前接替基齐纳出任陆军部长的大卫·劳合·乔治(David Lloyd George)接任了英国首相。

　　从后世的角度看来,君士坦丁堡战役可以算作第一次世界大战中最具战略魄力的行动之一。这场距离成功曾近在咫尺的行动如果获得了胜利,俄国就能利用协约国输入的装备和补给武装起巨大的人力,从而在协约国在西面发起攻击的同时从东面打进德国本土。协约国军队的两线进攻无疑能够直接压垮同盟国的抵抗,正如同盟军在1945年彻底摧毁希特勒的第三帝国一样。

　　如果协约国军队能够在1915年2月时动用8月中旬的集结部队在果断的指挥下发起登陆行动,那么协约国将有极大可能夺取君士坦丁堡并打开经黑海往俄国的水上通道。这场行动的失败是协约国内部组织不当,逡巡延误,扫雷力量欠缺,无法压制和歼灭岸防力量,未能抓住战机投入预备队,低估土军的战斗技能和士气等多方面因素共同导致的。

　　加里波利战役作为当时世界上规模最大的两栖登陆行动为此后的两栖登陆提供了教科书般的宝贵经验,第二次世界大战中成功实施的两栖登陆行动都从此战中获益良多。

第21章

袭船战

在第一次世界大战中，双方在海上的交锋主要是围绕着对军用和民用海上航运的保护、封锁和破坏进行的。秉承着自身海洋战略传统的英国在开战后立即对德国实施了远距离海上封锁行动，希望这个高度工业化的国家会因为食品和原材料输入的短缺而迅速崩解。不过德国通过战前储备，开发代用原料以及通过中立国进口等手段在几乎被孤立于世界市场外的情况下仍坚持了四年之久。不仅如此，德国还在海上发动了反击行动，虽然最初利用商船改装袭击舰发起的反击行动并不奏效，但随着德军开始动用其不断增强的潜艇力量，情况开始逐渐发生转变。

相比起拿破仑时代对法国进行的封锁，英国的对德封锁并不是一件容易的事情。德国在当时控制了波罗的海，同时可以通过北方的中立国进口原材料。在国际法体系中，只有绝对有效的封锁才是合法的封锁。由于在公海遍布的水雷以及潜艇和陆基飞机的威胁，对敌国进行近岸封锁显得并不现实，而远距离封锁显然不会完全奏效。为了解决这一问题，多国曾在1908—1909年在伦敦就行国际会议进行磋商。作为会议成果的《伦敦宣言》（*Declaration of London*）规定，即便双方处于交战状态，被运往中立国的，除武器装备以及其他明显用于战争的物资之外的货物都不得被查扣。

由于这份宣言对一直以来的海上战略构成了威胁，英国政府拒绝批准这份宣言。但战争爆发后，英国政府在坚持了一段时间之后还是通过了这份宣言，不过仍然对这份宣言的条款进行了自主解释。为了控制中立国的航运，英国首先宣称将从泰晤士河到比利时沿海的海区已经全部被布设水雷。中立国船只必须先在英国港口报到,接受反走私稽查后方可领取安全通过雷区所需的海图。一个月后,英国海军部宣布整个北海海域和从冰岛到挪威的海区都被划为战区,同时划定了一条纵贯英吉利海峡,延伸至斯卡格拉克海峡的巡逻航线。英军主要依靠母港位于利物浦和设得兰群岛的第10巡洋舰舰队来进行海上缉私任务,但极差的能见度使得英军根本不可能对航运实现完全封锁。

德国将封锁视作是针对妇孺的不义之举,并决心采取所有可用的手段来打破英军的封锁。德军的第一次潜艇作战行动就是以执行封锁任务的英军战舰为目标。在行动中U-9号潜艇取得了惊人的成功,在荷兰近海击沉了英军巡洋舰"阿布基尔"号(HMS Aboukir)、"霍格"号(HMS Hogue)和"克雷西"号(HMS Cressy)。不过这样的行动并不能改善德国当时所面临的困境,由于商船船队此时已经无法在海上活动,德国只能借助中立国船只来进口生活必需品。而英军对登临检查到的运往德国的走私物资一律查扣没收,同时英国还鼓励进口,将与中立国的进口贸易恢复到了战前水准,从而减少了他国运往德国的货物总量。这些措施普遍招致了中立国的反感,但英国为了保障封锁的有效性而对他国的不满无动于衷。

德军水面破交舰艇

在战争的最初几个月中,英国曾经因为德国派出水面破交舰袭击其航运而发生过短暂的恐慌。在这些破交舰当中最为成功的当属德军轻巡洋舰"埃姆登"号,该舰之前配属于施佩指挥的太平洋舰队。在1914年9月,该舰安装了一根用于伪装的桅杆,其外形酷似英军的"郡级"巡洋舰,驶入了孟加拉湾。在该海域其击沉了3艘英国货船并捕获了另外一艘,此外还对马德拉斯港(Madras)的储油罐进行炮击,使其燃起大火。该舰随后又在锡兰(今斯里兰卡)以西的贸易航线上兴风作浪,在短短48小时内击沉5艘船只。该舰随后在印度洋上的孤岛迭戈加西亚(Diego Carcia)进行了维修和加煤,而此时岛上的英国居民们对战争的爆发依然浑然不觉。返回自己的"狩猎场"后,"埃姆登"号在10月20日于锡兰附近海域仅用数小时就击沉5艘英国船只并俘虏另外两艘。此后该舰又向东前往马来半岛,并在对乔治镇(George Town)港的清晨突袭中击沉了一艘俄军轻巡洋舰和一艘法军驱逐舰。不过这也成为"埃姆登"号的绝唱,该舰在苏门答腊岛以南的科科斯群岛海域终于被澳大利亚轻巡洋舰"悉尼"号

（HMAS Sydney）追上，在后者的更强火力下，"埃姆登"号最终成为一堆残骸。

德军的另一艘快速轻巡洋舰"卡尔斯鲁厄"号（Karlsruhe）号也造成了与"埃姆登"号不相上下的破坏。该舰在1914年8月31日—10月24日期间在巴西沿海击沉或俘虏了14艘英国商船。不过在11月初该舰准备对巴哈马群岛发起奇袭时，该舰因意外殉爆被炸成数截。德军在此后依旧派出水面舰艇进行破交作战，不过此时破交船对于战争的胜负意义不大。无线电的出现使得如"阿拉巴马"号一般的长时间巡航不再可能。在袭击舰出港后，通常只需数个星期，协约国方面就能将其发现并消灭。一些袭击舰被击沉在海上，还有一些则被逐入非洲的河流并被封锁。两艘德国袭击舰则在美国弗吉尼亚州的中立港诺福克寻求庇护，随后被扣押。到1915年初德国水面破交船的威胁已经基本被消除，对于协约国而言，跨海运输似乎已经可以安全无忧。

第一次潜艇战役，1915年

事实上，此时的海上航运距离谈得上安全还为时尚早。作为对英国将整个北海划为战区的回应，德国海军参谋部此前就开始考虑动用潜艇攻击英国的海上贸易。由于此举可能导致的政治影响不可小觑，直到1915年2月4日，冯·波尔海军上将才终于在《帝国公报》（*Imperial Gazette*）上发布了如下警告。

（1）大不列颠及爱尔兰岛周边水域以及整个英吉利海峡从现在起被划为战区。虽然此举会对船员与乘客造成危险，但从2月18日起，在战区内发现的任何敌国商船都将被击沉。

（2）由于英国当局在1月31日宣布本国船只可以冒用中立国船旗，为了防止敌军舰艇悬挂中立国船旗对我军发动攻击，中立国船只在战区内也有遭到我军攻击的风险。

2月起，德军在不列颠岛东海岸和西部水道北部、爱尔兰南部等海域发起了第一轮潜艇袭船战。德军潜艇在发起攻击前完全不进行警告，此后日均击沉1.9艘船只，每月击沉的船只达到约10万总注册吨位[1]。虽然英军的布雷舰很快对这一威胁采取了对策，但直到1918年夏季，协约国军队才成功将潜艇阻挡在多佛海峡之外。

在5月，U-20号潜艇在爱尔兰岛南部近海击沉了英国班轮"卢西塔尼亚"号（Lusitania），船上的死难者中有128人是美国公民。美国对德国的暴行提出了严正抗议，并要求德国保证在海上的美国公民和船只的安全，同时不再对海上航运班轮实施攻击。德国拒绝了美国的交涉，声称"卢西塔尼亚"号当时搭载着战争物资，因此是合法的攻击目标。虽然美国举国震怒，但正如德国此前所预料的一样，美国尚未准备好加入这场战争。

1915年8月，英国载客轮船"阿拉伯"号（Arabic）在爱尔兰岛的金塞尔（Kinsale）外海遭遇了U-24号潜艇，后者很快将这艘民船送入海底。船上3名美国公民的死难让美国不惜以威胁开战提出抗议。德国在美国的抗议下产生了动摇，此后于9月20日中止了第一阶段的潜艇战役，同时德皇也下令不得向载客班轮发动攻击。此后德军将潜艇的攻击重点转向了地中海海域，到1915年年底为止已经有超过100艘协约国商船在地中海被击沉。

第二次潜艇战役，1916年

1916年初，提尔皮茨海军上将与鲁登道夫上将认为当时的情况不足以说明美国因为德军的潜艇战而更加同情协约国。不过此时的德皇下令不允许攻击载客商船，同时要求德军潜艇只能对战区内的配有武装的商船发动不经警告的攻击。不过仅在两周后，德美关系又发生了新的危机。3月24日，无武装的法国汽船"苏塞克斯"（Sussex）号在英吉利海峡内被德军的UB-29号潜艇误认为是一艘战舰而遭到击沉。该船的伤亡中包括了3名美国公民受伤，而此时使得威尔逊总统在4月18日威胁称准备断绝与德国的外交关系。德国政府在5月4日发布了"'苏塞克斯'号保证"，称此后对商船的攻击将严格遵照《捕获法》（Prize Law）进行，在击沉船只前为了保障船上乘客的安全进行而登临检查和搜索。舍尔海军上将认为遵照《捕获法》进行潜艇战不

---

[1] 总注册吨位（Gross Register Ton G. R. T）是一种用于测算货船载货能力的国际通行标准，将船只的每100立方英尺载货空间记作1注册吨。作战舰艇的吨位通常按照排水量进行计算。一艘总注册吨位3000吨的货船的排水量通常在5000吨左右。

可能成功，因此将部署在北海的潜艇分队从西部水域撤回，并宣称对英国民用航运的潜艇战已经中止。德皇此后接受了舍尔要求，并命令更加严格地规范潜艇的作战，将攻击目标彻底限定于协约国的作战舰艇。

从1916年的5月到9月，德军开始使用潜艇伏击协约国的海军部队。舍尔计划利用巡洋舰吸引大舰队的一部分进入潜艇的伏击圈，以便让潜艇用鱼雷痛击英军。因此在日德兰海战前夜，当英军舰队出港准备进行扫荡时，德军出动了十余艘潜艇准备伏击英军。

与此同时，德军潜艇继续在地中海猎杀缺乏保护的协约国船只，不过此时他们开始遵照《捕获法》行事。地中海航运的损失迫使英军从1916年3月中旬开始将往远东的航线调整为航程更远但更为安全的好望角航线。

德军采用无限制潜艇战

随着1916年年末的临近，新任的德国总参谋长保罗·冯·兴登堡（Paul von Hindenburg）元帅意识到同盟国因为一直无法扩大胜机而正在输掉这场战争。凡尔登攻势的失败已经严重消耗了德国的人力储备，而英国的封锁也使得德国本土的情况越来越严峻。此时德军的许多武器都已经被尽可能地发掘了潜力，但潜艇无疑是个例外。德军的分析人员认为削弱英国的商船船队能够给对手带来致命一击，而潜艇部队则当仁不让地挑起了这一重担。

在1916年12月22日的一场说明会上，亨宁·冯·霍尔岑多夫海军上将直截了当地表示，如果从1917年2月开始发动"潜艇战争"（U-Waffe），德军能够在夏季作物熟成收获的6月到来前迫使英国投降。德国经济学家估算，如果潜艇能够每月击沉600000吨的船只，中立国的货船将会拒绝前往英国，而单靠英国本身的商船船队则无法阻止英国陷入饥荒。冯·霍尔岑多夫认为即便美国能够提供支援，也无法影响大局。此外霍尔岑多夫还认为如果英国能够组织护航船队，他们早已经付诸行动，因此组织护航运输船队对英军而言一定是不可行的。最后，他同时认为盟军在反潜作战方面的进步能够被潜艇性能的改进所抵消。在以上这些方面中，除了预计每月击沉吨位外，霍尔岑多夫在其他所有方面都做出了错误的论断。

被这些推测所打动的德国首相贝斯曼-霍尔维格（Bethmann-Hollweg）由此撤回了他对无限制潜艇战的反对。此时德国最高统帅部开始准备在美国已经几乎可以确定将要参加战争之际的豪赌。"潜艇就是我们的底牌。"德国首相曾这样评价道。

在1917年无限制潜艇战发起之初，第一批德军潜艇冒险穿过了水雷密布的英吉利海峡抵达了西部入口处，由此开始了德军潜艇的实际巡逻时间。英军布设水雷的低效为德军的冒险提供了便利。其余的潜艇则在英吉利海峡和北海进行作战。虽然潜艇缺乏统一指挥，但协约国船只的击沉数量曲线依旧直线上升。虽然协约国船只的实际被击沉吨位大致只有德军宣称的三分之二左右，但其损失已经超出了霍尔岑多夫的估计。

1917年各月份	德国估计损失（总注册吨位）	英国海军部数据（总注册吨位）
2月	781500	536334
3月	885000	603440
4月	1091000	875023
5月	869000	594654
6月	1016000	684667
7月	811000	549047
月平均	908917	640528

英国的经济和战争潜力在如此猛烈的打击下急剧下滑。显然如果按照这一损失速度继续下去，英国将不得不因饥饿而屈服。

英军的反潜作战

英国海军部和战争委员会在战争爆发之初曾错误地认为，在对抗地处欧洲中部，且缺乏出海口的同盟国的战争中，英国并不需要保护海上航运的护航船团体系。在当时的皇家海军中，主流的观点认为对付潜艇的最佳手段是进行封锁，出动战舰沿海上航线进行巡逻以及直接攻击敌方潜艇的母港。在他们看来，护航船团作为一个庞大的集群目标，可能出现船只碰撞，航班延误等缺点，还有可能导致军事运输的效率降低。如果商船在海上足够分散，按照各自的航线分头航行，那么敌军潜艇最多只能击沉其中的一部分，而如果集中成群，那么敌军就有机会一次抹除整个护航船团。海军部也自信能够以传统的巡洋舰巡逻的方式保证海上交通线的安全。

发端于马汉著作中的"海上交通线"（Sea Routes）一词作为术语曾导致了广泛的误解。该词是马汉化用了陆战理论中的术语"交通线"（Lines of Communication/Communication Routes）等词语派生而来的。他所提出的"海上交通线"一词经常被其他海军战略学者不加思索地采用。这些在和平时期被标注在海图上、连接着各个港口的绵长弧线便被称为"海上交通线"。而1914年时的海军战略学家们认为海军的职责就是保护这些"航线"，保护航行在这些航线上的船只。因为航行其上的船只运载着联通全球的物资。确保它们的安全，那么在海上对抗中就能立于不败之地。

当1915年德军开始利用潜艇部队对民船运输发动袭击时，英国海军部根据既有的经验继续进行着海上巡逻和扫雷。潜艇的艇长们经常直接隐蔽在航线上等待巡逻舰驶过，因为他们明白这意味着不久之后就会有一艘货船落入到自己的陷阱当中。英军这种从根本上错误的"攻势巡逻"毫无作用，潜艇到1916年年底时已经击沉了1660艘商船。

与此同时，英军正在寻找对抗潜艇的计略。大型商船开始安装火炮，以便在德军潜艇上浮使用甲板炮攻击对手。英军将其他类型船只（如渡船，拖网渔船甚至帆船）安装上经过伪装的火炮，这种被称为"Q船"（Q-Ships）的隐蔽船只专门用于引诱德军潜艇进入其射程之内将其捕杀，但只有极少数的潜艇被Q船击沉。随着英军将商船武装化，德军潜艇的艇长开始变得谨慎，并倾向于对任何可能加装武器的英军商船使用鱼雷攻击。且由于潜艇的水上外形轮廓极为低矮，炮手难以瞄准，即便德军潜艇上浮攻击，通常也能在英军的炮火下全身而退。

在当时，用于探测和攻击潜入水下的潜艇的技术极不成熟，且通常不具备使用价值。研制于1915年的水听器（Hydrophone）在当时的技术条件下只能够确定水下是否有潜艇存在，而早期的深水炸弹大多体型过小且数量不足。在如多佛海峡等狭窄水域，如果能够得到反潜巡逻机和水面舰艇的配合迫使德军潜艇潜入水下，反潜网和水雷的组合式反潜障碍能够发挥较为良好的效果。

到1916年年底，皇家海军为对抗潜艇所做的努力大体上都依旧是徒劳的。虽然动用了数以千计的水面船艇和上百架飞机，布设了22000枚水雷，但商船的被击沉数量依旧在不断增加。由于德国海军当时平均每月击沉150艘商船，包括杰里科在内的海军高级将领指出，如果还不能找到有效对抗潜艇的办法，英国势必走向崩溃。

在1916年12月就任首相后，大卫·劳合·乔治将杰里科召回伦敦出任第一海务大臣，他交给杰里科的唯一任务就是对抗此时正在肆虐的潜艇。杰里科认识到他所面对的是一场海上战争的全面变革，弱势方的海上力量通过充分发掘一种新武器的潜力就能够重创甚至彻底击败一个完全依赖海上运输维系生存的海上强国。为了让自己拥有足够的权力来应付此时的局面，杰里科随即对海军部的架构进行了改革，通过让第一海务大臣同时兼任海军总参谋长，从而对海军的作战行动进行掌控。在进行改革后，杰里科的地位几乎等同于美国在两年前便已设立的海军作战部长（U. S. Chief of Naval Operations）一职。

参战前的美国海军

虽然当时的美国海军已经在西奥多·罗斯福总统的建军方略指导下打造出了一支强大的无畏舰舰队，但此时这支海军却难以适应在大西洋上作战的需求。虽然计划的缔造者们已经喊出了"打造仅次于英国的强大海军"的口号，但他们对于如何运用这支舰队却欠缺考虑。当时的美国海军尤其缺乏能够在反潜作战中发挥巨大作用的小型舰艇，而这些本应配套建造的小型舰艇的订单则在威尔逊主政时期被精打细算的海军部长乔瑟夫·丹尼尔斯所取消。

美国海军内部在战略问题上的思路很大程度上由根据"黑色战争计划"在1915年进行的一系列兵棋推演所引导，在这些推演中美军想定敌军会派出一支舰队前往加勒比海域发起攻击。极为担心巴拿马运河安全的海军部还无法将战略目光及时调转到北大西洋和欧洲水域上。

在1915年，美国海军终于完成了一项期待已久的改革，那就是建立海军作战部（Office of Naval Operations）。海军作战部"在海军部长的指导下负责舰队作战的工作，同时也参加用于战争计划的制订和准备工作"。威廉·S. 本森（William S. Benson）海军少将被任命为海军作战部长。他在上任后通过要求海军部下辖各局必须汇报备战状况。他在改善海军的通信系统以及采购武器弹药方面给予了全力支持，同时他还推动海军与当时的杰出科学家进行沟通，并建立了海军顾问委员会（Navy Consulting Board），该委员会的成员中不乏托马斯·A. 爱迪生、埃梅尔·斯佩里、威廉·柯立芝等顶尖人物。美国海军就此与开创了多项技术革命的美国的科学和工业界建立起了紧密联系。

美国走向战争

在1914年战争爆发时，相对于德国，美国对采取了封锁措施的英国更为反感。坚持航行自由的美国商船往往在海上与英国的巡逻战舰发生冲撞，美国商船主也对英国人在登临检查上的拖沓颇为不满。但随着时间的推移，美国的商船主们在发现为协约国运送战争物资有利可图之后开始将越来越多的货船送往英国和法国。富贵险中求，随着运送战争物资而来的当然还有美国船只被潜艇击沉的消息，而在英国高超的宣传技巧下，美国公众的态度也逐渐转向了协约国一方。"卢西塔尼亚"号事件让美国国内的亲德派声望大跌，同时也让伍德罗·威尔逊总统坚定了维护美国在公海上的权益的决心。由于威尔逊关于"卢西塔尼业"号事件的第二份声明措辞过于激烈，作为和平主义者的国务卿威廉·詹宁斯·布莱恩（William Jennings Bryan）出于对这份声明可能引发美德之间战争的担忧而辞职抗议。

威尔逊此后开始支持美国进行战争准备，同时利用自己的影响力在国会内部推动海军造舰计划。此外他作为总统也直接向国内公众呼吁，称美国需要"世界上最强大的海军"。在一系列的运作之后，美国国会在1914年8月19日通过了"1916年海军法案"。根据该法案，美国决心建立起一支"无人可比的海军"。就在国会辩论期间，日德兰海战爆发的消息使得青睐大型战舰的一方占得了上风。由于不能总是指望着英国海军能够彻底封锁住德军，如果德军击败了大舰队，那么美国人能够依靠的就只有自己的海军。根据该法案，美国海军在短短3年内将添置10艘战列舰，6艘战列巡洋舰，10艘侦察巡洋舰和50艘驱逐舰以及67艘潜艇。该法案还授权组建了海军飞行军团（Naval Flying Corps）和海军预备役部队（Naval Reserve Force）。

当然，海军法案的通过并不意味着美国海军已经准备好加入这场战争了。由于已经预见到美国在这场战争之后将名正言顺地成为世界领袖，这项法案成为一份长期的目标，且被行政当局粉饰为"军力正常增长"的计划。不过就在法案顺利推进的同时，海军部长丹尼尔斯不顾海军作战部长和政府内部的强烈呼吁，坚持不让美国海军开始备战，但这场战争并不是美国怀抱着和平愿景就能够置身事外的。丹尼尔斯拒绝为新服役的战舰配置足够的人手与装备，以及让已经服役的战舰做好全面战斗准备。正在准备竞选连任的威尔逊总统评价道："他是想让我们置身事外。"丹尼尔斯认为进行实际的战争动员会被视作政治上的挑衅。

就在威尔逊为自己的第二任期进行就职宣誓之前，德国发动了决定性的无限制潜艇战政策。德国在传递给美国的照会中表示仅允许美国每周派出一条船只往返英国，且勒令船只上不得搭载任何违反德国指示的违禁品。这样的公开挑衅让凭借"'苏塞克斯'号保证"连任成功的威尔逊决定在1917年2月3日断绝与德国的外交关系。美国公众的愤怒随着美国媒体在披露臭名昭著的"齐默尔曼2月19日电文"（Zimmerman Telegram of 19 February）上升到顶点，这份德国外交电文中异想天开地提出德国收买墨西哥站在德国一方，且承诺会帮助墨西哥夺回得克萨斯州、亚利桑那州和新墨西哥州。这份由英国人截获的密电在3月1日公开后便掀起轩然大波，但即便如此，美国政府依然保持着中立态度。

威尔逊随后签署命令，要求前往战区的美国船只都必须配备武装。1917年3月，第一艘美国武装商船开始出航。威尔逊此时仍寄希望于德国人不再击沉美国船只来挽回局势，因此他对于如果德国采取进一步的挑衅行动缺乏准备。3月12日，美国汽船"阿尔冈琴"（Algonquin）号在英伦三岛附近海域被击沉。一周后又有3艘美国船只被潜艇击沉，造成15名美国人死亡。4月2日，威尔逊怀着沉重的心情告知国会："我们必须保障世界上的民主国家的安全……这一权利比起和平更为珍贵，而我们将为我们一直在内心中所坚守的此物而奋战。"1917年4月6日，美国正式加入了战争。

采用护航船团

直到美国加入战争时，英国海军部仍然僵化地采用防守航线的策略。1917年4月初，美国海军的威廉·S. 西姆斯少将被派往英格兰研究当时的航运情况，并评估如果与德国开战美国海军所能发挥的作用。但当他抵达时，美国已经正式参战。西姆斯在得知英国海上航运的惨状后震惊不已，仅在2月和3月就损失了超过1000万吨位的船只，而4月的状况甚至可能更早。英国皇家海军的战略规划者们悲观地预计称，如果不能有效遏制住潜艇，英国可能在11月彻底战败。除增加巡逻密度，加强布雷力度以及更加频繁地调整货船的航路外，杰里科一时找不出应对手段，而以上这些方法已经被证明并不成功。

在海军部内部，以雷金纳德·亨德森（Reginald Henderson）中校为首的一群年轻军官此时正在潜心研究航运行动与损失的关系。他们发现横跨英吉利海峡的运煤船队由于法国的坚持向来不分开行动，而这批船只在多达2600个航次中仅被击沉5艘，损失率仅0.19%，相比之下在同样水域分散行动的其他货船的损失率则高达25%。往返英格兰与挪威之间的运输船的结果也颇为相似，集群船只的损失率仅为分头行动的1/120。

以这些数据为依据，亨德森领导的团队向海军部建议全面采用护航船团制度，尤其是跨洋护航船团。但海军大臣直截了当地拒绝了他们的建议。海军大臣称，护航船团只是一种防御性的手段，而进攻性的手段才是击败潜艇所真正需要的。随后他们又抛出了那些反对护航船团制度的陈词滥调。

西姆斯少将在得知亨德森的团队的发现以及建议后成为他的热心支持者。在西姆斯得到机会与英国首相劳合·乔治会谈的机会后，他向首相力推了护航船团制度。劳合·乔治在被说服后也成为了护航船团制度最为坚定的支持者之一。他向海军部施压，顶着杰里科的反对指示亨德森进行更为系统性的研究。最终海军部终于得出了护航船团制度"整体可行"的结论。4月30日，海务大臣批准组织一支试验性的远洋护航船团。

西姆斯被任命为美国海军欧洲水域司令（Commander United States Naval Forces Operating in European Waters），带领他规模逐渐增长的部队投入到了对抗德军潜艇的战斗当中。第一批美国驱逐舰（由6艘驱逐舰组成的第8驱逐舰分队）在1917年5月初抵达皇后镇（Queenstown）。在随后的3个月中，又有31艘驱逐舰和2艘供应船抵达。

与此同时护航船团制度也在加紧铺开。从海外启程的船团从7月中旬开始向着英伦三岛出发，一个月后返程的船团也开启了行程。随着越来越多的商船开始加入船团行动，即便德军在所划定战区内活动的潜艇数量越来越多，商船的被击沉数量依然开始稳步下降。

到11月时，护航船团制度也被推广到了地中海战区。虽然在地中海护航船队因为该战区总司令青睐于巡逻而缺乏护航舰艇，但船队的损失率也仅为1%，而船队护航舰所击沉的潜艇数量则占到了该战区总战绩的三分之二。

此时所有关于护航船队的非议都已经站不住脚了。从时间上看，组建一个船团的用时并不比开辟新的"安全"航线更长。而按照规划时刻表让船团一次抵达使得港口设施能够根据计划高效率的运作。在航行过程中，商船的船长们在保持阵型和规避碰撞方面表现得并不比海军的同行要差。护航船队所需的战舰数量占海军服役战舰总数的15%，且这些护航舰都是从此前毫无作用的巡逻行动中抽调而来，并没有影响到舰队的作战行动。

随着护航船团制度的推广，德军潜艇的击沉吨位开始直线下滑。因为此时的潜艇开始寻找独自航行的商船作为主要目标,因此单独行动的船只相对于船团的平均损失比达到了12∶1。

德军为了达到预期的政治目的,动用了所有可用潜艇投入到无限制潜艇战当中。由于此前预计英国只需5个月就会在无限制潜艇战之下屈服,德军决定不顾保养和维修的需要让潜艇不顾一切地出动。此时的德军潜艇可以保持平均每日击沉45艘商船的战绩,而到1917年7月时这一数字达到了巅峰的52艘。但此后德军就开始尝到了这一杀鸡取卵的决策的后果,由于损失数量的逐渐增加导致出海作战的潜艇数量开始出现稳步的下降。

德国的大规模潜艇建造计划显得姗姗来迟。虽然到1918年9月时新型潜艇的交付数量达到了每月30艘,且舍尔得到了德皇的保证称每个月的交付数量将达到40艘。但到此时,再行扩大生产也无法对战争形成任何实质影响了。

其他反潜手段

为了防止德军潜艇进入作战海区,协约国军队决定布设三道水雷封锁线。其中最为著名的便是从奥克利一直延伸至挪威的"北海水雷封锁线"(North Sea Mine Barrage),虽然这道封锁线遭到了西姆斯的强烈反对,但协约国还是在1917年11月批准设置该水雷场。然而事实证明西姆斯是正确的,即便协约国军队在230英里长、15~20英里宽的障碍带内布设了多达70000枚水雷,但几乎完全没有发挥作用,如此宏大的障碍带的最终战果只有疑似击沉一艘潜艇。北海极为糟糕的能见度和广袤的海域使得协约国几乎不可能进行有效的反扫雷舰巡逻。因此潜艇能够继续在该海域行动,甚至有时能够得到德军扫雷舰的护航。

第二道封锁线也同样无甚建树。英军意图用布置在奥特兰托海峡的雷场封锁住地中海,防止德军潜艇从大西洋进入该海区。该封锁线击沉了一艘潜艇,但德军直到战争结束依然在自由利用奥特兰托海峡水道。

三道封锁线中唯一成功的雷场则是多佛海峡封锁线,该雷场布设于1917—1918年的冬天。由于该海域相对狭小,英军得以有效地组织起针对德军扫雷行动的巡逻,同时也能够方便地补充替换损失的水雷。得益于这些优势,多佛封锁线展现了较高的效能,到1918年8月已经击沉了12艘潜艇,并完全封锁了英吉利海峡,迫使德军放弃了在弗兰德斯设置的潜艇基地。

在多佛封锁线迫使弗兰德斯基地关闭之前，英国人曾希望如伍德罗·威尔逊所描述的一样捣毁这个"马蜂窝"，而非"在整片农场上追逐马蜂"。英军对泽布吕赫（Zeebrugge）和奥斯滕德两地的港口展开了一场突袭行动，这两个港口由经由布鲁日的运河连为一体。在已经升任中将的罗杰·基斯的指挥下，英军打算在突袭中派遣封锁船冲入运河入口自沉将其堵塞。这场于1918年4月22日发起的行动中虽然没有一艘封锁船成功抵达预定位置自沉，但仍旧被协约国宣传为了一场胜利。此次行动中英军承受了超过1200人的伤亡，但两处港口在几周后便恢复如常。不过此战同时也让协约国认识到了接受专门训练的掠袭部队的重要作用，从而催生出第二次世界大战中著名的英军"哥曼德"（皇家海军陆战队突击营）和美军"游骑兵"部队。

潜艇本身就是对付潜艇的最佳武器之一。协约国潜艇击沉了19艘德军的潜艇，其造成的心理震撼甚至比实际损失还巨大，在必须上浮充电时遭受不知从何而来的鱼雷攻击严重损伤了德军潜艇部队的士气。正如一名被俘的德军潜艇军官所说的："我们已经习惯了你们的深水炸弹，一点也不害怕它，但你们的潜艇却让我们一直生活在恐惧当中。"

美国的贡献

美军在海上战场上的表现平平无奇。美国出动了一种木制船身的110英尺猎潜艇以及其他小型舰艇参加护航船队行动，恢复了早期将美军主力舰队拆散运用的方法。美军派出了5艘战列舰前往斯卡帕湾增援英军的大舰队。这支由休·罗德曼海军少将指挥的美军第9战列舰分队（Battleship Division Nine）被英军编制为大舰队的第6战列舰中队。

美国海军在战争期间的重要责任就是保证运输美军部队和给养安全地运往法国。而在这一任务中护航船队再度体现了自身的价值。得到了强大护航力量的运兵船团定期执行跨大西洋运输任务，且在向东航行期间没有受到损失。1917年仲夏时，由4~12艘得到严密护卫的运兵船组成的跨大西洋船队已经能够每月将50000名美军士兵运往法国。而一年后，跨大西洋运兵船队的月均运输能力已经达到200000名士兵左右。超过200万美军士兵搭乘英国和美国船只跨过了大西洋，这些运兵船队的护航几乎完全是由美军提供的。

由于美国战争爆发时仅拥有100万吨左右的可用航运吨位，美国航运业委员会随即制订了一份紧急计划加速美国商船队的扩建工作。该委员会的第一项举措就是征用和改造所有被查扣的德国民用船只，其中包括德国的大型载客班轮"祖国"号（Vaterland），该船被美国重新命名为"利维坦"号。全新建造的"自由轮"（Liberty Ships）最终得到了广泛使用，同时美国还试验了用木船和混凝土船来运输重要的战争物资。

1918年危机和协约国的胜利

俄国陷入革命后，德军开始将部队从东线战场转移到西线战场，这使得德军自1914年以来首次对西线战场的协约国军队占据了数量优势。德军希望充分利用兵力优势在美军投入作战前取得决定性的胜利。在1918年3月21日，鲁登道夫指挥德军对英军的战线发动了一场大规模攻势。在这场危机当中，协约国达成一致，设立了法国战场协约国军队总司令，并推举法国陆军元帅费迪南德·福煦（Ferdinand Foch）担任该职务。此后美国和英国开始了一场与时间的赛跑，两国必须尽快将足够的部队运抵欧洲，以在德国赢得这场战争之前改变双方的力量对比。

在1918年7月18日，西线战场迎来了最为危急的关头，在第二次马恩河会战中巴黎已经再度面临德军的威胁。在美军部队的及时驰援下，协约国军队发起了反击，并将德军击退至德国境内。

在这场战役期间，部分美军海军士兵上岸参战。此战中25000名美国海军陆战队士兵在蒂耶里堡（Chateau-Thierry）、埃纳-马恩（Aisne Marne）、圣米歇尔（St. Mihiel）以及莫兹-阿贡（Meuse-Argonne）等地进行了大战中最为惨烈的激战，约2500名陆战队员在战斗中阵亡或负伤。此外大口径的海军舰炮被安装在了铁道平板车厢上用于轰击德军的铁道、桥梁和弹药库等设施。

1918年，困兽犹斗的德军发起殊死一搏。海上封锁已经发挥了作用，而护航船团制度则挫败了潜艇的进攻。德国的陆军被击退回了德国本土，而其公海舰队则被困于港内，德国的人口因饥饿而锐减，并随即爆发起义，在如此困局之下，德国当局只能选择投降。11月9日，德皇宣布退位，两天后德国代表签署了停战文件。

总结

在第一次世界大战中，相较于协约国，同盟国处于内线作战。由于面临着两线作战的困局，德军总参谋部计划以比利时为突破口先击败法国，然后再利用全部力量击败动员速度缓慢的俄国。不过英国和法国的领导人同样提前预见到了同盟国的困局以及德国的战略。在1914年夏天战争爆发后，英国很快派遣了一支陆军部队抵达法国，英国远征军配合法军抵挡住了德军的攻势，为俄国完成动员争取到了时间，此后同盟国不得不进行一场两线战争。

在战争爆发时，德军战舰就只有在地中海活动的战列巡洋舰"戈本"号和轻巡洋舰"布雷斯劳"号，以及几艘在太平洋海区活动的巡洋舰。"戈本"号和"布雷斯劳"号逃往了与德国秘密达成盟约的土耳其。而在太平洋的德军巡洋舰则在格拉夫·施佩的指挥下在智利外海的科罗内尔海战（1914年11月）击败了英军的一支巡洋舰舰队。随后在福克兰（阿称马尔维纳斯）群岛海战（1914年12月）中，德军太平洋舰队被包括两艘从英国本土赶来的战列巡洋舰在内的英军优势兵力所围歼。

在战前的造舰竞赛中，得益于费希尔的远见，英军的大舰队拥有远强于德军公海舰队的实力。但出于对潜艇和水雷的担忧，英军大舰队不敢冒险深入德军控制水域发起突击。公海舰队则只准备在引诱英军大舰队分兵，并将部分兵力歼灭后才与英军发起决战。因此双方开始了一系列的伏击战和反伏击战，其中最重要的包括三场：双方部分兵力之间进行的赫尔戈兰湾战斗（1914年8月），多戈尔沙洲战斗（1915年1月），以及大舰队和公海舰队全军出动的日德兰海战（1916年5月—6月）。英军在这三场战斗中都赢得了胜利，但由于英军在通信、物资准备和炮术上的拙劣表现，以及部分军官的决策而仅取得了有限的战果。

最后，也是最为宏大的战列舰对决——日德兰海战。日德兰海战是以一场伏击与反伏击拉开序幕的。双方的战列巡洋舰分队在发生接触和交火后都冲向了对方的战列舰部队，在此之前双方都未能意识到敌方的主力舰队已经出动。作为英军舰队总司令的杰里科两度意图运用战列舰封堵住公海舰队经由斯卡格拉克海峡撤退和撤回杰德湾内基地的道路。不过德军舰队司令舍尔成功地让他这支实力更弱的舰队在夜间冲破了英军的封锁退回杰德湾内。杰里科未能利用数量优势取得与之相称的胜利，是由于：①他未能不顾水雷与潜艇威胁发动坚决的追击；②他在德军的鱼雷攻击下掉头规避从而导致脱离接触；③他不敢冒险进行夜战。

由于此时法国战场上双方已经陷入了长期的僵持之中。英国从很早就开始谋划开辟西线以外的其他战场以帮助俄国增强在东线的实力。这意味着英国需要重新回到传统的外线战术，利用海上优势带来的机动能力攻击敌人的防守薄弱之处。突袭达达尼尔海峡，夺取君士坦丁堡的计划得以通过，很大程度上是丘吉尔的强力推动的结果。这一计划如果成功，东西两线的协约国军队就能依靠黑海联系起来。这场从1915年3月持续到12月的行动虽然在战略角度上布置合理，但却由于情报不足，计划不完善，统帅失职以及一系列的战术失误而功败垂成。协约国军队既没能利用海军力量冲破达达尼尔海峡，也没能在随后的登陆作战中夺取加里波利半岛。

德国在战争爆发之初主要依靠巡洋舰执行破交作战但成果有限。虽然如"埃姆登"号等巡洋舰曾一度对协约国船运造成破坏，但皇家海军很快将所有的德军袭击舰追杀殆尽。相比之下，德军的潜艇被证明是绝佳的破交手段，这一武器让协约国完全猝不及防，没有任何能够立即奏效的应对手段。实际上德军的潜艇曾一度让同盟国非常接近于赢得这场战争。德军潜艇以损失187艘的代价，直接攻击或依靠布雷间接击沉了5234艘商船，总计高达12185832总注册吨位。此外德军潜艇还击沉了10艘战列舰、18艘巡洋舰、20艘驱逐舰和9艘潜艇。

直到1917年年中，协约国海军的高层指挥官未能在德军潜艇攻击之下扭转败局。但在采用了护航船团制度后，潜艇所造成的损失开始稳步下降，同时潜艇被击沉的数量则在快速增加。在利用护航船团进行运输期间，协约国击沉的潜艇中有三分之二都是由船团护航舰贡献的。到1918年年中，除了独自航行的船只外，潜艇对协约国商船已经不再是严重的威胁。

德国的无限制潜艇战虽然一度将协约国逼到战败的边缘，但却导致美国参战。护航船团制度挫败潜艇的攻势使美国能将200万大军送到法国前线，如此庞大的生力军不仅弥补了因国内剧变而无力战斗的俄军的缺位，更确保了协约国能够赢得最终的胜利。

第22章

解除武装与重整军备

在1918年双方停战后,美国海军随即投入了将美国远征军运回本土以及扫除北海水雷封锁线的任务当中。在此之后,美国海军派出巡洋舰和驱逐舰前往俄国在黑海的港口帮助撤离在内战中被击败的白匪军,以及在希土战争(Creco-Turkish War)中帮助希腊一方从小亚细亚撤出了262000名希腊难民。

由多个前协约国成员所组成的多国联合干涉军在强大的海军支援下从阿尔汉格尔(Archangel)和符拉迪沃斯托克(海参崴)登陆俄国,并看守运往俄国的协约国战争物资援助。在多国干涉军入侵西伯利亚期间,日本派遣大军对当地进行永久占领的企图使得美国军队被迫停留到1920年4月才从符拉迪沃斯托克(海参崴)撤离。此外美国还在中国长江水域成立了一支"扬子江舰队"用于维护美国在远东的利益。

德国舰队的挽歌

协约国在停战协定中特意规定德国必须立即交出10艘战列舰、6艘战列巡洋舰、8艘轻巡洋舰和50艘驱逐舰,以及所有的潜艇。这批舰艇中包含了公海舰队最新锐和最强大的舰艇。

1918年11月21日,英军大舰队以及配属作战的美军无畏舰在苏格兰的弗尔斯峡湾入海口整齐列队;德国海军舰队缓缓驶入港内,下锚,并降下军旗示意,这支海军尚未被击败，但德国已经投降。这批战舰中不乏如"腓特烈大帝"号（Friedrich der Grosse）、"阿尔伯特国王"号（Koenig Albert）和"皇帝"号等参加过日德兰大海战的战列舰，也包括"塞德里茨"号（Seydlitz）、"毛奇"号（Moltke）、"德弗林格尔"号（Derfflinger）、"冯·德·坦恩"号（Von der Tann）等战列巡洋舰。在这个屈辱的时刻，泪水忍不住地从德军军官和士兵们的脸上滑落。对于他们而言，降下军旗不仅意味着行伍生涯的终结，还意味着他们倾尽毕生心血所建立起来的传统的瓦解。德军潜艇被命令前往哈尔维奇（Harwich）投降，它们以20艘左右的规模分批向雷金纳德·德怀特（Sir Reginald Tyrwhitt）少将的部队投降。

德国人原本以为自己已经解除武装的舰队将被命令前往一处中立港遭受羁押，从而在缔结和平条约前成为人质。但他们没有想到的是自己的舰队被送往了斯卡帕湾。虽然在条约文本上存在着诸多分歧，但英法两国在意见上是一致的——那就是绝不能让这些舰艇返回德国。在《凡尔赛和约》的条文中规定，德国海军最多能够保留6艘前无畏舰、6艘轻巡洋舰、12艘驱逐舰和12艘鱼雷艇。其他的德军战舰都被协约国瓜分。当时尚在建造过程中的德国海军舰艇也被直接拆毁。同时德国在此之后将不得保留潜艇。

被扣押在斯卡帕湾的德国海军官兵得知德国民众强烈反对这一条约。德军官兵坚决认为他们的战舰不能被用来对付自己的祖国，因此他们悄悄准备好了通海阀并拆掉了水密门。在协约国的最后通牒规定日期的最后一天，1919年6月21日，英军看押舰队驶出了斯卡帕湾，准备进行射击演练，但德军官兵认为英军战舰出港证明了战争已经再度开始。在看到德军旗舰"埃姆登"号升起了预先确定的信号后，所有的德军舰长都命令打开通海阀。在英军意识到发生了什么之前，所有的德军战舰都已经沉入了锚地当中。

这场堪称史无前例的自沉行动极大地刺激了英法公众。在他们看来，这无异于一名臭名昭彰的罪犯用氰化物自我了断来逃避法律的制裁。作为对此举的惩罚措施，德国随后又被强迫交出按照条约所保有的5艘轻巡洋舰、300000吨的浮船坞，以及42000吨的疏浚船、拖船和浮吊船，几乎搜刮走了德国港口中所有还浮在水面上的东西。

战后海军造船计划

德国海军舰队的消亡对于美国海军的造舰政策产生了重大的影响。在第一次世界大战爆发前，打造一支全方位优于德国海军或日本海军的舰队一直是美国的一项长期国策。在战争爆发前，"仅次于英国"的强大海军舰队是美国海军的建军目标。但在第一次世界大战后的几十年间，日本海军的舰队实力成为美国评估自身海军规模需求首要考虑因素。由于美国在大西洋一侧保持一定的海军力量防卫的同时，必须在太平洋地区维持一支主力舰队，因此美国海军的建设指导方针改为打造一支在规模上必须显著优于位于太平洋对岸的潜在敌国的海军。

与美国一样，作为第一次世界大战战胜国的日本凭借战争获得了比战前更为强大的国力。在美国为了反潜战需要而将造船能力大部分投入驱逐舰和其他护航舰艇的建造工作的同时，日本则加紧完工了多艘已经开工的战列舰。法国和意大利在新一轮的战舰建造中已经落后，且国家财政的匮乏使得两国都不愿立即发起造舰竞赛。英国此时至少在纸面上依然拥有海军实力的绝对优势，除了在大战中损失的海军舰艇被替换，英国还接手了大部分德国海军潜艇部队的残存力量。

与其他欧洲大陆上的协约国成员一样，英国也在这场战争中精疲力竭。由于英日同盟可以保证英国在远东的利益，他们同样乐见各国在海军实力上维持现状，甚至准备将靡费甚巨的战时舰队的规模削减一半。不过英国的如意算盘却被一个突如其来的威胁打得粉碎，美国总统伍德罗·威尔逊正准备建造一支无与伦比的强大美国舰队。

从纸面上而言，美国宣称其加入战争是为了维护自身在公海上的中立权。而在威尔逊提出的"十四条宣言"的第二条中也要求：

  除该海域因强制执行国际法而完全或部分封锁外，不论是在平时还是战时，在领海以外的海域都将拥有绝对的航行自由。

从字面意义上解读的话，这份宣言完全否认了实施单边封锁的权力，同时也不支持各国长期通行的、在公海进行反禁运登临搜捕的权力。由于接受这份宣言会丧失作为海权强势国家的大量优势，英国将这一条款从和平会议的议程中剔除了出去。而威尔逊对此采取的反应则是要求国会尽快通过已经长期搁置的1916年造舰计划并在此基础上规模翻倍。

到战争结束之际，美国海军已经拥有了16艘强大的无畏舰，且舰龄均不足8年。英军总共有42艘战列舰，但正如英国的海军统帅们所了解的，这份数字当中有着相当的水分，有13艘战列舰已经超龄，这些老旧战舰所能做的就是接受拆解。由于日德兰海战已经证明了战列巡洋舰并不合适参加战列线对决，因此英国在先进战列舰舰数量上相对美国只是维持着20∶16的纸面优势。如果美国按照1916年造舰计划的规模去建造根据大战期间的经验新设计的战舰的话，美国将拥有一支多达35艘现代化主力舰的强大舰队，且这些战舰都比英国海军的同类战舰优秀。而美国随后提出的1919年造舰计划则意味着美军将拥有多达50艘先进主力舰，除非英国榨干全部国力投入到这场海军军备竞赛中，否则英国海军势必会被全面压倒。

英国民间和官方都不出所料地对美国掀起的军备竞赛出离愤怒。海上优势是不列颠成为强权乃至帝国的基石，美国这种乘人之危的行为在英国人眼中完全是背叛了盟友的信任。英国政府和海军部也因此开始紧锣密鼓地制订同样水涨船高的造舰计划。

虽然我们无从得知威尔逊此举的明确动机，但我们能够很清楚地看到1919年造舰计划从国防的角度而言完全是超出了必要。即便对于当时经济发达的美国而言，这样庞大的造舰计划也会使得国防经费超出预算。或许威尔逊总统的决定一方面是被英国在航行自由方面的态度所激怒，一方面是出于对正在远东磨刀霍霍的日本的担忧，认为美国需要一支大幅度扩充的海军。但最有可能的还是——让1919年海军造舰计划成为悬挂在英国人脑袋上的大棒。这是由于威尔逊一直强调任何军备削减都应当通过类似于国联的永久性机制来实现，抛出一份规模夸张的造舰竞赛计划似乎足以让英国人对组建国际联盟（League of Nations）从兴致缺缺转变为鼎力支持。

华盛顿会议

虽然威尔逊强力施压，但英国却并不需要做出选择。美国国会拒绝通过1919年造舰计划，同时参议院也拒绝成立国际联盟。在1920年的大选中民主党惨遭失利。身患沉疴的威尔逊心灰意冷，在离开白宫时痛斥了美国公众"沉闷且自私的孤立主义"。

新当选的哈丁总统致力于回归"正常化"，在当时世界舆论中解除军备被认为是正常化的重要部分。美国国会在1921年初以压倒性优势通过了赞成举办一场旨在解除军备的多国会议的两院决议。时任国务卿的查尔斯·埃文斯·休斯（Charles Evans Hughes）邀请了英国、法国、意大利和日本前来华盛顿商讨相关事宜。一方面，日本出于对美国可能瓦解对于他意义重大的英日同盟的忧虑，最初较为犹豫。但在另一方面，日本根本无力担负与美国的全面军备竞赛。在经历了两周半的拖延后，日本才同意参会。

华盛顿海军会议于1921年11月12日召开，这也是第一次在西半球举办此类会议。

在第一次全体会议上，休斯国务卿不顾任何政治礼节，直截了当地抛出了美国的方案，令与会的他国代表和关注此事的新闻读者们大吃一惊。

美方的诉求包括：①根据各国现有海军力量，确定各国海军规模比率[1]；②为期10年的"海军假日"（各国不再建造包括战列舰和战列巡洋舰在内的主力舰）；③确定各国各自的拆毁项目（指名拆毁部分战舰）。通过以上这些规定，最终将实现美英、日海军力量对比5∶5∶3的目标。休斯提出的拆毁计划远远超过所有与会代表的预期，美国的战后舰队以及正在建造的战舰中将被拆毁30艘，合计吨位高达847750吨[2]。

在休斯放出大量拆毁美军战舰的豪言时，英日代表颇为热情地为他的提案鼓掌表示欢迎。这意味着两国不再需要为海军军备竞赛而担忧。但当美国国务卿转而表示既然美国已经做出巨大牺牲，那其他国家也应承担相应的义务时，两国代表才发现自己高兴得有些为时过早。休斯要求英国和日本拆毁总计36艘，合1032303吨的战舰。一名参会的英国代表闷闷不乐地评价道："休斯国务卿在35分钟内击沉的战舰比过去一百年来全球所有国家海军所击沉的战舰总和还要多。"

休斯曾因在博弈开始时就亮出所有牌面而招致批评。但这一经过深思熟虑的大胆举措却因完全出其不意而产生了极大的效果。不管他国对于美国有何评价，这一戏剧性的开场都无疑大幅度缩短了会期并有助于让他国接受美国所提出的大多数主张。世界媒体和公众则陷入了一片狂喜之中，如果休斯的目的是获取公众支持的话，那他已经取得了惊人的成功。

法国和意大利也派出代表参加的技术委员会最终敲定了《五国海军军备限制条约》（Five-Power Naval Limitation Treaty）的文本。条约中加入了各国在主力舰建造上的"十年假日"。条约同时限制了各国主力舰和航空母舰的总吨位。在主力舰方面，美、英各525000吨；日本315000吨；法国和意大利各175000吨。在航空母舰方面，美、英各135000吨；日本81000吨，法国和意大利各60000吨。此外条约规定，各国的主力舰单艘吨位都不能超过35000吨，航空母舰不得超过27000吨。主力舰的火炮口径被限制为最大16英寸，航空母舰主炮不得超过8英寸。在豁免方面，日本获准保

---

[1] 这里的海军实力包括了"已建成和在建战舰"。如果按照已经服役战舰数量，那英国将占有长期优势，而这并不是美国所期望的。

[2] 这一数字甚至已经超过了美国和英国在条约限制下的主力舰总吨位525000吨。

留新建成的39000吨战列舰"陆奥"号（Mutsu）；英国则得以完成排水量41000吨的战列巡洋舰"胡德"号（HMS Hood）；而美国则被允许完成33000吨的航空母舰"列克星顿"号（USS Lextington）和"萨拉托加"号（USS Saratoga）的建造，但所有这些超出规格的战舰都被算入了准许总吨位中。

由于认为条约将日本划入次等地位，日方代表团对条约进行了坚决的反对。但由于美国国务院著名的"黑屋"（Black Chamber）能够定期地破译其他国家政府向代表团发送的密电（有时甚至和对方大使馆解码的速度一样快），美国代表团凭借对日方底线的准确把握成功地让日方做出了让步。

为了照顾日本的利益关切和担忧，美国和英国同意在条约文本中加入了有助于条约通过的不设防条款。该条款规定日本不得在本土诸岛以外的太平洋地区修筑防御工事；规定美国不得在夏威夷以西修筑防御工事；规定英国不得在新加坡以东，澳大利亚以北的地区修筑防御工事。

美国试图将军备限制施加到巡洋舰和更小型的舰艇上的努力因为英国和日本的阻挠而未能成功。此外由于当时美国在巡洋舰方面的实力不仅远弱于英国，甚至远弱于日本，因此美国代表团并未坚持这方面的条款。

《五国海军军备限制条约》之外还衍生出了《四国公约》和《九国公约》，前者是为了照顾因缔结自1902年的英日同盟被废除的日本的面子而起草，条约中规定缔约国——英国、美国、日本和法国——将"尊重"彼此在远东的属地。此外四国加上意大利、荷兰、比利时、葡萄牙和中国签订了《九国公约》，该公约再次重申了保证中国的领土完整，同时特别保证了"门户开放"政策的延续。

华盛顿会议对于美国而言无疑是一场外交胜利，美国国务院的大多数要求都被写入了条约中。不过对于巡洋舰吨位限制的失败仍然让英国和日本将精力投入到了对巡洋舰以及小型舰艇的建造当中，使得美国在这一领域愈发落后。休斯意图在会议上抛出的关于削减陆军以及地面军备的讨论在大会上未能得到回应。而法国则出于对德国的担忧，将放弃对裁减陆军的讨论作为其参会的前提条件。

美国的海陆军高级军官都对于此次会议中的不设防条款让日本在远东取得绝对军力优势感到不满。但参会的美国代表指出，日本是在用空气筹码换取实际利益，因为国会根本不会批准在夏威夷以东进行军事建设。此时菲律宾和关岛已经成为美国属地，但一直没有进行要塞化建设，即便是在条约失效的1936年以后，国会依然没能批准采取动作。当然在另一方面，由于条约的束缚，日本在对海外岛屿领地的要塞化进程中有了一定程度的收敛。

学者们分析，此次会议最为严重的错误就是默认了美国与英国之间的对手关系。此时两国之间爆发战争的可能性已经很小，且两国在远东地区拥有明显的共同利益。对于美英而言，实际上没有必要通过条约进行相互限制，这让日本拥有了即便面对美英联军也能在远东地区一决高下的能力。

随后的海军军备限制会议

美国柯立芝总统（Coolidge）为了将5∶5∶3的吨位比推广到巡洋舰上，专门在1927年召开日内瓦海军军备限制会议，此次会议遭遇了彻底的失败。法国和意大利拒绝与会，英国代表团虽然对于美国提出的部分提案表示同意，但坚决要求将总吨位上限设到远高于美国代表团提出的数额。对于此时的美方代表而言，如果遵循休斯在1921年的华盛顿会议上提出的以"现存实力"为依据的实力对比的话，美国所能分到的吨位限额不仅明显低于拥有庞大巡洋舰部队的英国，甚至会明显低于日本。此时日本已经服役或正在兴建多达214000吨的现代化巡洋舰，而美国此时仅拥有155000吨。

英美代表在巡洋舰吨位和主炮口径的规定上也未能达成一致。英国青睐数量较大但每艘吨位较小、以6英寸火炮为主炮的巡洋舰，而美国则要求每艘巡洋舰的吨位放宽到10000吨，主炮口径可以达到8英寸。据说由部分美国造船业资本所雇佣的威廉·B.希勒（William B. Shearer）也对各国在日内瓦的谈判进行了干扰。不论如何，日内瓦会议未能达成任何协议，到最后连共同宣言都未发表。

美英之间不断增加的利益共同点使得两国之间的合作显得愈发重要。在经过细致的双边事前准备后，两国在1930年的伦敦军备限制会议上解决了悬而未决的巡洋舰问题。在伦敦会议上，与会各方将巡洋舰按照主炮口径是否大于6.1英寸划分为重巡洋舰和轻巡洋舰。重巡洋舰通常配备8英寸主炮，轻巡洋舰则配备6英寸主炮。法国和意大利由于未能解决双边分歧并未参与这一新条约。日本则在条约将对自己的实力限制放宽为"美英日巡洋舰、驱逐舰以及部分潜艇合计吨位比为10∶10∶7"后决定加入该条约。最终达成的条约文本中对各方舰艇的排水量吨位规定如下。

战舰类型/吨位	美国	英国	日本
重巡洋舰	180 000	146 800	108 400
轻巡洋舰	143 000	192 200	100 450
驱逐舰	150 000	150 000	105 000
潜艇	52 700	52 700	52 700

同时伦敦海军会议还将对建造主力舰的禁令延期到1936年年底。

在20世纪30年代，后凡尔赛国际政治体系开始逐渐滑向战争。在1932—1933年召开的日内瓦全面军备限制会议惨淡失败。而第二次伦敦海军军备限制会议（1935—1936年）则是对各国海军军备限制的最后努力。随着日本、意大利和德国对外扩张的展开，以及三国对于现有军备限制条约的漠视，第二次伦敦海军会议从一开始便注定了失败。英国在1935年放弃原则与德国签订了双边海军限制条约，"允许"德国建设海军总吨位相当于英国海军35%的舰队以及部分潜艇。日本要求在所有种类战舰的吨位上全面提高限额，由于美英的拒绝，日本撤出了第二次伦敦海军会议。

美、英、法三国最终达成了一份因"自动升格条款"而几乎全无约束力的海军条约。虽然名义上仍存在所谓的限制，但对于各国海军而言，条约的约束在1936年的12月31日后便彻底失效了。

美国在20世纪30年代的造舰计划

美国国会在1924年批准建造8艘巡洋舰，但对于海军建设并不上心的柯立芝总统仅为其中两艘进行了拨款。在日内瓦会议遭遇失败后，柯立芝开始推动让美国海军立法。此时已经被和平主义浪潮所影响的国会却大刀阔斧地直接取消了造舰项目。在和平主义者出身的胡佛总统任期内，美国海军没有一艘作战舰艇下水。

美国的造舰政策直到富兰克林·D. 罗斯福总统于1933年上台才重获新生。正如他的远房表亲西奥多·罗斯福总统一样，富兰克林·罗斯福在协调利用外交与军事实力方面有着极佳的手段。他认识到了此时的世界局势正在不断恶化，且深知各国的海军并不能适应即将到来的危机。不仅如此，小罗斯福还同老罗斯福一样在担任海军部助理部长期间积累了关于海军的专业知识，并且对海军抱有发烧友般的热忱。

罗斯福任内的第一批海军造舰授权主要是为了缓解钢材与造船行业的不景气局

面；于1933年6月授权通过的《国家复兴法案》（*National Recovery Act*）允许美军新建巡洋舰以及更小的小型舰艇，将总吨位提升至条约所限制的吨位额度。1933年3月通过的《文森·特拉梅尔预算案》（*Vinson Trammel Bill*）使得美军能够在为期8年的替换造舰项目中获得102艘新式军舰。1934—1940年，美国海军所得到的拨款根据《文森·特拉梅尔预算案》年年走高，最终突破了每年10亿美元的大关。而在1938年通过的《第二次文森预算案》批准美军在条约限额的基础上再增加20%的总吨位。除了建造新型战舰外，对老式战舰的现代化改造工作也在推进。美国海军的投资重心转移到海军飞机和航空母舰上，而新的海军基地和海军航空站也得以建立。

随着1940年6月法国的陷落，对美国国防开支的唯一限制性因素美国国会也转而开始加紧制定各军种的扩张计划。对于美国海军力量的限制就只剩下了美国的工业能力。到珍珠港事件（1941年12月7日）时，美国海军的现役和在建作战舰艇数量如下表。

舰种	服役	在建
战列舰	17	15
航空母舰	7	11
巡洋舰	37	54
驱逐舰	171	191
潜艇	111	73

美国的商船队

自南北战争后，美国的商船队相对于其他国家在竞争上处于劣势地位。在进入20世纪后，美国本土商船高昂的建造和运营成本则使得情况更加恶化。虽然得到了高额关税的保护，但美国的造船业和船运业在没有联邦补贴支撑的情况下难以与世界市场上的其他国家竞争。直到1936年，美国对商船业的补贴都是以自由政府贷款以及运载邮包可以得到额外付费的方式进行。此外美国的商船主在一战后可以以废铁价从政府手中购买多余的船只。

在1936年，美国国会通过了意义巨大的《船运法案》（*Shipping Act*），根据该法案，美国成立了一个由埃莫利·S. 兰德（Emory S. Land）少将（退役）牵头的海运业委员会（Maritime Comission），并开始实施对造船业和航运业进行直接补贴的新政策。新建民船在通过委员会审批后方可获得补贴，而在审批过程中主要检查的就是这些船只能否在战时被用作辅助船只。为了获得补贴资格，美国商船的船主主必须保持船员中至少三分之二是美国公民，并随时接受委员会的调查与管制。

1938年，海运委员会开始实施商船队换代项目，旨在以每年50艘的速度淘汰航速缓慢的老式商船。从1939年起换代项目的速度开始提升。在进入战时状态后，商船的新建速度有了极大提升，而在珍珠港事件后制约美国商船建造的就只有船台容量和造船工人数量了。到1942年9月时，美国已经订购了300艘油轮和2000艘按照标准设计建造的"自由轮"和"胜利轮"。虽然战争期间因潜艇受到了严重的损失，但美国的商船队规模已经净增加了3000万吨。

间战期的技术和条令发展

在第一次世界大战结束后的20年间，美国海军的建军方略在很大程度上都围绕着可能与日本爆发的战争而展开。虽然在军备限制会议中发生了冲突，但美国明确地认识到英国将成为自身的长期盟友，因而英国的舰队可以成为保护美国东海岸的屏障。不过军国主义化的日本此时已经成为菲律宾以及美国在华推行"门户开放"政策的巨大威胁。美国海军部的战略研究以及美国海军战争学院的兵棋推演都对"橙色计划"进行了频繁复盘，但该计划只针对一种情境提出了一种解决方案。"橙色计划"中预想的是日军对菲律宾（或者其他在远东的目标）发动两栖登陆，而美国陆军和海军力量则在菲律宾抵抗组织的支援下进行抗击。美军认为日军能够征服菲律宾群岛，但美军主力舰队在完成集结和战斗准备后将横跨中太平洋威胁日本本土并迫使敌方进行海上决战。对于决战，美军预计将展开一场对马海战或日德兰海战式的战列舰对决。一旦日本海军舰队在战斗中被砸断脊梁骨，那日本将当即，或在遭受封锁后摇尾乞降。

被美国海军高层所接受的"橙色计划"极大地影响了美国海军的造舰计划和预算安排，同时也诞生了一些极富成果的战略研究和条令制定。长达15年的主力舰建造令"战列舰派"将军们大失所望，但他们对于8英寸主炮巡洋舰的偏爱展现了美军坚持质量优势的一贯传统。自1936年后，"战列舰派"将领们开始推动新型战列舰的建造。

美军的第一艘新式战列舰是"北卡罗来纳"号（USS North Carolina BB-55）。该舰于1937年铺设龙骨，1941年建成服役。该舰相较于建成于1923年的最后一艘美国"条约战列舰""西弗吉尼亚"号（USS West Virginia BB-48），设计改良的成分依然大于创新。即便如此，"北卡罗来纳"级的航速仍然提高了7节，且防护更为厚重，该级舰还配备了更为强大的防空火力和更为复杂的火控系统。

美军的潜艇部队在第一次世界大战结束后有了较大规模的扩张，新型潜艇不仅体型大于第一次世界大战期间的老式潜艇，且增加的航程也能够提升作战效能。改进的潜艇救生设备与技术日趋完善。反潜探测与攻击的设备与战术同样依靠长期的研究和发展项目得到了成果。

最能体现海军创新能力的当属美军航空母舰的发展。即便是战列舰的拥护者也能够清楚地意识到，在晴好天气下飞行的舰载机能够成为远比航速仅30节左右的巡洋舰更为优越的侦察平台。在1919—1921年间，运煤船"木星"号（USS Jupiter）被改造为美国海军的第一艘航空母舰——排水量19360吨的"兰利"号（USS Langley CV-1）。原本应根据海军军备限制条约拆毁的两艘战列巡洋舰舰体被改建为了排水量高达33000吨的"列克星顿"号（USS Lexintton CV-2）号和"萨拉托加"号（USS Saratoga CV-3）航空母舰，两舰均于1928年服役。正是在这3艘航空母舰的飞行甲板上，美军逐渐摸索出了舰载机的舰上运作技术，让美国海军航空兵成为世界的优秀舰载航空兵。

美国海军第一艘航空母舰"突击者"号（USS Ranger CV-4）于1934年加入舰队，在该舰之后的美国航空母舰的设计理念更为成熟。不过作为一艘用于搭载舰载侦察机的航空母舰，该舰从未被改造来符合执行突击任务的需要。长时间服役后因过于老旧不再适合作为航空母舰服役的"兰利"号于1936年被改装为一艘水上飞机母舰。直到1937年"约克镇"号（USS Yorktown CV-5）服役，美国海军才拥有了第三艘航空母舰。由于此时航空技术以及舰载机设计的快速迭代使得稳定的批量生产难以进行，直到太平洋战争行将爆发的1941年，"企业"号（USS Enterprise CV-6）、"黄蜂"号（USS Wasp CV-7）和"大黄蜂"号（USS Hornet CV-8）才相继服役。此时美国海军虽然已经订购了多达19艘航空母舰，但在珍珠港事件爆发时美国海军手头只有6艘航空母舰可用。这6艘航空母舰也成为美军真正的"主战兵器"。

直到珍珠港事件爆发时，航空母舰作为进攻的主力兵器的作用仍未被广泛接受。从1918年停战开始，飞机在未来战争中的作用就处于长期的广泛讨论中。其间对轰炸机计划最为积极的支持者便是美国陆军航空兵团（USAAC）的威廉·"比利"·米歇尔准将（William "Billy" Mitchell）。在1921年他获准使用2000磅航空炸弹对停泊在弗吉尼亚角外海的老式德国战列舰和巡洋舰进行轰炸测试。大型战舰被重磅炸弹击沉的景象被米歇尔宣传为海军舰艇已经过时的例证。

海军观察家们认为这种情况在实战中是不可能发生的。测试中被击中的舰艇没有机动性，也不会还击，舰上更没有损管团队。不过海军的飞行员们认为这是发展航空母舰的有力证明。这场为公众所熟知的试验无疑有助于说服国会将预算转移到建设海军航空力量上来。自此之后，航空母舰除了被认为是"舰队之眼"外，还被广泛承认拥有能力通过重创一艘或者更多的敌方主力舰来迟滞敌军舰队。

早在1929年的舰队演习中，"萨拉托加"号就派出舰载机奇袭巴拿马运河"炸毁"了两座关键船闸。在此后的演习中，美军航空母舰对珍珠港和加利福尼亚州的马蕾岛海军船坞的模拟空袭也被判定为成功。不过这些演习的重大意义在当时并未得到广泛接受；此外当时航空母舰也没有得到巡洋舰和驱逐舰屏护。

舰载机从早期便开始功能细化，一艘航空母舰上会搭载分别配备战斗机、轰炸机和鱼雷机的多个中队以满足任务需要。舰载机相较于普通飞机配备有阻拦着陆装置，以便在窄小的飞行甲板上降落。美国海军在战前并没有急于大批量生产舰载机。在第二次世界大战之初，这导致美国海军的舰载机较为老旧，但新一代的美国舰载机凭借优异的性能成为战争中的中流砥柱。格鲁曼"野猫"（F4F）战斗机和道格拉斯"无畏"（SBD）俯冲轰炸机于1938年进入舰队服役。道格拉斯"蹂躏者"（TBD）鱼雷机早在1938年便进入美军服役，性能有很大提升的格鲁曼"复仇者"（TBF）鱼雷轰炸机直到1942年6月的中途岛海战才加入舰队。直到战争结束，取代了"野猫"的格鲁曼"地狱猫"（F6F）都是当时第一流的舰载截击战斗机。

在战争中，俯冲轰炸机被证明是航空母舰的主要对地攻击力量。在攻击如舰船一类的机动目标时，水平飞行的轰炸机由于难以估算提前量而很难击中目标。显然如果采取更大角度的滑翔或俯冲，且释放炸弹时越贴近目标，炸弹投偏的概率就越低。美国海军和海军陆战队的飞行员通常采用85°角的俯冲攻击。执行这样的任务需要专门设计的飞机，且机上需要配备有足够坚固、能够在大角度俯冲中充当"刹车"的襟翼；此外飞机的机身也必须足够坚固，能够承受投弹后拉起的巨大过载[1]。而SBD轰

---

[1] 在第二次世界大战期间，美国海军和海军陆战队的飞行员们是参战国中唯一能够实施真正的俯冲轰炸攻击的飞行员。其他所谓的俯冲轰炸机（如德国的"斯图卡"）在攻击时都只是处于大角度滑翔状态，其机身强度根本无法承受以近乎垂直的角度实施轰炸后拉起时所带来的巨大过载。

炸机则满足了上述这些要求。

根据"橙色计划"，美国海军需要横跨中间没有岛礁存在、宽达6000英里的太平洋中部。在20世纪30年代后期，人们普遍认为以蒸汽轮机为主要动力的舰队只能在距离主要基地2500英里的半径内作战。由于太平洋中部、赤道以北原属于德国的包括马里亚纳群岛（除美属关岛）、马绍尔群岛以及面积广大的加罗林群岛在内的殖民地由日本托管，美国怀疑日本违反托管规定在这些岛屿上进行了军事化建设，并认为这些岛礁上的基地必须通过两栖登陆拔除。美国海军和海军陆战队的规划人员在仔细研究了第一次世界大战期间英国在加里波利登陆中的错误后，研究出了一套详细的两栖作战条令，并整合为《登陆作战手册》（Landing Operation Manual），该手册于1934年出版。该手册根据随后几年进行的训练演习中所暴露的问题进行了相关调整，不过大多数理论性的"教科书式解决方案"在演习中得到了良好验证。

在两栖作战方面，美军的两栖作战条令确定了以下几条最重要的实施原则：①行动前绝对要在所有方面进行详细的规划；②对所有参战官兵进行详细的战前简报；③重视突然性的价值；④快速抓住战机以夺取胜利。除舰炮对岸轰击之外，地面部队还必须得到空中力量（被用作"飞行炮兵"）的近距离支援。补给舰艇必须采用战斗装载（即装备必须以按照想定条件在登陆后能够立即投入战斗的状态进行装载），重要物资补给也必须分散到多艘运输船上，以免行动因一艘或几艘运输船被击沉便陷入瓶颈。为了充分暴露出作战行动中可能发生的问题，所有参战部队都应当在战前进行贴近实战状态下的作战演习。

战时的经验让美国对两栖作战条令进行了两个主要方向的调整。在1938年版《登陆作战手册》（舰队训练出版物第167期）中强调了"统一指挥"的重要性，要求负责指挥舰队接近登陆场的舰队司令在登陆期间全程负责指挥。在战争期间，这一规定被改为了陆军和海军陆战队指挥官在将指挥部搬到岸上后将接手指挥任务。此外手册中强烈建议海军战舰在距离敌方滩头较远距离处进行炮火支援。但在实战中即便是大型战舰也必须冒着遭受敌军空中和潜艇攻击的危险抵近到近距离进行火力支援。海军战舰上的军官被配属到地面部队作为炮火观察员，利用无线电指引舰炮对敌军特定目标实施打击也成为作战的标准模式。

在第一波次登陆中将火炮和装甲车辆送上滩头需要使用专门的登陆船艇。美国海军和海军陆战队以用于在路易斯安那州沼泽密布的内河水域探勘石油的机动小艇为原型研制出LCVP登陆艇（即"车辆和人员登陆艇"的简称），这种登陆艇能够从艇艏的跳板门直接将履带式车辆卸载到滩头阵地，而LVT登陆车（即"履带式登陆车"）则能够翻越珊瑚礁并作为真正的两栖车辆在内陆使用。大型的LST坦克登陆舰、突击运输舰、指挥舰和其他各类支援体系在美国加入战争时都进入了设计阶段。

为各军兵种提供支援和补给的后勤对于需要跨过漫漫大洋进行的战争而言，与进攻同样重要。根据修改后的"橙色计划"，美军在从珍珠港出发、沿岛礁密布的中太平洋海域向日本进军的过程中不需要夺取所有的岛屿，但需要夺占关键设施所在地，并将其快速改造为美军的作战基地。负责这一任务的是海军建设营（Naval's Constraction Unit），该部队也被称为"海蜂"（Seabees），这支部队的士兵来自长期从事繁重建筑工作的工人群体，身着军队制服，按照海军相关条令条例管理。他们将在两栖登陆行动的初期阶段率先登陆，然后冒着敌方火力使用推土机和其他重型机械开辟登陆场。他们的勇敢无畏得到了素来以勇气闻名的陆战队员们的传颂。此后随着战线逐渐向西推移，诸如"巡逻机勤务部队"（Patrol Aircraft Service Unit，PATSU）和舰载机岸勤部队（Carrier Aircraft Service Unit，CASU）等专门为兵种执行保障勤务的部队也在海军建设部队之后应运而生。这些部队可以在短时间准备后立即出动，保障一支下辖3个中队的航空联队执行作战任务。

在战争期间，海军补给与统计局（Bureau of Supplies and Accounts）为标准化基地制订了详尽的标准。从大型的LION，到小型的CUB，再到为海军航空兵设置的ACORN，每一类型基地所需的人员和设备数量等都进行了标准化配置。这种"打包就绪"式的基地配置体系使得前方人员不会收到冗杂无用的设备，且通过有效利用多卷式的"前进基地功能组件表格"（Catalogue for Advanced Base Functional Components）能够提升标准化体系的灵活性。

除了基地，海军舰队同样需要包括油船、补给舰、修理舰、浮船坞、弹药运输船等各类支援舰艇组成的海上补给支援力量。这些舰队后勤船只（Fleet Train）被编制为太平洋勤务舰队（Service Force Pacific），该舰队的补给船队能够跟上作战舰队的前进脚步，在港口或环礁内下锚后就能立刻完成后勤保障准备。在战争当中，太平洋勤务舰队无疑是让美军舰队能够在6000英里的作战距离外赢得战斗胜利的头号功臣。

20世纪30年代的公众舆论

在加入国联的议案被参议员否决后，曾遭到威尔逊大加挞伐的孤立主义横行于20

世纪20年代，直至30年代已经成为一股强大的政治力量。许多美国人都接受了"修正主义者"的观点，认为美国加入第一次世界大战是一个错误，并强烈反对美国再度搅入一场其他国家间的战争中。在1934年，参议院的"奈委员会"（Nye Commitee）举行的一系列听证会登上了报纸的头条，这些听证会详细披露了美国的钢铁和军需制造企业在战争中的丰硕成果。世界和平大会（World Peaceways）和其他和平主义团体随即错误地认为这些美国企业应当为美国参加这场战争负责。对于"死亡商人"的宣传攻势帮助美国于20世纪30年代后期通过了孤立主义立法，从而让美国主动放弃了曾四度与他国兵戎相见也不惜全力保护的中立权。1935年通过的《中立法案》（Neutrality Act）禁止美国向交战国销售或运输军需物资。1936年生效的该法案修正案又禁止向交战国提供借款。1937年通过的法案虽然允许美国企业向交战国售卖除军需物资外的其他货物，但要求必须采用现购自运的方式，即交战国在购买美国货物时必须支付全额现金，且货物由自己的船只运送。即便这些船只在海上被击沉，美国也不负任何责任。1939年的法案放松了武器出口管制，但同时也要求总统禁止美国船只进入战区内活动。可以说为了避免因海上挑衅而被拖入战争，美国选择了主动退出公海。

正如当时的英国和法国一样，美国国内也弥漫着厌战的情绪。当时的流行文学中充满了对于第一次世界大战参战各国领导人的冷嘲热讽[1]。有许多美国学生公开拥护"牛津宣言"，这份英国大学研究生们制定的宣言中声明他们"在任何情况下都不会"为国王和国家而参战。

大战略视角

大众流行的孤立主义和和平主义对大战略思维的误导使得许多人认为美国没有必要插手欧洲的战争。当时流行的期刊的军事栏目撰稿人都对第一次世界大战期间对于突破德军堑壕防线的尝试导致大量无谓伤亡一事对协约国领导口诛笔伐。在吸取了教训后，许多人认为一旦战争爆发，盟国可以依靠其坚不可摧的马奇诺防线让因海上封

---

[1] 此类文学作品不胜枚举。其中包括，厄内斯特·海明威的《永别了武器》，C. S. 佛雷斯特的《将军》以及埃里希·玛利亚·雷马克的《西线无战事》等小说。此外当时所有西方民主国家的戏剧和电影中也存在着强烈的和平主义倾向。

锁而不得不孤注一掷的德国人彻底屈服，从而无须将他们的军队扔进绞肉机当中[1]。

但马奇诺防线绝非牢不可破，盟国对于海上力量在对德战略中的作用也是不切实际的。虽然英国和日本等岛国固然可能被封锁彻底击败，但大陆强权却不可能败于海上封锁。封锁行动导致的稀有金属等材料短缺一定程度上削弱了德国的工业实力，但德国通过加紧对合成油料和合成橡胶等代用材料的研究使得这两种重要的战争物资在战时能够在本土得到供应。

正如德国的战前造舰计划所揭示的一般，希特勒和他的将军们倾向于利用德国的战略态势来降低对海上力量的依赖，从而将海军的扩建计划排在了纳粹陆军和空军之后。直到1938年，德国才开始了实质性的大规模造舰计划。

纳粹的全球战略来自卡尔·豪斯霍费尔（Karl Haushofer）的地缘战略学说。豪斯霍费尔的理论又源自英国地缘战略学家哈尔富德·J.麦金德[2]的学说。麦金德于1919年完成的《民主的理想与现实》（Democartic Ideals and Reality）一书就是向英国国民发出的一次告警。在二者的理论中，马汉的海权学说所强调的海运在大宗货物运输上的垄断优势被大陆内部道路和铁路线路的发展以及蒸汽机和内燃机动力的提升而抵消。长期而言，能够控制住欧拉西亚大陆的国家（或国家集团）将能够征服并控制整个世界。如果没有错误地进行两线作战，德国在第一次世界大战中便很有可能成功控制欧洲。而在未来，如果德国和俄国结成同盟，或者一方征服另一方，那么麦金德所预示的（对岛国和新大陆国家而言——译者注）昏暗未来将有可能成真。

在接受了麦金德的理论后，豪斯霍费尔试图将德国的领土扩张引导向东面。在这位纳粹主义地缘政治学家的眼中，在彻底征服俄国，使其成为德国的后方基地后，希特勒便能够完全无视英国舰队了。

豪斯霍费尔的理论成为德国在1941年进攻苏联的基本逻辑，同时也是德军在北非战役中派遣隆美尔的非洲军团大举进攻的地缘政治原因。虽然是豪斯霍费尔将麦金德的地缘政治主张传递给希特勒的，但他不应为德国在如此不利的时机下依然入侵苏联负责，其实上豪斯霍费尔一直主张竭力避免陷入两线作战。不过他一直坚持德国应当

---

[1] 马奇诺防线：这条火力强大的混凝土工事防线由法国沿法德边境构筑，以挫败德国入侵法国的企图。在第二次世界大战中德军效法一战之故事，通过侧翼穿插经比利时绕过了马奇诺防线。

[2] 卡尔·豪斯霍费尔是慕尼黑地缘政治研究所的创始人。除大量著作外，他个人对于纳粹制度的推崇也对德国的大战略研究产生了深远的影响。

征服俄国,并将俄国的大部分土地变为德国的殖民地。

集体安全体系的破产

在两次世界大战期间,西方各民主国家都试图依靠外交努力构建起一个集体安全体系,而这一体系的基石就是《凡尔赛条约》,该条约不仅保障了德国被永久解除武装,同时也强化了国联的作用。而所谓的"布尔什维克威胁"也因为沿苏联西部边境成立的一整排"缓冲国"得到了"解决"。法国通过借款与外交支持于1924年在欧洲中部扶植了对西方友好的"小协约国"(南斯拉夫、捷克斯洛伐克和罗马尼亚),这些国家都从已经被分裂的奥匈帝国得到了领土。

国际合作是确立当时国际秩序的基础。除了军备限制会议,战争借款与赔款解决机制(《道斯计划》与《杨计划》)以及包括德国与苏俄之间签订的《拉帕洛条约(1922)》(Treaty of Lapallo)以及多国于1925年签订的《洛伽诺公约》(Pact of Locarno)等谅解协议都是由多国协调完成的。在1926年,德国也获准加入国联。虽然苏联在革命后遭受其他国家的孤立,但仍在法国的斡旋下于1933年加入了国联。在20世纪20年代,人们似乎找不到爆发一场新的战争的理由。或许当时的多数政治家以及普通民众都觉得和平外交已经取代了全面战争,至少在他们有生之年应该是这样。各主要国家共同签订的《凯洛格-白里安公约》(Kellogg-Briand Pact,又称"非战公约")明确了除自卫战争外的其他战争行动都违反国际法。但实际上这份公约完全就是一纸空文,环顾历史,除了少数几场战争,大多数情况下即便自卫方遭到攻击后发起还击,也会被攻击方指责为侵略。

这种表面上的和平并未能长久。和平主义当道且军备废弛的美、英、法等国未能有效地采取联合行动来挽救和平。在国联中饱受西方国家白眼和猜忌的苏联则因将全部精力投入到工业化和建立起现代化的国家经济中而无暇他顾。

日本、德国和意大利这三个"未得利益者"走上了军国主义、帝国主义和投机主义的道路,在20世纪30年代影响着历史的走向。不满足于现状的三国开始准备冒险发动战争来重塑周边形势。

法西斯国家在20世纪30年代的侵略扩张行动的一部分原因是"大萧条"所催生的。大萧条使得数以百万计的人失去生计,也使得他们甘愿追随煽动家的野心。对外侵略的深层次原因是各自在地缘政治方面的大战略目标:分别获得中欧、地中海以及远东无可挑战的霸权。

对于阿道夫·希特勒上台后的德国，眼下的扩张目标是吞并所有的德语地区，包括奥地利、苏台德、波兰的西里西亚和旦泽；而终极目标则是征服巴尔干和乌克兰。对于墨索里尼领导的意大利，旨在打造一个比肩法国的非洲殖民帝国，这意味着需要吞并埃塞俄比亚，从而与利比亚、厄立特里亚和意属索马里连为一体；随后意大利将以此为落脚点向亚得里亚海的东岸扩张，控制阿尔巴尼亚，随后夺取希腊的一部分。对于日本来说，夺取中国的东北只是初步目标；更长远的目标是在中国、马来亚和东印度群岛建立起霸权。

1931年9月18日，一枚炸弹在沈阳奉天附近的南满铁路上爆炸，标志着第一次"中国事变"（即"九一八事变"——译者注）的开始，日军就此开始侵略中国。西方国家对于这次破坏和平的侵略行为的无能为力让墨索里尼和希特勒嗅到了机会。

意大利于1935年再度打破世界的和平，对埃塞俄比亚发动侵略。这些赤裸裸的侵略行径昭示了国联的有名无实和集体安全体系的彻底破产。在英法保守党政府走向绥靖政策的同时，墨索里尼制造了一场边境摩擦，并以此为借口挑起了一场侵略战争。在经过了一场勇敢的战斗后，由埃塞俄比亚皇帝海尔·塞西一世（Haile Selassie）所领导的部族战士们最终战败。

令人惊奇的是，这一时期的英国和法国公众依然强烈支持国联。国联对于意大利实施了经济制裁，禁止贷款和断绝经济援助；同时进行了军用物资禁运。但正如许多人所预测的那样，这些举措根本无法制止一场战争，制裁措施中连石油禁运都没有实施。虽然英国人派出了一支舰队进入地中海，但英军士兵们只能眼看着意大利运输船将大军经由苏伊士运河运往厄立特里亚。到此时依然坚称国联能够避免此类悲剧发生的就只剩下口是心非的英法两国外交部长，塞缪尔·霍尔（Sir Samuel Hoare）和皮埃尔·拉瓦尔（Pierre Laval），他们之后因大众的批判而不得不辞职。

迫在眉睫的石油禁运威胁使得墨索里尼转向与关系并不算友好的德国拉近关系。德国在1935年时大体上还没有恢复军备，但在依靠一系列的屠杀集中权力后，希特勒认为此时他的政权已经稳固到可以推翻《凡尔赛和约》并向全世界宣布德国的重新武装了。重新武装起来的德国此时已经配得上与墨索里尼结盟。两国从1936年起结成了罗马—柏林轴心[1]。

阿道夫·希特勒，这位辍学但聪明、富有妄想狂倾向的野心家于1933年凭借改善失业和颠覆《凡尔赛和约》的承诺登上了德国的权力中心。1936年，他顶着法国的威胁派出新组建的德军开进了此前被规定为"永久非军事化"的莱茵兰，这是在将要爆发的战争中保卫鲁尔工业区的提前准备。

希特勒和墨索里尼都干涉了西班牙内战（1936—1939年），向西班牙国民军输送至关重要的人员与物资援助。虽然在战争之初，美、英、法三国中有两个更为青睐共和政府，但给予军事援助的却是苏联。随着内战局势开始不利，人数较少但意志坚定且领导层果决的西班牙共产党成为共和政府的实际控制者。

在1938年初，德国的武装进程已经为希特勒提供了足够的胆量来进行他的第一场战略豪赌。在奥地利国内的纳粹党的配合下，德军直接开进维也纳并宣布了德奥合并。在西方民主国家无动于衷之后，希特勒又在次年要求捷克斯洛伐克割让以德语为主要语言的苏台德地区——该地区是一条沿捷克斯洛伐克边境的狭长地带。

不同于奥地利，捷克斯洛伐克人口的主要部分是斯拉夫人而非日耳曼人。此时的捷克斯洛伐克与法国和苏联缔结了军事同盟。凭借多山的边境、一支强大的军队以及发达的军事工业，捷克斯洛伐克人已经做好了战斗准备。正当欧洲所有国家都预见到一场战争时，英国和法国的首相却飞赴慕尼黑面见希特勒。在"这是最后一个我必须提出的对欧洲国家领土要求"的空洞承诺下，英法首相与希特勒签订了臭名昭著的《慕尼黑协定》，从而对德国放任自流。6个月后希特勒就强夺了捷克斯洛伐克的绝大部分领土。在看到英法不惜出卖他国任由德国向东扩张，企图将祸水东引后，苏联于1939年8月23日与德国签订了互不侵犯条约。面对希特勒对波兰的威胁，英法终于认识到了绥靖是徒劳无用的，继而宣布保障波兰的独立并在1939年8月25日与波兰缔结了盟约。

总结

在第一次世界大战前，美国着眼于可能与日本和德国爆发的战争开始打造一支仅

---

[1] 1937年签订的《德日反共公约》使得德国成为罗马—柏林—东京轴心的纽带。从1937年起，这个三国联盟被称为"轴心国"（Axis）。

次于英国的强大海军。到第一次世界大战结束时,英法两国强迫德国交出了舰队,部分德国海军的舰艇在被扣押于斯卡帕湾期间自沉。此后美国海军的主要对手就变成了日本。威尔逊总统计划通过一项宏大的海军造舰计划来让美国海军的实力赶上竞争对手,但他的计划遭到了国会的否定。威尔逊的继任者哈丁总统反其道而行之,通过拆毁战舰来达到这一目标。在1921年下半年举行的华盛顿会议期间,美国提出美、英、日三国共计拆毁66艘已经建成和正在建造的战舰。在华盛顿会议上诞生了三项条约。

《五国海军军备限制条约》规定了美英日的主力舰的吨位比5∶5∶3,法国和意大利两国的总吨位则更低。达成的总吨位限制见下表。

国家	主力舰	航空母舰
美国/英国	525 000	135 000
日本	315 000	81 000
法国与意大利	175 000	60 000

条约中各国主力舰的排水量被限制为35000吨,主炮口径限制为16英寸;航空母舰排水量不得高于27000吨且主炮不得大于8英寸。此外各国在之后的10年中不得建造主力舰。同时条约中规定不得在澳大利亚以北,日本本岛以南,美属夏威夷以西的大西洋岛礁进行军事部署或要塞化。

《九国公约》则保证了中国的领土完整。

《四国公约》解除了1902年起缔结的英日同盟,但英、法、日、美四国共同保证尊重彼此在太平洋地区的属地和权益。

1930年召开的《伦敦军备限制会议》中美、英、日在驱逐舰和巡洋舰以及部分潜艇的吨位上达成了10∶10∶7的总吨位比率,且将主力舰建造禁令延长到1936年。

美国的军舰建造由于条约的限制直至1933年才在罗斯福总统主政期间作为缓解钢铁和造船业压力的措施而重新开始,并将巡洋舰、驱逐舰以及其他小型舰艇的吨位补足到条约规定上限。第一次《文森·特拉梅尔预算案》(1934年)授权了为期8年、总数达102艘的替代造舰项目。《第二次文森预算案》(1938年)则批准美军在条约上限基础上增加20%的舰艇吨位。在法国沦陷(1940年)后美国海军的造舰项目开始马力全开,唯一的制约因素就是当时美国的工业能力。与此同时,国会于1936年组建的海运委员会开始快速扩充美国的商船队。

在第一次世界大战结束后的两个十年间，美国海军的战略主要围绕着可能在太平洋与日本爆发一场战争展开。美国的战略想定主要围绕着"橙色计划"展开，意图通过跨太平洋的力量投射途经大量日本占领的岛屿救援菲律宾。达成这一计划美军需要解决如下问题：①如何在装载和运用优势空中力量对抗日占岛屿上的岸基航空兵；②如何在敌方设防严密的基地岛屿发起登陆；③如何让舰队能够脱离后方基地长时间行动；④如何击败日本舰队。对于这些问题，美军需要：①注重建设航空母舰部队并装备改进型舰载机——尤其是俯冲轰炸机；②制订两栖作战条令并装备适合抢滩登陆的船艇；③制订完善的后勤条令，能够让后勤补给基地伴随舰队以及其他部队的步伐向前推进。

战前的美国公众舆论大体倾向于和平主义，同时许多人都认为法国可以依靠马奇诺防线在德军的进攻下保障自身安全。作为防止引火烧身的手段，美国通过了多份中立法案，禁止向交战国销售物资，随后又改为可以销售军需物资以外的货物，但只接受现付自提。

德国政府在卡尔·豪斯霍费尔翻译自麦金德的《民主的理想与现实》一书的启发下梦想着控制欧拉西亚大陆的中心地带，从而征服全世界。在希特勒执政后，德国推翻了《凡尔赛和约》并将莱茵兰重新军事化，此后德军又开进了奥地利并进行了德奥合并。在德国的帝国主义冒险成功的鼓舞下，意大利入侵了埃塞俄比亚，日本则对中国发动侵略。国联未能采取有效措施对抗这些侵略行径，使得其丧失了最后的权威性，也导致其早早地分崩离析。

在希特勒声称将捷克斯洛伐克的苏台德地区划入正在不断扩张的德意志帝国时，英法首相飞赴慕尼黑斡旋。在希特勒"这是最后一个我必须提出的对欧洲国家领土要求"的空洞承诺下，两国首相签署了臭名昭著的《慕尼黑协定》，对希特勒的侵略扩张放任自由。6个月后希特勒侵占了捷克斯洛伐克剩余的领土。苏联在目睹了英法不惜出卖他国将祸水东引的行径后，与德国签署了互不侵犯条约。由于希特勒又对波兰发出威胁，英法终于认识到了绥靖是徒劳的，并宣布保障波兰的独立，并于1939年8月25日与波兰缔结盟约。

第23章

第二次世界大战：德意攻势

"这是一代人的和平。"这是英国首相内维尔·张伯伦在从与希特勒进行的慕尼黑会议返回英国后所发出的豪言。但不到一年后的1939年9月1日凌晨0445时[1]，纳粹大军开始了对波兰的攻击，人类史上的浩劫——第二次世界大战也就此拉开序幕。虽然英法已经与波兰签订了互助条约，但希特勒没有理由相信在慕尼黑将对捷克斯洛伐克的道德义务弃之不顾的两国还有勇气站出来。这位德国元首计划以一场凌厉攻势在英法尚处于犹豫时碾碎波兰的抵抗，从而利用既成事实迫使两国就范。但他没有认识到两国领导人和人民都已经不愿忍气吞声。9月1日夜，英国向德国下达最后通牒，9月3日0900时，英国再次发布最后警告，两小时后，张伯伦首相发表全国广播演说，正式宣布向德国宣战。法国也于当天下午向德国宣战。同日，一位满腔战斗热情的发福老人回到他阔别24年之久的海军大臣办公室。世界各地的英军舰队随即收到电文："温斯顿回来了。"

短短几个星期，波兰战场便尘埃落定。德军的"闪电战"战术发挥了强大的威力。但在西面，这场战争还远远没有结束。虽然英法的动员来得太晚，无法给予波兰帮助，但英法军队已经可以根据计划迎击纳粹军队向西发起的任何攻势。法军将其陆

---

[1] 本章与之后章节计时均采用四位数表示法，该表示法自第二次世界大战后就被各国军队广泛使用。本书中除专门提及之外，所注时间均为当地时间。

军部队部署于马奇诺防线的掩体内；而英军则将利用其海上力量。英国皇家海军立即通过对北海和波罗的海的所有海区进行巡洋舰巡逻来对德国实施封锁，同时本土舰队集结在斯卡帕湾准备应对德军的任何突破行动。

希特勒并不想真正与英国和法国宣战——至少在当时他并不想这样。在波兰战役结束后，他拒绝了立即在西线发动任何攻势，这一禁令使得西线迎来了被称为"伪战争"的局面。在1939年的冬天，德军部队藏身在齐格菲防线内，与马奇诺防线内的法军部队进行对峙，双方仅发生了少量单调的遭遇战。

海上战事的开始

相比于地面战场，德军在海上却率先出击。在英国宣战当日，英国载客邮轮"雅典娜"号（Athena）就被德军弗里茨-尤里乌斯·伦普（Fritz-Julius Lemp）上尉所指挥的U-30号潜艇击沉。时任德军潜艇部队指挥官的卡尔·邓尼茨海军准将，德军舰队总司令埃里克·雷德尔海军大将，以及希特勒本人都声明拒绝承认德国对此事负有任何责任。从善意角度理解的话，这或许是由于他们不相信德军艇长会不遵守他们下达的放过载客民船的命令。而在纳粹宣传部长乔瑟夫·戈培尔的诛心之论中，此次事件为丘吉尔一手炮制，希望借此将美国拉入战争。

"雅典娜"号沉没后，英国海军部没有浪费任何时间，迅速启动了护航船团制度。英军的首个护航船团于9月8日从加拿大哈利法克斯出港启程，该船团的护航舰在船团出港300英里后与其会合，并将该船团安全护送至英国的各个港口。这次早期的护航行动展现了英军缺乏执行护航任务的舰艇。在战争之初，由于德军水面破交舰艇的威胁，英国海军部不得不为每个护航船队都配备强大的护航舰部队——至少一艘战列舰、一艘巡洋舰或一艘武装邮轮。

到10月中旬，德军袖珍战列舰"德意志"号（Deutschland）已经击沉了两艘商船，并且因捕获美国货船"弗林特城"号（City of Flint）制造了一场外交风波。当时这艘美国货船正在经挪威领海前往德国的途中，挪威政府扣留了德军登船人员并将货船还给了美国船东。此次事件不仅导致了美国国内掀起反德声浪，同时也使得希特勒首次开始考虑对挪威动武。

在德军的早期水面破交舰艇中，造成破坏最大的当属袖珍战列舰"格拉夫·施佩海军上将"号（Admiral Graf Spee），该舰从1939年9月30日至12月7日期间总共击沉了9艘商船，合计50000吨。由一艘法国战列舰以及英法两军的巡洋舰和航空母舰组成的9个狩猎大队出动猎杀该舰。最终亨利·哈伍德（Sir Henry Harwood）准将的大队在南美洲东海岸追上了敌舰，该大队包括重巡洋舰"坎伯兰"号（HMS Cumberland）、"埃克塞特"号（HMS Exeter）以及轻巡洋舰"阿贾克斯"号（HMS Ajax）和"阿基里斯"号（HMS Achilles）。

12月13日，哈伍德的大队在"坎伯兰"号前往福克兰（阿称马尔维纳斯）群岛整补时接到命令赶往普拉特河河口拦截"格拉夫·施佩"号。在遭受到"格拉夫·施佩"号11英寸主炮的集火攻击后，哈伍德意识到敌舰作为战列舰的火力足以将他的巡洋舰炸得四分五裂。为了引诱这艘袭击舰分散火力，他命令"埃克塞特"号转向西北，边打边走，同时"阿贾克斯"号和"阿基里斯"号则向东北方向航行。德军舰长汉斯·朗斯道夫（Hans Langsdorff）上校此时误认为自己所面对的只是一艘巡洋舰和两艘驱逐舰，因此决定快速拉近与敌舰的距离，以便在公海上突破敌军的追击，而这一决定使得他丧失了射程上的优势。"格拉夫·施佩"号的靠近给了哈伍德的舰队发挥火力的机会，英军的6英寸和8英寸主炮对敌舰取得了多次命中，迫使朗斯道夫掉头向着南美海岸遁去。

"格拉夫·施佩"号的战列舰主炮已经导致"埃克塞特"号退出战斗。哈伍德命令该舰前往福克兰（阿称马尔维纳斯）群岛进行修理，而他的两艘轻巡洋舰则继续负责监视正在撤退的敌方战列舰。朗斯道夫过分估计了他的座舰的受损情况，因而不打算重新投入战斗，而是在当天白天继续向西航行。英军轻巡洋舰则从该舰的后方两侧时不时利用主炮齐射对德军发起挑衅。在午夜后不久，"格拉夫·施佩"号驶入了蒙得维的亚港。"阿贾克斯"号和"阿基里斯"号则在乌拉圭领海外就地设置了一条巡逻线。

虽然驻当地的德国领事进行了外交努力，但未能让"格拉夫·施佩"号的离港期限从72小时延长。英军的欺敌宣传非常成功，让德军误以为一支英军大规模舰队已经赶到。实际上当时仅有"坎伯兰"号加入了"阿贾克斯"和"阿基里斯"号的封锁。朗斯道夫从柏林获得的命令允许他在杀开一条血路与凿沉战舰之间做出选择。朗斯道夫选择了后者。在将受伤的俘虏和大多数舰员送到岸上后，他于12月7日下午指挥战舰出港。英军巡洋舰发现敌舰后开始进入战斗位置，但就在英军发起攻击前，"格拉夫·施佩"号就在3英里领海线外的地方停船，驾驶战舰的少数德军舰员登上了一旁的一艘德国货船。几分钟后，这艘战列舰发生了自爆，而朗斯道夫在此后不久饮弹自尽。几个月后，德军停止了利用水面舰艇发起破交作战。

击败"格拉夫·施佩"号的喜悦某种程度上因为没能搜寻到其补给舰"阿尔特马克"号（Altmark）而被冲淡。英军确信这艘补给舰上还关押着被"格拉夫·施佩"号所俘虏的英军船员。直到普拉特河海战结束三个月后，一小队由坐镇"哥萨克"号（HMS Cossak）驱逐舰的菲利普·维安（Philip Vain）上校指挥的英军驱逐舰在挪威的一处峡湾中发现了"阿尔特马克"号。丘吉尔命令维安对这艘德军补给舰发起登临搜捕，解救被关押的英国船员。维安指挥"哥萨克"号以近乎冲撞的方式靠帮后，"哥萨克"号派出了一支跳帮队伍登上"阿尔特马克"号。在一场激烈的肉搏战后，德国船员选择了投降，英军水兵们随后解救出了298名被关押在储藏间内的英国水手。挪威就侵犯中立权向英国提出外交抗议，因挪威没有对本国领水内停靠的外国船只进行妥善搜查，此事在双方都接受了抗议后而告一段落。

入侵挪威

雷德尔和丘吉尔都将他们的目光落在了挪威上。如果占据挪威，德军的潜艇和水面破交舰船可以绕过英军的封锁直接进入开阔的大西洋。此外挪威与外围一连串离岛中间构成了一条绵延上千英里、能够得到充分掩护的的通道［被称为"管道"（Leads）］。德军舰船经常罔视挪威的中立地位，在空中掩护的支援下直接高速冲入斯卡格拉克海峡，沿着"管道"航行，再突入大西洋。在夏季，对德国至关重要的斯堪的纳维亚半岛产铁矿石经由瑞典港口吕勒奥（Lulea）运往德国。这一航线由于英国皇家海军无法穿过斯卡格拉克海峡而非常安全。但波罗的海在冬天会被封冻，冬季的铁矿石运输只能通过挪威的纳尔维克港进行，货船将在此装载矿石后沿"管道"驶往德国。

雷德尔很早就开始让希特勒关注挪威的局势，德国的外交部门也做出反复努力希望挪威政府能够自愿与德国合作。在外交努力失败后，雷德尔命令纳粹海军总参谋部开始准备入侵挪威以及丹麦的作战计划，以便保证德军能够不受干扰地利用周边水域。"阿尔特马克"号事件让德国开始怀疑挪威已经与英国达成了某种默契。认为英国人将会作壁上观的希特勒签署了入侵挪威和丹麦的命令。登陆行动将于1940年4月9日清晨，在从纳尔维克到奥斯陆，以及哥本哈根在内的多个地点实施。考虑到英军的海上优势，行动的突然性至关重要。

丘吉尔从很早之前便一直强调必须注意"管道"。英法最高战争委员会（Anglo—French Supreme War Council）最初拒绝采取任何行动，不过在经过几个月的扯皮后还是责成英国海军部制订在纳尔维克外海布雷的计划。这一行动计划在4月6日进行，如果能够按期实施，无疑能够重挫德军的步伐。在认识到德国人可能以入侵挪威作为英军布雷行动的报复后，英军将一支小规模远征部队送上运兵船，伴随布雷舰艇一起出动。由于在出航的最后关头遇到麻烦，布雷行动不得不推迟48小时，而此时有关德军行动的情报也传回了伦敦。英国内阁决定让部队下船，直到"弄清形势"为止再采取行动。因此当德军登陆部队起航时，本来可以对德军进攻挪威做出快速反应的英军部队仍在英格兰逗留。

在4月8日昏暗的清晨，英军布雷舰艇和德军登陆舰队不期而遇，英军"萤火虫"号（HMS Glowworm）驱逐舰遭遇了一队正驶向特隆赫姆（Trondheim）的德军运输船团。虽然寡不敌众，但"萤火虫"号仍然向德军的护航舰艇——重巡洋舰"希佩尔"号（Hipper）发起了勇猛的进攻。在即将被击沉之际，"萤火虫"号开足马力一头撞向敌舰，在"希佩尔"号的舰体上留下了长达130英尺的巨大创口。随后"萤火虫"号航速减慢，最终爆炸沉没，德军只来得及在波涛汹涌的海面上救出38名幸存者。

在4月9日日出到来之前的暴风雨中，英军"声望"号（HMS Renown）战列巡洋舰遭遇了正前往纳尔维克的德军船队，并与护航的德军战列舰"格奈森瑙"号和"沙恩霍斯特"号发生短暂交火，双方不分胜负。在南面海域，英军"暴怒"号航母起飞的舰载机击沉了德军轻巡洋舰"柯尼斯堡"号，一艘英军潜艇击沉了其姊妹舰"卡尔斯鲁厄"号。此外在奥斯陆峡湾内，从挪威岸防堡垒内发射的鱼雷击沉了德军重巡洋舰"布吕歇尔"号（Blücher）。虽然遭受了损失，但德军在4月9日已经达成了全部的目标。丹麦在进行了微弱的抵抗后投降，而德军登陆部队已经在挪威的所有重要港口站稳了脚跟。

此时只有纳尔维克港尚未受到德军登陆的严重威胁。根据海军部的命令，瓦尔博登·李（Warburton-Lee）上校乘坐驱逐舰"勇敢"号（HMS Hardy），带领驱逐舰"猎人"号（HMS Hunter）、"浩劫"号（HMS Havock）、"热刺"号（HMS Hotspur）和"敌意"号（HMS Hostile）于4月10日日出前进入奥福特峡湾（Ofot Fjord）。在峡湾内英军发现了德军的5艘驱逐舰，双方随即用舰炮和鱼雷进行了激烈交战，英军击沉了两艘德军驱逐舰和两艘驳船。随后德军5艘驱逐舰赶到，与幸存的驱逐舰一道击沉了"猎人"号和"勇敢"号，李也在战斗中阵亡。幸存的3艘英军驱逐舰中有两艘被击伤，但英军在驶入公海后击沉了一艘正驶往峡湾的德军弹药船。4月13日，一支包括有英军战列舰"厌战"号和航空母舰"暴怒"号的强大舰队进入峡湾内，将德军的8艘驱逐舰全部击沉。

4月14日，由麦克西（Mackesy）少将指挥的英军地面部队在分别由科克（Cork）勋爵和奥雷里（Orerry）两位舰队司令指挥的多支海军部队的支援下登上了位于哈斯塔德不远处的离岛西诺依岛（Hinnoy）。英军此次行动是为尽早挺进纳尔维克开辟前线基地，但直到援军数量已经超过20000人时，麦克西依然按兵不动。内阁对麦克西的反复拖延忍无可忍，免去了他的职务，并任命科克勋爵作为行动总司令。在"皇家方舟"号（HMS Ark Royal）上舰载机的支援下，英国远征军于5月28日攻入了纳尔维克。

此时德军已经开始了对低地国家和法国的进攻。在西线战场上，盟军几乎兵败如山倒，已经登上纳尔维克的英军部队也因此被命令摧毁当地设施，并于6月8日完成了撤离。雷德尔派出"沙恩霍斯特"号和"格奈森瑙"号追击分头行动的英军船队及其护航舰。两艘德军战舰成功突然袭击了"光辉"号（HMS Glorious）航空母舰，并在其未来得及放出舰载机时就将其瘫痪。英军驱逐舰为了保护航空母舰面对敌方战列舰进行了勇敢的搏斗，但最后3艘英舰都被击沉。德军还击沉了两艘货船和一艘反潜拖网渔船。最后，大部分运载英国远征军的船只都得以安全返回英国。

法国陷落

随着德军开始对荷兰和比利时发起闪击，第二次世界大战进入了最为激烈的阶段。同时事实证明，英国保守党内阁的首相张伯伦实在难挑重任。就在5月10日，希特勒对低地国家发起闪击战当天，张伯伦让温斯顿·丘吉尔接替了自己的职位。丘吉尔在一次下院演说中，告诉鸦雀无声的听众们："我能奉献给你们的，只有热血、辛劳、眼泪和汗水。"

德军以B集团军群为先导的进攻很快碾碎了荷兰的抵抗，向着比利时长驱直入，该集团军的右翼得到了北海的保护。集结于法国和比利时边境的马其诺防线末端的英法军队向北集结，准备沿安特卫普—色当一线迎击敌军。但盟军的这一动作正中德军下怀。A集团军群以7个装甲师的兵力从阿登森林方向发起攻击，横跨米乌斯河后直接突破了盟军战线上的薄弱要点，此后德军装甲部队在后续部队的增援下向着英吉利海峡方向长驱直入，直接包抄了深入比利时境内的英法军队。仅仅一周时间，盟军就已经落入了生死存亡的境地；而到第二周时则已经回天乏术。此时只有通过海上撤离，盟军部队才能逃过被俘和被歼灭的绝境。

被包围在比利时的英法军队虽然竭尽全力试图在法国境内的友军向北进攻的同时向南冲破德军A集团军的包围，但法军高层的无能和德军在地面以及空中力量上的压倒性优势最终使得盟军的行动遭到挫败。在西线战场开战两周后，盟军部队就全面撤退到了敦刻尔克附近地区。

敦刻尔克大撤退是危急关头的一大奇迹。英国船主们自发为海军提供支援，并主动让自己的船只接受征召。此战中英国皇家海军依然是完成任务的中坚力量。撤退行动于5月26日正式开始，当时丘吉尔和英国海军部仅希望能够撤出约45000人的部队，不过由于盟军的后卫部队的坚守超出了所有人的预期，且皇家空军与法国空军联手阻挡了纳粹空军的行动，从而为撤离争取到了更多的时间。与此同时，从驱逐舰到跨海渡轮、帆船、游艇甚至摩托艇在内各式各样的舰船在海峡内来往穿梭，往返于敦刻尔克滩头和英国的各个港口。在9天的撤离行动中，超过338000名来自英国、法国、荷兰和比利时军队的士兵被成功撤离至英格兰，不过这些部队都抛弃了携带的重武器。

此前几乎一路毫不停歇的德军于6月5日开始向南进攻，深入法国腹地。而盟军终于在马恩河战役中暂时阻挡了德军的步伐。保罗·雷诺（Paul Reynaud）总理请求丘吉尔派出更多的部队前往法国并希望英国皇家空军能够动用所有资源来阻击德军。丘吉尔提供了力所能及的帮助，但他拒绝派出25个英军战斗机中队支援法国，因为他的空军将领们告诉他，这一规模是在法国沦陷后防御英国所需的最低限度数量。

英军很快就认识到了已经没有可能将法国从战败的深渊中拯救出来。雷诺命令马克西姆·魏刚（Maxime Weygand）将军向德军投降，法国虽然可以借此平息法国本土的战事，但这却使得法国政府无法依靠海外领土和海上力量继续战斗。魏刚拒绝投降，认为这有辱法国军队的荣誉。在这最为危急的关头，丘吉尔提议两国立即合并，两国人民可以共享同样的公民权和一个政府，但法国内阁部长会议拒绝了丘吉尔的提议。

6月16日，法国政府内部的战败主义者迫使雷诺辞职，取而代之的菲利普·贝当（Philippe Pétain）元帅上台后立即与德军达成了停战协议。在德法媾和的同时，英国向法国施压，要求法国避免自己的战舰被德国控制，最好是能够前往英国的港口内。但法军战舰并不为之所动，采取了动作的只有两艘几近完工的新型战列舰——"黎塞留"号

(Richelieu）逃往达喀尔，而"让·巴尔"号（Jean Bart）则前往了卡萨布兰卡。

让局势雪上加霜的是，为了作为胜利者分一杯羹，墨索里尼于6月10日向法国宣战，罗斯福总统对意大利此举的评价是："手执利刃，背刺友邻。"

6月22日，在贡比涅森林的铁道线上，在作为1918年战胜国的法国将停战协定文本递交德国的同一节车厢内，此刻作为胜利方的纳粹德国将他们的停战条件诵读给了战败方法国。法国此后将被分割为两块：包括沿大西洋一带和整个法国北部（包括巴黎）的"被占领区"和余下的"未占领区"。"未占领区"将由一个设立在维希（Vichy）由贝当领导的法国政府统治。但维希政府的实际领导人是支持纳粹的皮埃尔·拉瓦尔（Pierre Laval）。

法国同意签字的停战协定文本中规定，法军的战舰将被集结于规定港口，在德军和意军的指挥下解除战备和武装。法国海军司令让·达尔朗（Jean Darlan）海军上将向英国私下保证称绝对不会允许德国和意大利利用法军的战舰，不过考虑到众人皆知达尔朗对集权主义的支持以及贝当的软弱，英国人对他做出的承诺冷眼相待。

法国的失陷使得英国此时面临着一个全新的战略局面。此时的英国几乎是孤军奋战，充其量只能得到以加拿大、澳大利亚和新西兰为主的英联邦国家的支援，但这些英联邦国家的工业能力和人口都非常有限。而此时德意轴心已经控制了从北角到比利牛斯山的大西洋沿岸，如此之广的海岸根本无从实施封锁。在地中海方向，此前地中海的制海权控制在法国手中，而与之争夺制海权的意大利也拥有着不可轻视的海空军力量。

预计到了意大利将加入战争的英国很快开始加强部署在地中海的海上力量。在4艘战列舰以及老旧航空母舰"鹰"号（HMS Eagle）抵达后，地中海舰队总司令安德鲁·坎宁安（Sir Andrew Cunningham）海军上将将他的司令旗从马耳他岛上转移到了战列舰"厌战"号上，并将作战基地从马耳他转移到亚历山大港。在亚历山大港，地中海舰队能够得到根据《英埃条约》（Anglo-Egyptian Treaty）部署在此地的英国陆军和皇家空军部队的配合。不久之后英国海军部又在直布罗陀组建了"H舰队"，该舰队下辖有战列舰"勇敢"号（HMS Valiant）和"决心"号（HMS Resolution），战列巡洋舰"胡德"号和航空母舰"皇家方舟"号，两艘巡洋舰以及11艘驱逐舰。H舰队由詹姆斯·索姆维尔（James Somerville）海军中将指挥，可以根据需要驰援地中海或大西洋方向。

法国舰队

对法国战舰落入德意之手的担忧迫使英国执行了日后被丘吉尔称作"可恨的行动"的作战计划。完全不相信希特勒"不会利用法国海军战舰"这一承诺的英军认为停泊在法国欧洲领土港口以外的法军战舰都需要被消灭。

1940年7月3日，英国海军陆战队员登上了停泊在普利茅斯和朴茨茅斯的法军战舰，并将所有的法军舰员赶到了岸上。少数法军水兵自愿加入了由夏尔·戴高乐将军所领导的"自由法国"部队，但大多数法军舰员拒绝加入，随即被英国扣押。

同日，索姆维尔指挥的H舰队抵达奥兰港外海，由马赛尔·让索尔（Marcel Gensoul）上将指挥的奥兰港法军是除法国本土港口外兵力最雄厚的海军舰队。根据海军部的命令，索姆维尔给让索尔提供了多个选择：他可以率领舰队加入英军；也可以驶往任意一处英国港口，或位于西印度群岛的法国港口，或前往美国解除武装；或让舰艇自沉。在这种强行威逼下，怒不可遏的让索尔拒绝了英国人的所有提案，同时下令舰队进入战斗状态。索姆维尔的舰队随即悍然开火，导致一艘法军战列舰倾覆，另一艘起火搁浅，同时一发命中发动机舱的炮弹使得"敦刻尔克"号（Dunkerque）战列巡洋舰失去动力，另有一艘驱逐舰被击伤。在这场快速的"行刑式"交战中，1300名法军官兵罹难。战列巡洋舰"斯特拉斯堡"号（Strasbourg）和部分驱逐舰设法脱离港口逃到土伦。3天后，"敦刻尔克"号又遭到英军"皇家方舟"号上起飞的鱼雷机的进一步重创。

在英法海军舰艇同处一个锚地的亚历山大港，坎宁安与法军舰队司令戈德弗鲁瓦（Godfroy）的友谊避免了悲剧的发生。相比起索姆维尔，坎宁安无须担心法军从土伦派出援军，因此不必操之过急。7月5日，两名指挥官达成了君子协定，戈德弗鲁瓦承诺所有舰艇放空燃料，拆除所有火炮的开火机构并同意不再出海。而坎宁安则同意英军不以任何强制手段扣押法军舰船，从而避免重蹈覆辙。

在达喀尔，英军"竞技神"号（HMS Hermes）航空母舰放飞的舰载机对法军的新型战列舰"黎塞留"号发动了攻击，对其造成的损伤已经足以让该舰在随后一年的时间内无法出海。9月，H舰队支援自由法国部队对达喀尔发动了一次不成功的登陆，此次行动中法军一艘驱逐舰和两艘潜艇被击沉，而英军则有一艘战列舰和两艘巡洋舰被击伤。位于卡萨布兰卡的"让·巴尔"号战列舰由于主炮甚至还没来得及安装完毕而幸免于难。而在马提尼克岛的两艘法军巡洋舰和一艘水上飞机母舰则通过罗斯福总统的外交斡旋而解除了武装。

本国舰船遭受攻击使得愤怒的维希政府决定对英国发起报复。1940年7月5日，法军飞机空袭了直布罗陀，但他们将炸弹投入了港湾，没有造成任何损害。7月8日，维希法国政府与英国断绝了外交关系，但并未对英国宣战。

不列颠大空战

在法国陷落后，德国一度向英国提出和谈，但英国对此进行了断然拒绝。作为报复，希特勒在1940年7月16日签署了对英国的登陆计划——"海狮"计划（Operation Sea Lion）的作战命令。预计到德军可能采取这类行动后，英国皇家海军准备好了将本土舰队从斯卡帕湾转移到罗西斯，以便在敌军发起跨海峡登陆时迅速南下迎击。英国海军甚至不惜从护航船团中抽调出至关重要的护航舰返回本土加强英格兰沿海的防御。虽然进行了各方面的准备，但英国人非常清楚，保卫英格兰的第一道防线是皇家空军部队。由于敌方不可能在没有掌控英吉利海峡制空权的情况下发动登陆，因此德军的首要任务就是摧毁皇家空军的战斗机部队。

雷德尔大将在接到希特勒的指示后命令他的参谋人员加紧完成登陆计划的制定。他已经从希特勒处得到了一份由陆军起草的大致计划。这份计划中要求德军在从泰晤士河河口的兰姆斯盖特（Ramsgate）到怀特岛，宽达200英里的正面发起登陆。雷德尔向陆军解释称，纳粹海军缺乏足够的船只完成如此宽正面的登陆，而且法国沿海的港口受损程度过重，即便海军拥有足够的力量也难以展开行动。他提出了一份大幅缩水的，在从多佛到比奇角一线展开登陆的计划。在得知该方案后，德军陆军总参谋长讥讽道："我最好让部队顺着一根灌肠机管子登上对岸。"而雷德尔则冷漠地回应称他只是想让陆军士兵们能够活着上岸而不是躺在海底。

最终达成的折中方案并没能让两个军种满意，不过陆军和海军都认为在纳粹空军将英国皇家空军"摁翻在地"之前任何方案都只是空中楼阁，因此他们把皮球踢给了帝国元帅，纳粹空军总司令赫尔曼·戈林（迈耶）。戈林于8月12日发动"不列颠大空战"（Battle of Britain），德军轰炸机轰炸了英军的机场和雷达设施，但导致其遭到英军"喷火"战斗机的打击。在13日，即著名的"鹰"日当天，这场空中战役迎来了最高潮，但也就是在此时，戈林犯下了一个严重的错误——他命令自己的飞行员们不要在攻击敌方雷达站上浪费时间。

在几天内，数以百计的德军轰炸机和战斗机在英格兰上空呼啸而过。德军虽然遭受了沉重的损失，但他们上报称英军的损失比自身严重得多。不过实际上英军的战损/击落比达到了近1∶2。在靠近本土的空域战斗固然是英军的优势之一，而雷达的早期预警以及英军通过代号"极"[1]（Ultra）破译体系监听德军加密无线电通讯给英军带来了更大的优势。在能够预先获知德军的行动时间和目标后，英军的"喷火"几乎总能在敌军到来前抢占高度优势以逸待劳。

8月24日夜，十余架德军轰炸机在黑夜中迷航并误炸了伦敦。皇家空军在8月25日晚上轰炸柏林以示报复，而戈林曾大言不惭地称只要他执掌纳粹空军，这种情况就不可能发生[2]。戈林很快将轰炸的重心调整为英军战斗机基地和城市基础设施，而这一调整使得德军彻底丧失了击败皇家空军的机会。对于登陆行动能否安全将自己的大军运过海峡抱有疑虑的希特勒此时认识到了登陆行动成功无望，于是下令"海狮"行动延期至1941年春天，一个月后又下令彻底取消。在1940年8月到10月的"不列颠大空战"期间，纳粹空军损失了1733架飞机；而皇家空军则损失915架战斗机。

1940年12月中旬，希特勒转而发动"巴巴罗萨"行动对苏联进行侵略。就在他有实力对英国发起新一轮进攻之前，他又不得不分兵前往北非和希腊救援连战连败的意大利军队。虽然希特勒将战略重心转向东面，但愈战愈强的英国迫使其在西欧留下了49个师的兵力防守大西洋沿岸。由于此时德国已经没有足够的兵力和物资来征服如此广大的疆域，纳粹德国实际上已经陷入了败局当中。

地中海战场

意大利海军并没有准备好战斗。墨索里尼及其法西斯党徒出于政治目的做出的战

---

[1] 纳粹德国的各军种和其他多个主要国家都使用不同型号的"恩尼格码"（Enigma）密码机对最高等级的密文进行加密。于1923年在德国研制成功的"恩尼格码"此后在全世界的军事和民用加密领域得到了广泛使用。"恩尼格码"在外观和操作上与打字机非常相似，内有由电力驱动的三个或更多可互换的加密轮盘，随着轮盘转动速率的不同，能够产生出不同的密钥。在第二次世界大战初期，虽然英国得到了一台德制"恩尼格码"的复制品，但是因为德军的加密轮盘复杂多样且频繁更换，破译工作收效甚微。不过英国方面还是首先成功破译了纳粹空军的信息，这部分归因于空军更依赖无线电通信。英军随后将"极"系统的破译范围拓展到了德军"恩尼格码"密码机所发出的所有信息。

[2] 没有一架敌人的轰炸机能到达鲁尔工业区。如果有一架到了鲁尔，我的名字就不叫戈林。你可以叫我迈耶。——赫尔曼·迈耶。——译者注

略决定给意大利海军的战斗力带来了消极的影响。当墨索里尼宣布参战时，意大利的海军统帅们对这一决定大惊失色。他们指出，意大利海军现在尤其缺乏航空母舰，而墨索里尼则向他们保证意大利空军会满足海军的侦察需要。事实证明这一保证就是瞎话，意大利空军不仅缺乏在反舰侦察和远海飞行方面的训练，同时对于支援海军也并不上心。

意大利海军的弱点在1940年7月9日爆发于卡拉布里亚（Calabria）外海的一场战斗中展露无遗。坎宁安以"厌战"号为旗舰，在两艘战列舰、5艘轻巡洋舰、多艘驱逐舰和"鹰"号航空母舰的伴随下，遭遇了一支由两艘战列舰、6艘重巡洋舰和10艘轻巡洋舰以及大量驱逐舰组成的意军舰队（由意大利海军总司令安杰罗·坎皮奥尼（Angelo Campioni）海军上将指挥）。"鹰"号放飞的舰载机造成一艘意大利巡洋舰轻伤，而"厌战"号则在260000码的距离上将一发15英寸炮弹送进了意军旗舰"朱利奥·凯撒"号（Giulio Cesare）的烟囱。坎皮奥尼慑于英军精良的炮术和航母的威胁在烟幕掩护下掉头撤退，同时通过无线电请求意大利空军岸基飞机的支援。随之而来的意军飞机不分青红皂白地对两军舰队发起了轰炸，但却无一命中。

10天后的萨帕达角海战（Battle of Cape Sapada）中，两艘防护较差的意军巡洋舰在追击4艘英军驱逐舰的过程中遭遇了澳大利亚巡洋舰"悉尼"号并掉头逃走。"悉尼"号在追击期间击沉了一艘意军巡洋舰并轻伤另一艘。

在北非战场，墨索里尼认为他抓住了建立一个新的罗马帝国的绝佳机会。9月13日，由鲁道夫·格拉西亚尼（Rodolfo Graziani）元帅指挥的意军部队根据"领袖"的命令向埃及进军。意军在深入埃及边境60英里的西迪·巴尔拉尼（Sidi Barrani）开始精心构筑阵地，以抵御势必到来的英军反攻。无论墨索里尼如何催促，格拉西亚尼都不为所动。

由于他的部队在埃及龟缩了起来，墨索里尼只得将目光投向别处。在10月15日，无视所有军事顾问的反对，墨索里尼下令入侵希腊。意大利军队在10月28日从阿尔巴尼亚跨过希腊边境，早在之前就已经保证了希腊独立的英国立即派出皇家空军和海军的飞机对意大利航运发起打击，并在克里特岛的苏打湾（Soda Bay）建立起了一处海军基地。不过此时的希腊还不需要此类支援，在11月8日，意军的攻势已经陷入停滞，而几天后希腊军队的一场反击已经将战线推回了阿尔巴尼亚边境。

在北非和希腊两个战场上，墨索里尼将政治投机转化为军事胜利的妄想都遭到了破灭，而他梦中那个"新罗马帝国"也随之烟消云散。

为了防止意大利海军增援意军在希腊的行动，坎宁安决定对位于塔兰托的意大利海军基地展开攻击。11月11日，英军"光辉"号航空母舰在巡洋舰和驱逐舰的掩护下未被察觉地绕过了亚平宁半岛的"靴跟"处，并在入夜后放飞了12架飞机（共计两波21架——译者注）攻击停泊在塔兰托港内的意大利海军主力舰艇。英军战机以损失一架的代价分别命中了"加富尔"号（Cavour）和"利托里奥"号（Littorio）各一次。在一小时后赶到的第二波攻击又命中了"杜伊利奥"号（Duilio）一次，"利托里奥"号两次，不过同时也损失了一架"剑鱼"。此次攻击成功地将意大利海军的战列舰部队削弱至只有3艘可用，分别是"朱利奥·凯撒"号、"维托里奥·维内托"号和"多里亚"号。"利托里奥"号和"杜伊利奥"号在数个月内都无法参战；而"加富尔"号此后再也未能出港。在英军袭击后，意军很快将残存的主力舰转移到了那不勒斯。

对英军而言，北非的战况也在好转。由理查德·奥康纳少将指挥的西部沙漠部队（Western Desert Force）在埃及已经拥有36000名士兵和275辆坦克，这支部队未来将成为英军第8集团军的核心。12月9日，奥康纳对意军位于西迪·巴尔拉尼的阵地发动了一次突袭，随后突袭很快变成了一场全军追击，在将意军逐出埃及，逼退至利比亚境内的同时给予意军重大杀伤。在这场快速追击战中，英军接连夺取了赛卢姆（Sollum）、拜尔迪耶（Bardia）和托布鲁克（Torbruk）。到2月9日，奥康纳的部队已经兵临的黎波里塔尼亚（Tripolitania）的阿盖拉（El Agheila）。兵力始终没有超过40000人的西部沙漠部队此战中共计俘虏意军130000人、400辆坦克和1290门火炮。而英军的伤亡则仅为475人阵亡，1225人受伤。在战役期间，皇家空军为英军地面部队提供了战术支援，同时坎宁安的地中海舰队近岸分队（Inshore Squadron）则从埃及出发，为奥康纳的人员和装甲部队提供海上补给。

希特勒深知轴心国在地中海战场重夺优势具有重大的政治意义，同时为了在即将对苏联发动的进攻中保障右翼安全，他也必须加强该战场的轴心国兵力。为了给予在希腊和阿尔巴尼亚苦战的意大利军队直接增援，德军的士兵和装甲车辆经由南斯拉夫、罗马尼亚和保加利亚抵达战场。而为了增援在北非的意大利部队，希特勒派出了一支由埃尔温·隆美尔少将指挥的机械化部队赶赴利比亚，并从挪威调集了500架专门接受过反舰攻击训练的飞机部署至卡利布里亚和西西里的机场。

这支纳粹空军部队领受的任务为：保卫往返北非的轴心国航运，切断经地中海中部的英国航运，以及通过空袭瘫痪马耳他岛。在前两项任务中，德军飞行员很快展现出了高超的水准。在1941年1月中旬，德军俯冲轰炸机接连重创了"光辉"号和两艘英军巡洋舰，其中一艘巡洋舰因伤势过重被迫自沉。而身负重伤的"光辉"号则不得不远赴美国接受重建修理作业。惨痛的代价让英国不得不继续让补给船队绕行整个非洲大陆。

由于此时德军开始在希腊半岛发起入侵，英国政府出于政治原因不得不让奥康纳高歌猛进的北非攻势做出牺牲，将资源投入对希腊的增援中。时任英军中东总司令的阿奇巴尔德·韦维尔（Archibald Wavell）上将向希腊派出了58000名训练有素的士兵。这一调动使得英军在轴心国北非军队发起的突然反击面前毫无招架之功，就在韦维尔抽调的部队尚未跨过地中海之前，隆美尔的"非洲军团"（Afrika Korps）就已经攻入了利比亚。

由于德军强烈要求意大利海军截击赶赴希腊的英军运兵船队，接替坎皮罗尼出任意大利海军总司令的安杰罗·伊安奇诺（Angelo Iachino）上将指挥以"维托里奥·维内托"号为旗舰，下辖8艘巡洋舰和多艘驱逐舰的舰队于1941年3月26日出港。已预料到敌军会干扰运兵行动的坎宁安在得到来自"极"部门的"意军舰队已经出港"的情报后也做好了战斗准备。坎宁安指挥着拥有战列舰"厌战"号、"巴勒姆"号和"勇士"号，以及航空母舰"可畏"号和9艘驱逐舰的舰队在3月27日的黄昏从亚历山大出港。双方随即爆发的马塔潘角海战（Battle of Cape Matapan）可以算作是一场有舰载航空兵参与的"微缩版日德兰大海战"。

1941年3月28日上午，3艘意大利巡洋舰发现了一支英军的驱逐舰-巡洋舰混合编队并展开追击。坐镇"维托里奥·维内托"号的伊安奇诺命令主力舰队赶紧跟上，此时对坎宁安舰队已经出港一事仍浑然不觉的伊安奇诺希望自己的主力舰队和巡洋舰分队能够堵截并歼灭这支英军轻型舰艇分队。通过无线电得知轻型编队遭袭的坎宁安命令"可畏"号对意军发动一波攻击。虽然一弹未中，但舰载机的突袭让英军巡洋舰成功脱逃，并将伊安奇诺吓得以25节的航速掉头返航，坎宁安的主力舰队则紧追不舍。

几小时后，"可畏"号组织了由轰炸机和鱼雷机组成的新攻击波。1520时，英军舰载机的一枚鱼雷命中"维内托"号并使其一度瘫痪；一个半小时后该舰的航速恢复至19节。"可畏"号在当天晚些时候放飞的舰载机则彻底瘫痪了"波拉"号（Pola）。在分派两艘巡洋舰和4艘驱逐舰帮助"波拉"号之后，依旧没能察觉英军地中海舰队就在身后的伊安奇诺指挥主力继续退却。坎宁安的舰队在当晚找到了步履蹒跚的"波拉"号和前来协助其脱困的意军轻型战舰。攻其不备的英军一举击沉意军3

艘巡洋舰和两艘驱逐舰。坎宁安的水兵们在德军轰炸机到来前设法将1200名意军幸存者救上了船。

4月6日,德军地面部队在压倒性的空中优势支援下开始进攻希腊。希腊和英国军队节节败退,希腊政府在4月24日宣布投降,英军不得不又一次实施"敦刻尔克"式的撤离行动。由于敌军强大的空中攻势,大多数撤离都只能在夜间直接经由海滩进行。在撤退中皇家海军损失了包括5艘医院船在内的25艘舰艇,且英军带来的所有坦克、各类装备以及多达6000名英军士兵都未能及时撤出。

由于其重要的战略位置,英军决心如同坚守马耳他一样死守克里特岛。英军判断德军可能仅依托两栖登陆行动夺占该岛,但德军却以强大的空降和机降部队作为夺取该岛的矛头。德军利用530架运输机和100架滑翔机将16000名士兵机降至岛上,此外还有4000名空降兵进行伞降。在遭遇英军的殊死抵抗后,德军在5月21日和5月22日两度派出增援船队。英军的一支巡洋舰舰队两度成功拦截德军船队,但在负责护航的两艘意军驱逐舰——"狼"号(Lupo)和"射手座"号(Sagittario)的英勇奋战下,运输船队仅以轻微损失便成功撤退,考虑到轴心国很可能已经派出强大的海军舰队,英军舰艇并未贸然追击。

在克里特战役期间,英国皇家海军损失了3艘巡洋舰和6艘驱逐舰,另有包括"厌

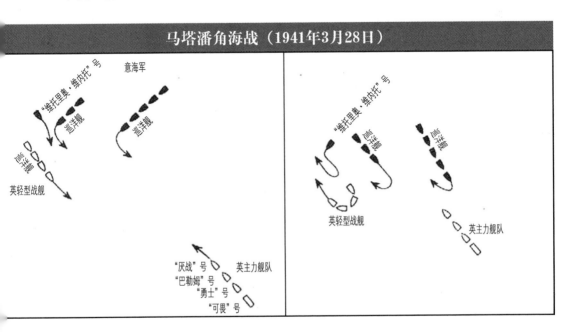

战"号、"巴勒姆"号和"可畏"号在内的13艘各类舰艇受损。德军此役损失220架飞机和6500名士兵,其中许多士兵都隶属于德军唯一的空降师。由于该师损失太过惨重,希特勒下令在攻占马耳他的行动中不得动用该师。

在1941年年底,英军地中海舰队因敌军的水下攻击而损失惨重。1941年11月中旬,"皇家方舟"号航空母舰被德军U-81号潜艇击沉。一周后,U-331号发射的鱼雷导致"巴勒姆"号战列舰殉爆沉没,船员死伤惨重。12月中旬,U-557号击沉了"加拉蒂亚"号(HMS Galatea)巡洋舰。几天后,英军一艘巡洋舰和一艘驱逐舰因触发意军埋设的水雷沉没。意军潜艇"求知"号(Scire)在亚历山大港近海释放了3条双人操纵的"人操鱼雷"(安装有可拆卸弹头的袖珍潜艇)。其中两枚"人操鱼雷"分别驶向"伊丽莎白女王"号和"勇士"号战列舰,而第三枚放置的弹头则重创了一艘油船和一艘驱逐舰。在其中一名"鱼雷驾驶员"(蛙人——译者注)被俘后,这名良知尚存的意大利士兵警告"勇士"号舰长,称已经敷设在船底的炸弹会很快爆炸。意军士兵的警告让该舰得以将舰员及时撤离下层甲板。两艘战列舰均遭受重创,被迫脱离战斗达数月之久。

沙漠战场

在徒劳地救援希腊和克里特岛之际,英军在埃及边境的战场上遭遇了灾难性的战败。1941年4月2日,由隆美尔指挥的非洲军团发起了猛烈的进攻。由于韦维尔已经将他最精锐的部队送往希腊,此时他手上仅有刚从本土运来的、毫无经验的部队。由于实力大减的西部沙漠部队无力招架隆美尔的猛烈攻势,本准备离开的奥康纳被紧急召回前线,但他本人却被俘虏,德军随后继续向东长驱直入。到5月底,非洲军团已经攻入埃及境内。

时隔多月后再度从直布罗陀成功抵达亚历山大港的运输船团让韦维尔有勇气和实力发起一场反攻,但这场指挥混乱的反击行动遭遇了惨败。丘吉尔随后用克劳德·奥金莱克(Sir Claude Auchinleck)上将替换了韦维尔。

在随后的一年半时间里,北非战场呈现出拉锯局面,通常得到更多补给的一方能够向前推进。总体而言,在此期间隆美尔所需的物资中有85%都成功到达了目的地,但在某些比较困难的时期补给相对紧张。马耳他岛及岛上的机场成为隆美尔进军或是被逼退的决定性因素。地处地中海正中的马耳他能为在地中海上活动的英军船舰提供空中和海上支援，同时也能袭扰意大利与利比亚之间的常规运输航线。当马耳他岛上的英军实力雄厚时，轴心国方面的损失就会飙升。要想让马耳他岛盟军守军维持强大的实力，就必须为岛上提供充足的食物和燃料补给，并能够稳定地补充损失的飞机。因此护卫为马耳他提供物资补给的定期运输船团成为H舰队和地中海舰队最艰巨的使命；而为了补充岛上损失的飞机，盟军航空母舰必须执行高风险的任务，包括美军"黄蜂"号在内的多艘盟军航空母舰都曾搭载着支援马耳他岛的"喷火"战斗机驶向该岛，航空母舰在抵达"喷火"航程内后便放飞飞机，随后掉头赶紧离开。

围绕护航船团展开的攻守战当中最为惨烈的莫过于1942年8月，英军试图从直布罗陀向马耳他派出补给船队的"基座"行动（Operation Pedestal）。在德意两军的飞机和潜艇以及意军轻型舰艇的层层围攻之下，英军护航船团损失了防护薄弱的"鹰"号航空母舰、两艘巡洋舰和一艘驱逐舰。另有3艘战舰遭受重创。全部14艘商船中仅有5艘抵达港口。

意大利海军在护卫商船队从欧洲驶往北非的过程中同样遭受了严重损失，而这些损失在很大程度上都是拜英军的"极"系统所赐。对德意无线电通讯的监听破译使得英军能够拦截大量的轴心国航运情报。英军为了掩盖密码破译方面的成功可谓不遗余力，有时甚至要派出一架侦察机去"发现"已经被"极"系统获悉行踪的敌军船队后才发动空中打击，以免轴心国怀疑英军依靠某种特殊手段获取了情报。

1942年夏，非洲军团和意军夺取了托布鲁克并俘虏了约40000名英军士兵，同时重新跨过埃及边境。隆美尔的部队此时已经推进至距离亚历山大港仅70英里的阿拉曼。不过由于希特勒将本应供给北非的补给转调到战事吃紧的俄国前线，隆美尔已经寸步难行。而处于防守中的英军则已经接收了从美国运来的300辆"谢尔曼"坦克和100辆自行火炮。除了生力军的到来，英军还拥有包括制空权、有效利用的"极"情报，以及克劳德·奥金莱克的出色指挥等优势。

虽然奥金莱克成功守住了阵地，但太过专注于防守的英军未能尽快向敌军展开反攻，急不可耐的丘吉尔因此让哈罗德·亚历山大上将（Sir Harold Alexander）替换了奥金莱克。同时，伯纳德·L.蒙哥马利中将接任了被改编为英军第8集团军的驻埃及英军地面部队的指挥权。蒙哥马利比奥金莱克更反对操之过急的进攻。这位谨慎的指挥官要求得到更多的准备时间和物资，同时开始加紧训练他的士兵。

与此同时，新部署到马耳他岛的英军远程鱼雷攻击机使得轴心国航运船只几乎无处逃遁，即便绕行最远的航线也难逃一劫。隆美尔深知只要他能够突破阿拉曼便可毕其功于一役，因此他必须在英军获得更多的增援和补给前发起进攻。

1942年8月30日夜，隆美尔对阿拉姆·哈尔法（Alam el Halfa）的山脊发动了一次进攻，意图包抄阿拉曼的英国守军。但不幸的是，他在进攻前用无线电知会了柏林和罗马。依靠"极"部门的破译，蒙哥马利和亚历山大几乎与德军和意军高层在同一时间看到了隆美尔拍出的电文。蒙哥马利根据情报精心编织了一处陷阱。他在山脊上布设了严密的防守，德军装甲部队在发起冲击时立刻陷入英军的密集火网中，导致人员和车辆严重损失。天亮后，皇家空军战机对陷入战斗无法脱身的德军装甲车辆发起了轰炸和扫射，而其余的空军战机和皇家海军的战舰则在"极"破译的情报指引下发现并击沉了3艘满载着德军急需的燃油的油船。9月2日，隆美尔取消了攻势。

隆美尔在日记中写道："随着这场攻势的失败，我们与夺取苏伊士运河的最后机会失之交臂。我们将要面对进入全速生产的英国战争工业；更重要的是，拥有无比工业潜能的美国……终将成为我们的敌人。"

美国参战

随着欧陆燃起战火，罗斯福总统很快下令美军展开确保中立的海上巡逻，同时跟踪调查交战国双方接近美国沿海和西印度群岛的一切飞机、作战舰艇和潜艇。一个月后美国应美洲其他国家的关切宣布建立一个自加拿大以南的安全区，警告双方不得在这一海域进行任何军事行动。

美国公众大多对德国的集权专制政府和侵略行径深恶痛绝，也对德国对待犹太人和其他少数族裔的野蛮行径满腔愤慨。即便在通过《中立法案》后，美国也并没有做到完全中立，根据"现货自提"的政策，英法仍能够派出货船购买并运回所需的物资，德国则因为商船无法突破英军封锁而难以效仿。1939年11月，美国政府正式解除了武器禁运令，这让英法可以在美国购买武器弹药，而德国却无法求购。

法国的沦陷使得美国国会开始觉察到在大洋彼岸出现的威胁。当时华盛顿方面同其他国家一样都对于英国能否在德国的强大攻势下坚持下来心存疑虑。考虑到德军击败皇家海军的可怕后果，美国政府开始筹划建造新的战舰，为最坏的情况做打算。国会也完成了建设一支两洋海军所需的立法，并在美国历史上第一次在和平时期通过了相关草案。

英国在参战之初需要适于商船队护航任务的舰艇。此类舰艇在挪威战役和敦刻尔克大撤退中损失惨重，使得数量缺口更为严重。为了解决英军的燃眉之急，罗斯福总统于1940年9月与英国首相丘吉尔达成协议：美方向英国移交50艘美军最为老旧的驱逐舰，以此交换包括从巴拿马群岛到英属圭亚那在内的6座英军基地的99年租借权。作为示好的礼物，英国在协议之外还租借了百慕大群岛和纽芬兰的基地，而美国也投桃报李地向英军移交了10艘加装了反潜装备的美国海岸警卫队缉私船。

虽然此时美国民众的和平主义倾向依然强烈，但美国已经在未宣战的情况下被拉入了与德国的战争当中。1940年12月，罗斯福总统提出了"租借"的提议。在这份提议中，虽然英国依旧必须动用自己的船只运走货物，但"现货自提"中的"现金"部分被取消。《租借法案》并没能如同租借驱逐舰的法案一般立即付诸实施，在经过频繁的听证后，美国国会在1941年5月才终于批准《租借法案》，之后，美国能够以出借为基础，向英国（以及之后的苏联）提供物资援助，从而避免了战争债款这一老生常谈的问题。

1941年初，美英军方高层在华盛顿举行秘密会晤，期间商定了《ABC-1参谋部协定》，美国海军的舰艇参与护送往返于大西洋两岸的英国船队，且两国商定如果与日本和欧洲轴心国势力同时开战，两国首先将主要精力放在对抗德国上。"优先打败希特勒"的策略主要是由于德国拥有更强大的工业和科技，对英国的威胁最大，且拥有强大的军事实力。

1941年8月，罗斯福总统和丘吉尔首相以及高层幕僚在纽芬兰的阿真舍（Argentia）举行会议。他们在会谈期间敲定了美军护送商船队的细节，并进一步讨论了罗斯福总统提出的"给予除参战之外的一切援助"（All aid short of war）政策。两国元首还签订了《大西洋宪章》，初步确定了以维护人类福祉为基础的战后目的。

这场"不宣之战"从9月4日开始进入到真枪实弹的阶段，美军驱逐舰"格里尔"号（USS Greer）遭到德军潜艇的鱼雷攻击，"格里尔"号则以深水炸弹还以颜色。虽然双方的开火均未命中，但为了回应德军的悍然进攻，罗斯福总统下令美军战舰可以向任何威胁美国航运的舰船发起攻击。

为了在新的态势下顺利进行中立巡逻，美军太平洋舰队力量得到了加强，地位也得到了提升。精明强干的大西洋舰队司令厄内斯特·J.金被晋升为海军上将，并得到了"大西洋舰队总司令"的任命。

7月，美国海军陆战队从英军手中接管了冰岛的防务，美国海军巡逻分队随即开始担负保卫自纽芬兰到冰岛一线的船队护航任务。美军舰队从9月起开始从两地的基地出发护卫英国商船。在商船航线上，加拿大海军首先将船队护送至纽芬兰以南的会合点，随后船队交由美军负责护送并一直伴随至冰岛以南的大西洋中部会合点（Momp）。随后皇家海军将接过护航任务，将船队护送回英国的各处港口。在交接后美军舰艇通常会在冰岛补给燃料，随后接上一支向西行驶的船队将其护送到纽芬兰海域。

美军于10月7日流下了这场"不宣之战"中的第一滴血，当天一艘德军潜艇雷击了正在护航的美军驱逐舰"卡尼"号（USS Kearny），该舰在中雷后设法返回了港口，但该舰舰员有11人阵亡。两周后美军驱逐舰"鲁本·詹姆斯"号（Reuben James）在护卫一个船团时被德军潜艇击沉，包括舰上所有军官在内的上百名舰员阵亡。

为了报复德军的攻击，美国国会废除了《1939年中立法案》中禁止美国舰船进入战区的禁令。美国商船此时可以满载根据《租借法案》提供的物资直航英国港口。不过直至1941年12月7日（日军对珍珠港发动偷袭）前，美国都一直没有正式加入第二次世界大战。在日本偷袭的次日，美国向日本宣战。德国与意大利根据此前与日本签订的条约的义务，于12月11日向美国宣战，美方也旋即向两国宣战。

在海军部长弗兰克·诺克斯的建议下，罗斯福总统任命罗伊尔·E.英格索尔（Royal E. Ingersoll）接任大西洋舰队总司令，而金则返回华盛顿出任美军舰队总司令（Commander in Chief U. S. Fleet）。由于此时金的职权已经很大程度上涵盖了海军作战部长（CNO）哈罗德·R.斯塔克上将（Harlod R. Stark）的指挥范围，罗斯福将斯塔克派往伦敦，出任美国驻欧洲海军总司令，并让金兼任作战部长。金在当时的美国海军中的职权之大，可谓前无古人，后无来者。他几乎以一己之力负责美国海军的运转，并直接向总统负责。

除了维持海军的运作，金还负责出席参谋长联席会议（JCS），该机构负责在总统的指示下直接指挥美国武装部队的作战行动。参谋长联席会议的其他成员还包括陆军总参谋长乔治·C.马歇尔上将；陆军航空兵（USAAF）司令亨利·H.阿诺德上将；以及后来加入的总统幕僚长威廉·D.莱希（Leahy）海军上将。美军参谋长联席会议在地位上等同于英国的帝国总参谋部（Imperial General Staff）。美英两国的最高指挥机构共同组成了联合参谋长联席会议（CCS），该机构是盟军的最高军事行动指挥执行机构。

第24章

大西洋之战

虽然第一次世界大战期间德军潜艇曾几乎将英国逼到战败的边缘，但战后的英国海军部对于反潜作战却相当轻视。当时英军的海军将领都沉溺在《凡尔赛条约》（条约禁止德国建造或拥有任何潜艇）为英国带来的虚假安全感之中。即便是希特勒在1935年公开撕毁限制德国军备的条约也未能让英军高层采取对策，他们认为在第一次世界大战期间摸索出的护航船队体系已经为他们提供了对抗潜艇威胁的手段，同时水下听音定位装置（Asdic，美军称之为"声呐"）的发展足以使得潜艇难以在水下遁形，从而不再构成严重威胁。但英军将领们忽视了即便是在理想的测试条件下，声呐依旧是不可靠的。

在军备限制条约失效后，英国接受了《英德海军协定》，其中允许德国建造相当于英国海军吨位35%的水面舰艇和45%的潜艇，并规定德国视情况可以建造相当于100%英军总吨位的军舰。在1936年，英国更进一步地与包括德国在内的多个海上强国签订了有关潜艇的协议，其中重申了捕获物规则——不论是水上或水下的军舰，在瘫痪或击沉商船之前都必须确保船只的乘客和船员能够安全逃生。德国借此机会扫平了建造潜艇的所有障碍。

随着《英德海军协定》的签订，德国海军司令雷德尔上将命令时任上校的卡尔·邓尼茨为新生的德军潜艇部队指挥官。邓尼茨的履历使他成为这个职务的不二人选，在第一次世界大战期间他曾担任过潜艇艇长，战后他又指挥过魏玛共和国那支弱小的水面舰艇部队。在他接到潜艇部队司令任命时，他正在指挥一艘巡洋舰。

邓尼茨推断在未来与英国的战争中，英国将继续使用护航船团。作为一名实用主义者，他确信潜艇将再度投入到无限制潜艇战中。为了降低声呐的效能，他打算让潜艇在夜间浮出水面攻击，在出现战机时，单独行动的德军潜艇也可以在白天近距离发起水下攻击。为了击败护航船团体系，邓尼茨要求德军潜艇发起集群攻击，并将其称为"狼群"。当发现敌军舰船时，潜艇的艇长就会用无线电通报敌方位置，身处岸上指挥所的邓尼茨就能通过无线电调集"狼群"展开"围猎"。有德军高级军官曾提出打破无线电静默会使得敌军有机会定位并攻击潜艇，邓尼茨回答称这是他们为了确保集群攻击的优势而不得不承担的风险。

正如邓尼茨所料，希特勒在1939年4月撕毁了《英德海军协定》。德国海军由此能够随意建造各种类型、各类吨位的战舰。邓尼茨要求建造300艘潜艇，这是他估算出用于战争的最低数字，不过他的请求与雷德尔提出的"Z计划"发生了冲突。根据希特勒自信满满的"不会与英国爆发战争"的承诺所制定的"Z计划"预计到1948年建成一支强大的舰队。该计划的首要目标是建成6艘排水量高达56000吨的新型战列舰。但随着战争的爆发，这6艘巨型战舰的建造工作不得不中止，所需钢材也被用在他处。德军在参战时拥有两艘排水量31000吨的战列巡洋舰"沙恩霍斯特"号和"格奈森瑙"号，两艘42000吨级战列舰"俾斯麦"号和"提尔皮茨"号也接近完工；此外还有3艘20000吨级袖珍战列舰"德意志"号、"舍尔海军上将"号和"格拉夫·施佩海军上将"号；3艘重巡洋舰；6艘轻巡洋舰以及相当数量的驱逐舰，但潜艇数量仅56艘。4艘主力战列舰最初一直停泊在港内作为一支存在舰队，防备英国本土舰队可能采取的行动，而袖珍战列舰和巡洋舰则作为潜艇的补充被派出袭击敌军海上航运。

与新生的"德意志战争海军"（Kriegsmarine）一样，英国皇家海军此时依旧由战列舰派的高级将领把持，他们仍抱有着未来海战会很大程度上发展自日德兰海战的成见，轻视建造小型舰艇、驱逐舰等适于执行护航任务的战舰。在战争爆发之初，英军一度不得不将拖网渔船和其他小型船只改造为护航舰艇，而这些船只根本就不适合执行此类任务。

法国陷落之前的潜艇作战

由伦普中尉指挥的U-30号潜艇将"雅典娜"号客轮误认为一艘皇家海军辅助巡洋

舰，并不经警告地将其击沉，虽然他自认为自己遵照了捕获物法规和1936年的潜艇战协定，但英军据此认为德军已经开始进行无限制潜艇战。已经接管了所有商船航运的英国海军部下令所有航速低于15节的货船都必须加入护航船团。到1939年年底时，皇家海军已经护送了近5800艘民用船只，期间仅损失12艘，且其中只有4艘是被潜艇击沉的，而在同一时期，独自行动的英国商船有102艘被击沉。此时的邓尼茨已经损失了9艘潜艇，这一数量相当于他在开战时兵力的六分之一。

护航船团的成功与对潜艇实施所谓"攻势行动"（即第一次世界大战中已经证明无效的反潜巡逻）形成了鲜明的对比。1939年9月14日，就在英国宣战不到两周的时候，英军"皇家方舟"号航母在一次巡逻中差点被德军U-39艇射出的鱼雷击中。3天后，U-29艇击沉了排水量22500吨的"勇敢"号（HMS Courageous）航空母舰。英国海军部随即取消了将航空母舰投入反潜任务。

作为对"雅典娜"号罹难的回应，时任第一海军大臣的丘吉尔宣布英军将武装商船。而希特勒则以取消潜艇的部分交战规则作为报复。随着英军逐步采取对策，德军彻底取消了潜艇战的限制。

在1939年秋季的潜艇作战行动中，最令人胆寒的莫过于由冈瑟·普里恩上尉指挥的U-47号潜艇在10月14日趁夜溜进斯卡帕湾。普里恩凭借高超的技术穿过崎岖的水道并一举击沉英军的老式战列舰"皇家橡树"号（HMS Royal Oak），导致舰上786人罹难。在普里恩的偷袭成功后，纳粹空军又对斯卡帕湾和佛斯特峡湾发动空袭。面上无光的海军部命令本土舰队撤退至苏格兰西海岸一带的锚地中，而德国的宣传机器便由此鼓噪称："（曾统治万顷碧波的）不列颠尼亚已经被逐出了北海。"

德军广泛利用纳粹空军飞机、水面舰艇和潜艇在港湾入口、河口和北海浅水区等地布设攻势雷区。在英军本土舰队转移至西海岸后，德军潜艇也随即在英军的新锚地附近布雷。英军以击沉德军水面布雷舰还以颜色。

德军布设的水雷大都以磁脉冲感应装置作为引信，水雷在探测到附近驶过的船只所释放的磁场时就会爆炸。磁引信水雷虽然无法以常规方式扫清，但通过在舰船船体上布设通电线圈或者线缆进行消磁可以有效地减弱船体释放的磁场，从而降低水雷的杀伤效率。

潜艇在战争最初的几个月中战果有限，既因为其数量相对较少，也由于德军潜艇难以抵达并长期逗留其主要"狩猎场"——英国近海的西部水道。德军潜艇难以穿过英军设在多佛海峡、用于封锁英吉利海峡的水雷阻滞线。从大西洋方向绕行的话必须绕过整

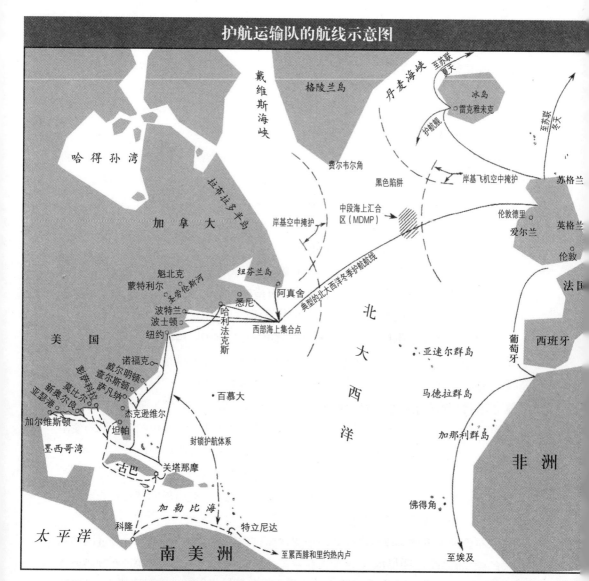

护航运输队的航线示意图

个苏格兰，而此时德军潜艇的载油量很难满足在绕行后继续在作战海区行动以及返航的需要。在1939—1940年的冬季，德军同时在西部水道内活动的潜艇从未超过10艘。

1940年3月初，雷德尔命令所有可以出动的潜艇做好入侵挪威的准备。但在战役开始后，德军潜艇的表现却因为广泛存在的鱼雷失效问题而令人沮丧。在纳尔维克外海，普里恩曾对下锚停泊的英军运输船和巡洋舰反复发动鱼雷攻击，但射出的鱼雷都因深度过大从敌方船底穿过。他直言感觉如同端着一支哑火的步枪投入厮杀。

德军事后调查发现，造成鱼雷定深过大的主要原因是有空气被压入鱼雷的漏液式平衡舱内。而这是由于德军潜艇在挪威外海行动时需要在入夜前长期潜伏，造成艇内气压过大导致的。除此之外，磁感引信的失效问题最初被其拥护者声称是由于挪威及以北地区过高的纬度造成的，但随着在其他海域发射的鱼雷也遭遇了引信失效问题，邓尼茨下令撤装磁感引信，重新安装老式但更可靠的触发引信。

虽然在挪威战役中不尽如人意，但潜艇很快就时来运转。1940年春的战斗为邓尼茨的"狼群"接下来数个月在大西洋上的狂欢奠定了基础，攻克挪威让德国可以利用挪威的整条海岸线，而攻陷低地国家和法国又意味着希特勒可以攻击英国的侧翼和软肋。

在挪威建立起大量的潜艇备用基地的同时，邓尼茨亲自监造了在法国大西洋沿海的布雷斯特、洛里昂、圣纳泽尔、拉帕利斯和波尔多等地的防护严密的潜艇基地。这些基地的建立，意味着德军"狼群"可以在往返狩猎场的途中节省一半的航渡时间。

由于丘吉尔首相坚持让英军轰炸机司令部将有限的兵力投入到对德国本土的轰炸中，英军轰炸机部队未能阻拦德军在比斯开湾沿岸港口建立起大规模的混凝土潜艇洞库。最终这些洞库被德军加固到了几乎无法摧毁的地步。

依托法国港口展开的北大西洋潜艇攻势

1940年7月，潜艇开始从法国沿岸的基地出发执行任务。缩短往返巡逻战位的航渡时间意味着德军能够在作战海区同时部署更多的潜艇。邓尼茨将他的兵力集中在苏格兰以西260英里的罗科尔沙洲（Rockall Bank）水域，并首度有效运用起了"狼群"战术。在发现护航船队后，潜艇不会立即发起攻击，而是选择追踪，在逐渐靠近猎物并等待时机的同时，潜艇还会向设在法国洛里昂的新指挥所上报敌方船队的航向、规模以及数量配置。随后邓尼茨将实施战术调度，让其他潜艇与跟踪艇取得无线电接触。水上航速17节的潜艇可以毫不费力地追踪并拦截航速仅7到8节的慢速船团，并可以规划航速让自己恰好在日落后抵达。在夜幕中，轮廓低矮的潜艇极难被发现。在邓尼茨的远程指挥下，"狼群"将同时发动攻击，瘫痪负责护航的水面舰艇，随后消灭整支船队。护航舰艇为了发现隐藏在黑暗中的刺客，通常会放出照明弹，但往往效果不佳。

为了保密，德军潜艇的收发电报都会进行编码加密，且采用特定意义的暗号，使得电文的保密性更上一层楼[1]。之后德军潜艇还发展出了"猝发电报"技术，无线电员的拍报可以被预先记录，随后以极快速度发出，收报方则将电报慢放进行译码。

无论拍报快慢，潜艇的无线电通讯都令英军密码破译专家们焦头烂额。虽然纳粹三军均使用"恩尼格码"密码机进行加密，但纳粹海军增设了专门的保密手段，使得英军即便在破译纳粹国防军和纳粹空军的电文后依旧无法破解纳粹海军的加密。

与此同时，纳粹德国的密码破译机构却开始能够有限地破译英军的海军密码。皇家海军的年轻军官们青睐于效法英国皇家空军、美军和纳粹海军，使用相对快捷且保密性能更好的机械式加密，但保守的英国海军部却依旧坚持使用加密效果更差、加密速度慢且麻烦的密码本。

由于英军无法破译潜艇收发的电文，他们转而利用无线电测向设备确定潜艇的位置，然后让船队规避敌军潜艇。这种措施并不总是有效，因为德军岸上指挥所通常只收不发，少量的发报也只是指示潜艇前往新的截击阵地。英军早期采用的岸上测向装置对于数百英里之外的发报测向精度有限，不过当时正在试验的新型高频测向仪已经能够较为准确地测定远处无线电发报的方向，且体积紧凑到足以安装在护航舰艇上。

意大利海军也派遣了27艘潜艇前往大西洋海域，并在波尔多建立了一个基地，在德军的战略指挥下展开作战。虽然德军努力将意军潜艇纳入"狼群"战术中，但由于这些为适应地中海环境所设计的潜艇航速较慢且操纵性较差，意军并不适应这一战术。最终意军潜艇被安排在北纬45度以南的区域进行作战。由于英国的海上航运绝大部分都在该纬度以北，意军潜艇只取得了寥寥可数的战果。

为了应对潜艇的威胁，英国海军部除了调动更多的驱逐舰，还批准建造了两种新的舰种——"轻型护卫舰"（Corvette）与"护卫舰"（Frigate）。英军反潜战舰在拖网渔船等小型船只的支援下担负起了艰难的北大西洋护航任务。在挪威战役和随后的敦刻尔克大撤退中轻型舰艇遭受了沉重的损失，而其后迫在眉睫的德军登陆威胁使得英军不得不将这些轻型舰艇从护航任务中抽调出去。在最困难的时候，部分运输船团在起航时甚至只有一艘护航舰保护。在1940年的夏季和秋季，商船损失与日俱增。7月，潜艇击沉196000吨英国船只；8月击沉268000吨英国船只；9月击沉295000吨英国

---

[1] 编码（Code）使用一个数字或字母集合对应一个单词或短语，电话簿就可以被看做一种编码本。"密码"（Cipher）则以字母作为基础加密单位，例如最简单的密码可以是：A=1、B=2、C=3……

船只；10月击沉352000吨英国船只。预见到将要面对的困境后，丘吉尔在1940年5月请求美国借与或赠送50艘驱逐舰用于执行护航任务。

为了阻止德军潜艇的肆虐，英国海军部在10月将远洋商船队的护送线西端延伸至西经19度。这一改动所带来的优势却被英军降低独自航行商船的最低航速限制而抵消。德军潜艇更青睐于猎杀落单的船只。在1940年下半年的5个星期时间内护航船团毫发无损，而独自航行的船只损失却飙升。

在大西洋中部，往来商船不仅无法得到护航，而且潜艇几乎不会受到空中攻击。虽然当时盟军已经从加拿大和英国本土开始进行远程空中巡逻，但两个方向的岸基飞机因为航程限制无法覆盖中太平洋的宽广海域。在这条被称为"黑坑"（Black Pit，也被称为"格陵兰空中缺口"）的航线中，德军潜艇对独自航行的商船的猎杀斩获颇丰。

随着船队护航向西延伸，潜艇不得不利用"狼群"战术来对付那些得到护航的船团。其中损失最为惨重的是SC-7船队，这是一个由34艘商船组成的东向慢速船团，该船队在1940年10月18日于爱尔兰西北约250英里处遇到由奥托·克雷奇默（Otto Kretschmer）中校指挥的U-99号以及另外6艘同样经验丰富的潜艇组成的"狼群"。德军潜艇在冲破4艘盟军护航舰的保护后击沉了多达18艘商船，近10万吨货物也随之沉入海底。

同样向东航行的HX-79船团也成为这场屠杀的受害者，这支49艘商船组成的快速船团满载着从美国运出的军需物资，一头撞上了包括冈瑟·普里恩指挥的U-47号潜艇在内的6艘潜艇组成的"狼群"。德军潜艇再次甩开了护航船只，并将13艘商船送入海底。同样是从西面驶来的HX-79A船团驶进该海域时，该船团也付出了7艘商船的代价。

这样一边倒的大屠杀让邓尼茨大喜过望，决心将杀戮带到西北水道（Northwestern Approaches）。德军潜艇击沉了吨位总计1100000万吨的多达217艘商船，而自身仅付出6艘潜艇的损失。如此巨大的成功让潜艇部队的指挥官坚信"狼群"战术将有着光明的前景，但是由于可投入作战的潜艇数量有限且必须轮换补给，德军无法维持损耗率。在1940年的最后两个月中，只有不到6艘潜艇在罗科尔沙洲巡逻，且糟糕的天气使得德军更难以搜寻英军护航船队。11月到12月，盟军的商船损失由此下降到了月均180000吨。到1940年圣诞节时仅有一艘潜艇仍然逗留在西北水道。邓尼茨在进行年终总结时意识到潜艇的建造进程仅能堪堪抹平自身的31艘损失。他一直坚信要是能提早获得所要求的300艘潜艇，英国早已经因饥饿而投降了。

英国人当然清楚，如果放任潜艇继续将巨量物资送入海底，那么来自"新世界"的持续物资流将难以为继。为了避免这一危及英国存续的情况发生，英军必须采取对策。英军加紧研制可以安装在护航舰上，用于探测在夜间浮出水面攻击的潜艇的雷达。同时密码专家们也在加紧破解纳粹海军的密码体系。英国海军部成立了独立的"西部水道司令部"，并为其设置了总司令。护航舰的舰员们则开始了高强度的商船队护卫和反潜作战相关训练。

这些措施在短时间内还看不到成效。而邓尼茨则在1941年2月下旬派出他麾下最老练的几位艇长前往西北水道发动一场倾巢而出的"闪击战"。此次行动的影响甚至比邓尼茨预想的还要深远。

3月6日夜，4艘潜艇发现了正在向西航行的OB-293船队，并在随后的24小时内断断续续地发起攻击。在3月7日的黄昏时分，总战绩已经上升至160000吨的U-47号艇长冈瑟·普里恩试图在雨幕掩护下突破英军的护航舰艇。英军驱逐舰"狼獾"号（HMS Wolverine）在昏暗的暮光中发现了普里恩的潜艇并放出一整排深水炸弹，结果了这艘击沉"皇家橡树"号的刽子手。

8天后，其余潜艇追上了HX-112船团。约阿希姆·舍普克（Joachim Schepke）指挥的U-100号潜艇很快击沉了一艘10000吨的油轮，但德军潜艇直到3月16日夜才又有斩获。当夜由奥托·克雷奇默指挥的U-99号溜进英军护航圈内，从头到尾地穿过了整个船团纵队。在消失在船团尾端之前，该艇发射的鱼雷接连击中了4艘油轮和两艘货船。午夜时分，护航队指挥官唐纳德·麦金泰尔（Donald Macintyre）中校的旗舰"步行者"号（HMS Walker）发现了U-100号正以水面航行状态靠近。在两舰几乎相撞的时刻，及时下潜的舍普克逃过一劫，但随后由两艘驱逐舰发起的猛烈进攻迫使其浮上水面，随后潜艇被"瓦诺克"号（HMS Vanoc）直接撞沉，舍普克也随之阵亡。

几分钟之后，"步行者"号准确投下的一连串深水炸弹将U-99号炸得被迫浮出水面。包括克雷奇默在内的大多数艇员都被英军俘虏。英军由此俘虏了纳粹海军最出色的潜艇战术家，克雷奇默高达266629吨的战绩直至战争结束都未能有人打破。

德军三名王牌艇长在一周内接连折戟对于设在洛里昂的纳粹潜艇司令部造成了巨大震动。算上其余的损失，在西北水道活动的纳粹潜艇的损耗率已经接近20%。恶劣的天气使得纳粹空军侦察机无法在位于爱尔兰岛和苏格兰之间的北部海峡（North Channels）一带活动，邓尼茨不得不将他的"狼群"向西调动200英里以避开皇家空军岸防司令部以北爱尔兰为基地的巡逻轰炸机。这一调度也是邓尼茨的"吨位战"（Tonnage War）理念的首次应用。所谓"吨位战"，就是纳粹海军以尽可能少的潜艇损失击沉尽可能多的盟军商船吨位。当一片海区的反潜防御得到增强时，邓尼茨就会将他的潜艇转移到其他设防薄弱的区域避其锋芒，即便盟军在设防严密海区完成了关键运输船队的护送，德军也不会贸然出击。德军这种战术的结果是，在战争的多个关键时期，北大西洋海面上几乎都看不到德军潜艇的身影。

1940年4月1日，英军海军部接手了岸防司令部飞机的作战指挥权，使得英军能够直接协调飞机和护航船队的行动。从4月起，英军远程巡逻机开始以冰岛为基地展开巡逻，"黑坑"的面积由此大幅度缩小。同样在4月，美军向英军移交了"基地换军舰"协议中的最后一批驱逐舰和缉私船。随着护航舰数量的增加和载油量的提升，护航船队此时已经能够在远至西经35度的位置提供护航。实力稳步增长的皇家加拿大海军开始在西大西洋执行护航任务，并与英军形成了接力护航。1941年5月27日从哈利法克斯起航的HX-129船队成为第一支全程得到护航的北大西洋航线船团。自此之后，如果潜艇要想维持商船击沉率，就必须冒着比此前更严重的损失攻击护航船队。

除了以上措施，皇家海军还得到了一款非常适于对付潜艇的新武器——可以安装在护航舰上的反水面舰艇搜索雷达（ASV雷达）。"瓦诺克"号便是第一批装备这款雷达的护航舰之一，且正是依靠这款雷达在3月16日夜间发现并撞沉了舍普克的U-100号潜艇。雷达和声呐的相互配合，使得潜艇无论是在夜间还是白天，在水下还是水面，都难以逃过护航舰的耳目。

更重要的是，英军终于能够对纳粹海军的"极"（Ultra）密码系统进行解读了。1941年5月8日，击沉"雅典娜"号的凶手弗里茨-尤里乌斯·伦普（Fritz-Julius Lemp）指挥的U-110号对OB-318号商船队发动了攻击。由于一艘护航舰直冲而来，U-110不得不紧急下潜，但被护航舰随后投下的深水炸弹重创，U-110不得不浮上水面。惊慌失措的艇员匆忙逃生，而试图爬回艇内进行自沉的伦普被盟军射杀。U-110号最终沉没，但英军在潜艇沉没前找到了艇上的海军型"恩尼格码"密码机和备用加密转子，以及整套的使用说明。

英国海军部终于可以了解邓尼茨和他健谈的潜艇们之间的通信内容了。源自敌方电文的情报配合无线电测向装置使得英军能够跟踪大多数潜艇的位置并定位与潜艇进行无线电通信的德军水面船只。新情报来源的第一个战果就是确定了巡弋在大西洋上为德军袭击舰和潜艇提供补给的两艘补给舰的位置。6月初，英军巡洋舰部队发起突然袭击将两舰双双击沉。为了应对无补给船可用的窘境，邓尼茨计划建造一批排水量为1700吨的补给型潜艇，即著名的"奶牛"。

8月下旬，英军再次收获了一份意外之喜。U-570号潜艇在被一架岸防司令部轰炸机投下的深水炸弹击伤后向英军投降，一艘拖网渔船很快便将该艇拖回英国港口，德制潜艇的下潜能力、机械噪声和机动性能等关键数据都被盟军详细研究。

德军潜艇在8月仅击沉了80000吨的盟军商船，这是自德军潜艇停止使用有缺陷的磁感应鱼雷引信后的最低月度数据。同月，英国的每周进口量已经接近1000000吨。

海军部的领导们都为战况迎来转机而欢欣鼓舞。皇家海军的许多军官也认为，在加强了护航力量，使用新型探测设备，得到新情报来源，以及美军加入商船护航后，大西洋之战最艰难的时光已经过去，潜艇也将不再成为一个严重威胁。

但他们对于即将到来的灾难还一无所知。

水面袭击舰

在"格拉夫·施佩"号被迫自沉后的几个月，德军都未敢冒险派出袭击舰前往大西洋。不过在1940年春季，德军悄悄派出了7艘"幽灵巡洋舰"（Ghost Cruiser）突破英国海军的封锁进入大西洋，这些伪装袭击舰以商船为基础，配备有隐藏的火炮和鱼雷发射管，甚至搭载了舰载机以拓展搜索范围。这些伪装成中立国的商船的袭击舰在大西洋上漫游，猎杀单独航行的英法货船，在得手后，德军袭击舰会将对方船员关押到船上，并将对方的燃料和食物收为己用。

袖珍战列舰"舍尔"号在1940年10月驶入大西洋，并立即开始猎杀北大西洋上的护航船队。在11月初，"舍尔"号等到了"开张"的机会。该舰发现了一个仅有武装商船"吉尔维斯湾"号（Jervis Bay）护送的有37艘商船的船团。"舍尔"原本抓住了将所有商船一网打尽的机会。但"吉尔维斯湾"号在火力远逊于对手的情况下依然对"舍尔"号猛烈开火，使德舰无法专注于追击商船。在将"吉尔维斯湾"号击沉所用的22分钟时间里，英国商船队开始散开逃命。直到日落前停止追击时，"舍尔"仅击沉了另外5艘商船。

"舍尔"号在西印度群岛、大西洋和印度洋海域执行破交行动后，于1941年4月踏上了返回德国的旅途，此时该舰已经击沉了11艘商船，合计吨位近100000吨。此次行动也成为德军袖珍战列舰在战争期间最为成功的破交巡航行动。1941年春，"沙恩霍斯特"号和"格奈森瑙"号战列巡洋舰以及"希佩尔海军上将"号重巡洋舰曾短暂地进入大西洋展开破交行动,在两个月的作战期间共计击沉了超过140000吨的商船。在"沙恩霍斯特"等舰向德国母港返航时,英军本土舰队曾试图阻截并歼灭它们。德军在通过密码破译获悉英军的埋伏后,命令两舰前往布雷斯特。

受到水面袭击舰战果鼓舞的雷德尔决定派出刚刚完工、号称当时世界上最强大战列舰的"俾斯麦"号、"欧根亲王"号重巡洋舰出战。1941年5月20日,一艘瑞典巡洋舰报告称在卡特加特海峡发现了两艘正向挪威方向驶去的大型战舰。次日,英军侦察机在卑尔根附近的一处峡湾中拍到了两舰的照片。英军本土舰队总司令约翰·托维(Sir John Tovey)海军上将认为敌舰很可能以云雾为掩护突入大西洋,因此派出战舰封锁了从挪威海进入大西洋的所有水道。

坐镇"俾斯麦"号的编队指挥官冈瑟·吕特晏斯海军中将决定经冰岛以北的丹麦海峡突出重围,这条海峡通往的海域距离斯卡帕湾距离最远。德军编队在丹麦海峡遇到了英军重巡洋舰"诺福克"号(HMS Norfolk)和"萨福克"号(Suffolk),两舰开始用雷达追踪德舰。当吕特晏斯的编队驶入大西洋时,他遭遇了英军防护较差的战列巡洋舰"胡德"号和同样新建成不久的"威尔士亲王"号(HMS Prince of Wales)。在随后那场短暂而激烈的战斗中,"俾斯麦"号的一发炮弹穿透了"胡德"号薄弱的水平装甲,击中了该舰的弹药库。导致这艘战列巡洋舰在众目睽睽之下发生殉爆,变成一个巨大的火球。服役时间太短而遭遇大量机械故障的"威尔士亲王"号一度只能使用3门主炮还击,在对德军的短暂还击造成"俾斯麦"号的燃油舱开始缓慢漏油后,"威尔士亲王"号脱离了战斗。

"胡德"的陨落使得海军部高层坚定了将"俾斯麦"号送入海底的决心。除了已经命令驻防直布罗陀的H舰队加入对"俾斯麦"号的追击,海军部又命令"罗德尼"号和"拉米利斯"号战列舰中断商船护航任务加入追击。此外"复仇"号战列舰也从哈利法克斯紧急起航,以最快速度赶往作战海域。

在"威尔士亲王"号、"诺福克"号和"萨福克"号的跟踪下,"欧根亲王"号和"俾斯麦"号向南航行,"俾斯麦"号所泄漏的燃油在海面上留下了一条长长的油渍。吕特晏斯考虑到必须将"俾斯麦"号带到布雷斯特修复漏油问题,因此命令"欧根亲王"号继续执行破交任务。当天下午晚些时候,吕特晏斯命令"俾斯麦"号掉头向英军战舰驶去,并打出多个齐射掩护"欧根亲王"号逃离。当晚"俾斯麦"号一度成功甩开追击者并开始向法国驶去。如果走运的话,该舰能在追击者发现自己的踪迹前抵达纳粹空军的掩护范围内。

在接下来的几个小时内，英国海军部和整个皇家海军都绷紧了神经，终于，在次日（26日）上午1030时，一架隶属于岸防司令部的"卡特琳娜"水上巡逻机在布雷斯特以西750英里处发现了这艘德军战列舰。在波涛汹涌的北海洋面上，英军随即开始扎紧口袋。托维的旗舰"英王乔治五世"号（HMS King George）在随后赶来的"罗德尼"号伴随下开始了漫长追击。而从南面赶来的萨默维尔上将指挥的H舰队则派出巡洋舰"谢菲尔德"号（HMS Sheffield）搜寻并跟踪德舰，同时下令"皇家方舟"号航空母舰发起攻击。虽然"皇家方舟"号的第一轮攻击全无收获，但在2100时前后发动的夜间攻击中，一枚空投鱼雷成功击毁了"俾斯麦"号的舵机舱并导致其左舵卡死。这艘巨舰随后只能在风中无助地原地打转。

英军从就近的护航船队抽调出"多塞特郡"号（HMS Dorsetshire）和5艘驱逐舰，趁着夜幕在风暴大作的海况下成功包围了"俾斯麦"号并发起鱼雷攻击，但射出的鱼雷无一命中。5月27日0900时，"诺福克"号终于追上了"俾斯麦"号，随后"英王乔治五世"号和"罗德尼"号也很快抵达并开始对德舰发起痛击。"罗德尼"号的16英寸大口径炮弹很快开始取得命中，在短短一个小时内，"俾斯麦"号就被打得烟火四起，千疮百孔的舰体已经开始倾斜。由于仅剩下足够返回母港的燃料，托维的战列舰并未结果对手便打道回府。而负责收拾残局的"多塞特郡"号则向"俾斯麦"号射出了最后的三枚鱼雷。在其中一枚命中后，"俾斯麦"号发生倾覆并最终沉没。

"俾斯麦"的覆灭为德军大型水面舰艇的破交作战画上了句号[1]。"欧根亲王"号虽然在大西洋上一无所获，但安全抵达了布雷斯特，加入"沙恩霍斯特"号和"格奈森瑙"号的行列中。雷德尔在希特勒心目中的地位一落千丈，而邓尼茨则凭借着潜艇的出色表现平步青云。

在美洲水域活动的潜艇

日本对珍珠港发起的攻击让德国始料未及。直到1941年12月，邓尼茨才得以调动远洋型潜艇前往美洲水域，虽然首批派出的潜艇只有5艘，但这些潜艇都是由德军经

---

[1] 实际上，"沙恩霍斯特"号在1943年末依然对北方航线上的护航船队发起破袭作战，但遭遇英军强大护航舰队，在遭到包括战列舰在内的优势兵力围攻后被击沉。——译者注

验最丰富的艇长所指挥。当德军潜艇于1942年1月13日抵达美国东海岸时，他们惊讶地发现海面上航行的船只依旧灯光全开，且船只轮廓被灯火通明的近岸城市照得清晰可见。

德军潜艇白天蛰伏于水下，在日落后浮出水面。由于有众多目标可以选择，德军潜艇通常挑选尺寸最大的猎物，并利用甲板炮或者鱼雷（也可以二者皆用）了结猎物。到1942年1月底时，德军已经击沉了13艘船只。虽然此时还有6艘潜艇正在赶来的途中，但在战争期间德军从未能在美国沿海水域部署多于12艘的潜艇。

美国海军的大多数驱逐舰和其他反潜舰艇都被配属给了各大舰队用于保卫远洋运输船队，近岸航运船只只能在没有护航舰的情况下独自航行。英国第一海务大臣杜德利·庞德海军上将（Sir Dudly Pound）曾致电金海军上将，向他建议采用护航船队制度是击败德军潜艇的唯一法宝，且表示愿意出借22艘皇家海军的武装拖网渔船。金最初不愿接受英方的好意，且认为没有强力护航舰艇保护的商船队是比独自航行的商船更脆弱的目标，但这一结论已经被英国的战时经验所推翻。所幸金最终回心转意，且在2月底英方支援的武装拖网渔船也全部抵达，随同这些船只到来的还有完整的军官和舰员队伍，且都是拥有丰富反潜作战经验的老兵。

除了这些拖网渔船，东部沿海司令阿道弗斯·安德鲁斯（Adolphus Andrews）海军中将此时还可以动用海岸警卫队的缉私船、改装的渡船以及其他小型船只，此外一小批从跨大西洋船队护航任务中抽调出来的驱逐舰此时也归他调遣。依旧认为手中兵力不足以保护近岸船团的安德鲁斯只得拾起了老路子，英军在第一次世界大战期间便使用过的猎杀群、"攻势巡逻"和"Q船"等早就被证明收效甚微的战术。

东部沿海的船只损失与日俱增：在2月，共有17艘总吨位为103000吨的船只被击沉；到3月，损失达到28艘，吨位159000吨。熊熊燃烧的油轮成为近岸常见的光景，墨色的原油将海滩染得一片漆黑。德军潜艇攻击所造成的损失（尤其是油轮的损失）对美军海上行动的影响甚至比偷袭珍珠港还要严重。在此期间没有一艘潜艇在美国近海被击沉，对于德军潜艇司令部来说，这是他们的"第二次美好时光"。

4月1日，安德鲁斯组建起了被他称为"递篮子"的护航体系。得到轻度护航的商船队将只在白天出航，在入夜前躲入大西洋沿岸的港口或设防锚地内过夜。同时在4月，美国联邦政府颁布了长期的沿海及沿海城市灯火管制令。4月东海岸被击沉商船的数量减少到了23艘。

随着护航舰艇建造工作的稳步推进和一批驱逐舰及其他护航舰艇从北大西洋护

航任务调回大西洋舰队，安德鲁斯在5月终于建立起了第一批比较强大的近岸护航船队。同时，美军在北美东海岸的19座机场部署了超过300架反潜巡逻飞机。这些动作的效果立竿见影，5月仅6艘商船被击沉。在得到严密保护的护航船队出现后，邓尼茨将他的远洋潜艇向南调动，他并不希望用自己的"狼群"去触这个霉头。

德军潜艇随即在加勒比海和墨西哥湾海域展开战果丰厚的狩猎行动。在这两处尚未采用护航船团制度的海区，潜艇仅在5月就击沉了合计吨位220000吨的41艘船只，其中有近一半是在密西西比河入海口附近海域被击沉的油轮。这场杀戮在美军建立起"连锁护航船队制度"（Interlocking Convoy System）（即让商船从一个护航船团转移到另一个护航船团）之后才得到缓解。虽然连锁护航船队需要进行精密的航次安排，不过这种灵活的制度能够满足加勒比海和墨西哥湾海域复杂的航运形式的需求。

在美军开始采用护航船队模式后，德军潜艇再度开始在巴拿马、特立尼达、萨尔瓦多和里约热内卢外海攻击落单船只。随着邓尼茨的"奶牛"（1700吨级补给潜艇）投入使用，德军潜艇可以在美洲水域逗留更长时间。德军在萨尔瓦多近海击沉5艘巴西商船的挑衅行为迫使巴西向德国宣战，同时也导致盟军需要将护航船团体系延长。从美军南大西洋舰队抽调的护航舰艇将护航船团体系延伸至里约热内卢。到1942年8月底时，邓尼茨意识到"第二次美好时光"已经迎来尾声。他开始陆续将潜艇主力调回北大西洋海域，准备对跨大西洋航运发起新一轮的闪击战。在随后的三个月中，1400艘船只得到了连锁护航船队的护送，其中只有3艘被击沉。

北冰洋战场

在希特勒悍然入侵苏联后，英国很快向苏联伸出了橄榄枝，派出了满载军火物资的美英货船前往苏联北部。这些护航船队通常在冰岛或者苏格兰集结，在横穿挪威海后，船队会驶入挪威最北端的北角（North Gape）与极地之间的狭窄航道，最终抵达摩尔曼斯克或阿尔汉吉尔。虽然运输船队面临着寒冷气候、恶劣海况以及浓雾的阻碍，但直到1942年春季到来前，北方航线因潜艇和空袭所造成的损失几乎可以忽略不计。

1942年初，认为盟军将对挪威发起登陆的希特勒开始将大量的海空力量调往北方。除了潜艇和飞机，新建成的"俾斯麦"号的姊妹舰"提尔皮茨"号被调往挪威的一处基地，此外"舍尔海军上将"号、"吕佐夫"号（前"德意志"号）也被调往挪威。希特勒还下令当时停留在布雷斯特港内的"沙恩霍斯特"和"格奈森瑙"号战列巡洋舰以及"欧根亲王"号重巡洋舰经由英吉利海峡返回本土。这三艘大型舰艇在纳粹空军的掩护下大摇大摆地在白天穿过了多佛海峡("瑟布鲁斯-雷霆"行动——译者注),给英国海军留下了史上最大的耻辱。

随着德军海空兵力的大举北上,驶往苏联北部的北方航线船队开始遭受猛烈的海面、水下和空中打击,损失与日俱增。在1942年3月到7月间,4个驶向苏联的船团的84艘货船有23艘损失。如此巨大的损失固然难以接受,但为了让苏联能够继续抵抗侵略,罗斯福和丘吉尔都坚持继续提供援助。

北方船队在出航后不仅会有近身护卫的舰船,本土舰队的相当一部分兵力也作为掩护和支援部队部署在该海域,一旦以挪威为基地的德军舰船出动,他们将立即前来救援护航船队。

1942年春,"提尔皮茨"号就曾在3艘驱逐舰的伴随下驶出特隆赫姆,意图攻击一支向北航行的船队,但因大雾未能成功。

在英军战舰忙于夺取扼守绕行非洲航线的马达加斯加岛之际,金上将借给了英军本土舰队一个中队的驱逐舰、两艘重巡洋舰、新建成的高速战列舰"北卡罗来纳"号(BB-55)和"华盛顿"号(BB-56),以及航空母舰"胡蜂"号。虽然德军大型战舰依照希特勒的指示尽量规避风险,但它们在挪威的存在已经牵制住了盟军本可用于地中海和太平洋战场的大量兵力。

1942年底,英军侦察机发现"提尔皮茨"号、"舍尔海军上将"号和"希佩尔"号转移到了靠近北角的阿尔滕峡湾(Altenfjord)。由于德军舰艇的行动几乎与PQ-17护航船队的行程相吻合,英国海军部立即提高了警惕。PQ-17船队拥有34艘货船,于6月27日驶离冰岛。虽然面临德军战舰威胁,但船队已经拥有了足够强大的护卫力量,护航舰甚至比商船的数量还多。除了21艘担任直接护送任务的战舰,该船队还得到了包括7艘巡洋舰、"约克公爵"号(HMS Duke of York)和美军"华盛顿"号战列舰以及英军"胜利"号(HMS Victorious)航空母舰在内的强大舰队的掩护。

德军从7月2日起出动飞机攻击PQ-17船队,德军飞机在头三天不仅没有取得命中还遭受了损失,不过在7月4日德军击沉了两艘货船并击伤了一艘油船。当晚,在海军部坐镇指挥的庞德海军上将在得知"提尔皮茨"准备攻击船队后电令掩护舰队向西撤退,而护航船队则打散编队分头前往苏联港口。虽然"提尔皮茨"号的确在7月5日出港,但由于纳粹空军的飞机未能发现并消灭"胜利"号,该舰慑于航空母舰的威胁掉头返航。

正是由于这道打散编队的命令，PQ-17船队被德军飞机和潜艇击沉了多达23艘商船。失望之余，美军很快将由金上将指挥的"华盛顿"号及其护航舰艇调往太平洋海域，而"北卡罗来纳"号和"胡蜂"号已经先行一步。但直到极昼结束为止，英军都一直维持着北方航线的运作。除了北方航道，美英也通过经太平洋或波斯湾的运输线路为苏联提供着支援。

在同样得到严密护卫的PQ-18船队（1942年9月启程）折损多达13艘商船后，英国海军部决定仅在北冰洋肃杀的冬季向俄罗斯北部派出船队。第一个冬季运输船队是JW-51A船队，于1942年12月25日安全抵达。第二支船队JW-51B有14艘商船，得到6艘驱逐舰和5艘小型舰艇的护航，这支船队在北角附近遭到了德军袖珍战列舰"吕佐夫"号、重巡洋舰"希佩尔海军上将"号和6艘驱逐舰的攻击。在击沉一艘驱逐舰和一艘扫雷舰后，德军颇为滑稽地被在暮光中赶来的两艘英军轻巡洋舰吓退。在随后的追击战中，以小博大的英军轻巡洋舰击伤了"希佩尔"号并击沉了一艘伴随的德军驱逐舰。希特勒对此次战斗的结果大为光火，一度扬言要将所有的战列舰和巡洋舰拆解，炼成钢用来制造坦克。在希特勒发表完他的长篇大论后，雷德尔辞去了海军总司令的职务，由邓尼茨取而代之。

到1943年冬，德军北方部队的境况已经越来越差，大西洋和东线的胶着战况使得德军难以抽调潜艇和飞机到北冰洋。从11月开始出航的多个盟军北冰洋船队都毫发无损地抵达目的地。为了截断这条苏联红军的重要物资供给线，邓尼茨从希特勒处得到了动用大型水面舰艇的许可。

此时的德军大型水面舰艇中，"提尔皮茨"号被英军渗透入阿尔滕峡湾的微型潜艇设置的炸弹炸伤，无法出航。于是邓尼茨就将这一任务交给了"沙恩霍斯特"号。该舰在圣诞夜驶出峡湾，前去攻击一支被纳粹空军和潜艇发现的护航船队。英军密码专家提前破译了德军的无线电通讯并立即向舰队告警，英军舰队火速赶往拦截。在极地的长夜中3艘英军巡洋舰两次插入"沙恩霍斯特"号与护航船队之间，期间英军巡洋舰的炮火击毁了德舰的前部雷达。"沙恩霍斯特"号随即向南转向，朝着挪威疾驰而去，但却撞上了包括"约克公爵"号在内的第二支英军舰队。在一场向东的高速追击战之后，"沙恩霍斯特"号被英军舰炮和鱼雷火力击沉。

为了防止"提尔皮茨"号对英军护航船队不利，对于其强大战斗力颇为忌惮的英军此后又两度对该舰发动攻击。1944年4月，英军航母舰载机对该舰造成多达15次命中，使其受到重创。1944年11月12日，英国皇家空军又派出12架长航程的"兰开斯特"轰炸机，从苏联北部的机场出发，用重达6吨的超重型炸弹将其炸得直接倾覆沉没。

重返北大西洋

虽然英军在1942年春末一度认为德军潜艇已经被击败且损失殆尽，但也就在那时，邓尼茨开始将潜艇重新放回北大西洋。在5月和6月，潜艇击沉了超过100万吨商船，其中近半的船只都加入了护航船团。

此时德军已经拥有了300余艘潜艇，达到了邓尼茨扬言"饿死"英国所需的数量。虽然此时盟军已经拥有了声呐和雷达，但由于操作员并非全部都接受过良好训练，且北大西洋的暴风天气（尤其是在1942—1943年的冬季），使得这些探测设备几乎无法发挥作用。不仅如此，德军还研制出了雷达告警装置，这款装置能够在雷达的有效探测距离（接收天线能够接收到回波的距离）之外发现雷达发出的信号。除此之外，潜艇在水下航行时还能释放一种内置气泡发生器的诱饵装置，这种装置产生的气泡能够反射声呐所发出的声波，让敌舰将气泡误认为是一艘潜艇。

屋漏偏遭连夜雨，1942年2月1日，德军全面更换了潜艇通信所使用的"恩尼格码"密码表，在之后的10个月中英军一直未能破译德军的新版密码。虽然此时的德军潜艇依旧"健谈"，但盟军护航船队已经无法获知情报，而"狼群"通常都能掌握"猎物"的行踪。美军不愿分享他们的电传加密装置，而是习惯使用英国商船队密码本与英方沟通，但英军的商船队密码经常被德军成功破译[1]。

邓尼茨将攻势集中在了"黑坑"海域，德军潜艇在该海域的东西两侧展开了阻击线，往返的盟军船队在驶过"黑坑"时均会遭受攻击，而德军在该海域却基本不必担心遭到盟军航空兵的攻击。被潜艇击沉的商船吨位再度激增，到1942年11月的最高峰时期甚至一个月就超过了700000吨。

1943年初在华盛顿举行的护航船队相关会议上，建立统一盟军反潜司令部的提案由于政治风险巨大未能通过。不过与会各方在3月1日接受了由金上将提出的，由英方

---

[1] 皇家海军随后逐步采用了自主的电传加密装置，该装置与德、美（以及日本）的装置一样都是基于"恩尼格码"密码机的体制。美英两军所采用的密码机甚至已经相似到了只要安装上解码器就能够解密对方加密的电文。

和加拿大指挥北大西洋船团，而美方负责中大西洋船团（地中海入海口和哈利法克斯以南）和"连锁护航"船团。

1943年3月中旬，德军有66艘潜艇部署在北大西洋的阻击线上。在3月16日—3月17日对两支护航船队的追击战中，这些潜艇击沉了22艘舰船。3月德军潜艇击沉了677000吨的船只。伦敦方面甚至认为"英国已经快要被从海上击败"。不过对于潜艇部队而言，这段时间也并非"美好时光"，因为潜艇的损失也与日俱增，从1943年初开始已经损失了40艘。

虽然伦敦方面态度消沉，但潜艇的惨重损失预示着大西洋之战的局势即将迎来逆转。这一逆转是由多方面的因素共同造就的。

在技术方面：利用领先的机械式计算机技术，英军再次成功破译了德军潜艇的通讯密码。此外盟军科学家完善了高频无线电测向仪（HF/DF装置，也被称作"huffduff"），该装置被安装在了英军、美军和加拿大军队的岸上基地和战舰上，用于测定潜艇通讯信号的方位。盟军还研制出德军当时无法探测到信号的微波雷达。不仅如此，盟军护航舰艇开始装备被称作"刺猬弹"（Hedgehog）的前向反潜深弹发射装置，这种迫击炮原理的武器发射的深弹能够在发射后触发引爆，此外英军还装备了同样用于向前抛射深水炸弹的"乌贼"（Squid）的反潜迫击炮。

此时盟军已经有多于所需数量的战舰可以投入到对大西洋护航船队的全程护送任务中。充足的兵力让西部水道司令部指挥官麦克斯·霍顿（Sir Max Horton）得以组建起6支各自下辖6到8艘驱逐舰、护卫舰或轻型护卫舰（有时甚至可以配属一艘护航航空母舰）的支援大队。这些支援大队以纽芬兰和冰岛为基地，并不担负商船队护航任务，而是负责在护航船队遭受潜艇重兵围攻时火速支援。B-24远程轰炸机也开始以纽芬兰、冰岛和北爱尔兰为基地展开对潜艇的打击，不过其他战场对于这款出色轰炸机的巨大需求使得盟军反潜部队不足以完全封闭"黑坑"。

1943年4月，潜艇击沉了328000吨的商船，这一数字是3月份的1/2。4月有14艘潜艇在北大西洋被击沉，其中半数被护航舰消灭，半数被反潜飞机击沉。平均每击沉3艘商船，德军就会付出损失一艘潜艇的代价。4月底，有5个支援大队（其中两个配备有护航航空母舰）执行支援护航船队的任务。

支援大队的开场秀于4月28日拉开帷幕，当天有51艘潜艇在远在柏林的邓尼茨的指挥下围住了向西航行的慢速船团ONS-5，这个42艘商船组成的船团由一艘驱逐舰、一艘护卫舰和4艘轻型护卫舰护送。由于护航船队在风暴和浓雾中持续进行"S"形航行,导致队形一度被打散。一些护航舰艇不得不脱离编队返航加油,不过这些陷入围攻的商船得到了两个支援大队的救援。此外,盟军的反潜轰炸机部队也开始出动对潜艇发起攻击,并迫使其潜入水下。当这场战斗在5月6日告一段落时,潜艇虽然击沉了多达12艘商船,但自身却付出了7艘潜艇的代价。对ONS-5船团的"狼群"围攻是战争期间规模最大的潜艇集群攻击,同时也是损失最为惨重的攻击。

在随后的3周中,共有12支护航船队通过"黑坑",期间仅损失5艘商船,同时护航舰艇和反潜机共计击沉了13艘潜艇。损失率已经达到了潜艇司令部无法容忍的地步。在承认北大西洋战败后,邓尼茨在"黑色五月"(Black May)将他的潜艇向南调动以贯彻他的"吨位战"战略。

对于"德意志战争海军"而言,比斯开湾海域的5月同样是一个暗淡的月份。作为大多数潜艇进出法国西部母港的必经之地,以英格兰西南部为基地的皇家空军岸防司令部的轰炸机在当月击沉了7艘潜艇。对这场胜利印象深刻的金上将随后又增派了36架B-24和十余架"卡特琳娜"前来扩大战果。盟军的胜利从7月28日起迎来高潮,在6天内击沉9艘潜艇。从1943年5月1日到当年年底,总计有32艘潜艇沉入了比斯开湾的海底。

中大西洋

在美国全面负责中大西洋船队护航行动后,金上将牵头将美军的反潜情报和作战指挥机构整合为美军第10舰队。这支新成立的舰队虽然没有一艘舰艇,但却可以向所有受美军领导的军民船只发号施令。金通过亲任舰队司令来保证第10舰队拥有足够的职权,而实际上他将作战指挥权下放给了舰队参谋长弗朗西斯·S.劳(Francis S Low)少将。

与北大西洋航线一样,除了航速最快的部分商船,其他在中大西洋航行的商船都必须加入护航船队。邓尼茨将潜艇部队主力从北大西洋转移到中大西洋,无异于是刚出狼穴,又入虎窝。在中大西洋,美军新编成的反潜猎歼大队(Hunter-Killer Group)已经跃跃欲试。由英格索尔上将指挥的这些大队既担负船队护航任务,又能够独立执行反潜作战。猎歼大队均配备一艘护航航空母舰,并由少量老式驱逐舰或专门用于反潜作战的护航驱逐舰(DE,Destoryer Escorts)保护。

在独立行动期间,猎歼大队既不会如同第一次世界大战一样进行收效甚微的"攻势巡逻",也不会进行"大海捞针"式的拉网搜索。在作战中美军通常都能掌握敌方潜艇的踪迹。在战斗之余,德军潜艇通常会脱离阵位,另寻地点进行无线电通讯,向上级汇报情况或接收与"奶牛"补给潜艇会合进行补给的相关指示。美军可以通过密码破译或者HF/DF测向仪探测到正在进行发报的德军潜艇的位置,随后距离此处最近的猎歼大队便会派出"野猫"战斗机或"复仇者"鱼雷轰炸机前去消灭德军潜艇。舰载机可以借助机载无线电测向仪测定"猎物"的准确位置。嘈杂不休的"狼群"往往因暴露行踪招致杀身之祸。

由"博格"号(USS Bogue)号护航航空母舰和4艘老式的"平甲板"驱逐舰组成的大队是反潜猎杀大队中的佼佼者。在"黑色5月"期间,"博格"号的舰载机在护卫一支从哈利法克斯开往英国的护航船队期间在北大西洋取得了首个战果。德军在亚速尔群岛外海组建"特鲁兹狼群"(Wolf Pack Trutz)后,"博格"号挥师南下,在总部设在华盛顿的第10舰队的引导下,该大队发现了"狼群"的行踪,两架舰载机在6月5日击沉U-217号潜艇。6月12日,7架该大队的舰载机参与了击沉U-118号"奶牛"潜艇的行动。

分别以"科尔"号(USS Core)、"桑提"号(USS Santee)和"卡尔德"号(USS Card)为核心组建起来的猎歼大队很快也加入"博格"号在亚速尔群岛外海的反潜行动中,并共同击败了"特鲁兹狼群"。美军在战斗中特别注重搜寻两艘"奶牛"的踪迹,这两艘补给潜艇是潜艇唯一的燃料和补给来源。美军舰载机在偶然间发现了被输油管连接起来的一艘潜艇和一艘"奶牛",并将两者双双击沉。同一时期德军潜艇在整个中大西洋水域仅击沉了一艘商船。

由于"奶牛"的惨重损失,邓尼茨不得不终止了中大西洋水域的作战行动。残存的"奶牛"必须用于补给从印度洋和南大西洋海域执行完任务后返航的潜艇。德军潜艇在印度洋和南大西洋远航中经常打破无线电静默,从而给了第10舰队足够的机会以极高精度追踪它们,在第10舰队的引导下,猎杀大队将在德军潜艇返回中大西洋水域时发起攻击。

U-66号的末路便是一个典型战例。1944年4月,当该艇完成在几内亚湾的巡逻向北返航时,艇长吉尔哈德·色豪森(Gerhard Seehausen)上尉拍报请求安排补给会合点,但他的无线电通讯被第10舰队截获。U-66号接到命令在夜间与U-488号潜艇碰头,但在夜幕中抵达回合点时,色豪森震惊地发现海面上航行着正在攻击"奶牛"的护航驱逐舰,而"奶牛"则在逐渐下沉。色豪森随后再度拍报请求补给,而第10舰队也再度截获电文并派出"布洛克岛"号（USS Block Island）为首的猎杀大队。发觉自己已经被跟踪的色豪森沮丧地向柏林拍报，称"在持续监视下海上补给已不可能！中大西洋甚至较比斯开湾还要危险！"虽然这份电文利用猝发传输技术仅用15秒就发送完毕，但由26部HF/DF测向仪组成的大西洋无线电测向网络立即截获了电文，不到一小时后，"布洛克岛"号猎杀大队就已经建立起了阻截航线，并派出"巴克利"号（USS Buckley）护航驱逐舰在夜航反潜机的引导下前出。"巴克利"号很快发现了U–66号，并在开火攻击后发起撞击，将敌人瞬间送入海底。

U–505号从驶出布雷斯特港开始就一直遭到跟踪。当该艇完成在南大西洋的巡航返航时，得到预警的"瓜达尔卡纳尔"号（USS Guadalcanal）大队（由丹·加勒里上校指挥）建立起了阻截航线并发现了U–505号，随后用"刺猬弹"和深水炸弹将其逼上水面。当惊恐不已的德军艇员从指挥塔水密舱门中涌出时，一支由加勒里专门训练的登船小队立即抓住这个天赐良机冲入艇内。美军登船小队缴获了密码本、重要文件以及最新款的"恩尼格码"密码机，登船小队随后解除了艇上的自爆炸药并关闭了通海阀。在抽干艇内积水后，美军将这份珍贵的战利品拖回了位于百慕大的基地。

最后的战斗

邓尼茨一度寄希望于依靠技术突破让他的潜艇再度发起有效攻势。他尤其关注一款代号"鹪鹩"（Zaunkönig）的声响制导鱼雷的进展，这款鱼雷能够追踪护航舰螺旋桨转动产生的特定频率声波。德军潜艇随后便可以使用常规鱼雷攻击商船。装备"鹪鹩"的潜艇在1943年9月攻击了两支北大西洋运输船队，击沉了3艘护航舰并击伤一艘，此外还击沉了6艘商船。作为对策，美英战舰开始在舰艉拖曳一部绰号"猎狐犬"（Foxer）的噪声发生器作为诱饵。

虽然邓尼茨已经认识到对北大西洋船队的攻击会让自己的潜艇部队陷入险境，但他还是坚持进攻到了1944年2月，在对盟军造成轻微损失的同时自身损失惨重。水面舰艇贴身护航，岸基轰炸机空中护航和配备护航航空母舰的支援大队，保护此时的北大西洋船队几乎不会遭受到攻击。

在盟军登陆法国后，潜艇再无法利用法国沿海港口，苏军的向西推进也将德军逐出了波罗的海沿岸，德军潜艇最后只能依托挪威展开作战。

在战争结束前不久，潜艇加装了水下通气管，这种装置让潜艇能够在水下为电池组充电。依靠这种新装备，德军潜艇再度对英国沿海水域甚至美国沿海水域发动闪击战，但这场攻势的规模和时间都不足以对战争的结局产生太大影响。

邓尼茨把自己最后的希望放在了"瓦尔特柴油机"上，这种动力装置使用双氧水而非空气为柴油机供氧[1]。加装了"瓦尔特柴油机"的德军潜艇无须上浮充电就能在水下以较高潜航速度航行相当远的距离。建造工作的问题和技术困难使得1600吨级的XXI型和300吨级的XXIII型"瓦尔特"潜艇直到1944年才开始建造，且仅有一艘XXI型和5艘XXIII型在战争结束前建成服役。如果这两款潜艇能够更早服役的话，将对盟军的海上运输构成严重威胁。

在整场战争中德军和意大利潜艇共计击沉了2775艘商船，28%的受害商船是在护航船团中被击沉的。因所有原因导致损失的盟军商船吨位总计23351000吨，其中潜艇击沉了14573000吨，占62.4%。在战争期间共有1175艘潜艇参战，其中781艘损失。美军击沉了其中的191艘。意大利军队损失85艘潜艇，其中21艘在大西洋损失。除了这些数据，还应注意的是美国商船在战争期间完成了超过300000航次的跨大西洋航行。在盟军造船能力达到顶峰后，德军就再无胜算。由于德军不敢维持对北大西洋船团的持续攻击，英国在这场资源大战中赢得了物质上的优势，大西洋之战最终以德军的失败落幕。对商船队的水面和空中护航是盟军取得对潜艇胜利的制胜法宝。

---

[1] 类似于当代先进柴电潜艇装备的AIP（不依赖空气动力）系统。——译者注

第25章

击败意大利和德国

在得知日本对珍珠港发起偷袭后，英国首相丘吉尔立即带领英国诸军种总参谋长造访华盛顿，与罗斯福总统以及美军高层举行会议。丘吉尔此时最关心的是1941年3月缔结的《ABC-1参谋部协定》中关于"优先击败德国"的约定会不会因为美国民众的复仇声浪而改为集中所有力量打败日本。丘吉尔很快便放心了，"德国优先"依旧是盟军的主要战略。在希特勒的"第三帝国"被击败前，盟军在对日战场上只会投入最低限度的力量。

在圣诞节举行的会议中双方讨论了大量被认为是打败希特勒的优秀方案（其中不少是思维敏捷的丘吉尔提出的），但没能最终敲定进攻计划。

直到1942年元旦当日，马歇尔上将才着手解决这一问题。在负责制订战争计划的副官德怀特·D.艾森豪威尔帮助，以及海军计划负责人的建议下，马歇尔提出了两份进攻计划。其中第一份代号"攻城锤行动"（Operation Sledgehammer），该计划将在苏联的抵抗被瓦解后启动。计划中美英盟军将派出多个师在1942年登陆法国西部（可能是布列塔尼地区），并逐渐增兵以便展开后继的大规模攻势。第二份计划代号"围捕行动"（Operation Roundup）提出1943年在法国登陆。在计划中盟军队将开辟一处登陆场并突破敌军防御，在席卷整个法国后攻入德国，通过两线夹击鲁尔河谷的工业区瓦解德国的战争工业。旨在打击德军纵深腹地的"围捕行动"因此被认为是"赢得战争的不二之选"。

虽然对马歇尔和艾森豪威尔的计划中展现出的进攻精神颇为欣赏，但帝国总参谋长阿兰·布鲁克上将却对计划中盟军长驱直入深入德国的做法颇有微词。纳粹国防军此时仍然强大，即便盟军在1942年动用起所有的力量仍难与德军抗衡。因此"攻城锤"计划立即被英军扫地出局。布鲁克对"围捕行动"同样疑惑重重。直到1943年，盟军依然没有集结起足够的兵力来攻破德军在西欧的防御。布鲁克和丘吉尔都认为如果盟军采取直接进攻的战略，伤亡将直逼第一次世界大战，战线在法国形成拉锯甚至导致盟军最终战败。

英军则提出在希特勒的第三帝国的外线地带展开攻击，在将纳粹"放血"后登陆西欧的盟军就能轻松击败被严重削弱的纳粹国防军。

马歇尔认为英军的提案是不可接受的。在海军作战部长厄内斯特·J.金上将的支持下，他提出美军应将力量集中到马上就要展开决战的太平洋战场。罗斯福立即拒绝了马歇尔的提案，并命令美军在1942年进入欧洲战场作战。出于英国人的要求和总统的命令，美军参谋长联席会议在1942年7月25日同意实施登陆西北非的"火炬"行动。

为什么选择非洲？一方面，盟军在当时并没有其他的战略选择。法属北非此时仍由维希法国军队防守而非德军，所以虽有一定风险，但具有较大的可实现性。如果盟军能够夺取突尼斯、阿尔及利亚和摩洛哥，那么隆美尔的非洲军团（已攻入埃及）就将在登陆部队和英军第八集团军之间进退维谷，马耳他的困难局面也将得到缓解，地中海上的航运也能够被重新打通。恢复地中海航线将成为盟军对轴心国"柔软的下腹部"发起攻势的物质基础。虽然德国不太可能因为北非受到进攻而退出战争，但意大利可能就范。英军指出，如果在北非取得胜利，希特勒将不得不把驻扎在西欧的德军部队调动到南欧，这将为"围捕"行动提供便利；同时如果希特勒从东线抽调部队，那么苏军的压力也将得到部分缓解。

"火炬"行动，登陆北非

在1940年英军进攻奥兰后，希特勒允许菲利普·贝当元帅将驻北非的维希法国军队增兵至120000人，并配备现代化作战飞机和坦克。维希海军在北非拥有驱逐舰和潜艇，在关键港口还布置了岸防炮。虽然维希海军部队因为奥兰之耻而希望与英军决一死战，但盟军无法准确判断大多数维希部队的战斗意志。维希法军纪律严明，而且很有可能遵照已经被纳粹操控的维希政府下达的命令。不仅如此，这些在北非服役的法国军人也深知如果他们与盟军合作，在本土的同胞将遭到纳粹的可怕报复。

为了促使部分维希军队放弃抵抗，"火炬"行动最好是由美军领导。因此艾森豪威尔中将被任命为"盟军最高总司令"，大多数地方的登陆行动也交由美军打头阵。在严格保密的情况下，盟军与北非维希军队的关键部队的指挥官们进行了秘密磋商并达成了默契。"火炬"行动的消息绝对不能走漏，德军只要在登陆期间向北非空运少量部队或是派来一队驱逐舰就能给盟军带来巨大的麻烦。

尽早占领和利用北非发达的港口设施对于此次行动至关重要。数以千计的盟军登陆部队所需的海量物资根本不可能通过人力从登陆艇上卸下，再跨过整个滩头运到岸上的方式来供给。英军希望将盟军的所有登陆场集中在地中海沿岸从菲利普维尔（Philipville）到博内（Bône）的滩头。但美军则坚持此次行动中只需夺取地中海沿岸的阿尔及尔和奥兰，其余兵力则用于夺取位于摩洛哥大西洋沿岸的卡萨布兰卡。如果西班牙加入德国一方并封锁直布罗陀海峡，在北非的盟军部队依然可以通过卡萨布兰卡获得海运补给，如有必要的话，这座港口也能成为撤离的通道。

随后英军高层同意将卡萨布兰卡、奥兰和阿尔及尔作为登陆场。在登陆后，盟军部队将全速推进，争取在德军之前夺下突尼斯。

被编为"西路海军特混舰队"（Western Naval Task Force）的美军战舰将运载35000名美军士兵横跨大西洋直接赶赴卡萨布兰卡东北和西南方向的登陆场。编成另两支特混舰队的英国皇家海军舰船则将运载美英混合部队从英国本土启程，在奥兰和阿尔及尔的两翼分别展开登陆。以美军士兵为主的约39000名士兵负责夺取奥兰；另外33000名士兵（其中三分之一是美军）将负责夺取阿尔及尔。盟军最高总司令艾森豪威尔将在直布罗陀掌控全局，英国皇家海军上将安德鲁·B. 坎宁安将担任参战海军部队总司令。

因为奥兰港事件留下的阴影，艾森豪威尔和坎宁安都认为盟军会在奥兰遭到最为激烈的抵抗。原本为已经取消的"攻城锤"行动而训练的部队受命夺下这座港口。由于维希军队在阿尔及尔的指挥层（对同盟国的主张展现出同情）已经与盟军达成默契，盟军派出训练程度稍逊的部队负责阿尔及尔的登陆。对于盟军而言，时间非常紧迫：登陆日被定为1942年11月8日。

大西洋舰队两栖部队指挥官H. 肯特·休伊特少将在诺福克的司令部主持着西路海军特混舰队的训练。与他搭档的登陆部队指挥官是乔治·S. 巴顿二世少将，一位一战

第 25 章 | 击败意大利和德国

老兵，也是一位性如烈火的坦克指挥官。两位指挥官在训练过程中相处融洽，执行摩洛哥登陆任务的海陆军部队能做到紧密协同。

虽然"火炬"行动将日期提前可以尽量避免德军提前嗅到风声，但这也使得盟军没有足够的时间完成行动准备。在所有要素中最需要进一步训练的是负责将人员和物资从运输船上送到滩头的登陆艇驾驶员们。他们的登陆艇相当原始：和平时期用于在沼泽地航行的、没有艇艏跳板门的汽油机动力36英尺希金斯船；带跳板门的人员登陆艇（LCP（R））；负责将吉普车、卡车和野战炮送上滩头的车辆登陆艇（LCV）和机械化登陆艇（LCM）。LCM可运载一辆轻型坦克。

西路海军特混舰队的主力于1942年10月24日从汉普顿水道启程，从缅因州卡斯科湾启程的"马萨诸塞"号战列舰（USS Massachusetts，BB-59）和两艘重巡洋舰在海上和编队会合，从百慕大赶来的"突击者"号航空母舰和4艘护航航空母舰也加入了编队行动。在为了规避德军潜艇集中的海域，特混舰队绕了不少远路后，终于抵达了风高浪急的非洲海岸。登陆部队的士兵们因收到了英军在11月5日的阿拉曼战役胜利的消息而欢欣鼓舞。

11月7日，特混舰队各部分头向目标扑去，中路登陆大队将在卡萨布兰卡东北方15英里的小港口费达拉（Fedala）发动夜间登陆。这支下辖15艘运输船的登陆船团由"布鲁克林"号（USS Brooklyn）和"奥古斯塔"号（USS Augusta）巡洋舰以及10艘驱逐舰护送。"马萨诸塞"号和"突击者"号以及两艘护航航空母舰组成的大队负责后方支援。

休伊特曾试图让陆军高层选择在白天登陆，这样一来海军就能够利用舰炮火力提前摧毁岸防工事，此外登陆艇驾驶员也能够很容易确定运输舰和滩头的位置。不过陆军坚持发动夜间登陆，一方面夜袭能增加攻击的突然性；另一方面是陆军军官们对于舰炮摧毁岸防工事的能力存有疑虑。

午夜刚过，抵达费达拉附近预定海域的中路登陆大队运输舰便放下锚链，随即开始吊放希金斯船和LCV登陆艇。美军刚展开登陆，麻烦就接踵而至。在夜色中，先头营队从第一列运输舰开始换乘登陆艇，但登陆艇驾驶员们在夜幕中一片混乱。在艰难地抵达登陆发起线后，登陆艇开始兜起圈子，直至抵达岸边的侦察艇发回灯光信号后才向各自的预定海滩驶去。

0500时，第一波登陆艇在离开出发线一小时后冲上了滩头，随后，盟军第二波和第三波登陆艇分别以5到10分钟的间隔冲上海滩。法军探照灯操作员在听到大量登陆艇传来的噪声时首先将探照灯指向空无一物的天空，随后才指向海上。发觉事态不妙后，探照灯操作员向岸防部队发出警报，但大多数岸防部队士兵此时还在兵营里。

由缺乏经验的操舵手驾驶的登陆艇在冲滩时状况百出，有的撞上了登陆滩头附近的岩石和暗礁，有的被涌浪卷起不停地旋转，最终横打在沙滩上。无头苍蝇一般的登陆艇散落在整片海滩上，搭载的部队也随之七零八落。在冲滩后，尚有余力后退并掉头的登陆艇开始返航搭载下一波登陆部队。虽然状况频发，但到日出时美军已经有3500人登上滩头且已经控制了费达拉。

位于滩头侧翼的岸防炮阵地在维希法国海军岸炮兵的操纵下向运输艇和附近的登陆艇开火射击。中路登陆大队的巡洋舰和驱逐舰很快开火还击。随着日头渐高，从"突击者"号航母上起飞的舰载机已经能够看到在卡萨布兰卡上空盘旋备战的法军飞机，"马萨诸塞"号编队也在向卡萨布兰卡逼近途中与位于城市西侧的法军炮台（配备有为未完工的"让·巴尔"号战列舰（此时仍停留在卡萨布兰卡港内）准备的15英寸重炮）交火。

从0815时起，从卡萨布兰卡港内出击的一艘法军巡洋舰和7艘驱逐舰开始对费达拉外海的美军舰艇展开一连串的攻击，8艘法军潜艇发射了大量的鱼雷，但法军的攻击一无所获。法军出击编队很快遭到了来自登陆船团和"马萨诸塞"号编队的猛烈炮火打击以及"突击者"号上舰载机的进攻；到中午时，法军水面舰艇都已经被击沉或被重创。法军潜艇也只有一艘设法逃回了卡萨布兰卡港内。此时美军已经夺取了费达拉的岸炮阵地。虽然在战斗期间美军舰艇没有受到任何伤害，但由于半数登陆艇因各种原因损毁，美军在当天未能卸载足够的人员和物资来发起对卡萨布兰卡的进军。

南路登陆大队负责登陆萨菲（Safi，这是一处坐落于摩洛哥沿海偏远处的磷酸盐矿运输港），盟军选择在此登陆主要是考虑到港内有一座栈桥和可以装卸中型坦克（LCM登陆艇无法运输）的大型吊车。萨菲登陆中的每个环节都如同钟表一样准确：老式战列舰"纽约"号（BB-34）和一艘巡洋舰对岸防炮阵地发动了猛烈轰击；在两艘火力全开的驱逐舰的引导下，登陆艇直接开入了港湾；美军登陆部队在上岸后夺取了港内要点。在日出后，从一艘护航航母上起飞的舰载机将当地法军的大多数飞机击毁在了地面上。当天下午，一艘由火车渡轮改装的运输船将坦克送上了岸。美军坦克很快开始沿公路向卡萨布兰卡进发，一艘巡洋舰和多艘驱逐舰在近岸伴随坦克部队前进。

北路登陆大队进攻的是位于卡萨布兰卡东北125英里处的梅地亚。美军的主要目标是夺取位于利奥泰（Lyautey）港内陆数英里处的一座全天候机场。美军在此处的夜间登陆行动比费达拉还要混乱，登陆艇的损失更为巨大。截至登陆次日，9000人的登陆部队只有一半登陆。美军士兵们必须硬着头皮进攻，从坚决抵抗的法属殖民地部队防线上杀出一条血路。指挥登陆部队的卢锡安·K. 特鲁斯科特（Lucian K. Truscott）准将担心造成误伤而迟迟不愿动用海军舰炮火力。但当海军巡洋舰和驱逐舰的炮火击退一支沿海岸公路杀来的装甲纵队，老式战列舰"得克萨斯"号（BB-35）14英寸重炮摧毁了一列从内陆开来的满载法军部队的火车后，特鲁斯科特终于回心转意。登陆的美军部队在得到由一艘驱逐舰逆塞布河而上运来的部队的支援后，于11月10日夺占了机场。

在地中海沿岸，由训练有素的美军部队执行的奥兰港登陆进行得相对顺利，期间也只遭到了微弱的抵抗。美军在上岸后立刻根据计划快速展开推进。相比之下，在阿尔及尔的登陆行动可谓一团糟，大部分登陆艇都无法使用。幸运的是法军在阿尔及尔的抵抗最为轻微。

在费达拉登陆的美军在11月9日终于将2万名士兵送上了滩头。为了保证指挥统一，休伊特少将根据作战计划，在登陆部队半数以上人员上岸后将摩洛哥沿岸登陆行动的指挥权移交给了巴顿少将。11月11日上午，在巴顿的部队已经快要对卡萨布兰卡完成合围，并准备在海上炮火和空中支援下发起总攻之际，法军挂出了要求停战的白旗，他们刚刚接到停火的命令。

事情迎来转机得益于维希法军总司令，维希政府二号人物让·达尔朗（Jean Darlan）海军上将的出面。在盟军发起登陆时，达尔朗碰巧正在阿尔及尔看望自己生病的儿子。艾森豪威尔明智地抛开了意识形态上的成见，选择与这位在维希政府内地位仅次于贝当的实权人物进行磋商。在两天的密谈后，达尔朗与盟军在11月10日达成协定，这份协定也得到了贝当的秘密赞成。根据协定，所有在非洲的维希军队都将向盟军停火，但这份命令直到11月11日上午才送达卡萨布兰卡。对维希政府抱有强烈怀疑的美国和英国新闻记者们对于艾森豪威尔达成的"达尔朗约定"口诛笔伐，但大多数人对于这样一份止息兵戈且能够加速战争进程安排并没有什么抱怨。

达尔朗发往达喀尔的电文让维希当局向盟军倒戈，但他发往驻土伦的法军舰队的电报却并未奏效。为了报复北非法军的停火，希特勒下令占领维希法国全境，但暂时没有占领土伦的法军造船厂。土伦基地司令官让·德·拉波尔德（Jean de Laborde）上将拒绝了达尔朗下达的所有舰艇驶往北非的命令。而当德军准备夺取法军舰队时，拉波尔德命令所有战舰自沉。

在夺取摩洛哥和阿尔及利亚后，盟军在北非建立起了极具战略价值的后方基地；但与欧洲仅相隔一条90英里宽的西西里海峡的突尼斯才是盟军真正的战略目标。从11月10日起，达尔朗向驻比塞大和突尼斯的法军指挥官下达命令，要求配合盟军行动，但希特勒的动作明显快上一步。德军部队依靠飞机和驱逐舰快速夺取了比塞大的港口和机场，并将驻法属突尼斯的法军赶到了阿尔及尔的边境。

希特勒应对"火炬"行动的部署并未对盟军的胜利产生太大的影响。虽然德意军队在突尼斯部署了一整个野战集团军和撤退而来的非洲军团进行防守，但轴心国守军难以阻挡逐渐夹紧的盟国铁钳。隆美尔凭借高超的战术指挥技艺在凯瑟琳山口一度击退艾森豪威尔指挥的盟军，但他的个人才干无力挽回轴心国的败局。在希特勒的命令下，隆美尔只身逃离北非，在回到国内后被希特勒下令在家休养。到5月中旬，轴心国军队在突尼斯的据点已经被全部拔除，盟军俘获约275000人的战绩已经足以与苏军此前在斯大林格勒取得的战果相比肩。从斯大林格勒开始的节节败退和在北非被"扫地出门"预示了纳粹军队的最终战败。

随着北非胜局可期，盟军于1943年1月在卡萨布兰卡召开了新一轮最高级战略会议。罗斯福、丘吉尔以及联合参谋长联席会议成员与从北非和伦敦赶来的法国领导人（包括可敬的夏尔·戴高乐将军）举行了会议。达尔朗因遭刺杀而提前退出历史舞台。收到邀请的斯大林则因国内诸多事务而难以脱身。

乔治·马歇尔上将和阿兰·布鲁克爵士在会上重启了他们自1942年7月就开始的争论，其中马歇尔依旧不遗余力地推进他的"围捕"计划。布鲁克认为，如果在1943年甚至1944年发动"围捕"行动，盟军将无法取得进展并遭受惨重伤亡，他提出盟军应当依托刚夺取的法属北非为基地继续开展外线进攻。虽然两者都不愿相让，但即便最高参谋长联席会议没能拿定主意，丘吉尔和罗斯福也作出了决断。最终二人各退一步。

美方同意在地中海方向再发动一场能够对战局产生巨大影响的关键攻势。但美方坚持在此之后盟军必须制订好"围捕"行动的详细计划。英国人表示同意（或者表面上同意）。在进一步的讨论后，双方都同意夺取西西里岛是能够对战局产生最大影响的选择。在夺取西西里岛后，希特勒的亲密伙伴墨索里尼很可能丧失权威，从而让德军将不再被认为可靠的意军替换成德军部队。登陆西西里岛不仅能减轻苏军的压力，同时也能降低在法国展开登陆行动的难度。西西里岛登陆得到了"哈士奇"行动的代号,发起时间被定为1943年7月。

与会人员一致认为盟军的当务之急是采取措施对抗邓尼茨的潜艇。如果不能让潜艇造成的损失大大降低,那所有的攻击行动都将成为无根之木。为了对轴心国展开直接打击,H. H. 阿诺德上将和英军的查尔斯·波尔特将军共同提出了展开美英联合轰炸攻势,并希望依靠战略轰炸就将希特勒击败。在场的海陆军指挥官虽然知道这一行动成功机会渺茫,但都乐于一试。在会上,金上将以推迟登陆法国以及支持展开外线进攻为条件,让英国同意将更多的军事资源投入到太平洋战场,以便盟军利用近期重新夺回瓜达尔卡纳尔岛的优势在该战区发动一场规模有限的进攻。

在卡萨布兰卡会议的次日,罗斯福总统向全世界宣告盟军只接受德、意、日三国的"无条件投降"。盟军绝不接受任何形式的和谈。在此之前,即便当拿破仑帝国的实力达到巅峰时,双方也不曾彻底关闭磋商的渠道。这份得到丘吉尔赞同的强硬措辞主要是为了安抚苏联领导人并提振同盟国大众的士气,但同时也挫伤了轴心国内部持不同政见集团采取手段尽早结束战争的积极性。从某种程度上来说,"无条件投降"政策并未完全奏效:意大利与日本虽然向盟国投降,但都带有大量的附加条件。只有德国真正实现了无条件投降。

"哈士奇"行动:登陆西西里

为了便于指挥"哈士奇"行动,艾森豪威尔被升任为四星上将,而他的三名助手——哈罗德·亚历山大上将、坎宁安上将和亚瑟·特德上将分别负责地面、海上和空中部队的指挥。继续由休伊特海军中将指挥的西路海军特混舰队负责将巴顿中将的美军第7集团军送上海滩;由英军贝特拉姆·拉姆西(Bertram Ramsay)海军中将指挥的东路海军特混舰队则会将伯纳德·蒙哥马利中将指挥的"沙漠之鼠"——英军第8集团军送上西西里。掩护舰队完全由英军舰艇构成,亚瑟·特德指挥的盟军地中海航空兵则将以马耳他岛为主要基地为登陆提供战斗机掩护。

在西西里岛寻找各军种都能接受的登陆场让"哈士奇"行动的制定者们大费脑筋。坎宁安上将希望行动的全过程都能得到最大程度的战斗机掩护,而这意味着登陆场必须选择在从马耳他起飞的"喷火"战斗机的作战半径内,因此排除了最适宜登陆的墨西拿周边滩头。此外盟军即便在靠近墨西拿海峡的位置展开登陆,也很难确保困住西西里岛上的轴心国军队。

蒙哥马利打算将英军登陆部队全部送上位于西西里岛西南角的一整块登陆场，如此多个师所产生的庞大后勤补给需求让盟军参谋人员抱怨不已。言辞肆无忌惮但行事小心谨慎的蒙哥马利希望巴顿的美军部队能够保护自己的左翼。他的提议很对坎宁安的胃口，因为西西里岛西南角正靠近"喷火"战斗机的基地，但却招致了艾森豪威尔的后勤军官们的反对。后勤部门表示，即便"哈士奇"行动初期盟军就顺利夺取位于蒙哥马利登陆场右翼的锡拉库扎和奥古斯塔这两座浅水港口，盟军后勤力量也难以支撑如此多个师作战。从后勤角度考虑，理想的登陆场位于北部沿海靠近巴勒莫（西西里岛上条件最好的港口）的位置，不过后勤人员的提议只得到了巴顿将军的赞同，因为他总是宣称自己已经做好了在任何地方登陆的准备。

两栖登陆技术的火速进展解决了参谋部门的困境。新型的远洋登陆舰艇可以让人员、坦克、车辆和火炮实现"由岸到岸"的直接投送。包括坦克登陆舰（LST）、坦克登陆艇（LCT）和步兵登陆艇（LCI）在内的新型登陆舰船[1]的数量已经足以运载所有的参战部队和所需补给。DUKW两栖卡车（绰号"鸭子车"（Ducks））也开始批量服役，这种车辆可以直接将补给从运输舰运送到岸上。

新装备的到达同样让蒙哥马利和坎宁安的方案"登陆西西里岛东南角"得以付诸实施。不过由于距离墨西拿过于遥远，在东南角登陆只能将轴心国军队逐出西西里而非围歼。航空部队与地面和海上部队之间协调困难也是选择西西里东南角登陆场的重要因素。特德上将无意为登陆部队提供战术空中支援，在他眼中，航空部队的任务就是在己方或敌方机场上空与敌军飞机较量，他坚决不允许战斗机前往滩头实施支援。

在西西里岛德军部署有两个作战师，意军部署有4个作战师和6个岸防师，合计兵力255000人。岛上的德军部队骁勇善战，而意军的战斗力则要略逊一筹。岛上轴心国军队最大的弱点是6个岸防师，这些岸防部队大多由超龄征召的西西里本地预备役人员组成。西西里人讨厌德国人，也憎恶墨索里尼的统治，由于他们中有许多人的亲友都在美国定居生活，西西里人普遍对美国抱有好感。所有的岸防师都被部署到了滩头，意军希望他们能够为保卫自己的家乡奋力死战，但当盟军开始登陆时，岸防师官兵战斗意志薄弱。

休伊特在此次行动中再度提出在登陆日当天使用舰炮对滩头进行火力准备。不过陆军指挥官们还是希望能利用夜幕掩护，在敌方反应过来前将部队送上岸，因此拒绝

---

[1] 第一波次登陆部队在冲滩时搭乘的是非常实用的车辆人员登陆艇（LCVP,Landing Craft, Vehicle and Personnel）。

了他的好意。登陆时间被定在1943年7月10日凌晨0245时。

7月8日，一度千帆云集的北非港口此时已经空无一物，在海上，赶赴西西里的庞大登陆舰队与另一支来自英国、满载着一个加拿大步兵师的运输船团会合。登陆船团的1375艘运输船和登陆艇将多达175000名士兵送上西西里岛的海岸。在进攻作战中，进攻方通常应当形成三倍以上的兵力优势，因此盟军指挥官们希望尽快将所有部队送上岸来弥补数量上的劣势。盟军为此次作战共计动用了478000名官兵，其中，美英士兵各占一半。

7月9日夜，一场短促但猛烈的风暴导致许多登陆艇横摇严重，甚至大型运输舰也出现了船艏上浪的危险情况。所幸的是风暴在午夜前平息，给盟军留下了适宜登陆的天气。

在月落前，美英空降兵部队开始通过降落伞和滑翔机深入西西里纵深，通过夺取桥梁以及在交通线上设置阻击线等方式迟滞敌军增援部队。登陆部队主力准确地按照计划在夜幕中向预定滩头驶去。这是史上规模最大的两栖登陆行动，美军将在西西里南部宽度约40英里的滩头上登陆3个师，而包括一个加拿大师在内的4个英军师则将在东岸同样宽度的滩头登陆。

纵然在伸手不见五指的黑夜中，LCVP登陆艇依然冒着汹涌的海浪从位于攻击发起线的运输舰出发，在侦察艇的红外频闪灯指引下灵活地向登陆滩头驶去。比起一团忙乱的北非登陆，此次行动执行有序。

怀着惴惴不安的心情，盟军先头梯队的步兵们在登陆艇中默默忍受着煎熬，直到被探照灯发现。机枪撕开了夜幕，炮弹溅起水柱。在登陆梯队暴露后，盟军战舰立即向岸防火力发动炮击。当LCVP冲上海滩，放下跳板门时，艇上的士兵在短暂地犹豫后便将晕船抛诸脑后，全速冲向滩头夺取各自的预定阵地，各营随即建立起了与友邻部队的联系。到0435时，盟军7个师的先头梯队都已经上岸，且仅遭受轻微抵抗或是完全没有受到抵抗。西西里本地征召的意军预备役士兵成批地向盟军投降。

更为可靠的德意野战部队和装甲部队纷纷向盟军登陆滩头杀去，不过其中大多数士兵都在7月10日入夜前撤退。在西西里南部沿岸的杰拉（Gela），德意军队的坦克纵队遭到了由DUKW卡车装载的炮兵和"博伊西"号（USS Boise）巡洋舰的6英寸舰炮的猛烈袭击。登陆后，巴顿和蒙哥马利的部队都已经在比原定防线更为深入的地带挖好了防御工事。

特德的飞行员们击落了超过200架轴心国飞机并破坏了西西里岛上的所有机场，

德意飞机不得不撤回意大利本土。德意飞机开始频繁对盟军舰艇发动攻击，但配备了新式的无线电近炸引信弹药的盟军舰艇击落了大量的敌机，且德意飞机即便投弹也难以命中造成伤害。休伊特的舰队仅损失一艘驱逐舰、一艘LST和一艘弹药船。但由于盟军军种间的通讯不畅，盟军海军高射炮手击落了不少从他们头顶飞过的美英飞机。

在原定的作战计划中，蒙哥马利的第8集团军将沿着海岸线一路向北狂奔夺取墨西拿，从而封死轴心国军队离开西西里的通道；而巴顿的第7集团军则会在蒙哥马利的左翼提供掩护。这是军事史上鲜见的用人不当案例。巴顿因擅长快速突击而闻名，而蒙哥马利更擅长步步为营。蒙哥马利首先夺取了锡拉库扎和奥古斯塔以解决补给问题，但在卡塔尼亚（Catania）遭到德军顽强防守后他竟然停止推进。蒙哥马利并没有借助海军炮火在敌军阵线上炸开一条通道，也没有在敌军后方展开登陆切断其补给线，而是选择向西绕过伊坦纳山。对整个集团军的战线进行调整使得蒙哥马利直到8月1日才部署妥当。当第8集团军恢复进攻时，推进速度由于伊坦纳山山脚崎岖的地形而被拖慢。

出于对英军调整进军线路会放跑敌人的担心，巴顿带领两个师的美军部队横跨西西里岛抵达巴勒莫，然后沿北岸向墨西拿推进。他曾3次与海军协同，让部队重新装载上船然后在前方登陆以堵截敌人，但全力逃窜的轴心国军队总能抢先一步溜走。8月3日，轴心国军队已经猬集在西西里岛东北端并开始渡过海峡。他们在8月16日完成了撤离。在8月17日日出后，巴顿的侦察队才进入墨西拿，两小时后，一队英军第8集团军的坦克才轰鸣着开进这座城市。

虽然大部分轴心国部队成功逃脱，但盟军"哈士奇"行动占得了上风。美军在此战中的表现扫清了英国人的疑惑，也让后者认识到了美国军人是第一流的战士。西西里岛的解放让盟军开辟了跨地中海航线，但更重要的是，让意大利退出了战争。

就在7月下旬西西里岛岌岌可危之际，意大利法西斯党最高委员会罢黜了墨索里尼，同时国王解除了他的职务并将他关入监狱。墨索里尼的继任者，政府首脑佩特罗·巴多格里奥元帅宣布意大利不再与德国并肩战斗。同时他开始与英美联军进行秘密和谈。

"雪崩"行动：登陆意大利

1943年5月，突尼斯战役已经步入尾声，美英盟军高层在华盛顿召开了新一场战略会议。由于预计西西里登陆将迎来成功,此次会议的主要议题就变成:下一个目标是哪儿?在惯例的多方争论后,与会者们还是达成了折中意见。美方不情愿地同意参加英军主导的尽早登陆意大利半岛的计划,但美军同时也要求此次登陆只能动用已经部署在地中海战区的部队,同时有7个师将会被调回英国作为核心组建未来跨海峡登陆所需的部队。作为条件,英国人同意1944年在法国西部展开登陆,同时也对盟军在中太平洋展开攻势不持反对意见,不过英军同样要求太平洋战区的攻势仅动用该战区已有的部队。

布鲁克坚持认为在意大利半岛的登陆能够将驻法国的德军吸引到意大利,事实却并非如此。早在西西里岛战役仍在进行的时候,已经预料到意大利很快放弃抵抗的德军就已经为隆美尔元帅的北意大利集团军和阿尔伯特·凯瑟林元帅的南意大利集团军调派了增援。盟军对意大利半岛的登陆并没有让德军向半岛增加兵力,相反,盟军却为了此次攻势向地中海地区增兵。最终,意大利战役让当地德军以现有兵力牵制住了两倍于己的盟军部队。

艾森豪威尔的登陆计划是大胆与谨慎的协调产物。首先,蒙哥马利的英军第8集团军将从墨西拿海峡跨海登上亚平宁半岛的"靴尖"处,夺取雷吉奥(Reggio)和塔兰托。一周后,新组建的美英混编第5集团军(军长为美军马克·克拉克中将)的4个师将会在萨勒诺湾一带的滩头登陆。在与从南面推进而来的蒙哥马利部队会合后,第5集团军将跨过维苏威火山附近的群山以较短的距离夺取意大利条件最为优越的港口那不勒斯。

安森豪威尔的参谋们选择萨勒诺不仅因为此处是那不勒斯的门户,也是因为在此处登陆盟军能够得到从西西里岛起飞的战斗机的空中支援。德军元帅凯瑟林也预计到了盟军将在萨勒诺登陆,并命令一支强大的装甲师在此做好防御准备。

9月8日1830时,当登陆萨勒诺的盟军部队乘船进入萨勒诺湾时,艾森豪威尔上将通过广播宣布意大利接受停战。德军很快开始解除意大利军队的武装。意军仅有舰队和部分航空部队得以幸免。大多数被解除武装的意军部队都被就地遣散。墨索里尼在德军的营救下逃出并成为北意大利亲德傀儡政府的领袖。意军舰队抵达了马耳他,但这些舰艇因为缺乏雷达和一些必要的先进设备对盟军而言派不上用场。

负责登陆萨勒诺的第5集团军在听到艾森豪威尔的公告后无不欢呼雀跃,他们甚至已经认为只需要大踏步走上滩头就能完成任务。高级军官们未能及时让下属部队警醒,虽然意大利人已经退出战争,强悍的德军部队也可能在滩头为他们举行一场血腥的欢迎式。

再度担纲萨勒诺特遣舰队司令的休伊特选择新服役的两栖指挥舰"安孔"号（USS Ancon）作为自己的旗舰，舰上配有先进的无线电和雷达装备。他再度力争在日出后对敌军岸防工事进行一场登陆前海军火力准备，但又无功而返。正如他所料一般，德军已经在萨勒诺严阵以待。当LCVP冲上海滩时，一部德军的大喇叭用英语劝降称："走上来投降吧！我们已经瞄准你们了！"

当第一波次登陆艇放下跳板门后，大屠杀就此开始。海滩上的德国守军以步枪、机枪、迫击炮、加农炮和坦克炮向盟军登陆部队猛烈开火，日出后德军飞机还对滩头发起了轰炸和扫射。第一波登陆的部队冒着敌军猛烈炮火绕过了敌军坚固支撑点，按照预先计划在集结地集中起来。随后DUKW两栖运输车将榴弹炮和弹药运上了海岸。在得到重武器加强后，登陆部队与德军坦克展开了极近距离的较量。在当天结束前，登陆部队已经得到了坦克的支援。操纵浮动式栈桥的水兵们冒着敌方炮弹在身旁爆炸所溅起的水柱，艰难地建立起了一条可供车辆上岸的栈桥。

在第二次世界大战期间盟军的历次登陆行动中，萨勒诺登陆是距离被赶下大海最近的一次。盟军翻盘所依靠的除了地面部队的绝大勇气，还因为得到了从航空母舰和岸基基地起飞的飞机的有力近距离空中支援（艾森豪威尔所特别要求的）；不过盟军最大的救星其实是海军的舰炮火力。盟军战舰不顾敌军轰炸机投掷的制导炸弹的威胁，抵近滩头对敌军目标发动直射打击，并为此付出了两艘巡洋舰和一艘战列舰重伤的代价。9月16日，当海军炮火将德军的反攻挫败后，凯瑟林就明白，他已经无法将盟军困在滩头了。他在回忆录中写道："停止攻击是为了躲避盟军战舰的准确炮击。"

10月1日，第5集团军解放那不勒斯，专业的海军清障人员开始清理德军在撤退前凿沉的舰船、推倒的起重机、抛入水中的卡车和火车头，以及其他各种各样用于阻止盟军重新利用港口的废弃物。在亚得里亚海沿岸，第8集团军夺占了关键的福贾机场，不过由于部署在此的盟军战略轰炸机无法在满载油弹的状态下安全飞越阿尔卑斯山，此次行动的意义被大打折扣。

11月中旬，希特勒将隆美尔调走，并为防守那不勒斯东北的群山防线的凯瑟林增派部队。德军在这条防线上巧妙地运用了地雷和天然障碍，几乎延绵不断的雨雪让道路化为了泥潭。虽然盟军已经完全获得了制海权并基本确保了制空权，手头的部队也比获得增援后的凯瑟林还要多，但盟军第5和第8集团军依旧步履维艰，花了8个月才从那不勒斯推进到罗马城下。

艾森豪威尔认为将多个师通过海路运送到德军战线后方（罗马以南的安奇奥）发起登陆可以打开局面。从安奇奥出发的登陆部队可以快速攻入内陆，夺取阿尔班山（Alban Hills），架设在山上的火炮可以阻断凯瑟林部队的公路和铁路补给线。由于手头没有足以在开辟新的登陆场的兵力，艾森豪威尔叫停了安奇奥登陆的计划。他随后被调往英格兰指挥英吉利海峡的登陆行动。

在丘吉尔的坚持下，安齐奥登陆被再度启动。1944年1月22日凌晨的夜幕中，两个登陆师的先头部队冲上了安奇奥的滩头。盟军有限的兵力不足以打开局面夺取阿尔班山，凯瑟林的部队很快包围了登陆盟军并将其压制在滩头阵地，双方随后陷入僵持。

随着春季的到来，雨雪逐渐停歇，道路状况也得以恢复。盟军第5和第8集团军借此机会对德军主要防线发动了全面进攻。5月19日，隶属于第5集团军的一支法国军队成功突破德军防线，盟军部队随即沿半岛向北猛攻。5月25日，从南面赶来的美军先头部队与安奇奥登陆部队的侦察兵成功会师。6月2日夜间，德军在整条战线上与盟军脱离接触，快速向北撤离。6月4日，盟军以胜利者的身份进入了被宣布为不设防城市的罗马，并得到了罗马市民的热情款待。两天后，盟军跨过英吉利海峡登陆诺曼底，意大利前线就此沦为次要战场进入僵持状态。

"霸王"行动：登陆诺曼底

由于登陆西欧的作战行动曾使用的代号"围捕"行动（Operation Roundup）存在着被泄露的风险，该行动得到了新的代号"霸王"行动（Operation Overlord），其中的两栖登陆阶段则被命名为"海王星"行动（Operation Neptune）。罗斯福最初选择马歇尔上将作为整场行动的总指挥，但已经担任参谋长联席会议主席的马歇尔分身乏术，因此"霸王"行动依然由艾森豪威尔担任指挥。作为盟国远征军总司令（Supreme Commander Allied Expeditionary Force），艾森豪威尔接到的命令是"反攻欧洲大陆，并与其他成员国一道执行旨在攻入德国心脏地带并歼灭其武装部队的作战行动"。

艾森豪威尔上将之下的海陆空军种司令全部是英国人：蒙哥马利上将、拉姆西海军上将和特拉福德·利-马洛里空军上将。拉姆西海军上将麾下为由美军组成的西路海军特混舰队（由美国海军的阿兰·G.基尔克少将指挥），而以英军为主组成的东路海军特混舰队则由皇家海军的菲利普·维安少将指挥。由蒙哥马利手下的美军第1集团军由美国陆军的奥马尔·布莱德利中将指挥；英军第2集团军则由迈尔斯·邓普西中将指挥。

当艾森豪威尔上将赴任时，一个由英军的弗雷德里克·摩根（Sir Frederick Morgan）中将领导的英美联合参谋班子已经完成"霸王"行动的大部分计划。自卡萨布兰卡会议后，摩根和他的参谋们便开始在自挪威至葡萄牙的整个西欧沿海寻找适合的登陆场，其中英吉利海峡对岸受到了特别的关注。对盟军而言，加莱显然是最佳选择，此处不仅登陆部队航渡距离最短，拥有最适于登陆的沙滩，且与德国本土的距离也是最近的。不过同样意识到了这一点的德军在此处布置了最严密的防御，且防御力量依然在不断增强。盟军最终还是决定在瑟堡到勒阿弗尔之间的诺曼底地区滩头发起登陆。由于可供使用的登陆艇数量不足，登陆宽度较为狭窄，且首批部队只有3个师，但盟军将陆续有50个师上岸。登陆发起日暂定为1944年5月1日。

艾森豪威尔接任远征军总司令后下达的第一个命令就是将登陆行动推迟到1944年6月初。虽然推迟行动使得盟军失去了天气适合的一个月，但也让盟军能等到足够5个师使用的登陆艇[1]。陆军部队汲取了萨勒诺登陆的惨痛教训，决定在白天发动登陆，并在登陆之前对岸防设施发动海军火力准备。6月5日、6日和7日都能为盟军提供理想的清晨低潮水位和适于空降部队行动的夜晚。艾森豪威尔选择6月5日作为登陆日（D日），5支突击部队的登陆发起时（H时）分别视各自潮汐情况安排在0630时到0755时之间。

在"霸王"行动的准备阶段，盟国航空部队早在1944年上半年就将主要任务从对德战略轰炸转为夺取制空权。在大量战斗机的护航下，数以千计的盟军轰炸机对敌军的飞机生产工厂和飞机维修厂以及补给堆放场发动轰炸。4月中旬，盟军航空兵将打击重点转移为敌军交通设施，战机开始对铁路轨道、机车和铁道调度场发动轰炸扫射。从5月初开始，盟军战机又将主要目标转为桥梁；到5月底时，从巴黎到英吉利海峡之间的塞纳河上已经没有任何桥梁幸存。

在D日前的数周，整个英格兰南部成为一座大兵营，且被彻底封锁。负责首批登陆的部队都驻扎在主要港口附近的大型军营内——美军登陆部队驻扎在波特兰及以

---

[1] 欧洲战场登陆艇数量的不足在一定程度上归因于已经发展成为一场大规模攻势的中太平洋战役。同样在1944年6月发起的马里亚纳登陆便动用了79艘LST坦克登陆舰。

第 25 章 | 击败意大利和德国 487

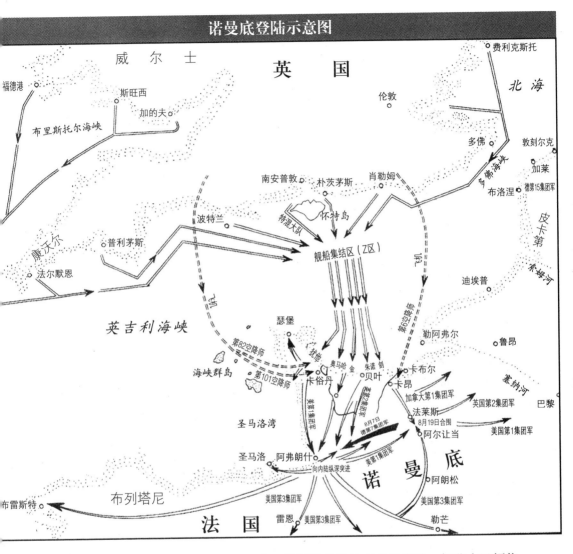

诺曼底登陆示意图

西，英军部队驻扎在朴茨茅斯及以东。唯一的例外是驻扎在多佛海峡，据称由巴顿将军指挥的"美军第1集团军群"，德军通过空中侦察发现这支部队正准备在对岸的加莱（德军第15集团军负责防守）登陆。但实际上美军第1集团军群并不存在，偌大的军营内全都是假坦克、假登陆艇和空无一物的帐篷，这支不存在的部队完全就是英军施展的欺敌手段。

5月30日起，驻扎在英格兰南部的盟军部队开始登上运兵船和登陆艇。6月3日，所有部队都已经登船完毕，包括6艘旧式战列舰在内的火力支援舰艇也从斯卡帕湾、贝尔法斯特和克莱德河口等港湾出发；庞大的运输船团开始在港口外集结。"海王星—霸王"，这场史上最为复杂、时间表最为紧张的军事行动已经箭在弦上。盟军已经极尽自己所能，剩下的只能托付给运气了。

整场行动中唯一的不确定因素就是天气。艾森豪威尔从气象学专家处得知从6月4日起登陆场附近将刮起大风，且云层较低，而6月5日的海况也并不理想，行动将顺延24小时。此时已经驶入海上的船只纷纷被召回。6月4日午夜，气象学家预测恶劣天气将迎来一次短暂平息，艾森豪威尔冒险决定登陆部队再度出动，不过直到6月5日早上仍然迟迟不敢做出最后决定。所幸气象学家此时已经准确预测出晴好天气将至少持续至6月6日下午。在得到气象学家的保证后，远征军总司令在6月5日0415时下达了最终命令："好吧，让我们放手去干吧。（OK, We'll go.）"

从英格兰所有港口出发的船只都在怀特岛东南的"斑马"集结区完成了集结。在扫雷舰艇的带领下，庞大的登陆船团趁着黑夜跨过了英吉利海峡。在船团抵达诺曼底沿岸的同时，盟军3个空降师伞降到了滩头后方以控制要害桥梁和道路。

德军西线总司令吉尔德·冯·龙德施泰德元帅按照希特勒的命令在大西洋沿岸建造了被称为"大西洋墙"的火炮岸防工事体系。不过他对于这样的防御并没有什么信心，且觉得这些工事在海军舰炮打击下非常脆弱。他主要依靠的是部署在内陆纵深的机动步兵和装甲师，一旦盟军登陆，这些机动预备队可以立即赶赴登陆海滩阻止盟军夺取或巩固滩头堡。

他的下属隆美尔元帅（B集团军群司令，该集团军群下辖第7和第15集团军）认为盟军强大的空中优势会使得龙德施泰德的机动预备队无法及时赶到滩头取得决定性战果。在隆美尔看来，如果不能在滩头阻挡住敌军脚步，德军将回天乏术。除了他认为最重要的装甲预备队，隆美尔将精力放在了静态防御的建设上，部署更多的岸防火炮，成排的水下钢制、木制阻拦桩和滩头上的混凝土障碍物，所有的滩头都密集地敷设了雷区。他将重点放在了他认为盟军最可能登陆的加莱一线，而诺曼底一线的防守部队则大多是新征召的预备役人员和外国志愿兵，这些兵员都难堪大任。诺曼底沿海高达22英尺的潮汐和平缓的沙滩对于登陆方固然是一个棘手的麻烦，但对于防御方同样如此，德军布设的滩头障碍物在低潮时都将暴露无遗。

6月4日的强风、低云和恶浪让德军放松了警惕。他们认为没人会在这样恶劣的气象条件下试图进行登陆。由于在欧洲西部缺乏气象观测站，德军对于即将到来的晴好天气一无所知。隆美尔乘着指挥车返回了自己的家，6月6日正好是他妻子的生日，他计划在家中度过这一天。

6月6日0130时的诺曼底上空，盟军空降兵的白色伞花徐徐飘落到滩头与德军第7集团军司令部之间的地域。半个小时后，德军岸防雷达操作员开始发现盟军登陆船团的型号。在通过电话得知盟军发动登陆后，隆美尔在赶回诺曼底的途中抱怨道："我怎么这么愚蠢！我怎么这么愚蠢！"

当第一缕曙光照亮诺曼底的滩头时，盟军轰炸机已经飞临滩头上空。由于能见度太差，其中部分轰炸机将炸弹丢到了距离滩头几英里远的内陆地区。在英军负责的"金""朱诺"和"剑"滩头，盟军舰体在等待潮水涨起以跨过近岸礁石期间对滩头防御工事进行了长达两个小时的猛烈炮击。登陆艇轻松穿过了间距宽阔的滩头障碍物，英军和加拿大部队仅遭遇轻微抵抗并开始沿着公路向卡昂推进。

美军负责的"犹他"海滩位于科唐坦半岛，且位于整个登陆队形的最左端。支援"犹他"滩头的舰炮火力虽然时间并不如英军长，但也取得了同样的成功。到D日结束时，21300名美军士兵登上了"犹他"滩头并在仅遭遇微弱抵抗的情况下建立起了一个6英里宽、6英里纵深的滩头阵地。"犹他"滩头美军遭遇的最惨重的损失来自水雷，后者击沉了美军一艘驱逐舰和5艘登陆艇。

在所有的诺曼底登陆滩头中，"奥马哈"滩头成为盟军在整场战争中所面对的设防最为坚固的滩头阵地。把守此处的德军并非预备役部队，而是两个由一线老兵组成的团，且德军已经将奥马哈滩头打造得如同马蜂窝一般。由于障碍物过于密集，登陆艇难以冲破，所以美军选择在所有障碍物都暴露出水面的低潮位发起登陆。而这也意味着盟军只有35分钟的时间对奥马哈滩头的岸防工事进行火力准备，同时所有轰炸该滩头的炸弹都被丢进了内陆。本应为登陆打开道路的两栖坦克全部因海浪或敌方炮火沉入海底。当LCVP放下跳板门时，登陆的步兵们必须冒着机枪火网冲过上百码毫无遮拦的沙滩才能抵达滩头，随后他们还要突破三层埋有地雷的障碍物，再冒着弹雨跑过100码才能抵达被用作临时掩护的木构混凝土海堤。

在海堤后方是密集的铁丝网障碍，在沙滩的边沿、陡峭的斜坡上覆盖着茂密的草丛，其间闪烁着枪口的火光。由海军和陆军工兵组成的16个水下爆破队顶着52%的伤亡率在滩头障碍中炸开了多条宽阔的通道，让登陆艇得以在高潮水位靠岸。

登陆的步兵梯队以10分钟一波次的速度分批上岸，逐步加强部队力量。随后铁丝网被工兵设法炸开缺口，重机枪也架起与敌方对射，在幸存的军官们的带领下，美军分成小群开始冲过干燥的沙滩并攀爬斜坡。到中午时，美军部队已经开始攻入内陆。

突破滩头阵地固然依赖于美军士兵们的绝大勇气，但最大保障还是来自海上的炮火。重型舰艇用猛烈炮火封锁了整个滩头，防止德军增援或调动防御力量。12艘驱逐舰为登陆部队提供直接火力支援，并为其轰开了前进的道路。这些驱逐舰抵近到距离岸边不到1000码的距离，冒着刮碰船底的危险，在登陆火力引导小队的呼叫下对临机出现的敌军目标进行火力打击。在海军的得力掩护下，到日落时已经有34000名美军士兵登上"奥马哈"滩头，且此时美军已经拿下斜坡，在深入内陆1英里多的位置上展开防线。胜利的代价也是极为高昂的：2000名美军士兵在此役中阵亡。

在夺占大型港口前，盟军的补给物资主要通过一对被称为"桑葚A"和"桑葚B"的人造码头运上欧洲大陆。这两座人造港口除了预制的栈桥模块，外围还有用钢结构混凝土浇筑防波堤屏护。两座港口的所有模块都是从英格兰拖曳而来的，分别在"奥马哈"和"金"滩头锚泊展开。在"奥马哈"滩头建立起的"桑葚A"很快被大风暴所摧毁，不过盟军依然可以用LST坦克登陆舰在高潮时抢滩送上物资，随后在退潮期间卸下物资。

"霸王"行动的进展基本上还是按照计划展开的。如蒙哥马利所料，因巴顿那支"不存在的"集团军"即将发起的登陆"，防守加莱的第15集团军只能按兵不动，从而导致负责防守诺曼底的德军第7集团军将主要兵力放在卡昂地区，以免英加联军两个集团军分割。

英加联军此刻的任务为进攻德第7集团军，与此同时位于右翼的美军则发起攻势。在美军莫顿·L. 德扬海军少将指挥的支援舰艇的猛烈炮火下，布莱德利的第1集团军一部在6月27日攻克了瑟堡，并很快肃清了整个科唐坦半岛。该集团军的其他部队则依靠压倒性的空中支援突破了德军在阿夫朗什（Avranches）的防御。随后美军以第1集团军的部分部队为基础组建了由不再担任"幽灵"集团军司令的巴顿将军指挥的第3集团军。到7月底，巴顿和布莱德利的战斗从突破转入了进攻阶段。巴顿的第3集团军在通过阿夫朗什后开始向南、向东和向西多路出击。第3集团军封锁了布列塔尼半岛并以宽大的正面向东面的莱茵河进发，巴顿指挥他的部队狂飙猛进。

德军第7集团军一度有机会向东逃离，但希特勒命令该部向西发动徒劳的进攻以突破美军第1集团军的战线并切断巴顿的补给。但德军的进攻却让向北进发的美军第1和第3集团军在8月19日会同从卡昂赶来的加拿大第1集团军完成了对该集团军的合围。被困在"阿夫朗什—法莱斯"口袋里的德军遭到盟军飞机和炮兵的无情打击，但他们还是设法在8月20日突破了加军的防御，拼死守住一条狭窄通道让40000名残兵向东逃出，但还是有50000名德军士兵被盟军俘虏，另有10000人被击毙。此时盟军已经将1500000名士兵送上法国滩头，这支大军将向着巴黎进发，下一个目标则是德国。

绝望的战况让希特勒的高级指挥官陷入了失败主义的氛围中，其中一些人提出向盟军有条件投降以免德国受到侵略。认为龙德施泰德已经不再可靠的希特勒命令冈瑟·冯·克鲁格元帅接替他的职位，然后又在第7集团军被围后将后者撤职。被勒令返回国内的克鲁格旋即被逮捕入狱。隆美尔被怀疑与一场刺杀希特勒的阴谋有关，在被威胁称妻儿将被监禁或枪毙后，他在服毒自尽和公开审判中选择了前者。隆美尔的遗体按照全套军人礼仪进行了国葬，根据他本人的要求，龙德施泰德诵读了悼词。

"龙骑兵"行动：登陆法国南部

摩根上将曾提出在诺曼底登陆的同时在法国南部海岸发动牵制登陆。最初代号为"铁砧"的行动从一开始就遇到了问题。虽然"海王星"行动延期了一个月，但盟军仍然没有足够的登陆艇和火力支援舰艇来同时实施"铁砧"和"海王星"行动。因此"铁砧"行动不得不等到筹措自整个地中海战区的登陆艇和支援舰艇到位为止。不过这也使得"铁砧"行动无法达成主要目的——将德军部队调离诺曼底。

此外由于大量部队会被调走，指挥意大利战场的盟军将领也对"铁砧"行动提出反对。在丘吉尔的强力支持下，意大利战场的盟军提出经由的里雅斯特沿卢布尔雅那攻入维也纳的方案。丘吉尔表示进攻卢布尔雅那的行动是出于军事考虑，但他真正想要达成的还是政治上的目的——在多瑙河平原阻挡苏联的脚步。

艾森豪威尔对于进攻卢布尔雅那的提案并不买账，坚持实施"铁砧"行动，他得到了罗斯福和马歇尔的支持。丘吉尔最终选择让步，但还是耍了点小手段。丘吉尔要求将行动代号重新命名为"龙骑兵"[1]行动。抛开这些琐事不提，"龙骑兵"行动的日期最终被定在1944年8月15日。

"龙骑兵"行动是休伊特将军一手缔造的杰作，他从一开始亲力亲为，并为行动添加了他所能找到的一切制胜手段：一场长时间的陆基航空兵轰炸行动将敌军机场和坚固支撑点摧毁，夜间敌后空投封锁了登陆场，一场长达两小时的轰炸和舰炮轰击消

---

[1] Dragon也有"被迫害"之意。

磨着敌方岸防工事，加装火箭炮的LCI登陆艇在第一波次登陆部队上岸前的齐射引爆了海滩上敷设的地雷。从0800时开始，登陆部队按照预定波次在土伦与加纳之间30英里正面上的7处海滩登陆。所有滩头的登陆行动都按照时间表进行。停靠在近岸的9艘护航航空母舰放飞舰载机为火力支援舰艇提供炮火校射和指引，同时深入内陆袭扰敌军交通线并攻击敌方部队集结点。

登陆法国南部的盟军部队包括美军第7集团军和法国第1集团军。在法国军队解放土伦和马赛的同时，美军沿着罗纳河谷对撤退的德军展开追击。9月11日美军第7集团军在第戎附近与从诺曼底开来的第3集团军取得了联系。从英吉利海峡和地中海展开的钳形攻势让仍然在法国西南部顽抗的德军成为瓮中之鳖。美军第7集团军和法军第1集团军并肩战斗，成为向德国国境推进的盟军战线的右路部分。

纳粹德国的覆灭

当艾森豪威尔于1944年9月1日在法国建立起司令部并接过盟军地面部队指挥权时，盟军已经解放了巴黎，并跨过了塞纳河、索姆河和米乌斯河。在艾森豪威尔之下，蒙哥马利（已晋升陆军元帅）指挥着第21集团军群（下辖加拿大第1和英国第2集团军）；布莱德利上将指挥着第12集团军群（美军第1和第3集团军）；雅各布·L.德弗斯中将指挥着第6集团军群（登陆法国南部的美军第7和法国第1集团军）。

盟军的补给优先提供给了蒙哥马利的第21集团军群，他的部队将快速夺占德国在西欧沿海设置的"复仇武器"（V型武器）发射场。德军利用V-1飞弹和V-2超音速飞弹对伦敦展开攻击，杀伤了数以千计的伦敦市民并将城区大量地段夷为瓦砾。此外第21集团军群的另一任务是夺占安特卫普的港口以缓解盟军的补给紧张问题。

在夺取安特卫普后，艾森豪威尔手下的所有集团军都以空中力量为先导向着德国进发。但由于德军的顽强反击，盟军一度停下了脚步。12月中旬，希特勒出动最后的战略预备队在盟军战线中央位置的阿登森林地区发动了大规模反击。在这场被后世称为"突出部之战"的战役中，德军虽一度向西突破50英里，但却没有机会达成希特勒要求的将美英军队战线一劈两半的作战目标。天气转好和盟军的迅速反击使得德军很快被迫撤退。在这次孤注一掷的反击中，德军对盟军造成了约60000人的杀伤，但自身损失达到250000人，同时有600辆坦克和突击炮以及1600架飞机在战斗中损失。

1945年初，美、英、法、苏四国军队已经从东、西、南三面对德国形成合围之势。到1945年3月，艾森豪威尔的部队已经在河岸陡峭、流速甚快的莱茵河岸边形成了连贯战线。率先跨过这条天堑的是美军第1集团军的部队，该集团军利用莱茵河上唯一一座德军未能摧毁的桥梁——雷玛根大桥成功渡河。虽然在几天后这座大桥就被破坏，但盟军早有准备，上百艘LCVP和LCM登陆艇被卡车运抵河岸并由海军士兵驾驶。到3月底，这批登陆艇已经将第1集团军的14000人和400台车辆运到了莱茵河对岸，同时还帮助陆军工兵建起了浮桥。在莱茵河上游，巴顿将军指挥的第3集团军在加紧修建桥梁的同时出动登陆艇快速向对岸增兵。在下游，蒙哥马利的集团军群也利用登陆艇将第一批部队运往对岸。

欧洲战场的战事很快进入尾声，加拿大第1集团军和英国第2集团军向德国的北海港口发起追逐赛。美军第1和第9集团军包围了鲁尔工业区和里面的325000名德军（含30位将军）。美军第3集团军加紧横穿德国赶往捷克斯洛伐克，美军第7集团军则夺取了慕尼黑。苏军向着柏林和维也纳长驱直入。盟军第5和第8集团军也摧垮了德军在北意大利的防御。

1945年4月28日，向瑞士逃遁的本尼托·墨索里尼被意大利抵抗组织俘虏并处决，他的尸体被挂在米兰的广场上示众。1945年5月1日，苏军已经完成对柏林的合围并正在展开巷战，躲在总理府地下掩体内的阿道夫·希特勒用手枪结束了自己的生命。

已经被打散为小股溃兵的德军开始向英美盟军投降。1945年5月7日上午，在雷姆斯，阿尔弗雷德·约德尔大将在盟军最高总司令艾森豪威尔的见证下在投降书上签字。1945年5月8日午夜，第二次世界大战的欧洲战场正式宣告结束。

总结

在第二次世界大战初期，英军曾试图在挪威近海布雷以阻断德国经纳尔维克进口铁矿石的冬季贸易航线，并避免德军利用这片水域绕开英军的封锁。但在英军行动之前，德军就在1940年入侵了挪威和丹麦。英军战舰曾在纳尔维克外海与德军两度激战，但随着德国开始入侵低地国家和法国，支援挪威的远征军不得不撤回英国。

纳粹陆军很快将盟军地面部队分割包围，在大量民用船只的帮助下，英军设法从敦刻尔克撤出了33800名士兵。1940年6月10日，意大利向法国宣战，6月22日，法国签署停战条约承认战败，法国北部和西部由此被德军占领。未被占领的法国领土由贝当元帅领导的维希政府领导。为了避免法军战舰落入敌人的手中，英军扣押了在英国本土港口内停泊的法军战舰并解除了在亚历山大港停泊法舰的武装。驻奥兰港和达喀尔港的法军舰艇面对英军的悍然攻击猝不及防，被击沉多艘舰艇。在意大利舰队两次被以少敌多的英军战舰击退后，坎宁汉在1940年11月发动了一场夜袭，期间英军航母舰载机突袭了位于塔兰托的意军海军基地并重创了3艘意大利战列舰。

与此同时，因纳粹空军未能夺取海峡上空制空权而大失所望的希特勒叫停了登陆英国的计划，同时下令入侵苏联。意军从利比亚入侵埃及，并从阿尔巴尼亚进攻希腊；但在两条战线上都被击退。虽然希特勒已经决定进攻苏联，但还是硬着头皮救援意大利。英军从非洲派出5800人的部队协防希腊。试图袭扰英军运兵船队的意大利舰队在1941年3月的马塔潘角海战中被坎宁安指挥的舰队击败。在德军加入进攻后，希腊战败投降，英军随后从希腊本土和克里特岛撤军，在地面和海上都遭受了惨重损失。

在北非战场，希特勒派出了隆美尔指挥的非洲军团。德军击退了英军并一度攻入埃及。在此后的一年半中北非战场陷入了单调的拉锯战，能得到更多补给的一方就能够向前推进。由于苏联战场的需要，从马耳他出动的盟军空中力量将大量补给北非的运输船击沉，隆美尔的补给每况愈下。1942年夏，隆美尔再度攻入埃及并一度打到距离亚历山大港仅60英里的阿拉曼，但由于缺乏补给寸步难进。来到埃及接任英军第8集团军司令的蒙哥马利开始为一场全面反击训练部队并囤积补给。

在战争之初德军潜艇击沉客轮"雅典娜"号后，英军开始采用护航船团制度并为上传安装武器，而德军则恢复了无限制潜艇战。邓尼茨通过将潜艇组织为"狼群"并利用无线电引导"狼群"发动夜间水面攻击的方法抵消盟军声呐的优势。邓尼茨最初仅拥有56艘潜艇，这一数字无法满足"狼群"战术的需要，而且德军潜艇为了攻击位于北面西部水道的航运需要耗费许多时间和燃料。

随着法国陷落，德军在挪威和法国都建立起了潜艇基地，邓尼茨终于可以用"狼群"战术取得更大的战果。潜艇对盟国商船造成的损失在1940年秋季达到顶峰，但随着英军开始配备更多护航舰并开始为护航舰加装雷达，以及破译德军潜艇使用的密码，德军潜艇造成的损失开始降低。

在美国参战后，德军潜艇曾对美国东海岸的航运发动闪击战，但在美国建立起沿海护航船团制度后被挫败。随着护航船团掩护范围向南延伸，为了贯彻"吨位战"战略，邓尼茨将他的潜艇调往南边的水域。当德军对苏联发动攻击后，英美开始通过挪威以北海域向阿尔汉格尔和摩尔曼斯克运送援助苏军的军需物资。这些护航船团得到盟军战舰的严密保护，但依旧在德军潜艇和飞机的攻击下损失惨重，1942年后，英国海军部命令北方航线运输船队只在极夜时期进行运输。

1942年年中，邓尼茨开始利用具备压倒性优势的庞大"狼群"对北大西洋护航船队发起攻击。这场可怕的攻势最终被水面护航舰、护航航母、HF/DF测向仪、反潜支援大队和岸基远程空中护航所挫败。在1943年春季对ONS-5船团的攻击中，德军有7艘潜艇被击沉，大西洋之战由此来到了决胜阶段。邓尼茨很快下令部队放弃对北大西洋船队的攻击并前往别处（主要是中大西洋）。在中大西洋活动的美军反潜猎杀大队取得了绝佳的击沉战果，美军反潜部队得到了位于华盛顿的专门反潜指挥机构第10舰队的引导，并时常能够利用HF/DF测向仪和密码破译获知敌军潜艇的方位。

"奶牛"被盟军猎杀大队消灭迫使邓尼茨中断了德军潜艇部队在遥远水域的作战。"鹪鹩"声呐鱼雷和水下通气管等新装备姗姗来迟，且未能扭转战局。虽然潜艇部队已经获胜无望，但他们还是继续负隅顽抗到战争结束。

德军也广泛利用了水面袭击舰，且主要以包括战列舰在内的军用水面舰艇为主。其中尤为瞩目的是"格拉夫·施佩"号袖珍战列舰，该舰在普拉特河口海战（1939年12月）中被英军巡洋舰击败前已经击沉了9艘商船。"舍尔海军上将"号袖珍战列舰在为期6个月的巡航中击沉了11艘商船。强大的大型战列舰"俾斯麦"号在1941年5月突入大西洋一度导致皇家海军陷入恐慌。当时在大西洋海域活动的英军主力舰都参加了搜捕该舰的行动。虽然"俾斯麦"号最终被击沉，但该舰此前击沉了战列舰"胡德"号。1943年12月，"沙恩霍斯特"号战列舰在试图袭击开往苏联的护航船队时在北角附近海域被英军水面舰艇部队击沉。此后不久从苏联境内出发的英军轰炸机击沉了"提尔皮茨"号战列舰。

虽然美英盟军为了击败希特勒这一共同目标紧密而高效地展开协作，但双方也经常在战略问题上意见相左。主要的分歧在于美国希望尽早在欧洲登陆并长驱直入攻入德国腹地。而曾三次与欧陆强权展开较量的英国则倾向于继续采用外线战略，等到盟军拥有一支足够确保胜利的强大部队时再反攻欧陆。

1942年11月，美英联军在法属北非的登陆作战标志着美国暂时接受了英方的外线战略。盟军在地中海战场展开行动的目的之一是将德军力量从西欧调走，以减轻跨英吉利海峡登陆所遭受的损失。

盟军在北非的登陆成为战争的转折点。此时的德军由于战线过度延伸已经在东线战场的斯大林格勒和埃及的阿拉曼止步不前。德军此后再也未能在地面战场上取得一场决胜。在北非登陆的盟军部队和从埃及推进的英军形成向突尼斯的攻势,到1943年5月,北非战场的战斗以轴心国军队275000人被俘画上句号。

1943年7月,美英联军对西西里岛发起了登陆,这场行动打通了横贯地中海的交通线并迫使意大利退出战争。9月,盟军登陆被德军占领的意大利本土。盟军从雷吉奥、南面的塔兰托以及位于亚平宁半岛"靴跟"处的萨勒诺多点发起登陆。海军舰炮成功保卫了盟军在萨勒诺的滩头阵地,就此打消了陆军对于海军舰炮支援的疑虑。

由于德军在那不勒斯以北的顽强防御阻挡了盟军的进攻,盟军决定另辟蹊径。1944年1月,盟军在靠近罗马的安奇奥发动了一场登陆,但这次行动所动用的兵力并不足以达成主要目标——切断德军主要防线的补给线。盟军主力最终在群山中杀开一条血路解除了安奇奥滩头的围困,德军则被逼退到意大利北部。

在以英格兰为基地的盟军空中力量取得西欧空中优势后,早已在英伦三岛集结的盟军部队发动了跨海峡登陆行动。此外美军还得偿所愿地在法国南部发动了一场登陆夺取马赛,登陆部队之后也加入向德国的推进中。丘吉尔虽然卖力兜售从意大利沿巴尔干半岛进攻的方案但无果而终。

在1944年6月6日发动的诺曼底登陆以及8月15日发动的法国南部登陆的双重打击下,德军从法国和低地国家退回了德国本土。1945年春季,在西面的美、英、法和东面的苏军的夹击下,德国被彻底击败。

第26章

日军的进攻

法国和荷兰本土在1940年春季的陷落让法属印度支那和荷属东印度群岛陷入孤立无援的困境，两国的战败也使得英国难以继续坚持原有立场，被迫封闭了连接中国的滇缅公路。对于陆军的大陆攻略并不感兴趣的日本帝国海军开始寻找机会入侵东印度群岛以获取石油、锡、橡胶和金鸡纳碱（奎宁）等战略资源。此时日本陆军正在沿着中国海岸线一路向南推进，并在1939年占领了海南。在法国陷落后不久，维希法国控制的印度支那当局便允许日军占领印度支那北部。1940年9月，日本与另外两个轴心国缔结了《三国同盟条约》（Tripartite Pact），这对于关注欧洲和亚洲局势的美国来说是一个显著的预警信号。

在美国眼中，日本进占印度支那一事非同小可。日本在1940年7月宣称维希法国政府已经同意了日本将整个印度支那划为"联合保护国"。美国、英国和荷兰流亡政府都冻结了日本资产作为回应，同时这也意味着日本失去了来自美国、波斯湾沿岸地区和东印度群岛的石油供应。

断供石油为这场危机的总爆发点燃了导火索。如果没有了石油，正在东征西讨的日本军事机器将寸步难行。1940年10月，日本近卫内阁倒台，东条英机接过首相职位并组建了军人掌权的政府。11月，一个日本特使团抵达美国，协助驻美大使野村吉三郎同美方谈判恢复石油供应。谈判的破裂直接导致了珍珠港事件的爆发。

美军的战争准备

美国海军长期将舰队部署在西海岸，但在1940年春季，罗斯福总统为了威慑日本，将大量舰队调防到了珍珠港。这种部署带有一定展现实力的意味。在欧洲爆发战争后，大多数新建成的海军舰艇都被派往了大西洋。美国生产的军用飞机也主要供应大西洋战场。

1941年2月1日，规模与日俱增的大西洋巡逻部队（Atlantic Patrol Force）更名为大西洋舰队（Atlantic Fleet），司令为厄内斯特·J. 金上将；同时驻扎在珍珠港的舰队也被改编为太平洋舰队，司令为豪斯邦德·E. 金梅尔上将。美军在远东部署的少量兵力当时处在托马斯·C. 哈特司令的指挥下，这支小舰队在多年前就被命名为"美国亚洲舰队"。在珍珠港事件爆发时，美军在两个大洋的舰队实力基本相当。

英军虽然采取措施增强新加坡守军的实力，但远东危机的爆发恰逢地中海战场进入最危急的阶段，英军在地中海损失惨重。在漫长的拖延后，英国海军部才终于派出"威尔士亲王"号加入已经在新加坡的战列巡洋舰"反击"号。英军希望两艘主力舰的存在能够增强对日军的威慑效果。

大战爆发

在双边谈判期间，美国通过破译日本的无线电通讯在谈判桌上取得了优势。美国破译专家成功地制造出了被美方称为"紫密"的日本外事通讯密码的破译机器[1]。通过破译往来电文，华盛顿方面摸清了日本外务省将1941年11月下旬设定为谈判的最后期限，如果逾期仍未达成协议，那么"一些事情将自然而然地发生"。

11月26日，美方向日方发出通牒，要求日本从中国撤军。这一要求并非最后通牒或是威胁开战的象征，而是向日方表态，如果日本不放弃对中国的侵略，那么美方将拒绝向日方出口石油或其他任何东西。罗斯福和他的幕僚们并不认为日本人会就此罢手。日本已经将太多人力和太多财富投入侵略中，对于侵略扩张的收获也有了太大的期待。他们所需的石油如果不能用金钱买到，那就将用武力夺取。能够为日本提供充

---

[1] 密码破译装置，以及破译密码的体系和最终取得的相关成果代号为"魔术"。译码机的结构源自德国的"恩尼格码"密码机。

足资源的产地是几乎毫无防备的荷属东印度群岛。华盛顿和伦敦方面都认为，如果日本打算占领东印度群岛，那么日本也会攻占所有可能威胁东印度群岛与日本本土之间航线安全的地方：例如新加坡、菲律宾，甚至可能包括关岛。

11月27日，美军巡逻机在日占台湾外海发现了足够运载多个师团部队的日军登陆船队。时任海军作战部长的斯塔克上将立即向身处马尼拉的哈特和在珍珠港的金梅尔发出警告。斯塔克称：日军可能在几天内对菲律宾、马来亚或者婆罗洲"发动侵略"。12月6日，日军船队在印度支那半岛南面被发现。正如美军此前所预计的一般，日军船队显然正在绕过菲律宾群岛。

这支日军远征部队实际上正开往马来半岛，准备对新加坡展开攻击。不过此时日军还有一支强大的远征舰队在美国政府完全没有发现的情况下出发。这支拥有日本海军全数6艘大型航空母舰的舰队将横跨太平洋对珍珠港发动攻击。美军的战争计划制定者们从未考虑过日本敢于用宝贵的航空母舰进行如此大胆的冒险。

除此之外，还有其他证据证明一场进攻即将到来。美方的负责官员们获知在华盛顿的日本大使馆已经销毁了除"紫密"外的全部密码本，而"紫密"将用于解密最后一份长达14页的电文。当这份最终电文在12月6日发往华盛顿时，美国密码破译专家的译码速度甚至快过了日方。这份电文是递交美国国务院的，旨在断绝外交关系的照会，而这份文本的递交时间甚至要晚于日军舰队发起偷袭的时间。

为了在1941年的技术条件下进行奇袭，日军需要趁着夜间抵达目标附近以避免被对方飞机发现，同时在日出时发起攻击。在14页电文的最后部分，日本驻美大使被要求在美国东部时间12月7日（周日）1300时递交文本。而华盛顿当地时间下午1时正好是珍珠港当地时间0730时。

在瓦胡岛上，美军飞机整齐列队，但这样排列却容易遭受空中攻击。8艘战列舰全部锚泊在战列舰碇泊区（Battleship Row）内，以便舰员上岸度周末。此时部署在珍珠港的两艘航空母舰"列克星顿"号和"企业"号则因分别向中途岛和威克岛输送飞机而不在港内。

12月7日日出后不久，一艘负责警戒巡逻任务的驱逐舰就在珍珠港外海发现并击沉了一艘微型潜艇，但并未能及时上报美军最高指挥层。部署在瓦胡岛对岸的雷达操作员们发现了从北方飞来的机群，并误以为是当天凌晨从美国本土转场而来的B-17机群。

华盛顿的高参们并不是唯一认为用航空母舰奇袭珍珠港太过冒险的群体。日本海军军令部也持同样的观点。虽然为了获得石油必须采取南进策略，但当联合舰队总司令山本五十六大将（后简称山本）提出要在同一时间对珍珠港发动偷袭时，军令部陷入了震惊之中。山本坚持认为，日军在太平洋战场展开任何行动，都必须以歼灭美国太平洋舰队为前提。为了让计划得到通过，他不惜以辞职相威胁。1941年11月中旬，在他的亲自指挥下，下辖6艘航空母舰（"赤城""加贺""飞龙""苍龙""祥鹤""瑞鹤"）以及护航的两艘战列舰（"比　"雾岛"）、3艘巡洋舰、9艘驱逐舰的"珍珠港奇袭部队"进驻位于千岛群岛的一处秘密基地（即单冠湾——译者注）等待下一步命令。考虑到即便是密级最高的密码也有可能被其他国家所截获，山本不允许通过无线电的方式传达有关奇袭计划的任何内容。

在认定战争已经不可避免后，山本于11月25日命令珍珠港奇袭部队从千叶群岛的单冠湾出动。日军挑选的时机非常合适，此时德军已经进逼莫斯科和亚历山大港，美国海军的大量兵力都被部署在大西洋进行巡逻并护送英国的商船队。如果此时美国率先向日本宣战，那么已经缔结盟约的日、德、意三国将一同对美国宣战。正如山本所料，12月1日召开的御前会议同意了首相东条英机发动战争的决定。山本随即用无线电向指挥机动部队（Striking Force）的南云忠一中将（简称南云）发出暗号——"攀登新高山"，意为"执行攻击"。

12月7日凌晨，机动部队趁着夜幕从北面靠近瓦胡岛，南云收到了坏消息，称珍珠港内没有航空母舰的身影，因此美军战列舰成为首要目标，此外的打击重点则是美军飞机，以免美军采取措施反击。0600时，机动部队的6艘航空母舰在珍珠港以北200英里位置上转入迎风航行，放飞第一波183架飞机。在两个小时的等待后，日军收到了攻击波领队机发回的"虎……虎……虎"的电文，意为"奇袭成功"。此时日军的第二波次170架飞机也已经在飞往珍珠港途中。到1300时，参战的日军飞机除29架外其他都返回了各自的母舰。南云的舰队随即以西北偏北的方向撤退，美军未能进行还击。

日军舰载机的攻击导致2400名美国人当场罹难或重伤不治（其中大部分是海军官兵），另有1300人受伤。日军击毁了230架美军飞机，轰炸了包括所有美军战列舰在内的18艘战舰。"亚利桑那"号彻底沉没。"俄克拉荷马"号发生倾覆。"加利福尼亚"号和"西弗吉尼亚"号坐沉港内。"马里兰"号、"宾夕法尼亚"号、"西弗吉尼亚"号和"内华达"号均遭到不同程度的重创。

日军集中攻击港内的舰艇和飞机，却放过了潜艇基地、维修设施和港口附近储存了多达4500000桶燃油的露天大型储油库。这样的疏漏让从珍珠港基地出发的美军潜艇打响了反击日军的第一枪。维修设施的幸存使得美军能够维修受伤的战舰。

太平洋舰队战列舰部队的暂时出局让美军的6艘攻击航空母舰（"萨拉托加"号、"列克星顿"号、"企业"号、"约克镇"号、"大黄蜂"号和"胡蜂"号）不再是侦察舰艇或者战列舰部队的辅助船只，而成为真正的主力舰。在之后的几个月中，航空母舰在新锐的高速巡洋舰和驱逐舰的护卫下的实战表现证明了"海战女王"的地位。新型快速战列舰融入航空母舰编队成为航空母舰的防空护卫舰艇。战列舰那巨大的、足以彻底击沉敌舰的舰炮在昼间战斗中已无用武之地，只有舰载机才能够在双方距离达200英里的交战中对敌方舰队发起打击。

塞翁失马，焉知非福，老式战列舰的损失固然惨痛，但训练有素的战列舰舰员却充实了不断扩张的航空母舰和两栖登陆力量。除了倾覆的"亚利桑那"号和"俄克拉荷马"号，其他所有在珍珠港被击伤的老式战列舰都在改造修复后重返战场，主要被用于对岸轰击。

从日方的角度来看，偷袭珍珠港完全没有达成预期的主要目标。日方高层从未想过要征服美国，他们希望的是通过击沉大量美军舰艇迫使美国媾和（正如1905年对俄罗斯所做的一样），然后在谈判桌上确保通过武力攫取而来的果实。但山本五十六对珍珠港的无耻偷袭和杀害2400名美国人的暴行让美国以绝不动摇的信念战斗，直到迎来彻底胜利。

指挥与战略

海军部长弗兰克·诺克斯在袭击发生后很快飞抵珍珠港进行视察并举行会议。在返回华盛顿后，他建议罗斯福总统解除金梅尔上将的太平洋舰队司令职务，让海军航海局局长切斯特·W.尼米兹少将取而代之。尼米兹是一名成绩卓著的优秀军官，总统接受了海军部长的建议。

对尼米兹而言，他接手了一个劫后余生的烂摊子。当他的水上飞机在圣诞节的上午飞抵珍珠港时，港内的海水上覆盖着乌黑的油渍，泄漏的燃油从坐沉的战舰顶上冒出，曾经作为他旗舰的"亚利桑那"号已经沦为一堆残骸。面对心灰意冷的金梅尔，尼米兹告诉他："我对你的处境感同身受。任何人（坐在你的位置上）都只能是同样的结果。"

对于美军而言，此时几乎所有的消息都是坏消息。在珍珠港遭到轰炸数个小时前，日军攻略部队已经开始在马来半岛的宋卡和哥打巴鲁登陆，日军仅遭到了轻微抵抗就朝着新加坡长驱直入。12月10日，前去阻止日军登陆的"反击"号和"威尔士亲王"号被日军从印度支那半岛起飞的岸基飞机炸沉，两舰成为最早在航行状态下被飞机击沉的战舰。

1942年1月，日军已经攻入泰国、菲律宾和婆罗洲，同时夺下了中国香港和关岛。驻守威克岛的美国海军陆战队曾打退日军的第一波进攻，但未能打退日军在南云的两艘航空母舰支援下发动的第二波登陆。在马绍尔群岛，日军已经攻入英属吉尔伯特群岛，如果日军继续沿埃利斯群岛向萨摩阿推进，将可能切断美国与澳大利亚之间的海上航线。

在正式走马上任之前，尼米兹对基层进行了大量的视察。虽不情愿，但他深知为了与美军复杂的通讯网络保持联系，他必须留守珍珠港坐镇中枢。他参观的设施中包括由约瑟夫·J. 罗什福尔中校指挥的，处于最高保密状态下的太平洋舰队战斗情报部队（Combat Intelligence Unit）。这支身处珍珠港地下的部队有多座无线电监听和测向站。美军在太平洋地区部署有3支战斗情报部队，这些部队和位于华盛顿的通讯安全处（Comunication Security Section）共同负责对敌方无线电通讯的分析破译工作。驻珍珠港这支部队主要负责的是对美方代号JN25的日本海军作战用通讯密码的破译工作。尼米兹听取了罗什福尔对情报部队的讲解，但对此印象并不深刻，毕竟这支部队和配属的监听站都没能对珍珠港遭到的奇袭发出预警。

1941年的最后一天，尼米兹正式就任太平洋舰队总司令（CinCPac）并晋升四星海军上将。尼米兹出乎意料地保留了金梅尔的参谋团队，留任了金梅尔的情报官艾德文·T. 莱顿中校。莱顿负责整理罗什福尔的作战情报部队和其他方面所搜集到的情报，之后在晨会上向太平洋舰队总司令递交情报总结。除尼米兹自己外，莱顿是唯一一名在整场战争期间一直留在太平洋舰队总司令部内的军官。

太平洋舰队总司令部当前的任务是在太平洋战场上守住战线，维持美国本土与夏威夷群岛、中途岛和澳大利亚的交通线，以及牵制日军在东印度群岛的行动。尼米兹认为恢复美军的士气最好的办法就是出动航空母舰对日军在太平洋上的岛屿基地展开袭击。由于风险过大，他手下的大多数军官都反对这一方案，且这一行动在付诸实施后也出师不利，"萨拉托加"号被日军潜艇发射的鱼雷击伤，不得不返回布雷默顿海军造船厂进行维修。好斗而自信的威廉·F. 哈尔西中将对于珍珠港指挥层的失败主义气氛嗤之以鼻,他亲自指挥对日军岛屿的突袭赢得了新任指挥官的青睐。

哈尔西指挥航母部队对吉尔伯特群岛、马绍尔群岛、威克岛和马尔库斯岛发动了空袭;同时由威尔逊·布朗中将指挥的另一支航母部队空袭了日军在新几内亚岛的基地。美国报纸称两支编队的空袭为"大空袭",并宣称美军已经报了珍珠港的一箭之仇。个性鲜明、言辞暴躁的哈尔西由此被捧为国家英雄,并得到了"蛮牛"哈尔西,"对日本人的复仇女神"(Nemesis of Japanese)等爱称。不过尼米兹非常清楚这些袭击其实收效甚微。日军在西南方向的攻略行动势头未减。在属下军官面前,尼米兹依旧展现出自己的沉稳与自信,但在给妻子的信中他写道:"我可能还能走运6个月。在此之后公众可能因为我采取的行动和取得的战果不符合他们的预期而对我口诛笔伐。"

在吕宋岛上,麦克阿瑟上将放弃了马尼拉城,带领美军和菲律宾部队撤入了更适合防御的巴丹半岛和科雷吉多尔岛。在援兵难至、战况岌岌可危的情况下,罗斯福总统强令麦克阿瑟撤离菲律宾。在1918年晋升将官后,麦克阿瑟在20世纪30年代初升任陆军总参谋长时晋升为四星上将军衔。罗斯福并不想失去这位作战经验丰富的陆军指挥官。

麦克阿瑟迟迟不愿放弃身陷重围且饥寒交迫的部队,直到3月11日才不得不启程。在黑夜的掩护下,他和他的家人乘坐PT鱼雷艇赶往民都洛岛,并在该岛换乘一架轰炸机飞往澳大利亚。在走下飞机后,他告诉前来采访的记者:"按照我的理解,美利坚合众国总统命令我突破重围,从科雷吉多尔岛辗转至澳大利亚,是为了组织对日军的反攻,且首要目标是解救菲律宾。现在我从菲律宾离开,不久我将打回去。"

麦克阿瑟把自己当作参与解救菲律宾行动向日本进军的总指挥官,但事情并非如他所愿。一方面,他此时手头无兵无将。另一方面,由于他并没有任何指挥海军部队的经验,参谋长联席会议并不打算让他指挥太平洋舰队。参联会将他的指挥权限定在西南太平洋战区,具体包括澳大利亚、所罗门群岛、新几内亚和菲律宾。

被任命为太平洋战区总司令(CinCPOA)的尼米兹负责指挥北部、中部和南部太平洋战区的作战行动。在西南太平洋战区(SWPOA)和太平洋战区(POA),麦克阿瑟和尼米兹各自拥有对所在地区作战的美军和盟国海陆军部队的最高指挥权。但对海军力量的统一战略指挥权仍由尼米兹指挥。尼米兹仍是太平洋舰队总司令,他将太平洋战区总司令的职能下放给了自己下属的指挥军官。

日军的南方攻略

1942年2月1日,在哈尔西的航母舰队轰炸吉尔伯特群岛和马绍尔群岛后,南云的航母舰队疾速向东,意图对美军发起反击。在正确推断出哈尔西的目的只是"打了就跑"的袭扰后,南云忠一指挥舰队向南,支援日军部队夺占澳军位于新不列颠岛上的重要基地拉包尔,在轰炸了澳大利亚本土的达尔文港后又取道进入印度洋支援日军部队向东印度群岛推进。日军部队在马来半岛上逐步推进,并在2月15日迫使新加坡守军投降。

与此同时,日军舰队正沿着婆罗洲沿海向南推进,日军在进军的同时建设了多座机场,以便岸基飞机支援下一步行动,日军的最终目标是在爪哇岛合拢两路钳形攻势。盟军在东印度群岛的主要防守力量是一支被称为ABDA的联合打击舰队,这支舰队包括美国(America)亚洲舰队,以及少量的英军(British)、荷军(Dutch)和澳军(Australia)战舰。ABDA舰队的指挥官是荷兰海军少将卡雷尔·杜尔曼,虽然居于劣势且没有空中支援,这支小舰队顽强到近乎自杀式的奋战仍然为盟军争取了少量时间。期间盟军唯一的亮眼表现发生在2月23日夜,当时4艘美军驱逐舰从望加锡海峡出击,对一支位于巴厘岛的日军登陆部队发动进攻并击沉了一艘巡逻艇和4艘运输舰。

2月27日下午爆发的爪哇海海战成为ABDA舰队的绝唱。此时兵力已经被削弱至5艘巡洋舰和9艘驱逐舰的舰队在全速赶去拦截驶往爪哇岛的一支日军运输船队时,遭到了护卫运输船队的日军4艘巡洋舰和13艘驱逐舰的攻击。随后双方展开了一场相互试图咬尾的混战,双方虽然一度脱离接触但随后又再度交战,一直鏖战至午夜。4艘美军驱逐舰在耗尽鱼雷后被杜尔曼解散,随后设法抵达澳大利亚。ABDA舰队其余的战舰全数被击沉,荷军巡洋舰"德·勒伊特"号(De Ruyter)和"爪哇"号(Java)以及3艘驱逐舰在战斗中战沉;3艘巡洋舰,美军"休斯顿"号(USS Houston)、澳军"佩斯"号(HAMS Perth)和英军"埃克塞特"号(HMS Exeter)以及另两艘驱逐舰在试图逃出爪哇海时被击沉。

爪哇岛守军于3月9日向日军登陆部队投降,到当月月底,荷属东印度群岛已经全数落入日军之手。此时日军已经达成了南进攻略中除完全控制菲律宾群岛外的其他目标,但弹尽粮绝的美菲联军在此之后依旧坚守了数周。日军将新占领的南方地区称为"南方资源区"(Southern Resource Area)。婆罗洲、苏门答腊和爪哇岛上储量丰沛的油田为日军提供了所需的石油，同时这一区域还为日军提供了大量的锡、橡胶、金鸡纳碱和其他战略物资。

从南方资源区到日本本土，加上中间的交通线，日军建立起了一条自缅甸仰光经东印度群岛、拉包尔、吉尔伯特群岛、马绍尔群岛至威克岛，再由威克岛至千岛群岛的"外围国防圈"。不过在威克岛和千岛群岛之间的巨大空档仍令日本人感到担心。

为了进一步确保安全，南云的航母舰队在4月初空袭了位于锡兰（今斯里兰卡）的科伦坡和亭可马里两处海军基地，以削弱英军并打击其士气。在收到敌军来袭的预警后，英军东方舰队司令詹姆斯·索姆维尔上将带领所有战舰出海躲避，不过南云的舰载机还是发现了英军的部分舰队并击沉了两艘驱逐舰、两艘巡洋舰和航空母舰"竞技神"号（HMS Hermes）。索姆维尔的残兵撤往非洲，而南云的舰队则以胜利者的姿态凯旋。

日军原本计划维持国防圈的规模并击沉一切敢于越过雷池的美军战舰，坐等美方媾和。他们在南洋的胜利已经远超他们的预期，本应在6个月内完成的作战仅用90天就大获全胜，认为己方已经无所不胜的日军决定扩大侵略的范围。日军认为此时对南洋地区最大的威胁来自澳大利亚。虽然澳大利亚的大部分军队都正在配合英军防守埃及，但美军很可能在澳大利亚组织起充足的部队来夺回毗邻的南方资源区和菲律宾。

显然日军没有足够的力量来夺取并占领澳大利亚，因此日军最高指挥层计划经所罗门群岛和新赫里布底群岛一路进攻新喀里多尼亚、斐济和萨摩阿群岛，以此彻底孤立澳大利亚。在这些岛屿上，日军可以设置水面舰艇、潜艇和航空基地来切断澳大利亚和美国之间的海上交通线。作为这个计划的第一步，军令部计划占领东所罗门群岛的小岛图拉吉和位于新几内亚岛"鸟尾"南岸的莫尔兹比港。日军认为从这两处可以控制整个珊瑚海海域。

山本同意图拉吉岛—莫尔兹比港攻略计划，但他希望进攻新喀里多尼亚—斐济—萨摩阿的行动推迟到完成对中途岛的进攻后再开始。如尼米兹上将所料的一般，美军航空母舰的袭击行动虽然只对日军基地造成了微小的损害，但这些主动进攻向对手昭示了美军不断增长的勇气。在3月4日美军对距离日本本岛不到1000英里的马尔克斯岛发动空袭后，愈发大胆的美国人对东京发动空袭的可能成为山本脑海中挥之不去的阴影。东京遭袭很可能危及天皇的安全，而日本"皇军"一直以来的最重要使命就是保卫天皇。夺取中途岛除了能够封闭"外围国防圈"上的巨大漏洞之外，更重要的是，此役还能将以航母为核心的美军太平洋舰队主力诱而歼之。

海军军令部再度以太过冒险为由反对山本的计划。中途岛处于从珍珠港起飞的美军轰炸机航程之内，即便夺取了该岛，冒着美军的殊死反击对岛上进行补给也是极端危险的。就在军令部还在大举反对的时候，山本最担忧的事情发生了。4月18日，美军投下的炸弹落在了东京和另两座日本城市内。美军让"大黄蜂"号腾空了飞行甲板，在上面停满了16架长航程的B-25轰炸机，在哈尔西的"企业"号航空母舰特混大队掩护下向日本本土杀去。由于突然遭遇日军警戒艇，哈尔西命令轰炸机在距离原定起飞点还有150英里的地方立即升空。自愿参加此次行动的美军飞行员们在美国陆军航空兵中校詹姆斯·H. 杜立特的带领下都成功地让沉重的陆军轰炸机从航母甲板上升空。由于起飞过早，美军轰炸机未能按计划在白天进行轰炸，而是在夜幕中投下炸弹，此外所有飞机也都没有安全返回。其中一架在符拉迪沃斯托克（海参崴）着陆。其余的B-25机组都在日占区迫降或跳伞，其中部分被俘。日军残忍地处决了3名参与此次行动的被俘机组人员。

在杜立特轰炸东京后，深感惭愧的山本从内阁请辞并整日沉默不语。不过轰炸也扫清了中途岛攻略计划的所有阻碍。图拉吉—莫尔兹比港攻略行动计划在5月初开始，而夺占中途岛则被安排在6月初。过于自大的日本帝国海军仅为5月的进攻行动安排了3艘航空母舰负责支援——轻型航母"祥凤"号和南云的新锐大型航空母舰"祥鹤"号和"瑞鹤"号。

珊瑚海海战，1942年5月4日—5月8日

日军的盲目自信甚至延伸到了无线电通讯中。曾严令禁止用无线电传递任何偷袭珍珠港相关信息的山本一改此前的成功实践，使用无线电传递作战行动的命令。而且他下达的电令中有许多都是用美军正在破译的JN25密码发送的。因此到4月中旬尼米兹就已经知道了日军正在谋划对新几内亚东部发动进攻，且正准备在太平洋方向采取某些动作。到月底前，尼米兹已经获悉日军将在5月的第一周登陆图拉吉，并将在此之后对莫尔兹比发动攻击，且在几周后日军将对太平洋某处发动新的进攻。

尼米兹从未对杜立特空袭展现过太多热情。在他看来，这场行动除有助于提振士气外对战局没有太大意义。而且这场冒险中除了轰炸机队和空袭机组命悬一线，参与行动的两艘宝贵的航空母舰都将面临风险。在这个南太平洋逐渐被战云所笼罩的时刻，哈尔西的航空母舰编队还在向西进行着漫无目的的寻歼任务。

尼米兹集结起了他所能找到的所有部队。除了在南太平洋集合的奥布雷·W. 菲齐少将的"列克星顿"号编队和弗兰克·杰克·弗莱彻少将的"约克镇"号编队，为了加强掩护力量，尼米兹还从麦克阿瑟的西南太平洋战区借来了3艘美军巡洋舰和数艘由英国皇家海军少将约翰·格雷斯指挥的驱逐舰。美军采取种种措施集结起的舰队与此时可动用6艘大型舰队航空母舰和5艘轻型航空母舰的日军相比仍处于劣势。哈尔西指挥的"企业"号和"大黄蜂"号编队正在进行休整，随后再赶往珊瑚海。除非日军的作战行动大大落后于时间表，否则3500英里外的哈尔西的编队难以及时投入这场即将爆发的战斗。

5月1日，已经交由弗莱彻统一指挥的"列克星顿"号和"约克镇"号编队在珊瑚海会合。两天后弗莱彻收到情报称日军已经在图拉吉登陆。在留下正在补给燃料的"列克星顿"编队后，弗莱彻带领"约克镇"编队向北行动，并在5月4日派出舰载机飞越瓜达尔卡纳尔岛上的山脉对图拉吉及周边进行了一系列的打击，经验尚不丰富的美军飞行员仅击沉了少量日军轻型船只。在当天白天快结束时，弗莱彻指挥部队掉头向南并在5月5日进行了加油。5月6日，他指挥的两个航母编队被正式合编为一支航母特混舰队，并得到了第17特混舰队（Task Force 17）的番号。

以"祥鹤"和"瑞鹤"号航空母舰为核心的日军机动部队（Striking Force）在高木武雄中将的指挥下从所罗门群岛东端以弧形航线进入珊瑚海。日军莫尔兹比港攻略部队也在"祥凤"号的支援下朝西面的拉包尔驶去，意图经路易西亚德群岛内的乔马德水道（Jomard Passage）绕过新几内亚岛。当晚弗莱彻和高木的舰队因多云天气在70英里的距离上擦肩而过而并未发生接触。对于美军而言，5月6日算得上是太平洋战场最晦暗的一日，乔纳森·温赖特少将带领身陷重围、弹尽粮绝的巴丹守军向日军投降，菲律宾就此全境沦陷。

5月7日上午，弗莱彻命令格雷斯的掩护部队前出，以备在航空母舰被敌军飞机重创丧失战斗力时封锁乔马德水道。弗莱彻的舰载机在中午到来前发现了"祥凤"号，并用13枚炸弹和7枚鱼雷将该舰送入海底。失去贴身空中支援的莫尔兹比港攻略部队只得撤回拉包尔。与此同时，负责通过歼灭美航母来确保攻略部队安全的高木则向南派出舰载机，日军侦察机将美军油船"尼奥肖"号（USS Neosho）和伴随的驱逐舰"西姆斯"号（USS Sims）误认为是一艘航空母舰和一艘巡洋舰，日军直接击沉了"西姆斯"号，并将"尼奥肖"号炸成了一艘漂浮着的残骸。

5月8日早上，双方迎来决战时刻，美日航母舰队都获知了对方位置并几乎同时放

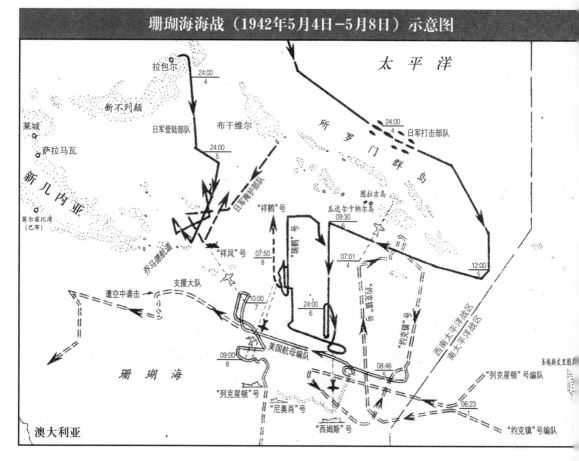

珊瑚海海战（1942年5月4日-5月8日）示意图

飞舰载机。这是历史上第一场航空母舰舰队之间的对决，也是第一场双方舰队未直接目视对方的海战。日美两军的空袭机群规模几乎相当，但日军因机组经验丰富而更占优势，同时日军还可以利用云层作为掩护，而美军则只能暴露在晴好空域下。

由于在美军飞机对日军机动部队发起攻击时"瑞鹤"号躲入了雨幕中，但美军俯冲轰炸机对"祥鹤"号发起了猛击，并用3枚炸弹将该舰炸得退出战斗。"瑞鹤"号放飞的舰载机只得返回姊妹舰。与此同时，日军攻击机群对"约克镇"号投出了一连串近失弹（Near Misses），有一枚炸弹连续击穿三层甲板后爆炸，造成美军37人阵亡。但即便被炸弹命中，航空母舰的航空甲板运作依然未受影响。"列克星顿"号在被两枚鱼雷击中依然能够回收放飞的舰载机，但由于该舰燃油系统受损导致航空汽油的蒸气在舰内弥漫，最终发生殉爆。由于火势无法得到控制，美军最终不得不放弃该舰。在日落前，美军的一艘驱逐舰用4枚鱼雷将"列克星顿"号击沉。

从战术上看，取得更多击沉吨位的高木显然是此次战役的胜利者。但从战略上看，美军通过首次挫败日军攻势赢得了战略胜利。同时被重创的"祥鹤"号在此后的数周中都无法再度出战，且由于日军机动部队两艘航母的舰载机都因美军顽强的防空火力而损失惨重，"瑞鹤"号也暂时无法出战。因此在即将到来的中途岛攻略作战中，南云的机动部队实力被削弱了三分之一。

被合编为第16特混舰队的"企业"号和"大黄蜂"号编队在哈尔西指挥下向珊瑚海疾进，但未能赶上战斗。尼米兹命令他和弗莱彻火速返回珍珠港，但同时要求哈尔西直到确认从图拉吉起飞的日军发现了他的航母编队后再行启程。如果日军相信美军所有可用的航空母舰都已经集结在南太平洋，他们对于即将到来的中途岛攻略作战就会减少很多顾虑。

中途岛海战：1942年6月3日—6月6日

在偷袭珍珠港6个月后，南云舰队再度向东横跨太平洋。南云舰队于1942年5月27日从日本本岛海域出发，当天恰逢日本的"海军节"——对马海战胜利纪念日，这对于日军而言似乎是个好兆头。南云舰队此次的任务是对中途岛发动空袭，诱使美军航母舰队出战并将其歼灭，从而彻底了结本应在6个月之前完成的任务。

虽然南云最新锐的两艘大型航空母舰无力参战，但他的士兵对即将到来的大战并没有产生恐惧。日本海军此前一直连战连捷，对于近期发生的珊瑚海海战也让日军认为两艘美军航母都被击沉从而士气正旺。南云的机动部队并非孤军作战，在他身后有着整个日本联合舰队作为支援。除了运兵船、油船和其他辅助船，日军在此战中总共出动了11艘战列舰、8艘航空母舰、23艘巡洋舰和65艘驱逐舰。而面对这样一支庞大的舰队，尼米兹上将所能动用的只有数量不多的岸基飞机、3艘航空母舰、8艘巡洋舰和14艘驱逐舰[1]。

这样以多打少的局面让日军感觉似乎已经胜券在握，整个太平洋的制海权已经

---

[1] 虽然尼米兹还有6艘在旧金山的老式战列舰可用，但是在航空母舰对决中这些"老恐龙"除了添乱别无他用。同样停泊在旧金山的"萨拉托加"号此时已经完成修理，但因为无法调集足够的护航兵力而无缘参战。"胡蜂"号则在完成向马耳他运送飞机的任务后正在赶往太平洋战场的途中。

是囊中之物。如果山本将他的舰队集中起来全力出击日军无疑会取得他们预想中的胜利。但出于对美军设下"日德兰式"陷阱的顾虑，山本将他的舰队拆分到了荒谬的地步。除了主力部队，由一艘大型舰队航空母舰[1]和一艘轻型航空母舰组成的第二机动部队向北出发，从6月3日起开始轰炸包括荷兰港在内的阿留申群岛海域，该舰队的主要目的是干扰美军的判断并争取将美军的部分舰队力量向北吸引。紧跟第二机动部队而来的还有两支满载陆军部队的登陆船团，这两个船团将会夺占阿留申群岛西端的阿图岛和吉斯卡岛。

山本整个部署的中心，就是改称第一机动部队的南云舰队（辖4艘航空母舰），该部队会在6月4日对中途岛发起空袭。从西南方向接近的中途岛攻略部队会得到一艘轻型航空母舰、两艘战列舰、10艘轻巡洋舰以及大量驱逐舰的护航。5000名陆军士兵会在南云的飞机和舰炮火力软化中途岛防御后夺取这座岛礁。

在南云部队后方几百英里处的是日军的"本队"（Main Body），这是一支强大的战列舰部队，且有一艘轻型航空母舰负责提供空中掩护。这些战列舰是山本制胜计划中的重中之重。按照日军的推测，南云舰队对中途岛的空袭能够诱使美军航空母舰出动。部署在珍珠港以西的日军潜艇封锁线将首先报告敌方动向并对前来的美舰发动攻击。在美军航空母舰和护航舰进入舰载机航程后，南云舰队将对美军展开攻击，随后由战列舰部队负责彻底结果美军。

山本亲率本队出击，并以排水量达64000吨的超级战列舰"大和"号作为旗舰。远离岸上司令部使得山本无法与总部通信与情报部门保持联系，而直到接敌前都会保持的无线电静默也使得他无从指挥分散开来的各支舰队。显然山本未能抗拒住亲率舰队发起决战的诱惑，而尼米兹则从未犯下这种错误。

山本的作战计划最大的问题在于依赖于达成突然性，而美军则早已识破日军的伎俩。正如上文所述，由于时间紧迫，身为联合舰队总司令的山本只能通过无线电向广布在大洋上的日军舰队传达作战意图，而他所使用的正是JN25密码。珍珠港作战情报部队以及相关的监听站点截获并破译了相关电文，并将其呈送太平洋舰队总司令部，可以说尼米兹对于山本的计划甚至比日军的一些舰长还要了解。由于这些情报太过完整，尼米兹手下的一些军官甚至提出这些电文都是专门虚构用来误导美军的。

由于没有更可能的选择，尼米兹还是决定以这些电文为基础拟定自己的作战计

---

[1] 珊瑚海海战后才服役的24000吨级航空母舰"隼鹰"号。

划。在珊瑚海海战的前夜,他曾带领自己的参谋人员飞赴中途岛,对该岛的东西环礁进行了简略的视察。之后他为中途岛守军指挥官送去了抵御一场大规模两栖登陆所需的所有东西。

尼米兹非常清楚,南云舰队就是山本整个计划的"阿基里斯之踵",南云的航母自身缺乏防空能力,且距离其他部队过于遥远难以快速得到援救。为了歼灭南云的4艘航空母舰,尼米兹派出了他手头仅有的3艘航空母舰,而且他还有一艘"不沉的航母"——中途岛机场。他将最先进的舰载机和最优秀的海军飞行员都派到了参战航母上。虽然参战的陆军飞行员并未接受过反舰攻击训练,但尼米兹还是向中途岛机场派出了他手头最好的岸基飞机并对其寄予厚望。

5月26日早上,哈尔西指挥的第16特混舰队(辖"企业"号和"大黄蜂"号)抵达珍珠港。作为航空母舰作战的先驱和探索者,已经带领舰队鏖战6个多月的哈尔西因长期神经紧张患有相当严重的皮疹。而更令他失望的是,出于病情的考虑,军医命令他待在医院里。在短短的30天中,他已经连续两次失去了与日军航母舰队一决高下这一愿望的机会。航空母舰部队的总指挥由弗兰克·杰克·弗莱彻接任。对于哈尔西的第16特混舰队司令职务,尼米兹则任命哈尔西的巡洋舰分队指挥官雷蒙德·A.斯普鲁恩斯少将接替。

弗莱彻指挥的第17特混舰队在5月27日下午抵达瓦胡岛,在珊瑚海海战中受创的"约克镇"号泄漏的燃油在海面上拖出了一道10英里长的油渍。在如此紧急的情况下无法对该舰进行彻底的修理,珍珠港的维修工人们尽其所能,也只是用木料支撑柱撑起了被炸伤的区域并修补了发生渗漏的舰体。

第16特混舰队在斯普鲁恩斯的指挥下于5月28日离开珍珠港前往中途岛海域,第17特混舰队也在次日出发。当日军潜艇抵达珍珠港以西的预定阵位时,美军的两个航空母舰编队都已经驶过,因此日军未能获悉美军航空母舰出港的消息。第16和第17特混舰队在6月2日于海上会合,并在弗莱彻的战术指挥下在中途岛东北占领了阵位,正好位于南云舰队的侧面。据莱顿估计,日军舰队将从西北方向接近中途岛,且日军将穿过一片因贸易风与寒流交汇而终年积雾的海区。

6月3日,日军舰载机按照预定时间表开始对荷兰港发起空袭,同时美军侦察机报告称在距离中途岛700英里外的位置上发现日军大规模舰队正从西南方向逼近。中途岛上的岸基飞机在次日对敌军发起昼夜攻击,但未能阻挡日军脚步,也未对日军造成严重损伤。弗莱彻正确地判断出西南方向的日军是登陆舰队,因此他将自己的舰队出

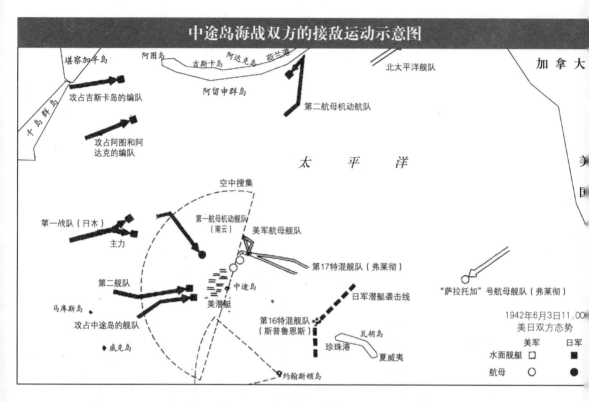

动到距离中途岛200英里的位置上,准备在次日攻击南云舰队。

6月4日,南云舰队在中途岛西北方云层的掩护下出动了108架舰载机攻击该岛,同时日军留下了同样数量的战机作为预备队。美军的"卡塔琳娜"水上侦察机在侦察航线的最远端发现了日军航空母舰舰队和正在向中途岛飞去的日军机群。在珍珠港,尼米兹称赞莱顿:"(日军实际位置与你的预测)只差5英里,5度和5分。"

弗莱彻命令斯普鲁恩斯的第16特混舰队前出攻击敌军航空母舰,同时"约克镇"号将回收放飞的侦察机。在中途岛,所有岸基飞机都接到命令升空,鱼雷机和轰炸机将对南云舰队发起攻击,而战斗机则将拦截敌军空袭机群。美军岸基战斗机在战斗中不敌敏捷的日军"零"式战斗机,大部分被击落。日军轰炸机则对美军机库发起轰炸并摧毁了中途岛上的大量建筑物。不过由于在返航时发现中途岛上的跑道依然未被破坏,第一攻击波领队机电告南云称仍需要派出第二波飞机进行攻击。

从中途岛起飞的岸基鱼雷机和轰炸机向西北方向飞去,他们完全没有战斗机掩护,也未能进行协同突防。美军战机以5个零星的波次先后向进行大幅度机动的日军航空母舰发起攻击，且在日军"零"式战斗机和防空火力下损失惨重，而他们投下的雷弹则无一命中。

在美军岸基飞机的一系列攻击期间，南云接到了侦察机发回的令他大感惊骇的汇报："东北方向疑似发现敌影。"在收到发动第二波空袭的建议后，南云就命令备份飞机将挂载的鱼雷更换为用于对付岸上设施的瞬发引信炸弹。在接到汇报后，南云又下令立即将瞬发引信通常弹换为用于对付舰船的穿甲炸弹和鱼雷。

在快到0830时的时候，就在最后一架中途岛岸基飞机结束对日军舰队徒劳的攻击后，南云的侦察机终于确认了敌军舰队中的一艘战舰是航空母舰。对于南云而言这简直是在最糟糕的时间收到最坏的消息。他的第一攻击波正在从中途岛返航的途中，而他保留下来的"零"式也为了防御美军的岸基飞机升空参战，且在空中的日军战机的燃油量已经岌岌可危。

南云的副手[1]极富进攻精神地建议他立即出动保留下来的轰炸机和鱼雷轰炸机攻击美军航空母舰。如果南云采纳他的建议，那么没有战斗机护送的日军机群很可能重蹈中途岛美机的覆辙。不仅如此，由于完成放飞作业需要一定的时间，滞空飞机中将有许多耗尽燃油而迫降，从而导致飞机和飞行员的严重损失。而另一方面，如果他依次完成回收舰载机、重新加油、重新装弹和放飞，那么南云将得到一支强大的打击力量，但这一动作需要耗费将近两个小时的时间，而在争分夺秒的航空母舰对战中，这个巨大的空档已经足以让美军乘虚而入。

在咨询了航空参谋的意见后，南云下达了决定日本命运的重要决定。他将回收所有的轰炸机和大部分"零战"，在将所有飞机回收后，舰队将从东南航向转为西北航行，接近美军舰队。他将自己的意图电告了位于后方450英里的战列舰上的山本。在转入新航向后，南云舰队先后遭到3艘美军航母各自鱼雷机编队的攻击。美军鱼雷机的攻击无一命中，且大部分都被击落。其中"大黄蜂"号上搭载的第6鱼雷机中队甚至无一幸存。

就此时的形势看来，美军似乎胜机渺茫。美军战机先后发动的8波攻击充其量仅用机枪扫射对日军舰艇造成了微不足道的伤害。1000时，南云的航母已经基本完成了中途岛攻击梯队的挂弹和加油作业。虽然美军的3艘航母都放飞了舰载机发动攻击，但他们的鱼雷机已经全军覆没，俯冲轰炸机中队则全部搞错了方向。第16特混舰队的

---

[1] 可能是指山口多闻。——译者注

514　海权兴衰：世界海军史

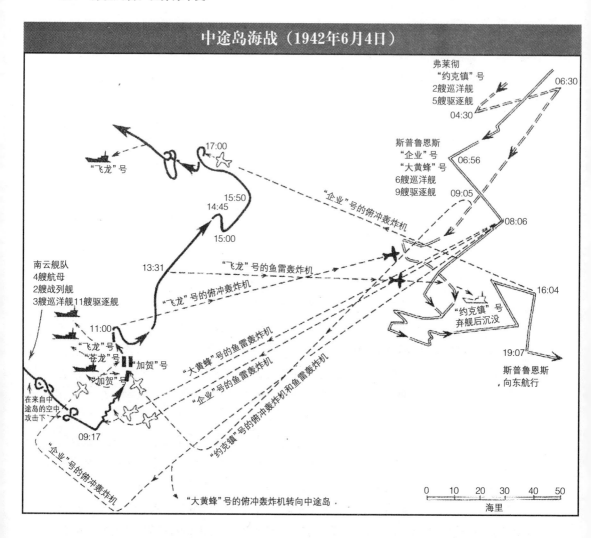

轰炸机中队向着预测的南云舰队方向飞去，到达预定地点时才发现海面空无一物，因为南云舰队已经改变了航向。"大黄蜂"号的轰炸机向东南转向飞往中途岛，就此彻底退出战斗。"企业"号的轰炸机则向西北转向但同样一无所获。

　　似乎已经满盘皆输的美军突然迎来了戏剧性的逆转。"企业"号轰炸机中队的指挥官在海面上发现了一艘敌军驱逐舰并且对其进行尾随。"约克镇"号的轰炸机中队由于起飞得更晚，选择跟随同舰的鱼雷机中队飞行。"企业"号和"约克镇"号的轰炸机中队几乎在同一时间从不同方向飞抵南云舰队上空，日军对这两个机群的出现甚至浑然不觉。没有什么计划能够比这巧合还要精准。

由于从低空袭来的美军鱼雷机已经牵制住了日军警戒人员和"零战"的全部注意力,直到美军鱼雷机损失殆尽时,已经飞到日军头顶的俯冲轰炸机才被发现。在南云下达对美军航空母舰发起反击的命令后,日军航空母舰正在转向迎风方向进行放飞准备。已经完成了加油和挂弹的日军飞机已经被提升到飞行甲板,而机库中的飞机则正忙着加油补弹。从挂架上卸下的瞬发引信航空炸弹仍然被堆放在机库中,等待着被运回弹药库。以上种种都让南云舰队处于最为脆弱的状态。

此时距离日军完成出击准备还有5分钟。但在日军飞机得以起飞前,"约克镇"号和"企业"号的俯冲轰炸机就从15000英尺的高空直扑而下,在分秒间改变了战争的进程。美军战机投下的炸弹命中了"苍龙"号,"加贺"号和南云的旗舰"赤城"号,导致三舰燃起大火并发生致命的殉爆。

在空袭中毫发无损的"飞龙"号派出舰载机尾随撤退的美军轰炸机并成功攻击了"约克镇"号并将其击瘫,迫使舰长下令弃舰。由于被从"约克镇"号转移到一艘巡洋舰上,弗莱彻将战术指挥权移交给了斯普鲁恩斯。在下午晚些时候,"企业"号的轰炸机发现了被水面护航舰艇层层保护的"飞龙"号。在将4枚炸弹投入该舰靠近舰桥的部位后,美军战机飞离了这艘即将发生爆炸的航空母舰。

由于距离战场太远而未能对战斗进行任何实际指挥的山本命令指挥攻略部队的近藤信竹中将抽调4艘重巡洋舰前出炮击中途岛。同时近藤舰队的其他战舰则加速推进,南云舰队剩下的水面舰艇也归近藤指挥,这样一来近藤就能动用4艘战列舰、9艘巡洋舰和19艘驱逐舰对美军舰队发起夜战。已经推测出日军举动的斯普鲁恩斯命令舰队向东撤退。近藤舰队一直未能与美军取得接触,随着时间流逝,山本意识到,比起夜战的胜利者,近藤舰队更可能成为日出后美军空袭的刀下鬼。6月5日0015时,山本叫停了追击。

"我们该怎么向天皇陛下谢罪?"一名联合舰队参谋本部的成员低声啜泣道。

"交给我吧。"山本回答道,"我才是必须向陛下谢罪的人。"

0255时,由于已经事不可为,山本下达了"中途岛作战取消"的命令,并指挥联合舰队所有参战部队向西撤退与本队会合。

近藤舰队执行炮击任务的4艘巡洋舰已经接近中途岛但也掉头返回。在向西返航途中日军巡洋舰发现了一艘浮出水面的美军潜艇。为了防御可能射来的鱼雷,"最上"号和"三隈"号发生碰撞导致两舰受伤、航速降低。未受伤害的两艘巡洋舰将两舰放弃，继续全速撤退。

"飞龙"号在整夜燃烧后于次日0900时沉没，"苍龙""加贺"和"赤城"也已经沉入海底。联合舰队的其余舰艇在向西抵达中途岛西北的集结区后全部撤退。

6月5日，斯普鲁恩斯指挥着除遭到重创的"约克镇"号以外的第16和第17特混舰队花了一整天徒劳地追击着撤退的日军舰队。午后，美军舰队向西北出动58架俯冲轰炸机一无所获。机群只发现了一艘落单的驱逐舰，且对其的攻击并不成功。6月6日，斯普鲁恩斯的侦察机在西南方向发现了相撞受伤的两艘日军重巡洋舰拖出的油渍。在一连串的空袭后，美军击沉了"三隈"号并重创"最上"号（在此后一年中都无法参加战斗）。到日落时，由于护航驱逐舰已经燃料告罄，不得不向东返航。凑巧的是当夜山本曾再度集结部队准备对美军发起夜袭，美军再度躲过一劫。

战役的最后阶段总体是日军得手。6月6日，一艘日军潜艇发现了位于中途岛西北方向正在被拖曳的"约克镇"号。日军潜艇发射的多枚鱼雷不仅击沉了伴随的一艘驱逐舰，也让"约克镇"号最终于6月7日上午沉没。在"约克镇"沉没的同一天，日军在美国的领土阿图岛和吉斯卡岛上登陆。

中途岛的胜利来得并不轻松。美军为此付出了一艘航空母舰和一艘驱逐舰，147架飞机，307人阵亡以及中途岛岛上设施被严重破坏的代价。而日军则损失了4艘航空母舰和一艘重巡洋舰，322架飞机和3500人，日军阵亡者中有许多都是当时一流的舰载机飞行员，而这一损失是日军无法弥补的。虽然日军的实际损失低于美军的战时估计，但也已经足以扭转战争的局面。日军的进攻就此止步，盟军的反击即将到来。

第27章
反击开始

中途岛的惨败在日本掀起了轩然大波。按照首相东条英机的命令,此战的实际情况被尽可能地保密。参战的受伤人员被隔离,军官被发配到边远地区。有关这场战斗的文件被设为绝密或直接销毁。日本国内的报纸宣称此战中日军和美军各有两艘航空母舰被击沉,双方在海战中不分胜负;而夺取贫瘠的阿图岛和吉斯卡岛则被宣扬为一场重大胜利。

日本取消了进一步夺取萨摩阿、斐济和新喀里多尼亚的计划,但莫尔兹比港仍然是日军志在必得的目标。从莫尔兹比港起飞的盟军轰炸机能够对拉包尔的日军基地实施轰炸。而莫尔兹比港和拉包尔也成为当时双方唯一一处依然存在陆路联系的战场。由于从海上运输登陆部队展开进攻的尝试已经失败,日军陆军必须翻过高达13000英尺的欧文·斯坦利山脉从陆路发起进攻。为了避免盟军干扰日军进攻莫尔兹比港的行动,日军开始在瓜达尔卡纳尔岛修筑机场与图拉吉的水上飞机基地配合作战。

1942年的美军尚且缺乏足够的力量像"橙色计划"中设想的一样在中太平洋发动一场攻势解救被占领的菲律宾。美军在当时只能对日军见招拆招。在日军夺取拉包尔后,作战部长金上将就将拉包尔视作日军入侵澳大利亚(或沿所罗门群岛和新赫布里底群岛)、切断美澳海上交通线的跳板。莫尔兹比港拦住了日军通往澳大利亚的道路,而为了阻挡日军向东的进攻,同时也为了给盟军向西反攻提供一处跳板,金上将说服了参谋长联席会议,决定在新赫布里底群岛的埃法特岛上修建一座基地。接下来金设立了受尼米兹的太平洋战区总司令部指挥的南太平洋部队和地域司令部，并任命罗伯特·L. 戈姆利海军中将为司令。戈姆利在新西兰的奥克兰建立起了司令部，并立即着手在新赫布里底群岛的圣灵岛（Espiritu Santo）建立第二座基地。

在中途岛战役胜利的鼓舞下，盟军决定发动一场有限的反攻，反攻的最佳目标显然就是拉包尔。就在中途岛战役即将结束时，麦克阿瑟上将提出了一个令其他人吃惊的请求。他要求得到经受过两栖登陆作战训练的第1海军陆战师和两个航母编队的作战指挥权，他将利用这些部队和手头的3个陆军师登陆新不列颠，收复拉包尔，将日军逐回700英里以北的特鲁克基地。

金对于麦克阿瑟的建议大感震惊，这意味着将两艘宝贵的航空母舰和海军唯一一支两栖登陆部队丢到暗礁丛生的所罗门群岛水域，顶着近在咫尺的日军机场的威胁展开战斗。盟军夺取拉包尔的行动必须经所罗门群岛稳扎稳打，等待进攻行动建立起战斗机空中掩护才可能成功。而金特别强调，这一系列登陆行动都只可能由接受过专门训练的海军陆战队来实施，且除了海军陆战队，投入行动的所有支援舰艇也都只能从太平洋战区抽调，因此夺取所罗门群岛的行动应当由尼米兹海军上将出任总指挥，由戈姆利担任代理指挥。在金看来，陆军在这一行动中只需要为海军和陆战队夺取的岛礁提供驻守部队即可。

麦克阿瑟在得知金的观点后立刻提出了抗议，他指出所罗门群岛几乎完全位于他的西南太平洋战区的管辖下，因此作战行动应该由他指挥。麦克阿瑟得到了马歇尔上将的支持，但金海军上将辩称，既然陆军在以地面部队为主导的欧洲战场获得了最高指挥权，那么以海军和海军指挥的陆战队为主力的所罗门群岛战事自然应当由海军指挥。此外金还宣称他已经准备好了让海军和海军陆战队在"西南太平洋战区的陆军部队无法提供任何支援"的情况下作战。麦克阿瑟电告马歇尔，称有充足的证据表明海军打算通过"将大量陆军部队置于海军或陆战队军官的指挥下"来削弱陆军在太平洋战场上的地位。

马歇尔坐等多日，静待各方冷静下来。他建议金举行各方会面，共同商讨出大家都能接受的方案。海陆军在会晤中达成了妥协，并在1942年7月2日发布了联合命令。所罗门群岛作战行动的最初阶段（占领圣克鲁兹群岛、图拉吉和毗邻岛礁的行动）将由尼米兹海军上将负责战略指挥。为了解决在第一步行动中可能存在的问题，南太平洋战区和西南太平洋战区的分界线被向西移动至东经159°，恰好位于瓜达尔卡纳尔岛以西。在肃清图拉吉一线后，麦克阿瑟将接过战略指挥权，随后协调各部队在所罗门

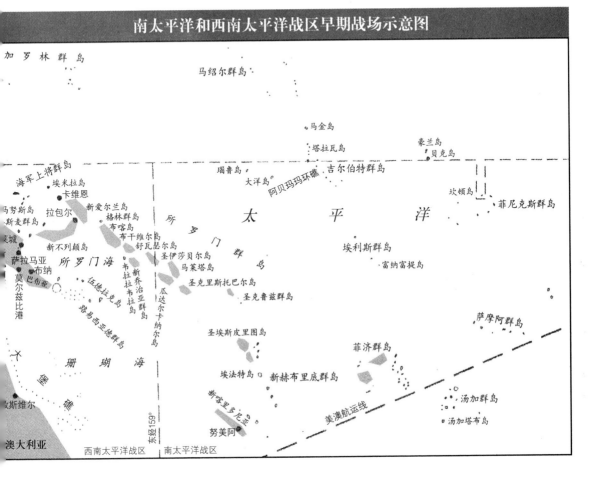

群岛发动第二阶段进攻（穿越新几内亚岛的巴布亚半岛推进至萨拉毛亚和莱城）。盟军的两路进攻最终将合围拉包尔。第一阶段行动被定名为"瞭望塔"行动（Operation Watchtower），发起日期被定为8月1日。

7月4日至7月5日，金和尼米兹二人，以及他们的参谋团队，在旧金山共同敲定了行动的细节。金带上了之后调任海军部战争计划处总监的里士满·凯利·特纳少将。金选中了特纳作为即将到来的行动的登陆部队指挥官，而晋升中将的弗兰克·杰克·弗莱彻则被任命为远征舰队司令。

在会面结束前，中途岛的译码专家发来消息称，他们破译的电文中称日军正准备向瓜达尔卡纳尔岛派出一支工兵队，这证明日军准备在岛上修建飞机场[1]。这一紧急情报使得"瞭望塔"行动变得迫在眉睫。谁首先能运用这座机场出动飞机，谁就能在接下来的作战中获得巨大的甚至是决定性的优势。夺取圣克鲁兹群岛的行动被直接取消，代之以夺取瓜达尔卡纳尔岛的行动。

留给美军用于集结部队并准备好两栖登陆行动的时间短得可怜。再加上即将到来的北非登陆行动在所有方面都有着更高的优先权，太平洋美军所能动用的手段极其有限。此时日军仍拥有7艘航空母舰；而美军在太平洋仅部署有4艘，且其中一艘必须留下防守夏威夷海域。情报称日军在瓜达尔卡纳尔岛（以下简称瓜岛）有强大的精锐部队严密防守，戈姆利手头只有第1陆战师。麦克阿瑟的3个陆军师则指望不上。面临着以上种种困境，无外乎行动参加者将"瞭望塔"行动揶揄为"小本经营"行动（Operation Shoestring）。

瓜岛战役

弗莱彻的图拉吉远征舰队共拥有含3艘澳大利亚巡洋舰在内的82艘舰船。远征舰队从威灵顿、悉尼、努美阿和珍珠港等多地分头启程，7月26日在飞机附近海域会合。在进行了一场乱糟糟的登陆演练后，舰队开始向西出发。在珊瑚海海域，美军舰队转而向北驶往瓜岛，期间美军舰队借助一道厚实雨幕保持隐蔽。

8月7日天还没亮，"萨拉托加"号、"企业"号和"胡蜂"号编队就趁着天空逐渐放晴在瓜岛以南进入各自阵位，同时凯利·特纳的登陆部队开始沿着瓜岛西岸进入铁底湾水域（此地因在其后的几个月中有太多舰船于此沉没而得名）。在日出时分的火力准备后，由阿彻·范德格里夫特少将指挥的第1陆战师开始上岸，期间只收到轻微抵抗。与盟军的预计相反的是，日军在岛上只部署了工兵建设队，这支部队的大部分人员都在美军战舰发起炮击时就向岛屿的西侧逃遁。8月8日下午，陆战队占领了仍未完工的机场跑道。虽然美军在图拉吉和铁底湾北侧的两座毗邻小岛都遭遇了日军的顽强抵抗，但美军依然在当天肃清了这些区域。

在得知美军登陆后，日军飞机很快从拉包尔一带出动，对铁底湾中的转运行动发起袭扰。在强大的防空火力和瓜岛以南3艘航空母舰派出的强大战斗机巡逻兵力的

---

[1] 为了掩盖真正的情报来源，盟军曾放出虚构的故事误导称是一架侦察机发现了正在建设的瓜岛机场。

掩护下，日军的空袭仅对美军造成了轻微损伤，但日军飞机的出现却使得美军已经棘手的后勤问题雪上加霜。直到8月8日晚上，美军仍有一些运输船只卸载了不到25%的物资。

日军的海上反击也很快到来。一支由5艘重巡洋舰、两艘轻巡洋舰和一艘驱逐舰组成的舰队在三川军一中将指挥下从瓜岛与所罗门群岛主要部分之间的"槽海"（Slot）杀来。三川军一的目标是通过对铁底湾内美军运输船团发动夜袭，以挫败这场登陆。他的舰队在8月8日早上被一名澳大利亚飞行员发现，这名飞行员将三川舰队中的两艘战舰误认为是水上飞机运输舰。正在思忖日军下一步动向的凯利·特纳据此

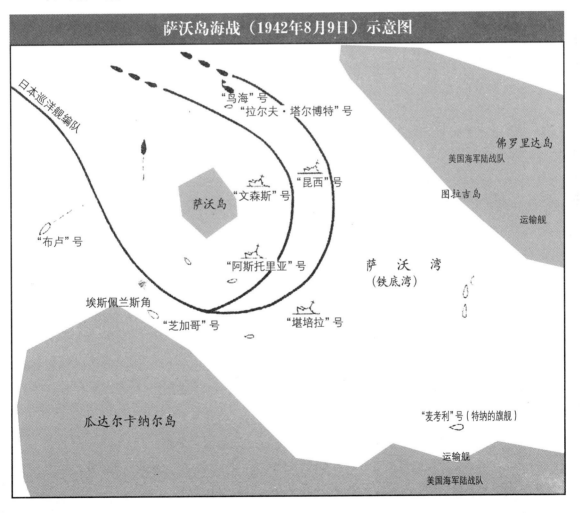

推断出敌军舰队只是途经此地，实际目的是前往所罗门群岛中部建立一处水上飞机基地。他并没有对夜间战斗进行特殊的准备。在日落时，盟军的三支巡洋舰—驱逐舰分队都以二等战备状态开始在铁底湾入口处巡逻。

8月9日凌晨1点，日军舰队从"蓝色"号驱逐舰（USS Blue，DD-744）的后侧神不知鬼不觉地溜进了铁底湾。对此困惑不已的三川命令己方驱逐舰监视"蓝色"号。随着日军巡洋舰弹射的水上飞机投下伞降照明弹，整座海湾都被火光照亮。日军战舰冲入铁底湾，被后世称为"萨沃岛海战"（Battle of Savo Island）的战斗就此打响。日军一面全速发射炮弹和鱼雷，一面冲过南侧巡逻部队。在盟军炮手未来得及调转炮口前，日军鱼雷就直接炸飞了"芝加哥"号（USS Chicago，CA29）的舰艏，并导致该舰一头撞上澳军重巡洋舰"堪培拉"号（HAMS Canberra）的侧面，后者随即失去动力，并在日军猛烈轰击下燃起大火。

依然严整的日军攻击队形随后分为两队并开始向北转弯，3艘巡洋舰绕过北侧巡逻队前方，另外4艘从后侧绕过形成夹击之势，日军随即打开探照灯，各种口径火炮全力开火。在短短几分钟内，北侧巡逻队的3艘美军重巡洋舰"文森斯"号（USS Vincennes,CA-44）、"阿斯托里亚"号（USS Astoria，CA-34）和"昆西"号（USS Quincy，CA-39）就被打得起火倾覆。在还击中，"昆西"号设法击中了日军旗舰"鸟海"号，其中一发正中挤满了司令部人员的海图室，杀死34名日军。其他美军舰艇的还击则仅对敌军造成微不足道的损伤。0220时，三川下达了"全体撤退"的命令，舰队沿槽海掉头返航。

考虑到自己的任务尚未完成，三川一度打算再度杀入铁底湾攻击美军运输舰，但他相信弗莱彻的航母已经在对他展开追击，而且会趁着第一缕曙光对他发动空袭，因此放弃了这个念头。三川舰队越向西北方向撤离，从拉包尔起飞的日军岸基飞机攻击美军航空母舰的胜算就越大。不过已经损失了不少战斗机且需要加油的弗莱彻此时却得到了身处努美阿的戈姆利的撤退许可。他的航空母舰编队在日出时已经向东南方向撤退了不少距离，日军攻击舰队也安然驶出了槽海。

铁底湾内，"昆西"号和"文森斯"号在战斗结束后不久就完全沉没。受伤过重的"堪培拉"号已经无力驶离，于第二天0800时沉没。"阿斯托里亚"号坚持至中午，随后倾覆沉没。萨沃岛海战让盟军损失了4艘极为宝贵的重巡洋舰和上千名官兵。此战也是美国海军历史上最为惨痛的战败。对于日军而言，此战的获胜充分证明了其强调夜战训练的必要性，而这也正是美军一直忽视的领域。

在弗莱彻的舰队撤离后失去了空中掩护的特纳认为自己别无选择,只能将两栖登陆舰队一道撤走。到8月9日天黑前,特纳舰队就已经全部驶出了铁底湾。被他们留在岛上的16000名陆战队员一面以罐头食品和缴获的大米勉强充饥,一面修复了飞机跑道。为了纪念在中途岛海战中阵亡的海军陆战队轰炸机中队指挥官洛夫顿·亨德森中校,美军将跑道命名为亨德森机场。8月20日,一艘美军护航航空母舰从东南方向接近瓜岛后放飞增援的12架俯冲轰炸机和19架战斗机到岛上。为了保卫瓜岛的海上补给线,弗莱彻的航空母舰舰队开始在圣灵岛和所罗门群岛一带海域巡逻。

日军此时处于进退两难的境地中。早在7月20日,日军就已经在巴布亚岛北侧沿海的布纳登陆了3000名士兵,后续又登陆了13000人,随后这支大军开始了翻越高山前往莫尔兹比港的艰苦跋涉。日军将主要精力放在了夺取莫尔兹比港上,但又必须对瓜岛和图拉吉的美军采取对策。8月20日,6艘从特鲁克出发的日军驱逐舰在哈德森机场以西的位置将900名日军士兵送上了岸。轻敌的日军发动了仓促的攻击,几乎被美军全军歼灭,而美方仅损失了25人。

不过日军随后派来了一只增援大军。山本在得知美军可以依靠瓜岛机场出动战机,且美军航母也在该海域活动后,命令近藤信竹带领一支航空母舰舰队前去支援日军新一轮登陆部队,并寻机歼灭弗莱彻的航空母舰。1942年8月24日,东所罗门海战就此打响。虽然弗莱彻的舰队因"胡蜂"号编队正在加油而实力大减,但他仍然采取了有效的指挥。美军舰载机击沉了轻型航空母舰"龙骧"号,"千岁"号也因被击中起火而退出了战斗。"祥鹤"号和"瑞鹤"号放飞的轰炸机对"企业"号发起反击并将其重创。损失了90架飞机后,近藤信竹被迫撤退,日军登陆部队也随之退却。虽然"企业"号身受重创,但美军替补航空母舰已经上路,考虑到瓜岛比夏威夷水域更需要航空母舰,尼米兹将"大黄蜂"号调往该海域。

东所罗门海战后,日军开始只在夜间运输增援部队。装载着士兵和补给的日军驱逐舰和小型运输舰在槽海入口外徘徊至日落,然后全速冲入铁底湾,由于日军的增援行动太过频繁,颇为不爽的陆战队员将其揶揄为"东京特快"。盟军舰船在夜间会避免留在铁底湾中,正如同日军不会在白天进入海湾一样。

日军深知夺回瓜岛必须首先夺回机场,但他们从一开始就低估了这项任务的难度。日军误认为美军只有不到2000人的部队驻守海上,因此将多数可动用的部队都投入进攻莫尔兹比港的行动中。为了阻止美军增援瓜岛,日军潜艇开始在进入瓜岛的各条水道巡逻。在8月下旬和9月初,日军潜艇击沉了"胡蜂"号和一艘驱逐舰,还击伤了美军新锐战列舰"北卡罗来纳"号和弗莱彻的旗舰"萨拉托加"号。

由于弗莱彻身受轻伤，尼米兹利用这次机会批准他返回美国本土休假。但作战部长金却没有让弗莱彻官复原职，考虑到弗莱彻的作战记录（在他指挥下3艘航母战沉，3艘重伤），金把弗莱彻安排至阿留申群岛的岸上岗位，并一直留任到战争结束。对于弗莱彻留下的空缺，哈尔西成为显而易见的最佳人选，此时的哈尔西已经痊愈，正迫不及待地想要重返指挥岗位。

9月中旬，日军依靠"东京特快"将进攻瓜岛日军的数量增加到了6000人左右。日军[1]再度严重低估了岛上美军的数量，决定对亨德森机场直接发动攻击。在这场被后世称之为"血岭战斗"（Battle of Blood Ridge）的激烈交锋中，美军以损失40人的代价将日军击退，而日军的损失则高达1200人。这场惨败在东京引起震动，日军终于意识到美军已经在瓜岛部署重兵，必须投入更强大的力量才能夺回瓜岛。

在将瓜岛确定为新的战略重心后，日军的"东京快车"以每夜900人的速度经槽海向岛上运兵。一整个师团的日军生力军也被运往肖特兰群岛等待被转运到瓜岛。随着日军在瓜岛实力的不断增强，位于努美阿的南太平洋战区司令部士气开始低落。意识到南太平洋战区存在战败主义情绪的尼米兹亲自飞赴战区进行视察。他发现前后方存在奇怪的反差。在关岛，虽然饱受疟疾、疲劳的折磨，但范德格里夫特和他的军官们都坚信他们能守住阵地。而远在1000英里以南的努美阿的戈姆利却面容憔悴，精神沮丧。尼米兹询问他，为什么南太平洋战区不动用海军部队阻截日军的"东京快车"？如果南太平洋司令部的参谋人员怀疑第1陆战师无法守住瓜达尔卡纳尔岛，那他们为什么不把驻防在新喀里多尼亚的陆军部队运去增援？此时的日军已经因新几内亚和瓜岛两线作战无处抽身，因此新喀里多尼亚的守军是可以动用的。

在上级的催促下，戈姆利抽调了3000名驻守新喀里多尼亚的陆军士兵增援瓜岛，同时派出由诺曼·斯科特少将指挥的一支巡洋舰-驱逐舰编队排除所有阻碍。在一名飞行员通报称发现一支日军"东京快车"编队正沿槽海驶来后，斯科特在萨沃岛附近占据了截击阵位。在10月11日至10月12日的黑夜中，双方舰队在瓜岛西北部海域爆发了被称为"埃斯佩兰斯角海战"的激烈战斗。斯科特舰队以一艘驱逐舰损失的代价击沉了日军一艘巡洋舰和一艘驱逐舰，但却误报称"击沉15艘敌舰"，这场言过其实的胜利暂时让努美阿方面士气大振。

---

[1] 日军川口部队。——译者注

被斯科特击退的日军舰队其实是日军对亨德森机场的一系列炮击行动的先锋，日军打算通过炮击行动瘫痪机场，以便将斯科特岛上的大军运上瓜岛。从努美阿起航的美军增援船队在瓜岛卸下3000援军后安全返回。10月12日夜，两艘日军战列舰驶入铁底湾并在一个半小时的炮击行动中有计划地对亨德森机场倾泻了上百发高爆炮弹。日军的炮击重创了机场跑道，并将停放在机场上的半数飞机击毁。10月13日夜间日军又以两轮空袭和重巡洋舰的炮击对瓜岛机场进行补充打击。当10月15日凌晨，满载4500名日军的6艘运输船驶向瓜岛时，美军仅剩下少数飞机可以升空对其进行打击。这支船团的到来使得岛上日军兵力增至22000人，且大多是新抵达的生力军。而与之对阵的23000名美军士兵中，绝大部分都是已经疲惫不堪、饱受疟疾折磨的海军陆战队员。在日本帝国陆军已经将机场看做囊中之物的同时，近藤信竹也带领着自中途岛海战以来日军最强大的战列舰-航空母舰编队从特鲁克出航。[1]

在返回珍珠港后，尼米兹在金的批准下将中太平洋地区的部队和飞机调往瓜岛。此时身在珍珠港的哈尔西也受命乘水上飞机赶赴南太平洋指挥舰队。

由于南太平洋战区已经陷入危急境地，尼米兹在咨询了他的参谋人员并得到金的支持后，向戈姆利和哈尔西拍发了新的命令。在给前者的电报中，尼米兹赞扬了戈姆利"忠于职守，且为了完成最艰巨的任务拼尽全力"，然后解除了他的指挥职务。当哈尔西乘坐的"科罗拉多"水上飞机于10月18日1400时冒着不利的天气艰难降落在努美阿港后，他立即接到了电报。电文内容让他感到震惊和懊丧："兹命令你达到努美阿后，立即接替罗伯特·L. 戈姆利中将的南太平洋战区和南太平洋地区部队司令职务。"好斗而自信的哈尔西出任司令的消息令南太平洋战区振奋不已。

10月20日，得到大量增援的瓜岛日军开始对亨德森机场发动反攻。在瓜岛北面海域，拥有4艘航空母舰、5艘战列舰、14艘巡洋舰、44艘驱逐舰的近藤舰队正在往返巡

---

[1] 下面的表格记录了双方于关键日期在瓜岛的大致兵力对比。

日期	美军	日军	日期	美军	日军
1942年8月7日	10000	2200	1942年11月12日	29000	30000
1942年8月20日	10000	3600	1942年12月9日	40000	25000
1942年9月12日	11000	6000	1943年2月1日	50000	12000
1942年10月23日	23000	22000			

8月7日时还有780名日军士兵驻守于图拉吉和附近岛屿。美军有6000名登上了这些岛屿，且在整场战役中都维持了5000人规模驻守部队。

弋，准备在陆军夺取机场后立即向岛上放飞飞机。

由于出任战区司令，哈尔西将直接指挥美军航空母舰部队的重任交到了托马斯·C. 金凯德少将肩上。在珊瑚海和中途岛战役期间，金凯德都负责指挥参战美军的巡洋舰部队。哈尔西被侦察机告知日军舰队出现后，立刻下令金凯德带领"大黄蜂"号和"企业"号向北发起攻击，这一行动称得上大胆，甚至也可以称得上无谋。圣克鲁兹海战就此拉开序幕。在10月26日天亮前，得知双方舰队都已经进入对方打击范围的哈尔西通过无线电向金凯德下达了命令："攻击——重复一遍——攻击！"但日军抢到了先手，空袭机群赶在美军战斗机占领高度优势前飞到了美军舰队上空。在一连串的攻击中，近藤的舰载机击沉了"大黄蜂"号并重创了刚被修复不久的"企业"号，从而导致美军一度在太平洋战场没有任何航空母舰可用。虽然美军以炸伤日军两艘航空母舰和一艘巡洋舰并击落上百架飞机还以颜色，但由于日军实力过强，美军舰队被迫撤退。美军的陆军士兵和海军陆战队员是瓜岛的真正救星，他们坚守在阵地上，击退日军一波又一波的疯狂进攻，在拼死守卫亨德森机场的战斗中，美军与日军的损失比高达一比十。

认为瓜岛已经唾手可得的日军再度加紧了"东京快车"的运兵行动，并很快对瓜岛守军形成了数量优势。但是对增援速度仍感不满的帝国大本营决定将停留在肖特兰群岛的增援师团剩余部分用一支船团一次性送上瓜岛。11月12日日落后，11艘运输舰在由田中赖三少将指挥的12艘驱逐舰的护卫下满载着11000名日军士兵驶入槽海。为了给田中船队开道，一支包含"比 "号和"雾岛"号战列舰的舰队将在当晚炮击亨德森机场。

同日，特纳也将6000人的美军陆军和海军陆战队第二梯队援兵送上了瓜岛。在接到侦察机发出的"日军炮击舰队逼近"的告警后，特纳的运输船队在日落时分向东南方向撤离，留下了由丹尼尔·J. 卡拉汉少将指挥的5艘巡洋舰和8艘驱逐舰挫败日军炮击行动。

当夜没有月光，但星星很亮。美日舰队从相对方向驶入铁底湾后，卡拉汉才接到雷达告警，称双方舰队已经处于碰撞航线上，但此时进行转向已经太迟，双方舰队撞作一团。此后4小时的残酷肉搏在混乱和残酷程度上足以载入海军史册。双方的队形都被打乱，战斗变成双方舰艇的捉对厮杀，且双方都多次发生误击。得益于日军战列舰配备的是用于轰击机场的高爆弹而非穿甲弹，美军战舰才得以从全灭中幸免，但卡拉汉和斯科特两名美军指挥官在此战中殉职。日军有两艘驱逐舰被击沉，美军也有4

艘驱逐舰沉没，此外舰内燃起大火的"亚特兰大"号防空巡洋舰（USS Atlanta, CL-51）被迫凿沉。"朱诺"号（USS Juneau, CL-52）则在撤退途中被一艘日军潜艇击沉。被击瘫无法航行的"比叡"号被亨德森机场起飞的美军飞机炸沉。田中的运兵船队则暂时返回了基地。

10月13日夜，田中船队再度驶入槽海，三川军一指挥的日军巡洋舰继续对机场发起炮击。仍然有工人在舰上维修10月份所受到损伤的"企业"号从南面向瓜岛驰援。11月14日日出后，从航空母舰和瓜岛上起飞的轰炸机对三川舰队发动了反击，击沉一艘巡洋舰并击伤另外3艘。从圣灵岛起飞的美军B-17对于护航力量薄弱的田中舰队反复发动攻击。到当天晚上已经有6艘运输舰被击沉，另有一艘遭到重创，一瘸一拐地返回基地。田中率领残存的4艘运输舰不屈不挠地继续向瓜岛进发。为了排除田中船队可能遇到的阻碍，近藤指挥"雾岛"号、4艘巡洋舰和9艘驱逐舰从北面进入铁底湾。

与此同时，从"企业"号编队中抽调出的新型战列舰"华盛顿"号（USS Washington, BB-56）和"南达科他"号（USS South Dakota, BB-57）以及4艘驱逐舰也从南面驶来。美军分队以"华盛顿"号为旗舰，由威利斯·A. 李少将指挥。美军舰队在抵达瓜岛后于后半夜开始沿萨沃岛进行顺时针巡航。近藤舰队抢先发现美军，随后以萨沃岛为掩护与美军兜起圈子，在转为向西航行后，日军舰队突然发难，猛烈的炮火和鱼雷很快击沉了两艘美军驱逐舰，并使得"南达科他"号因停电瘫痪，另两艘驱逐舰也被打得失去动力。李手头仅剩的"华盛顿"号，在此危急关头利用雷达火控带来的优势展现了超常的发挥。"华盛顿"号的5英寸副炮和16英寸主炮集火攻击"雾岛"号并很快将其重创，转向机构被毁的"雾岛"号只能无助地兜起圈子。近藤命令"雾岛"号和一艘瘫痪的日军驱逐舰自沉后带领舰队返回特鲁克。他的撤退标志着持续三个昼夜的瓜岛战役（也被称为"铁底湾海战"）终于迎来结束。

在双方舰队发生激斗的同时，坚忍不拔的田中船队毫发无伤地驶过了交战水域，继续向瓜岛进发。4艘运输船均成功抢滩，卸下了残存的增援部队。在天亮后美军发现了日军运输船，并用炸弹和地面炮火将其彻底击毁。

虽然此时美军在岛上的兵力仍然弱于日军，但由于缺乏火炮和空中支援，日军难以发动新的攻势来夺取亨德森机场。这证明瓜岛的危机已经解除。尼米兹、参谋长联席会议和罗斯福总统都对于局势的缓解大感放松。此前曾因批评海军"过度谨慎"的范德格里夫特此时对参战的海军将领和官兵也只剩下赞美之词。他在电文中赞扬道：

"守卫瓜岛的将士们摘下了自己战痕累累的头盔，向他们（海军官兵）致以最深切的敬意。"

山本已经不敢冒险将主力舰投入所罗门群岛战役。帝国大本营也不再向瓜岛派出任何援军。为了保证瓜岛日军能够勉强生存下去，田中组织起了细水长流式的"东京快车"，高航速的驱逐舰在驶抵瓜岛近岸后会抛下装满食物和医疗补给密封桶，然后赶在天亮前全速驶出槽海。虽然瓜岛的苦战看似已经告一段落，但在11月的最后一天，美军又遭遇了灾难性的塔萨法隆加海战。对于美军而言，这场战斗提醒了他们，在夜间战术方面他们还有很多功课要做。

11月30日快到午夜的时候，刚刚抵达南太平洋战区的卡尔顿·怀特少将在得到情报后指挥着一支由巡洋舰和驱逐舰组成的舰队从南侧水道驶入铁底湾，准备截击从北侧的一条迂回路线进入海湾的"东京快车"。在雷达发现目标后，怀特命令前卫驱逐舰发起鱼雷攻击，但所有鱼雷都未命中。他的巡洋舰对田中的8艘驱逐舰中的"高波"号展开集火攻击。美军巡洋舰密集的弹雨将"高波"号打得烟火四起，但美军巡洋舰的全力攒射也给自己招来杀身之祸。由于美军巡洋舰的火炮未采用无烟发射药，明艳的炮口焰为日军鱼雷瞄准手提供了参照点。田中舰队训练有素的舰员向着美军舰队航迹发射出一连串可怕的"长矛"鱼雷[1]。日军射出的"长矛"鱼雷射向准确且航迹稳定，而怀特的巡洋舰则一直保持着此前的航向和航速，因此被"长矛"捅了个正着。美军5艘巡洋舰中仅有一艘未被击中，"北安普顿"号（USS Northampton，CA-26）被直接击沉，"明尼阿波利斯"号（USS Minneapolis，CA-36）、"彭萨科拉"号（USS Pensacola，CA-24）和"新奥尔良"号（USS New Orleans，CA-32）则遭受重创。田中舰队的7艘驱逐舰在脱离战斗后沿槽海成功撤离。

日军此后依然维持着瓜岛上的驻军以牵制美军兵力，同时在所罗门群岛中部修建了两座飞机场。虽然日军仍在向瓜岛运输给养，但对于田中的驱逐舰而言，由于美军飞机在日出和日落的活动越来越频繁，补给运输任务越来越难完成。在12月11日美军鱼雷艇击沉田中的旗舰并将他击伤后，东条终于决定放弃瓜岛。如何让士兵安全地离开这座岛屿成为摆在日军面前一大难题。为了进行撤离，日军耗费了多周时间进行计划和准备，并动用联合舰队来吸引美军的注意力。此时美军已经向瓜岛送上了超过50000名陆军和海军陆战队士兵，但在1943年2月将日军阵地合围时，发现他们的猎物

---

[1] 九三式氧气鱼雷。——译者注

已经从指缝中溜走。日军出动多艘驱逐舰在3次高速夜间运输中将12000名饿得半死的残兵运出了槽海。对于双方而言都有得有失的瓜岛战役就此告一段落。

在约60000名在瓜岛上战斗过的美军陆军和海军陆战队士兵中,有1600人阵亡,另有4200人受伤。登岛的36000名日军中有14000人阵亡或失踪,另有9000人死于疾病,1000人被俘。除了巨大的人员伤亡,盟军和日军的海上和航空兵力都在支援瓜岛战役的战斗中遭受到严重损失。

在美军艰难地夺下瓜岛的同时,远在西面1000英里之外巴布亚半岛上的盟军部队也在同样艰苦的条件下获得了来之不易的胜利。在澳大利亚军队沿着欧文·斯坦利山脉中的崎岖山道追击撤退的日军的同时,另一部分美澳军队通过环岛绕行或直接空运至敌军未控制的机场抵达了巴布亚半岛北岸。随后盟军各路部队对布纳地区的日军完成了合围,并于1942年11月中旬发起协同进攻夺取了该地。

麦克阿瑟以手中的33000名士兵对巴布亚半岛的16000名敌军展开进攻,但日军直到1943年1月仍守住了一小段海岸线,随后防御终告崩溃。日军防御的崩溃既因为盟军进攻的重压,也是因为部队内部的饥饿和疾病。在克复巴布亚的作战中,盟军有3300名官兵阵亡,另有5500人受伤。

南太平洋战区和西南太平洋战区的盟军部队各夺取了一处日军计划用作下一场攻势跳板的重要基地。对于盟军而言,通往拉包尔的道路已经打开。在卡萨布兰卡会议上,金借助马歇尔的强力支持,让参谋长联席会议同意投入向太平洋战场更多资源以扩大现有的优势局面。

夺回阿图岛与吉斯卡岛

阿图岛和吉斯卡岛这两座岛屿的军事意义不大。但日军将占领这两座海雾缭绕的不毛之地宣扬成了一场巨大的军事胜利,因此不得不守住该地。对于美军而言也是一样,虽然这两处岛屿毫无作用,但却作为美国领土落入了敌人手中。除此之外,参谋长联席会议也希望阿留申群岛能够成为苏联向日本宣战后经西伯利亚向苏军移交飞机的通道。

1943年1月,由南太平洋战区司令转调而来的金凯德少将就任阿留申群岛美军司令,在了解当前局势后,他开始制定作战计划,准备在舰船和部队就位后尽快收复失陷的岛屿。与此同时,美军海军舰艇,以及美军和加军的飞机让占据两座岛屿的日本守军本已困苦的处境雪上加霜。从新建成的阿达克（Adak）以及阿姆奇卡（Amchitka）岛上起飞的美军轰炸机在战斗机的护航下切断了吉斯卡岛与日本本土的水上交通。

为了封锁更西面的阿图岛，查尔斯·H.麦克莫里斯少将指挥一支驱逐舰和巡洋舰组成的舰队从2月中旬开始在通往阿图岛的补给航线上巡逻。在美军击沉了一艘从幌筵岛开往阿图岛的弹药船后，日军北方部队司令细萱戊子郎中将开始动用整个北方部队为驶往阿图岛的运输船队护航。麦克莫里斯和细萱舰队的对决（被后世称为科曼多尔群岛海战）也成为"古典式水面舰艇昼间对战"的绝唱。

1943年3月26日日出前一小时，麦克莫里斯以"里士满"号轻巡洋舰（USS Richmond, CL-9）为旗舰，并有"盐湖城"号重巡洋舰（USS Salt Lake City, CA-25）和4艘驱逐舰伴随。美军在用雷达发现日军运输船队后立即发起追击，根本没有想到还有一支比己方强大不少的日军舰队尾随在后。细萱舰队趁着第一缕曙光追上了美军舰队，随后他命令运输船队向西北方向撤退，而舰队的4艘巡洋舰和4艘驱逐舰则插入了美军舰队与阿留申群岛基地之间。原本作为"猎人"的美军舰队此时已经成为"猎物"，在三个小时的向西追击战中，日军的一发炮弹命中了"盐湖城"号的一个主机舱并导致舱内浸水。该舰的轮机兵误将海水导入供油管中，海水扑灭了锅炉，从而导致该舰短暂失去动力。在这样的绝境下，麦克莫里斯命令一艘驱逐舰为瘫痪的"盐湖城"号释放烟幕，并命令其余驱逐舰展开鱼雷攻击。美军驱逐舰勇敢地高速冲向火炮全开的日军巡洋舰时，却惊奇地发现日军正打算脱离战斗。无法透过烟幕看到"盐湖城"号已经瘫死的细萱认为自己时运已尽：此时他的油料已经较少，而从阿达克和阿姆奇卡岛上起飞的美军轰炸机随时都可能出现。出于这些顾虑，细萱舰队护卫着运输船队返回了幌筵岛，他因作战不力被上级撤职。此后日军只能利用潜艇为阿图岛和吉斯卡岛运送补给。

金凯德一直在为吉斯卡岛登陆而奔走。在得知需要等待几个月才能筹集到所需的舰船和部队后，他提出先绕过吉斯卡岛夺取更小、守军力量更弱的阿图岛，这一请求得到了批准。

1943年5月11日，一支包括3艘老式战列舰、6艘巡洋舰和一艘护航航空母舰在内的登陆舰队将3000名美军第7步兵师的士兵送上了阿图岛北侧和南侧海岸。美军计划在内陆会师，并将岛上的2600名日军守军驱赶到岛屿东端，希望舰炮和舰载机的轰炸扫射能让日军屈服。但日军凭借山地坚守，同时利用隐蔽起来的火炮一直袭扰美军，

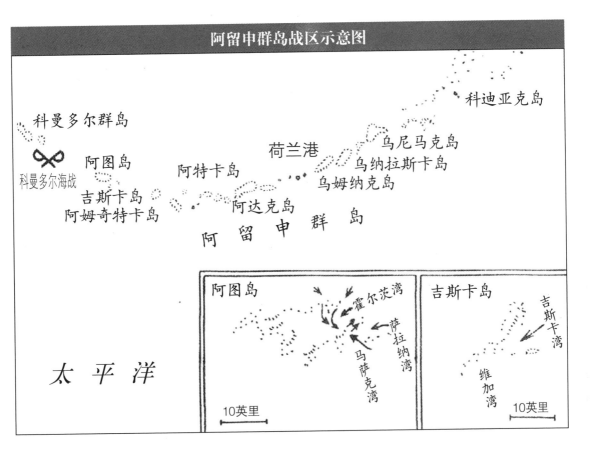

美军直至最终将11000名士兵送上滩头才得以会师。日军在消耗绝大部分弹药后，派出约1000人在5月29日日出前悄悄下山潜伏。趁着日出，日军从美军防线的一个缺口冲入美军纵深，接连攻破了两处指挥所并冲入一座医疗站中，杀死了所有伤患。在进攻失利后，穷途末路的约500名日军拉响手榴弹自杀。残存的日军在5月29日及5月30日早上发动了类似的攻击，全岛日军除了28人被俘外均被击毙或自杀。美军的损失为600人阵亡，1200人受伤。

作为计划于1943年8月中旬发起的吉斯卡岛登陆的火力准备，美军陆军飞机向岛上投掷了1200吨炸弹，战列舰和巡洋舰也对日军主要营地和港口发动了炮击。8月15日，美军运输船装载着29000名美军士兵和5300名英军士兵在近百艘作战舰艇的支援下驶抵吉斯卡岛。在一场漫长而细致的火力准备后，登陆部队冲上滩头，但完全没有发现敌军的踪迹。早在3周之前，日军巡洋舰和驱逐舰就趁着大雾将岛上所有守军撤离。

在完成被交予的任务后，晋升中将的金凯德被调往南方出任美军第7舰队司令，接受麦克阿瑟调遣。接替他的是弗莱彻中将。

所罗门群岛战役

在夺取瓜达尔卡纳尔岛和布纳之后，哈尔西指挥的南太平洋美军和麦克阿瑟指挥的西南太平洋美军准备对拉包尔发动钳形攻击。哈尔西的进攻将以从瓜岛出动的所罗门群岛航空司令部（AirSols）作为矛头，该司令部还负责提供支援；麦克阿瑟的第5航空队则将会从巴布亚半岛东部的3座机场出动。美军的两路进攻都会分为多步实施，逐步建立机场，最终让拉包尔暴露在盟军的猛烈空袭之下。

1943年4月1日前后，山本抵达拉包尔亲自指挥一场大规模的空中攻势，他认为这场攻势能够挫败盟军的计划。通过从联合舰队舰载飞行队抽调200架飞机，外加100架岸基飞机，山本集结起了一支强大的航空部队，并率先对铁底湾内的航运进行打击，随后又对巴布亚半岛上的目标发起空袭。为了准备下一阶段的空中攻势，山本和他的参谋团队开始了对北所罗门群岛各航空基地的视察。但此时拉包尔的日军却犯下了一个重大错误，他们利用美军译码专家已经能够相对容易的破解的JN25密码，以每隔一个小时的频次以无线电播报山本的动向。美军在4月18日上午从瓜岛派出了一个中队航程较远的P-38战斗机，正因为山本那众所周知的守时习惯，美军发现了严格按照时间表飞行的山本座机，并在其准备在布干维尔岛以南的巴勒特岛降落时将他的座机击落。山本殒命后，继任联合舰队司令长官的古贺峰一大将继续着空中攻势，但随着主将的丧命，日军的战果正在稳步下降。

日军不顾后果地消耗飞机和飞行员，但却无法阻挡美军第3舰队[1]进入中所罗门群岛的脚步。到6月底，第3舰队（下辖凯利·特纳指挥的第3两栖舰队）的登陆舰艇开

---

[1] 第3舰队是哈尔西指挥的南太平洋海军部队的新番号。美军于此前不久采用了新的命名体系，在大西洋和地中海活动的舰队使用双数番号，在太平洋的则使用单数。各舰队可以根据作战需要灵活拆分为特混舰队（Task Force）、特混大队（Task Group）和特混部队（Task Unit）。例如第31.2.3特混大队（TU 31.2.3）就是第31.2特混大队（TG 31.2）的一部分，而后者又是第31特混舰队（TF 31）的一部分，而第31特混舰队则是第3舰队的一部分。

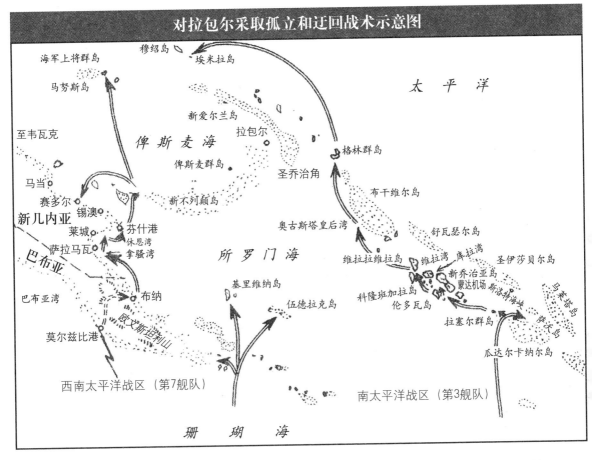

对拉包尔采取孤立和迂回战术示意图

始在所罗门群岛航空司令部的空中掩护下向新几内亚岛送上部队。盟军在新几内亚的目标是敌军修建在孟达角的机场。约34000名美军士兵在持续6周的残酷丛林战之后终于从构筑有精良工事的8000名日本守军手中夺取了这座机场。

此时哈尔西开始采用独辟蹊径的"绕道"战略。他并没有选择所罗门岛链的下一座岛屿——有重兵防守的科隆班加拉岛作为下一个目标,而是下令部队登陆防守薄弱的维拉拉维拉。在从孟达机场起飞的战斗机的空中掩护下,第3两栖舰队(此时换由西奥多·S.威尔金森少将指挥)[1]在8月中旬将6000名士兵送上了维拉拉维拉。吸取了

---

[1] 特纳受命返回珍珠港指挥第5两栖舰队,听从尼米兹的调遣。

孟达战役教训的盟军并没有直接从守军手中强夺机场，他们建立起了一道外围防线，随后"海蜂"开始在丛林外侧铺设一条新的飞机跑道。9月，新西兰军队接过了维拉拉维拉美军的防务，并很快将600名日军围困在岛屿的西北角。由于日军拒绝再向所罗门群岛派出任何部队，拉包尔方面命令维拉拉维拉和科隆班加拉守军撤退到布干维尔岛的基地。日军于9月下旬发起了撤离行动。

美军对中所罗门群岛的登陆行动迫使日军再度开行"东京快车"，日军的夜间运输行动最初主要是为各岛屿基地运送增援和补给，但后期主要任务变成了撤离岛屿守军。日军越来越多的夜间行动不可避免地导致双方在夜间爆发海战。此时的美军相比起瓜岛战役时期在组织指挥和装备方面都有了巨大进步，且花费了相当长时间来吸取教训。临时拼凑起来的搜索队被半永久式编成的特混舰队取代。盟军作战舰艇普遍加装雷达，雷达的可靠性也有很大提升。舰队官兵则学会了如何有效利用雷达。雷达示波器被设置在被称为雷达室（Radar Plot）的专门舱室中，接触信号会在雷达室内被标注和分析。随着时间的推移，雷达室开始接收无线电和瞭望哨等其他部门发来的情报，并进行分析整理，并被最终作为战斗情报中心（Combat Information Center，CIC）。战斗情报中心的出现使得盟军对日军产生了巨大的优势。虽然日军战舰在所罗门群岛战役期间没有安装雷达，但几乎所有战舰都安装了一种雷达探测设备，这种设备可以接收盟军雷达发射的雷达脉冲。

在美军地面部队向孟达机场推进的同时，由瓦尔登·L. 安斯沃斯少将指挥的美军巡洋舰和驱逐舰部队两度在同一水域与日军爆发夜战。库拉湾海战（7月6日）和科隆班加拉海战（7月13日）这两场战斗在时间（于午夜前后）、战术和结果上都非常相近。在库拉湾海战中，安斯沃斯的舰队击沉一艘日军驱逐舰，但日军也击沉了"海伦娜"号（USS Helena, CL-50）轻巡洋舰。在第二场海战中，盟军舰队击沉了日军"神通"号轻巡洋舰，但日军也击沉了一艘盟军驱逐舰，并将新西兰海军巡洋舰"利安德"号（HNZMS Leander）重创导致其退出战斗。与上一年相比，盟军在这两场战斗中展现出了战术指挥方面的长足进步，但在战斗效率和对敌军战斗力判断方面暴露出了不足。

1943年8月6日夜间，美国海军首次在夜间作战中取得了一边倒式的胜利。此战中美军一支由6艘驱逐舰组成的部队前去攻击一列由4艘驱逐舰组成的"东京快车"。这支美军特混大队的原指挥官是阿利·伯克中校，他此前一直呼吁将驱逐舰分队从跟随在巡洋舰纵队后方这一毫无意义的枷锁中释放出来独立作战。为了完成夜间任务，伯克制订出了一整套计划。伯克在日后解释称："作战计划的基础就是用一轮接着一轮的、难以预料的突然攻击让敌人晕头转向。"为了实现这一目的，伯克将自己的舰队拆分为两个平行前进的纵队。首先一个分队将借助夜幕掩护悄悄靠近敌军，在发射鱼雷后撤退。在鱼雷命中目标且敌军开始对正在撤退的第一分队开火时，第二分队将突然从另一个方向发起攻击。在措手不及的敌军转而攻击第二分队后，第一分队又会杀个回马枪。

在战斗爆发当晚，伯克被调到了更高级别的指挥岗位。他的继任者弗雷德里克·莫

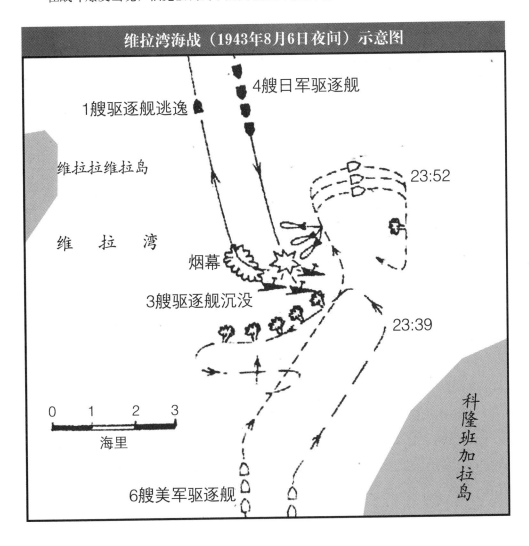

斯伯格中校全盘采用了伯克的计划,并以极为优异的指挥技巧和对时间的把控让维拉湾海战(Battle of Vella Gulf)成为小规模水上战斗的经典范例。莫斯伯格不仅遵照了伯克的计划,还对他的计划进行了改进。当第一分队射出的鱼雷向着毫无察觉的敌军舰队疾驰而去时,第二分队将超越第一分队,抢占敌军舰队"T字头"。当鱼雷命中目标时,两个分队同时以舰炮向敌军猛烈开火。在几乎同时到来的三重打击下,3艘日军驱逐舰发生猛烈爆炸,这场壮观的烟火秀甚至让在30英里外的库拉湾内活动的美军鱼雷艇误以为是科隆班加拉岛的火山发生喷发。第4艘日军驱逐舰因美军鱼雷未能触发,直接从船底溜过而得以逃脱。此战中美军舰艇没有受到任何损伤。

美军在维拉湾海战中展现了夜战技战术的进步,但同样是驱逐舰夜战,在10月6日夜爆发的维拉拉维拉海战中,美军的表现却有所倒退。日军编队指挥官因失误让美军抢到了T字头,且由于以梯队队形接敌导致部分舰艇的射界被友舰遮挡。日军一艘驱逐舰因为过于暴露在美军火力之下而被炮弹和鱼雷击沉。但美军指挥官无视塔萨法隆加海战的教训,在开火后继续保持原航线和航速。日军发射的鱼雷炸飞了两艘美军驱逐舰的舰艏,其中一艘因无法挽救而被迫自沉。

布干维尔战役

1943年11月1日,威尔金森指挥的第3两栖舰队绕过了日军大量岛礁基地抵达布干维尔岛南面,并将14000名陆战队员送上了距离奥古斯塔皇后湾的图诺基纳角(Cape Torokina)不远的布干维尔岛西岸。由于从布干维尔岛起飞的轰炸机可以在战斗机的护送下空袭拉包尔,日军在拉包尔的司令部立即对美军的登陆采取对策。日军对盟军滩头阵地发动了两波空袭,但均被从瓜岛、新几内亚和维拉拉维拉起飞的所罗门群岛航空司令部战斗机挫败。正如此前美军在瓜岛登陆时一样,日军又派出了由大森千太郎少将指挥的巡洋舰和驱逐舰混合舰队前去攻击美军的运输船队。

随后爆发的奥古斯塔皇后湾海战却并非萨沃岛海战的重演。盟军巡逻机早早就发现了日军舰队的行踪,并正确地汇报了敌军的兵力构成。11月2日0200时,大森的战舰利用夜幕和暴雨的掩护接近美军登陆场,一支规模与之相近的盟军舰队在美军斯坦顿·梅丽尔少将的指挥下从南面前来迎击,盟军已经得到了充分预警且对即将到来的战斗做好了准备。梅丽尔的舰队抢先一步,并在将编队调整为"4艘驱逐舰在前,4艘巡洋舰在中,4艘驱逐舰在后"的阵型挡在海湾入口处。在探测到驶来的日军舰队后，梅丽尔按照反复演练过的计划，让两个驱逐舰分队对日军舰队发动侧翼鱼雷攻击，而他的巡洋舰则以高速前后回航，同时稳步开火。由于每一次折返都导致舰队更靠近敌人，梅丽尔最终不得不远离海湾，此时除了梅丽尔的巡洋舰，双方舰艇都陷入了一定程度的混乱中，甚至有的还发生了撞船。战斗的结果是大森舰队在一艘巡洋舰和一艘驱逐舰被击沉后撤退，美军则有一艘驱逐舰受到重创。

负责指挥梅丽尔钱队前卫驱逐舰部队的阿利·伯克请求梅丽尔批准他追击撤退的日军，但梅丽尔出于安全考虑命令他收拢驱逐舰部队，并在和巡洋舰会合后向南撤退。果然，规模约100架的日军空袭如期而至，得益于精准的防空炮火和精湛的操舰技艺，美军舰队击落了17架日军飞机并躲过了除两枚小炸弹外的所有敌军轰炸。

在图诺基纳角登陆的陆战队员构筑起了外围防线，"海蜂"开始建设机场跑道的同时，日军的"东京快车"也在继续"开行"。11月25日午夜，伯克上校指挥的由5艘驱逐舰组成的"小海狸"中队彻底"关停"了"东京快车"。伯克再度利用曾在8月给莫斯伯格带来辉煌胜利的战术，将中队拆为两队，用鱼雷和舰炮击沉了两艘日军驱逐舰。"小海狸"中队将3艘负责运输的日军驱逐舰追赶到距离拉包尔仅60英里处，并将其中一艘击沉。

新几内亚战役

当麦克阿瑟的部队正在经新几内亚沿弧线包抄拉包尔时，他并不需要为封锁在夜间"开行"的"东京快车"投入多少心思。从拉包尔出发的日军舰艇必须冒险在白天通过开阔海域才能够抵达莱城和萨拉毛亚。在此前的3月，日军就试图用一支运输船队沿这条航线将7000名士兵送往莱城。美军第5航空队的轰炸机在此后被称为"俾斯麦群岛海战"的一连串空袭中击沉了所有8艘运输船和8艘护航的驱逐舰中的4艘。此后日军就只能依靠潜艇或小驳船向新几内亚岛上的基地运输补给，但后者非常容易沦为美军鱼雷艇的猎物。

1943年6月底，美军南太平洋战区的部队开始在中所罗门群岛的登陆，麦克阿瑟的西南太平洋战区则兵不血刃地登上了没有设防的基里维纳岛和伍德拉克岛（巴布亚半岛外海和新几内亚北部的拿骚湾内）。这两场登陆行动都由丹尼尔·E.巴布里少将指挥的第7两栖舰队实施，这支"微缩版"的第7舰队也被称为"麦克阿瑟的海军"。

9月初，第7两栖舰队将一个师的澳大利亚部队送到了莱城以东的滩头。另一个澳大利亚师则依靠一条刚被美军伞兵夺取的跑道乘飞机部署至莱城以西。在澳大利亚部队东西对进，步步逼近莱城之际，盟军驱逐舰也在对莱城发起猛烈炮击。莱城守军放弃城市退入丛林，顶着饥饿跋涉一个多月，横跨胡昂半岛抵达沿海城镇西奥（Sio）。巴布里的舰队在莱城装载了一个旅规模的澳军部队，绕过半岛尖端在芬什港（Finschhafen）登陆，出其不意的澳军迅速驱赶了当地日军，这批日军同样逃往了西奥。

在沿维迪亚兹海峡（Vitiaz Strait）推进前，麦克阿瑟希望海峡两岸都掌握在盟军手中，以免海上补给线遭遇日军空中或水面攻击。12月底，第1陆战师以风卷残云之势在格罗斯特角靠海峡一侧登陆，快速拿下了机场，并将新不列颠岛上的日军部队赶到了拉包尔附近。

1944年1月初，巴布里将7000名美军士兵送上了赛多尔。驻守在西奥的日军在海陆补给线都被盟军切断后放弃了城市，任由从莱城方向穿越丛林赶来的澳大利亚军队占领。疲惫不堪的日军徒步向马当撤退，2000名日军因为饥饿和疾病死在半路。然而就在日军到达目的地之前，澳大利亚军队就从内陆发动进攻，迫使马当守军全体撤离至威瓦克。

困死拉包尔

在耗时漫长且损失巨大的瓜岛战役后，金上将开始怀疑盟军是否应当将时间和人命耗费在与补给充足的100000名拉包尔守军的血腥搏杀中。在布干维尔岛的机场可以投入使用后，美军就能通过轰炸瓦解拉包尔的战斗力，且代价要比直接登陆小得多。一旦拉包尔被困死，盟军西南太平洋部队就能够突破以俾斯麦群岛为基地的日军海空力量的拦阻，夺取远方的海军上将群岛。海军上将群岛有足够的场地建设机场和基地设施，同时还有比拉包尔的辛普森港条件更为优良的白尾海雕港（Seeadler Harbor）。1943年8月，盟军参谋长联席会议在魁北克会面，此次会议批准了金上将递交的封锁拉包尔，而不是将其夺取的计划。

"炸平拉包尔"的行动于10月12日开始，美军第5航空队以从新几内亚起飞的349架飞机空袭拉开了行动的序幕。此后只要气象条件允许，美军就会发动大规模空袭行动。为了协防这处重要基地，古贺峰一再度从舰载航空兵中抽调飞机，把173架舰载机从特鲁克派到了拉包尔。

哈尔西随后命令航空母舰部队对拉包尔发起打击，以消灭岛上仍能够升空的日军飞机，同时轰炸古贺峰一从特鲁克派来增援的7艘巡洋舰。在11月5日的空袭行动中，由弗雷德里克·谢尔曼少将指挥的航空母舰编队（以历战老兵"萨拉托加"号和新建成的轻型航空母舰"普林斯顿"号（USS Princeton，CVL-23）为核心）击落了大量敌军飞机，并炸伤了7艘巡洋舰中的6艘。

随后哈尔西又从尼米兹的第5（中太平洋）舰队借来了阿尔弗雷德·E. 蒙哥马利少将的航空母舰编队（以新锐的"埃塞克斯"号（USS Essex，CV-9）、"邦克山"号（USS Bunker Hill,CV-17）和轻型航空母舰"独立"号（USS Independence，CVL-22）为核心），在11月11日再度空袭拉包尔。此次日军以对美军舰队发起空袭还以颜色，日军飞机损失惨重，但美军舰队仅因飞机扫射和近失弹遭受轻微损伤。古贺峰一随后下令撤离拉包尔港内的所有船只以及残存的舰载机。美国海军在这场战斗中不仅展示出了他们具备对抗敌军强大基地的能力，还击落了大量的舰载机，使得联合舰队的海军航空兵处于瘫痪状态，在多个月中都无力阻挡尼米兹指挥的美军在中太平洋方向的进攻。

11月中旬，第3两栖舰队在所罗门航空司令部的有力支援下于布干维尔岛的托罗基纳登陆了34000人。登陆部队经过6星期的苦战将防区拓展至22平方英里。在防线内，"海蜂"和一个新西兰工兵旅赶在1943年年底前建成了一条战斗机跑道和一条轰炸机跑道，使得哈尔西的轰炸机部队可以对俾斯麦群岛实施打击。1944年1月，所罗门航空司令部的部队利用在托罗基纳建成的新基地稳定地对拉包尔进行每天至少一次的空袭。一个月后，所罗门航空司令部的轰炸机的平均出动率已经达到一周1000架次左右。

1944年2月中旬，美军第5舰队快速突入中太平洋，对特鲁克实施了一次毁灭性的空袭。古贺峰一在认识到拉包尔已经无法守住后将该地的战斗机调往别处。日军在拉包尔的坚固据点虽然没被攻下，但已经彻底无法发挥作用，而哈尔西和麦克阿瑟则继续完成对此地的"钢铁合围"。

1944年2月，美军第3舰队将近6000名新西兰和美军士兵送上了拉包尔以东仅115英里的绿色群岛（Green Islands）。在登陆部队歼灭规模不大的日军守岛部队后，"海蜂"迅速在群岛的主岛开辟了一条跑道，使得俾斯麦群岛全境都处于所罗门航空司令部的轰炸机及其护航战斗机的作战半径之内。

2月底，麦克阿瑟命令约1000人的美军部队前往俾斯麦群岛西北方向，海军上将群岛最东端的洛斯内格罗斯岛实施侦察。虽然日军在海军上将群岛驻扎有多达4300人，但盟军强大的舰炮和空中支援让这支登陆部队将侦察任务转为了一场正规的登陆行动。美军登陆部队夺取了岛上航空基地的一部分并建立起了一道紧凑的防线，随后多个梯队的"海蜂"携带着推土机快速登岸。登陆部队迅速拓展了滩头阵地，"海蜂"则使得飞机跑道恢复运作。

3月中旬，第3舰队派出陆战队在卡维恩西北70英里的埃密劳（Emirau）登陆。多达18000人的部队很快登上了这座日军从未占领过的小岛，并开始将此处建设成一处PT鱼雷艇基地和机场。

在完成对拉包尔的包围的同时，盟军的进攻行动也没有丝毫停顿。就在陆战队登陆埃密劳的同时，麦克阿瑟的部队登陆了海军上将群岛的主岛马努斯岛。到3月底，海军上将群岛的日本守军已经有3300人被击毙或俘虏，而美军则损失了300人，且在该群岛建设舰艇和航空基地的行动也正在展开，这些基地不仅能用于封锁拉包尔，也能支援向西的进攻。

夺取与建设海军上将群岛（该群岛也可以被统称为马努斯岛）的基地设施是战争中南太平战区和西南太平洋战区最后的大规模协同行动。随着战线逐渐远离，南太平洋战区被移交给麦克阿瑟指挥，兵力也被削减到只有陆军驻防部队和少量战舰；配属该战区的陆战队和大部分海军兵力都划归尼米兹指挥。麦克阿瑟曾希望能将哈尔西调到自己麾下指挥规模日渐增长的第7舰队，但金另有安排。哈尔西返回了珍珠港，并作为尼米兹的海上舰队指挥官继续指挥战斗。

对麦克阿瑟而言，夺占马努斯既是一场战役的结束，也是下一场战役的开始。早在海军上将群岛被肃清之前，麦克阿瑟就开始谋划向西疾进400英里，直插霍兰迪亚的跳岛作战。拿下霍兰迪亚后，他的部队就能以此为跳板继续"弹跳"，并最终重返菲律宾，兑现他那句"我一定会回来"的诺言。

第28章

双路并进

"橙色"战争计划的多个方案都是围绕解救被占领的菲律宾制订的,这些计划都提出以一场跨中太平洋的攻势达成目标。为了实现这样的攻势,美国海军在战争爆发前和爆发后不久,相继订购了多达22艘新型航空母舰。不过由于日军对美国与澳大利亚之间海上交通线的巨大威胁,盟军不得不将力量抽调到所罗门群岛和巴布亚半岛,用来对日军在拉包尔建立起的坚固据点发起进攻。

金上将对于南太平洋作战行动的缓慢步调越来越缺乏耐心——盟军花了6个月才夺下瓜达尔卡纳尔岛和布纳,随后又花了好几个月才逐渐夺取所罗门群岛全境和巴布亚半岛,而拉包尔仍在日军手中。照此进度,盟军需要花费许多年才能打到日本。为此金开始考虑绕过拉包尔,并利用因此腾出的部队在中太平洋战场打开局面。

麦克阿瑟青睐于经南洋单线推进的战略。他提出在拉包尔被盟军夺取或瓦解后,向日本本土的进攻应当沿新几内亚沿海至菲律宾一线展开,且由他指挥。这场被他称为"新几内亚—棉兰老轴心"的攻势将主要由陆军实施,以一系列的两栖登陆行动绕过敌军重兵集结的地域,并可以得到岸基航空兵的持续支援。海军在这场攻势中除了运输和补给任务,充其量只需要承担近岸炮轰和保证盟军部队侧翼安全的任务。

"新几内亚—棉兰老轴心"计划的反对者们提出,由于这场攻势需要以一条迂回道路攻向日本本土,因此势必需要一场漫长且脆弱的补给线;且由于每次进攻行动都必须在盟军战斗机和得到战斗机护航的轰炸机的作战半径之内展开,攻势将被拖慢。且这样的作战根本无法发挥正在源源不断加入太平洋战场的新锐航空母舰部队的优势。

相比之下，以航母舰队为矛头，经中太平洋岛屿向日本本土的攻势则能向西大踏步前进，很快对日本产生巨大威胁，从而迫使日军不得不将兵力分散，用于守卫各处要点。彼此距离遥远的中太平洋各群岛很难实现相互支援，一旦某处岛屿被实力大增的美军舰载航空部队孤立，此处的守军将无法得到支援。从中太平洋发起攻势不仅能切断西南太平洋日军与本土的补给线，也能保卫盟军在该方向（且长度更短）的补给线。中路进攻将更快地将战火烧到日本本土，同时也能迫使日军舰队发动一场决战，在歼灭日军舰队后，日本将门户大开，无险可守。

参谋长联席会议以及下属的各委员会，在仔细地权衡利弊后决定以中太平洋攻势为主，但同时也批准了麦克阿瑟实施"新几内亚—棉兰老轴心"行动。西南太平洋战区部队的任务除了保卫澳大利亚，还要同时牵制已经与其接触的日军部队，防止他们阻碍中太平洋的行动。在1943年5月于华盛顿召开的会议上，英军参谋长联席会议在确认美国参谋长联席会议提出的计划只会利用已经划拨给太平洋战场的资源实施后，没有对行动提出反对。行动所需的航空母舰、快速战列舰、俯冲轰炸机和鱼雷轰炸机恰恰是欧洲战场最不需要的装备。虽然彼此心照不宣，但美方明白英方是在以此为代价让美国同意并加入登陆意大利的行动，且此后美军将自行承担太平洋战场的战斗。

由于两路攻势需要密切的协调配合，一些军官提出为太平洋战区指派一名总司令。但显然美国陆军，甚至大多数的美国民众都会支持麦克阿瑟，而非尼米兹或是其他海军军官来出任这一职位，而金则根本无意给予麦克阿瑟太平洋舰队的指挥权。因为这种种小算盘，美军在太平洋战场上除了远在华盛顿的参谋长联席会议负责协调，没有设置负责具体指挥的总司令部。不过，全球范围内快速通讯能力克服了分离式指挥的大多数缺点，且让这两场攻势能够做到相互配合。

在最初的计划中，中太平洋攻势的最初阶段将以登陆马绍尔群岛拉开序幕。但随后的所有相关讨论都围绕这一个关键的问题展开。马绍尔群岛已经脱离了美军岸基航空兵的作战半径，而当时没人能够肯定美军的航空母舰和老练的飞行员，已经充足到可以在没有岸基航空支援的情况下完成支援此类登陆的任务。在1943年，人们依然普遍认为只有岸基飞机才能执行了解登陆场敌军设防工事、滩头情况、近岸礁石状况和水深等关键要素所需的密集空中照相侦察任务。

如果从依然被日军占领的吉尔伯特群岛起飞，美军飞机的航程就足以抵达马绍尔群岛，而吉尔伯特群岛则处在从坎顿岛、贝克岛和埃利斯群岛上已经建成和可以建造的机场上起飞的盟军飞机的作战半径内。美军因此决定首先夺取吉尔伯特群岛，夺取该岛后，美军岸基航空兵就能够支援对马绍尔群岛的登陆。

从行动之初，美军就将位于塔拉瓦环礁的比托岛定为吉尔伯特群岛的首要目标，美军已经获知日军在此处修建了一座飞机场。不过尼米兹在1943年7月20日接到了参谋长联席会议发来的一条令人困惑的命令，夺取距离塔拉瓦足有400英里之遥的瑙鲁。实施两场相距如此之远的登陆行动会导致舰队被迫分兵，易于陷入危险，且即便夺取了瑙鲁，此处对于美军也并无太大意义。所幸尼米兹在恪守原则的下属指挥官们的支持下说服了联席会议取消了对瑙鲁的登陆，取而代之的是夺取距离塔拉瓦仅100英里的马金岛。马金环礁上的布塔里塔里岛有空间修建一条可供轰炸机起降的跑道，且距离马绍尔群岛南部仅不到200英里。经过调整的计划中还包括夺取守军薄弱的阿贝玛玛岛（Abemama），该岛也可以被建设成航空基地。塔拉瓦岛和马金岛的登陆日被定为1943年11月20日。

兵强马壮

中太平洋攻势在战争史中可谓独一无二。之前没有任何一支军事力量可以在遍布敌军岛礁机场的海域内以如此大的跨度快速推进。实施这样的作战需要新的训练方法，新的战斗、支援、补给和维护技术，以及一整套全新的先进武器。虽然这场1943年秋季发起的攻势仅在珍珠港事件发生后不到两年就发起，但美军已经掌握了所需的一切。

美军在中太平洋战区的主力部队是第5舰队，这支舰队是一个为将力量投射到远处而存在的人员、舰船和飞机的复杂综合体[1]。到1943年秋季时，第5舰队下辖6艘大型航空母舰，其中三分之二都是新型的27000吨级、32节航速的"埃塞克斯"级；5艘新型的11000吨级"独立"级轻型航空母舰；8艘护航航空母舰；5艘新型和8艘老式战列舰；9艘重巡洋舰和5艘轻巡洋舰；56艘驱逐舰；29艘运兵船和货船；以及数量不少的登陆艇。

---

[1] 第5舰队这一编制最初只包括配属于中太平洋地区的美军舰艇，但随后扩展到战区下属的两栖部队和岸基飞机。美国海军官兵有时会将第5舰队称为"大蓝舰队"（Big Blue Fleet）。

凭借超群的才智和朴实的军人本色，雷蒙德·A.斯普鲁恩斯中将担负起了指挥这支已经规模庞大、但实力仍在不断增强的舰队的重任。他在美国海军战争学院参谋部的工作成绩让他获得了战略家的美誉。中途岛之战彰显了他作为战术家的才干。此后，这位全才又作为尼米兹的参谋长，在制订这份计划的过程中扮演了重要角色。

快速航空母舰特混舰队第58特混舰队是第5舰队的锋矢。这支特混舰队通常由4个常设特混大队组成，每个大队通常下辖两艘大型和一艘轻型航空母舰，并有1~2艘快速战列舰、3~4艘巡洋舰以及12~15艘驱逐舰组成。高度灵活的航空母舰特混大队既可以集群作战，也可以分头行动。这些浮动航空基地将在横跨太平洋，杀向日本海岸的战斗中打头阵。不过在1943年，这支由查尔斯·A.波纳尔少将指挥的快速航空母舰特混舰队还只是日后粉碎整个日本联合舰队的"灭国舰队"的雏形。

第5舰队的两栖登陆部分则是由里士满·凯利·特纳少将指挥的第5两栖舰队。在两栖登陆行动中，这支部队将下辖有运兵船、货船、登陆艇和负责近距离支援任务的驱逐舰、护航航空母舰、巡洋舰甚至旧式战列舰。

配属于第5两栖舰队的作战部队既包含陆军也包括海军陆战队，这些登陆部队被合编为第5两栖军（V Amphibious Corps）。该军军长霍兰德·M.史密斯因为脾气暴躁且不修边幅而被称为"嚎叫的疯子"。"嚎叫的疯子"个性顽固，他的同僚被称为"坏脾气特纳"，两人经常意见不一致，但他们作为两栖战专家依然形成了一个高效的智慧团队。

最后，第5舰队还拥有囊括了陆军、海军和海军陆战队飞行部队的岸基航空部队，这些飞机都由海军的约翰·H.胡佛少将负责作战指挥。

为了让第5舰队在远离后方基地的情况下作战，在横跨太平洋之后依旧保持进攻势头，且能在抵达后保持对海域的控制，太平洋战场后勤部队为该舰队提供了流动式加油船队和机动辅助船队。前者由可进行海上加油的油船组成，后者则包括补给舰、修理船、浮动干船坞、弹药船和其他辅助船只在内的多种船只组成，可以在任何泻湖或者有防风浪保护的锚地快速构建起前进基地。

第5舰队的所有高级军官都由尼米兹根据其才干亲自任命。并非所有人都对尼米兹的安排表示满意。波奈尔作为飞行员出身，一心希望指挥航空母舰舰队，因此尖锐地诘问尼米兹为何并没有飞行背景的斯普鲁恩斯能够指挥这支美国海军的矛头。陆军也对于没有军官跻身高级职位颇有微词，而在两栖部队中或许有一半的部队是陆军，且第5舰队一半的飞行员也隶属于陆军。反对方都将目光放在了尼米兹任命的人选上，紧盯着他们的一举一动。

新服役的战舰在抵达珍珠港后会被编入特混大队，随后被派去攻击较为容易的目标作为"事前热身"和实战演练。在9月初，一个由3艘航空母舰组成的特混大队空袭了马尔克斯岛，对岛上设施造成了严重损伤，且击毁了多架停放在地面上的日军轰炸机。9月18日—9月19日，3艘航空母舰组成的战斗群会同从坎顿以及富纳富提起飞的轰炸机对吉尔伯特群岛展开了轰炸。此次空袭的主要目的是缓解埃利斯群岛上美军基地所受到的压力，这些航空基地持续遭受着从塔拉瓦以及马金岛起飞的日军飞机的轰炸。美军此战不仅达成了目标，且迫使日军撤出了马金岛和塔拉瓦的几乎所有航空部队，只留下4架水陆两用飞机用于侦查。同样重要的是，空袭中日本守军防守中发射了大量弹药却无法得到补充，空袭机群还成功拍摄了大量高质量的岛屿照片。18天后，一支由6艘航空母舰组成的特混舰队（当时美军规模最大的航空母舰舰队）对威克岛发动了大规模空袭，并迫使日军在空袭后将岛上的飞机全部转移到马绍尔群岛。最后的"热身"则是在11月初，谢尔曼和蒙哥马利指挥的航母特混大队通过空袭拉包尔策应了哈尔西指挥的布干维尔战役。

航空母舰数量的大幅度增加使得美军决定放弃以往的每艘航空母舰单独编队战术。虽然在单一环形护航队形中操控多艘航空母舰相当困难，且牺牲了一定程度的灵活性，但这些缺陷却被防空火力的优势所抵消。在单一编队内，航空母舰能得到战斗机空中巡逻和发射VT（无线电）引信弹药的密集防空炮火的保护。

日军舰队因航空母舰舰载机损失过于惨重而已经瘫痪，但对此一无所知的美军为了赶在古贺峰一发起（并不存在的）反击之前夺取滩头阵地而尽力提升登陆行动的突然性。为了避免过早暴露攻击目标，胡佛的B-24轰炸机直到11月中旬才开始对登陆岛礁进行定期空袭，而此时参加登陆行动的第5舰队的舰艇已经上路。

夺取吉尔伯特群岛

吉尔伯特群岛的登陆行动比此前美军在太平洋战场上实施过的登陆行动都更为复杂，规模更大。第58特混舰队的4个特混大队倾巢而出，赶赴各自的支援和掩护阵位，其中两个大队从珍珠港出发，而另两个大队则在完成对拉包尔的空袭后从南太平洋赶来。

北路登陆舰队搭载着陆军第27步兵师前往马金岛实施登陆。特纳和霍兰德·史密斯都随这支部队行动，这是由于原定的登陆地点瑙鲁被认为是日军在登陆岛礁中设防最为严密的一个。在瑙鲁被替换为马金岛后，登陆部队向新目的地驶去，但原来的指挥结构没有进行改动。

第5两栖军的其余部队被编为南路登陆舰队，舰队在新西兰威灵顿装载了在此接受训练的陆战第2师。舰队和参战官兵在新赫布里底群岛停靠期间以及驶往塔拉瓦的途中都进行了反复的登陆演练。

美军潜艇"鹦鹉螺"号（USS Nautilus，SS-168）载着一个连的陆战队前去侦察防守薄弱的阿贝玛玛岛——美军在马金岛和塔拉瓦之后的下一个目标。

由于马金岛距离马绍尔群岛位置较近，因此夺岛行动必须尽量在行动发起当天完成，以保证支援舰队能够迅速撤离。由于事前情报称守军实力较弱且并未构筑坚固工事，美军为夺取马金环礁的主岛（狭小的布塔里塔里岛）准备了6500名士兵。实际上岛上日本守军仅不到800人，其中包括284名由一位年轻中尉指挥的水兵，以及若干非战斗人员。由于对霍兰德·史密斯的延误，登陆部队势头被锉，士气较为低落，计划中一天夺下的岛屿花了近4天时间才拿下。尽管美军拥有压倒性的数量优势，但参战美军的伤亡率却不低，64人阵亡，152人受伤。不仅如此，11月24日，一艘刚赶到的日军潜艇射出的一枚鱼雷击中了护航航空母舰"利斯康姆湾"号（USS Liscome Bay），该舰随后因储存的航空炸弹发生殉爆而被炸断沉没。该舰约900名舰员中，有650人在爆炸中罹难，或被浮在水面上的泄漏燃油烧死。这一惨剧无可辩驳地证明了海军坚持加快登陆行动速度的正确性。作为陆战队将领，霍兰德·史密斯开始对陆军两栖登陆部队失去信心，尤其是对第27步兵师。

与此同时，"鹦鹉螺"号将所搭载的海军陆战队侦察连送上了阿贝玛玛岛，以试探守军的兵力。在陆战队员们发现岛上守军只有25人后，他们召唤潜艇浮出水面，借助潜艇的炮火支援后夺取了这座环礁。

美军将吉尔伯特群岛战役的重心放在了塔拉瓦环礁，在这里，美军以不菲的学费学到了在接下来的中太平洋攻势中突破敌方严密设防滩头所需的技战术。对美军而言，塔拉瓦是一座伴随着艰苦与磨难的两栖登陆战课堂，对所罗门群岛和新几内亚战斗的经验，以及海军和舰队陆战队（Fleet Marine Force）在战前总结的经验进行了补充。

由哈里·希尔少将指挥的南路登陆舰队的主要目标是长仅2英里的狭长岛屿比托岛（Beito），该岛也是塔拉瓦环礁中唯一设防的岛屿。岛上日军仅有约3000名作战人

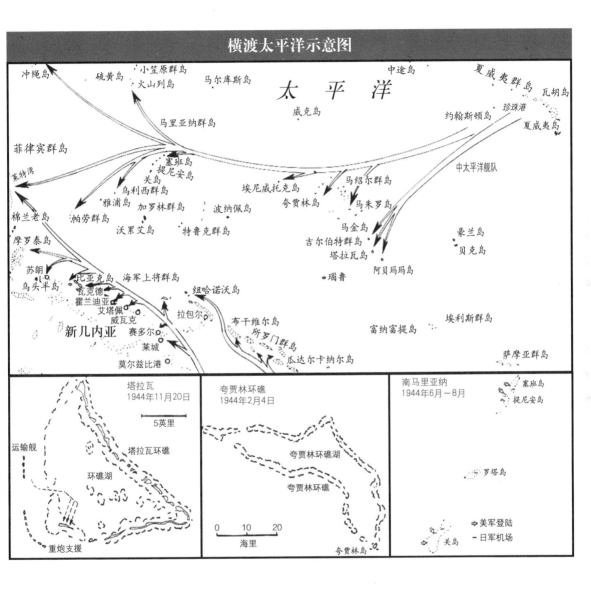

员，但却面对着由朱利安·C.史密斯少将指挥的，人数多达16000人的第2陆战师。日军防御部队与美军一样都是精锐部队，但日军最大的倚仗还是岛屿周边丛生的天然障碍和利于设防的岛上地貌。比托岛被一整片宽广的礁盘所环绕，礁盘在低潮水位时会浮出水面。日军依托礁盘，将混凝土、珊瑚礁和金属障碍物用铁丝网连为一个整体，迫使进入阻拦带的登陆艇暴露在日军岸防火炮之下。日军在滩头的高潮水位建起了一道用硬椰子木堆砌的高达4英尺的胸墙，几乎可以免疫除大口径火炮外的其他火力。胸墙后方设有大量炮位，以及避弹所和钢筋混凝土指挥所，这些工事大都覆盖有厚重的沙土以降低炮弹的杀伤力。

美军指挥人员通过询问了原住民，以及研读飞机和潜艇拍摄的照片，尽其所能地收集了比托岛的情报。美军确定岛上没有适宜登陆的滩头，所有海滩都有重兵把守。几经取舍，美军最终选择了在泻湖内部北侧约1500码宽的沙滩作为登陆场。但美军指挥人员忽略了特纳的行动计划中的一条关键情报："在小潮平均高水位期间，比托岛北岸的珊瑚礁会被淹没在一到两英尺的海水下。"这一水深并不能让标准载重的登陆艇通过。而计划登陆的11月20日恰好正是处于小潮水位。

为了避免遭受过于严重的损失并在登陆后保持势头，登陆舰队必须在登陆发起前摧毁比托岛上的大部分防御工事。经验老到的军官们并没有对胡佛的B-24进行的持续一周的轰炸和第58舰队在登陆日之前进行的空袭抱太大希望。他们真正指望的是希尔的3艘老式战列舰和5艘巡洋舰进行的近距离登陆前火力准备。11月20日早晨，美军支援战舰在两个半小时的袭击中向比托岛倾泻了3000吨各种口径的炮弹。整座比托岛都陷入火光之中，大量的烟柱直冲云霄。木制的兵营直接被炸毁，一处弹药囤积点发生殉爆，一些火炮也被摧毁，但大多数日军都躲入了避弹所中养精蓄锐。

美军登陆艇由于在进入泻湖时遭遇了逆风和大浪，抵达攻击出发线的时间晚于计划。从0825时开始，前三波登陆梯队搭乘着新型的"Amtracs"（履带式两栖登陆车，后文简称为"LVT"）以4分钟的间隔从攻击出发线开始向6000码外的滩头进发。配备有步兵、坦克和轻型火炮的第4、第5和第6梯队则乘坐LCM和LCVP登陆艇很快跟上。0845时，由于登陆艇队已经完全被浓烟所遮蔽，希尔少将为了避免误击而命令战舰停止射击。此时第一梯队距离冲滩还有15分钟的路程。日军利用这一空袭加紧向滩头调遣兵力，并配合在泻湖沿岸的守军用步枪和机枪将美军登陆艇笼罩在密集的火力之下。

LVT自离开攻击出发线开始就一直处于敌军交叉火力射击下，随着它们越来越接近探头，敌方火力也越发猛烈起来。近岸的礁石如特纳的参谋人员所预测的一般距离水面只有两到三英尺，登陆车艰难地爬上了这些障碍并翻过了它们。但就在LVT翻越障碍后，它们就落入了由机枪、步枪和反小艇火炮所构成的罗网之中，所有梯队都陷入混乱之中，乘车的登陆部队死伤惨重。由于常规登陆艇被困在礁盘边缘动弹不得，第4、5、6波次的损失更为严重。一些陆战队员跳入深水中逃生，但因为身上装备过重而溺亡。其余被困在登陆艇上的陆战队员搭乘掉头折返的LVT登上成功登岸。大多数陆战队员都必须在浅水区离开登陆车，冒着日军机枪和步枪的猛烈射击涉水600码才能登上滩头。少数由LCM登陆艇送来的"谢尔曼"坦克登上了礁盘，随后自力开上比托岛，但装载着37毫米和75毫米火炮的LCVP则只能后撤，等待潮位变高。

低潮水位对美军而言只有一个好处：退却的海水留下了一条砂质的海滩，使得设法抵达岸边的陆战队员们能够依托海堤获得一定的掩护。即便如此，美军此时的伤亡依然极为惨重。从最初的惊骇中恢复过来的陆战队员们开始翻越海堤，在弄清敌方火炮炮位和步兵掩体位置后用TNT炸药将其摧毁。

此时还在船上的登陆指挥官大卫·M.舒普上校命令他的团预备队立刻投入战斗。随后他向在"马里兰"号上指挥的朱利安·史密斯少将发报，请求立刻给予炮火和空中支援。史密斯不仅批准了舒普的支援请求，还将师预备队的一半兵力交给他指挥。在收到关于滩头局面危急的进一步报告后，朱利安向尚在马金岛的霍兰德·史密斯发报，请求出动军属预备队并获得了同意。

在11月20日入夜前登上比托岛的5000名美军士兵中有三分之一的人阵亡或受伤，但西侧滩头已经半数落入美军手中，且美军已经在岛上码头的位置建立起了一道300码纵深的防线。在夜间，登陆部队严格遵守了射击纪律（几乎一枪未发）。许多日军士兵在日出后爬上树木或是利用其他手段占领阵地对美军进行狙击。

随着11月21日第一缕曙光的降临，战斗双方旋即恢复交火且很快进入白热化。美军召唤的舰载机空袭和舰炮轰炸精度都在稳步提高。在猛烈的火力支援下，陆战队员开始沿着比托岛西岸向对面推进，军属预备队也开始大量抵达。在此期间，登陆部队的主要任务就是肃清敌军据守的碉堡和掩体。坦克和炮兵在这类凶险的任务中发挥了巨大的作用，但最后的工作要由装备了火焰喷射器和手掷式TNT炸药包的步兵来完成。

11月23日下午，朱利安·史密斯宣布敌军有组织抵抗已经被瓦解，而岛上守军则几乎完全被消灭。超过1000名朝鲜劳工被美军俘虏，但日军则仅有一名军官和19名士兵投降。其余的日军要么选择顽抗到底，要么自我了断。在登陆比托岛的18300名美军中，有3000余人死伤，其中有超过1000人阵亡或伤重不治。

美国公众与高层对于此战的惨烈深感震惊。作为一场大规模攻势的关键跳板，塔拉瓦环礁的重要性与瓜达尔卡纳尔岛和巴布亚半岛不相上下，虽然后两者的人员损失则要高得多，但这些死伤都分布在超过6个月的战役中。而在塔拉瓦，仅3天的激战就让美军付出了上千人阵亡的代价。

时任美国陆军中太平洋部队司令的罗伯特·C. 理查德森中将对于夺取马金岛的拖沓和塔拉瓦登陆的惨重伤亡大加挞伐，称这是指挥无能的体现。他向尼米兹提出用一个陆军军替代第5两栖军，并表示这样做与将第5两栖军陆军和海军陆战队部队的指挥权从霍兰德·史密斯交到他手中有同样的效果。但尼米兹无视了理查德森的提议。

此时的尼米兹对即将发起的马绍尔群岛登陆行动忧心忡忡。为了瓦解邻近的吉尔伯特群岛的防御，美军必须先夺下马绍尔群岛内建设有轰炸机基地的小岛。他更为担心的则是随后第5舰队将对马里亚纳群岛发起的登陆。马里亚纳群岛内的目标——塞班岛、提尼安岛和关岛都比吉尔伯特群岛或者马绍尔群岛的岛屿要大上许多，且这三座岛屿都处于日军岸基飞机的支援半径内，且远离盟军岸基飞机的作战范围。攻占地势平坦，长仅2英里的比托岛就让美军付出了上千条人命，那么夺取岛上山峦耸立，长达25英里的关岛又将让多少美军士兵喋血？

当中太平洋攻势刚被提上日程，麦克阿瑟上将就抗议称强行夺取坚固设防的岛礁代价将过于高昂，并以日军在中途岛的惨败作为论据。不过他并不反对攻占吉尔伯特群岛和马绍尔群岛，因为日军可以从这两座群岛出发，经由埃利斯群岛至萨摩阿，破坏西南太平洋战区与美国本土的补给线。不过他坚决反对美军继续沿中太平洋轴线推进。他认为美军中太平洋攻势的人员、舰船和飞机损失都过于高昂。除此之外，在中太平洋集结部队也可能导致本应分配给他的部队的补给被调用，从而导致美军在南线的推进遭到拖延；同时，如果美军在中太平洋进展神速，那他经由新几内亚到菲律宾的迂回行动就会显得画蛇添足。

塔拉瓦之战的惨烈给了麦克阿瑟足够的理由来兜售他的想法。他强烈催促参谋长联席会议命令尼米兹在夺取马绍尔群岛后取消在中太平洋的下一步行动，并将第5舰队调往南方支援他向棉兰老岛的进攻。在参谋长联席会议拒绝了他的建议后，麦克阿瑟直接绕过参联会致信陆军部长亨利·L. 斯廷森，这封信随后交到了总统手中。他鼓吹称："把太平洋战事的总指挥权交给我，我将在10个月内拿下菲律宾……不要因为海军傲慢和无知再将这场悲剧继续下去了。"

麦克阿瑟和理查德森的请愿最终落空，不过麦克阿瑟很快就又得到了一个出乎意料的机会。尼米兹邀请太平洋战场的高级军官前往珍珠港商讨战略问题。麦克阿瑟派出了两名陆军和一名海军将领，并命令他们尽量争取让美军只沿"新几内亚—棉兰老"轴心推进。在1944年1月27日—1月28日的会议期间，麦克阿瑟的代表们毫无困难地说服了反对进攻马里亚纳群岛的中太平洋战区参谋部。而尼米兹则称他会尽力让中太平洋攻势得到各方认可。他派出自己的计划主管带着一份会议笔记和相关措施的复印件前往华盛顿，争取说服参谋长联席会议。怀着同样的目的，得意扬扬的麦克阿瑟也把自己的参谋长派回了华盛顿。

登陆马绍尔群岛

马绍尔群岛的登陆行动早在登陆吉尔伯特群岛之前就开始制定计划，美军最初打算同时在马洛埃拉普和沃杰环礁（这两座群岛距离珍珠港最近），以及日军在该群岛的指挥部夸贾林环礁同时发起登陆。对于塔拉瓦战役的惨重损失记忆犹新的霍兰德·史密斯，说服了斯普鲁恩斯和特纳，让他们认识到美军的登陆部队和支援力量尚不足以同时夺取三处基地。他们向尼米兹提出了一个"两步走"的作战行动：先登陆马洛埃拉普和沃杰，随后夺取夸贾林。尼米兹则更进一步：美军可以直接绕过这两处外围岛礁，只登陆夸贾林。第5舰队的海陆军指挥官都认为这一方案太过冒险。在1943年12月14日的一场会议上，尼米兹与他们进行了投票表决。与会的军官们全部同意先夺取马洛埃拉普环礁和沃杰环礁。投票结束后，尼米兹沉声说："好了，先生们，我们的下一个目标会是夸贾林。"尼米兹唯一的变通是他批准了占领马绍尔群岛东部的马朱罗环礁，以便在作战区域为舰队提供一处锚地。

这一直捣黄龙的计策虽然大胆，但却相对合理。马绍尔群岛外围岛礁的守军更多，而位于中央的夸贾林本身却防御较轻，肯定不会让陆战队陷入像比托岛一样的境地中。虽然日军在夸贾林岛驻扎了约8000人，但其中只有不到2200人是接受过训练的专职战斗部队。但实际上这8000人大都配有武器，且已经准备好了战斗。

此前负责指挥吉尔伯特群岛作战的第5舰队指挥层在马绍尔群岛登陆中大都继续留任指挥——但只有一个例外。虽然波纳尔少将是在得到任命时唯一一位没有受到非议的第5舰队指挥官，但却在此次行动中不得不被解除指挥职务。指挥着第58特混舰队两个航母大队的波纳尔受命对夸贾林进行登陆前的空袭火力准备。他准备进行两次连贯的空袭行动，当第一波次飞行员在返航后告诉他岛上机场内还有大量的日军飞机未被摧毁后，波奈尔立刻叫停了第二波空袭并命令撤退。当晚，逃过一劫的日军飞机发现了正在撤退的美军舰队，并趁着月光发动了空袭，一枚鱼雷正中刚建成服役的新一代"列克星顿"号（USS Lexington，CV-16）的舰艉。尼米兹对于波纳尔在此次行动中缺乏进攻精神和准确判断的表现颇为不满。尼米兹虽然解除了波纳尔的指挥职务，但还是为了照顾波纳尔的脸面给他明升暗降，把他任命为较为清闲的太平洋航空部队司令，让他此后只负责行政和后勤。尼米兹为接替波纳尔物色的人选是海军飞行员出身的马克·A.米切尔少将，不过此时的米切尔只被任命为高级航母分队司令。如果米切尔在接下来的马绍尔群岛登陆中出了任何岔子，那他将会不经过正式解职就被悄悄踢到一边。

在太平洋战争期间，一个极为重要的事实就是，美军的两栖登陆战术和装备是在塔拉瓦登陆和马绍尔登陆之间完全成熟的。美国武装部队在这个时候终于明白了他们的前辈波特少将早在80年前第一次进攻费舍尔堡失利后就已经弄清的教训：坚固的岸防工事只可能被经过预先规划的、准确的火力打击所摧毁。对于舰炮和航空炸弹而言，这个规则是一视同仁的。

在马金岛，阿贝玛玛和塔拉瓦的机场投入运转后，胡佛指挥的安吉轰炸机就开始对马绍尔群岛展开空袭，被很快将空袭频次增加到每天一次的地步，在6周的空袭中投下了2000吨炸弹，并拍摄了数以百计的照片。1944年1月29日，实力大增的第58舰队带着多达750架舰载机抵达了马绍尔群岛外海并开始加入空袭当中。胡佛和米切尔的轰炸机会同第58舰队的舰炮，不仅重创了岸防工事，瘫痪了机场，还摧毁了整个群岛内的所有日军飞机。

第5两栖舰队的300艘运输船舰搭载着84000名士兵抵达了马绍尔群岛，希尔指挥的"特别登陆大队"（Special Assult Group）负责夺取马朱罗。在该大队进入泻湖后，一个机动勤务船中队也随之进入，准备好满足海军部队的勤务需要。勤务船中队在泻湖中建立起了一座临时基地，正是由于一系列临时基地的存在，美军舰队才得以摆脱对珍珠港的依赖，一步一步地让足迹跨过太平洋。

1944年1月30日，理查德·L.康诺利少将的指挥北路登陆舰队和由特纳亲自指挥的南路登陆舰队抵达了夸贾林环礁，随即开始利用舰炮和护航航空母舰上起飞的舰载机进行登陆前的密集火力准备。作为美军首要目标的罗伊岛（Roi）和那慕尔岛（Namur）这两座位于环礁泻湖北端的岛屿，以及南面44英里处的夸贾林岛本岛在火力准备中承受了4倍于比托岛弹药量的猛烈洗礼。美军舰载机仔细地挑选目标，且投弹相当精确。负责炮击的战舰可以根据情况灵活切换高爆弹和穿甲弹。

1月31日，美军占领了罗伊—那慕尔岛以及夸贾林岛的临近岛屿，并在这些岛屿设置炮兵阵地，以便为主要登陆滩头提供掩护。当天夜间，新组建的水下爆破队

(UDT）侦察了各登陆滩头。2月1日早上，在对目标岛屿进行最后的轰炸后，登陆部队开始向各自预定登陆的滩头进发。此时的LVT登陆车已经配备了武器并加装了装甲，而且还有LCI（G）型炮艇和两栖坦克伴随支援。康诺利和特纳也在新服役的两栖指挥舰内协调作战行动。

不是所有事情都顺风顺水，登陆罗伊—那慕尔岛的部队就因组织不当和时间表混乱而乱作一团。登陆此处的是由哈里·施密特少将指挥的，刚组建不久的第4陆战师。该师在组建后就直接被从美国本土运来，既没有经历过实战考验，也缺乏机会演练登陆战术。不过在上岸后，初上战场的陆战队员们还是很快席卷了两座岛屿，并在2月2日午后宣布肃清岛上敌军。第4陆战师的伤亡情况为196人阵亡，另有约550人受伤。

负责登陆夸贾林岛的第7步兵师（师长查尔斯·H. 柯莱特少将）则几乎毫无疏漏。但这些训练有素且参加了阿图岛登陆行动的老兵们的进展却非常缓慢。这是因为他们必须要击败兵力相对较多的守军。由于选择的登陆场是极为狭窄的岛屿西端，必须纵贯这个狭长的岛屿才能完成占领。进展缓慢的主要原因还是第7步兵师依然在沿用第一次世界大战的步兵战术。当该师在2月4日下午彻底夺取该岛时，他们已经付出了177人阵亡，另有约1000人负伤的代价。从损失上看，稳扎稳打的陆军部队伤亡情况并不比行动迅捷的陆战队少。

由于手头尚有10000人的军属预备队尚未动用，斯普鲁恩斯当机立断，下令这些部队夺取埃尼威托克环礁。不过埃尼威托克的地理位置并不利于进攻，此处距离马里亚纳群岛仅1000英里，距离波纳佩岛仅600英里，距离特鲁克也不过700英里，且因其易守难攻的特点而被誉为"太平洋上的直布罗陀"。为了避免日军干扰夺取埃尼威托克的行动，从塔拉瓦出动的美军岸基飞机瓦解了波纳佩岛日军的战斗力，同时第58舰队也向西南调动，空袭了特鲁克。谨慎的古贺峰一在特鲁克遭袭之前就已经将联合舰队主力转移到了西卡罗林群岛内的帕劳群岛，仅留下一支小部队负责保卫依然留在特鲁克的货船。米切尔的战舰和舰载机共计击毁和击落了约200架日军飞机，并击沉了15艘敌舰（包括两艘巡洋舰）以及19艘货船和5艘油船，但自身也付出了25架战机和一艘航空母舰重伤的代价。米切尔随后带领其中两个航空母舰特混大队前往马里亚纳群岛，虽然美军舰队在距离马里亚纳群岛尚远时就被发现，但雷达火控引导的、配备VT引信防空弹药的高射火力依然使得来袭的日军飞机无一命中。美军航空母舰舰队先后轰炸了塞班岛、提尼安岛和关岛，至少摧毁了150架敌军轰炸机。期间美军还为选择适宜进行登陆的滩头和机场拍摄了大量航拍侦察照片。

在航空母舰编队南征北战之际，哈里·希尔的部队已经夺取了埃尼威托克环礁的三座主要岛屿。由于军预备队下辖的部队都没有任何战斗经验，因此在登陆期间产生了一些混乱。不过在登陆后，训练有素的陆战队员们以一天一座的速度快速攻占了两座岛屿。在马金岛就表现不佳的第27师抽调出来的陆军士兵则出师不利，不得不让陆战队紧急派出一支登陆大队接替他们担纲攻坚任务。

为了表彰在夺取马绍尔群岛战役中的贡献，同时作为统领这支实力渐增的舰队的认可，米切尔、霍兰德·史密斯、特纳和斯普鲁恩斯都在肩章上加了一颗将星，同时米切尔还被任命为太平洋快速航母部队司令。

马绍尔群岛战役以及相关作战行动的胜利扫清了尼米兹对于中太平洋战役的疑虑和对惨重人员伤亡的担忧。此时信心满满的他不仅打算夺取马里亚纳群岛，还准备为麦克阿瑟的行动提供增援。正因如此，金上将在1944年2月8日送到的信件祝贺了尼米兹在马绍尔群岛的胜利。随后他单刀直入地指出了自己不快的原因：尼米兹在1月28日提出绕过马里亚纳群岛。金写道："我已经读过了你的会议纪要并很感兴趣，但我必须表达我的不满。"日军占据的马里亚纳群岛封堵住了所有横跨太平洋的海上航线。如果美军夺取马里亚纳，就能"渴死"卡罗林群岛的日军，后者的人员和物资都需要从马里亚纳群岛基地群出动的飞机掩护下运抵。金在信中接着写道："我认为即便是南太平洋战区也会支持拔掉这根卡在我们的西太平洋补给线上的毒刺。"

陆军航空兵的掌门人阿诺德上将也坚定支持金关于夺取马里亚纳群岛的主张。他计划在这些岛屿上建设大量机场，新型的B-29远程轰炸机可以依靠其航程直接轰炸日本本土。

新几内亚—棉兰老轴心

尼米兹很快就得到了一个支援麦克阿瑟在新几内亚岛沿岸发动的"蛙跳"作战的机会。从1944年3月底开始，他就命令第58舰队对帕劳群岛的联合舰队锚地发起空袭，争取诱使敌舰队决战，或将其驱赶出麦克阿瑟的侧翼。在日军巡逻机发现正在前来的美军舰队后，古贺峰一考虑到己方舰队的舰载机飞行员尚未补充到位，无法做好战斗准备而下令联合舰队大部分兵力继续后撤。当第58特混舰队的舰载机在3月30日和3月31日两度光顾帕劳群岛时，它们击沉了一艘驱逐舰并重创了35艘其他船只——

其中大部分都是辅助船和货船。古贺峰一在从帕劳乘飞机前往设在菲律宾的新司令部时因风暴坠机遇难，联合舰队因此再度失去了总司令。

4月中旬，第58特混舰队再度出发，此次他们将直接支援麦克阿瑟的进攻。麦克阿瑟的登陆部队将从海军上将群岛出发，绕过日军第18军在威瓦克岛的防守，大胆"蛙跳"400英里直取霍兰迪亚。另一支偏师则会在艾塔佩登陆，截断日军的沿海运动通道。这是西南太平洋战区自成立以来规模最大的两栖登陆行动，将投入113艘舰船和多达84000人的部队。由于第5航空队和第7舰队（包括从尼米兹处借来的护航航空母舰）已经破坏了敌人的防御，第58舰队并不需要提供直接支援。

麦克阿瑟向西推进的主要目的就是夺取日军修筑的机场，直至菲律宾群岛最南端的棉兰老岛进入美军轰炸机（及护航战斗机）的掩护半径为止。5月中旬，他的两栖登陆部队登上了新几内亚岛外海的韦克德岛（Wakde），霍兰迪亚位于该岛西北方向，距离仅130英里。古贺峰一的继任者，充满进攻精神的丰田副武海军大将认为，盟军打算沿新几内亚单线推进，因此制订了作战计划，准备在卡罗林群岛西部海域与美军展开舰队决战。他向菲律宾群岛和婆罗洲之间的塔威塔威岛派出了新组建的机动部队（可以看做联合舰队的主力，与美军第58特混舰队一样都以航母为核心编成）。机动部队的司令官小泽治三郎中将是日本海军的资深航空兵指挥官。依靠在吉尔文科湾（Geelvink Bay）入口处的比亚克岛建立起的三座机场，小泽舰队在舰载航空兵力上的劣势得到了弥补，这一有利的战场态势使得小泽可以在此处对第58特混舰队主动出击。5月27日，势如破竹的麦克阿瑟部队登陆比亚克岛后，日军立刻全力采取对策，如果岛上机场落入美军手中，日军不仅会失去岸基航空兵支援，还将在对阵米切尔时面临敌方岸基航空兵的威胁。日军首先将大量航空兵力从中太平洋战场转移到新几内亚战场，然后又派出水面舰艇护送增援部队，准备强行支援比亚克岛。日军在两次增援尝试先后被美军航空兵和一支第7舰队的驱逐舰/巡洋舰部队所挫败后，派出了一支真正强大的护航兵力。这支由宇恒缠中将指挥的舰队包括超级战列舰"大和"号和"武藏"号以及6艘巡洋舰。它们准备杀出一条血路，在比亚克岛卸载增援部队并炮击敌军登陆部队。

6月11日，当宇恒缠的舰队前往比亚克岛时，战略态势陡然生变。美军第5舰队空袭马里亚纳群岛，为即将发起的塞班岛登陆进行准备。显然，双方的舰队决战已经不会在新几内亚进行，而是在马里亚纳群岛附近的菲律宾海展开。在丰田副武的命令下，小泽舰队从塔威塔威岛起航；而宇恒缠则丢下了运输船队，向北与小泽舰队和机动舰队其余兵力在菲律宾以东海域会合。

小泽舰队在菲律宾海海战中的惨败使得麦克阿瑟彻底没有了后顾之忧，他可以放心大胆地实施他的作战计划。在比亚克岛全境肃清前，他的部队就登陆了该岛西面50英里处的诺米佛尔岛（Nomefoor）。7月底，西南太平洋战区美军在新几内亚岛西端的桑萨波角上岸。在三个月多点的时间里，美军已经向前推进了接近1000英里，沿途夺取了5座敌军基地。此时在麦克阿瑟和西北方向500英里处的棉兰老岛之间，只剩下摩鹿加群岛和塔劳德岛两处敌军据点。

菲律宾海海战——双方舰队的战前行动

丰田副武选择塔威塔威岛作为联合舰队的新母港，一部分原因是此处可以很方便地利用产自婆罗洲的原油，由于美军潜艇的封锁，产自婆罗洲的石油几乎无法被运回日本。美军很快获悉了日军舰队的停靠位置，并立即向该海域部署了大量潜艇，导致小泽的舰队甚至不敢出港进行演习。此时小泽指挥的飞行员在送上航空母舰前只接受了极少的基本飞行训练，由于飞行训练几乎被叫停且极少出海，昔日不可一世的"皇国海鹫"已经失去了锐气。

在接到丰田大将前往菲律宾海集合的命令时，日军各部队却没有足够完成如此远距离航行的燃料。伴随联合舰队的油轮不得不赶往婆罗洲装油，直接从储油罐内泵入的原油虽可用于舰用锅炉，但会生成极为危险的油气混合物。小泽舰队沿着菲律宾群岛内的水道前进，于6月17日下午在菲律宾海与宇恒缠舰队会合。在加注了危险的强挥发性原油后，两支舰队于次日向马里亚纳群岛进发。

小泽准确估计出第58特混舰队的实力足有机动部队的两倍，且飞行员素质远优于日军，因此他将希望寄托于自己的优势上[1]。东向的季风使得日军占据了上风向优势。对斯普鲁恩斯在中途岛的战术指挥颇为欣赏的小泽推断出前者是一个谨慎的指挥官，很可能将第58特混舰队部署在登陆滩头附近，便于提供近距离支援的位置上。没有沉重的防护装甲或者自封油箱所拖累的日军飞机打击半径可以超过300英里，相比之下美军舰载机的打击半径则仅约200英里左右。小泽希望从罗塔岛和关岛起飞的日

---

[1] 日军机动部队下辖：9艘航空母舰、5艘战列舰、13艘巡洋舰、28艘驱逐舰、430架舰载机。第58特混舰队下辖：15艘航空母舰、7艘战列舰、21艘巡洋舰、69艘驱逐舰、891架舰载机。

军岸基飞机率先攻击美军舰队,在第58舰队的航空优势被大大削弱后,机动部队再投入战斗。随后日军舰队将游移在美军舰载机打击范围之外,以关岛作为舰载轰炸机的加油和补弹点,最终利用穿梭轰炸击败美军航母舰队。

6月18日下午,美军战机从塞班岛以西200英里处的第58特混舰队的航空母舰上起飞。小泽随即开始准备对盟军进攻。他将自己包括所有大型航空母舰在内的本队留在后方,派出所有大型战舰和3艘轻型航空母舰组成的前卫舰队前出100英里作为防空幕。这样的安排使得美军战机无法直接接近本队,如果美军机群执意突防,将会被前卫舰队迎头痛击。

6月6日,第58特混舰队在搭乘重巡洋舰"印第安纳波利斯"号的斯普鲁恩斯和坐镇"列克星顿"号的米切尔的指挥下从马朱罗环礁起航前往马里亚纳群岛,第5两栖舰队满载着127000名士兵(其中三分之二都是陆战队员)的535艘舰船则跟随在一定距离之后。与此同时,在地球的另一侧,美军部队也开始登陆诺曼底。这两场行动让彰显了美军作为史上最为强大的军事力量的强大实力。

虽然马里亚纳群岛登陆行动无法得到岸基航空兵支援,但在马绍尔登陆后,已经没人怀疑第5两栖舰队能够在没有支援的情况下完成登陆作战的能力。6月11日,米切尔的航母特混舰队从关岛以东200英里的阵位上对马里亚纳群岛南部展开了大规模空袭。日军飞机损失惨重,但对美军造成的损害非常轻微,这是因为如前文所述,日军已经将中太平洋的大部分航空兵力都调去协防比亚克岛。许多匆忙抵达的日军飞行员都因疟疾和丛林热而一病不起。

6月14日,米切尔派出两个航空母舰特混大队向北空袭硫黄岛和父岛的机场,由此切断日本本土与南方的空中交通线,彻底孤立马里亚纳群岛。另外两个航空母舰特混大队则在塞班岛以西占据掩护阵位,第5两栖舰队于6月15日将第2和第4陆战师送上了塞班岛。

虽然美军航空母舰舰队此时兵分两路的行为与两年前的中途岛战役中如出一辙,但日军根本没有机会对美军攻其不备。菲律宾沿岸的游击队瞭望员和美军潜艇已经将联合舰队逼近的消息告知了斯普鲁恩斯。得知大战将至的第5舰队司令推迟了关岛的登陆行动,并将8艘巡洋舰和21艘驱逐舰从第5两栖舰队抽调到第58特混舰队中,同时命令执行空袭任务的两个特混大队在完成6月16日的轰炸后与另两个大队会合。他将第58特混舰队的战术指挥权交给了米切尔,但希望米切尔在采取行动前首先上报自己的意图。

6月18日,前去执行空袭任务的两个特混大队与主力会合后,米切尔将包括全部

7艘快速战列舰在内的水面舰艇编为第5特混大队,并将这个大队部署在敌军威胁的来袭方向作为防空幕,并寻机与敌军展开水面战斗。到日落时,第58特混舰队向西转向,不过派出的侦察机一无所获。在黄昏中舰队掉头朝塞班岛滩头驶去。两小时后珍珠港方面向米切尔发报,称无线电测向装置测定敌方机动部队就在美军西-南西方向355英里处。对于米切尔而言,如果现在就转向追赶敌方机动部队,那美军就能在日出时分将日军舰队纳入舰载机的攻击半径。同时他也希望与关岛保持距离,以免敌军穿梭轰炸的袭扰。他向斯普鲁恩斯发送了无线电语音消息,汇报称第58舰队"将在0130时向西转向,以便在0500时前后追上敌军舰队"。

斯普鲁恩斯只接到了一个任务:"夺取并守住塞班岛、提尼安岛和关岛。"因此他认为第58特混舰队的最主要任务是作为美军登陆场和两栖运输船队的盾牌。出于日军在以往的大规模海战中都曾分兵行动的经验,斯普鲁恩斯希望在地图上找到一处敌军舰队无法溜过美军的眼线袭击登陆部队的阵位。他拒绝了米切尔的请求,第58特混舰队继续保持向东航向。

菲律宾海海战(1944年6月19日—6月20日)

6月19日日出时,第58舰队上空天气晴朗,米切尔的旗舰"列克星顿"号正位于塞班岛西南方向110英里处。早上0619时,美军舰队终于掉头,但此时已经无法接近日军机动舰队。在0720时至0900时期间,日军用岸基飞机攻击美军航母舰队的企图被"地狱猫"战斗机所挫败,至少35架日军飞机被美军战斗机击落。

1000时刚过,第58特混舰队的雷达发现了尚在150英里外的日军来袭飞机,这些从西面来袭的敌机显然是从机动部队的航母上起飞的。美军战斗机引导员展现了超凡的效率,集结起约450架"地狱猫"并命令集群爬到高空待命,随后以逸待劳,占据高度优势的"地狱猫"机群呼啸着冲向数量更多、但训练蹩脚的来袭日机。少数日军飞机冲破了战斗机的拦阻进入美军战列舰大队的防空火力范围,随即被致命的VT引信防空弹药炸成碎片。在从美军航母上起飞的轰炸机让关岛机场无法继续用于穿梭轰炸的同时,从日军航母上起飞的三个波次空袭机群都同第一波次一样遭到惨烈的屠杀。美军飞行员们目睹着敌军飞机像拖曳着火光的流星一样纷纷坠落海中,"马里亚纳猎火鸡"就此得名。到日落为止,日军舰队已经损失了346架舰载机,再度陷入实质瘫痪中。

日军舰载航空兵在这场8小时的蹂躏中遭遇了彻底的毁灭,而联合舰队也遭受灭顶之灾。两艘美军潜艇溜进了日军本队薄弱的反潜防护圈内，发射的鱼雷分别击中了小泽的旗舰（新建成的"大凤"号装甲航空母舰）和参与过偷袭珍珠港的"祥鹤"号。高挥发性的婆罗洲原油所产生的易爆气体从破裂的管线中涌入两舰内部。午夜前后，两艘航空母舰都如同巨大的礼花一样发生剧烈爆炸后沉没，导致大量舰员死伤。幸免于难的小泽转移到了"瑞鹤"上。日落时分，机动舰队转向西北撤退。

在将敌军的羽翼剪除后，轮到斯普鲁恩斯发起攻击了。他留下了一个航空母舰特混大队保护塞班岛的登陆场免遭敌军岸基飞机骚扰，其他大队则转向西-南西追击可能沿来路后撤的联合舰队。由于美军侦察机在该方向一无所获，米切尔在6月20日中午命令舰队转向西北。终于，在1600时到来前，一架"企业"号的侦察机报告称敌舰队在275英里外。对于美军飞机而言这无疑是一场长途奔袭，但米切尔毅然决定发动一次216架飞机组成的"全甲板攻击"，而这意味着参战飞机必须要在夜幕中返航着舰。

就在太阳机降落入水天线下的时刻，从第58特混舰队起飞的美军飞行员终于发现了在西北方向呈扇形列阵的日军航空母舰大队。美军立刻发动攻击，击沉了两艘油船和"飞鹰"号，并击伤了另外两艘航空母舰。小泽舰队设法起飞了75架飞机迎战，日军舰载机和防空火力共击落了20架美军飞机，而日军飞机的损失则更为惨重。日落为这场短暂的战斗写下了休止符，日军机动部队此时仅剩35架飞机。

渐渐转暗的天空很快变得一片漆黑，美军飞机开始向着航空母舰返航。被击伤的飞机和上面的机组渐渐开始坠入海中。随后那些忽视了节约燃油的战机也开始在海上迫降。

为了缩短幸存飞机返航所需的航程，第58舰队向着机群的方向加速前进。在接头后，航空母舰开始掉头转入迎风航行以便着舰，为了拯救返航的机组，米切尔不顾可能引来敌军潜艇，命令所有战舰打开全部灯光。不过随着新抵达飞机用尽最后一滴燃油一窝蜂地涌入着陆闭合航线，航空调度开始变得混乱。为了避免着舰过于密集导致的碰撞，着舰信号军官（LSO）不得不让大多数战机取消着舰，只允许少数在舰上降落。在那些未能着舰的舰载机因燃油告罄而迫降后，美军驱逐舰开始忙着在整个舰队内搜寻幸存者。

在完成飞机回收后，第58舰队开始向着日暮时那场空战的发生地前进，以16节的航速沿途搜索并救回参战的飞行员。依靠驱逐舰和水上飞机的营救，49名参加了6月20日战斗的空勤人员成功获救。总体而言，美军在为期两天的战斗中，因为各种原因

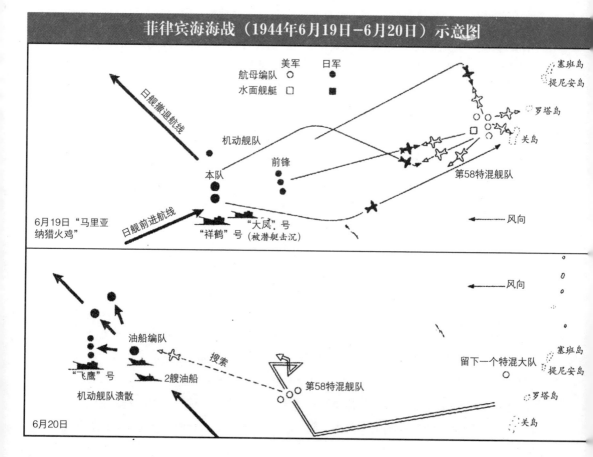

损失了130架舰载机和76名飞行员。

米切尔的菲律宾海海战官方报告以一段苦涩的文字作为结尾:"敌军成功逃跑。虽然他(指小泽)的舰队已经被一场在进入作战半径后就立即发起的大胆的航空母舰空袭中重创,但他的舰队并没有被彻底击沉。"身处珍珠港的飞行员出身军官认为斯普鲁恩斯贻误了整场战争中最好的一次机会。他们表示:"这场海战,就是让非飞行员出身的军官指挥飞行员们的结果。"他们同时宣称第58特混舰队与登陆场之间的空档可能给予日军部分舰队在不被发觉的情况下乘虚而入的机会。但即便日军冲入登陆场,等待它们的还有负责守卫的7艘老式战列舰、3艘巡洋舰和5艘驱逐舰。这些战舰有可能击败敌军余部,或至少将其重创,随后让第58舰队追上并彻底解决。

但如果米切尔在当时执意接近敌军,那他必须要分派出部分飞机负责进攻,另一部分负责防御，这会使得他的航空母舰更为脆弱，同时攻击机群可能在飞过敌军前卫舰队时遭受重创。斯普鲁恩斯所下达的限制虽然可能让米切尔的飞行员们失去了击沉更多日军航空母舰的机会，但同时也让他们能够射杀更多的日军舰载机飞行员，而缺乏训练有素的飞行员则成为日军在随后所有海战中的绝对命门。金和尼米兹都坚持认为斯普鲁恩斯在此战中指挥得当。

夺取马里亚纳群岛南部

地形多山、长14英里的塞班岛并没有像夸贾林环礁内的平坦岛屿一样被美军轰炸至丧失战斗力。虽然海军进行了两天登陆前火力准备，在6月15日被送上岸的20000名陆战队员直到日落时也只推进至仅相当于登陆日目标线一半的距离，且至此已经遭受了十分之一的伤亡。次日，特纳命令他的预备队，第27步兵师上岸参加战斗。到6月17日，美军的攻势已经克服了日军的顽强抵抗，开始进行向前推进。

对于在马金岛因缺乏训练而表现拙劣，在埃尼威托克岛又再度令人失望的第27步兵师来说，再度与陆战队并肩作战可以称得上运气不好。19日，当两个陆战师开始调转方向准备向北部发起推进时，霍兰德·史密斯将第27步兵师调到了新展开的战线的中央位置，他们面对的正是岛上地形最为崎岖的山脊。可想而知，陆军士兵们开始落在后头，导致在两侧的陆战师暴露出侧翼。霍兰德·史密斯在斯普鲁恩斯和特纳同意后，草率地解除了第27步兵师师长拉尔夫·C.史密斯少将的职务。

从一开始就对海军陆战队将领指挥陆军部队报以质疑态度的理查德森中将立即抵达塞班，他在岛上视察了第27步兵师并向该师官兵颁发了勋章。随后他直接找上了霍兰德·史密斯和特纳大加谴责。"嚎叫的疯子"史密斯在这种情形下令人惊讶地管住了自己的嘴巴，但"坏脾气特纳"却直接顶了回去。怒不可遏的理查德森向斯普鲁恩斯表示了抗议，而后者则竭尽全力地试图安抚局面。他对理查德森保证，"凯利·特纳就是那样的人，没人会把他说的当真的。"尼米兹也试图息事宁人，但此时这件事情已经传播得太远。媒体在得知此事后开始选边站队，在公众舆论中上演"理查德森对史密斯"的戏码，令尼米兹和其他高级将领大感头痛。

塞班岛登陆战让美军付出了16500人伤亡，其中3400人阵亡的惨重代价。随后发起的提尼安岛和关岛登陆的伤亡则要轻微许多，这一方面是由于两岛的守军兵力相较于塞班岛要少许多，但主要还是美军对这两座岛屿进行了更为持久且更为系统性的长时间火力准备。以面积最大的关岛为例，该岛在登陆前被美军战舰炮击了长达13天。负责登陆该岛的部队是新组建的第3两栖军，由陆战队少将罗伊·S.盖革指挥。该军下辖第3陆战师和第77步兵师。在夺回关岛的战斗中，陆军和陆战队官兵在陆战队的统一指挥下并肩作战，配合无间。

争夺南马里亚纳群岛的战斗让5000名美军官兵和近50000名日军葬身于此，更有数以千计的塞班岛日本平民在美军登陆后为了避免落入美军之手而集体自杀。日军就此失去了直接连通卡罗林群岛的补给线，而美军则夺取了向西和向北进攻所需的后勤基地，从这里出发的美军潜艇可以更猛烈地攻击日本本土与南洋资源区之间的航运，而从马里亚纳群岛基地起飞的B-29则能够通过空袭摧毁东京及其周边的工业集中区。

南马里亚纳群岛的失陷是日本走向战败的开始，也让日本高层明白了事不可为。东条内阁因此事而倒台，新组建的内阁深知天皇陛下如今的愿望是尽早开启和谈。但由于军部的捆绑，在此后的一整年中没有任何日本官员敢于提出与盟国终止敌对状态。

指挥调整

在斯普鲁恩斯、特纳、史密斯、米切尔团队忙于指挥马里亚纳群岛战事的同时，尼米兹将从南太平洋战区调来的哈尔西派去支援麦克阿瑟，后者准备在1944年11月15日发起对菲律宾的登陆。在这场新的战役中，哈尔西及其下属军官将接替斯普鲁恩斯的团队，同时第5舰队也会更名为第3舰队，快速航母部队的番号也将从第58特混舰队改为第38特混舰队。由于大战在即，且此次行动很可能导致双方发生一场大规模海战，尼米兹让米切尔继续担任快速航母部队的指挥官，至少是在登陆的初始阶段将会如此。斯普鲁恩斯团队在国内假期结束后，开始制订登陆硫黄岛和冲绳——美军解放菲律宾后的下一步目标的计划。这种两个指挥团队轮换的体系在战争中绝无仅有，且极大地加快了战事的步伐。即便是对于美军而言，也只有拥有数量充足的优秀指挥官的太平洋战场可以采取这样的制度。

第29章

太平洋潜艇战

第二次世界大战的太平洋战场以反潜战拉开序幕。在南云舰队的飞机尚有一个小时才抵达瓦胡岛上空之际，美军驱逐舰"瓦尔德"号在珍珠港入港水道附近发现了一艘日军袖珍潜艇。"瓦尔德"号对其发动了攻击并将其击沉，同时上报了这一情况，但这份汇报没有被送到金梅尔上将处。这艘微型潜艇是5艘被日军大型潜艇"背负"到珍珠港附近的微型潜艇之一，它们计划作为航空母舰舰载机群的补充对美军舰队发起攻击。但这5艘潜艇无一返回。

在珍珠港遭袭后，美军太平洋舰队只有潜艇部队可以立刻对日军发起反击。在华盛顿方面得知日军偷袭后，海军作战部长打破了美军传统，下令对日军发起无限制潜艇战。在这场公众知之甚少，但持续至战争结束的漫长战役中，"海豚舰队"（Dolphin Navy）在最初几个月因为坏运气和有缺陷的装备而表现平平，但最终，这支舰队切断了日本的后勤供给线，且几乎利用饥饿迫使日本屈服。美军潜艇部队为美国在太平洋战场上的获胜做出了不可磨灭的巨大贡献。

战争爆发时，美军在太平洋战场部署的潜艇部队包括以珍珠港为母港的太平洋舰队潜艇部队和以马尼拉湾内的甲米地为基地的亚洲舰队潜艇部队。这两支部队装备有排水量小、作战半径相对较小但数量较多的S级潜艇，以及更具实战价值的舰队潜艇。舰队潜艇均以鱼类或其他海洋生物命名。"猫鲨"号（USS Gato, SS-212）是美军现代化舰队潜艇的原型艇，该艇艇长312英尺，巡航半径达12000英里。该艇搭载24

枚鱼雷，配备10具鱼雷发射管，6具位于艇艏，4具位于艇艉，此外还有一门3英寸甲板炮以及轻型防空自动武器作为补充。正是该型潜艇最早吹响反攻的号角。随着舰队潜艇服役数量的增多，小型的S级潜艇开始退出战斗序列。在战争爆发之初，太平洋舰队编制有21艘潜艇，但其中半数以上都在美国本土进行维修。亚洲舰队拥有23艘舰队潜艇和6艘S级潜艇。此外荷兰海军也在远东部署有13艘潜艇。

日军在战争爆发时拥有60艘潜艇：46艘I型潜艇和14艘Ro型潜艇。I型潜艇是大型潜艇；Ro型则属于中型潜艇；而在战争后期研制的HA型潜艇则是小型潜艇。此外，日军还使用了一些袖珍潜艇。战争之初，日军的潜射鱼雷比美军的更为可靠，水下速度更快，射程更长，战雷头的威力也更大。日军的氧气动力鱼雷就是从水面舰艇携带的93式鱼雷改造而来的，将口径从24英寸缩减至21英寸，以适配日军潜艇的鱼雷发射管。但日军潜艇缺乏有效的水声探测装置，而且直至战争后期都一直没能配备雷达。

日军基本上没有将潜艇用在其最能发挥作用的角色——破交袭击上。日军潜艇更喜欢选择军用舰艇作为目标。在美军潜艇通过对日本货船的长期攻击削弱日本的战争潜力的同时，日军潜艇则忽视了赖以为生的盟国油船和货船，主要攻击通常防护周密的盟军战舰。

美军潜艇的早期作战行动

"白杨鱼"号（USS Gudgeon SS-567）是太平洋舰队第一艘进入作战巡航的潜艇，于1941年12月11日驶出珍珠港，几天后"青鳕"号（USS Pollack SS-180）和"吸盘鱼"号（USS Plunger SS-179）也相继出港。在1942年1月初抵达日本外海后，"青鳕"号击沉了两艘敌军货船；"吸盘鱼"号也击沉了一艘。"白杨鱼"号虽然没有在巡逻阵位上取得任何击沉战果，但在返回母港途中却交了好运，和德军一样，日军潜艇也有着冒险打破无线电静默的习惯。

日军潜艇的"健谈"使得罗什福尔的战斗情报部队能够在珍珠港利用无线电测向追踪其位置，随后警告盟军货船远离其航线。1月下旬，该部追踪到了I-173号潜艇，该艇在路过中途岛时上浮进行炮击的举动更是帮助追踪者们发现了其位置。战斗情报部队在发现I-173号和返航的"白杨鱼"号处在碰撞航线上后便将这一情报发送给了"白杨鱼"号。"白杨鱼"号在得到情报后开始潜入水底潜伏待机。当I-173号准时以水面航渡状态出现时，该艇舱门大开，艇员们正在甲板上抽烟、晒日光浴。"白杨鱼"号射出的三枚鱼雷接连命中I-173号，使得后者快速沉没，这也是美国海军在战争中击沉的第一艘作战舰艇。

日军轰炸机在1941年12月10日空袭了马尼拉湾内的甲米地海军基地，大多数美军潜艇通过潜入水下躲过一劫，但锚泊于一处栈桥边的"海狮"号（USS Sealion SS-195）却被两枚炸弹击中，随后退出战场。大多数驻扎菲律宾的美军水面舰艇都撤退到了爪哇，但潜艇以及老旧的潜艇补给舰"老人星"号（USS Canopus）都继续在约翰·威尔克斯上校的指挥下留在菲律宾。

在阻挡日军侵略菲律宾的战争中，威尔克斯派出他手头的28艘潜艇在吕宋岛周围建立了防御圈。这些美军潜艇宣称进行了31次攻击，对日军战舰、运输舰和装载登陆部队的货船发射了66枚鱼雷，但仅击沉了3艘运输船。

当麦克阿瑟在1941年圣诞节放弃马尼拉时，美军潜艇失去了基地，且燃油几乎用光。到月底，亚洲舰队的所有潜艇都撤退到了爪哇岛的主要港口泗水。与他们一道撤离的除了威尔克斯，还有亚洲舰队总司令托马斯·C.哈特少将及其司令部。

自此之后，亚洲舰队的潜艇在开展巡逻任务的同时，也执行一系列向巴丹半岛和科雷吉多尔岛的运输食品、药品和弹药等物资的任务。"鳟鱼"号（USS Trout SS-202）潜艇在卸下了25吨压舱物后，装入了2吨金条，18吨成箱装的银币，5吨美国的外交邮件以及其他机密文件和重要人物。在返回基地途中，携带重要物资的"鳟鱼"号还是耐不住性子，对一艘日军货船和一艘日军潜艇发动了鱼雷攻击。乘潜艇撤退的重要人士包括菲律宾总统曼努尔·奎松和副总统塞尔吉奥·奥斯米纳（Sergio Osmeña），以及美国陆军和海军的飞行员们，但其中最重要的还是密码破译专家。如果这些人员被日军俘虏，他们很可能交代至关重要的机密信息。最后一艘撤离科雷吉多尔岛的潜艇是"旗鱼"号（USS Spearfish SS-190），该艇于1942年5月3日从岛上启程时带走了12名军官、12名陆军护士、一名陆军军官的妻子以及17个装满了重要文件的保险柜。48小时后，接替麦克阿瑟出任菲律宾美军总司令的乔纳森·温赖特少将下令部队投降。

亚洲舰队潜艇部队的第二项重要军事任务是防守马来防线（Malay Barrier），这是一道自苏门答腊岛至爪哇岛再到帝汶岛的岛链连线，美军潜艇在这项任务中的表现并不比防御吕宋岛时好上多少。在1942年1月到3月底之间，美军潜艇击沉了包括一艘驱逐舰在内的8艘舰船，但并未减缓日军前进的步伐。同一时期，亚洲舰队有3艘潜艇损失。

ABDA舰队在爪哇海海战中被击败后，泗水港已经不宜久留。威尔克斯上校将他的司令部和潜艇转移到了澳大利亚的弗里曼特尔。在被授予杰出服役勋章后，他于5月轮换回国。接替他的岗位的是查尔斯·A.洛克伍德少将，在他任内亚洲舰队潜艇部队被改编为西南太平洋战区潜艇部队，同时在布里斯班建立起了一处次要基地。

1942年6月初，尼米兹上将在预见到双方会在中途岛爆发海战后，派出19艘潜艇前往该环礁，负责监视进出环礁的水道。这批潜艇在战役中战果甚少。"鹦鹉螺"号（USS Nautilus SS-168）射出的一枚鱼雷命中了"加贺"号，但并未引爆，同时该艇被认为击沉了"苍龙"号。当晚，"最上"号和"三隈"号为了避开美军"河豚"号（USS Tambor SS-198）而相撞发生侧倾，且航速减慢的"三隈"号随后成为美军舰载机的猎物。

美军潜艇的表现远低于人们的期待。这是由于美军潜艇的作战条令存在缺陷。在两次大战期间制订的潜艇作战条令在对敌军战舰进行攻击的环节中过于高估了潜艇的脆弱性，从而导致潜艇指挥官过于谨慎。过度谨慎的作战条令产生了消极影响。此外美军还进行了效果并不理想的声呐引导潜艇攻击的早期尝试，同时在昼间水下攻击中运用了短暂且不规律地伸出潜望镜进行观察的技巧。随着鱼雷性能的提升，以及雷达的快速普及，美军潜艇的战术也越来越大胆。

1942年8月中旬，两个连的陆战队突击队对吉尔伯特群岛的马金环礁发动了奇袭，美军希望以此吸引敌人的注意力，从而减轻在瓜达尔卡纳尔岛浴血奋战的士兵们的压力。这批陆战队突击队员们在出发和撤退时均搭乘的是"鹦鹉螺"号和"船蛸"号（USS Argonaut SM-1）潜艇。这次行动大大振奋了美军的士气，但从战略角度而言这次行动却是失败。日军的注意力并没有被吸引到瓜达尔卡纳尔岛，且加强了吉尔伯特群岛，特别是塔拉瓦环礁的防御，使得美军一年多后在该群岛的登陆战中损失了更多的士兵。

对于距离遥远的布里斯班基地，洛克伍德只有行政指挥权。该基地部署的11艘老式的S级潜艇的作战指挥由拉尔夫·W.克里斯蒂上校负责。在美军登陆瓜达尔卡纳尔岛的同时，克里斯蒂派出潜艇对日军在俾斯麦群岛和上所罗门群岛的基地入海口进行监视。他的战略很快就得到了回报。1942年8月10日早上，在萨沃岛海战中对盟军造成了重创的多艘日军巡洋舰以凯旋的姿态返回了卡维恩岛。正在该海域巡逻的S-44号潜艇向着其中的"加古"号重巡洋舰发射了4枚鱼雷。该舰的锅炉发生爆炸，仅5分钟就沉没了。这艘已经服役17年的S级小型潜艇由此创下了美国海军潜艇作战史中首度击沉敌军主力作战舰艇的纪录。

美军潜艇部队通常会避开己方水面舰艇活动的海区，以免发生误击[1]。但也有例外，在1942年10月瓜岛战事最为危急的时刻，"鲕鱼"号（USS Amberjack SS-520）向图拉吉岛守军送去了一船航空汽油，这也是战争中美国海军潜艇唯一一次客串油船。

这段时期最为著名的潜艇故事当属"黑鲈"号（USS Glower SS-215）的经历。1943年2月的一个暗夜中，该艇在俾斯麦群岛附近巡逻时发现了目标，但该舰的目标——一艘900吨级的供应船却向着潜艇直冲而来。艇长的"左满舵！"命令来得太晚，没能躲开撞击，"黑鲈"号以17节的航速撞上了日军运输舰。日舰用机枪猛烈射击"黑鲈"号的指挥塔，射杀了多名艇员并导致艇长霍华德·W.格里莫尔中校重伤。受伤的格里莫尔拼尽全力让艇员们听到了他的命令："清空舰桥！"4名幸存的艇员挣扎着钻入水密舱门。无法跟上的格里莫尔中校随即下达了最后一道命令："下潜！"出于这份"出类拔萃的胆识与勇气"他被追授了荣誉勋章。

1943年1月，直属于尼米兹的太平洋战场潜艇部队司令罗伯特·英吉利少将因坠机罹难。洛克伍德随后被调到珍珠港接替英吉利的职务，拉尔夫·克里斯蒂被擢升为少将，前往弗里曼特尔接替了洛克伍德。詹姆斯·法伊夫上校则接替克里斯蒂掌管布里斯班基地。

洛克伍德走马上任后立刻开始物色一处比珍珠港更靠近潜艇巡逻海域的基地。他选中了中途岛作为新基地，并在利用潜艇母舰和少量岸上设施提供后勤支援。这一变动使得潜艇兵们怨声载道，他们抱怨中途岛上"除了沙子和信天翁什么都没有"。洛克伍德也承认潜艇兵们的抱怨言之有理。他制定了轮班表，让潜艇可以定期返回珍珠港进行休整，同时他还征用了火奴鲁鲁岛上的皇家夏威夷大酒店专门作为潜艇部队官兵的豪华休息营。

日军潜艇与美军战舰的对抗

1941年12月9日，一艘在新加坡以北海域巡逻的日军潜艇向上级汇报了英军"威

---

[1] 这一措施非常关键，由于盟军航空兵和水面舰艇部队都奉行"先崩后问"的策略，美军至少有28艘潜艇因为识别信号被认错而遭到美军飞机的轰炸和扫射，另有5艘潜艇被美军水面舰艇炮轰。"剑鱼"号和"海狼"号军被击沉于自己人之手，另有9艘潜艇被友军击伤。

尔士亲王"号战列舰和"反击"号战列巡洋舰的踪迹,从而导致两舰被从西贡起飞的日军海军岸基轰炸机击沉。一个月后,I-6号潜艇发射的一枚鱼雷击中了美军"萨拉托加"号航空母舰,使得该舰在此后的5个月中退出了战斗,错失参加中途岛海战的机会。

中途岛海战充分展现了日军利用潜艇支援舰队作战的理念。日军潜艇组成警戒线侦察美军舰队的行踪,并给予阻击。日军在珍珠港和中途岛之间布设的两道潜艇警戒线都因为建立得太晚而未能发现或拦截美军航空母舰编队。日军潜艇在这场海战中唯一获得积极战果的是I-168号,该艇击沉了重伤的"约克镇"号和一艘驱逐舰。

在瓜达尔卡纳尔岛战役期间,日军潜艇成为美国海军的主要威胁。在1942年8月底,正在瓜达尔卡纳尔岛东南方向水道巡逻的"萨拉托加"号再度中雷,这次由I-26号潜艇实施的攻击使得该舰再度退出战场长达3个月。9月中旬,在同一片海域,日军I-15号和I-19号截击了一支包括6艘护卫精良的运输船的美军船队,这支从圣灵岛起航的船队满载着增援部队。日军潜艇一如既往地放过了运输舰,I-19号向"胡蜂"号航空母舰发射了3枚鱼雷,导致后者发生致命的殉爆,在被迫弃舰后沉没。I-15号向"大黄蜂"号发射的鱼雷并未击中,但该艇发射的一枚鱼雷命中了"北卡罗来纳"号战列舰,另一枚鱼雷又击中了"奥布莱恩"号驱逐舰(USS O'Brien)。"北卡罗来纳"号虽然遭到重创,但侥幸生还,而"奥布莱恩"号则在抵达干船坞前不幸沉没。在所罗门群岛战役的余下时光中,日军仅击沉了两艘美军战舰,分别是在1942年10月下旬的圣克鲁兹海战中被击沉的"波特"号(USS Porter)和11月的一场夜间巡洋舰对战中被击沉的"朱诺"号。与此同时,日军在1942年损失了23艘潜艇,其中两艘是被美军潜艇击沉的。

在1943年,日军潜艇击沉了3艘美国海军的重要舰艇:"亨利"号(USS Henley)驱逐舰、"石首鱼"号潜艇(USS Corvina SS-226)和护航航空母舰"利斯康姆湾"号(USS Liscome Bay)。其中"利斯康姆湾"号于11月16日在吉尔伯特群岛海域被击沉,成为美军直到1947年7月前最后一艘被潜艇击沉的作战舰艇。1945年7月,I-58号在距离战争结束只有两周时击沉了美军的"印第安纳波利斯"号重巡洋舰。

在1943年下半年获得了可靠的鱼雷后,美军潜艇才刚刚开始对敌方水面舰艇的狩猎。

解决美制鱼雷的设计缺陷

在两次世界大战之间的短暂和平期间，各国海军都认为潜艇在未来爆发的冲突中只会被用于攻击敌方战舰，由于主力舰都安装有厚重的侧舷装甲，鱼雷在船底爆炸会比击中船体侧面威力更大。因此英国、德国和美国都研制了可以在敌舰船底下方引爆的磁感应引信。但在实战中，磁感引信经常失效，而美制触发式引信也经常发生哑火事故。

如果有足够的资金进行测试，美制鱼雷引信的质量问题本应在战争爆发前早早被发现。但鱼雷价格高达10000美元一枚，纽波特鱼雷站（Newport Terpedo Station）却只能"勒紧裤腰带"，依靠极为紧张的预算运作。迫于预算条件的限制，装载战雷头进行的测试通常都不会实际发生爆炸。对鱼雷的测试无外乎检查陀螺仪定向机构和蒸汽推进组件。

美军当时列装的Mark 6型磁感应引信通过钢制船体附近地球磁场的剧烈变化触发。设计人员希望引信能够在从10英尺或更近距离穿过敌舰船底时引爆，但许多鱼雷都因为定深错误而无法触发，甚至直接从敌舰下方穿过。在实战中，"重牙鲷"号（USS Sargo SS-188）就报告，本应轻易命中的13次鱼雷攻击全部未能爆炸，这一严峻情况迫使当时仍任西南太平洋战区潜艇部队司令的洛克伍德牵头进行了一系列实验。实验中美军潜艇对一张浸入水下的渔网的射击试验证明，鱼雷命中渔网时的实际深度比装订定深平均深了11英尺。军火局最终承认，由于战雷头比操雷头更重，发射后的航行深度会大于定深。

但在这一问题得到修正后，由于鱼雷更接近水面，磁感引信经常会在进入敌舰的水平方向磁场后就触发，从而导致提前爆炸。潜艇艇长在通过潜望镜观察到这些爆炸后通常会误以为它们击中了。证据表明Mark 6鱼雷在任何定深的表现都是失败的。曾参加过该型鱼雷研制的克里斯蒂不愿采信这些证据；因此他指挥的西南太平洋战区潜艇部队继续使用了一段时间Mark 6鱼雷。最终，晋升太平洋战区潜艇部队司令的洛克伍德在1943年6月下旬命令停止使用磁感引信。此后他手下的潜艇部队只能使用触发引信鱼雷作战。

禁用令姗姗来迟。此时美国已经参战一年半。英军和德军在战争初期就发现了磁感引信的缺陷，并很快将其停用。

在停用磁感引信后，美军潜艇开始直接向目标发射鱼雷，希望以触发方式引爆。

但哑弹的数量却急剧增加。军火局将矛头转向了负责操作潜望镜瞄准目标,并口头报诵鱼雷瞄准诸元的潜艇艇长。潜艇艇员们开始对他们的艇长失去信心,一些艇长也开始心情沮丧,消极厌战,申请转调到其他岗位。

但劳伦斯·达斯皮特中校却不是其中的一员。作为"黑鲹鱼"号(USS Tinosa SS-283)的艇长,他在射角不利的情况下指挥潜艇射出两枚鱼雷,正中一艘大型捕鲸母船的船艉使其失去动力。在将指挥潜艇转移到了利于实施攻击的侧面位置后,他向着这艘瘫死不动的母船一发一发地接连发射了9枚经过精心检测且瞄准无误的鱼雷。9枚鱼雷全部命中,但无一成功爆炸。怒不可遏的达斯皮特将仅剩的一枚鱼雷带回了珍珠港,并要求对鱼雷进行试射。

洛克伍德再次批准了测试。当夏威夷群岛的一处悬崖边进行试射后,测试人员回收了一枚哑弹,通过拆解检查,他们发现问题出在击针组件上。洛克伍德写道:"战雷头的前端,在测试中被撞毁。当我们拆下起爆机构的时候,我们发现撞针已经被折弯,虽然的确撞击了起爆管,不过撞击的力度并不足以将其引爆。"撞击引信在垂直撞击时经常因撞针折弯而失效,但以一定角度撞击时却能够顺利触发。这一实验结果恰好解释了"黑鲹鱼"号的倒霉经历。通过使用最硬质的钢材制造并减轻撞针重量,触发引信的可靠性问题终于得到解决。美军潜艇终于得到了一款可靠的武器。

在蒸汽热动力潜射鱼雷开始取得令人满意的表现后,Mark 18电动力鱼雷又开始出问题。例如在1944年下半年,"刺尾鱼"号潜艇(USS Tang SS-306)就被自身射出的一枚Mark 18鱼雷(在发射后兜了个圈子)击沉。美军潜艇官兵很快对这些问题引起了重视,并对大多数问题采取了行之有效的对策。Mark 18鱼雷的低航速(最高航速仅28节,相比之下Mark 14蒸汽热动力鱼雷的航速高达45节)使得电动力鱼雷迟迟不能被潜艇指挥官们所接受,但一些艇长逐渐开始认识到电动力鱼雷无明显航迹的优势能够抵消航速较慢的劣势。最终大多数美军潜艇都接受了电动力鱼雷。

跨越太平洋

在1943年11月,登陆吉尔伯特期间,美军推测如果日军水面舰艇部队从特鲁克启程前来迎击,将会在马绍尔群岛加油。洛克伍德据此派出了他的潜艇部队。如前文所述,此时的联合舰队根本没有条件发起反击,一直逗留在特鲁克。无所事事的美军潜艇在此期间只击沉了一艘补给船和一艘油轮。

期间有两艘美军潜艇因敌方行动而损失：一艘是"石首鱼"号，另一艘是"杜父鱼"号（USS Sculpin SS-191）。1943年11月19日，"杜父鱼"号在特鲁克与马绍尔群岛之间接近一支敌方运输船队时被日军护航舰发现，日军投下的深水炸弹对该艇造成了严重损伤，迫使该艇浮出水面。艇员们利用甲板炮奋起还击，为凿沉潜艇争取时间。13名军官和水兵随着"杜父鱼"号沉入水底，其中包括约翰·P.克罗韦尔上校，他此时已经被洛克伍德任命为将要组建的"狼群"的指挥官。由于克罗韦尔掌握着包括美军作战计划在内的重要情报，他为了避免被俘而选择了牺牲。为了表彰他将生命置之度外的抉择，他被追授国会荣誉勋章。

"杜父鱼"号的幸存者们被日军押送到了特鲁克，随后分别被"云鹰"号和"冲鹰"号护航航空母舰运往日本。在12月的台风天气下，"旗鱼"号（USS Sailfish SS-192）以高超的技艺接近并击沉了"冲鹰"号，关押在舰上的20名"杜父鱼"号幸存者也随之葬身海底。

在联合舰队龟缩避战期间，配属舰队行动的美军潜艇表现平平。因此在1944年半年，美军潜艇主要的击沉战绩都是由独自行动的潜艇取得的。但美军潜艇在之后的马里亚纳战役以及菲律宾海海战中都发挥了重大作用。在塞班岛登陆前，洛克伍德和克里斯蒂根据斯普鲁恩斯的要求出动了各自的潜艇部队。3艘潜艇对塔威塔威岛海域，以及集结在此的日军舰队进行了侦察，其他潜艇则主要在日军最有可能取道前往塞班岛的菲律宾海峡一带展开。另有4艘潜艇在马里亚纳群岛附近的菲律宾近海巡逻，这些潜艇分别各自负责方圆60英里的海域，共同构成了一条警戒线。其余处在运动状态的潜艇要么正在赶往任务海区准备接替巡逻任务，要么已经被接替，正在返航途中，而这批正在航渡中的潜艇中，有两艘将在接下来的战斗中扮演主要角色。此外一支以指挥官L. N. 布赖尔上校的名字命名的"布赖尔的炮仗"（Blair's Blasters）狼群大队正在前往巡逻海域途中。在塔威塔威岛一带和菲律宾海峡一带活动的美军潜艇都来自弗里曼特尔，由克里斯蒂指挥；其余的潜艇则从珍珠港出发，受洛克伍德节制。

1944年5月31日，"银河鱼"号（USS Sliversides SS-236）向在附近巡逻的"布赖尔的炮仗"通报称一支日军船队正在向他们驶来，显然这是一支从日本本土开往塞班岛的船队。当"银河鱼"号与布赖尔的"狼群"合兵一处时，美军又发现了两个正在驶来的日军船团。6月1日上午，布莱特大队的"大西洋马鲛"号（USS Pintado SS-387）将第一个船团中的一艘货船击伤使其掉队。同样属于该大队的"鲨鱼"号（USS Shark SS-314）于6月2日下午击沉了一艘货船，又在6月4日上午击沉了另一艘。6月

5日晚上，该艇又击沉两艘，其中一艘还是排水量7000吨的运输舰。同一晚，"大西洋马鲛"号也击沉了两艘运输船只。以上这些击沉战果让半个师团的日军援兵葬身大海，幸存的士兵有许多在抵达马里亚纳群岛后根本没有武器或者战斗装备可用，塞班岛守军指挥官还必须匀出宝贵的口粮和弹药接济。"布赖尔的炮仗"们大大降低了美军登陆部队所要面临的抵抗强度。

在6月初的3天里，"鲻鱼"号（USS Harder SS-257）潜艇在塞缪尔·D. 迪利中校的指挥下取得了瞩目的战果，该艇在塔威塔威岛附近海域接连击沉了3艘驱逐舰。6月10日上午，该艇在塔威塔威岛外的苏禄海水域巡逻时发现了正准备前去解救比亚克岛的日军宇恒将军舰队（含战列舰）离港出发，并及时地向盟军指挥层发出了警告。

当联合舰队司令长官丰田副武叫停了救援比亚克岛的行动，命令已经出发的两支机动部队分队前往菲律宾海的集合海域时，克里斯蒂和洛克伍德精心布阵的潜艇分队开始收到回报。6月13日，"红鳍鱼"号（USS Redfin SS-272）发现了从塔威塔威岛出发的由小泽治三郎指挥的空母部队，并立即拍报告警。6月15日夜间，"飞鱼"号（USS Flying Fish SS-229）和"海马"号（USS Seahorse SS-304）在菲律宾海海域分别发现了相距300英里的两支机动部队分队。6月17日上午，"黑尾鲹"[1]号（USS Cavalla SS-244）与一支日军运油船队发生接触，洛克伍德命令该艇继续跟踪，希望日军油轮能将该艇带到日军作战舰艇处。当晚"马鲹鱼"号发现了已经完成集结，向马里亚纳群岛方向驶去的日军机动部队。但由于能见度太差，该艇无法向斯普鲁恩斯确保其发现了整个机动部队。

潜艇对敌方舰队的目击让斯普鲁恩斯推迟了对关岛的登陆行动，开始为菲律宾海海战做准备。洛克伍德也将4艘潜艇组成的"方形"巡逻线向西南方向移动250英里到日军舰队预计出现的位置，并允许这些潜艇在发现敌人后可以先行发动攻击，之后再进行汇报。位于新巡逻区（被洛克伍德称为"隐形陷阱"）西南角的"大青花鱼"号（USS Albacore SS-218）凭借天时地利击沉了"大凤"号装甲航空母舰。3小时后，来去无踪的"黑尾鲹"号将3枚鱼雷送入"祥鹤"号舰体内，从而将其击沉。

与布阵精准的克里斯蒂和洛克伍德相比，在马里亚纳海战期间日军的潜艇全都摆错了地方。麦克阿瑟在比亚克岛的登陆让日军误以为美军第5舰队下一步将对帕劳群岛而非马里亚纳群岛采取动作，这是因为斯普鲁恩斯的舰队为了支援麦克阿瑟对霍兰

---

[1] 又译作"棘鳍"号。——译者注

迪亚的登陆对帕劳展开过空袭而导致日军产生误判。根据这一判断，日军向海军上将群岛北部派出潜艇组成了日本版的"隐形陷阱"。此时的日军潜艇部队不仅选错了展开阵位，同时也无法招架美军大大提高的反潜战能力。到1944年年中时，盟军已经在大西洋上的"潜艇战争"中获得了胜利，参战的护航舰艇将"大西洋之战"中所摸索出的新式反潜武器和反潜作战经验带到了太平洋。参加马里亚纳海战的25艘日军I型和RO型潜艇中，有17艘被美军驱逐舰、护航驱逐舰和飞机送入海底。仅大名鼎鼎的"英格兰"号（USS England DE-635）就在5月的后两周击沉了6艘日军潜艇。

　　日军的潜艇指挥官在发现常规作战的效率日益降低后，开始效仿日军飞行员实施自杀式攻击。用于执行水下自杀式特攻任务的"回天"是一种单人驾驶的袖珍潜艇，也可以看作一枚"人操鱼雷"，通常由常规潜艇驮载至攻击海域。在发起攻击时，"回天"的驾驶员会钻入逼仄的驾驶舱中，操纵着鱼雷向着目标舰艇冲去，随后他将引爆战雷头，将鱼雷还有目标舰艇全部炸成碎片。"回天"的巨大威力毋庸置疑，54英尺长的最终型号携带了一个填塞有多达3000磅高爆炸药的巨大弹头，装药量足足是美制Mark 14鱼雷的6倍。与"神风特攻队"一样，"回天"从不缺乏打算"壮烈成仁"的年轻志愿者。近900名"回天"驾驶员成为牺牲品，但如此之多的自杀式攻击只有一个被确认的战果——一艘满载着400000加仑航空汽油的油船，该船在1944年11月于乌利西环礁的泊位处被"回天"击沉。

　　美军在太平洋的进军绕过了位于所罗门群岛、俾斯麦群岛、吉尔伯特群岛、马绍尔群岛和加罗林群岛的大量日军据守岛礁。为了给这些被孤立的岛屿守军运输补给，日本海军在陆军的坚持下开始将潜艇用作水下货船。部分专门为物资运输设计的HA级潜艇甚至在建造时没有安装鱼雷发射管。对于海军的努力并不买账的陆军随后开始自行建造并使用货运潜艇。在盟国军队距离位于重洋之外的大陆基地越来越远的同时，日军潜艇部队的战斗效能却因为运用不当而在稳步下降。战争史上很少有将潜艇运用在运输场合的案例。

美军潜艇与日军战舰的对抗

　　我们此前已经提到了"黑尾鲹"号和"大青花鱼"通过击沉日军"祥鹤"号和"大凤"号航空母舰为美军在菲律宾海海战中的胜利作出了巨大贡献。在莱特湾海战（1944年10月24日）中，美军潜艇不仅率先对日军舰队的来袭发出告警，同时还以对日军舰队的猛击为这场海战奏响了开幕曲和终幕曲。美军潜艇在此役中共击沉两艘重巡洋舰、一艘轻巡洋舰，重伤两艘重巡洋舰导致其退出战斗。

仅在1944年，美军潜艇就击沉了日军1艘战列舰、7艘航空母舰、2艘重巡洋舰、8艘轻巡洋舰、31艘驱逐舰和7艘潜艇。此外它们还击沉了1艘航空母舰和4艘重巡洋舰。这些战果（尤其是对大型战舰的战果）都是由独立于舰队之外单独行动的潜艇取得的。其中最值得一提的，当属击沉战列舰"金刚"号和航空母舰"信浓"号的事迹。

排水量31000吨的"金刚"号在1944年11月被击沉，成为美军潜艇击沉的唯一一艘战列舰。在11月21日，由埃利·T.赖克（Eli T. Reich）中校指挥的"海狮II"号（USS Sealion SS-315）在中国台湾岛以北40英里处与猎物不期而遇。此时午夜刚过，虽然月光完全被遮蔽但能见度尚可。在辨认出遭遇的舰队包含2艘战列舰、2艘巡洋舰和多艘驱逐舰后，赖克决定以水面航行姿态，利用雷达引导接近敌方舰队。就在他占据了理想的攻击阵位，并与敌军发生目视接触时，海况随着一阵夜间的大风而开始转坏。2：56时，在3000码的距离上，赖希下令用艇艏鱼雷发射管向位于领航位置的敌军战列舰齐射出6枚鱼雷。在以右满舵调整位置后，他又在2：59时用艇艉鱼雷发射管向第二艘战列舰发射了3枚鱼雷。随后"海狮"号以最快速度逃离。令他大失所望的是，敌舰随后依旧以18节的航速继续航行，显然两次攻击都没有奏效。赖希下令展开追击，在汹涌的海浪中，海水涌上了指挥塔，甚至通过指挥塔舱门大量灌入艇体内。4：50时，遭到艇艏鱼雷攻击的战列舰因航速降至12节脱离编队，身侧只有两艘驱逐舰保护。就在"海狮"号刚刚机动至攻击阵位时，一道炫目的闪光划破夜幕，雷鸣声震耳欲聋。"金刚"号的弹药库发生了惨烈的殉爆，随后很快沉入海底。

天空再度完全变黑后，"海狮II"号开始追击另一艘战列舰，但由于海况恶劣而未能追上目标。直到战争结束后，该艇的艇员们才得知，在2：59时射出的艇艉鱼雷虽然错过了第二艘战列舰，但却误打误撞地击沉了一艘驱逐舰。

"海狮"号的战果很快就被"射水鱼"号（USS Archerfish）的壮举超越。"射水鱼"号在约瑟夫·F.恩赖特中校的指挥下击沉了排水量高达62000吨的"信浓"号——当时世界上最巨大的作战舰艇之一。起初作为超级战列舰"大和"号和"武藏"号姊妹舰建造的"信浓"号在建造过程中被改为装甲航空母舰，并在1944年11月18日服役，但在服役仅10天后便告沉没。当"射水鱼"号在东京以南150英里处海域发现"信浓"号时，该舰正在转移途中，日军希望在美军B-29轰炸机已经开始对日本城市空袭的当下，将该舰从东京湾转移到相对安全的内海水域。

"射水鱼"号于20：48时与"信浓"号及其4艘护航舰发生雷达接触。随后开始追击，若非日军采用了之字形航线，"射水鱼"号绝不可能追上航速更快的装甲航母。3：00时，趁着"信浓"号大幅度调转航向，"射水鱼"号成功赶到了"信浓"号的前头，日军在3：16时的又一次调整航向则让"射水鱼"号占据了几乎完美的攻击阵位。3：17时，恩赖特在1400码的距离上发射了4枚艇艏和两枚艇艉鱼雷，所有鱼雷都成功命中。

如果不是因为舰员缺乏经验且船只尚未做好出海准备，"信浓"号本不会沉没。本应得到密封的水密门直到出航后都没有安装垫圈；海水从舱门的缝隙中溢出，并经过未经密封的导水管漫溢到别处。该舰尚未安装蒸汽泵，且抽水装置根本就不完善，只有极少数的手摇泵可用。在舰员的士气彻底崩溃且失去秩序后，该舰的沉没已经不可避免。1018时，"信浓"号的舰长下令弃舰，半个小时后该舰带着500名舰员沉入海底。

"救生员"

美国海军的作战舰艇除了要对付日本人的海军，同时还需要执行救生任务。早在制订吉尔伯特群岛登陆计划期间，洛克伍德就接受了潜艇部队适于用来搜救落水的飞行员的提议。"救生员部队"（lifeguard league）应运而生，在战争结束前这支部队成功营救了504名空勤人员。

执行救援任务的潜艇通常依照航空任务需要部署在相应区域，空勤人员在执行任务前也会获知救援潜艇的部署地点。如果飞机出现问题，飞行员将在尽可能靠近潜艇的地方迫降，随后飞行员和机组就能被救上潜艇。"救生员"们在营救陆军空勤人员方面同样表现出众，在营救从马里亚纳群岛的基地出发轰炸日本本土的B-29机组方面成效尤为显著。

救援行动并非总是一帆风顺，也无法彻底避开危险。例如"鲻鱼"号在从卡罗林群岛的一座小岛救援一名陆军战斗机飞行员时就遇到了不小的麻烦。在迪利中校指挥着潜艇冒险深入礁盘，尽可能地贴近岸边后，3名艇员划着橡皮艇，冒着敌军狙击手的射击登岸救出了飞行员。而"黄貂鱼"号（USS Stingray SS-186）的一次救援行动当属其中最为传奇的故事之一。由塞缪尔·洛米斯中校指挥的该艇在1944年接到消息称一名飞行员在关岛的滩头附近水域落水。在"黄貂鱼"号抵达预定阵位时，该艇发现可怜的飞行员和他的救生筏已经成为日军岸炮阵地的活靶子，洛米斯下令潜艇伸出两根潜望镜，一根用于观察，而另一根则让飞行员将救生筏系在上面拖曳。连续三次，飞行员都没能抓稳，"黄貂鱼"号因此只能冒着敌方的炮火三进三出。在第四次尝试时，洛米斯索性直接把潜望镜杆到飞行员跟前，让飞行员牢牢抱住。在将飞行员完全带离敌方炮火射程后才浮出水面让飞行员登艇。

打击日本海上航运

日军潜艇的表现每况愈下的同时，而如上文所述，美军潜艇对日军战舰的击沉吨位则在不断增加。但相比起击沉军舰，美军潜艇在对抗日本运输船方面的贡献更为巨大，对敌方航运的绞杀"抽干"了日本赖以为生的血液。美军潜艇击沉了1113艘吨位超过500吨的商船，此外还有65艘疑似商船被击沉，登记总吨位可能达到5320094吨。

在日本偷袭珍珠港后几个小时，美军就下达了对日本实施无限制潜艇战的命令，从而打破了美军潜艇的传统。值得一提的是，美国正是以反对德国使用无限制潜艇战为由参加第一次世界大战的。

战争中，合规品与违禁品已经无法区分，参战国的民用船只也都会被征用。日本所拥有的油船和货船运输石油、大米、锡、天然橡胶、铁和煤等对维系战争至关重要的物资，与战列舰和航空母舰一样都已经成为日本战争机器的一部分。日本航运的症结在于，日本的资源产区没有工业，而工业区却极度缺乏资源，因此日本必须将全部原材料运往本土进行加工，然后再将制成品分发给遍布战场的前方部队。正因如此，日本极度依赖海上航运，继而导致其在无限制潜艇战面前极度脆弱。

到1942年春，日本的运输船依旧独自航行。随着损失的加剧，日军开始组建规模有限的护航船队，通常一个船队只有四五艘运输船，由一艘老式驱逐舰或更小的舰艇负责保护。到1943年下半年，日本才接受了美国在对抗德国"狼群"战术中使用过的规模更大的护航船团。与平均由多达70艘商船组成、护航严密的盟军北大西洋船团相比，日军护航船队的规模仍相形见绌。美军的"狼群"极少以3艘以上潜艇组成，因此在实战中需要进行紧密配合。在最初严格按照计划保持阵型的尝试后，美军艇长们成为水下作战的大师，他们能够在任何时间、从任何深度和角度猎杀敌方商船。日军船只被击沉的数量开始大大增加。

美军译码人员在战争中破译了代号"丸密"的密码，这种密码因其使用者（日本商船）通常被命名为"某某丸"而得名。负责航运调度的日本官员使用这套密码指挥商船队，分配前进路线、目的地以及每日正午所在位置等消息。这些价值难以估量的情报经由太平洋舰队潜艇司令部下发到各艘美军潜艇处，从而极大地增加了美军潜艇发现和击沉敌方商船和护航舰的机会。

1944年11月，洛克伍德的司令部再度向前部署，这次他将新的司令部设置在了停泊在关岛的"霍兰"号潜艇补给舰上。美军潜艇在关岛加油后，可以将巡逻区延伸至吕宋海峡以及中国东海，由于击沉的油轮数量太多，这些海域附近的滩头如同1942年年初的美国东海岸一样都覆盖着黑色的油污。美军潜艇由此彻底切断了日本与南洋资源区的海上交通。

1945年6月，美军潜艇进入日本海，开始打击日本的另一条生命大动脉——与大陆的海上交通线。不过此时日军在日本海所有出入口布设的密集雷场让大多数潜艇都未能成功进入。为了解决这一问题，美军研制了一款新型电子装置——短程FM声呐，这种声呐可以在0.25英里的距离内探测敌方水雷。在"争吵"行动期间，9艘美军潜艇成功进入日本海，并击沉了I-122号潜艇和28艘合计吨位55000吨的商船。参加行动的潜艇有8艘成功返回母港。

第30章
击败日本

由尼米兹上将指挥中太平洋攻势，由麦克阿瑟上将指挥西南太平洋攻势，美军肩负着以下3个任务。

①利用中国庞大的人力资源直接对抗日军；②通过切断南洋资源区与日本本土的交通，彻底封锁日本的关键战略物资（主要是石油）的进口；③占领一处适合用于支援对日本本土发起进攻的基地。虽然参谋长联席会议从未直言放弃第一个目标，但实际情况证明中国国民党当局无法突破日本人在中国沿海的防守与盟军会师，第一个目标愈发显得遥不可及。

金对于夺取吕宋岛的必要性抱以怀疑态度，如果要拿下吕宋岛，美军势必要经历一场自南向北，打穿整个菲律宾群岛的血战，代价高昂。他建议在麦克阿瑟按计划登陆棉兰老岛后在岛上建立航空基地，削弱吕宋岛上的空中力量。之后麦克阿瑟的主力与尼米兹指挥的中太平洋战区会师，然后登陆中国台湾，中国台湾不仅能和吕宋岛有效封锁日本与东印度群岛间的海上交通线，距离日本本土还近了375英里。

绕过吕宋岛的提议遭到了麦克阿瑟极为强烈的反对，甚至让罗斯福总统在1944年7月亲自赶到火奴鲁鲁与他和尼米兹召开会议共同商讨这一问题。麦克阿瑟指出此时尚有数以千计的菲律宾游击队在对日本占领军进行袭扰，而菲律宾民众中几乎所有人都会加入支援美军解放菲律宾的战役中，如果绕过吕宋岛并对其实施封锁，会让在吕宋岛上被俘的盟军士兵遭受饥荒，受到日军看守的残酷对待。这样美国不仅会因为未能兑现尽早解放菲律宾人民的诺言而威信扫地,且整个远东将认为美国第二次抛弃了菲律宾。罗斯福认为麦克阿瑟言之有据,但直到盟军参谋长联席会议和罗斯福以及丘吉尔在1944年9月11日召开第二次魁北克会议才下达最终决定。

哈尔西中将为这一问题给出了答案。就在第二次魁北克会议的同时,他的旗舰"新泽西"号(USS Newjersey BB-62)号加入了番号已经改为第38特混舰队的快速航母特混舰队。次日,他命令舰队对菲律宾中部发动一场空袭。第38特混舰队的飞行员们以损失8架飞机的代价摧毁了近200架敌机,并击沉了十几艘敌军运输船。在得知菲律宾中部的防御不堪一击后,哈尔西利用无线电上报了新的方案,他建议叫停对雅浦岛和帕劳群岛的登陆,并将执行这些行动所需的部队和两栖舰艇转交给麦克阿瑟,在麦克阿瑟指挥下尽早登陆莱特岛。这一提案得到了麦克阿瑟和尼米兹的一致同意,参谋长联席会议将登陆莱特岛的行动定在1944年10月20日,比原定计划提前了两个月。尼米兹命令已经在海上的雅浦岛登陆舰队改变航向,并向司令部设在海军上将群岛的麦克阿瑟报到。尼米兹并没有向登陆帕劳的部队发出同样的命令,因为他认为夺取帕劳是为登陆莱特岛放下的一块垫脚石。

除了帕劳群岛的雅浦岛和佩里硫环礁以及安加尔岛外,参谋长联席会议还下令夺取许多地处菲律宾侧翼位置的狭小岛屿。由于计划的调整,这些登陆行动中有许多都被取消了,除了强攻佩里硫环礁之外,其他的登陆行动只局限于日军没有驻守或者防守薄弱的岛屿。日军已经认识到"御敌于水际滩头"会遭受美军舰炮的沉重打击,他们不再试图在滩头抗击登陆。相反,驻守佩里硫的7000日军精锐部队采用天然和人造的洞窟凭险据守。即便是精锐的陆战1师,也在缓慢而痛苦的拉锯之中,直到1945年2月才将敌军完全清理。此役美军伤亡高达10000人,且其中近2000人阵亡,相对于该岛微不足道的战略价值,这一代价着实高昂。相比之下,美军在1944年9月23日占领的乌利西环礁不仅没有日军抵抗,且在战争的最后几个月中成为美军重要的舰队锚地和后勤补给基地。

按照尼米兹的命令,下辖第3舰队所有两栖作战舰艇的第3两栖舰队被暂时交由西南太平洋美军指挥。这支舰队并入了由金凯德中将指挥的第7舰队后,这支拥有超过700艘舰船的舰队在规模上无疑首屈一指。在1944年10月10日至10月15日期间这支庞大舰队的各个分队从马努斯岛和霍兰迪亚,以及新几内亚的其他港口出发,并开始驶往莱特岛。

美军调动了位于航程范围内的所有飞机,甚至包括远在中国西部的第20轰炸机司

令部的轰炸机,通过切断从西面和南面的增援路线彻底孤立了莱特岛。哈尔西的"浮动机场"则负责阻断日军在北面的增援,第38特混舰队空袭了位于冲绳和吕宋岛的日军舰船和码头。

从日本本土起飞的日军鱼雷轰炸对哈尔西的舰队发起了猛烈攻击,但在惨重的损失下仅将美军的两艘巡洋舰击伤迫使其退出战斗。日军飞行员对于战果发生误判,向东京方面发出虚假的战报,使得东京方面鼓吹取得了一场大胜。丰田副武对这份战报信以为真,命令志摩清英指挥更为训练有素的舰载机部队和一支巡洋舰和驱逐舰组成的舰队"抹去残存的敌军舰队"。东京方面的电台向全世界宣称美军航母舰队刚刚被消灭,日军飞机和舰艇正在歼灭四散而逃的残存敌军。

为了反制日本人的虚假宣传,尼米兹放出了哈尔西发给珍珠港的报告:"第3舰队已经对被击沉和击伤的船只进行了打捞回收,正在以高速攻击敌人。"日军侦察机发回的报告也让日本人的喜悦掉落谷底,第3舰队并没有受到明显的损伤。在得知这些消息后，志摩谨慎地率领舰队撤回了位于日本西南方向的琉球群岛。

歼灭了日军大部分岸基航空兵和仅有的可用舰载航空力量后，第3舰队在菲律宾外海占据了阵位，准备参加接下来的登陆行动。在第3和第7舰队两支舰队的强力掩护下，这场登陆似乎完全不会受到外界的干扰。不过美军此时有一些问题：此次行动没有统领全局的总指挥官，哈尔西听从尼米兹的指挥，而金凯德则向麦克阿瑟负责；自华盛顿以下没有统一的指挥机构。

对于正在护送登陆舰队前往莱特岛的第7舰队而言，他们的任务非常明确——对接下来的登陆行动实施密切支援。不过由哪支舰队负责拱卫登陆部队，阻止敌军海上力量对登陆场的进攻呢？在尼米兹的作战计划中，哈尔西将负责"支援和掩护西南太平洋部队"，但又留下了一个漏洞："如果能够获得（或者创造）歼灭大量敌方舰队的机会，则将歼敌转化为主要任务。"这一条款的存在让哈尔西感到自己不会像塞班登陆时的斯普鲁恩斯（被塞缪尔·艾略特·莫里斯称之为"摇晃的狗尾巴"）一样被禁锢在莱特岛周围无法施展拳脚。

在第3舰队内部，指挥情况同样并不理想。在将第3两栖舰队借给第7舰队后，尼米兹将第3舰队拆分为隶属于第38特混舰队的4个特混大队，米切尔将继续指挥特混舰队直至莱特湾登陆结束。这一安排使得米切尔和哈尔西拥有同一支部队的指挥权，正如同菲律宾海海战时的米切尔和斯普鲁恩斯一样。在莱特岛的作战行动中，因为哈尔西绕过米切尔直接向舰队下达命令，米切尔一直未能弄清自己的权限和责任。

由于日军舰队在第38特混舰队摧毁日军航空兵力期间仍旧无动于衷，哈尔西就此认为日军不会出动。他命令舰队加油，同时计划让各特混大队轮流前往乌利西环礁进行检修，补充弹药，以及人员休整。1944年10月22日晚，他命令约翰·S.麦凯恩中将指挥的第38.1特混大队先行前去休整——这是一个不幸的选择，麦凯恩的特混大队有着更多的航空母舰，这意味着相比另外3个大队，该大队拥有更多的舰载机和更轻的打击力。

1944年10月17日，美军游骑兵部队开始在莱特湾各出入口的岛屿发起登陆。10月18日，第7舰队执行炮击支援任务的舰艇进入海湾，随后对敌军的滩头防御工事进行了为期两天的炮击。10月20日早上，第3和第7两栖舰队的船只开始进入海湾，在近距离火力支援大队的掩护下将登陆部队送上滩头。当日天气晴朗，气候温和，美军所遭遇的抵抗也无外乎从岸上射来的零星迫击炮火力。莱特岛登陆由此成为整场战争期间最为轻松的登陆行动之一。

午后不久，此前一直在"那什维尔"号轻巡洋舰上观战的麦克阿瑟与继任菲律宾总统的塞尔吉奥·奥斯米纳，以及其他军官一起登上了一艘登陆艇。登陆艇在距离滩头还有50码的地方触底冲滩，随后操舵手放下跳板，麦克阿瑟率先涉入齐膝盖深的水中，大步走向菲律宾的海滩。他兑现了诺言，他已经归来。

莱特湾大海战，1944年10月24日—10月25日

坐镇东京的丰田副武大将在得知美军已经在10月17日在莱特湾入口处登陆后，立即下令实施代号"捷一号"的菲律宾群岛海上防御战计划。此时的他已经别无选择，日军的大型水面舰艇为了靠近原油产地而驻扎在靠近新加坡的林加水道，而航空母舰舰队则为了在无须担心美军潜艇伏击的情况下训练飞行员而部署在日本本土的内海水域。如果美军夺取了菲律宾群岛，联合舰队将再无法合兵一处。

丰田发布的"捷一号"作战命令让多支舰队都被牵涉到莱特湾大海战中，这场海战由4场相互独立的战斗组成，双方投入的舰艇吨位和战场区域都在世界海战史上无出其右。这也是人类历史上远距指挥能够最为紧密地追踪战场状况的海战，双方参战舰队都进行了大量的无线电通讯与汇报。由于战场大多数时候都天气晴朗，且静电干扰极小，不管是莱特湾，还是珍珠港，乃至华盛顿和东京，都接收到了大多数直接和转发的无线电通讯。

根据丰田的命令，由栗田健男中将指挥的日军水面舰队[1]于10月18日上午离开林加，于两天后进入文莱湾加油，并于10月22日分为两队出发。栗田亲率5艘战列舰（超级战列舰"大和"号和"武藏"号）、12艘巡洋舰和15艘驱逐舰[2]，经由中国南海、锡布延海和圣贝尔纳迪诺海峡驶往莱特湾。他的副手西村祥治中将则带领2艘战列舰、1艘巡洋舰和4艘驱逐舰准备横跨苏禄海，意图经棉兰老海（现称保和海）和苏里高海峡抵达目的地。栗田和西村打算在10月25日早上同时从北面和南面突入莱特湾，对集结在滩头的美军两栖舰艇形成夹击。为了让两侧舰队的实力更为均衡，丰田又命令由志摩清英指挥的，尚在琉球的舰队[3]（下辖3艘巡洋舰和4艘驱逐舰）南下与

---

[1] 番号为"第一游击部队"。——译者注

[2] 番号为"第一游击部队第三部队"。——译者注

[3] 番号为"南西方面舰队/第二游击部队"。——译者注

西村舰队会合。

为了给两路夹击的行动争取机会，由小泽治三郎中将指挥的航空母舰舰队[1]将从内海海域南下引诱哈尔西的舰队。日军在塞班岛登陆期间曾正确地推断出斯普鲁恩斯不会过早地被从塞班岛滩头诱出。而在日军眼中，大胆（甚至可以称得上鲁莽）的哈尔西可能在足够具有吸引力的诱饵（比如日军的多艘航空母舰）的吸引下脱离莱特湾。小泽从手头的10艘航空母舰中挑选出了最值得牺牲的4艘作为诱饵：历战老兵"瑞鹤"号、轻型航空母舰"千岁"号、"千代田"号以及"瑞凤"号。这些航空母舰得到了由2艘战列舰、3艘航空母舰和8艘驱逐舰组成的舰队的掩护。此时小泽舰队已经没有训练有素的舰载机飞行员，他很明白这意味着前往菲律宾的旅程将是一次自杀式任务。

美军在得知敌军舰队出现后，将小泽的诱饵舰队称为"北路舰队"；将栗田舰队称为"中路舰队"；西村和志摩舰队则被统称为"南路舰队"。

美军最先得知的是栗田指挥的中路舰队的动向。10月23日凌晨，美军潜艇"海鲫"号(USS Darter SS-227)和"鲦鱼"号（USS Dace SS-247）在巴拉望水道以西发现了栗田舰队的踪影，"海鲫"号立刻发出告警。两艘潜艇随即发动鱼雷攻击，击沉了包括栗田的旗舰"爱宕"号在内的两艘重巡洋舰，并重创另一艘迫使其返回文莱。对于前景大感不妙的栗田认为自己已经落入了马蜂窝，并在将旗舰换为"大和"号后继续启程。

哈尔西在得到"海鲫"号的告警后命令此时可用的3个特混大队（分别由杰拉德·F.博根，拉尔夫·E.戴维森和弗雷德里克·C.谢尔曼少将指挥）向菲律宾海域运动。10月24日8时刚过，第38特混舰队的侦察机就汇报称，栗田的中路舰队已经进入了锡布延海。哈尔西随即命令已经抵达乌利西环礁附近的麦凯恩立刻回航并做好战斗准备。他对另外3个特混大队下达的作战命令只有一个——"攻击！"3个航空母舰大队在栗田舰队经锡布延海向圣贝尔纳迪奥海峡航渡期间连续发动5轮空袭。栗田舰队的4艘战列舰被击伤，另有一艘重巡洋舰因伤退出战斗。强大的海上巨兽"武藏"号在被鱼雷和炸弹反复命中后，于当天下午早些时候掉队。美军当天的最后一轮空袭集中火力于"武藏"号上，并导致该舰最终倾覆，带着上千名舰员一起沉入海底。对于缺乏空中掩护深感痛苦的栗田一度下令掉头返航以脱离哈尔西的舰载机的打击范围。

---

[1] 番号为"第3舰队"。——译者注

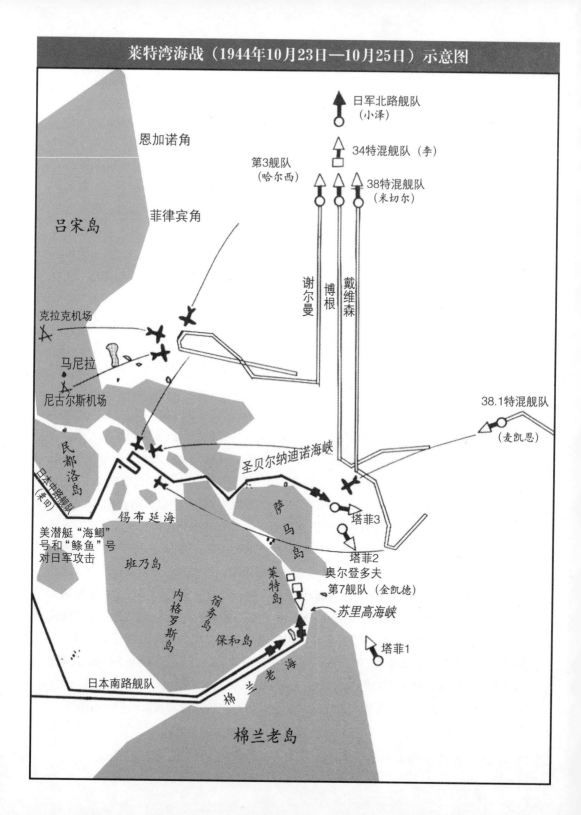

由于日军在吕宋岛的航空指挥部已经将所有可用的飞机都用于攻击谢尔曼的航母特混大队，栗田严重缺乏空中掩护。大多数训练水平低下的日军飞行员都被击落，但仍有一名飞行员设法将一枚炸弹投入了轻型航空母舰"普林斯顿"号的舰体内，这枚炸弹引起的大火一发不可收拾，导致该舰最终被放弃。小泽的北方舰队在抵达恩加诺角附近的阵位后，向谢尔曼的大队放出了76架飞机的攻击波。日军舰载机在损失惨重的同时竟未能命中美军一发。幸存的日军舰载机由于缺乏航母甲板着舰训练而选择在吕宋岛上的机场着陆。

午后，哈尔西向上级和下属电告了作战计划，从博根和戴维森的特混大队抽调出的4艘战列舰、6艘巡洋舰和14艘驱逐舰被编为由威利斯·李中将指挥的第34特混舰队，同时美军将"从远距离给予敌方决定性打击"。尼米兹和金凯德都对这样的安排表示满意，这样一支足以与日军中路舰队一较高下的特混舰队的存在已经足以让他们安心。不过他们并没有收到后继的"执行"命令，二人推测下令执行这份计划的命令是由短距离语音电台发送的，这是由于戴维森和博根的特混大队距离足够近，且哈尔西的旗舰"新泽西"号就在博根的大队中。

在北面，小泽舰队正在拼尽全力地吸引哈尔西的注意力，甚至刻意打破无线电静默。但距离小泽舰队最近的谢尔曼大队此时仍忙于放飞战机，抵御日军空袭以及拯救"普林斯顿"号，还需要好一会儿才会向北派出侦察机。到当日下午晚些时候才得以出动的美军侦察机，在距离谢尔曼大队仅190英里的地方发现了日军航空母舰舰队。以谢尔曼大队内的"列克星顿"号为旗舰的米切尔向位于博根大队的哈尔西发电汇报了日军的动向。预感到即将进行海战的谢尔曼派出一艘巡洋舰发射鱼雷将"普林斯顿"号击沉。

米切尔的汇报让哈尔西大为振奋。他笃定如此大规模的行动势必会让日军出动航空母舰。而现在他已经知道了敌军航空母舰的方位。他大步走进司令室，手指狠戳在海图上300英里之外的日军航空母舰舰队的位置，然后告诉他的参谋长："这儿就是我们的目的地。舰队开始向北。"

哈尔西意图趁夜接近敌军，力争在日出前将日军舰队纳入自己的舰载机打击范围内。他向尼米兹和金凯德拍报称："我正在带领3个特混大队向北，准备在日出时攻击敌军航空母舰舰队。"两位收报人都将这份电文解读为哈尔西将3个航空母舰特混大队派往北面，而"已经组建"的第34特混舰队（包括"新泽西"号）则将留在后方守卫圣贝尔纳迪诺海峡。

美军夜航侦察机在夜幕中发现栗田的中路舰队已经进入圣贝尔纳迪诺海峡，同时海峡内长期熄灭的导航灯也被点亮，虽然收到了这些情报，但认为自己做出了正确判断的哈尔西却对此全然不顾。当米切尔的参谋人员对于弃守海峡出口的命令提出异议，请求他向哈尔西抗议时，米切尔只能回答称："如果他（指哈尔西）需要我的建议，他会提出来的。"

哈尔西并没有组建第34特混舰队，因为他也接受了飞行员们过于乐观的战报，认为栗田的中路舰队已经失去了战斗力。他认为金凯德的第7舰队就已经有足够的兵力来击退中路舰队和规模更小的日军南路舰队（美军侦察机在当天上午发现了这支舰队的踪迹）。对于此时的哈尔西而言，消灭敌方航空母舰——拥有最远打击距离和最强大杀伤力的最大威胁——比什么都重要。他在珊瑚海和中途岛两度错失了和敌军航空母舰一决高下的机会，他甚至认为在两战中都如愿与敌方交锋的斯普鲁恩斯窃走了自己的好运。此时的哈尔西决心抓住眼前的机会。

博根和戴维森的特混大队向北开进，于10月24日23：45时与谢尔曼的大队会合。一小时后，舰体伤痕累累，但舰炮和火控系统都并未受损的日军中路舰队从圣贝尔纳迪诺海峡鱼贯而出，切入了哈尔西的背后。

在美军侦察机在10月24日早上发现正在苏禄海上向东航行的南路舰队后，金凯德判断出这支舰队的目标是攻击莱特湾内的两栖舰艇。在得到哈尔西做出的会封堵圣贝尔纳迪诺海峡的保证后，金凯德命令指挥火力支援舰艇的杰西·B.奥尔登多夫少将，调动一切可用兵力封锁苏里高海峡。接到命令的奥尔登多夫凭借自己的火力优势，决心彻底歼灭敌军，而非仅将其击退。为了实现这一目的，奥尔登多夫精心构筑了一个完美的陷阱。他派出PT鱼雷艇南下至海峡南端，这些鱼雷艇不仅能打响第一枪，也能为他提供预警。在通往莱特湾的海峡北端，他将手头的21艘驱逐舰沿两岸布置准备实施高速鱼雷攻击，而他的6艘老式战列舰和8艘巡洋舰则在海峡末端展开纵队前后游弋，占领了来犯敌舰的"T字头"位置。

下午晚些时候，栗田电告已经驶入棉兰老海的西村，由于空袭造成的延误，他无法按原定时间进入莱特湾。西村舰队随后按照命令开始加速，试图趁夜色掩护突入莱特湾。志摩清英的舰队由此无法与西村舰队会合，但这也使得他捡回了一条命。

午夜前一小时，西村舰队的4艘驱逐舰、2艘战列舰和1艘重巡洋舰以纵队队形进入苏里高海峡，虽然遭到了PT鱼雷艇的交叉射击，但并未受到损伤。2：30时，西村舰队落入了奥尔登多夫的罗网中，美军驱逐舰从左右两侧发起鱼雷攻击，战列舰和巡洋舰的炮火从正前方扑面而来。在这样的双重打击下，西村舰队的2艘战列舰和2艘驱逐舰被直接击沉。燃起大火的巡洋舰和另2艘被击伤的驱逐舰逃离了这个杀戮场。志摩清英在目睹了西村舰队的惨状后带着3艘巡洋舰和4艘驱逐舰掉头全速退出了海峡。

太阳已经升起，栗田舰队在晨光中行驶在萨马岛（菲律宾）东岸近海，中路舰队内的4艘战列舰、8艘巡洋舰和2个水雷战队由夜间搜索阵形调整为环形防空阵形。位于"大和"号桅顶的一名瞭望员报告称在东南方向依旧雾气弥漫但正在逐渐变亮的水天线上，依稀可以看到一些桅杆。随着舰队的逐渐接近，航空母舰的桅杆以及航空母舰和护航舰的舰体在"大和"号的舰桥上清晰可见。

栗田相信他正在接近的是第38特混舰队的一个航母大队，但此时的哈尔西远在300英里之外，正在对小泽舰队发动攻击。栗田在晨雾中看到的，是第7舰队的一支特混部队，代号"塔菲3"（TU. 77.4.3），这支特混部队有6艘最快航速仅18节的小型护航航空母舰，3艘驱逐舰和4艘护航驱逐舰，由克里夫顿·A. F. 斯普拉格少将指挥。编制类似的"塔菲2"和"塔菲1"则分别位于水天线以下的东南方向和南面130英里处。这支仅担负反潜作战和防空巡逻任务的特混部队成为挡在栗田和莱特湾之间的唯一障碍。

大喜过望的栗田下达了"总攻击"的命令，这成为一个决定性的错误。由于此时日军舰队仍在调整队形，随着栗田下达命令，航速较快的战舰开始径直向前冲去，日军舰队由此陷入混乱之中。6:58时，日军舰队开始射击。

克里夫顿·斯普拉格的受惊吓程度一点也不亚于栗田。在从最初的怀疑和惊骇中恢复过来后，他下令舰队释放烟幕，向东迎风逃跑以便放飞舰载机，并让舰队躲入雨幕中。同时他开始通过无线电明码求救。身处莱特湾内的金凯德接到了求救并将遭袭的情报转发给了哈尔西；为了误导日军，让他们以为哈尔西的舰队即将投入战斗，金凯德同样拍发了一份明码电报："请求李全速支援莱特岛。请求快速航母部队立即发起空袭。"

栗田舰队在接战后加速向东，意图阻止斯普拉格的航空母舰放飞舰载机。不过临近的"塔菲2"放飞的舰载机还是对栗田舰队发起了空袭，之后"塔菲2"的飞行甲板还成为从莱特湾和"塔菲1"起飞的美军战机的加油和补弹平台。

斯普拉格指挥舰队向南转向，随后又转向西南朝莱特湾驶去。他希望从这个方向赶来的奥尔登多夫的重型舰艇能及时赶到救他于水火之中，然后歼灭栗田的中路舰队。而日军依旧穷追不舍，并且开始攻击斯普拉格的航空母舰。

斯普拉格的驱逐舰和护航驱逐舰在危急关头毅然掉头，舰炮和鱼雷火力全开，向追击而来的日军发动自杀式攻击。这些轻型舰艇中有3艘被日军火力击沉，另有2艘重伤，但他们发射的鱼雷命中了3艘日军巡洋舰。在世界海战史上，鲜有舰艇能同斯普拉格的护航舰一样面对这样以寡敌众的局面。护航舰艇的牺牲所换来的重要结果，就是让"大和"号和伴随的另一艘战列舰为了避开鱼雷而向北转向，从而在追击战中掉队。栗田就此失去了与正在逃跑的美军航空母舰的目视接触，此后也无法准确把握战术态势。

拼命逃跑的护航航空母舰被日军命中。美军航空母舰没有全部牺牲，既可以归因于日军此战中拙劣的炮术表现，也要归功于美军甲板防护，由于日军发射的全都是穿甲弹，面对无装甲防护的"吉普航空母舰"，穿甲弹通常会穿透整个船体而不发生爆炸。但即便如此，"甘比尔湾"号最终还是失去动力并开始倾斜，在9：07时彻底倾覆并沉没。

在与日军中路舰队的对抗中发挥决定性作用的是美军的飞机，在整场战斗中美军飞机几乎一刻不停地保持着进攻态势。美军舰载机击沉了3艘重巡洋舰，其中2艘之前曾被斯普拉格的护航舰发射的鱼雷击中。在美军舰载机坚持不懈的猛烈进攻下，其余的日军舰艇陷入愈发混乱的境地。此时的栗田已经与斯普拉格的航空母舰脱离接触，也看不到自己的大部分舰艇，从而判断自己的猎物已经成功脱逃且失去秩序的日军舰队此时已经陷入混乱。9：11时，他通过无线电命令中路舰队集合，掩护"大和"号向北脱离。

"塔菲3"上的美军官兵因敌舰的突然撤退一度陷入疑惑，毕竟就在几分钟前，日军仍似乎占尽上风。大难不死的"塔菲3"剩余舰艇随后调整航向，向此时距离仅25英里的莱特湾驶去。不过战斗还没结束。就在11：00时前几分钟，5架日军飞机呼啸而下，向已经伤痕累累的斯普拉格航空母舰编队呼啸而下。这些日军飞机来自新组建的"神风特攻队"。这些狂热的飞行员连人带机撞向目标。

一名"神风"飞行员驾机冲向了"基特昆湾"号，虽然他撞击的角度较大，但自杀飞机上的炸弹仍成功爆炸，对该舰造成了巨大的损伤。另两架"神风"飞机撞入了已经中弹14发的"卡里宁湾"号并引发大火。一架"神风"飞机的撞击纵贯"圣洛"号的飞行甲板并引发大火，导致机库甲板内停放的鱼雷和炸弹发生殉爆。随后发生的连环爆炸几乎将"圣洛"号炸成两段。该舰在快到中午时沉没。

栗田此时已经集结起了残存的中路舰队，开始考虑下一步的动作。他已经从志摩清英那里得知了西村舰队的灾难，但一直没有从小泽治三郎处得到任何消息。马尼拉方向发送的一份报告错误地指出美军航母舰队此时位于萨马岛（菲律宾）东北方向，栗田决定对这支不存在的美军展开攻击。顶着麦凯恩的特混大队从远处放飞的轰炸机的攻击，抵达美军航空母舰预计所在位置的栗田舰队只看到了空无一物的大海。

此时日军驱逐舰的油料已经告急，栗田和他的幕僚们也在持续3天的轮番打击之下精疲力竭。除了撤离战场，栗田已经别无选择。在暮光中，中路舰队开始向圣贝尔纳迪诺海峡驶去，并在21：30进入海峡。

前一天晚上，第38特混舰队根据根据哈尔西的命令开始向北进发，舰队的夜间侦察机也被从监视位于锡布延海的栗田中路舰队的任务中召回，转而向北侦察小泽的北路舰队。在谢尔曼的特混大队与博根和戴维森的大队会合后，哈尔西将战术指挥权交给了米切尔。凌晨2：00，侦察机与日军北路舰队发生雷达接触，与此同时，米切尔在得到哈尔西的批准后命令李中将组建起第34特混舰队，此时这支特混舰队下辖3个大队的全部6艘快速战列舰（包括哈尔西搭乘的"新泽西"号在内）。第34特混舰队在第38特混舰队前方10英里处展开，这支舰队既要应对可能发生的夜战，也将负责在日出后收拾残局，进一步摧毁在航空母舰空袭下幸存的敌舰。

10月25日日出后，第38特混舰队对小泽的北路舰队发动了6次空袭。这甚至谈不上一场较量。此时小泽的4艘老式航空母舰上仅剩29架舰载机，且均由毫无经验、几乎没有接受训练的飞行员驾驶，而米切尔的10艘航空母舰上搭载着多达787架舰载机，且飞行员均接受过优良的训练。在上午的两轮攻击中，美军舰载机击沉了"千岁"号轻型航空母舰和一艘驱逐舰，将"千代田"号炸得燃起大火，失去动力瘫在海面并开始倾斜。美机投下的炸弹命中了"瑞凤"号轻型航空母舰和一艘巡洋舰，鱼雷则命中了小泽的旗舰"瑞鹤"号。命中"瑞鹤"号的鱼雷导致该舰的转舵机构卡死，无线电收发装置失灵。舵机受损使得该舰掉出编队并失去了控制，小泽不得不换乘一艘巡洋舰。由于无线电收发装置受损，栗田未能接到诱饵行动已经奏效的消息。

随着第34特混舰队向前方高速前进的哈尔西虽然已经在水天线上看到了日军掉队舰艇的桅杆，但他的心思已经从即将到来的炮战完全转移到了从南方发来的消息上。8：00，哈尔西收到了耽搁很久的关于日军南路舰队已经在苏里高海峡被击退的消息。他据此认为此时已经腾出手来的第7舰队能够为莱特湾提供所需的支援，但金凯德紧接着发来的一连串求救电报让他大感不悦。金凯德坚信保护第7舰队并不是他的职责。在他看来，他正在做他最应该做的事：追击敌方航空母舰舰队。当金凯德指出他的老式战列舰已经缺乏弹药后,哈尔西命令麦凯恩的特混大队"以尽可能快的速度"救援斯普拉格,并电告金凯德他已经派出援兵。

在珍珠港,尼米兹的参谋团队请求他亲自出面,直接命令哈尔西向斯普拉格派出救兵。尼米兹拒绝了这一请求;他认为,除非是在极为特殊的情况下,上级都不应当在战斗中干涉战术指挥官的行动。

在金凯德越来越急促的求援电报下,尼米兹的参谋长助理伯纳德·奥斯丁上校建议尼米兹至少应该向哈尔西提出一个简单的问题:第34特混舰队在哪儿?尼米兹思忖了一分钟,然后告诉奥斯丁这是一个好主意,并立即向哈尔西发报询问。

尼米兹直到这时才意识到第34特混舰队根本不可能在圣贝尔纳迪诺海峡,出于对哈尔西的了解,他猜到了这支舰队的动向——正在向北追击日军航空母舰舰队。虽然尼米兹认为此时的情况已经到了足以让高层插手现场指挥的地步,但他还是打算让询问的电文委婉一些:"第34舰队现在在哪儿?能不能尽快到位?"(原文:Where Ought Task Force 34 to be—and hadn't it better get there as soon as possible?)

刚过10:00时,这份消息送达哈尔西的手中时,这份措辞委婉的询问却变成了"当头棒喝"。哈尔西读到的电文为:FORM CINCPAC ACTION COM THIRD FLEET INFO COMINCH CTF SEVENTY-SEVEN X WHERE IS RPT WHERE IS TASK FORCE THIRTY-FOUR RR THE WORLD WONDERS.[1]

奥斯丁将金和金凯德添加到了收报人栏,他的文书为了强调,给"在哪里"加上了重复(RPT),而发报员则根据规定,为了迷惑对方的密码破译人员,在电文前后随机拍发了不成语句短语(TURKEY TROTS TO WATER GG……RR THE WORLD WONDERS[2])以覆盖最容易被破解的电文首尾。"新泽西"号的译电员虽然划去了开头的随机短语,但感觉分割词(RR)后的部分却因为太像电文本身的一部分而没有删去,只是用双斜线与正文分隔开,他相信司令室中会有人向哈尔西指出双斜线后的短语只是随机加入的。

但实际上没有人指出这一点。在哈尔西看来,这份电文极尽嘲讽之能事,而且金和金凯德也被叫来目睹这份羞辱。勃然大怒的哈尔西扯掉他的大盖帽,将帽子摔到

---

[1] 这份电文的全文意为:"中太平洋战区司令(尼米兹)发报。第3舰队司令(哈尔西)收报,并转发舰队总司令(金)和第77特混舰队司令(金凯德)。在哪里,重复,第34特混舰队在哪里?"

[2] 意为"火鸡在水上跳舞GG……RR全世界都想知道"。——译者注

甲板上，大声怒喝着。虽然他继续维持了一小段时间的航向，但所面临的压力已经太大。在时针即将指向11：00时，他命令第34特混舰队掉头返航。当他的舰队与第38特混舰队擦身而过时，他又命令博根的特混大队为第34特混舰队提供空中掩护。

在哈尔西掉头向南的同时，戴维森和谢尔曼的特混大队继续向北追击，并彻底了结"瑞凤"号、"千代田"号和参加偷袭珍珠港的最后幸存者"瑞鹤"号。失去了用作诱饵的航空母舰的小泽带领着13艘水面舰艇中幸存的10艘掉头返回日本。他的诱敌任务取得了圆满的成功，但由于他并未能告知栗田，这一切都是徒劳。

当哈尔西的舰队于午夜时分抵达圣贝尔纳迪诺海峡时，他发现栗田的中路舰队已经通过了海峡再度驶入锡布延海。第3舰队的快速战列舰部队已经向北疾行了300英里，随后又折返往南驶过了同样的里程，虽然在两股敌军主要舰队之间来回奔波，但这些巨舰未能与敌军发生接触。

解放菲律宾

莱特湾海战以日军的落败告终，同时也为传统海战画上了句点，此后历史上再也没有纯粹发生在军舰之间的面对面较量。虽然美军成功登上了莱特岛，但陆军航空兵在当时无法从海军手中接过支援瓦尔特·克鲁格中将指挥的美军第6集团军的任务，由于潮湿的雨季让整座莱特岛都变成了一个大泥沼，工兵们未能成功将塔克洛班的机场跑道延长。在这样的情况下，第38特混舰队（麦凯恩接替了米切尔，但仍由哈尔西负责全局指挥）不得不留在菲律宾近海，在猛烈轰炸吕宋岛上的日军全天候机场的同时消灭为莱特岛运输补给和援兵的"东京快车"。

这是一段艰难的时光。仅在11月，日军"神风特攻队"就撞击了7艘美军航空母舰，导致近300名美军阵亡。在同一时期，第7舰队有2艘战列舰、2艘巡洋舰、2艘运输舰和7艘驱逐舰被自杀飞机击伤，其中一艘驱逐舰沉没。虽然自杀式攻击接连不断，第38特混舰队在12月中旬还是在整个吕宋岛上空构筑起了顺时针方向的战斗机巡逻，不仅使得敌机几乎无法升空，还将数以百计的敌机摧毁在地面上。11月18日，航母舰队遭到了一种不同寻常的敌人——台风的袭击，导致3艘驱逐舰沉没，另有3艘船只重伤，狂风摧毁了186架飞机，并导致800余人遇难。

12月15日，当第6集团军进展顺利，莱特岛登陆行动即将迎来尾声之际，美军又在菲律宾群岛中气候较为干燥的民都洛岛发起了登陆，希望夺取一处可用的机场，以便掩护即将发起的吕宋岛登陆战。

西南太平洋美军部队于1945年1月9日在林加延湾登上了吕宋岛，此处正是三年前日本侵略军上岸的地方。登陆部队的阵容与此前的莱特岛登陆几乎一样：由第6集团军和得到第3两栖舰队加强的第7舰队组成。美军的登陆行动并没有遭到太大的抵抗，因为日军已经向北撤退，准备依靠山地展开防守。此战中日军完全没有出动舰队，但自杀飞机的袭击更为频繁且更为致命。"神风特攻队"击伤了43艘盟军舰船，其中18艘重伤，另有5艘被击沉。一艘巡洋舰甚至先后被5架自杀飞机撞中。"神风"的自杀攻击导致盟军738人阵亡，伤员则多达约1400人。

哈尔西指挥着第38特混舰队进入菲律宾以西的南中国海海域，驱逐了可能袭扰民都洛岛—林加延湾一线海上交通线的日军舰船。随后他返回乌利西环礁，并将饱经战火的快速航母部队的指挥权转交给了斯普鲁恩斯，实际上，指挥权的交接已经延误了一段时间。金凯德将大部分借给第7舰队的舰艇还给了尼米兹。这些舰艇（番号再度更换为第58特混舰队，由米切尔指挥），以及刚从欧洲战场抵达的舰艇一道组成了规模比之前更加庞大的第5舰队。

西南太平洋美军和中太平洋美军的合作就此告一段落。第5舰队开始向日本本土推进，而麦克阿瑟则准备向南进攻，解放菲律宾的剩余领土和东印度群岛。

重返婆罗洲

在欧陆战场的海军行动基本告一段落后，部署在大西洋的美军战舰开始被调往太平洋，而英军舰艇则在印度洋集结。美军参谋长联席会议建议英国皇家海军在麦克阿瑟的部队和澳大利亚军队解放婆罗洲的行动中提供支援。英军最初表示同意，但在美军宣布他们准备在1945年登陆日本本土后，丘吉尔坚持认为，在远东战场上只经历了战败和屈辱的皇家海军即便单纯是为了挽回尊严也应当加入对日本本土的进攻。在罗斯福同意后，皇家海军的航空母舰舰队进入大西洋，在尼米兹的指挥下开始对日作战。英军舰队的离开让麦克阿瑟的作战行动仅得到实力稍显单薄的第7舰队的支援，但对于接下来的任务而言，第7舰队的实力已经足够。

1945年5月到6月间，由巴比指挥的第7两栖舰队将以澳军为主的登陆部队送上了打拉根、文莱和巴厘巴板的滩头。与菲律宾中部一样，盟军虽然在滩头并未受到太大阻碍，但在内陆经历了艰苦的战斗。夺取盛产原油的港口巴厘巴板的行动在几个方面上都独树一帜：西南太平洋盟军盟军在这场行动中遭遇了整场战争中最为坚固的滩头防御工事；巴厘巴板在登陆前遭到盟国海军长达16天的炮击，火力准备时间为第二次世界大战两栖登陆之最；登陆巴厘巴板也是这场战争中最后的登陆行动。在第7舰队的舰艇对滩头防御工事倾泻了38000发炮弹和7300枚火箭弹后，登陆部队没有遭遇任何伤亡就登上了滩头。

在文莱战役结束后，麦克阿瑟计划向爪哇推进。但盟军参谋长联席会议叫停了他的南下行动。所有可用的盟军力量都将被集中在登陆日本本土的行动中，麦克阿瑟将在登陆日本的行动中指挥地面部队，而尼米兹则负责海上部队。

夺取硫黄岛

为了便于指挥中太平洋美军的向北进军，尼米兹被晋升为海军五星上将（Fleet Admiral），同时将司令部从珍珠港搬到了关岛。特纳海军中将和霍兰德·史密斯陆战队中将也各自晋升一级；前者出任太平洋舰队两栖部队司令；后者则出任太平洋战区舰队陆战队司令。在这个职位上，史密斯不再需要进行战术指挥。

第5舰队的第一个目标是日本火山群岛内的硫黄岛，该岛正好位于部署B-29轰炸机的南马里亚纳群岛基地群和东京连线的正中。从硫黄岛起飞的战斗机能够伴随远程的B-29飞抵日本上空。同时硫黄岛也能作为需要加油和被击伤的B-29的备降机场，还能用作海空救援基地。

硫黄岛大体呈三角形，由一座死火山冷却的岩浆和火山灰形成，岛上最高处折钵山位于小岛一角，与一片崎岖的平原相对，一道山岭将二者分割开来。日军在面积只比佩里硫磺岛稍大的硫黄岛上部署了相当于佩里硫磺岛3倍数量的守军，并建立起了一个远比前者复杂的，由洞窟坑道、坚固掩体和隐蔽炮位组成的防御工事体系。在美军夺取塞班岛后，日军就认识到硫黄岛由于其优越的地理位置和相对平坦的地形适宜建造机场，很可能成为美军的目标。守军指挥官栗林忠道中将将硫黄岛打造成了全太平洋防御最坚固的8平方英里土地。

1945年2月16日拂晓，由威廉·H. P. 布兰迪少将指挥的炮击舰艇和护航航空母舰抵达硫黄岛附近，开始轰炸栗林的这座海盗要塞。与此同时，斯普鲁恩斯和米切尔率领的第58特混舰队抵达了北面600英里处的东京近海，发动了自1942年年初的"杜立特空袭"之后对日本本土的首轮舰载机攻击。在两天的空袭中，第58特混舰队摧毁了

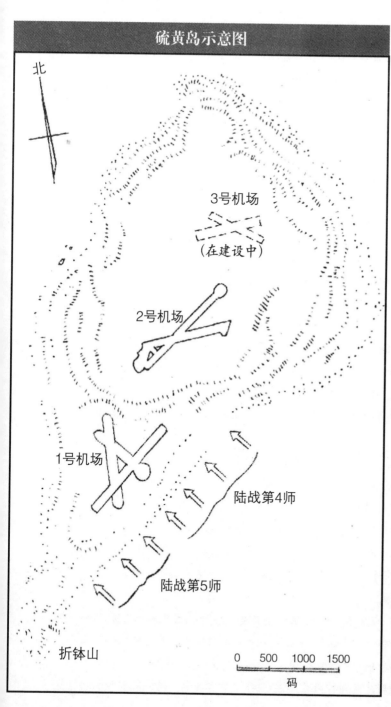

数百架可能被用于支援中途岛的日军飞机。随后第58舰队返回硫黄岛海域加入对岛上目标的轰炸。与此同时，哈里·希尔少将指挥的登陆船团将第5两栖军新任司令哈里·施密特陆战队少将指挥的登陆部队送到了硫黄岛外海。这支登陆舰队的乘客还包括前来观战的海军部长詹姆斯·福莱斯特，以及被任命为远征部队总指挥的霍兰德·史密斯上将，此时他的主要职责已经转为顾问。

在2月19日，登陆发起当天，特纳上将亲自指挥支援舰队。日出时分，包括从第58特混舰队抽调来的战列舰和巡洋舰在内的炮击舰艇发起了战争中最为猛烈的登陆前火力准备。在长达85分钟的精确炮火打击后，上百架来自第58特混舰队的舰载机在岛屿上空发出刺耳的尖啸，对敌军发射火箭和机枪、投掷通用凝固汽油弹，炮击舰艇则暂停开火以免误伤。空袭结束后，舰队又进行了一轮快速的压制射击，将从守军赶回地下工事。就在抢滩时刻9：00即将到来之际，舰队再度停火，由舰载机对滩头发起扫射。

8：30，第一波近500艘登陆艇搭载着第4和第5陆战师的8个陆战营开始向滩头进发。美军本希望履带式登陆车和两栖坦克能够将登陆部队带入海滩外的纵深，但其中大多数都因为无法翻越陡峭的岸上斜坡或者履带陷入松软的火山灰中而止步不前。陆战队员们开始艰难地攀爬岸边的斜坡，并冒着从日军中央山脊碉堡群射来的密集的步枪和机枪火力逐步攻占了一系列的台地。

随后的战斗令人回想起同样惨烈的佩里硫登陆战，面对躲藏在坚固工事和掩体中的守军，美军只能用步枪、手榴弹、火焰喷射器和高爆炸药步步为营。夺取硫黄岛的行动耗费了近一个月才最终获胜，而最初美军预计仅4天就能结束战斗，且对于双方而言伤亡都极为惨重。就支援舰队而言，日军"神风"自杀飞机撞中了多艘舰船，导致"萨拉托加"号航空母舰瘫痪，"俾斯麦海"号护航航空母舰沉没。进攻方的伤亡人数甚至超过了防守方：美军登陆部队和舰队总共有19000余人受伤，近7000人阵亡或伤重不治。虽然代价沉重，但夺占硫黄岛对轰炸日本本土效率的提升和该岛作为受伤或燃油告罄飞机的备降场等都展现了其应有的价值。到战争结束时，有2400架次B-29（载有约27000名机组人员）在岛上进行了紧急降落。

冲绳战役

夺取位于冲绳群岛，长约60英里的冲绳岛的计划由斯普鲁恩斯提出，并得到了尼米兹和参谋长联席会议的批准。占领冲绳岛能够让海上封锁更为严密，且能够让轰炸日本城市的行动更为频繁。这座岛屿同时也能作为下一步登陆九州的跳板。登陆行动中，斯普鲁恩斯负责指挥第5舰队；米切尔指挥第58特混舰队；特纳将在滩头阵地确保前指挥登陆部队；西蒙·玻利瓦尔·巴克纳陆军中将将指挥第10集团军完成接下来的战斗。第10集团军下辖第1、第2和第4陆战师以及4个陆军步兵师，这支拥有183000人作战部队的大军面对的是由牛岛满中将指挥的77000名日本守军。

1945年4月1日上午，在对冲绳岛西海岸数处精心选择的滩头进行长时间的压制射击后，第10集团军开始登岸。由于日军采用了放弃"歼敌于水际滩头"的行动作战计划，登陆部队在滩头只遭到了零星的轻武器和迫击炮射击。不过，第10集团军的各参战部队在向南推进的过程中遭受的抵抗逐步升级，并在4月中旬接触日军的主要防

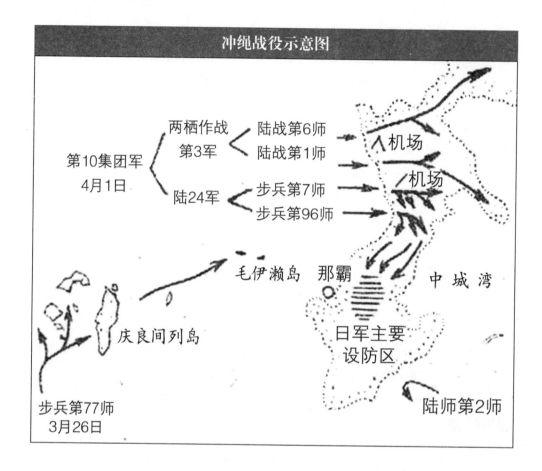

线。这是一处由山地、洞窟和坚固碉堡构成的防御体系，但并非开凿于松软的火山岩中，而是在坚实的泥土和岩石中建成。在接下来的6个星期中美军遭受了惨重伤亡却寸步难行。

第58特混舰队部署在冲绳岛北面与九州岛之间海域，为美军登陆部队以及他们的后勤补给线提供空中掩护。在冲绳岛西南方向海域展开的英军舰队也担负着类似的任务。这支舰队由4艘航空母舰、2艘战列舰、5艘巡洋舰和15艘驱逐舰组成，由伯纳德·罗林斯海军中将指挥。该舰队被配属到了美军第5舰队作战，并得到了第57特混舰队的番号。

从冲绳战役之初，日军轰炸机和自杀飞机就开始袭击在冲绳沿海活动的美军战舰，日军最初只是进行零星袭击，但很快就演变成了一连串大规模的有组织突袭。由于一架"神风"自杀飞机撞中了斯普鲁恩斯的座舰"印第安纳波利斯"号,斯普鲁恩斯只得将该舰派回加利福尼亚的玛丽岛海军船厂进行大修,同时将旗转移到一艘战列舰上。米切尔也因为日军的自杀攻击损失了大部分司令部人员,并不得不在4天内两度更换旗舰——之前乘坐的"邦克山"号和"企业"号航空母舰都因"神风"飞机撞击退出战斗。参战的4艘英军航空母舰也都遭到了"神风"自杀飞机的撞击,但得益于英式航母的装甲飞行甲板设计,在负伤后依然能够继续作战。美军派出驱逐舰在距离舰队较远的位置进行雷达哨戒,为舰队提供早期预警。

作为特攻行动[1]的一部分,超级战列舰"大和"号,1艘巡洋舰和8艘驱逐舰从内海海域起航,开始了前往冲绳的单程出击,日军计划让这支舰队在被彻底歼灭前击沉尽可能多的盟军舰船。不过美军潜艇汇报了日军舰队出击的消息,导致该舰队在九州西南方向海域遭到了第58特混舰队舰载机的狂轰滥炸。美军舰载机很快就将"大和"号、巡洋舰"矢矧"号和一艘驱逐舰击沉,并将另外3艘驱逐舰重创瘫痪,幸存的日军驱逐舰逃回基地。

盟军舰艇对冲绳战役的支援行动成为历史上代价最为高昂的海军作战。34艘美军舰艇被击沉,另有368艘被击伤,其中许多伤势过重无法修理。超过4900名士兵阵亡。4824名伤者中有许多士兵因为"神风"飞机撞击导致的火灾而被严重烧伤。

这种情况下,必须片刻不离紧盯前线的高级指挥官们承受了难以想象的压力。在5月底,尼米兹派哈尔西、麦凯恩和希尔替换了斯普鲁恩斯、米切尔和特纳,第5舰队也随之更名为第3舰队。

6月21日,美军部队宣布肃清冲绳。次日,自知战败的牛岛自杀身亡。第10集团军在这场战役中阵亡7613人,另有31800人受伤。

日本投降

1945年6月22日,日本天皇裕仁在御前军事会议上正式地催促不愿或不敢求和的当权者们:日本必须找到办法结束战争。裕仁的要求符合实际情况。此时如黑云压境一般的美军轰炸机正在将日本城市烧成瓦砾。逐渐收紧的海上封锁也让战争物资的生产陷入停滞。德国的投降让日方认为自己的盟友已经掌握某些"足以改变战局"的决

---

[1] 代号"菊水作战"的自杀式攻击行动,同时包括了水面舰艇和飞机的自杀式攻击。——译者注

定性武器的希望化为泡影，同时同盟国腾出手来，将已经完成对德作战的部队用来对付日本。冲绳作为日本最后的海外前哨，也已经落入美国人的手中。

结束战争绝非易事。日本国内的当权派系和海外驻军都希望抵抗到底，统治阶级和平民也不愿接受天皇制度被瓦解的和平。因此和平谈判必须秘密进行，且绝不能接受"无条件投降"。由于主要大国中只有苏联对于太平洋战争表现出表面上的中立态度，日本希望从莫斯科方面入手对和平谈判发起试探。但当日本驻苏联大使在莫斯科接触苏联外交部方面时，他发现苏联人对此不置可否。在6月份战胜国于德国波茨坦举行的会议上，斯大林没有告诉杜鲁门总统和丘吉尔首相任何关于日本请求停战谈判的消息。苏联无意帮助日本人结束这场战争，因为他们还打算加入到对日作战中与其他国家共同瓜分胜利果实。

不过杜鲁门总统已经通过美国情报部门对东京方面与莫斯科大使馆的无线电通信的窃听得知了日本的和平谈判试探。7月26日，美国、英国和中国以《波茨坦公告》对日本的求和做出了回答，这份宣言中特别强调日本只能接受"无条件投降"。这份宣言申明了日本必须放弃除本土四岛外所有强夺或侵占的他国领土，同时在"日本人民自由表示之意志成立一倾向和平及负责之政府"前将由同盟国对日本实施军事占领。

《波茨坦公告》的发表对于日本内阁而言着实有些猝不及防，此时他们还没有采取措施让日本民众接受投降，甚至连内阁内部都还没达成一致意见。不过瓦解日本人抵抗意志所面临的最大阻碍是《波茨坦公告》未能说明盟国将对日本天皇采取何种措施。

1945年6月15日，美国在新墨西哥州的阿拉莫戈多沙漠试验场进行了世界上第一次人造核爆炸，几小时后，曾担任斯普鲁恩斯旗舰的"印第安纳波利斯"号（此前在冲绳外海遭遇"神风"攻击并造成重创，回国后整修一新）启程从旧金山驶往马里亚纳群岛，舰上运载着第一枚实战化原子弹所需的铀材料。此时从冲绳和马里亚纳群岛起飞的美军轰炸机往往以500架甚至更大规模的波次出动，将日本重要城市的大片区域烧成白地。7月10日，第38特混舰队空袭了东京附近的日军机场。第3舰队的航空母舰舰队开始沿日本沿海游弋，而日军将飞机储备起来，准备抗击预想中的盟军登陆行动。7月17日，哈尔西的105艘战舰与28艘英军战舰（第37特混舰队）会合。这支美英联合舰队作为当时最强大的打击力量对东京湾内的横滨和位于内海海域的吴市发动了猛烈空袭，将"日本帝国海军"残存的大量舰艇击沉。

7月30日，第3舰队以一场对本州中部机场和工厂的大规模空袭结束了第一阶段的密集行动。同日，已经将铀组件运送到提尼安岛的"印第安纳波利斯"号停靠关岛，随后驶向莱特岛。该舰在菲律宾海被一艘日军潜艇击沉，近900人罹难。

7月28日，日本首相铃木贯太郎宣布日本政府毫不关心《波茨坦公告》，杜鲁门总统将这一发言视作不接受宣言，下令向日本投放第一枚原子弹。8月6日，一架从提尼安岛起飞的B-29执行了这一命令。目标城市广岛的大部分市区被爆炸产生的高热和冲击波夷为平地。苏联人认识到如果他们打算参加对日作战，就必须尽快开始。8月8日，苏联外交部长在莫斯科给予了日本大使期待已久的回答——宣战照会。几个小时后，苏联红军开始向侵占中国东北的日军发动进攻。8月9日，又一枚原子弹摧毁了长崎市。同样是在8月9日，为了躲避台风暂时离开的第3舰队返回了日本近海水域并开始对北海道和本州北部的机场发动空袭。8月10日，苏军已经进入朝鲜。

这一连串行动不仅终止了日本政府的拖延，也为其解决了投降所面临的最难解决的问题。日军的高层一直找不到向长期被宣传误导的国民宣布日本已经战败的理由。在正常条件下，贸然决定投降无疑会导致日军发生兵变，甚至可能导致内战。但神秘的新式炸弹所展现出的强大威力，势如破竹的苏联红军，以及再度出现的第3舰队，让除了一小撮最顽固分子之外的绝大多数日本人认识到了继续抵抗是徒劳的。在8月10日从午夜一直持续到上午的御前会议中，裕仁向与会者建议立即接受《波茨坦公告》。内阁不情愿地接受了宣言，唯一条件是不得取缔天皇制度。日方的决定经由瑞士和瑞典被送达华盛顿、伦敦、莫斯科和重庆。在收到日本的投降决定后，美国国务卿詹姆斯·贝尔纳斯作为各盟国政府的代表草拟了一份回复，在这份回复中，盟国接受了日本提出的条件，但提出了两点要求：在军事占领期间，天皇必须服从于盟军驻日最高司令的权威，以及将由日本人民通过全民投票的方式决定天皇的最终命运。

在同盟国考虑日方要求的同时，第3舰队再度空袭了本州北部，并轰炸了千叶群岛。该舰队随后掉头向南，并在8月13日再度对东京发起空袭。8月14日，日本内阁再度听从了天皇的建议，接受盟国提出的条件。8月15日，当一个舰载机波次已经完成对东京的空袭，另一个波次刚刚起飞时，哈尔西收到了尼米兹发出的"暂时停火"的命令。

杜鲁门总统任命麦克阿瑟上将出任盟军最高总司令，并指示他负责受降典礼并掌管接下来占领日本的事宜。麦克阿瑟给予了日本充裕的时间来面对已经战败的事实和负隅顽抗的下场。他命令日本政府派遣代表前往马尼拉听取指示。8月28日，第一批美军占领部队乘飞机抵达东京附近的厚木机场。8月29日，包括"密苏里"号战列舰和"南达科他"号，以及英军旗舰"约克公爵"号在内的美军第3舰队舰艇驶入东京湾。当天下午，尼米兹海军五星上将乘水上飞机抵达，并在"南达科他"号上升起了自己的将旗。麦克阿瑟于8月30日飞抵厚木机场，并在横滨的海关大楼内建立起了临时司令部。

9月2日，日本外相重光葵登上了各参加了对日作战的参战国的将领和国旗所在的"密苏里"号，并代表天皇和日本政府签署了投降书，陆军参谋总长梅津美治郎大将也代表日军在投降书上签字。随后麦克阿瑟以盟军总司令的身份签字接受日本投降。尼米兹随后作为美国代表附署了签名。在他之后，中国、英国、苏联、澳大利亚、法国、荷兰和新西兰等国的代表也依次签字接受日本投降。

签字结束后，麦克阿瑟将军致辞称："我们共同祝愿，世界从此恢复和平，愿上帝保佑和平永存！现在仪式结束。"

在他的讲话结束后，日光冲破了清晨的雾霭洒向大地，数以百计的美军战机轰鸣着划过东京湾上空。

总结

1941年末，美国对日本发出强硬通牒，如果日本不从中国撤军，美国将切断石油出口。而日本则选择了第三种解决方案。为了减小入侵盛产原油的东印度群岛的风险，日军同时对停泊在珍珠港内的美国太平洋舰队发动了偷袭，并在此之后夺取了关岛、菲律宾和新加坡等地区。

日军偷袭珍珠港的行动并没能达成预期的目的。在日军向东印度群岛（该群岛与邻近区域被日本称为"南洋资源区"）进军的同时，美军航空母舰舰队开始对日军设在中太平洋和南太平洋的基地发起突袭，并大胆实施了一次对东京和其他日本城市的轰炸行动。

1942年春，由于日本征服南洋资源区的行动出乎意料地顺利，日军提出了实施进一步扩张的两个计划：①占领莫尔兹比港、新几内亚并以两地为依托继续向西南方深入，切断美国和澳大利亚的海上交通线；②夺取中途岛以及阿留申群岛的部分岛屿作为前进警戒基地，更重要的是，夺岛行动能够引出美军航空母舰舰队，然后动用联合舰队将其摧毁。日军的两个计划都被挫败,这归因于美军截获并破译了日军的加密无线电通讯。

在珊瑚海海战(1942年5月5日—5月8日)期间,美军的两艘航母逼退了日军入侵莫尔兹比港的舰队并击退了日军的双航空母舰舰队,但也付出了沉重的代价,"列克星顿"号被击沉。但美军也让原本要参战的两艘日军航空母舰无法参加即将到来的中途岛攻略作战。

在中途岛海战(1942年6月3日—6月7日)中,美军的三航空母舰舰队成功击退了日军入侵舰队并击沉了4艘日军航空母舰和1艘重巡洋舰,但损失了"约克镇"号航空母舰。这场战役极大地削弱了日军的海上力量,被认为是战争的转折点,盟军此后开始转入反攻。

战前制定的"橙色计划"提出一旦菲律宾失陷,美军将通过一场横跨中太平洋的攻势夺回菲律宾,但日军对于美国至澳大利亚的海上交通线的威胁还是让盟军不得不将主要力量转移到南方。在这场旨在从日军手中夺回拉包尔的战役中,戈姆利以及随后的哈尔西(两人都接受尼米兹的指挥)指挥部队夺取了瓜达尔卡纳尔岛并沿所罗门群岛推进。与此同时,由麦克阿瑟上将指挥的西南太平洋美军夺取了巴布亚半岛,扼守维迪亚兹海峡的多个关键地点以及海军上将群岛。在防守拉包尔群岛和所罗门群岛的作战中日军耗费了大量的舰载航空兵部队,从而导致日军舰队一度因航空实力不足而瘫痪。

为了加快战争的进程,参谋长联席会议提出绕过拉包尔并重新按照"橙色计划"从中太平洋发起攻击。从1943年下半年开始,中太平洋美军(在由斯普鲁恩斯指挥时番号为第5舰队,由哈尔西指挥时番号为第3舰队)陆续夺去了包括塔拉瓦环礁的吉尔伯特群岛,包括夸贾林环礁的马绍尔群岛以及马里亚纳群岛内的塞班岛、提尼安岛和关岛。美军对马里亚纳群岛的攻势最终诱使日军舰队出动,在随之爆发的菲律宾海海战(1944年6月19日—6月20日)期间,日军损失了3艘航空母舰和其上的大部分舰载机。

美军第3舰队随后支援了麦克阿瑟的西南太平洋美军对菲律宾群岛的登陆行动,并在莱特湾海战(1944年10月24日—10月25日)中给予日军舰队沉重打击,使得其就此失去了实施大规模海战的能力。

在麦克阿瑟指挥的西南太平洋盟军完成收复菲律宾和文莱的任务的同时,尼米兹指挥的中太平洋盟军也夺取了硫黄岛和冲绳。从马里亚纳群岛和冲绳起飞的B-29轰炸机和从硫黄岛起飞的护航战斗机对日本城市发动了毁灭性的火攻突袭。从关岛出动的美军潜艇以及从吕宋岛和冲绳起飞的美军飞机彻底阻断了南洋资源区的重要战略资源运往日本本土的通道，同时在日本海活动的美军潜艇也使得日本无法从亚洲大陆获得煤和铁。这样的绝境外加第3舰队对日本的猛烈空袭、苏联参加对日作战以及两颗原子弹的轰炸，最终迫使日本投降。1945年9月2日，日本代表在停泊于东京湾的"密苏里"号上签署了投降书。

第31章

冷战开始

早在欧洲战事结束前,反法西斯盟国的分裂就开始了。在雅尔塔,罗斯福、丘吉尔和斯大林进行了最后一次三方会面。罗斯福、丘吉尔与斯大林达成的各项协议在几周后就被抛诸脑后。

1945年4月,罗斯福总统于佐治亚州温泉镇溘然长逝,盟国内部的破裂骤然加速。任总统的是哈里·S.杜鲁门。在罗斯福的遗体被安葬于海德公园的家族墓地内的同时,寄托着全人类希望的联合国正在旧金山召开筹建会议。《联合国宪章》由此签订。

联合国的运行机制围绕着两个主要机构——联合国大会和安全理事会展开。在联合国大会内部,每个成员国,不论国土面积大小与人口多寡,均能够得到一票。联合国安全理事会由美国、苏联、英国、法国和中国5个主要大国作为常任理事国,拥有一票否决权。另有6个轮值会员国席位,这些轮流出任安理会成员的国家则没有否决权。联合国大会仅作为一个负责提供指导与意见的实体,而安全理事会则可以被授权以多种措施(从调停到"动用空中、海上或是陆上军力采取一切必要措施恢复国际和平")来解决国际争端。

美国希望联合国的出现能够加快国内的复员进程,并大幅度降低军事预算。出于对世界形势的短视判断,美国的政治家们认为对原子弹的垄断意味着美国已经无须重视常规武器,这一观点在1950年随着朝鲜战争的爆发而被证明是不可靠的。

美国国防的组织改革

战后复员也给了一个重新评估国防力量的机会。军方高层既有人希望加强军种间融合，也有人希望成立新的军种。和平时期的国防预算缩水导致各个军种都为了争得更多的预算份额而使尽浑身解数。

空军领导人认为他们已经有成为独立军种的权利。在第二次世界大战期间，陆军航空兵就在参谋长联席会议中拥有了自己的代表——阿诺德上将。对德国和日本的战略轰炸行动（包括投掷原子弹）也基本上是独立作战。

军种间融合的动议源于合作。第二次世界大战期间的太平洋战场已经展现了联合指挥的有效性，在该战场作战的各军种部队都能在尼米兹上将的总指挥下各司其职，协力作战。

各军种都同意，当时最可能成为美国敌人的就是苏联，但在采取何种策略来应对这一威胁却莫衷一是。这场各执一词的大规模公众讨论也被称为"一体化之战（1945—1947年）"。在这场论战中，空军的鼓吹者们言论最为大胆，也最博人眼球，但由海军部长詹姆斯·V. 福莱斯特提出的观点却得到了广泛的接受。

空军的理论建立在原子弹的威慑效应和战略轰炸的有效性上。他们认为海军的传统角色是作为国防的第一道防线，但空军的作战计划却围绕着进攻和或报复行动展开。空军极为依赖B-36轰炸机，他们声称依靠这款轰炸机，美军能够向全球任意地点投掷原子弹。在他们看来美国的国防资金应当主要投入到航空力量上，而其他军种的军费则应当相应地削减。

空军的狂热支持者要求由空军指挥所有的航空兵部队，他们提出以各军种的作战领域简单地划分各自掌管的武器：空军掌管所有的航空器；陆军则调度所有的地面部队；海军指挥所有舰船。由于此时的苏联根本没有值得一提的舰队，他们继而提出大幅度地削减海军的规模。

福莱斯特认为，不管是否使用原子弹，单纯依靠战略轰炸都不可能打赢一场大规模战争，尤其是一场与欧亚大陆强国的战争。或早或晚，美军终究会部署地面部队进入战场。而运送这些地面部队，以及为其提供补给的任务，都需要运用到海上力量。同时，"大规模报复学说"如其名称一样缺乏灵活性。福莱斯特担忧如果空军的理论得到全面采纳，美国将不具备应对在欧亚大陆滨海地区零星发生的政权更迭等情况的能力。

海军高层指出，只有利用多种不同类型的武器和部队编成的战斗群，海军才能够有效执行自身的任务。退一万步来说，即便空军的主张得到采纳，海军也需要拥有指挥其他两个军种部队的权力。海军需要一支由海军掌管的航空力量以支援海上行动。此外，海军还需要一支拥有高度机动性，专门接受过执行由海向陆作战行动的地面部队，用于夺取、保卫和驻守海军展开行动所需的基地，保障美国利益的安全。海军陆战队就是这一推论的结果，这支历史悠久的部队的辉煌成就已经成为美国的宝贵国家遗产。

福莱斯特同时反对由陆军提出的设立全军总参谋长的提议。他认为，如果总参谋长偏爱于某种战争学说，就可能对美国应对不同挑战所需的多样化能力产生损害。他同时指出参谋长联席会议制度在指导了第二次世界大战期间的大量作战行动且取得了辉煌的成功，这一制度应当得到保留。

由于各军种现役军人的言论都可能被怀疑为倾向于自己服役的军种，为了避嫌，福莱斯特召集了一个由费迪南德·艾伯斯塔德特牵头的民间委员会研究国防问题。由于这个委员会的研究成果颇具说服力，《艾伯斯塔德特报告》为1947年《国家安全法案》授权成立的国家军事机构（National Military Establishment）奠定了理论基础。国家军事机构由国防部长和总统幕僚团成员领导。国家军事机构下辖陆军、海军和空军部，各军种部又各自设有部长，但这些部长并非总统幕僚团成员。

参谋长联席会议也得到保留，用于指导作战行动。海军不仅保住了舰载航空兵，同时也继续保留了岸基侦察机联队和规模受到限制的海军陆战队及其航空部队。陆军则继续维持着其传统职能。海军部长福莱斯特出任了第一任国防部长并制订了行政法规，他希望能借此让美国各军种受到合理的约束，免遭极端单一军种独大主义者的影响。根据1949年通过的《国防改组法案》，国家军事机构被常设管理部门——国防部取代。

"海军上将大造反"

B-36轰炸机在服役后被证明航程不足以从美国本土起飞抵达苏联全境。美国海军提出可以通过海上投送的方式作为核打击的补充手段，这需要耗费大量资金来建造一种庞大的，可以搭载投放原子弹所需的大型舰载机的航空母舰。美国空军为了保持对垄断战略打击和投送原子弹能力垄断对此提出了尖锐的反对。国防部长福莱斯特压下了空军的反对意见，并批准美国的第一批超级航母——排水量达65000吨的"合众国"级的建造。

1949年4月18日，就在这艘巨大的航空母舰安放龙骨前，刘易斯·约翰逊接任福莱斯特的职位。约翰逊是一名经历了第一次世界大战的陆军军官，曾担任过陆军部助理部长，近期还出任过建造B-36轰炸机的飞机制造企业的主管。果不其然，约翰逊在上台后决定扶持空军并打压海军。他在就任国防部长后的第一个动作就是叫停了"合众国"号的建造，海军部长约翰·L.苏利文愤而辞职对此表示抗议。

由总统提出的1950财年度国防预算案缩水到了仅160亿美元，但在预算如此微薄的情况下，约翰逊还拒绝让军费达到这一限额。他大刀阔斧地裁减着军队的现有力量，尤其是针对海军和海军陆战队航空兵进行削弱。在此基础上，约翰逊还希望进行更激进的裁军，他对理查德·L.科诺利海军上将说出的一番话让他震惊不已："上将，海军正在退出历史舞台……我们已经没有理由继续维持一支海军和海军陆战队……我们再也不需要进行两栖登陆作战，因此不再需要保留陆战队。而现在的空军可以执行海军能够执行的所有类型的任务，因此我们也没有必要保留海军。"

最早"挨刀"的海军航空兵率先拉响了警报。约翰·G.克罗姆林上校挺身而出，不顾军纪约束在公开场合控诉空军意图在约翰逊的坚定支持下强夺所有航空力量的指挥权。他的陈述得到了正在指挥太平洋舰队负责指挥一支特混舰队的吉拉德·F.博根中将，资深海军航空兵军官、太平洋地区总司令亚瑟·W.拉德福德上将，以及并非飞行员出身的海军作战部长刘易斯·E.邓福德上将的支持。

卡尔·文森众议员阻止了约翰逊解散海军陆战队航空兵的企图，同时在他的牵头下，海军上将们在他所领导的、正在对B-36项目进行审查的武装部队委员会（Armed Service Committee）内组成了一个讨论会。拉德福德打响了反对B-36的第一枪，他将B-36称为是一个"百万美元的错误"，一个面向普罗大众的"战争理论的象征，核武器的闪光，允诺着……廉价而容易的胜利"。由于三军将领都在委员会召开前以激烈的言辞表达自己的观点，委员会会议室内外的火药味已经越来越浓。

在引起公众广泛关注后，"海军上将大造反"事件以杜鲁门总统解除了邓福德上将的职务，弗瑞斯特·P.谢尔曼上将接任海军作战部长一职告终，不过这一风波直到朝鲜战争的爆发才真正平息，战争不仅使美国在海军方面投入的预算更多，同时实际战况也有力地驳斥了约翰逊的观点。

遏制政策

1947年3月，为了应对苏联扩张势力范围，杜鲁门总统颁布了一项新的政策，宣称将帮助"自由世界"的人民"抵抗试图将专制政体强加于己身的侵略行为"并援助"抵抗武装少数派或外部势力镇压"的民族。

虽然这份宣言并没有提到苏联，但没人会怀疑这份文件的矛头指向的是正在对希腊和土耳其"造成威胁"的苏联。此时的希腊正在经历内战，共产党武装从南斯拉夫得到了源源不断的援助，此举得到了苏共中央政治局的允许和支持。苏联同时要求从土耳其手中获得达达尼尔海峡的彻底控制权。美国提出的《杜鲁门宣言》让苏联意识到了美国将会援助希腊和土耳其的资本主义当局，遏制共产主义力量在其境内的发展。美国政府向两国运送了包括军用物资在内的大量物资支援，同时派遣军事顾问团帮助希腊政府军对抗人民武装。美国海军舰队从1946年开始对地中海进行了多次规模逐渐升级的访问以展示实力。

1947年6月，国务卿乔治·C.马歇尔提出了一份在《杜鲁门宣言》基础上由美国为受威胁的国家提供军事和外交援助的推论。马歇尔向遭受战火蹂躏的西欧抛出了一整套经济援助项目，旨在让他们能够实现经济自救，消除贫困和苦难。在哈佛大学进行的一场演说中，他提出了一套利用美国的经济援助帮助西欧诸国进行战后重建的计划。这份计划日后被称为《马歇尔计划》，也被称为《欧洲复兴计划》。

苏联宣称这份计划是美国经济帝国主义的体现。苏联不仅拒绝了参加这一计划，同时要求芬兰和捷克斯洛伐克拒绝美国的援助。

捷克斯洛伐克共产党通过一系列斗争接管了政府，当时任捷克总统的爱德华·贝奈斯辞职以示抗议，外交部长扬·马萨里克则跳窗自尽（也可能是被人推出窗外）。这场粗暴的夺权行动让美国和欧洲大为震动。美国国会当即批准了《马歇尔计划》，西欧国家也开始团结起来加紧进行战后复兴。

随后，美国国会通过了长期争辩不休的《选征兵役制法案》（*Selective Service Act*），该法案的通过为美军保障了兵源，从而使得美国武装力量的规模扩充至国会所授权的限额。

早在杜鲁门和马歇尔得以推动他们的计划之前，美国驻莫斯科大使馆参事乔治·柯南就撰写了一篇匿名文章登载在1947年7月发行的《外交事务》杂志上，这篇文章鼓吹采取此类援助项目。柯南写道："苏联对于西方世界自由政体的压力，可以根据苏联所采取的动作和要点的调整，通过在一系列立场持续变动的地缘政治要点快捷而谨慎的应对来加以遏制。"

在随后的30年中，"遏制政策"成为美国与苏联关系的主轴。

柏林封锁

1948年6月，美国迎来了自第二次世界大战结束后最为危急的局面，当时苏联宣布对柏林实施封锁，禁止任何物资通过道路、铁路或运河进出。这场封锁行动很大程度上可以归因于第二次世界大战后同盟国对德国采取的四国分区占领政策。苏占区包围了整个柏林，但柏林作为德国首都与整个国家一样都处于四国分区管制之下。显然，苏联希望通过封锁将西方势力驱逐出柏林。苏联采取封锁的直接原因是西方三国占领区即将实施统一货币改革，而苏联认为这将导致东部占领区货币制度的混乱。在封锁彻底收紧后，西方占领区与柏林之间的陆上或运河交通都不被允许放行。

对于美国领导人而言，形势已经非常严峻。苏联此举显然是为了展示实力。如果西方国家选择退缩，苏联的势力很可能会进一步扩张。对于西方国家而言，这是一场显而易见的挑战。

西方国家所采取的对策是发动一场大规模空运。很快，巨量的食物、燃煤和其他物资便通过一条由英国和美国飞机实施的24小时空运线路源源不断地输入柏林。苏军并未对空运行动采取任何出格措施，但苏军战斗仍会偶尔对空运飞机进行模拟攻击。美英飞行员都小心翼翼地按照同盟国在1945年达成的原始协议所允许的航线飞行。美国海军同空军一样都派出了飞机运输食物、医疗物资和煤炭。苏军的封锁在1949年5月解除，同时西方各国和苏联同意召开多边外长会议重新商议德国问题。在持续11个月的封锁中，美英共空运了2343315吨物资。

北大西洋公约组织

随着冷战的开始，美国和多个西欧国家开始认识到它们在国家安全方面利益一致，且紧密的军事合作对于自身利益至关重要。从1949年起，美国和其他11个国家加入了《北大西洋公约》，根据该公约，任何一个缔约国所遭受的攻击都将被其他缔约国视作攻击自身。公约的缔约国包括比利时、加拿大、丹麦、法国、冰岛、意大利、卢森堡、荷兰、挪威、葡萄牙、英国和美国。公约签订后的第2年，北大西洋公约组织（NATO）邀请希腊和土耳其加入，后来德国也成为成员国。

《北大西洋公约》的关键在于第5条，这一条款申明：

> 各缔约国同意对于欧洲或北美之一个或数个缔约国之武装攻击，应视为对缔约国全体之攻击。因此，缔约国同意如此种武装攻击发生，每一缔约国按照联合国宪章第51条所承认之单独或集体自卫权利之行使，应单独并会同其他缔约国采取视为必要之行动，包括武力之使用，协助被攻击之一国或数国以恢复并维持北大西洋区域之安全。此等武装攻击及因此而采取之一切措施，均应立即呈报联合国安全理事会，在安全理事会采取恢复并维持国际和平及安全之必要措施时，此项措施应即终止。

公约中还包括了旨在成立多国军事力量的统一指挥机构。北约联军的部署行动将由被称为"北约理事会"的机构进行统辖，该机构总部设在巴黎。该理事会不仅代表政治决策层面，同时也负责重大战略方向的制订。

远东局势

第二次世界大战结束时，同盟国大获全胜。日本已经满目疮痍，其他远东国家都加入了同盟国阵营中。印度支那半岛也在1946年发生内战。北纬38度分界线使朝鲜分成两个部分，并在1950年6月爆发战争。

中国

1949年10月1日，中华人民共和国成立。

中国与苏联建交，在1950年2月签订了一份为期30年的《中苏友好同盟互助条约》。

朝鲜半岛

根据波茨坦会议的决定，苏联暂时占领朝鲜北部，而美国则暂时占领朝鲜南部。

北纬38度线被确定为美苏各自接受日军投降的分界线。1947年9月，苏联按照其自身模式帮助朝鲜组建起了政府和军队，并提出美苏双方于1948年1月撤离全部占领军。美国拒绝了这一提议，声称将为了保障朝鲜半岛全境在1948年进行自由选举继续驻扎，不过选举委员会成员未能获准进入朝鲜。朝鲜南部成立了以李承晚为首任总统的大韩民国，定都汉城（今首尔）。韩国在1948年7月进行了政府选举，8月15日，美国将管制权移交给韩国政府。美国占领军在1949年6月底撤离，但仍有约500名美国顾问留在韩国训练军队。

印度支那半岛

日军从1941年开始占领印度支那半岛，此处在此前的近半个世纪中都一直是法国的殖民地，且法国对印度支那的部分地区的控制要远早于此。在长达3年的占领中，日军将印度支那的日常行政事务交给了当地的法属政府负责，但在美军登陆菲律宾后，日军全面控制了印度支那，随后将印度支那半岛东部的三个殖民地（东京、安南和交趾支那，分别对应越南封建历史中的南圻、中圻和北圻——译者注）合并为越南王国并扶植傀儡阮福晪出任国家元首。

55岁的胡志明关注着这一切，他是一位在莫斯科深造过的越南马克思主义革命家，印度支那共产党的创始人。胡志明建立起了以他为中心，以共产主义者为骨干的越南独立同盟（简称越盟），这个组织是许多越南民族主义者团体的集合。

在日本接受同盟国的投降条件后，越盟开始重返越南，在收缴日军武器的同时号召越南人民支持他们的独立事业。1945年8月19日，越盟进入河内并迫使阮福晪退位。9月2日，在日本代表于东京湾签署投降书的同时，胡志明在河内民众山呼海啸的欢呼下宣布成立越南民主共和国。

1945年下半年，法国军队开始抵达印度支那并意图重新建立原来的殖民统治。在发现事不可为后，法国政府迫于全民公投的结果做出让步，承认越南民主共和国为独立主权国家，并接纳为印度支那联邦和法兰西联邦的成员。不过双方不断升级的争执最终因法军炮击越南港口海防演变成敌对行动。越盟以袭击法国在印支半岛的驻军作为报复，长达7年的法国-越盟战争就此拉开序幕。法国称其为第一次印度支那战争（1947—1954年）。

法军在将越盟逐出城市方面取得了很大的成功，但越盟的力量在农村地区依然强大。法国海军也参加了这场战争，为岸上行动提供有限的航母空中支援，同时组织了内河舰队深入内陆作战。

法国在这场战争中所面临的特殊困境就是，他们几乎得不到越南民众的任何合作，对于越南人民来说，法国军人代表着令人愤恨的殖民帝国主义。虽然普通越南人对于马克思主义不甚了解，但他们依然认为胡志明是将越南从殖民统治下拯救出来的救星。

当然，越南境内的反共势力在越南南方的城市西贡集结起来，并成立了一个反对越盟的党派。他们将被驱逐后的阮福晪迎回并出任政府首脑。不愿直接发动殖民战争的法国人对此表示了默许。1949年，法国与保大政府签订了一份协议，阮福晪就此成为接受法国保护的越南元首。美国和英国也对阮福晪政府给予承认。

从法国-越盟战争爆发之初，法国政府和胡志明就都开始向美国请求帮助。胡志明对美国解放菲律宾持有好感，希望美国人能够帮助越南人民争取自由。但美国对所有共产主义政权都不信任，胡志明及其追随者也不例外。

杜鲁门面临一个如何都谈不上好的抉择，要么他违背自己提出的遏制政策帮助越盟，要么支持法国。在接下来的3年中，他一直对这场战争持中立态度。1950年4月，中国与胡志明领导的越南民主共和国缔结了条约，为后者提供武器以及其他物资援助。几天后，杜鲁门就批准拨款支持法国在印度支那半岛的战争，很快，大批战争物资（作战飞机、海军小型舰艇、军需补给以及其他物资）开始源源不断地从美国运往身陷战场的法军手中。

艾森豪威尔总统继承了前任的一波，并通过"最后一块多米诺骨牌"理论来解释自己支援法国的必要性。他指出："如果印度支那陷落，那么不只是泰国、缅甸和马来西亚也会受到威胁，并且会增加东巴基斯坦、南亚以及整个印度支那半岛全境的风险（都落入共产主义阵营手中）。"最终美国在这场战争中为法国垫付了近80%的支出。

日本

与德国不同，日本在战争结束后并没有被两个阵营分区占领。盟军司令部指定由美国对日本实施军事占领，且由道格拉斯·麦克阿瑟陆军五星上将出任占领军最高司令官。根据投降协定，日本统一改组民主政府并实施自由选举。该内阁认可了妇女的参政权，并将最低投票年龄从25岁降低到20岁，同时拆分了在战前日本的经济和军事中发挥重要作用的大财阀家族。1947年5月3日，日本新宪法宣读通过并生效。根据该宪法，日本放弃了宣战权；否定了天皇的"现人神"地位；同时解散了贵族院。新成立的国会将作为"国家的最高权力机构以及唯一立法机构"。

在美国的远东战略计划中，日本是从冲绳到菲律宾的一连串关键阵地的重要组成部分。日本与苏联在千岛群岛以及西伯利亚间水域的捕鱼权等问题上摩擦不断。苏联扶持日本共产党的行动进一步地加深了两国的矛盾。虽然日本共产党规模很小，但这个政党组织严密，活动能量巨大，以至于麦克阿瑟在1950年6月命令日本政府禁止国会内的共产党议员进行公众活动"以正视听，并避免发生大规模暴力活动"。

美国海军的发展

在战后整个国家都注重和平的环境下解决海军所存在的问题需要同时具有想象力与勇气。由于美国海军的军官和水兵们复员速度过快，美军曾一度无法调集足够的人手将舰船开往可以进行退役封存的港口。美国于是建立起了一个强大的后备舰艇与预备役受训人员队伍。派不上用场的舰艇都被出售或者移交外国。还有一些退役船只直接被民间买下，另有一些被拆解。少数退役舰艇被拖往马绍尔群岛的比基尼环礁作为原子弹试验的靶标。但大多数仍可以继续服役的退役舰艇为了节约资金和人手被封存为"樟脑球"[1]。

建立起人员充足、训练有素的海军预备役部队被摆到了重中之重的地位上。许多海军军区都建立了演训部队，其中一些部队每年都会进行48场演训。一支编成的预备役部队（organized reserve unit）下辖200名服预备役的士兵和15名军官。此外美军还组建了许多由志愿者组成的专职预备役部队——如电子、情报、基建（"海蜂"）、航空以及其他专业的专职预备役部队。在受训项目中，预备役士兵会每年接受为期14天的有偿舰上或岸上训练。一些预备役士兵会搭乘现役舰船实施训练，而其他的士兵则会在海军区的舰船进行训练，维持着一支最低限度的现役舰员队伍。预备役士兵在登舰后会补足舰员队伍，并与现役舰员一起操舰出海。

---

[1] "樟脑球"是指对已经退出现役且注定会长期闲置的舰艇采取专门的技术手段进行封存，避免其在长期停放后无法重新启用的保存方式。"樟脑球"舰艇的炮座会被聚乙烯树脂塑料制成的防水"茧包"包裹。轮机舱则会被密封并进行电气化除湿。舰上的各类记录都将被完整移交进行封存，而推进系统则被进行油封或采取其他保护措施以免锈蚀。

现役舰队的任务也从单纯的战斗延伸至涵盖海军传统的外交职能在内的多种任务。从1947年起，美军第6舰队就一直在地中海进行自由航行展示实力。美军常年在地中海保留一艘航空母舰巡航待命，在得到第二艘航空母舰、数艘巡洋舰以及驱逐舰的加强后就能组成一支航母特混舰队。此外美军还维持着一支用于投送舰队陆战队的两栖登陆舰队。后勤补给主要仿照战时状态从美国本土发出。海军的存在不仅为美国外交政策提供了武力支撑，同时也在战时成为一支具有进攻性的打击力量。在北约成立后，多国联合海上行动的重要性愈发凸显。北约的海上信号和所采用的战术都专为北约盟国海军的舰船所研发，可以在多种不同的情况下展开联合行动。

美国海军耗费了大量精力来研究如何在未来的作战中对抗潜艇的威胁。猎杀大队、声呐浮标、高频无线电测向仪、声呐和其他反潜设备都在不断地完善。

海军飞机的设计和使用也同样有了长足的发展。喷气式战斗机、喷气式轰炸机开始普及，最快速度都足以让战时服役型号望尘莫及。"埃塞克斯"级航空母舰接受了改装，安装了加固型飞行甲板以承受越来越重的喷气式战斗机和更重和轰炸机。航空母舰设计史上最重大的变化——斜角甲板最初由英国人发明，由美国海军率先安装在"安蒂特姆"号（USS Antitam）上，随后美军的其他航空母舰也进行了加装。斜角甲板的着陆跑道从左侧伸出，与战舰中轴线呈8度夹角，这样的布置使得舰载机在着舰时无须担心撞上正停放在飞行甲板前端的舰载机。斜角甲板的存在也使得一艘航空母舰能够同时完成放飞和回收舰载机作业，当舰载机从飞行甲板前端飞离母舰时，需要着舰的飞机可以从后方经斜角甲板回到母舰上。

常规军备的改进也同样处于较高的优先级上。自动装填式6英寸和8英寸舰炮都研制成功并安装在巡洋舰上。自动装填式3英寸舰炮取代了40毫米机关炮成为主力防空武器。在火箭武器领域，陆军和海军都启动了大量研制项目。

直升机同样是海军飞机研制项目的重大成果。这种飞行器能够在狭小场地内起飞和着陆，能够作为巡洋舰和战列舰的舰载机。直升机是出色的侦察机，同时也能将驱逐舰从邮件递送任务中解放出来。直升机能够作为舰载机飞行员搜救飞机。在朝鲜战争中，直升机在从空袭引导到搜救在内的多种任务中都发挥了重要作用。向被包围的阵地进行补给或撤离行动也是它们的关键作用。许多伤员的性命都是被这些从医疗登陆舰（Hospital LST）和医院船上起飞的"旋翼鸟"拯救的，直升机能够快速接起伤员并直接将他们运送到医院。

核武器

　　美国武装部队急于加深对于原子弹的了解。他们想要知道如何有效地在进攻中利用原子弹，也希望明确这种新型武器的能力范围和使用限制，以便在敌军也拥有原子弹后采取有效对策。由于陆军部和海军部都计划对原子弹进行一次实验，因此双方决定成立一支由海军中将W. H. P. 布兰迪海军中将指挥的联合特遣部队，于1946年夏季在马绍尔群岛的比基尼环礁进行核试验。超过200艘舰艇、150架飞机和42000名人员参加了这次试验任务。有75艘各类舰艇被布置在核武器靶区内，用以测试原子弹的爆炸杀伤力和辐射强度，这些靶舰大多是美制战舰，但也有部分是原属于日本和德国的舰艇。这些舰艇包括老式战列舰、航空母舰、巡洋舰、驱逐舰、突击运输舰、潜艇以及其他小型舰艇。

　　每艘靶舰都安装了科研测试设备，并携带各种装备和用于测试核爆炸及后继辐射对人体影响的活畜禽。美军还准备动用无人驾驶飞机飞越核爆形成的蘑菇云收集科研数据。此外无人船也会在爆炸后在爆心附近水域进行取样。

　　美军此次引爆了两枚原子弹，第一枚由一架B-29投掷，第二枚则在几周后留在水面下爆炸。11艘靶舰被击沉，其他的也遭受重创并失火。由于泻湖内的海水残留辐射极为强烈，直至第二次核爆炸4天后，测试人员都无法在靶舰上停留稍长时间来展开作业。

　　美国并没有独霸原子弹太长时间。苏联在1949年就引爆了自主研制的第一枚原子弹，这一进度比西方科学家预计的快了数年之久。在随后的半个世纪中，英国、法国、中国和印度都相继研制并试爆了原子弹。

　　氢弹（热核武器）的破坏力比原子弹更为巨大，美国于1951年在埃尼威托克环礁试爆了一枚原型氢弹。苏联紧随其后进行了氢弹测试。英国和中国也试爆了这种威力强大的武器。

总结

　　在第二次世界大战后，美国政府出于"精打细算"的考虑支持对军种进行合并从而避免浪费开支和相互扯皮。海军部长詹姆斯·福莱斯特领导了一场成功的斗争，设法保住了参谋长联席会议、海军航空兵和海军陆战队。根据1947年《国家安全法案》设立的国家军事机构（后来改组为国防部）由位居总统幕僚行列的国防部长领导。国防部下辖陆军、海军和空军部，每个军种部都设有部长，但这三位部长都不是总统幕僚班子成员。

出任首位国防部长的福莱斯特大力推动建造可搭载装备核武器的舰载轰炸机的超级航空母舰"合众国"号。福莱斯特的继任者刘易斯·约翰逊则叫停了"合众国"号的建造工作并大幅削减了海军和海军陆战队航空兵的预算份额。在随后的"海军上将大造反"中，海军高级军官对约翰逊声称的配备原子弹的B-36就已经足以保障美国安全的说法大加驳斥。

1947年，美国提出了"遏制政策"，这一政策最初也被称为"杜鲁门宣言"。而马歇尔计划则为被战争摧残的欧洲提供用于重建的经济援助，同时"遏制政策"也让以航空母舰为核心的美军第6舰队常年驻留在地中海。

在美国、英国和法国宣布在各自的德国占领区和西柏林启用统一的货币系统后，苏联人以切断西德与柏林之间的陆路通道作为报复。英国和美国利用空运在其后的11个月中保障西柏林的补给直到封锁解除。

1949年，美国、加拿大和西欧的9个国家以及希腊和土耳其组建了北大西洋公约组织，由该组织整合各国的陆海空力量。北约成员国同时宣称，对其中任何一个成员国的武装进攻都将被视作对全体成员国的攻击。

1949年10月，中华人民共和国成立。

在美苏分区接受日军投降后，随着第二次世界大战的结束，朝鲜半岛以北纬38度线为分界分为了南、北两侧，分别由美国和苏联占领。朝鲜半岛分裂为两个国家。在1948—1949年美苏两国相继撤军后，朝鲜拥有远比韩国强大的军队。

随着第二次世界大战结束后，日本结束对印度支那的军事占领。由胡志明领导的越南民主共和国成立，定都河内。法军重返印度支那，在南方扶持了一个定都西贡的政权与之抗衡。美国在法国-越盟战争中曾长期袖手旁观。

第32章

实施遏制政策

　　第二次世界大战结束后的仓促复员和国防预算大幅度削减让美国的军事力量大大削弱。到1949年底，美国当局已经似乎放弃了协防亚洲大陆任何地区的想法。在1950年1月12日，美国国务卿迪恩·艾奇逊面向美国全国记者协会（National Press Club）的一场演说中坦言称美国的国防线"从阿留申群岛延伸至日本，然后再到琉球……外围防线从琉球再延伸至菲律宾"。艾奇逊的言论基本就是当时美国总统、美国国防部长和参谋长联席会议的态度。5月，参议院对外关系委员会（Senate Foreign Relations Committee）主席汤姆·康纳利表示，如果苏联夺取朝鲜，美国将不打算干涉。

　　到1950年6月，朝鲜已经在苏联的援助下建立起了一支相当强大的军事力量：130000名现役士兵以及100000名预备役人员。朝鲜人民军装备苏联提供的包括150辆坦克在内的武器，并有一支配备180架第二次世界大战时期的苏制作战飞机的空军提供支援。

　　韩国的武装部队则要弱得多。到1950年年中时，韩国军队约94000人，但其中大部分都是应对近期战争仓促征召的新兵。韩军远未做好战斗准备，且他们也没有坦克，没有中口径以上的炮兵，没有飞机。他们所能得到的，就只有在韩国境内和近海部署的美军部队的支援。由于尚未因"杜鲁门-约翰逊经济学"而被裁撤的美军部队都已经被调给北约指挥，此时美军在韩国乃至东亚的军事实力不值一提。在日本，麦克阿瑟的占领军只有4个严重缺编、训练不足的师；由C.特纳·乔伊海军中将指挥的美国驻远东海军部队仅下辖1艘轻巡洋舰和4艘驱逐舰组成的分队。可供使用的远东兵力还包括美军第7舰队。该舰队当时部署在菲律宾，由亚瑟·D.斯特鲁布尔海军中将指挥，该舰队下辖唯一一艘航空母舰"福吉谷"号、一艘重巡洋舰、一个驱逐舰中队和一个潜艇分队。不过朝鲜的海军实力更为糟糕，仅有45艘小型舰艇。

朝鲜战争

1950年6月25日早晨，朝鲜向韩国发起全面进攻。联合国安全理事会很快召开紧急会议并不顾苏联的抵制谴责朝鲜战争破坏了世界和平，并同意采取军事手段。

美国总统杜鲁门不顾侵害宪法赋予国会的宣战权，决定出动武装部队参加战争。他后来解释称，这是根据实施"警察行动"的责任不得已为之。在参谋长联席会议方面，麦克阿瑟被任命为美军远东总司令，并将第7舰队调入他的指挥之下。联合国号召成员国给予美军支援，有16个成员国派出作战部队，另有5个国家派出医疗部队。

进入韩国境内的朝鲜人民军一路向着南面的汉城开进。到6月28日，朝鲜人民军开入汉城时，韩国军队已经支离破碎，半数部队失踪、被俘或阵亡。

撤退的韩军成功炸毁了汉城以南的汉江上的大桥。朝鲜人民军部队因此不得不停下脚步，等待将他们的坦克和火炮运过江面。在此期间，第一批美军部队——第24步兵师的两个营从日本启程，经釜山港上岸并抵达前线与人民军展开交战。随后美军部队依靠不断掘壕固守，凭借路障和炸毁桥梁等办法成功拖慢了人民军的脚步。

美军在缓慢撤退的过程中让对方付出了更为惨痛的代价，韩国军队也开始从最初的溃退中恢复。依靠这些部队争取到的时间，第24步兵师的其余部分和另外两个美军师成功抵达韩国，并被编为第8集团军，由沃克上将出任集团军司令。该集团军成功在釜山周边建立起了一道防线。依托这道被称作"釜山防御圈"的防线，沃克发挥美军的内线作战优势抵挡住了对方优势兵力的进攻。美韩军队的撤退势头得到遏制。

从"福吉谷"号和英军"凯旋"号（HMS Triumph）轻型航空母舰上起飞的舰载机摧毁了大量的桥梁、物资堆场、调车场和炼油厂。这导致釜山前线的朝军所需的补给都必须经由汉城从多山的内陆运来。

虽然整个釜山前线都陷入苦战，但到9月中局势似乎已经稳定。"联合国军"缺乏足够的实力冲出防卫圈，但已经全军压上的朝鲜人民军也需要源源不断的弹药以及其他物资才能够守住已经占领的阵地。

麦克阿瑟预测到了双方将会形成对峙，并打算利用这个机会。对釜山防御圈的围攻已经让朝鲜人民军动用了9成部队——且这支大军完全依赖于从北面延伸而来的稳定的物资补给线才能够继续作战。对于美军而言，只有在外线发动两栖登陆才能够破开这一困局。在7月结束前，参谋长联席会议便授权麦克阿瑟发动登陆行动，并同意增派海军陆战队作为登陆行动的矛头力量。

1950年8月中旬，麦克阿瑟告知参谋长联席会议准备在仁川登陆，但参联会却另有打算。仁川的确是个完美的选择。仁川港是汉城的门户，朝军所有运往南面的给养都必须经过此处。

仁川港坐落在大片岛礁、浅滩和淤泥地之后，从海上进入仁川港的水路只有狭窄的飞鱼海峡（Flying Fish Channel）和东水道，且两条水道都可能已经被布雷。如果有一艘船在水道内因中雷或者炸弹攻击瘫死或沉没，就足以让前后船只动弹不得。仁川几乎没有海滩。登陆舰船在接近主要登陆地点时还必须经过设防坚固的月尾岛，且陆战队员们在登陆后必须爬过一条海堤，然后冲入一片铁轨交错纵横的工业区，很可能与敌方爆发激烈的逐屋巷战。此外仁川港的潮差也可能是世界上最大的，平均可达30英尺，且一个周期仅两天，朔望月也仅有3天。由于登陆舰进行机动所需的最低水深为29英尺，仁川港的水位在涨潮时刚好满足满载部队的坦克登陆舰驶入。麦克阿瑟特意选择了9月15日作为登陆发起日，当天日出和日落时的潮位高度能够满足登陆所需。

在参与行动的高级军官们得知麦克阿瑟提出的经由飞鱼峡登陆的仁川登陆行动计划后，釜山、东京和华盛顿方面都产生了严重的担忧。陆军总参谋长劳顿·柯林斯上将和海军作战部长福莱斯特·C.谢尔曼上将都赶忙从华盛顿飞往东京，他们打算弄清楚麦克阿瑟究竟打算用什么办法解决仁川登陆的种种问题。如果必要的话，劝说他放弃这样的冒险。在麦克阿瑟设在东京第一大厦（Dai Ichi）的司令部内，8月20日晚上举行的会议中，麦克阿瑟安静地听完了两位上将关于仁川不可能作为登陆场的说辞。

麦克阿瑟随后起身，并在长达30分钟的独自讲解中逐个阐释了所有方面的问题。他并没有任何克服仁川作为登陆场的种种不便之处的计划，而是将所有这些问题都交给海军解决，后者从未让他失望。他选择仁川作为登陆地点的原因之一恰恰就是这种种不利因素。朝军绝不会想到会有人大胆到在这样不利的场地登陆，因此登陆部队能够拥有战役突然性，这个极为珍贵的优势。他将英军在1759年夺取魁北克的战役作为例证，当时沃尔夫选择了"不可能"登陆的安斯作为登陆场。英军在这座小岛上翻越陡峭的崖壁，在黎明时分登上亚伯拉罕平原，迫使蒙特卡姆公爵放弃据守安全的城墙出城迎战并被迅速击败。

麦克阿瑟在此次会议上的重大胜利就是说服了谢尔曼海军上将，后者返回华盛顿后又说服了参谋长联席会议的其他人员。在参加登陆的部队方面，麦克阿瑟要来了重新组建的第1陆战师打头阵，该师内还编有4个韩军的陆战营。他的第二波次部队则是以美军第7步兵师为骨干，并配属约5000名韩军士兵。这两个师被编为第10军，由麦克阿瑟甚为信赖的参谋长爱德华·M. 埃尔蒙德少将指挥。第10军共计下辖71000名士兵和军官，将由一支230艘舰艇仓促组成的多国舰队负责运送。由于时间紧迫，部队没有机会进行演练。

为了削弱滩头防御，从9月5日起，英军"凯旋"号轻型航空母舰和两艘美军护航航空母舰开始在朝鲜西海岸巡弋，不时放飞舰载机空袭仁川，同时也为了误导朝军，向其他可能登陆的地域发动空袭。9月13日，美军快速航空母舰"福吉谷"号和"菲律宾海"号开始向拱卫仁川港的月尾岛堡垒和临近的小月尾岛发起猛烈空袭。

与此同时，6艘美军驱逐舰在两艘美军巡洋舰和两艘英军巡洋舰的支援下小心翼翼地驶入飞鱼海峡并对两座设防岛屿进行了长达1个小时的抵近直射。美军在9月14日也采取了同样的行动。9月14日晚上，登陆舰队的舰船在詹姆斯·H. 道尔少将的指挥下，在完全没有光亮的夜暗条件下进入飞鱼峡并依靠雷达探路向仁川市方向驶去。登陆舰队中不仅包括前两天参加炮击行动的舰艇，还包括搭载着麦克阿瑟和道尔的"麦金利山"号两栖指挥舰。

日出前，登陆舰艇和炮击舰艇已经在月尾岛附近下锚。趁着第一缕阳光，海军陆战队的"海盗"战斗机从远处的"巴东海峡"号和"西西里"号护航航空母舰上起飞，开始对月尾岛进行扫射，随后"联合国军"的驱逐舰、巡洋舰和火箭发射船也相继开火。指挥舰挂出了红旗，随着红旗放下，搭载着作为先头部队的一个陆战营的LCVP登陆艇开始向滩头进发，这些登陆艇还得到了配备火箭弹和40毫米机关炮的炮艇的伴随掩护。海军陆战队于6：30之后不久登上滩头，在他们向着一座陡峭的山崖进攻以打开道路的同时，登陆艇开始将坦克运上滩头。在"麦金利山"号的甲板上专心观战的麦克阿瑟看到星条旗插上了山头。随后报告传来："月尾岛已经肃清。"上午晚些时候，趁着海军舰炮和飞机迫使朝军岸炮班组寻找掩护的时机，陆战队员们从月尾岛上顺着一条长长的堤道冲上了小月尾岛。

此后美军的舰艇和飞机在等待潮位下落又涨起的几个小时中一直在削弱仁川市的

防御。下午晚些时候，在距离高潮水位还有一个小时的时候，一个团的陆战队员搭乘着LVT登陆车在仁川市南面登陆，并开始向连接仁川与汉城之间的铁路进发。另一个陆战团则乘坐着LCVP登陆艇接近了仁川内港以北的工业区。"联合国军"的舰艇和战机对此处进行了重点打击。正在靠近海堤的陆战队员们除了浓烟和烈焰几乎看不到任何东西。随着登陆艇冲入海堤，陆战队员们架起弧形梯并翻过了堤坝。在潮位达到最高——也就是步兵开始登陆1小时后，8艘坦克登陆舰并排驶向已经有一部分被摧毁的海堤，并卸下推土机。推土机上岸后能够推掉足够宽的堤坝以便坦克和其他重装备上岸。

驻守仁川的朝鲜人民军进行了顽强的防御，但他们的人数实在是太少。在朝军几乎全军覆没的同时，海军陆战队在登陆阶段仅有21人阵亡，186人受伤。海军陆战队在此次行动中基本没有因缺乏演习而遇到困难。"联合国军"负责指挥这次行动的主要军官，不论是舰上还是岸上指挥人员，都参加过第二次世界大战期间的两栖登陆行动，并且充分汲取了此前行动的经验教训。

9月17日，海军陆战队夺取了当时韩国最大的金浦机场，并继续对汉城发动攻击。9月18日，第7步兵师登陆仁川并向南面的水原市开进，在9月22日夺取该城。9月26日，海军陆战队夺下汉城。如麦克阿瑟所料，"联合国军"夺取仁川使得朝军在釜山防御圈彻底失去了补给和增援，陷入无法维持的境地。由沃克中将指挥的第8集团军抓住机会发起进攻，与仁川登陆形成策应之势，朝鲜人民军开始后退。在美军陆战队夺取汉城当日，第8集团军的一支装甲先遣队在水原以南的位置与第7步兵师会师。

麦克阿瑟的大胆赌博缔造了世界军事史上最为冒险的作战行动之一。在短短15天内，"联合国军"就从战败的边缘逆转。随着这场战役迎来尾声，未曾尝过一败的麦克阿瑟已经抵达了他人生的顶峰。

9月27日，参谋长联席会议授权麦克阿瑟"在北纬38度线以北展开作战行动，如有必要的话消灭朝鲜的武装部队"。第8集团军在扫荡韩国的乡间后经汉城向北进发，同时韩军也沿着东海岸的道路进入朝鲜境内。麦克阿瑟希望用另一场两栖登陆行动攻击朝鲜侧腹，埃尔蒙德指挥的第10军从仁川装载上船，并被运往朝鲜东海岸的各处港口。第1陆战师原本准备在元山港发起登陆，但朝军已经在元山港密集布雷，当美军扫清元山的水雷时，韩国军队已经从后方夺取了元山市，第8集团军此时也已经攻占了朝鲜首都平壤。

中国政府此前已经提出警告，如果"联合国军"靠近以鸭绿江为界河的中朝边

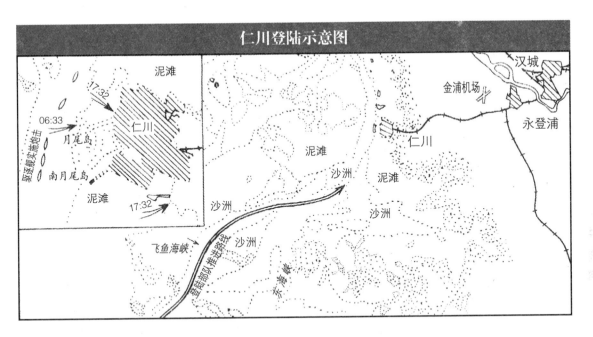

境,中方不会置身事外。麦克阿瑟和他的情报人员并未严肃对待这份警告。10月15日,在与杜鲁门总统于威克岛进行的一次会见中,麦克阿瑟认为中国的警告只是虚张声势。由于参谋长联席会议严厉禁止麦克阿瑟派出任何飞机或其他类型的武装部队跨过鸭绿江侵犯中国的领土或临空,美方难以甄别"中国正在中朝边境集结部队"这一传言的真伪。

为了试探中国政府的反应,麦克阿瑟命令沃克的第8集团军从平壤继续向北推进,阿尔蒙德的第10军继续从兴南向北推进。随着两支部队逐渐向鸭绿江靠近,两支部队逐渐被宽达80英里的群山分隔,两支部队的协调只能通过东京方面进行。从事后的角度来看,在无法确定中国方面的决心的情况下,麦克阿瑟的战略令人疑惑,但在仁川登陆的巨大成功后,当时没人质疑他的判断。

中国人民志愿军利用美军第8集团军和第10军之间的巨大空隙,在11月25日夜发动了一场180000人参加的大规模夜袭攻势。在半岛的酷寒下,"联合国军"的两路进军很快变成了无法相互策应的全面败退。第8集团军一路撤退。

第10军的后退则没有那么严重。美军第1陆战师的一部在中国人民志愿军发起攻势时已经推进到了长津湖水库一线。约120000人的志愿军部队包围了这支美军,并意图将其全歼。美军陆战依托防线固守,随后组织起了一场向南的撤退行动。在随后的撤退过程中，陆战队员们在崎岖的地形上艰难跋涉，这场行动可以被视作史上最为艰难的撤退之一。12月中旬，阿尔蒙德的第10军终于抵达在第7舰队炮火和舰载机掩护下相对安全的兴南市，100000名幸存的美军士兵经由海路撤离。

从釜山上岸的第10军随后被编入第8集团军内。1951年1月下旬，第8集团军在首尔以南数英里的地方展开了一道坚固的防线。此时马修·B.李奇微中将接替了因车祸去世的沃克出任第8集团军的指挥官。

由于第7舰队对于沿海道路的炮击，朝军只能依靠内陆交通线进行运输。"联合国军"舰载机和岸基飞机在昼间对内陆的水道、道路和铁路的空袭使得朝军只能在夜间进行运输且经常发生延误。第7舰队的舰载机在绞杀补给线的战役中表现突出，尤其是以极高的精度炸毁了鸭绿江上的3座桥梁。

此时，美国总统、国务院和参谋长联席会议实际上都打算在消灭原分界线以南的敌军后寻求停火。1951年3月中旬，这一机会似乎到来。杜鲁门与参加"联合国军"的各国政府达成一致意见，同意中朝双方提出的停火协议。这份协议要求双方继续维持现有控制线。这份停火协议的文本措辞极为小心谨慎，以免包含任何威胁或是控诉的暗示。

一份双方达成停火协议消息的副本被送到了麦克阿瑟手中。麦克阿瑟立即签署了一份可以被视作最后通牒的强硬宣言，将总统的打算彻底破坏。在最后通牒中，麦克阿瑟威胁将采取新一轮的报复行动，并恐吓称"对方将面临立刻发生的全面军事溃败"。停火谈判计划也就此彻底泡汤。

对于杜鲁门来说，麦克阿瑟的所作所为已经太过火了。为了安抚参加"联合国军"的盟友，他解除了麦克阿瑟对远东所有部队的指挥权，由李奇微接替他的位置。詹姆斯·范·弗利特中将则接替李奇微出任第8集团军司令。

1951年4月的第3周，中朝联军发动了春季攻势。第8集团军一面缓慢后退一面防御，到6月中旬，双方损失已经相当惨重，以至于苏联驻联合国代表提出进行停火谈判，交战双方都同意进行和谈。

5月，双方开始进行和谈，谈判在板门店进行。随后的两年中，战争还在继续，但规模已经相对有限，主要是双方互相对对方前哨进行小规模攻击以及小规模的摩擦。

1953年7月27日，双方正式签订停战协定。朝韩两国以一条利于各自防守的战线作为新的边界。

新型海军武器

朝鲜战争给了美国答案。证明了路易斯·约翰逊有关"两栖登陆舰队、航空母舰、海军陆战队、海军已经过时,只需要几个中队配备原子弹的B-36轰炸机就能保卫美国"的论断是错误的。朝鲜战争爆发后不到6周,杜鲁门就炒了约翰逊的鱿鱼,让已经退役的陆军五星上将乔治·马歇尔出任国防部长。这一人事变动在陆军和海军内部深得人心。

1951年8月,海军下令第一艘超级航母"合众国"号开工兴建,该舰的建造计划曾一度被约翰逊取消。讽刺的是,这艘新型航母的舰名又换为授权"合众国"号项目的国防部长的名字——"福莱斯特"号。美国在20世纪50—60年代又建造了7艘同型舰。1961年,排水量高达89600吨的"企业"号(世界上第一艘核动力航空母舰)建成服役。随后建造的新一级核动力航空母舰排水量高达91400吨,首舰"尼米兹"号于1975年服役。核动力航空母舰的优势就是可以在不加注燃料的情况下巡航13年甚至更长时间。

新型航空母舰是根据第二次世界大战和朝鲜战争期间的经验专门设计用于执行攻击和支援任务的装备。不过这些航空母舰同样可以对美国发起核打击的敌人进行核威慑。为了执行这一任务,新型航空母舰必须有足够大的尺寸以便搭载"背得动"核武器的作战飞机——A-4"天鹰"、A-6"入侵者"和A-7"海盗II"攻击机,以及高空性能优异的F-4"鬼怪II"战斗机。即便苏联对美军的机场和导弹发射场进行先发制人的核打击,这些具备核攻击能力的舰载机依然能够对敌人造成严重威胁。发展多样化威慑能力的需求随着苏联在1953年成功试验氢弹而愈发迫切。苏联在1957年成功试射洲际导弹(ICBM),美军当时却没有同类武器,从而导致美军极为需要更有效的威慑手段。

与此同时,潜艇正在经历脱胎换骨的进化,使得其最终能够挑起核威慑任务的重担。潜艇的演进在第二次世界大战期间便已经由寻求提升水下航速和续航能力的德国拉开了序幕。改进的艇体设计大大提升了潜艇的航速,水下通气管的运用也增加了续航力。战争结束之际,德军已经开始试验用双氧水为柴油机提供氧气的技术。

引领原子弹研制的美国通过试验发现核裂变放出的巨大热量可以成为一种驱动潜艇的动力。一个由孜孜不倦的传奇天才海曼·里科弗领导的海军研制团队通过坚持不懈的努力打造出了"鹦鹉螺"号(SSN-571),该艇既是世界上第一艘核动力舰船,也是世界上第一艘核潜艇。1955年1月17日，该艇在长岛湾内依靠核动力开始自主航行，从而拉开了新时代的序幕。

"鹦鹉螺"号的水下长时间潜航能力在1958年夏季的一次长距离巡航中得到了充分的展现。在威廉·R. 安德森中校的指挥下，"鹦鹉螺"号从珍珠港出发直航英格兰，途中直接穿越了北冰洋冰盖。1959年，核动力攻击型潜艇"鳐鱼"号（USS Skate SSN-578）在詹姆斯·卡尔弗特中校指挥下不仅重走了"鹦鹉螺"号的航线，还在北极点顶破厚达12英尺的冰面上浮至水面，此举直观展现了新型潜艇的坚固程度，优异的结构强度使得新一代潜艇能够下潜至1500英尺甚至更深的水下。1960年，爱德华·L. 比奇上校指挥"海神"号核潜艇（USS Triton SSRN-586）沿着几乎与麦哲伦相同的航线进行了中途不上浮的环球水下潜航。

与新建成的柴电动力潜艇"大青花鱼"号（USS Albacore AGSS-569）相比，之前建造的早期型核动力潜艇都已经显得过时了。"大青花鱼"号的艇身采用完全符合流线型的鲸鱼状外形，虽然艇艏圆钝，但其高达33节的水下航速堪称前所未有。该型艇的艇体设计被鲣鱼级（Shipjack）攻击型核潜艇继承。鲣鱼级核潜艇于1956年5月下水，在经过一些改进后，该型艇成为美军此后所有核动力战略导弹潜艇的蓝本。

潜艇依旧配备鱼雷发射管，但此时的鱼雷已经开始由声学引导系统指引。新式鱼雷依靠高压水弹射发射，取代了此前的压缩空气发射系统；之前的发射系统在发射时会产生气泡，从而暴露潜艇的位置。此外美军潜艇还装备了可以从潜艇鱼雷管中发射的潜射反潜火箭（SUBROC），这种反潜导弹在从水下发射后会上浮至水面然后依靠火箭动力飞至25~30英里外的海面投下一枚自导鱼雷或深水炸弹。

阿利·伯克上将在1955年夏接任海军作战部长后不久就在海军军械局内建立了一个"特别项目办公室"，并任命威廉·F. 雷伯恩少将领导。这个办公室的职能是研究从海上发射弹道导弹的方法。舰载火箭武器被认为可以提供一种比舰载机更快且效率高得多的威慑手段。

拉本的委员会详细测试了陆军牵头研制的"朱庇特"远程弹道导弹。不过作为舰载武器，"朱庇特"面临着许多的问题。这款导弹重达55吨，高度相当于一座6层楼建筑。所需的液氧燃料极易导致可怕的火灾。所幸在1956年进行的试验展现了固体推进剂的可行性。此后原子能委员会也很快找到了大幅度减少热核弹头尺寸的方法。海军很快便开始着手将新的弹头和固体燃料火箭组合起来，其成果就是"北极星"弹道导弹，这款远程弹道导弹长度仅32英尺，重量仅15吨。

"北极星"的研制成功让美军拥有了一种新型战略导弹。海军暂停了两艘鲣鱼级的减灾工作，并要求在艇艏和艇艉分段中间插入一段130英尺长，布置两列各8枚（总计16枚）远程导弹发射管，以及导弹火控和惯性导航系统的艇体分段。这两艘潜艇分别被命名为"乔治·华盛顿"号（USS Georgy Washington SSBN-598）和"帕特里克·亨利"号（USS Patrick Henry SSBN-599）。1960年7月20日，"乔治·华盛顿"首次从水下发射了一枚"北极星"导弹。此时美国空军已经研制成功了"宇宙神"（Atlas）导弹（美国的第一款洲际导弹）。而苏联海军也拥有了弹道导弹核潜艇。法国和英国海军相继装备了少量的弹道导弹核潜艇。

第一艘专门为携带"北极星"导弹而设计建造的美国核潜艇"伊桑·艾伦"号（Ethan Allen SSBN-608）于1961年8月服役。该艇以及后继的同级艇随后先后试射了搭载尺寸和射程都有所增加的改进型"北极星"导弹。随着射程分别增加至3200英里和4000英里的"波塞冬"和"三叉戟"导弹的出现，美国也不得不继续建造尺寸更大的潜艇。从20世纪60年代后期到20世纪70年代，美国一度拥有多达41艘弹道导弹核潜艇，均以美国著名人士的名字命名。每艘弹道导弹核潜艇都配备有两个艇员队，分别被称为"蓝队"和"金队"，可以在进行60天水下的巡航后进行轮换。当时美军有25艘核潜艇处于战略巡航状态。得益于核潜艇难以发现的特性，以及其配备的已经预瞄准的、可携带分导式多弹头（MIRV）导弹，弹道导弹核潜艇成为美国可靠的战略威慑手段。

在第二次世界大战结束后，首艘开工建造的巡洋舰"长滩"号于1957年12月下水。该舰是第一艘将导弹发射装置安装在主炮炮位的大型战舰。美军在此之后只建造了为数不多的核动力巡洋舰。导弹巡洋舰的主要任务是保护航空母舰免受敌方飞机、导弹和潜艇的攻击。

驱逐舰依旧是海军中通用性最强的水面舰艇。服役的驱逐舰依旧以火炮作为主要武器；其余的则主要装备不带核弹头的导弹。美军驱逐舰的主要职能是保护航空母舰免受敌军攻击型潜艇的袭击。为了执行此类任务，美军驱逐舰装备了"阿斯洛克"（ASROC）反潜火箭（实际上是一种导弹）。护卫舰是一种比驱逐舰航速更慢、武备更弱的舰艇类型，主要用于商船队和两栖登陆舰队的远洋护航。

仁川登陆的成功让那些宣称大规模两栖登陆行动已经成为历史的人闭上了嘴。美国海军陆战队保住了航空兵部队，海军也开始下水多种不同用途的两栖登陆舰艇。两栖攻击舰是一种全新的两栖登陆舰艇类型，集成多种登陆舰艇的功能于一身。在20

世纪60年代，美军下水了6艘硫黄岛级两栖攻击舰，这款排水量达17000吨的舰艇设置有全通飞行甲板，同时还能搭载多达一个营的陆战队员，通过直升机对其进行投送。在20世纪70年代，5艘吨位更大的塔拉瓦级两栖攻击舰建成下水。塔拉瓦级的排水量已经与第二次世界大战时期的"埃塞克斯"号相当，且两者在各方面都有不少相似之处。除了直升机之外，塔拉瓦级还具备了搭载VSTOL（垂直/短距离起飞/降落）战机的能力。该级舰能够装载一个陆战队加强营及其配备的车辆，舰体后方设置的坞舱可以搭载登陆所需的登陆艇和履带式登陆车。

核僵局

美苏为了赶超对方而竞相增强各自核武器数量和破坏力的军备竞赛最终形成了一个僵局，《纽约时报》将其形容为"恐怖平衡"。虽然这种僵持状态从未被明确定义，但的确对双方产生了限制。典型的例子就是1956年苏联干预匈牙利事件。美国虽然在联合国大会上谴责了苏联的行径，但西方各国政府都非常清楚，他们无法冒着引发一场可能升级为核浩劫的全面战争的风险采取任何实际举动。

在叙利亚的共产主义武装进入黎巴嫩掀起革命后，黎巴嫩总统夏蒙（Chamoun）于1958年7月14日向美国请求军事援助以保证即将到来的选举合法有序。随后的两天中，5000名美国海军陆战队员在"埃塞克斯"号航空母舰上起飞的舰载机的掩护下登陆了贝鲁特附近的海滩，并配合黎巴嫩军队恢复秩序。得益于这场及时且决定性的力量展示，黎巴嫩大选以符合法律的状态成功举行。美军陆战队随后很快撤离。

美国政府很快又开始担忧家门口的局势。菲德尔·卡斯特罗领导的革命武装在1959年取得了古巴的控制权。起初华盛顿方面曾因将他看作暴虐无道的前政府的理想取代者而对他的上台表示欢迎，但美国人很快得知卡斯特罗政权得到了苏联的顾问和援助。美国政府随即与古巴断绝了外交关系，而艾森豪威尔总统则责成中央情报局（CIA）训练一支由反对卡斯特罗的古巴流亡者组成的雇佣军。根据总统的命令，CIA在危地马拉建立了一处秘密训练营并培训了1400人。在艾森豪威尔卸任后，如何利用这支流亡军队的决定权交到了新任美国总统肯尼迪的手中。

肯尼迪批准了雇佣军登陆行动，但不允许美国军事力量对其进行支援。这种天真的想法被证明是彻头彻尾的胡扯。1961年4月17日，古巴雇佣军错误地选择了猪湾（Pig Bay）作为登陆场，攻上古巴的雇佣军不仅没有掀起暴乱，且落入了古巴人民军的伏击圈内，全数被俘虏。

"猪湾事件"不仅令美国蒙羞，且卡斯特罗借此巩固了权力。肯尼迪不敢动用美国武装力量让赫鲁晓夫认识到了美国缺乏悍然动武的胆量。因此赫鲁晓夫大胆冒险在古巴建立起了苏联的中远程弹道核导弹的发射场。CIA在发现古巴出现异样后派出U-2高空侦察机飞越古巴上空进行侦察。1962年10月14日，美方在侦察机拍回的一张照片上发现了一处处于早期建设阶段的导弹发射场。

肯尼迪总统在考虑了各种方案后命令海军建立起一个被他称为"隔离"的机动封锁体系，用以拦截向古巴运输武器的船只。在告知国会领导人且知会北约其他成员国的政府首脑后，肯尼迪在1962年10月22日晚向全国发表电视讲话，告知美国公众苏联人的所作所为和他将采取的对策，这一做法同样也是在间接向苏联人发出警告。10月24日早上，肯尼迪下令海军实施封锁。为了在通知美军舰船和基地的同时清楚地告知苏联方面，他下令道："用明码发送命令。"

近200艘在巡洋舰和航空母舰支援下的驱逐舰很快在"隔离线"占领了阵位，这是一道以古巴东端为圆心，半径达500英里的大圆弧。在美军实施封锁后，整个世界都屏息凝神，等待事件的结果。当天下午，正在大西洋上巡航的美军飞机汇报称逼近美军封锁线的苏联运输船已经停止前进或打道回府。当时正在白宫内的国务卿迪恩·拉斯科回忆称："（接到消息时）我们不禁面面相觑，我想其他同僚都和我一样惊讶。"

之后，赫鲁晓夫撤走了核导弹。肯尼迪承诺不会对古巴实施侵略。苏联领导人在发现美国的海上力量在古巴危机中发挥了关键作用后，认识到了苏联不能单纯倚靠潜艇来缔造一个国家的海上力量。这一事件证明了建设一支强大的海军水面舰艇舰队的重要性。

越南战争，1960—1975年

1954年，在日内瓦举行的14国会议中，越南被分隔为南、北两个部分，且以北纬17度线作为非军事线，法军将全面撤出非军事线以北地区；而越南人民军也将从非军事线以南撤退。《日内瓦协议》的生效让越南就此分裂为两个国家：由胡志明领导的、定都河内的越南民主共和国（简称北越）；由保大政权统治、定都西贡的越南国（简称南越）。根据《日内瓦协议》的相关约定，南北双方将在两年内通过全民投票重新统一。

艾森豪威尔沿袭遏制政策,开始向南越提供武器以及其他所需物质,同时派出军事顾问帮助南越组建陆军与海军。在美国顾问进驻南越的同时,法国武装部队开始从印度支那半岛全面撤离,同时放弃了对于越南、柬埔寨和老挝的所有领土宣称。

越南国总理吴廷琰很快废黜了保大皇帝。在通过全民投票成为国家元首后,吴廷琰宣布越南国更名为越南共和国。他拒绝根据日内瓦谈判相关约定进行全民投票,并宣称北方的全民公投很可能受到政府操纵,从而在票数上压倒人数更少的南方。

胡志明作为争取民族独立的自由斗士在印度支那半岛拥有崇高的声望。1960年,河内政府已经充分地解决了内部问题并开始向着统一整个国家这一目标前进。北越开始向非军事区以南派出武装部队进行渗透。

作为美国的代理人,吴廷琰最初只能采取相对谨慎的措施在南越实行统治。美国军事顾问们对于吴廷琰消极使用他们所武装并训练的南越军队感到愤怒。1963年11月1日,在华盛顿方面的暗中授意下,多名南越军队将领发起了反对吴廷琰的武装政变。但随后他们将吴廷琰及其胞弟杀死的行为着实令美方感到震惊。此后的几年中,南越一直在更替军政府政权,局面持续动荡。

肯尼迪总统所采取的对策是向南越提供更多的战争物资和越来越多的美军顾问。到1963年11月时,已经有近17000名美国顾问根据总统的命令进驻南越,其中一些人甚至直接担负起了军事指挥的职责。由美军飞行员驾驶的直升机将越南军队送入战场。配备有复杂电子设备的美国海军的战舰开始频繁进入东京湾巡航,监听北越境内的无线电通讯。

1964年8月2日,北越鱼雷艇对正在东京湾内游弋的美军驱逐舰"马多克斯"号采取了敌对行动。8月4日夜,马多克斯号以及另一艘驱逐舰"特纳·乔伊"号正在雨幕中进行作业时,称遭到了一次鱼雷攻击。两舰对通过雷达探测到的目标进行了多发射击,但有可能目标并不存在。北越方面始终坚称当夜在该海域并没有出动任何舰艇。

约翰逊总统下达了报复命令,从第7舰队的航空母舰"提康德罗加"号和"星座"号上起飞的美军轰炸机发动了美国对北越境内的首次空袭,轰炸了鱼雷艇基地和一座储油库。美军就此陷入美国历史上耗时最长、继第二次世界大战之后人员伤亡最大、耗资最高的战争之中。

为了让进一步的军事行动合法,约翰逊力推让国会通过《东京湾决议》,赋予他"对任何攻击美国武装力量和进行进一步侵略的行为发起还击"的权力。国会再一次将宣战权交到了总统手中。

1965年2月，为了报复越共游击队对驻扎在波来古市的美军顾问的迫击炮袭击，约翰逊命令舰载机对北越的兵营和港口设施发动了空袭。3天后越共又炮击了一处美军军营，而美军航母又因此对北越发动了一轮规模更大的轰炸。

在约翰逊的命令下，美国海军陆战队开始接管多处基地的防务。在3月8日和3月9日，第一梯队两个营的美国海军陆战队员在岘港市的一处靠海的空军基地登陆。这是第一批直接作为作战部队进驻南越的美军。很快，美国陆军开始不断向越南增派部队[1]。陆军和海军陆战队随后开始频繁地深入内陆发起攻势扫荡。到1965年年底时，已经有180000美军士兵被部署在越南，涵盖了美国武装力量的所有作战部队。

此外还有50000名美军士兵在美军航空母舰和支援舰艇上服役。美军在位于东京湾入海口位置的"扬基站"常年部署有2~4艘航空母舰，时刻准备对非军事区以北的目标发起空袭或支援非军事区以南的作战行动。此外，直到1966年年中，美军常年在越南南部沿海的"迪克西站"部署一艘航空母舰。新抵达的舰载机飞行员们将首先从"迪克西站"出发对一些简单的目标实施攻击以获得实战经验，之后才会北上面对在苏联大力援助下建立起来的北越防空体系。

第7舰队的巡洋舰和驱逐舰对靠近海岸的目标进行炮击，此外"新泽西"号战列舰也曾短暂地参加了这一炮击行动。美国海军和海岸警备队的舰船协同行动，配合规模逐渐扩大的南越海军截断北越和越共的沿海和内河交通。美军组建了一支由陆军和海军共同组建的内河舰队，用于对内河附近的越共据点发起偷袭，可以看作在用当时最先进的作战船艇重复美国内战时期在密西西比河上活动的炮舰的任务。

面对北越，美军似乎一筹莫展。此时美国结盟的南越不仅内部四分五裂，政府也处于风雨飘摇之中。高度机械化的美军部队在面对灵活的游击队时常落入下风，且游击队可以躲入处于中立状态的柬埔寨和老挝避难。

随着北越的正规军部队开始进入南方，战争的局势开始急转直下。为了阻挡人民军的进攻，美国海军陆战队在非军事区以南的地带沿从溪山到越老边境的直线建立了一条由坚固据点组成的防线。人民军直接绕过了陆战队的据点，部队和补给经由老挝，沿被称为"胡志明小道"的道路向南进发。

---

[1] 美国将遏制北越的战争包装成了一场"国际反共圣战"，作为回应韩国派出了两个师部队，菲律宾派出了2000名士兵，此外澳大利亚、新西兰和泰国都象征性地派出了部队。

1968年1月,北越发动了"春季攻势"[1],这场进攻不再是游击队发起的隐蔽突袭,而是一场旨在夺取南越主要城市的大规模攻势。与此同时,60000名装备精良的越南人民军部队围困了部署在溪山的5000名美国海军陆战队,意图让美军重蹈覆辙。危在旦夕的溪山阵地在密集的空中支援下得以守住,期间美军甚至出动了从关岛和泰国的空军基地起飞的具有极强破坏力的B-52轰炸机进行轰炸。

到1968年4月,双方都遭受了极为惨重的伤亡。此时,大量的美国民众要求美国政府将美军从这场代价高昂且似乎永远看不到尽头的战争中撤出。在美国的城市和大学校园内,大规模的反战游行成为常见景象。自知已经因这场战争臭名昭著的约翰逊总统公开表示自己不会竞选连任。双方开始在巴黎进行和谈。

到尼克松总统于1969年1月宣誓就职时,已经有超过50万名美军战斗人员被部署在越南,其中包括85000名陆战队员和38000名水兵。到此为止,这场战争已经让超过40000名美国人失去生命。尼克松在上台后很快开始将这场战争"移交"给南越,并让美军士兵们撤回国内。

南越军队和美军在1970年4月入侵了柬埔寨并捣毁了越南人民军在柬埔寨境内的基地,夺取了大量弹药和其他储备。约40000名南越士兵开始驻扎在柬埔寨。1971年2月,南越陆军在美军的空中支援下入侵了老挝以切断"胡志明小道"。

1972年年初,驻留南越的美军已经完全退出了地面战斗,同时美国和南越政府向北方抛出了一份停止敌对行为的计划。北越方面拒绝了这一计划,由于北方不打算做出任何让步,巴黎和平谈判很快因毫无成果而被搁置。

1972年3月,北越人民军发动了一场大规模的进攻,攻入南越中央高原并绕过非军事区。与此前的游击战或者"春节攻势"中所不同的是,人民军在这场攻势中不仅动用了强大的重炮部队,还拥有大量的坦克。南越军队在所有方向都节节败退。

此时美军重新恢复了对越南全境的大规模轰炸,并依托南越、关岛和泰国的陆上基地以及第7舰队的航空母舰出动轰炸机。根据尼克松总统的命令,美军飞机对北越的港口进行了航空布雷,并通过对道路和铁路的集中轰炸对北越实施封锁。

南越军队在美军的支援下逐步停止撤退,并在坚守阵地之后开始发起反击。到1972年7月时,南越军队已经开始在各条战线上向前推进并开始夺回北方省份的控制权。9月,随着尼克松下令严格限制对北纬20度线以北的北越目标的轰炸,局势逐渐

---

[1] 春节(Tet)是越南的传统新年,为期三天,于每年1月20日后的月相为新月的第一天(中国农历正月初一)开始。

稳定。所有方面都认识到这场战争在军事上已经陷入僵局。

在巴黎的公开和平谈判被搁置后,美国总统顾问亨利·基辛格与北越政治局委员黎德寿展开了秘密磋商。当双方的会谈在1972年12月中旬陷入僵局时,尼克松下令对北越发动为期12天的无限制猛烈空袭。河内的大片城区和海防港都被炸成了瓦砾。

在1973年1月开启的新的系列谈判中,基辛格和黎德寿终于克服分歧达成了一份各方都可以接受的协议。这份协议由双方谈判代表草签,随后北越外长和美国国务卿也相继在条约上签字。这一条约要求双方实现停火,美国从印度支那半岛撤离所有部队,立即释放战俘,成立一个负责监视停火状况的国际委员会,以及保证南越人民有权决定自己的政治体制。

美国很快移交了在越南的基地并将所有的部队撤出南越。在此之后,北越和南越军队开始零星爆发战斗,小规模的国际委员会根本无法调停或压制。1974年底,北越利用此前一直积累的部队开始了统一全国的最后攻势。1975年初,柬埔寨共产主义者(红色高棉——译者注)也发起攻势推翻了柬埔寨政府。

失去了美国的空中支援后,南越和柬埔寨军队根本无法阻挡北越军队的进攻。到1975年3月,北越军队已经席卷了半个南越。在柬埔寨,柬埔寨共产主义者军队也包围了柬埔寨首都金边。3月17日,柬埔寨政府向柬埔寨共产主义者投降。3月30日,越南人民军在苏制坦克的引导下进入西贡,南越政府的最后选择就是投降。老挝政府屈从于北越的压力将政权和平移交给了老挝的共产主义者。虽然胡志明此时已经去世,但越南统一的梦想已经实现。

总结

1950年6月,朝鲜战争爆发。联合国随即召唤成员国采取军事措施。美国政府担起了主要责任,麦克阿瑟上将被任命为美国远东总司令。在朝鲜军队迫使美军第8集团军退守朝鲜半岛一隅之际,麦克阿瑟命令美军第7舰队将美军第10军运送至朝鲜西海岸的仁川港发动登陆。从这里出发,陆战队继续推进并夺取了汉城,就此切断了朝鲜军队的补给线。

第8集团军和第10集团军随后攻入朝鲜境内,当这两支部队朝鸭绿江进发之际,中国人民志愿军部队将这两支部队击退。在战争末期,杜鲁门总统解除了麦克阿瑟的职务,由李奇微取而代之。双方因惨烈的伤亡走上了谈判桌。1953年7月,在经历两年的艰难谈判后，交战双方签订了停火协议。

美国海军在第二次世界大战后所新增的最强打击力量当属大型航空母舰（且部分采用核动力），这种大型航母可以搭载用于投掷核武器的大型舰载机；高速的核动力潜艇所搭载的弹道导弹从尺寸和射程上都在不断提升——不管是"北极星""海神"还是"三叉戟"导弹都能从水下发射。

1958年，应黎巴嫩总统的请求，美国海军陆战队在海军航空母舰的掩护下登陆黎巴嫩。1961年，由美国训练的古巴流亡者雇佣军意图从猪湾登陆古巴，但惨遭失败。1962年，美国海军战舰在通往古巴的海域建立了一条封锁线，迫使苏联放弃在古巴部署带有核弹头的弹道导弹。

1954年，法国军队在奠边府被由胡志明领导的北越军队击败，随后举行的国际会议上各方达成停火协议。美国向南越输送武器并帮助其组建一支足以自保的武装力量。1964年，约翰逊总统以两艘美军驱逐舰在国际水域遭到北越鱼雷艇攻击为由，命令出动舰载机轰炸北越目标，此后又从国会获得了动用美国武装力量"阻止进一步侵略"的授权。

1968年年底，约翰逊已经将超过50万美军派往越南。美国海军在战争中提供了舰载机空中支援，同时派出舰艇在南越近岸和内河进行巡逻。

1969年，尼克松总统在美国公众的压力下开始从越南撤军，同时扶植南越陆海军在美军从地面战斗中全面撤出后，南越军队在美军的空中支援下成功击退了北越军队。1969年年底，尼克松通过对北越城市的无差别轰炸迫使北越达成了停火协议。协议中规定美方将从越南撤出所有部队。在美国军队关闭驻越南基地并全部撤退后，北越军队很快消灭了南越，统一了国家。

第  章

新的武器，新的挑战

美国对越南的干涉以屈辱收场，美国自身产生了尖锐的疑问。对美国领导层的信任也因为尼克松总统的黯然离任（水门事件——译者注）、福特总统的谨小慎微、卡特总统的优柔寡断而消弭。

美国海军

在20世纪50—60年代，美国空军的B-52轰炸机部队扩充至预期规模，且洲际弹道导弹发射井开始部署，同时美国海军正在紧锣密鼓地研制配备弹道导弹的核潜艇，美国就此开始拥有了"三驾马车"的核武器对抗体系。海陆空核武器系统的同时部署使得美军拥有毁灭任何敌人的能力，其巨额的花费也因能够迫使敌人进行耗资更大的核扩军来应对。"三驾马车"的优点是即便其中一个组成部分因对方武器科技的突破而失效，美国依然能够运用剩余的核打击手段维持有效的战略。

不过随着侦察监视技术的突飞猛进（尤其是卫星的应用），以及更为精确的导弹制导系统出现，固定式的导弹发射井开始变得极为脆弱。计划研制亚音速B-52轰炸机和超音速B-1洲际轰炸机项目因为费用过高而被军方拒绝。到20世纪70年代末，美国仅有的核威慑手段就只剩下核潜艇部队以及其配备的潜射核导弹。

约翰逊总统低估了苏联加强军备竞赛的速度，苏联在弹道导弹的部署数量上很

快追上了美国。在1972年双方举行的第一轮战略武器限制磋商（SALT I）中，面对现实，美国不得不同意以放弃部分战略优势来换取核均势。在大力发展核武器的同时，苏联在常规武器方面也开始赶超美国。

尼克松总统在此情况下首先恢复了与中国的外交关系。他访问了北京，并得到了国宾的礼遇，随后他又与苏联共产党总书记列奥尼德·勃列日涅夫实现互访。随着1979年卡特总统和勃列日涅夫总书记[1]共同签署《SALT II条约》，紧张气氛得到了最大程度的缓和。

在这样的背景下，美国公众更为关心的是如何在降低税率的同时加强社会福利项目，到1980年，美国的社会福利开支已经达到国内生产总值的21%。与此同时，美国海军的实力却降低到近40年来的最低点，除航空母舰以及大型两栖作战舰艇之外的其他类型舰艇的数量都被苏联超越。

美国在1973年彻底废除了义务兵役，转而采用自愿募兵制。募兵制的一大特点是现役军人的薪金将会与社会薪资水平挂钩。不过美国的军费增长实在是跟不上通货膨胀的速度。到1980年时，军队人员的薪水仅相当于社会工作人员的40%。薪金过低所带来的结果是灾难性的。在实行自愿募兵制后，入伍率开始暴跌，职业化士官的留任率更是惨不忍睹，这在武器装备技术复杂程度不断上升的情况下无疑是雪上加霜。

在实力被削弱的情况下，美国海军只能重点建设三种作战能力：一支装备潜射洲际核弹道导弹的核潜艇部队，一支打击能力强大的远程航母特混舰队（从1978年起航母特混舰队改称为"航母战斗群"），以及实施两栖作战的能力。所有的美军舰队主要组成部队都以承担这三项任务的能力进行了权衡评估。

1980年，美国原有的41艘战略弹道导弹核潜艇开始进入服役寿命的尾声。这批老旧的弹道导弹核潜艇被新锐的潜艇取代。该级首艇"俄亥俄"号于1978年下水，是当时尺寸最大的潜水船只——艇长达560英尺，水下排水量可达18700吨。该级艇的主力武器是24枚有效射程超过4000英里的"三叉戟C-1"导弹。当时正在研制中的"三叉戟II"的射程则可达6000英里。"三叉戟"导弹可搭载分导式核弹头。

苏联海军的攻击型潜艇从20世纪60年代就开始配备巡航导弹。但美国海军直到20世纪70年代后期才开始将舰载巡航导弹作为标准装备。美军接受的第一款巡航导弹是"鱼叉"导弹（Harpoon），这款导弹专门用于打击敌军舰艇，可以由潜艇、水面舰

---

[1] 勃列日涅夫于1977年6月当选苏联最高苏维埃主席团主席，成为第一位同时出任党的领导和国家首脑的苏联官员。

艇和飞机携带。从潜艇的鱼雷管内射出的"鱼叉"导弹可以在跃出水面后以波间高度跨音速飞行，将重达510磅的弹头发射到60英里以外的地方。此外"战斧"弹道导弹也在研制当中，这种导弹可以投送一枚重达1000磅的核弹头，打击375英里外的舰船或者陆上目标。

航空母舰依旧是美军多用途水面舰艇部队的绝对主力。新建成的航空母舰尺寸越来越大，稳居全世界最大作战舰艇的宝座。第二艘尼米兹级航空母舰——"德怀特·D. 艾森豪威尔"号于1977年服役。3号舰"卡尔·文森"号于1979年服役。美国国防部将美军未来所需的航母数量划定为12艘。在这12艘航空母舰中，有4艘将进行常态化靠前部署，两艘隶属于负责地中海地区的第6舰队，两艘隶属于负责西太平洋地区的第7舰队。但在1978年爆发的伊朗危机打破了这一规划，使得美军必须将一个或者更多的航母战斗群部署在印度洋。在1979—1980年间，"尼米兹"号在印度洋上部署期间创造了连续航行144天的记录。

随着F-14"雄猫"战斗机取代F-4"鬼怪II"，美国宣称自己拥有世界上最优秀的防空战斗机。这款可以在60000英尺高空达到2.4马赫速度的高速截击机配备有先进的多目标锁定雷达和"不死鸟"远程空对空导弹。"雄猫"战机的雷达能够同时跟踪24个目标并攻击其中的6个。但由于"雄猫"的造价高达2500万美元，美国海军不得不用更为便宜的F-18"大黄蜂"换装部分F-4"鬼怪"中队。"大黄蜂"战绩极为优秀，但在截击能力方面逊于"雄猫"。不过"大黄蜂"还能够承担攻击任务，并将取代海军昼间攻击机中队装备的A-7"海盗II"。E-2"鹰眼"预警机是优秀的电子战和指挥控制飞机。该机搭载有功率强大的雷达和有效的被动探测设备，此外还有配备有保密的特高频和高频数据链。依靠强大的机载计算机，"鹰眼"成为货真价实的信息中枢。

海军高层中有人对这种将海军的进攻能力"放到一个篮子里"的做法表示质疑。1970—1974年期间担任海军作战部长的埃尔默·R. 朱姆沃尔特上将就曾写道："由于反舰导弹的高精度，单舰造价过于高昂的大型航空母舰已经无法在一场争夺制海权的战争中身先士卒。"

朱姆沃尔特提出建造"制海舰"，这是一种直升机航母，通过按照商船规格而非军用舰艇建造来最大限度地压低造价。"制海舰"能够搭载进行反潜作战所需的直升机和用于防空的VSTOL战斗机。VSTOL战斗机没有全天候雷达，且在航程和武器搭载量上都不尽如人意，再加上国会的反对，制海舰概念最终被扼杀于襁褓之中。

福特总统在1977年的年度国防预算中增列了一艘尼米兹级航空母舰的资金，但这艘航空母舰成为福特政府为了1976选举而进行预算削减的牺牲品。接替福特的卡特总统提出建造一款价格比尼米兹级更低的50000吨级常规动力航空母舰。不过海军提出要想安全运作像F-14一样的高性能战机，航空母舰的最小排水量应在60000吨左右。且由于卡特提出的航母的最低性能配置（双螺旋桨，最大航速27节，仅配备有限的伤害防护）已经违反了1975年通过的《国防拨款法案》中的规定：对于作为海军打击部队主力的航空母舰应当全部采用核动力。国会驳回了白宫方面的要求并授权建造第4艘航空母舰。卡特总统随后采取了出乎意料的举动，他废除了整个《国防拨款法案》。即便面临着总统以废除法案为威胁，国会仍坚持将尼米兹级四号舰加入1980年的国防预算中，卡特总统也最终批准了这份预算案。

接替朱姆沃尔特出任海军作战部长的詹姆斯·L. 霍洛威三世上将对于航母造价过高损失难以承受的问题提出了另一个解决方案：逐步让VSTOL飞机部署到各种各样的舰艇上。如果VSTOL战斗机的任务性能随着技术的进步能够达到与常规作战飞机相当的水准，那么海军就能够运用大量的海基平台。垂直/短距离起降战斗机的技术进步将使得航空母舰能够采用成本更为低廉的设计，且能够极大地提升海基战术航空兵的作战灵活性[1]。

高性能VSTOL作战飞机直到1995年依然遥遥无期。与此同时，美国海军需要继续使用常规作战飞机，并需要找到办法延长大型斜角甲板航空母舰的服役寿命。对于后一个问题，霍洛威的解决方案是"服役寿命延长项目"（SLEP）。该项目中"福莱斯特"级航空母舰将会轮替出一艘离开作战舰队进行为期两年的维护，从而将该级舰的使用寿命增加15年。1980年，第一艘进入SLEP项目的是"萨拉托加"号航空母舰，该舰于1956年进入服役。

有趣的是，VSTOL项目所面临的最大威胁实际上来自国会的常规航母狂热支持者，而海军部的文官团体则希望砍掉当时正在研制的新型VSTOL飞机，立即开工建造搭载"鹞"式战斗机的轻型航空母舰。"鹞"式战斗机的性能被认为难以满足未来的作战需求。海军的现役军官们根本不想要这类不符合期望的玩具，国会也在授权开工第4艘尼米兹级后拒绝了让航空母舰战斗力低于现有水准的项目。霍洛威的继任者，

---

[1] 苏军部署于"基辅"级航空母舰上的雅克-38垂直起降（VTOL）战斗机的作战性能仅与美军在朝鲜战争期间使用的F-86战斗机相当。

海军作战部长托马斯·B.哈沃德上将竭力保住了一个VSTOL飞机研究项目并承诺将会进行有序的过渡。

苏联海军

第二次世界大战的教训让苏联的领导人们注重运用地面部队来保护国家安全。考虑到国土遭到敌方登陆的可能性，苏军开始建设强大的岸防部队：短航程的作战飞机和潜艇，以及用于配合作战的水面舰艇部队。斯大林之后的苏联领导人因"古巴事件"遭到美国强大的海上力量的围堵后，将军事建设的重心转移到远程飞机和导弹上来。

美国一直参与与苏联争夺军事实力优势的军备竞赛。20世纪60年代中期，美军核潜艇"乔治·华盛顿"号从水面下发射了"北极星"导弹。肯尼迪总统宣布加速"北极星"项目并将洲际弹道导弹的生产速度翻番。

对于苏联而言，美国加速"北极星"以及其他核导弹的部署很可能是在为一场注定没有赢家的战争——全面核战争做准备。即便在第一轮核交换中苏联能彻底抹除美国的常规国防力量，美军还拥有实施第二轮核打击的海基核导弹。苏联当时只有少量仅能发射一枚核导弹的柴电动力潜艇，且只能在水面上发射。为了抵消美国人的第二次核打击能力，苏联开始建造长航程、核动力且配备洲际弹道导弹的潜艇，希望以此在数量和破坏力上压倒美军的"北极星"。同时苏联也开始在陆基导弹上对美国形成数量压制。美国中央情报局（CIA）意识到了苏联的核潜艇项目存在，但在之后的11年中，美国将苏联所能部署的陆基弹道导弹数量低估了50%甚至更多，结果就是美国国防部单方面地裁减了美国的核项目。

美国在当时认为41艘弹道导弹核潜艇已经足以组成"三驾马车"的海上部分，而苏联的弹道导弹核潜艇数量却远多于此，这可能是因为苏制核潜艇的尺寸更小，且苏联对洲际轰炸机的作战效能并不那么信任。双方都对于潜艇建造项目保持高度关注，而结果就是双方又开始试图在性能而非数量上压对方一头。排水量18700吨的俄亥俄级是为了应对苏联建造的11300吨级德尔塔级。而为了应对俄亥俄级，苏联开始建造新锐的台风级，该级舰的排水量高达25000吨，每艘台风级核潜艇都配备20具潜射弹道导弹（SLBM）发射管。

在攻击型潜艇方面，美苏两国海军的新型潜艇都配备有鱼雷和巡航导弹（飞航式导弹）。高速的洛杉矶级核潜艇排水量约6900吨，水下航速甚至超过30节，该级艇是专门为了对抗苏联的维克多（Victor）级核潜艇建造的。为了对抗洛杉矶级，苏联开始建造奥斯卡（Oscar）级和阿尔法（Alfa）级核潜艇，前者排水量达13000吨，安装有24具飞航导弹发射筒。后者的排水量与洛杉矶级相当，但采用了钛合金艇体使得其能够承受更大深度的水压。在水下航行状态阿尔法级的航速甚至比洛杉矶级还快，但是该级艇因为噪声大而容易被发现。

在苏联潜艇部队的大幅度扩充中，谢尔盖·戈尔什科夫海军元帅发挥了重要作用，作为一名优秀的海军战略家和革新家，他在45岁的时候被赫鲁晓夫调到莫斯科执掌海军。戈尔什科夫认为潜艇在两次世界大战中均被击败是因为德国无法为潜艇部队提供充分的空中和水面舰艇掩护。因此他决心让苏联红海军的潜艇得到充分的支援，同时他也认为美国以及其他北约国家的潜艇部队也将得到类似的支援。他决心让海军拥有从空中和水面舰艇平台发射，摧毁敌方水面舰艇和潜艇的武器，且即便是在远离苏联水域的海区也能进行这样的歼灭作战。

在攻击远离苏联本土水域的敌方舰艇时，戈尔什科夫打算动用"逆火"轰炸机（这是一款因价格高昂、与美国B-1轰炸机相似的超音速轰炸机）。"逆火"可以携带各类常规武器和核武器，既可以携带多达9吨的炸弹，也能够挂载两枚大型空舰导弹。在水面和水下的进攻中，戈尔什科夫将会出动配备鱼雷和飞航导弹的潜艇。在反潜和反水面舰艇作战方面，他缔造了一支配备导弹的驱逐舰和巡洋舰组成的强大舰队。一些后期建造的苏联导弹舰艇还设置有直升机起降点，可以出动反潜直升机。

当时已经服役的苏联作战舰艇中，吨位最大的是1981年服役的"基辅"号和"明斯克"号，两舰都是搭载升力动力飞机[1]的航空母舰。这两艘战舰虽然在排水量、舰员人数以及飞机搭载数量方面与美军的塔拉瓦级相当，但没有后者用于收放大型登陆艇的坞舱。苏联海军鄙视西方式的航空母舰（常规弹射起飞、阻拦着陆），认为其极其脆弱。不过在1981年也有传言称苏联开始建造60000吨级核动力航空母舰。

戈尔什科夫认真研究过世界海军史（以马克思主义的方法论为指导），并对于西方国家海军的"展示肌肉"行动拥有深刻的理解。他很清楚，展示己方的强大武器不仅有助于赢得他国的友好，也能够震慑潜在的敌人。此时的苏联舰队已经强大到足以通过力量展示来"支援民族解放战争"以及抵抗"帝国主义侵略"。苏联非常乐于进

---

[1] 升力动力飞机：垂直/短距离起飞/降落飞机（VSTOL）和垂直起飞/降落飞机（VTOL），以及其他使用发动机驱动的螺旋桨或喷气动力直接提供升力的统称。

行远航来展现自身的海军力量,且在20世纪70年代进行了两次环球航行——"西方海洋-70"(West Okean-70)和"西方海洋-75"(West Okean-75)行动。

苏联海军最初并不看重在破坏敌方海上交通线的作战行动,但在"海洋-75"演习结束后不久出版的《苏联军事百科全书》(1976年版)中,戈尔什科夫将破交作战列为重要性仅次于战略打击和舰队交战之后的主要任务。

美苏双方在1980年的作战舰艇实力对比如下表所示。其他类型的舰艇(如布雷艇、巡逻艇等)因为其尺寸、性能以及任务纷繁多样而难以直观比较。但需要注意的是,硫黄岛级(7艘)、塔拉瓦级(5艘)和基辅级(2艘)虽然在航空作业能力上相近,但美军舰艇的主要任务是两栖作战行动。相比之下,苏联海军的基辅级则主要参与舰队战术行动;莫斯科级载机巡洋舰虽然在舰体后部设置有大片飞行甲板,但并不适合VSTOL飞机起降,因此只能作为直升机母舰。

苏美两国海军主要战舰实力比较

舰种	美国	苏联
航空母舰	13	0
航空母舰(VSTOL)	0	2
航空母舰(直升机)	7	2
两栖突击舰	5	0
柴电潜艇(通用)	5	179
核潜艇(通用)	74	87
柴电潜艇(弹道导弹)	0	19
核潜艇(弹道导弹)	41	71
巡洋舰	28	39
驱逐舰和护卫舰	153	213

非洲和波斯湾

在第二次世界大战后,由于战争的巨大损失和巨大支出而国力大跌的英国开始从亚洲和非洲撤出势力。1968年,英国政府宣布将撤走苏伊士以东的所有英国军队。美国和苏联就此开始摩拳擦掌,准备在印度洋部署各自的海军巡逻舰队。

美国建立巡逻舰队的主要目的之一是维持周边国家的稳定局面，但美国海军的主要任务是保证从波斯湾运输石油的油轮，以及满载着铜、钴、铬、锰以及工业钻石等重要战略资源的运输船队的安全。

波斯湾沿岸的产油国（主要是沙特阿拉伯、科威特、伊拉克和伊朗）在世界石油生产中后来居上。在世界其他地方的油井逐渐枯竭的同时，波斯湾沿岸产油国的地位愈发凸显。到1980年，波斯湾成为世界上最大的石油出口地——平均每日出口2000万桶原油。平均每16分钟就会有一艘满载着石油的油轮驶离波斯湾。这些油轮运输了73%的日本所需石油、63%的西欧所需石油的63%和15%的美国所需石油。

OPEC成员国开始利用石油垄断地位不断抬高油价。1970年，一桶原油（42加仑）的交易价格仅1.80美元；到1981年时已经上涨至40美元。油价的飙升很快破坏了世界经济平衡，令全球的通货膨胀雪上加霜。

英国皇家海军长期依托位于亚丁、亭可马里和新加坡的基地在印度洋巡航。到20世纪60年代后期时，英国、美国和苏联都没有在印度洋沿海控制任何立足点。不过苏联与伊拉克达成了一项协议，允许苏联海军舰艇进入波斯湾最深处的巴士拉港；美国海军在第二次世界大战后维持着一支以驱逐舰为主力的中东舰队，该舰队以波斯湾内的独立群岛国家巴林为驻地。在预计到英国将会撤出印度洋后，美国开始寻找一处在战略位置上更为安全且能够容纳更多部队的基地。美国最终选择了迪戈加西亚。

迪戈加西亚是一处位于英属查戈斯群岛的环礁，位于印度洋的正中位置，波斯湾东南方向2500英里处。根据美英达成的协议，美军"海蜂"基建部队于1971年抵达该环礁并开始了建设工作。"海蜂"建起了仓库、兵营、一座无线电通讯站以及一条一英里长的码头。此外基建工兵还修筑了油料库，铺设了一条长达12000英尺的跑道以及17英里的沥青道路，同时环礁泻湖也得到了疏浚，足以供大型航空母舰战斗群停泊。

美国选择不在波斯湾地区维持军事力量，而是依靠当地接受美式装备的军官和技术人员保卫该地区。在两国当中，沙特阿拉伯被认为更不可靠。由于本地人口较少，军队规模较小，且由大量的外国劳动力负责运营油井和炼油厂，该国不论是遭受外部攻击还是遭遇内部动乱时都会极为脆弱。

相比之下，20世纪70年代初的伊朗可以被视作政治稳定的国家典范。在默罕默德·里扎伊·巴列维国王的领导下，这个国家正在快速西方化。美国因此希望巴列维和他的军队能够守卫世界上最主要的原油生产地，甚至愿意将最先进的武器卖给巴列维。数以千计的青年伊朗军官和平民前往美国接受培训和教育，同时数以千计的美国专家和技术人员也前往伊朗提供顾问和协助。此外美方人员还在伊朗设立了无线电监听站以保持对附近的苏联的弹道导弹试射的监视。

苏联对于英国宣布从苏伊士以东撤军的回应是从母港为符拉迪沃斯托克（海参崴）的苏联海军太平洋舰队抽调一支特混舰队在印度洋进行了一次为期4个月的力量展示巡航，期间访问了印度、巴基斯坦、伊拉克、伊朗、也门和索马里。

莫斯科方面在进行海上力量展示后立刻开始外交活动。借此苏联与印度、也门和索马里达成了友好互助条约。与此同时苏联还向在葡萄牙的非洲殖民地莫桑比克和安哥拉活动的马克思主义游击队提供援助。

友好互助条约的签订使得苏联舰队在印度洋有了多个可用的港口：印度的多个港口、南也门的亚丁港和索马里柏培拉港。在柏培拉港，苏联建立了一座包括飞机跑道、储油库和反舰导弹发射阵地的海军基地。

面对索马里总统赛德·巴里，苏联最高苏维埃主席团主席勃列日涅夫指出了这一体系第三个目标。勃列日涅夫讲道："我们的目的是获得西方赖以为生的两个巨大宝库——能源宝库波斯湾和矿产宝库南部非洲的控制权。"

1974年，葡萄牙的独裁政权被推翻，取而代之的共和政府立即宣布保证葡萄牙的非洲殖民们的独立。在莫桑比克，莫桑比克解放阵线在苏联的大力援助下夺取了政权，成立了莫桑比克人民共和国。在安哥拉，独立导致三个相互敌对的派系开始为建立新政府争斗不休。苏联则空运了约15000名志愿军与"安哥拉人民解放阵线"并肩作战，后者最终赢得内战胜利并成立了安哥拉人民共和国。随后这两个新成立的国家都与莫斯科方面签订了友好条约。

1977年，索马里宣称拥有埃塞俄比亚省份欧加登的所有权并派兵跨过边境驱赶了埃塞俄比亚守军。苏联出于利益考量支援埃塞俄比亚，为其空运了价值40亿美元的军火和3000名军事技术人员，并送来20000名古巴志愿军助战。古巴志愿军和援助的到来很快击退了索马里军队。虽然苏联就此失去了人口总数300万的盟友索马里和该国位于柏培拉港的海军基地，但却获得了人口多达3000万的盟友埃塞俄比亚的支持以及可以使用埃塞俄比亚港口马萨瓦的权利，随后苏联很快将马萨瓦修建成了一座海军基地。

在20世纪70年代即将结束之际，在柬埔寨又再度发生悲剧，柬埔寨又遭到越南的入侵。

在大洋对岸，也门得到了苏制战机、坦克和火炮，军备精良。在地图上，从安哥拉至埃塞俄比亚再到也门,一根直指波斯湾的矛头清晰可见,只有沙特阻挡在这条轴线上。

在印度洋东北方向阿富汗,叛乱分子发动了叛乱并杀死了阿富汗总统,随后成立反对西方政府的政权。由此苏联拥有直指波斯湾的钳形夹击之势,同样在这条轴线上只有伊朗拦在二者之间。

此时的伊朗政权愈发风雨飘摇。巴列维王朝的西方政策使得国内阶层感到不满。1979年2月,伊朗爆发伊斯兰革命,巴列维国王流亡国外。新政权的领袖是对美国满腔仇恨的什叶派鲁霍拉·穆萨维·霍梅尼。美军派出6艘海军舰艇从伊朗南部的港口接走了440人,其中有200人是美国公民。

新生的伊朗政权所采取的第一批动作中,就包括取消从美国订购的价值70亿美元的飞机、舰船、导弹以及其他各种武器装备的订单。这批订单中包括4艘先进的驱逐舰。霍梅尼的政策可以总结为"既不西方,也不东方"。

1979年秋,卡特总统同意巴列维国王前来美国避难。伊朗人士占领了德黑兰的美国大使馆,劫持了使馆内15名美方陆战队员作为人质,要求包括返还巴列维王室的财富以及遣返巴列维国王,让他回国接受审判。

美国政府以冻结价值高达数十亿美元的伊朗在美资产作为报复,并全面停止了对伊朗的食品和机械贸易,同时驱逐了伊朗军方的在美人员,在美国学习的伊朗学生被允许留在美国。卡特总统命令"尼米兹"号战斗群进入印度洋并配合在此处待命的第7舰队展开。伊朗警告如果美国对伊朗发起攻击,伊朗人将处决当时幸存的全部53名人质。

1980年4月,一场中途放弃的人质救援行动让外界对于美国武装力量的作战能力和装备产生了质疑。在这场被称为"饭碗行动"的救援行动中,美军从"尼米兹"号上起飞了8架直升机,其中3架在伊朗空域发生严重的机械故障,导致任务不得不取消。在夜间撤退中,一架直升机撞上了一架运输机并导致火灾,8名美军人员死亡。卡特总统愤而下令,要求所有伊朗驻华盛顿大使馆人员必须在72小时内离开美国。

1979年,阿富汗总统在一场政变中被处死。1979年圣诞夜,苏联军队进入阿富汗,这是第二次世界大战结束后苏联第一次派出军队进入除中欧的华沙条约组织成员国之外的其他国家。

卡特总统要求苏联立即从阿富汗撤军。他终止了参议院对他此前与勃列日涅夫总书记签订的《SALT II》战略武器限制协议的讨论,取消了对苏联的年度捕鲸出口,禁止了美苏之间的高科技材料以及信息交换,并要求国会重新起草相关法案,同时鼓励美国以及其他国家的运动员抵制即将在莫斯科举行的奥林匹克运动会。他向全世界宣布："任何外部势力试图控制波斯湾地区的企图都将被视作对美国核心利益的直接攻击。美国将动用包括武力在内的所有手段打破这种企图。"

重建美国国防

卡特总统很快认识到美国需要快速向遥远的海外施加军事压力的有效手段。他将这个问题交给了国防部，而国防部给出的解决方案就是建立一支"快速部署部队"（Rapid Deployment Force，RDF）。RDF下辖美国海陆军陆战队的3个重型机械化旅，以及相关运输舰和支援力量，这支部队时刻保持高度戒备，一旦有需要能够立即通过空中或者海上投送。RDF将成为美军的矛头部队。之后，美军可以视情况需要增派部队。通过与其他军种的共同战役规划和训练形成协同作战能力，快速部署联合特遣部队（Rapid Deployment Joint Task Force）应运而生，这支远征部队的总部设在佛罗里达州坦帕市的麦克迪尔空军基地。

巴列维政权的垮台使得RDF部队的启用变得迫在眉睫，同时也让美国认识到除了迭戈加西亚之外还需要更靠近波斯湾的基地。沙特阿拉伯拒绝了美国的驻军，但阿曼、肯尼亚和索马里表示愿意为美国提供机场和港口。美国立即接受了与阿曼和肯尼亚的合作，不过索马里的提议却存在问题。索马里表示可以提供柏培拉的原苏军基地，但是作为回报，美国需要向索马里提供价值9亿～10亿美元的军事装备，且不得对武器的使用做出任何限制。由于担心卷入索马里与埃塞俄比亚的边境战争，美国最初拒绝了这份交易。不过由于对基地的需求过于迫切，美国最终还是向索马里提供了援助，但声明这批援助只能用于索马里的自我防卫，任何超出适用范围的举动都将导致美国切断军援。基地问题解决后，美军立即开始着手将部队部署到这一区域。到1981年2月，RDF的先遣梯队已经在34艘战舰的支援下进入了印度洋地区。

与此同时，美国与伊朗之间的巨大矛盾开始逐渐缓和。伊朗意识到了扣留人质所带来的坏处远大于好处。世界上大多国家都对此举表示谴责。随之而来的，美国对伊朗实施的贸易禁运让伊朗人经历了严重的物资短缺。随着巴列维国王的去世，伊朗人的仇恨似乎失去了主要目标。1980年9月，伊拉克为了吞并伊朗位于波斯湾末端的主要产油省份对伊朗发动了侵略。在里根赢得总统竞选后，伊朗决定释放善意来引起里根的注意。在1981年1月20日宣誓就职几小时后，里根就向全世界宣布伊朗已经释放所有人质，人质正在回国的路上。在阿尔及利亚的斡旋下，伊朗最终接受的条件是美方解封伊朗的在美资产，同时冻结巴列维王室的在美资产，并保证不再干涉伊朗内政。即将主政的里根政府宣布将推进两个重要项目：大幅度削减大多数联邦政府部门的预算，与此同时重新武装美国的国防。里根提出了美国历史上和平时期规模最大，同时也是费用最高的军备扩充计划，将在5年内投资1500亿美元用于国防。空军将得到期待已久的超音速战略轰炸机，而海军的规模将扩充至包括15个航母战斗群在内的456~600艘战舰。为了给这支人员大增的军队招募足够的应征者，里根同时提出将军人薪水提高到与民间薪金相当的地步。

总结

20世纪60年代初期，美国依靠"三驾马车"的核武器体系（战略轰炸机、陆基洲际弹道导弹和弹道导弹核潜艇）威慑潜在敌人的核攻击。之后，美国只剩下弹道导弹核潜艇作为唯一没有破绽的威慑手段。到1980年，美国海军在除了航空母舰和大型两栖作战舰艇之外的其他类型战舰数量上都居于劣势。

随着战略核导弹的射程步步加码，美国和苏联竞相建造尺寸越来越大的战略导弹核潜艇。在苏联建成排水量11330吨的德尔塔级后，美国紧随其后建成了排水量18700吨的俄亥俄级，此后苏联则以建造排水量高达25000吨的台风级作为回应。美国海军继续建造尼米兹级核动力航空母舰，同时借助SLEP项目延长福莱斯特级航母的服役时间。一些美国海军的高级军官直言在未来的海战中随着反舰导弹精度的逐步提高，大型航空母舰的作用将不再理想。时任海军作战部长的霍洛威上将提出研制可以从几乎所有类型战舰上起降的高性能VSTOL战机。

在美国、西欧和日本开始越来越依赖从非洲中部和南部出产的战略原材料和从波斯湾出口的石油的同时，英国将自己的势力撤出了此前曾主宰数个世纪的印度洋。美国和苏联开始进入这一地区。

苏联派遣的古巴雇佣军帮助安哥拉、莫桑比克和埃塞俄比亚夺取了政权。美国则在英属的迪戈加西亚环礁建立了一处海军基地，同时依靠巴列维政权保护波斯湾地区安全。在巴列维政权被推翻、伊朗成为反美国家后，美国在肯尼亚、索马里和阿曼获得了军港与机场的使用权，并开始将快速部署部队投放到印度洋。1981年宣誓就任美利坚合众国总统的罗纳德·里根在上台后开始实施美国历史上规模最大、耗资最高的军备扩充计划。

英文参考书目

The Age of Galley Warfare (Chapter 1)

Burn, Andrew R., *Persia and the Greeks: The Defense of the West, c. 546-478 B. C.*; New York: St. Martin Press, 1962.

Casson, Lionel, *The Ancient Mariners*; New York: Minerva Press, 1959.

Gravière, Edmond Jurien de la, *La Guerre de Chypre et la Bataille de Lepante*, 2 v.; Paris: E. Plon, Nourrit, et Cie., 1888.

Grundy, George B., *The Great Persian War*; New York: Charles Scribner's Sons, 1901.

Lewis, Archibald R., *Naval Power and Trade in the Mediterranean, A. D 500-1100*; Princeton: Princeton University Press, 1951.

Morrison, J. S., and R. T Williams, *Greek Oared Ships, 900-322 B. C.*; Cambridge: Cambridge University Press, 1968.

Rodgers, Vice Admiral William L., USN (Ret.), *Greek and Roman Naval Warfare*; Annapolis: U. S. Naval Institute, 1937, and *Naval Warfare under Oars*; Annapolis: U S. Naval Institute, 1939.

Rose, J. Holland, *The Mediterranean in the Ancient World*; Cambridge: Cambridge University Press, 1933.

Shepherd, Arthur M., *Sea Power in Ancient History*; Boston: Little, Brown, 1924.

Southworth, John Van, *The Ancient Fleets*; New York: Twayne Publishers, 1968.

Starr, Chester G., *The Roman Imperial Navy, 31 B. C. -A. D 324*; Ithaca: Cornell University Press, 1941.

Tarn, William W., *Hellenistic Military and Naval Developments*; Cambridge: Cambridge University Press, 1930.

Thiel, J. H., *A History of Roman Sea Power Before the Second Punic War*; Amsterdam: North-Holland, 1954, and *Studies on the History of Roman Sea Power in Republican Times*; Amsterdam: North-Holland, 1946.

Torr, Cecil, *Ancient Ships*; Cambridge: Cambridge University Press, 1894.

Also the works of the classical historians and commentators available in various editions and translations; for CREECE: Arrian, Diodorus Siculus, Herodotus, Polybius, Quintus Curtius, Thucydides, and Xenophon; for ROME, including the Eastern Empire: Appian, Dio Cassius, Julius Caesar, Livy, Polybius, Suetonius, and Tacitus.

The Oceanic Age (Chapter 2)

Baker, J. N. L., *History of Geographical Discovery and Exploration*; London: George G. Harrap, 1931.

Beazley, C. Raymond, *Prince Henry the Navigator*; New York: C. P Putnam's Sons, 1895.

Branch, W J. V., and E. Brook-Williams, *A Short History of Navigation*; Annapolis: Weems School of Navigation, 1942.

Brendon, J. A., *Great Navigators and Discoverers*; London: George G. Harrap, 1929.

Graham, Gerald S., *Empire of the North Atlantic: The Maritime Struggle for North America*; Toronto: University of Toronto Press, 1950.

Hewson, J. B., *A History of the Practice of Navigation*; Glasgow: Brown, Son, & Ferguson, 1951.

Montross, Lynn, *War Through the Ages*; New York: Harper & Brothers, 1946.

Mordal, Jacques, *Twenty-Five Centuries of Sea Warfare*; New York: Clarkson N. Potter, 1959.

Morison, Samuel Eliot, *Admiral of the Ocean Sea: A Life of Christopher Columbus*; Boston: Little, Brown, 1942.

Oman, Sir Charles W C., *The Art of War in the Middle Ages*; Ithaca: Cornell University Press, 1953.

Waters, D. W., *The Art of Navigation in Elizabethan and Early Stuart Times*; New Haven: Yale University Press, 1958.

The Rise of English Sea Power (Chapters 2-8)

General

Navy Records Society, London (the nearly 100 volumes are invaluable collections of source and authoritative materials on the British navy).

Albion, Robert G., *Forests and Sea Power: The Timber Problem of the Royal Navy, 1652-1862*; Cambridge, Mass.: Harvard University Press, 1926.

Clowes, Sir W. L., and others, *The Royal Navy: A History from the Earliest Times to the Present*, 7 v.: London: Sampson Low, Marston, 1897-1903.

Corbett, Sir Julian S., *England in the Mediterranean: A Study of the Rise and Influence of British Sea Power within the Straits, 1603-1713*, 2 v.; London: Longmans, Green, 1904; ed., *Fighting Instructions, 1776-1794*; London: Navy Records Society, 1905, and *Signals and Instructions, 1530-1816*; London: Navy Records Society, 1908.

Fortescue, Sir John, *A History of the British Army*, 13 v.; London: Macmillan, 1899-1920.

Hakluyt, Richard, *The Principal Voyages, Traffiques, & Discoveries of the English Nation*, 12 v.; New York: Macmillan, 1903.

Lewis, Michael, *The Navy of Britain: A Historical Portrait*; London: George Allen & Unwin, 1948.

Mahan, Alfred T., *The Influence of Sea Power upon History, 1660-1783*; Boston: Little, Brown, 1890, 1918, 1935.

Marshall, John, *Royal Naval Biography*, 12 v.; London: Longman, Rees, Orme, Brown & Green, 1823-25.

Richmond, Sir Herbert W., *The Navy as an Instrument of Policy, 1558-1727*, Cambridge: Cambridge University Press, 1953, and *Statesmen and Sea Power*; Oxford: Clarendon Press, 1946.

Rivera y Casares, P D. de, *Historia de las Organizaciones Navales de España y Francia*: Madrid: Editorial Alhambra, 1932 (?).

Early Period (Chapter 2)

Beadon, Roger, *Robert Blake*; London: Edward Arnold, 1935.

Clark, G. N., *The Dutch Alliance and the War against French Trade, 1688-1697*; London: Oxford University Press, 1934.

Corbett, Sir Julian S., *Drake and the Tudor Navy, with a History of the Rise of England as a Maritime Power*, 2 v.; New York: Longmans, Green, 1898; and *The Navy during the Spanish War, 1585-1587*; London: Navy Records Society, 1894.

Duro, Cesario Fernandez, *La Armada Española*, 9 v.; Madrid: Rivadeneyra, 1895-1903.

Laughton, Sir John Knox, ed., *State Papers Relating to the Defeat of the Spanish Armada*, 2 v.; London: Navy Records Society, 1894.

Lewis, Michael, *The Spanish Armada*; New York: Macmillan, 1960.

Mattingly, Garrett, *The Armada*; Boston: Houghton Mifflin 1959.

Owen, John H., *War at Sea under Queen Anne, 1702-1708*; Cambridge: Cambridge University Press, 1938.

Penn, C. D., *The Navy under the Early Stuarts, and Its Influence on English History*; London: J. Hogg, 1920.

Richmond, Sir Herbert W., *The Navy in the War of 1739-1748*, 3 v; Cambridge: Cambridge University Press, 1916.

Williamson, James A., *The Age of Drake*; London: A. & C. Black, 1938, *Maritime Enterprise*, 1485-1558; London: Oxford University Press, 1913, and *Sir John Hawkins: The Time and the Man*; Oxford: Clarendon Press, 1927

The Seven Years' War (Chapter 3)

Corbett, Sir Julian S., *England in the Seven Years' War: A Study in Combined Strategy*, 2 v.; London: Longmans, Green, 1918.

Furneaux, Rupert, *The Seven Years' War*; London: Hart-Davis MacGibbon, 1973.

Graham, Gerald S., *Empire of the North Atlantic: The Maritime Struggle for North America*; Toronto: University of Toronto Press, 1950.

Mackay, Ruddock F., *Admiral Hawke*; Oxford: Clarendon Press, 1965.

Pitt, William, First Earl of Chatham, *Correspondence*, Kimball, G. S., ed., 2 v.; New York: Macmillan, 1906.

Richmond, Sir Herbert W., *The Navy in India, 1763-1783*; London: Ernest Benn, 1931.

Sherrard, O. A., *Pitt and the Seven Years' War*; London: Bodley Head, 1955.

Stacey, C. P., *Quebec, 1759-The Siege and the Battle*; New York: Macmillan, 1960.

Tunstall, Brian, *Admiral Byng and the Loss of Minorca;* London: Philip Allen, 1928.

Willson, Beckles, *Life and Letters of James Wolfe*: Heineman, 1909.

The War of the American Revolution (Chapters 4-5)
American Navy

Allen, Gardner W., *A Naval History of the American Revolution*, 2 v.; Boston & New York: Houghton Mifflin, 1913.

Clark, Thomas, *Naval History of the United States from the Commencement of the Revolutionary War to the Present Time*; Philadelphia: M. Carey, 1814.

Clark, William Bell, *George Washington's Navy, being an Account of His Excellency's Fleet in New England Waters*: Baton Rouge: Louisiana State University Press, 1960.

Jackson, John W., *The Pennsylvania Navy, 1775-81: The Defense of the Delaware*; New Brunswick: Rutgers University Press, 1974.

Knox, Commodore Dudley W., USN (Ret.), *The Naval Genius of George Washington*; Boston: Houghton Mifflin, 1932.

Maclay, Edgar S., *History of American Privateers*; New York: D. Appleton, 1899.

Middlebrook, Louis F., *History of Maritime Connecticut during the American Revolution 1775-1783*, 2 v.; Salem: Essex Institute, 1925. Miller,

Nathan, *Sea of Glory: The Continental Navy Fights for Independence*; New York: David McKay, 1974.

Morgan, William James, *Captains to the Northward, the New England Captains in the Continental Navy*; Barre, Mass.: Barre Gazette, 1959.

Paine, Ralph D., *Ships and Sailors of Old Salem*; New York: Outing Publishing., 1909.

Paullin, Charles O., *The Navy of the American Revolution, its Administration, its Policy, and its Achievements*: Cleveland: Burrows Brothers, 1906, and *History of Naval Administration, 1775-1911*; Annapolis: U. S. Naval Institute, 1968.

Rogers, Ernest D., ed., *Connecticut's Naval Office at New London*, 2 v.; New London: New London County Historical Association, 1933.

Stewart, Robert A., *The History of Virginia's Navy of the Revolution*; Richmond, Va.: Mitchell & Hotchkiss, 1934.

British Navy

Broomfield, J. H., "The Keppel-Palliser Affair, 1778-1779," *Mariner's Mirror*, v. 47, no. 3 (1961), pp.

195-207.

Dupuy, Trevor H., and Grace P Hayes, *The Military History of Revolutionary War Naval Battles*; New York: Watts, 1970.

James, Captain William M., *The British Navy in Adversity*; London: Longmans, Green, 1926.

Johnson, Frank, *The Royal George*; London: C. Knight, 1971.

Mackesy, Piers, *The War for America, 1775-1783*; Cambridge, Mass.: Harvard University Press, 1964.

Mahan, Alfred T., *The Major Operations of the Navies in the War of American Independence*; London: Sampson Low, Marston, 1913.

Stout, Neil R., *The Royal Navy in America, 1760-1775. A Study of Enforcement of British Colonial Policy in the Era of the American Revolution*; Annapolis: Naval Institute Press, 1973.

White, Thomas, *Naval Researches, or a Candid Inquiry into the Conduct of Admirals Byron, Graves, Hood, and Rodney in the Actions off Grenada, Chesapeak, St. Christopher's, and of the Ninth and Twelfth of April 1782, Being a Refutation of the Plans and Statements of Mr Clerk, Rear Admiral Ekins, and Others: Founded on Authentic Documents or Actual Observation*; London: Whittaker, Treacher & Arnett, 1830.

French Navy

Bonsal, Stephen, *When the French Were Here: A Narrative of the French Forces in America and Their Contribution to the Yorktown Campaign, Drawn from Unpublished Reports and Letters of Participants in the National Archives of France and the MS Division of the Library of Congress*; Garden City: Doubleday, Doran, 1945.

Chevalier, E., *Histoire de la Marine Française Pendant la Guerre de l'Independance Américaine*; Paris: Librairie Hachette et Cie., 1877.

Doniol, Henri, *Histoire de la Participation de la France à l'Établissement des États-Unis d'Amérique, Correspondance Diplomatique et Documents, 5 v. and supplement*; Paris: Imprimerie Nationale, 1886-1892.

Dull, Jonathan R., *The French Navy and American Independence: A Study of Arms and Diplomacy, 1774-1787*; Princeton: Princeton University Press, 1975.

Fleming, Thomas J., *Beat the Last Drum: The Siege of Yorktown, 1781*; New York: St. Martin's Press, 1963.

Jouan, René, *Histoire de la Marine Française des Origines jusqu'à la Révolution*; Paris: Payot, 1932.

Lacour-Gayet, G., *La Marine Militaire de la France sous le Règne de Louis XVI*; Paris, Librairie Spéciale pour l'Histoire de la France, 1905.

Landers, H. L., *The Virginia Campaign and the Blockade and Siege of Yorktown 1781, Including a Brief Narrative of the French Participation in the Revolution Prior to the Southern Campaign*; Washington, D. C.: USGPO, 1931.

Larrabee, Harold A., *Decision at the Chesapeake*; New York: Clarkson N. Potter, 1964.

Loir, Maurice, *La Marine Française*; Paris, 1893.

Perkins, James B., *France in the American Revolution*; Boston and New York: Houghton Mifflin, 1911.

Patterson, Alfred T., *The Other Armada: The Franco-Spanish Attempt to Invade Britain in 1779*; Manchester: Manchester University Press, 1960.

Scott, James B., *De Grasse à Yorktown*; Paris: Editoriale Internationale, 1931.

Troude, O., *Batailles Navales de la France*, 4 v.; Paris: P Levot, 1867-1868

Biographies, Memoirs, Diaries

Anderson, Troyer S., *The Command of the Howe Brothers During the American Revolution*; New York and London: Oxford University Press, 1936.

Barnes, John S., ed., *Fanning's Narrative, Being the Memoirs of Nathaniel Fanning, an Officer of the Revolutionary Navy, 1778-1783*; New York: Naval History Society, 1912.

Barrow, Sir John, *The Life of Richard Earl Howe, K. G., Admiral of the Fleet and General of the Marines*; London: John Murray, 1838.

Beatson, Robert, *Naval and Military Memoirs of Great Britain from 1727 to 1783*; 6 v., London: Longman, Hurst, Rees, and Orme, 1804.

Brown, Gerald S., *The American Secretary: The Colonial Policy of Lord George Germain, 1775-1778*; Ann Arbor: University of Michigan Press, 1963.

Burgoyne, Lieutenant General John, *A State of the Expedition from Canada as laid before the House of Commons by Lieutenant-General Burgoyne and verified by evidence with a collection of authentic documents*; London, 1780.

Calmon-Maison, *L'Amiral d'Estaing*; Paris, Calmann-Lévy, 1910.

Clark, William Bell, *Captain Dauntless: The Story of Nicholas Biddle of the Continental Navy*; Baton Rouge: Louisiana State University Press, 1949, *Gallant John Barry, 1745-1803: The Story of a Naval Hero of Two Wars*; New York: Macmillan, 1938, and *Lambert Wickes: Sea Raider and Diplomat*; New Haven: Yale University Press, 1932.

Cornwallis-West, G., *The Life and Letters of Admiral Cornwallis*; London: Robert Holden, 1927.

Cunat, Charles, *Histoire du Bailli de Suffren*; Rennes: A. Marteville et Lefas, 1852.

De Koven, Mrs. Reginald, *The Life and Letters of John Paul Jones*, 2 v. ; New York: Charles Scribner's Sons, 1913.

Field, Edward, *Esek Hopkins, Commander-in-Chief of the Continental Navy During the American Revolution*; Providence: Preston & Roinds, 1898.

Fitzpatrick, John C., ed., *The Diaries of George Washington 1748-1799*, 4 v.; Boston and New York: Houghton Mifflin Co. for the Mount Vernon Ladies' Ass'n. of the Union, 1925.

Freeman, Douglas Southall, *George Washington, A Biography*, 7 v.; New York: Charles Scribner's Sons, 1948-57.

Hannay, David, *Rodney*; London and New York: MacMillan and Co., 1891.

Hennequin, T. F C., *Essai Historique sur la Vie et les Compagnes du Bailli de Suffren*; Paris: Librairie de Paytieux, 1824.

Hudleston, Francis J, *Gentleman Johnny Burgoyne: Misadventures of an English General in the Revolution*; Indianapolis: Bobbs- Merrill, 1927.

Hunt, Robert M., *The Life of Sir Hugh Palliser, Bart., Admiral of the White and Governor of Greenwich Hospital*; London: Chapman and Hall, 1844.

Keppel, Rev. Thomas, *The Life of Augustus, Viscount Keppel, Admiral of the White, and First Lord of the Admiralty in 1782-3*, 2 v.; London: Henry Colburn, 1842.

Lewis, Charles L., *Admiral de Grasse and American Independence*; Annapolis: U. S. Naval Institute, 1945.

Lorenz, Lincoln, *John Paul Jones, Fighter for Freedom and Glory*; Annapolis: U. S. Naval Institute, 1943.

Macintyre, Donald G. F W., *Admiral Rodney*; New York: Norton, 1963.

Martelli, George, *Jemmy Twitcher: A Life of the Fourth Earl of Sandwich, 1718-1792*; London: Cape, 1962.

Miller, Charles H., *Admiral Number One: Some Incidents in the Life of Esek Hopkins, 1718-1802, First Admiral of the Continental Navy*; New York: William-Frederick Press, 1962.

Morison, Samuel E., *John Paul Jones, a Sailor's Biography*; Boston: Little, Brown, 1959.

Mundy, Godfrey B., *The Life and Correspondence of the Late Admiral Lord Rodney*, 2 v.; London: John Murray, 1830.

Partridge, Bellamy, *Sir Billy Howe*; London: Longmans, Green, 1932.

Ralfe, J., *The Naval Biography of Great Britain, Consisting of Historical Memoirs of those Officers of the British Navy who Distinguished Themselves during the Reign of His Majesty George III*, 4 v.; London: Whitmore and Fenn, 1828.

Spinney, David, *Rodney*; London: Allen & Unwin, 1969.

Stone, William L., trans. and ed., *Memoirs and Letters and Journals of Major-General Riedesel during his Residence in America*, 2 v.; Albany: J. Munsell, 1868.

Thiéry, Maurice (Agnew, Anne, trans.), *Bougainville, Soldier and Sailor*, London: Grayson and Grayson, 1932.

Valentine, Alan C., *Lord George Germain*; Oxford: Clarendon Press, 1962.

Weelen, Jean-Edmond (Lee, Lawrence, trans.), *Rochambeau, Father and Son, A Life of the Maréchal de Rochambeau by Jean-Edmond Weelen, and the Journal of the Vicomte de Rochambeau*; New York: Henry Holt, 1936.

Primary Sources

Barck, Dorothy C., ed., *Letter-Books and Order-Book of George, Lord Rodney, Admiral of the White Squadron 1780-1782*, 2 v.; New York: Naval History Society, 1932.

Barnes, G. R., and J. H. Owen, eds, *The Private Papers of John, Earl of Sandwich, First Lord of the Admiralty 1771-82*, 4 v.; London: Navy Records Society, 1932-38.

Barnes, John S., ed., *Logs of Serapis—Alliance—Ariel under the Command of John Paul Jones 1779-80*; New York: Naval History Society, 1911.

Beck, Alverda S., ed., *The Letter Book of Esek Hopkins, Commander-in-Chief of the United States Navy*; Providence: Rhode Island Historical Society, 1932, and *The Correspondence of Esek Hopkins, Commander-in-Chief of the United States Navy*; Providence: Rhode Island Historical

Society, 1933.

The Bedford Club, *Operations of the French Fleet under the Count de Grasse in 1781-2, as Described in Two Contemporaneous Journals*; New York: Bedford Club, 1864.

Bonner-Smith, David, ed, *The Barrington Papers*; London: Navy Records Society, 1937.

Chadwick, French E., ed, The *Graves Papers and Other Documents Relating to the Naval Operations of the Yorktown Campaign, July to October 1781*; New York: Naval History Society, 1916.

Clark, William Bell, and William James Morgan, eds., *Naval Documents of the American Revolution*; Washington, D. C. : USGPO, 1964-.

Fitzpatrick, John C., ed., *Writings of George Washington*, 39 v.: Washington, D. C. : USGPO, 1931-44.

Hannay, David ed., *Letters Written by Sir Samuel Hood (Viscount Hood) in 1781-2-3*; London: Navy Records Society, 1895.

Institut Français de Washington, ed., *Correspondence of General Washington and Comte de Grasse, 1781 August 17-November 4*; Washington, D. C. : USGPO, 1931 (Senate Document No. 211; 7lst Congress, 2nd Session, 1931). Johnson, Amandus, trans. and ed., *The Naval Campaigns of Count de Grasse during the American Revolution 1781-1783, by Karl Gustaf Tornquist*; Philadelphia: Swedish Colonial Society, 1942.

Keim, De B. Randolph, ed., *Rochambeau; Army of de Rochambeau on Land and Naval Exploits of de Ternay, des Touches, de Barras, and de Grasse in American Waters 1780-81*; Washington, D. C. : USGPO, 1907 (Senate Document No. 537, 59th Congress, 1st Session, 1907).

Laughton, Sir John Knox, ed., *Letters and Papers of Charles, Lord Barham, Admiral of the Red Squadron, 1758-1813*, 3 v.; Navy Records Society, 1907-1911.

Log of the Bon Homme Richard; Mystic: Marine Historical Association of Mystic, Conn., 1936.

The Naval Miscellany, v. I, Navy Records Society, 1902.

Neeser, Robert W., ed., *Letters and Papers Relating to the Cruises of Gustavus Conyngham, a Captain of the Continental Navy 1777-1779*; New York: Naval History Society, 1915.

The Despatches of Molyneux Schuldham, Vice-Admiral of the Blue, Commander-in-Chief of British Ships in North America January-July 1776; New York: Naval History Society, 1913.

O'Beirne, Thomas L., *Narrative of the Fleet under Lord Howe*; New York: New York Times and Arno Press, 1969.

Paullin, Charles O., ed., *Out-Letters of the Continental Marine Committee and Board of Admiralty, August 1776-September 1780*, 2 v.; New York: Naval History Society, 1914.

Sparks, Jared, ed., *Correspondence of the American Revolution, Being Letters of Eminent Men to George Washington, from the Time of His Taking Command of the Army to the End of his Presidency*, 4 v.; Boston: Little, Brown, 1853.

Stevens, Benjamin, F., *The Campaign in Virginia 1781, The Clinton-Cornwallis Controversy*, 2 v.; London: 4 Trafalgar Square, 1888.

Facsimiles of Manuscripts in European Archives Relating to America 1773-1783, 25 v.; London: 4 Trafalgar Square, 1889-1898.

The War of the French Revolution (Chapter 6)

Bradford, Ernle, *Nelson, The Essential Hero*; New York: Harcourt, Brace, Jovanovich, 1977.

Bryant, Arthur, *The Years of Endurance*; London: Collins, 1942, and *The Years of Peril*; London: Collins, 1944.

Burne, Alfred H., *The Noble Duke of York*; London: Staples Press, 1949.

Closmadeuc, G. Thomas de, *Quiberon, 1795*; Paris: Plon, 1899.

Desbrière, Edouard, *1793-1805 Projets et Tentatives de Débarquement aux Îles Britanniques*, 4 v.; Paris: Chapelot, 1900-1902.

Howarth, David, *Trafalgar: The Nelson Touch*; New York: Atheneum, 1974.

Jackson, T. S., *Logs of the Great Sea Fights*, 2 v.; London: Navy Records Society, 1899-1900.

James, Admiral Sir William, *Old Oak: The Life of John Jervis*; London: Longmans, Green, 1950.

James, William, *The Naval History of Great Britain from the Declaration of War by France in 1793 to the Accession of George IV*, 6 v.; London: Richard Bentley, 1837.

Lloyd, Christopher C., *St. Vincent and Camperdown*; New York: Macmillan, 1963.

Mahan, Alfred T, *Types of Naval Officers*; Boston: Little, Brown, 1901.

Marcus, G. J., *The Age of Nelson: The Royal Navy, 1793-1815*: New York: Viking, 1971.

Pellew, George, ed., *Life and Correspondence of Henry Addington, Viscount Sidmouth*, 3 v.; London: John Murray, 1847.

Rose, J. Holland, *Lord Hood and the Defence of Toulon*; Cambridge: Cambridge University Press, 1922.

Sherwig, John M., *Guineas and Gunpowder: British Foreign Aid in the War with France, 1793-1815*; Cambridge, Mass.: Harvard University Press, 1969.

Smith, D. B., *The St. Vincent Papers*, 2 v.; London: Navy Records Society, 1921, 1926.

Tonnèle, Jean, *L'Angleterre en Méditérranée*; Paris: Charles-Lavauzelle, 1952.

Warner, Oliver, *The Glorious First of June*; New York: Macmillan, 1961.

Nelson and Bonaparte (Chapter 7)

Anderson, R. C., *Naval Wars in the Baltic during the Sailing Ship Epoch*; London: Gilbert Wood, 1910, and *Naval Wars in the Levant, 1559-1853*; Princeton: Princeton University Press, 1952.

Barrow, John, *Life and Correspondence of Admiral Sir William Sydney Smith*, 2 v.; London: Richard Bentley, 1848.

Bruun, Geoffrey, *Europe and the French Imperium, 1799-1814*; New York: Harper & Brothers, 1938.

Bunbury, Sir Henry (Fortescue, Sir John, ed.), *Narratives of Some Passages in the Great War with France*; London: Peter Davies 1927.

The Cambridge Modern History, Chapters 2-13 seriatim. Carlan, J. M., *Navios en Secuestro: La Escuadra Española del Oceano en Brest (1799-1802)*; Madrid: Instituto Historico de Marina, 1951.

Corbett, J. S., and H. W Richmond, eds., *The Spencer Papers*, 4 v.; London: Navy Records Society, 1913-1914 and 1923-1924.

Garcot, Maurice, *Kléber*; Paris: Berger Levrault, 1936.

Histoire de l'Expédition Française en Égypte, 10 v.; Paris: Denain, 1830-1836.

Hoskins, H. L., *British Routes to India*; New York: Longmans, Green, 1928.

James, Admiral Sir William M., *The Durable Monument: Horatio Nelson*; London: Longmans, Green, 1948.

Maurice, Sir J. F., ed., *The Diary of Sir John Moore*, 2 v.; London: Longmans, Green, 1904.

Napoleon I, *Correspondence*, 28 v.; Paris: Plon avec Dumain, 1857-1859.

Nicholas, Sir Harris, ed., *Dispatches and Letters of Lord Viscount Nelson*, 7 v.; London: Henry Colburn, 1846.

Puryear, V J., *Napoleon and the Dardanelles*; Berkeley: University of California Press, 1951.

Warner, Oliver, *Victory: The Life of Lord Nelson*; Boston: Little, Brown, 1958.

The War of the French Empire (Chapter 8)

British Admiralty Bluebook, *The Tactics of Trafalgar*; London: H. M. Stationer's Office, 1913.

Corbett, J. S., *The Campaign of Trafalgar*; London: Longmans, Green, 1910.

Creswell, John, *Generals and Admirals*; London: Longmans, Green, 1952.

Désbrière, Edouard, *Trafalgar*; Paris: Chapelot, 1907.

Hamilton, Sir R. V ed., *The Byam Martin Papers*, 3 v.; London: Navy Records Society, 1898-1902.

Leyland, John, *The Blockade of Brest, 1803-1805*, 2 v.; London: Navy Records Society, 1898-1901.

Mahan, Alfred T, *The Life of Nelson*, 2 v; Boston: Little, Brown, 1907.

Marliani, M. de, *Combate de Trafalgar*; Madrid: Impreso de Orden Superior, 1850.

Napier, W F P., *History of the War in the Peninsula, 1807-1814*; Philadelphia: Carey & Hart, 1842.

Newbolt, Henry, *The Year of Trafalgar*; London: John Murray, 1905.

Parkinson, C. Northcote, *War in the Eastern Seas, 1793-1815*; London: George Allen & Unwin, 1954.

Ross, John, *Admiral Lord de Saumarez*, 2v.; London: Richard Bentley, 1838.

Thomazi, A., *Trafalgar*; Paris: Payot, 1932.

The Beginnings of the U. S. Navy (Chapter 9)

Allen, Gardner, *Our Navy and the Barbary Corsairs*; Boston: Houghton Mifflin, 1905, and *Our Naval War with France*; Boston: Houghton Mifflin, 1909.

Barnes, James, *Commodore Bainbridge*; New York: Appleton, 1897.

Cooper, James Fenimore, *History of the Navy of the United States of America*; Philadelphia: Lea and Blanchard, 1847.

Dearborn, Henry A., *The Life of William Bainbridge*; Princeton: Princeton University Press, 1931.

Ferguson, Eugene S., *Truxtun of the Constellation*, Baltimore: Johns Hopkins Press, 1916.

Knox, Commodore Dudley Wright, USN (Ret.), *A History of the United States Navy*; New York: G. P Putnam's Sons, 1948, and ed., *Naval Documents Related to the Quasi-War between the United States and France*, 7 v.; Washington, D. C. : USGPO, 1935-38, and *Naval Documents Related to the United States Wars with the Barbary Powers*, 7 v.; Washington, D. C. : USGPO, 1939-45.

Lewis, Charles Lee, *The Romantic Decatur*; Philadelphia: University of Pennsylvania Press, 1937.

Long, David C., *Nothing Too Daring: A Biography of Commodore David Porter*; Annapolis: U. S. Naval Institute, 1970.

McKee, Christopher, *Edward Preble*; Annapolis: Naval Institute Press, 1972. *The Autobiography of Charles Morris*; Annapolis: U. S. Naval Institute, 1880.

Paullin, Charles Oscar, *Commodore John Rodgers: Captain, Commodore, and Senior Officer of the American Navy, 1773-1838*; Annapolis: U. S. Naval Institute, 1967.

Smelser, Marshall, *The Congress Founds the Navy, 1787-1798*; South Bend: University of Notre Dame Press, 1959.

Symonds, Craig L., *Navalists and Antinavalists: The Naval Policy Debate in the United States, 1785-1827*; Newark, University of Delaware Press, 1980.

The War of 1812 (Chapter 10)

Adams, Henry, *The War of 1812*; Washington: Infantry Journal, 1944.

Brackenridge, H. M., *History of the Late War, between the United States and Great Britain*; Baltimore: Cushing and Jewett, 1818.

Grant, Bruce, *Isaac Hull: Captain of Old Ironsides*; Chicago: Pelligrini, 1947.

Guttridge, Leonard F., and Jay D. Smith, *The Commodores*: New York: Harper and Row, 1969.

Horsman, Reginald, *The War of 1812*; New York: Alfred A. Knopf, 1968.

James, William, *Naval Occurrences of the Late War between Great Britain and the United States of America*; London: Thomas Egerton, 1817.

Lloyd, Alan, *The Scorching of Washington: The War of 1812*; Washington: Robert B. Luce, 1974.

Lord, Walter, *The Dawn's Early Light*; New York: Norton, 1972.

Lossing, Benson J., *A Pictorial Field Book of the War of 1812*; New York: Harper & Brothers, 1868.

Mackensie, Alexander S., *Life of Stephen Decatur*; Boston: Little, Brown, 1846; and *Life of Commodore Oliver Hazard Perry*; New York: Harper, 1840.

Mahan, Captain A. T., *Sea Power in Its Relation to the War of 1812*, 2 v.; Boston: Little, Brown, 1905.

Mahon, John K., *The War of 1812*; Gainesville: University of Florida Press, 1972.

Roosevelt, Theodore, The Naval War of 1812; New York: C. P Putnam's Sons, 1903.

Smith, W H., *Life and Services of Captain Philip Beaver*; London: John Murray, 1829.

Tucker, Glenn, *Poltroons and Patriots: A Popular Account of the War of 1812*, 2 v.; Indianapolis: Bobbs-Merrill, 1942.

Navies In Transition (Chapter 11)

Technology

Bathe, Greville, *Ship of Destiny*; St. Augustine, Fla. :n.p., 1951.

Baxter, James Phinney, *Introduction of the Ironclad Warship*; Cambridge, Mass.: Harvard University Press, 1933.

Bennett, Frank M., *The Steam Navy of the United States*; Pittsburgh: Warren, 1896.

Brodie, Bernard, *Sea Power in the Machine Age*: Princeton: Princeton University Press, 1941.

Chapelle, Howard I., *History of American Sailing Ships, and The History of the American Sailing Navy*: New York: W W Norton & Company, Inc., 1935, 1949.

Cowie, J. S., *Mines, Minelayers and Minelaying*; London: Oxford University Press, 1949.

Dahlgren, J. A. *Shells and Shell Guns*; Philadelphia: King and Baird, 1856.

Preble, George Henry, L. R: Hammersley, *A Chronological History of the Origin and Development of Steam Navigation*: Philadelphia: L. R. Hammersley, 1883.

Robertson, Frederick Leslie, *The Evolution of Naval Armament*: London: Constable, 1921.

Tennent, Sir J. Emerson, *The Story of the Guns*; London: Longmans, Green, 1864.

Miscellaneous Naval Operations

Allen, Gardner, *Our Navy and the West Indies Pirates*; Salem, Mass.: Essex Institute, 1929.

Bourchier, Lady, *Memoir of the Life of Admiral Codrington*; London: Longmans, Green, 1873.

Buker, George E., *Swamp Sailors: Riverine Warfare in the Everglades, 1835-1842*; Gainesville: University Presses of Florida, 1975.

Hayford, Harrison, ed., *The Somers Mutiny Affair*; Englewood Cliffs: Prentice-Hall, 1959.

Johnson, Robert Erwin, *Thence Round Cape Horn: The Story of United States Naval Forces on the Pacific Station*, 1812-1882; Annapolis: U. S. Naval Institute, 1967.

Lewis, Charles Lee, *Matthew Fontaine Maury: Pathfinder of the Seas*; Annapolis: U. S. Naval Institute, 1927.

Long, David F., *Nothing too Daring: A Biography of Commodore David Porter, 1780-1843*; Annapolis: Naval Institute Press, 1970.

Parkinson, C. Northcote, *Edward Pellew, Baron Exmouth, Vice Admiral of the Red*; London: Methuen, 1934. (See also Clowes, *Royal Navy*, above, under "Rise of English Sea Power, Chapters 2-8.")

The Mexican War

Bancroft, Hubert Howe, *History of the Pacific States*, XXII; San Francisco: History Company, 1886.

Bauer, K. Jack, *The Mexican War, 1846-1848*; New York: Macmillan, 1974, and *Surfboats and Horse Marines: U S Naval Operations in the Mexican War, 1846-1848*; Annapolis: U. S. Naval Institute, 1969.

Bayard, S. J., *A Sketch of the Life of Commodore Robert F Stockton*; New York: Derby and Jackson,

1856.

Conner, P S. P., *The Home Squadron under Commodore Conner in the War with Mexico*; Philadelphia: n.p., 1896.

De-Voto, Bernard, *The Year of Decision: 1846*; Boston: Little, Brown, 1943.

Morison, Samuel Eliot, *"Old Bruin": Commodore Matthew Calbraith Perry, 1794-1858*; Boston: Little, Brown, 1967.

Price, Glenn W., *Origins of the War with Mexico: The Polk-Stockton Intrigues*; Austin: University of Texas Press, 1967 *Report of the Secretary of the Navy, 1846*: Washington, D. C. : USGPO, 1847 *Senate Executive Document 33, 30th Congress, 1st Session*, Washington, D:C. : USGPO. Smith, Justin A., *The War with Mexico*, 2 v; New York: Macmillan, 1919.

The Crimean War

Barker, A. J, *The Vainglorious War*; London Weidenfeld and Nicholson, 1970.

Bazancourt, Baron C. de, *The Crimean Expedition to the Capture of Sebastopol*, 2 v.; London: Sampson Low, Son, 1856.

Daly, Robert W., "Nakhimov: Black Sea Admiral," *Marine Corps Gazette*, April 1953, 54-61.

Furse, Col. George Armand, *Military Expeditions beyond the Seas*, 2 v; London: William Clowes & Sons, 1897.

Heath, Sir Leopold George, *Letters from the Black Sea during the Crimean War, 1854-1855*; London: Richard Bentley and Son, 1897.

Hibbert, Christopher, *The Destruction of Lord Raglan: A Tragedy of the Crimean War, 1854-1855*; Boston: Little, Brown, 1962.

Kinglake, William, *The Invasion of the Crimea*, 8 v.; Edinburgh: William Blackwood & Sons, 1863-1887.

Russell, William Howard, *General Todleben's History of the Defence of Sebastopol: a Review*; New York: D. Van Nostrand, 1865, and *The War*, 2 v.; London: George Routledge & Sons, 1856.

The American Civil War (Chapters 12-14)

General

Anderson, Bern, *By Sea and By River: The Naval History of the Civil War*; New York: Holt, Rinehart, and Winston, 1960-62.

Boynton, Charles B., *History of the Navy During the Rebellion*; New York: D. Appleton, 1867.

Butler, B. F., *Autobiography and Personal Reminiscences*; Boston: A. M. Thayer, 1892.

Du Pont, H. A., *Rear Admiral Samuel Francis Du Pont*; New York: National Americana Society, 1926.

Farragut, Loyall, *The Life of David Glasgow Farragut*; New York: D. Appleton, 1879.

Johnson, R. U, and C. C. Buel, eds., *Battles and Leaders of the Civil War*, 4 v.; New York: Century, 1887-1889.

Jones, Virgil Carrington, *The Civil War at Sea*, 3 v.; New York: Holt, Rinehart, & Winston, 1960-62.

Lewis, Charles L., *David Glasgow Farragut: Our First Admiral*; Annapolis: U S. Naval Institute, 1943.

Mahan, A. T, *Admiral Farragut*; New York: D. Appleton, 1892.

Moore, F, ed., *The Rebellion Record*, 11 v,; New York: George Putnam's Sons, 1861-1864, and Van Nostrand, 1864-1868.

Morgan, James Morris, *Recollections of a Rebel Reefer*; Boston: Houghton Mifflin, 1917.

Niven, John, *Gideon Welles: Lincoln's Secretary of the Navy*; New York: Oxford University Press, 1973.

Official Records of the Union and Confederate Armies in the War of the Rebellion, 128 v.; Washington, D. C. : USGPO, 1880-1902.

Official Records of the Union and Confederate Navies in the War of the Rebellion, 30 v.; Washington, D. C. : USGPO, 1894-1922.

Porter, D. D., *Naval History of the Civil War*; New York: Sherman Publishing Co., 1886.

Report of Joint Committee on the Conduct of the War, 9 v.; Washington, D. C. : USGPO, 1863-1866.

Scharf, J. T., *History of the Confederate States Navy*: New York: Rogers and Sherwood, 1887.

Thompson, R. M., and R. Wainwright, *Confidential Correspondence of G. V Fox*, 3 v.; New York: Naval History Society, 1918-1919.

Welles. G., *The Diary of Gideon Welles*, 3 v.; Boston: Houghton Mifflin, 1911.

West, R. S., Jr., *Gideon Welles: Lincoln's Navy Department*; Indianapolis: Bobbs-Merrill, 1943, *Mr Lincoln's Navy*; New York: Longmans, Green, 1957, and *The Second Admiral: A Life of David Dixon Porter*; New York: Coward-McCann, 1937.

The Blockade and the Cruisers (Chapters 12 and 14)

Albion, Robert G., and Jennie Barnes Pope, *Sea Lanes in Wartime*; New York: Norton, 1925.

Bennett, F M., *The Monitor and the Navy under Steam*; Boston: Houghton Mifflin, 1900.

Bradlee, F., *Blockade Running during the Civil War and the Effect of Land and Water Transportation on the Confederacy*; Salem: Essex Institute, 1925, and *The Kearsarge-Alabama Battle*; Salem, Mass.: Essex Institute, 1921.

Bulloch, J. D., *The Secret Service of the Confederate States in Europe*, 2 v.; New York: George Putnam's Sons, 1883.

Church, W. C., *The Life of John Ericsson*, 2 v.; New York: Charles Scribner's Sons, 1891.

Daly, Robert W., *How the Merrimac Won*; New York: Crowell, 1957.

Ellicott, J. M., *The Life of John Ancrum Winslow*, New York: George Putnam's Sons, 1902 Evans, Robley D., *A Sailor's Log*; New York: Appleton, 1901. Gilchrist, Robert C., *The Confederate Defense of Morris Island*; Charleston: News-Courier Book Press, 1947.

Hayes, John D., ed., *Samuel Francis Du Pont: Civil War Letters*, 3 v.; Ithaca; Cornell University Press, 1969.

Johnson, John, *The Defense of Charleston Harbor*; Charleston: Walker Evans & Cogswell, 1890.

Jones, Samuel, *The Siege of Charleston*; New York: Neale, 1911.

King, J. E., "The First Fort Fisher Campaign, 1864-65," *U S Naval Institute Proceedings*, v.77 (August

1951), 843-855.

Lewis, Charles L., *Admiral Franklin Buchanan*; Baltimore: Norman, Remington, 1929.

Owsley, F L., *King Cotton Diplomacy*; Chicago: University of Chicago Press, 1931.

Parker, Foxhall A., *The Battle of Mobile Bay*; Boston: A. Williams, 1878.

Robinson, W M., *The Confederate Privateers*; New Haven: Yale University Press, 1928.

Schwab, J. D. *The Confederate States of America, 1861-1865: A Financial and Industrial History*; New York: Charles Scribner's Sons, 1901.

Semmes, R., *Memoirs of Service Afloat*; New York: P. J. Kennedy & Sons, 1869.

Soley, J. R., *The Blockade and the Cruisers*; New York: Charles Scribner's Sons, 1883.

Vandiver, Frank, ed., *Confederate Blockade Running Through Bermuda*; Austin: University of Texas Press, 1947.

Watson, William, *The Adventures of a Blockade Runner*; London: T Fisher Unwin, 1892.

Worden, J. L, and others, *The Monitor and the Merrimac*; New York: Harper & Brothers, 1912. (See also Baxter, *Introduction of the Ironclad Warship*, above, Chapter 11.)

The War in the West (Chapter 13)

Fiske, John, *The Mississippi Valley in the Civil War*; Boston: Houghton Mifflin, 1900.

Gosnell, H. A., *Guns of the Western Waters*; Baton Rouge, Louisiana State University Press, 1949.

Mahan, A. T., *The Gulf and Inland Waters*; New York: Charles Scribner's Sons, 1883.

Milligan, John D., *Gunboats Down the Mississippi*; Annapolis: U. S. Naval Institute, 1965.

Walke, H., *Naval Scenes and Reminiscences of the Civil War*; New York: F R. Reed, 1887

Naval Developments of the Late Nineteenth Century (Chapter 15)

Alden, John D., *The American Steel Navy*; Annapolis: Naval Institute Press, 1972.

Buhl, Lance C., "Mariners and Machines: Resistance to Technological Change in the American Navy, 1865-1869," *Journal of American History*, v. LXI (1974), 703-727.

Dorwart, Jeffery M., *The Office of Naval Intelligence*; Annapolis: Naval Institute Press, 1979.

Hagan, Kenneth J., *American Gunboat Diplomacy and the Old Navy*, 1887-1889; Westport, Conn.: Greenwood Press, 1973.

Herrick, Walter R., Jr., *The American Naval Revolution*; Baton Rouge: Louisiana State University Press, 1966.

Karsten, Peter, *The Naval Aristocracy: The Golden Age of Annapolis and the Emergence of Modern American Navalism*: New York: Free Press, 1972.

Livezey, William E., *Mahan on Sea Power*; Norman: University of Oklahoma Press, 1947.

Long, John D., *The New American Navy*, 2 v. ; New York: Outlook, 1903.

Mahan, Alfred T., *From Sail to Steam*; New York: Harper & Brothers, 1907.

Mitchell, Donald W., *History of the Modern American Navy: From 1883 through Pearl Harbor*; New York: Knopf, 1946.

Parkes, Oscar, *British Battleships, 1860-1950*; London: Seeley Service, 1957.

Seager, Robert II, *Alfred Thayer Mahan*; Annapolis: Naval Institute Press, 1977.

Sloan, Edward W., III, *Benjamin Franklin Isherwood, Naval Engineer: The Years as Engineer-in-Chief, 1861-1869*; Annapolis: Naval Institute Press, 1965.

Spector, Ronald, *Professors of War: The Naval War College and the Development of the Profession*; Newport: Naval War College Press, 1977.

Sprout, Harold, and Margaret Sprout, *The Rise of American Naval Power*; Princeton University Press, 1944.

Swann, L. A., Jr., *John Roach, Maritime Entrepreneur: The Years as Naval Contractor, 1862-1886*: Annapolis: Naval Institute Press, 1965.

Wilson, H. W., *Ironclads in Action*, 2 v; Boston: Little, Brown, 1896. (See also Bennett, *The Steam Navy of the United States*, and Brodie, *Sea Power in the Machine Age*, above, Chapter 11.)

The Rise of Japanese Naval Power (Chapter 16)
General

Ballard, R. N., *The Influence of the Sea on the Political History of Japan*; New York: E. P Dutton, 1921.

Fallk, E. A., *Togo and the Rise of Japanese Sea Power*; New York: Longmans, Green, 1936.

Rise of, To 1870

Brown, D., "The Impact of Firearms on Japanese Warfare, 1543-1598," *Far Eastern Quarterly* (May 1948), pp. 236-253.

Cole, A. B., ed., *With Perry in Japan*; Princeton: Princeton University Press, 1942.

Dulles, F R., *China and America*; Princeton: Princeton University Press, 1946.

Eldridge, F B., *The Background of Eastern Sea Power*; Melbourne: Georgian House, 1945.

Fay, Peter Ward, *The Opium War, 1840-42*; Chapel Hill: University of North Carolina Press, 1975.

Marder, A. J., "From Jimmu Tenno to Perry: Sea Power in Early Japanese History," *American Historical Review*, v. LI (October 1945), 1. *Narrative of the Expedition of an American Squadron to the China Seas and Japan*; Washington, D. C. : USGPO, 1856.

Sadler, A., "The Naval Campaign in the Korean War of Hideyoshi, 1592-1598, *Asiatic Society of Japan Transactions* (June 1937).

Underwood, H. H., *Korean Boats and Ships*; Seoul: Chosen Christian College, 1934.

Walworth, A., *Black Ships Off Japan: The Story of Commodore Perry's Expedition*; New York: Knopf, 1946.

Sino-Japanese War

Marble, F., "The Battle of the Yalu," *U S. Naval Institute Proceedings*, v. XXI no. 3 (1895), 479.

McGiffin, P N., "The Battle of the Yalu," *Century Magazine*, v. L (August 1895), 585.

Porter, R. P., *Japan: The Rise of a Modern Power*, London: Oxford University Press, 1914.

Rawlinson, John L., *China's Struggle for Naval Development, 1839-1895*; Cambridge, Mass.: Harvard University Press, 1967.

Wallach, R., "The War in the East." *U S Naval Institute Proceedings*, v., XXI (1895) no. 21, 691.

Wilson, H. W., *Battleships in Action*, 2 v.; New York: Little, Brown, 1928.

"Vladimir" (pseud. Volpicelli, C.), *The China-Japan War*; London: Sampson Low, Marston, 1896. (See also Morison, *Matthew Calbraith Perry*, above, Chapter 11.)

Russo-Japanese War

"Battle of the Sea of Japan," *Journal of the U. S Artillery*, v. XXIV (July-August 1905), 72. Bodley, R. V C., *Admiral Togo*; London: Jerrolds, 1935.

Cotten, L. A.,"The Naval Strategy of the Russo-Japanese War," *U. S Naval Institute Proceedings*, v. XXXVI (March 1910), 41.

Great Britain, Committee of Imperial Defence, Historical Section, *Official History of the Russo-Japanese War*, 3 v.; appendix, 3 map cases; London: H. M. Stationery Office, 1910-1920.

Hargreaves, Reginald, *Red Sun Rising: The Siege of Port Arthur;* Philadelphia: Lippincott, 1961.

Hoadley, W T. (trans.), "The Battle of the Yellow Sea: Official Version of the Japanese General Staff," *U. S Naval Institute Proceedings*, v. XL (September-October 1914), 153.

Hough, Richard, *The Fleet that Had to Die*; New York: Viking, 1958.

Jane, F T., *The Imperial Russian Navy*; London: Thacker, 1899, and *The Imperial Japanese Navy*; London: Thacker, 1899.

Klado, N., *The Battle of the Sea of Japan*; London: Hodder & Stoughton, 1906, and *The Russian Navy in the Russo-Japanese War*; London: Hurst and Blackett, 1905.

Lloyd, A., *Admiral Togo*; Tokyo: Kinkodo, 1905.

Mahan, A. T., "Retrospect upon the War between Japan and Russia," *Naval Administration and Warfare*; Boston: Little, Brown, 1918.

McCully, Newton A., *The McCully Report: The Russo-Japanese War*; Annapolis: U. S. Naval Institute, 1977.

Mizuno, H., *This One Battle*; Tokyo: Daitoa Shuppan Kabushiki Kaisha, 1944.

"Naval Attacks upon Port Arthur," *Journal of the U S Artillery*, v. XXVII (January-February 1907), 54.

Nebogatoff, "Battle of Tsushima," *Journal of the Royal United Service Institution*, v. L (October 1906), 1262.

Nojine, E. K., *The Truth about Port Arthur*; London: John Murray, 1908.

Novikov-Priboy, *Tsushima*; London: George Allen and Unwin, 1936.

Ogasawara, N., *Life of Admiral Togo:* Tokyo: Saito Shoin, 1934.

Okomoto, Shumpei, *The Japanese Oligarchy and the Russo-Japanese War;* New York: Columbia University Press, 1970.

Semenoff, V., *Rasplata*; London: John Murray, 1909, and *The Battle of Tsushima*; London: John Murray, 1906.

Theiss, F *The Voyage of Forgotten Men*; Indianapolis: Bobbs-Merrill, 1937.

Walder, David, *The Short Victorious War: The Russo-Japanese Conflict, 1904-1905*; London: Hutchinson, 1973.

Warner, Denis, and Peggy Warner, *The Tide at Sunrise: A History of the Russo-Japanese War, 1904-1905*; New York: Charterhouse, 1974.

Westwood, J. N, *Illustrated History of the Russo-Japanese War*; Chicago: Regnery, 1974, and *Witnesses of Tsushima*; Tokyo: Sophia University, in cooperation with The Diplomatic Press, Tallahassee, 1970.

White, R. D., "With the Baltic Fleet at Tsushima," *U S Naval Institute Proceedings*, v. XXXII (June 1906), 597.

The Spanish-American War (Chapter 17)

General

Annual Report of the Secretary of the Navy, 1898; Washington, D. C. : USGPO, 1898.

Annual Report of the Secretary of War, 1898; Washington, D. C. : USGPO, 1898.

Appendix to the Report of the Chief of the Bureau of Navigation, 1898; Washington, D. C. : USGPO, 1898.

U. S. Naval Intelligence Office, *Information from Abroad: Notes on the Spanish-American War;* Washington, D. C. : USGPO, 1898-1900.

Chadwick, French E., *The Relations of the United States and Spain: The Spanish-American War*; New York: Charles Scribner's Sons, 1911.

Corbett, Julian S., and Henry Newbolt, *History of the Great War*, 5 v.; London: Longman's, 1920-23.

Mahan, A. T., *Lessons of the War with Spain and Other Articles*; Boston: Little, Brown, 1899.

Mayo, Lawrence S., ed, *America of Yesterday, As Reflected in the Journal of John Davis Long*; Boston: Little, Brown, 1923.

West, Richard S., Jr., *Admirals of American Empire*; Indianapolis: Bobbs-Merrill, 1948.

Wilson, Herbert W., *The Downfall of Spain*: London: Sampson Low, Marston, 1900. (See also Long, *The New American Navy*, Mitchell, *History of the Modern American Navy*, and Seager, *Alfred Thayer Mahan*, all Chapter 15, above.)

Philippines Campaign

Dewey, George, *Autobiography of George Dewey*; New York: Charles Scribner's Sons, 1913.

Fiske, Bradley A., *From Midshipman to Rear-Admiral*; New York: Century, 1919; and *Wartime in Manila*; Boston: Gorham, 1913.

Sargent, Nathan, *Admiral Dewey and the Manila Campaign*; Washington, D. C. : Naval Historical Foundation, 1947.

Spector, Ronald, *Admiral of the New Empire: The Life and Career of George Dewey*; Baton Rouge: Louisiana State University Press, 1974.

Caribbean Campaign

Alger, Russell A., *The Spanish-American War*; New York: Harper & Brothers, 1901.

Clark, Charles E., *My Fifty Years in the Navy*; Boston: Little, Brown, 1917.

Evans, Robley D., *A Sailor's Log, Recollections of Forty Years of Naval Life;* New York: D. Appleton-Century, 1901.

Goode, William A. M., *With Sampson through the War;* New York: Doubleday and McClure, 1899.

Record of Proceedings of a Court of Inquiry in the Case of Rear-Admiral Winfield S Schley, U S Navy; Washington, D. C. : USGPO, 1902.

Rickover, H. G., *How the Battleship Maine was Destroyed;* Washington, D. C. : Department of the Navy, Naval History Division, 1976.

Schley, Winfield S., *Forty-Five Years under the Flag*; New York: D. Appleton, 1904. Sigsbee, Charles, *The "Maine," An Account of Her Destruction in Havana Harbor;* New York: D. Appleton-Century, 1899.

The Rise of American Naval Power (Chapter 18)

Beale, Howard K., *Theodore Roosevelt and the Rise of America to World Power*; Baltimore: Johns Hopkins Press, 1957.

Braistead, William R., *The United States Navy in the Pacific, 1897-1909* and *1909-1922*; Austin: University of Texas Press, 1958 and 1971.

Challener, Richard, *Admirals, Generals, and American Foreign Policy, 1898-1914;* Princeton: Princeton University Press, 1973.

Craven, Thomas T., *History of Aviation in the United States Navy: From the Beginning Until the Spring of 1920;* Washington, D. C. : Naval History Division, 1977.

Davis, G. T., *A Navy Second to None*; New York: Harcourt, Brace, 1919.

Evans, Robley D., *An Admiral's Log*; New York: Appleton, 1910.

Fiske, Bradley A., *From Midshipman to Rear Admiral*; New York: Century, 1919.

Hart, Robert A., *The Great White Fleet*; Boston: Little, Brown, 1965.

Harrod, Frederick S., *Manning the New Navy: The Development of a Modern Naval Enlisted Force, 1899-1940*; Westport: Greenwood, 1977.

Marder, Arthur J., *The Anatomy of British Sea Power, 1880-1905*; Knopf, 1940, and *The Road to War, 1904-1914* (v. I of *From Dreadnought to Scapa Flow: The Royal Navy in the Fisher Era, 1904-1919*; New York: Oxford University Press, 1961-70).

Morris, Richard Knowles, *John P Holland, 1841-1914: Inventor of the Modern Submarine*; Annapolis: U. S. Naval Institute, 1966.

Stafford, E. P., *The Far and the Deep: A Half Century of Submarine History*; New York: Putnam, 1967.

Williamson, Samuel, *The Politics of Grand Strategy: Britain and France Prepare for War, 1904-1914*: Cambridge, Mass.: Harvard University Press, 1969. (See also Brodie, *Sea Power in the Machine Age*, above, Chapter 11; Bennett, *The Steam Navy of the United States*, Chapter 11; Long, *The New American Navy*, Chapter 15; Mitchell, *History of the Modern American Navy*, Chapter 15; and Sprout and Sprout, *The Rise of American Naval Power*, Chapter 15.)

World War I (Chapters 19 -21)

General

History of the Great War, Based on Official Documents: Corbett, Julian S., and Henry Newbolt, *Naval Operations*, 5 v.; London: Longmans, Green, 1920-1931.

Fayle, C. Ernest, *Seaborne Trade*, 3 v.; New York: Longmans, Green, 1920, 1923.

Hurd, Archibald, *The Merchant Navy*, 3 v.; New York: John Murray, 1921-1929.

Churchill, W S., *The World Crisis*, 4 v.; New York: Charles Scribner's Sons, 1923-27 (available also in condensed one-volume edition).

Keyes, Roger, *The Naval Memoirs of Admiral of the Fleet Sir Roger Keyes*; New York: E. P Dutton, 1934.

Marder, Arthur J., *From the Dreadnought to Scapa Flow: The Royal Navy in the Fisher Era, 1904-1919*, 5v.; New York: Oxford University Press, 1961-70.

May, Ernest R., *The World War and American Isolation, 1914-1917*; Cambridge, Mass.: Harvard University Press, 1959.

Raeder, Grand Admiral Erich, *My Life*; Annapolis: U. S. Naval Institute, 1960.

Scheer, Reinhard, *Germany's High Seas Fleet in the World War*; London: Cassell, 1920. (See also Wilson, H. W., *Battleships in Action*, v. II, above, Chapter 16.)

Surface Actions (Chapter 19)

Bacon, R. H., *The Life of John Rushworth, Earl Jellicoe*; London: Cassell, 1936.

Bellairs, C. W., *The Battle of Jutland*; London: Hodder & Stoughton, 1920.

Bennett, G., *The Battle of Jutland*; Newton Abbot: Davis and Charles, 1964, and *Coronel and the Falklands*; New York: Macmillan, 1962.

Bingham, Barry, *Falklands, Jutland, and the Bight*; London: John Murray, 1919.

Bywater, H. C., "Gunnery at Jutland," *U S Naval Institute Proceedings*, v. LI (September 1925), 1780.

Chalmers, W S., *The Life and Letters of David, Earl Beatty*; London: Hodder & Stoughton, 1951.

Chatfield, A. E. M., *The Navy and Defence*; London: William Heinemann, 1942.

Cruttwell, C. R. M. F., *A History of the Great War, 1914-1918*; London: Oxford University Press, 1936.

Fawcett, H. W., and G. W W Hooper, eds., *The Fighting at Jutland*; London: Hutchinson, 1920.

Fisher, John A., *Memories and Records, 2 v.*; New York: George H. Doran, 1920.

Frost, H. H., *The Battle of Jutland*; Annapolis: U S. Naval Institute, 1936 (reissued 1970).

Frothingham, T G., *The Naval History of the World War*, v. II; Cambridge, Mass.: Harvard University Press, 1924.

Gibson, L., and J. E. T Harper, *The Riddle of Jutland*; New York: Coward McCann, 1943.

Gill, C. C., *What Happened at Jutland: The Tactics of the Battle*; New York: George H. Doran, 1921.

Groos, O., *Der Krieg in der Nordsee*, v. V Berlin: E. S. Mittler & Sohn, 1925.

Hirst, Lloyd. *Coronel and After*; London: Peter Davies, 1934.

Jameson, Sir William, *The Fleet that Jack Built*; New York: Harcourt, Brace, 1962.

Jellicoe, J. R., *The Grand Fleet, 1914-1916: Its Creation, Development, and Work*; New York: George H. Doran, 1919.

Liddell Hart, B., *A History of the World War, 1914-1918*; New York: Little, Brown, 1935.

Macintyre, Donald, *Jutland*; New York: W. W Norton, 1958.

Marder, Arthur J., *The War Years: To the Eve of Jutland and Jutland and After*: v. II and III of *From the Dreadnought to Scapa Flow*, 5 v.; New York: Oxford University Press, 1961-70.

Milne, A. Berkeley, *The Flight of the Goeben and the Breslau*; London: E. Nash, 1921.

Pastfield, J. L. R., *New Light on Jutland*; London: William Heinemann, 1933.

Patterson, A. Temple, *Jellicoe: A Biography*; London: Macmillan, 1969.

Raeder, Erich, *Cruiser Warfare in Foreign Waters*, 2 v.; Newport: U. S. Naval War College, 1923-35.

Rawson, G., *Earl Beatty, Admiral of the Fleet*; London: Jarrolds, 1930.

Roskill, Stephen, *Admiral of the Fleet Earl Beatty: The Last Naval Hero*; New York: Atheneum, 1981.

Scott, Percy, *Fifty Years in the Royal Navy*; London: George. H. Doran, 1919.

Steinberg, Jonathan, *Yesterday's Deterrent: The Story of Tirpitz and the Birth of the German Battle Fleet*; London: Macdonald, 1968.

Tirpitz, Alfred, *My Memoirs*, 2 v.; Dodd, Mead, 1919.

Verner, Rudolf, *The Battle Cruisers at the Action of the Falkland Islands*; London: J. Bale & Danielsson, 1920.

Von Hase, G. O. I., *Kiel and Jutland*; London: Skeffington & Son, 1921.

Von Schoultz, G., *With the British Battle Fleet: War Recollections of a Russian Naval Officer*; London: Hutchinson, 1925.

Waldeyer-Hartz, H., *Admiral von Hipper*: London: Rich & Cowan, 1933.

Young, Filson, *With the Battle Cruisers*; London: Cassell, 1921.

The Campaign for Constantinople (Chapter 20)

Aspinall-Oglander, Cecil F., *Roger Keyes*; London: Hogarth Press, 1951, and with A. F Becke, *Military Operations: Gallipoli*, 2 v.; London: William Heinemann, 1929.

Bacon, Sir Reginald H., *The Life of Lord Fisher of Kilverstone*, 2 v.; Garden City: Doubleday, Doran, 1929.

Brodie, Charles G., *Forlorn Hope*; London: Frederick Books, 1956.

Bush, Eric W., *Gallipoli*; London: George Allen & Unwin, 1975.

Dardanelles Commission, *First Report*; London: H. M. Stationery Office, 1917.

Gallipoli Studies at Marine Corps Schools, Quantico, 1932, microfilm, U. S. Naval Academy Library. Gilbert, Martin, *Winston S Churchill*, v. 3, 1914-16, *The Challenge of War*; Boston: Houghton Mifflin, 1971.

Hamilton, Sir Ian, *Gallipoli Diary*, 2 v.; New York: George H. Doran, 1920; condensed version, London: Edward Amold, 1930.

Higgins, Trumbull, *Winston Churchill and the Dardanelles*; New York: Macmillan, 1963.

James, Robert Rhodes, *Gallipoli*; New York: Macmillan, 1965.

Jenkins, Roy, *Asquith: Portrait of a Man and an Era*; New York: Chilmark Press, 1964.

Keyes, Roger, *The Fight for Gallipoli*; London: Eyre & Spottiswoode, 1941.

Liman von Sanders, Otto, *Five Years in Turkey*; Annapolis: U S. Naval Institute, 1927.

Marder, Arthur J., *Fear God and Dread Nought: The Correspondence of Admiral of the Fleet Lord Fisher of Kilverstone*, 2 v.; Cambridge, Mass.: Harvard University Press, 1952, and *Portrait of an Admiral: The Life and Letters of Sir Herbert Richmond*; London: Jonathan Cape, 1952.

Mason, A. T., "An Introduction to the Gallipoli Campaign," *Marine Corps Gazette* (February and May, 1936). Moorehead, Alan, *Gallipoli*; New York: Harper & Brothers, 1956.

Murray, Joseph, *Gallipoli as I Saw It*; London: W Kimber, 1965.

Oxford and Asquith, Herbert Henry Asquith, Earl of, *Memoirs and Reflections*, 2 v.; Boston, Little, Brown, 1928.

Roskill, Stephen, *Hankey, Man of Secrets*, 3 v.; New York: St. Martin, 1971.

Stewart, A. T., and J. E. Peshall, *The Immortal Gamble*; London: Black, 1917 Wester-Wemyss, Rosslyn, *The Navy in the Dardanelles*; London: Hodder & Stoughton, 1924. (See also Churchill, *The World Crisis*, and Marder, *From the Dreadnought to Scapa Flow*, v. II, listed in "World War I, General," above.)

The War Against Shipping (Chapter 21)

Annual Report of the Secretary of the Navy, 1914-1919; Washington, D. C. : USGPO, 1914 -16.

Bacon, Reginald, *The Dover Patrol, 1915-1917*, 2 v., New York: George H. Doran, 1919.

Bauer, Hermann, *Reichsleitung und U- Bootseinsatz, 1914 bis 1919*; Lippoldsberg: Klosterhaus, 1956.

Carnegie Endowment for International Peace, *Official German Documents Relating to the World War*, 2 v.; New York: Oxford University Press, 1923.

Cowie, J. S., *Mines, Minelayers, and Minelaying*; London, Oxford, 1949.

Gayer, A., "Summary of Cerman Submarine Operations in the Various Theaters of War from 1914 to 1918," W P Beehler, trans, *U S Naval Institute Proceedings* (April 1926), pp. 621-659.

Cibson, R. H, and Maurice Prendergast, *The German Submarine War, 1914-1918*; New York: Richard R. Smith, 1931.

Gleaves, Albert, *A History of the Transport Service*; New York: George H. Doran Co., 1921.

Grant, Robert M., *U-Boat Intelligence, 1914-1918*; London: Putnam, 1969, and *U-Boats Destroyed*; London: Putnam, 1964.

Guichard, Louis, *The Naval Blockade, 1914-1918*; New York: D. Appleton, 1930.

Hezlet, Sir Arthur, *The Submarine and Sea Power*; New York: Stein and Day, 1967.

Hubatsch, Walther, *Kaiserliche Marine*; Munich: J. F. Lehmans, 1975.

Jellicoe, John R., *The Crisis of the Naval War*; London: Cassell, 1920, and *The Submarine Peril*; London: Cassell, 1934.

Kittredge, Tracy B., *Naval Lessons of the Great War*; New York: Doubleday, Page, 1921.

Low, A. M., *Mine and Countermine*; London: Oxford, 1940.

Lundeberg, Philip K., "The German Naval Critique of the U-Boat Campaign, 1915-1918," *Military Affairs*, v. XXVII (1963), 105-118, and "Undersea Warfare and Allied Strategy in World War I," *Smithsonian Journal of History*, v. I:3(1966), 1-30; v. I:4 (1966), 49-72.

Michelson, Andreas, *Der U-Bootskrieg, 1914-1918*; Leipzig: K. F. Koehler, 1925.

Morison, Elting E. *Admiral Sims and the Modern American Navy*; Boston: Houghton Mifflin, 1942.

Sims, William S., and Burton J. Hendrick, *The Victory at Sea*; New York: Doubleday, Page, 1921.

Spindler, Armo, *Der Handelskrieg mit U-Booten*, 5 v.; Berlin and Frankfurt: E. S. Mittler, 1932-66.

Tupper, Reginald G. O., "The Blockade of Germany by the Tenth Cruiser Squadron," *Journal of the Royal United Service Institution*, v. LXVII (February 1923), 1. (See also Mitchell, *History of the Modern American Navy*, above, Chapter 15.)

Disarmament and Rearmament (Chapter 22)

Atwater, E., *American Regulation of Arms Exports*; New York: Columbia University Press, 1941.

Buckley, Thomas N., *The United States and the Washington Conference, 1921-1922*; Knoxville: University of Tennessee Press, 1970.

Buell, R. L, *The Washington Conference*; New York: D. Appleton, 1922.

Bywater, H. C., *Navies and Nations*; Boston: Houghton Mifflin, 1927.

Davis, F., *The Atlantic System: the Story of Anglo-American Control of the Seas*; New York: Reynal & Hitchcock, 1941.

Davis, H. I., ed., *Pioneers in World Order: An American Appraisal of the League of Nations*; New York: Columbia University Press, 1944.

Engely, G., *The Politics of Naval Disarmament*; London: Williams and Norgate, 1932.

Grew, J. C., *Report from Tokyo: a Message to the American People*; New York: Simon and Schuster, 1944.

Hurley, Alfred F., *Billy Mitchell: Crusader for Air Power*; Bloomington: Indiana University Press, 1975.

Johnstone, W C., *The United States and Japan's New Order*; London: Oxford University Press, 1941.

Levine, I. D., *Mitchell, Pioneer of Air Power*; New York: Duell, Sloan & Pearce, 1943. Miller, H. B., *Navy Wings*; New York: Dodd, Mead & Company, 1937.

Perkins, D., *America and Two Wars*; Boston: Little, Brown, 1944.

Rippy, J. F., *The Caribbean Danger Zone*; New York: G. P. Putnam's Sons, 1940.

Roskill, Stephen, *Naval Policy Between the Wars*; v. 1, New York: Walker, 1968; v. 2, Annapolis: Naval Institute Press, 1976.

Sprout, H., and M. Sprout, *Toward a New Order of Sea Power*; Princeton: Princeton University Press, 1940.

Strakhovsky, L. I., *Intervention at Archangel*; Princeton: Princeton University Press, 1944.

World War II (Chapters 23-30)

General

Abbazia, Patrick, *Mr Roosevelt's Navy: The Private War of the U S Atlantic Fleet, 1939-1942*; Annapolis: Naval Institute Press, 1975.

Adams, Henry H., *Years of Deadly Peril: The Coming of the War, 1939-1941, 1942: The Year that Doomed the Axis, Years of Expectation: Guadalcanal to Normandy, and Years to Victory*; New York: David McKay, 1967-73.

Buell, Thomas B., *Master of Sea Power: A Biography of Fleet Admiral Ernest J King*; Boston: Little, Brown, 1980.

Clark, Ronald, *The Man Who Broke Purple: The Life of Colonel William F Friedman, Who Deciphered the Japanese* [Diplomatic] *Code in World War II*; Boston: Little, Brown, 1977.

Connery, Robert H, *The Navy and the Industrial Mobilization in World War II*; Princeton: Princeton University Press, 1951.

Craven, Wesley Frank, and James Lee Cate, eds, *The Army Air Forces in World War II, 7 v.*; Chicago: University of Chicago Press, 1948-58.

Greenfield, Kent R., ed., *Command Decisions*; New York: Harcourt, Brace, 1959.

Kahn, David, *The Codebreakers: The Story of Secret Writing*; London: Weidenfeld & Nicholson, 1967 (Abridged version; New York: New American Library, 1973.)

Karig, Walter, and others, *Battle Report*, 6 v.; New York: Rinehart, 1944-52.

King, Fleet Admiral Ernest J., and Walter Whitehill, *Fleet Admiral King: A Naval Record*; New York: Norton, 1952.

Leahy, Fleet Admiral William D., *I Was There*; New York: McGraw-Hill, 1950.

Liddell Hart, B. M., *History of the Second World War*; London: Cassell, 1970.

Masterman, John C., *The Double-Cross System in the War of 1939 to 1945*; New Haven: Yale University Press, 1972.

Matloff, Maurice, and Edwin M. Snell, *Strategic Planning for Coalition Warfare, 1941-1942*; Washington, D. C. : Department of the Army, 1953, and (without Snell) *Strategic Planing. for Coalition Warfare, 1943-1944*; Washington, D. C. : Department of the Army, 1959.

Millis, Walter, ed., *The Forrestal Diaries*; New York: Viking, 1951.

Morison, Samuel Eliot, *History of United States Naval Operations in World War II*, 15 v.; Boston: Little, Brown, 1947-62, *Strategy and Compromise*, Boston: Little, Brown, 1958, and *The Two-Ocean War*; Boston: Little, Brown, 1963.

Pogue, Forrest M., *George C. Marshall: Ordeal and Hope, 1939-1942*; New York: Viking, 1966, and *George C. Marshall: Organizer of Victory, 1943-1945*; New York: Viking, 1973.

Roscoe, Theodore, *United States Destroyer Operations in World War II*; Annapolis: U. S. Naval Institute, 1953.

United States Naval War College, *Strategical and Tactical Analyses*; Washington, D. C. : Bureau of Naval Personnel, 1947.

United States Strategic Bombing Survey; Washington, D. C. : USGPO, 1945-47 Winterbotham, F W., *The Ultra Secret*; New York: Harper & Row, 1974.

Winton, John, *Air Power at Sea, 1939-1945*; New York: Crowell, 1976. (See also Fiske, *Midshipman to Rear Admiral*, above, Chapter 17.)

World War II, Atlantic Theater (Chapters 23-25)

General

Ansel, Walter, *Hitler Confronts England*; Durham: Duke University Press, 1960.

Auphan, Paul, and Jacques Mordal, *The French Navy in World War II*; Annapolis: U. S. Naval Institute, 1957.

Bekker, Cajus, *Hitler's Naval War*; Garden City: Doubleday, 1974.

Bennett, Geoffrey M., *Naval Battles of World War II*; London: Batsford, 1975.

Bryant, Arthur, *The Turn of the Tide*, Garden City: Doubleday, 1957.

Churchill, Winston S., *The Second World War*, 6 v.; Boston: Houghton Mifflin, 1948-53.

Cresswell, John, *Sea Warfare, 1939-1945*; New York: Longmans, Green, 1950.

Cunningham, Andrew B., *A Sailor's Odyssey*; New York: E. P Dutton, 1951.

De Belot, Raymond, *The Struggle for the Mediterranean*, 1939-1945; Princeton: Princeton University Press, 1951.

Dönitz, Karl, *Ten Years and Twenty Days*: New York: World Publishing, 1959.

Eisenhower, Dwight D., *Crusade in Europe*; Carden City: Doubleday, 1948.

James, Sir William R., *The British Navies in the Second World War*; New York: Longmans, Green, 1947.

Kammerer, Albert, *La passion de la flotte française*; Paris: Libraire Arthème Fayard, 1951.

Kemp, P H., *Key to Victory: The Triumph of British Sea Power in World War II*; Boston: Little, Brown, 1957 (British edition of Kemp, called *Victory at Sea*; London: Frederick Muller, 1957.)

Kesselring, Albert, *A Soldier's Record*; New York: William Morrow, 1954.

Liddell Hart, B. H., ed., *The Rommel Papers*; New York: Harcourt, Brace, 1953.

Lohmann, W., and H. H. Hildebrand, *Die Deutsche Kriegsmarine, 1939-1945*, 3 v.; Bad Nauheim: H. H. Podzun, 1956-64.

Macintyre, Donald, *The Naval War Against Hitler*; New York: Scribner's, 1971.

Martenssen, Anthony T., *Hitler and His Admirals*; New York: E. P Dutton, 1949.

Masterman, John C., *The Double-Cross System in the War of 1939 to 1945*; New Haven: Yale University Press, 1972.

Montgomery, Bernard, *El Alamein to the River Sangro*; London: Hutchinson, 1948, and *The Memoirs of Field Marshal Montgomery*; Cleveland: World Publishing, 1958.

Pack, S. W C., *Cunningham the Commander*; London: Batsford, 1974, and *Sea Power in the Mediterranean*; London: Barker, 1971.

Parmet, Herbert S., *Eisenhower and the American Crusades*; New York: Macmillan, 1972.

Playfair, Ian S. O., *The Mediterranean and the Middle East*; London: H. M. Stationery Office, 1954.

Richards, Dennis, and Hilary St. George Saunders, *Royal Air Force, 1939-1945*, 3 v.; London H. M. Stationery Office, 1953-54.

Roskill, Stephen W., *The War at Sea*, 3 v.; London: H. M. Stationery Office, 1954-61.

Ruge, Friedrich, *Der Seekrieg: The German Navy's Story, 1939-1945*; Annapolis: U. S. Naval Institute, 1957.

Schofield, Brian B., *British Sea Power: Naval Policy in the Twentieth Century*; London: Balsford, 1967.

Verrier, Anthony, *The Bomber Offensive*; New York: Macmillan, 1969.

Von der Porten, Edward P., *The German Navy in World War II*; New York: Ballantine Books, 1969.

Warner, Oliver, *Admiral of the Fleet Cunningham of Hindhope*; Columbus: University of Ohio Press, 1967.

The German-Italian Offensive (Chapter 23)

Bragadin, Marc Antonio, *The Italian Navy in World War II*; Annapolis: U. S. Naval Institute, 1957.

Chatterton, Edward Kemble, *The Epic of Dunkirk*; London: Hurst & Blackett, 1940.

Derry, T. K., *The Campaign in Norway*; London: H. M. Stationery Office, 1952.

Divine, David, *The Nine Days of Dunkirk*; New York: Ballantine Books, 1959.

Macintyre, Donald, *Narvik*; London: Evans Bros., 1959.

Pack, S. W C., *The Battle of Matapan*; New York: Macmillan, 1961, and *The Battle for Crete*; Annapolis: Naval Institute Press, 1973.

Pope, Dudley, *The Battle of the River Plate*; London: William Kimber, 1956, and *73 North*; London: Weidenfeld & Nicholson, 1958.

Schofield, Brian B., *The Attack on Taranto*; Annapolis: Naval Institute Press, 1973.

U. S. Office of Naval Intelligence, *Fuehrer Conferences on Matters Dealing with the German Navy*, 3 v.; Washington, D. C. : USGPO, 1946.

Wheatley, Roland, *Operation Sea Lion*; Oxford: Clarendon Press, 1958.

The Battle of the Atlantic (Chapter 24)

Admiralty, *The Battle of the Atlantic*; London: H. M. Stationery Office, 1946.

Baxter, James Phinney, III, *Scientists Against Time*; Boston: Little, Brown, 1948.

Beesley, Patrick, *Most Secret Intelligence*; London: Hamish Hamilton, 1977.

Berthold, Will, *The Sinking of the Bismarck*; London: Longmans, Green, 1958.

Brennecke, Jochem, *The Hunters and the Hunted*; New York: Norton, 1957.

Brown, David, *Tirpitz: Floating Fortress*; Annapolis: Naval Institute Press, 1977.

Campbell, Ian, and Donald Macintyre, *The Kola Run*; London: Frederick Miller, 1958.

Chalmers, William S, *Max Horton and the Western Approaches*; London: Hodder & Stoughton, 1954.

Creighton, Kenelm, *Convoy Commodore*; London: William Kimber, 1956.

Farago, Ladislas, *The Tenth Fleet*; New York: Ivan Bolensky, 1962.

Frank, Wolfgang, *The Sea Wolves*; New York: Rinehart, 1955.

Gallery, Daniel, *Clear the Decks!*; New York: Morrow, 1951, and *Twenty Million Tons under the Sea*; Chicago: Henry Regnery, 1956.

Grenfell, Russell, *The Bismarck Episode*; New York: Macmillan, 1949.

Herzog, Bodo, *Die Deutschen U-boote, 1906-1945*; Munich: Lehmann, 1959.

Hughes, Terry, and John Costello, *The Battle of the Atlantic*; New York: Dial Press, 1977.

Lane, Frederic C., and others, *Ships for Victory: A History of Shipbuilding under the U S Maritime Commission in World War II*; Baltimore: Johns Hopkins Press, 1951.

Lewis, David D., *The Fight for the Sea*; New York: World Publishing, 1961.

Macintyre, Donald, *U-Boat Killer*; New York: Norton, 1956.

Müllenheim-Rechberg, Baron Burkard, *Battleship Bismarck: A Survivor's Story*; Annapolis: Naval Institute Press, 1980.

Raeder, Erich, *My Life*; Annapolis: U. S. Naval Institute, 1960.

Riesenberg, Felix, *Sea War: The Story of the U S Merchant Marine in World War II*; New York: Rinehart, 1956.

Rohwer, Jürgen, *The Critical Convoy Battles of March 1943*; Annapolis: Naval Institute Press, 1977.

Slessor, John, *The Central Blue*; New York: Praeger, 1957.

Watts, Anthony J., *Loss of the Scharnhorst*; London: Allan, 1970.

Woodward, David, *The Tirpitz and the Battle for the North Atlantic*; New York: Norton, 1954. (See also, above, in "World War II, Atlantic Theater, General," Dönitz, *Ten Years and Twenty Days*, and in "World War II, General," Morison, *U S Naval Operations, v. I. : The Battle of the Atlantic*, and v. X: *The Atlantic Battle Won*.)

The Defeat of Italy and Germany (Chapter 25)

Ansel, Walter, *Hitler and the Middle Sea*; Durham: Duke University Press, 1972.

Blumenson, Martin, *Salerno to Cassino*; Washington, D. C. : Center for Military History, 1969.

Eisenhower Foundation, ed., *D-Day: The Normandy Invasion in Retrospect*; Lawrence: University of Kansas Press, 1971.

Garland, Albert N., and Howard McGraw Smyth, *Sicily and the Surrender of Italy*; Washington, D. C. : Department of the Army, 1965.

Higgins, Trumbull, *Soft Underbelly: The Anglo-American Controversy over the Italian Campaign: 1939-1945*; New York: Macmillan, 1968.

Howe, George F., *Northwest Africa: Seizing the Initiative in the West*; Washington, D. C. : Department of the Army, 1957.

Mason, Donald, *Salerno*; New York: Ballentine Books, 1977.

Mitchie, Allan A., *The Invasion of Europe: The Story Behind D-Day*; New York: Dodd, Mead, 1964.

Murphy, Robert D., *Diplomat among Warriors*; Garden City: Doubleday, 1964.

Schofield, Brian B., *Operation Neptune*; Annapolis: Naval Institute Press, 1974.

Sheehan, Neil, *Anzio: Epic of Bravery*; Norman: University of Oklahoma Press, 1964.

Stoler, Mark A., *The Politics of the Second Front: American Planning and Diplomacy in Coalition Warfare, 1941-1943*; Westport, Conn.: Greenwood Press, 1976.

Tute, Warren, Terry Hughes, and John Costello, *D-Day*; New York: Macmillan, 1974. (See also, above, in "World War II, General," Morison, *U S Naval Operations*, v. II, IX, and XI.)

World War II, Paclfic Theater (Chapters26- 30)
General

Agawa, Hiroyuki, *The Reluctant Admiral: Yamamoto and the Imperial Navy*; Tokyo: Kodansha International, 1979.

Barbey, Daniel E., *MacArthur's Amphibious Navy: Seventh Amphibious Force Operations, 1943-1945*; Annapolis: U. S. Naval Institute, 1969.

Ballantine, Duncan S., *U. S Naval Logistics in the Second World War*; Princeton: Princeton University Press, 1949.

Belote, James H., and William M. Belote, *Titans of the Seas: The Development and Operations of Japanese and American Carrier Task Forces During World War II*; New York: Harper and Row, 1975.

Brown, David, *Carrier Operations in World War II: The Pacific Navies*; London: Ian Allan, 1974.

Bulkley, Robert J., *At Close Quarters: PT Boats in the United States Navy*; Washington, D. C. : Department of the Navy, 1962.

Buell, Thomas B., *The Quiet Warrior: A Biography of Admiral Raymond A. Spruance*; Boston: Little, Brown, 1974.

Clark, J. J., with Clark G. Reynolds, *Carrier Admiral*; New York: McKay, 1967.

D'Albas, Emmanuel E., *Death of a Navy: Japanese Naval Action in World War II*; New York: Devin-

Adair, 1957.

Dull, Paul S., *A Battle History of the Imperial Japanese Navy, 1941-1945*; Annapolis: Naval Institute Press, 1977.

Dyer, George C., *The Amphibians Came to Conquer: The Story of Admiral Richmond Kelly Turner*; Washington, D. C. : Naval History Division, Department of the Navy, 1972.

Forrestel, E. P., *Admiral Raymond A Spruance, USN: A Study in Command*; Washington, D. C. : Naval History Division, Department of the Navy, 1966.

Frank, Benis M., *Halsey*; New York: Ballantine Books, 1974.

Halsey, William F., and J. Bryan, III, *Admiral Halsey's Story*; New York: McGraw-Hill, 1947.

Holmes, W. J., *Double-Edged Secrets: U S. Naval Intelligence Operations in the Pacific during World War II*; Annapolis: Naval Institute Press, 1979.

Horikoshi, Jiro, and Masutake Okumiya, *Zero! The Story of the Japanese Air Force*; New York: E. P Dutton, 1956.

Hoyt, Edwin P., *How They Won the War in the Pacific: Nimitz and His Admirals*; New York: Weybright and Talley, 1970.

Isely, Jeter A., and Philip A. Crowl, *The U S. Marines and Amphibious War*; Princeton: Princeton University Press, 1951.

James, D. Clayton, *The Years of MacArthur*, v. II (1941-45); Boston: Houghton, Mifflin, 1975.

Jones, Ken, and Hubert Kelly, *Admiral Arleigh (31-Knot) Burke: The Story of a Fighting Sailor;* Philadelphia: Chilton, 1962.

Kenney, George C., *General Kenney Reports*; New York: Duell, Sloan, & Pearce, 1949.

Manchester, William, *American Caesar: Douglas MacArthur, 1880-1964*; Boston: Little, Brown, 1978.

Merrill, James M., *A Sailor's Admiral: A Biography of William F Halsey*; New York: Crowell, 1976.

Morton, Louis, *Strategy and Command: The First Two Years*; Washington, D. C. : Department of the Army, 1962.

Potter, E. B., *Nimitz*; Naval Institute Press, 1976, and, with Fleet Admiral Chester W Nimitz, USN, *Triumph in the Pacific: The Navy's Struggle Against Japan*; Englewood Cliffs, N. J. : Prentice-Hall, 1963.

Reynolds, Clark G., *The Fast Carriers: The Forging of an Air Navy*: New York: McGraw-Hill, 1968.

Russell, William H., "The Genesis of FMF Doctrine: 1879-1899," *Marine Corps Gazette* (March-July 1951). Shaw, Henry I, and others, *History of U S Marine Corps Operations in World War II*, 5 v; Washington D. C. : Historical Branch, U. S. Marine Corps, 1958-68.

Sherman, Frederick C., *Combat Command: The American Aircraft Carriers in the Pacific War*; New York: E. P Dutton, 1950.

Sherrod, Robert, *History of Marine Corps Aviation in World War II*; Washington, D. C. : Combat Forces Press, 1952.

Smith, Holland M., "Amphibious Tactics," *Marine Corps Gazette*, (June 1946-March 1947), and, with Percy Finch, *Coral and Brass*, New York: Scribner's, 1949.

Taylor, Theodore, *The Magnificent Mitscher*; New York: Norton, 1954.

Toland, John, The Rising Sun: *The Decline and Fall of the Japanese Empire, 1936-1945*: New York: Random House, 1970.

Turnball, Archibald D., and Clifford L. Lord, *History of United States Naval Aviation*; New Haven: Yale University Press, 1949.

Wilson, Eugene E., *Slipstream*: New York: McGraw-Hill, 1950, and *Kitty Hawk to Sputnik to Polaris*; Barre, Mass.: Barre Publishing Co., 1960.

The Japanese Offensive (Chapter 26)

Barde, Robert Elmer, *The Battle of Midway: A Study in Command*; University of Maryland dissertation, 1971.

Bartlett, Bruce, *Cover-Up: The Politics of Pearl Harbor, 1941-1946*; New Rochelle: Arlington House, 1978.

Belote, James H, and William M. Belote, *Corregidor: The Saga of a Fortress*; New York: Harper & Row, 1967.

Bennett, Geoffrey M., *The Loss of the Prince of Wales and Repulse*; Annapolis: U. S. Naval Institute, 1973.

Brownlow, Donald Grey, *The Accused: The Ordeal of Rear Admiral Husband Edward Kimmel, U S N.* ; New York: Vantage, 1968.

Butow, Robert J. C., *Togo and the Coming of the War*; Princeton: Princeton University Press, 1961.

Department of Defense, *The "Magic" Background of Pearl Harbor*, 8 v.; Washington, D. C. : USGPO, 1978.

Frank, Patrick, and Joseph D. Harrington, *Rendezvous at Midway: U. S. S Yorktown and the Japanese Carrier Fleet*; New York: John Day, 1967.

Fuchida, Mitsuo, and Masatake Okumiya, *Midway: The Battle that Doomed Japan*; Annapolis: U. S. Naval Institute, 1955.

Glines, Carroll, *Doolittle's Tokyo Raiders*; Princeton: D. Van Nostrand, 1964.

Hough, Richard A., *The Battle of Midway: Victory in the Pacific*; New York: Macmillan, 1970.

Johnston, Stanley, *Queen of the Flattops*; New York: Dutton, 1942.

Kimmel, Husband E., *Admiral Kimmel's Story*; Chicago: Henry Regnery, 1955.

Lord, Walter, *Incredible Victory*; New York: Harper & Row, 1967.

Lundstrom, John B., *The First South Pacific Campaign: Pacific Fleet Strategy, December 1941-June 1942*; Annapolis: Naval Institute Press, 1976.

Millis, Walter, *This Is Pearl: The United States and Japan*, 1941; New York: Morrow, 1947.

Millot, Bernard, *The Battle of the Coral Sea*; Annapolis: Naval Institute Press, 1974.

Morton, Louis, *The Fall of the Philippines*; Washington, D. C. : Department of the Army, 1953.

Narrative Statement of Evidence at Navy Pearl Harbor Investigation, 3 v; Washington, D. C. :

Department of the Navy, 1945. *Pearl Harbor Attack: Hearings Before the Joint Committee, 79th Congress*, 40v.; Washington, D. C. : USGPO, 1946.

Richardson, James O., and George C. Dyer, *On the Treadmill to Pearl Harbor: The Memoirs of Admiral James O., Richardson*, Washington, D. C. : Naval History Division, Department of the Navy, 1973.

Smith, William Ward, *Midway: Turning Point of the Pacific*; New York: Crowell, 1966.

Toland, John, *But Not in Shame: The Six Months After Pearl Harbor*; New York: Random House, 1961.

Trefousse, Hans Louis, ed., *What Happened at Pearl Harbor?*; New York: Twayne, 1958.

Tuleja, Thaddeus V., *Climax at Midway*; New York: Norton, 1960.

U. S. Office of Naval Intelligence, *The Japanese Story of the Battle of Midway*; Washington, D. C. : USGPO, 1947.

Wohlstetter, Roberta, *Pearl Harbor: Warning and Decision*; Stanford: Stanford University Press. (See also, above, in "World War II, General," Morison, *U S Naval Operations*, v. III and IV.)

Beginning the Allied Counteroffensive (Chapter 27)

Griffith, Samuel B., *The Battle for Guadalcanal*: Philadelphia: Lippincott, 1963.

Leckie, Robert, *Challenge for the Pacific: Guadalcanal, the Turning Point of the War*; Garden City: Doubleday, 1965.

Merillat, Herbert L., *The Island: A History of the First Marine Division on Guadalcanal*; Boston: Houghton Mifflin, 1944.

Miller, John, *Cartwheel: The Reduction of Rabaul*: Washington, D. C. : Department of the Army, 1959.

Miller, Thomas G., Jr., *The Cactus Air Force*; Harper & Row, 1969.

Newcomb, Richard F., *Savo: The Incredible Naval Debacle off Guadalcanal*; New York: Holt, Rinehart & Winston, 1961. (See also, above, in "World War II, General," Morison, *U S Naval Operations*, v. V, VI, and VII.)

The Dual Advance (Chapter 28)

Bryan, J., and Philip Reed, *Mission Beyond Darkness*; New York: Duell, Sloan, & Pearce, 1945.

Crowl, Philip A., *Campaign in the Marianas*; Washington, D. C. : Department of the Army, 1960, and, with Edmund G. Love, *Seizure of the Gilberts and Marshalls*: Washington, D. C. : Department of the Army, 1969.

Heinl, Robert D., and John A. Crown, *The Marshalls: Increasing the Tempo*; Washington, D. C. : Headquarters, U. S. Marine Corps, 1954.

Lockwood, Charles A., and Hans Christian Adamson, *Battles of the Philippine Sea*: New York; Crowell, 1967.

Sherrod, Robert, Tarawa: *The Story of a Battle*; New York: Duell, Sloan, & Pearce, 1944. (See also, above, in "World War II, General," Morison, *U S Naval Operations*, v. VII and VIII.)

Submarines in the Pacific War (Chapter 29)

Beach, Edward L., *Submarine*; New York: Henry Holt, 1952.

Blair, Clay, Jr., *Silent Victory: The U S Submarine War Against Japan*; Philadelphia: Lippincott, 1975.

Hashimoto, Mochitsura, *Sunk: The Story of the Japanese Submarine Fleet, 1942-1945*; London: Cassell,, 1954.

Holmes, W J., *Undersea Victory: The Influence of Submarine Operations on the War in the Pacific*; Garden City: Doubleday, 1966.

Lockwood, Charles A., *Sink 'Em All: Submarine Warfare in the Pacific*; New York: Dutton, 1951, and, with Hans Christian Adamson, *Hellcats of the Sea*; New York: Greenberg, 1955.

Mars, Alistair, *British Submarines at War, 1939-1945*; London: William Kimber, 1971.

O'Kane, Richard H., *Clear the Bridge! The War Patrols of the U. S. S Tang*; Chicago: Rand McNally, 1977.

Orita, Zenji, with Joseph D. Harrington, *I-Boat Captain*; Canoga Park, Cal.: Major Books, 1976.

Roscoe, Theodore, *United States Submarine Operations in World War II*; Annapolis: U. S. Naval Institute, 1949.

The Defeat of Japan (Chapter 30)

Appleman, Roy E, and others, *Okinawa: The Last Battle*; Washington, D. C. : Department of the Army, 1948.

Belote, James H., and William M. Belote, *Typhoon of Steel: The Battle for Okinawa*; New York: Harper and Row, 1970.

Butow, Robert J. C., *Japan's Decision to Surrender*; Stanford: Stanford University Press, 1954.

Cannon, M. Hamlin, *Leyte: The Return to the Philippines*; Washington, D. C. : Department of the Army, 1954. Craig, William, *The Fall of Japan*, New York: Dial Press, 1967.

Falk, Stanley L., *Decision at Leyte*; New York, Norton, 1966.

Field, James A., *The Japanese at Leyte Gulf*; Princeton, Princeton University Press, 1947.

Frank, Benis M., *Okinawa: Touchstone to Victory*; New York: Ballantine Books, 1969.

Hoyt, Edwin P., *The Battle of Leyte Gulf: The Death Knell of the Japanese Fleet*; New York: Weybright & Talley, 1972.

Inoguchi, Rikihei, Tadashi Nakajima, and Roger Pineau, *The Divine Wind: Japan's Kamikaze Force in World War II*; Annapolis: U. S. Naval Institute, 1958.

Johnson, Ellis A., and David A. Katcher, *Mines Against Japan*; Silver Spring, Md.: Naval Ordnance Laboratory, 1973.

Newcomb, Richard F., *Abandon Ship: Death of the U. S. S Indianapolis*; New York: Henry Holt, 1958; and *Iwo Jima*; New York: Holt, Rinehart, & Winston, 1961.

Winton, John, *The Forgotten Fleet: The British Navy in the Pacific, 1944-1945*; New York: Crown-MacCann, 1970.

Woodward, C. Vann, *The Battle for Leyte Gulf*; New York: Macmillan, 1947 (See also, above, in Chapter 28, Lockwood and Adamson, *Battles of the Philippine Sea*, and in "World War II, General,"

Morison, *U S Naval Operations*, v. XII, XIII, and XIV.)

The Beginning of the Cold War (Chapter 31)

Acheson, Dean, *Present at the Creation: My Years in the State Department*; New York: Norton, 1969.

Adams, Henry H., *Harry Hopkins: A Biography;* New York: Putnam, 1977.

Albion, Robert Greenhalgh, and Robert Howe Connery, *Forrestal and the Navy*; New York: Columbia University Press, 1962.

Caraley, Demetrios, *The Politics of Military Unification*; New York: Columbia University Press, 1966.

Donovan, Robert J., *Conflict and Crisis: The Presidency of Harry S Truman*; New York: Norton, 1977.

Harriman, W Averell, and Elie Abel, *Special Envoy to Churchill and Stalin, 1941-1946*; New York: Random House, 1975.

Millis, Walter, ed., *The Forrestal Diaries*; New York: Viking, 1951.

Rogow, Armold A., *James Forrestal*; New York: Macmillan, 1963.

Implementing the U. S. Pollcy of Contalnment (Chapter 32)

Bonds, Ray, *The Vietnam War*; New York: Crown Publishers, 1979.

Cagle, Malcolm W., and Frank A. Manson, *The Sea War in Korea*; Annapolis: U. S. Naval Institute, 1957.

Field, James A., Jr, *History of United States Naval Operations, Korea*; Washington, D. C. : USGPO, 1962.

Fitzgerald, Frances, *Fire in the Lake: The Vietnamese and the Americans in Vietnam*; Boston: Little, Brown, 1972.

Geer, Andrew C., *The New Breed: The Story of the U S Marines in Korea*; New York: Harper, 1952.

Heinl, Robert D., *Victory at High Tide*; Philadelphia: Lippincott, 1968.

Hewlett, Richard G., and Francis Duncan, *Nuclear Navy, 1946-1962*; Chicago: University of Chicago Press, 1974.

Hooper, Edwin Bickford, and others, *The United States Navy and the Vietnam Conflict*; Washington, D. C. : Naval History Division, Department of the Navy, 1976-.

Jackson, J. H., *The World in the Postwar Decade, 1945-55*; New York: Houghton Mifflin, 1957.

Karig, Walter, and others, *Battle Report*, v. VI; New York: Rinehart, 1952.

Kissinger, Henry A., *Nuclear Warfare and Foreign Policy*; New York: Harper, 1957.

Marshall, S. L. A., *The River and the Gauntlet*; New York: Morrow, 1953.

Millet, Allan R., ed., *A Short History of the Vietnam War*; Bloomington: Indiana University Press, 1978.

Polmar, Norman, *Atomic Submarines*; Princeton: D. Van Nostrand, 1963.

Ridgway, Matthew B., *The Korean War*; Garden City: Doubleday, 1967.

Schlesinger, Arthur M., Jr., *The Bitter Heritage: Vietnam and American Democracy, 1941-1946*; New

York: Fawcett, 1967.

Taylor, Maxwell D., *The Uncertain Trumpet*; New York: Harper, 1960.

Thomas, R. C. W., *The War in Korea, 1950-1953*; Aldershot, England: Gale & Polden, 1954.

Tran Van Don, Lt. Gen., *Our Endless War Inside Vietnam*; San Rafael, Cal.: Presidio Press, 1978.

Truman, Harry S., *Memoirs*, 2 v.; Garden City: Doubleday, 1955.

U. S. Naval History Division, *Riverine Warfare: The U. S. Navy's Operations in Inland Waters*; Washington, D. C.: USGPO, 1969.

Westmoreland, William C., *A Soldier Reports*; Garden City: Doubleday, 1976.

Whitmore, William F., "The Origin of Polaris," *U S Naval Institute Proceedings* (March 1980), pp. 55-59.

New Weapons, New Challenges (Chapter 33)

Alden, John D., "Tomorrow's Fleet," *U S Naval Institute Proceedings* (January 1980). pp. 117-126.

Couhat, Jean L., *Combat Fleets of the World, 1980/81*; Annapolis: Naval Institute Press, 1980.

Edwards, Mickey, "Soviet Expansion and Control of the Sea Lanes," *U S Naval Institute Proceedings* (September 1980), pp. 46-51.

Gorshkov, Sergei G., *Red Star Rising at Sea*; Annapolis: U. S. Naval Institute, 1974, and *The Sea Power of the State*; Annapolis: Naval Institute Press, 1979.

Harrison, Kirby, "Diego Garcia: the Seabees at Work," *U S Naval Institute Proceedings* (August 1979), pp. 54-61.

Hayward, Thomas B., "The Future of U. S. Sea Power," *U S Naval Institute Proceedings* (Naval Review Issue, May 1979), pp. 66-77.

Herrick R. W., *Soviet Naval Strategy*; Annapolis: U. S. Naval Institute, 1974.

Hickman, William F., "Soviet Naval Policy in the Indian Ocean," *U S Naval Institute Proceedings* (August 1979), pp. 43-52.

Holloway, James L., III, "The Transition to V/STOL," *U S Naval Institute Proceedings* (September 1977), pp. 18-24.

Johnson, Maxwell O.,"U. S. Strategic Options in the Persian Culf," *U S Naval Institute Proceedings* (February 1981), pp. 53-59.

Lacouture, John E., "Seapower in the Indian Ocean: a Requirement for Western Security," *U S Naval Institute Proceedings* (August 1979), pp. 30-41.

Manthorpe, William H. J., "The Soviet Navy in 1976," *U S Naval Institute Proceedings* (Naval Review Issue, May 1977), pp. 203-214.

MccGwire, Michael, "The Rationale for the Development of Soviet Seapower," *U S Naval Institute Proceedings* (Naval Review Issue, May 1980), pp. 155-183.

Newsweek, "Reagan's Defense Buildup,"16 March 1981, pp. 22-23.

Nitze, Paul H., and others, *Securing the Seas: the Soviet Naval Challenge and Western Alliance*

Options; Boulder, Colorado: Westview Press, 1979.

Nixon, Richard, *The Real War*; New York: Warner Books, 1980.

Polmar, Norman, *The Ships and Aircraft of the U S Fleet*, 11th edition; Annapolis: Naval Institute Press, 1978.

Rozinski, Herbert, *The Development of Naval Thought*, Newport, R. I. : Naval War College Press, 1977 *Time*, "The Navy under Attack," 8 May 1978, pp. 14-24, and "A Bonanza for Defense: the Administration Proposes a Record Military Buildup," 16 March 1981, pp. 26-31.

Uhlig, Frank, Jr., "The Shape of the United States Navy in 1990," *Navy International*; London, 1978, pp. 14-18.

Wegener, Edward, *Soviet Naval Offensive*; Annapolis: U S. Naval Institute, 1975.

West, F J., "A Fleet for the Year 2000: Future Force Structure," *U S Naval Institute Proceedings* (Naval Review Issue, May 1980), pp. 66-81.

Woolsey, R. James, "The Central Issues of Sea-based Aviation,"*U S Naval Institute Proceedings* (Naval Review Issue, May 1979), pp. 143-149.

Zumwalt, Elmo R., Jr., "Total Force," U. S *Naval Institute Proceedings* (Naval Review Issue, May 1979), pp. 88-107